帝國，
統治世界的邏輯

Visions of Empire

How Five Imperial Regimes Shaped the World

從大國起源羅馬到民族國家法蘭西，
塑造現代世界的六個帝國

克里杉・庫馬——著
Krishan Kumar

胡訢諄——譯

獻給我在倫敦、日內瓦、夏洛蒂鎮、西班牙港、德里的家人。

他們都是帝國的孩子。

Chapter Five

俄羅斯與蘇維埃帝國 235

Chapter Six

Chapter Seven

法蘭西帝國：「帝國的民族國家」…… 401

尾聲：帝國後的國家…… 477

推薦序

帝國的辯證

孔令偉（中央研究院歷史語言研究所）

對於臺灣的讀者而言，「帝國」（empire）並非一個陌生的詞彙。在十七世紀荷蘭海上帝國擴張的背景下，作為中國與日本轉口貿易根據地的臺灣，活躍於東亞乃至世界史的舞臺。另一方面，十七世紀下半大清帝國的版圖開拓，最終亦使得臺灣進入滿洲皇帝的統治視野，從而與內陸亞洲（Inner Asia）世界產生各種直接與間接的聯繫。不僅如此，在十九世紀末日本帝國崛起，挑戰過往東亞世界以所謂中國為核心的天下秩序時，臺灣亦在其中扮演著相當重要的歷史角色，從而成為日本帝國海外統治的一環。要言之，荷蘭、大清以及日本等帝國的歷史興革，不僅對於理解近世（early modern）乃至於現代（modern）世界史的進程舉足輕重，亦是深入認識臺灣歷史發展脈絡之關鍵。因此探討何謂帝國，一方面自是人文、社會科學學人鑽研探究的學術議題，另一方面亦是臺灣讀者值得培養之人文關懷。而映入讀者眼簾的這本《帝國，統治世界的邏輯》，正是一部深入淺出介紹帝國的參考讀物。

本書《帝國，統治世界的邏輯：從大國起源羅馬到民族國家法蘭西，塑造現代世界的六個帝國》（*Visions of Empire: How Five Imperial Regimes Shaped the World*，原書名直譯為「帝國視野」），原於二〇一七年由美國普林斯頓大學出版社刊行，曾獲得二〇一八年美國社會學協會頒發之巴林頓・摩爾圖書獎（Barrington Moore

Book Award）等學術榮譽。本書主要透過梳理鄂圖曼、哈布斯堡、俄羅斯／蘇維埃、不列顛、法蘭西這五大帝國的政權性質以及歷史發展（編註：因考量篇幅與重要性，中文副書名納入第二章羅馬帝國，以六個帝國標明本書自羅馬起始、法蘭西帝國而終的脈絡），從而歸納各種帝國的不同類型，並比較異同。值得注意的是，本書雖主要聚焦歷史議題以探討帝國的概念，但就論證分析與組織結構而言，卻並非同一般著眼於個案精細考證的實證史學著作，而是嘗試透過歸納比較不同的歐亞政權，總結「陸地」、「海洋」等不同帝國類型，以進一步探討「多元帝國」與「統一民族」之間的辯證關係。

從本書的取徑不難看出，作者克里杉．庫馬（Krishan Kumar）實際上並非傳統定義的歷史學者，而是一位具有歷史學素養的社會學者。庫馬目前任教於美國維吉尼亞大學（University of Virginia）的社會學系，並擔任該校的校級教授（university professor），享有崇高的學術地位。他主要的研究興趣為社會與政治思想、全球史、帝國與殖民地、現代國家與國族主義，乃至東西方比較研究。庫馬於一九六四年在劍橋大學聖約翰學院（St. John’s College, University of Cambridge）取得歷史學學士學位，又於一九六五年自倫敦政經學院（London School of Economics and Political Science）取得政治社會學碩士，隨後長期在英國肯特大學（University of Kent）工作，並在一九七七年於該校完成社會學博士的訓練。一九九六年後，他從英國轉往美國學界發展，並任教於維吉尼亞大學等高校。庫馬曾撰寫或編輯十餘本學術專著，並發表期刊論文數十篇，可謂著述豐富。

本書除去前言與尾聲的部分，主要由七個章節組成——前兩章主要分別探討帝國的概念，以及作為早期西方帝國代表的羅馬；至於後五章，則依序分析鄂圖曼、哈布斯堡、俄羅斯、不列顛、法蘭西等五大帝國。值得注意的是，本書無意也不可能是這五大帝國的通史性著作。換句話說，這本書的寫作宗旨，並非是為了鉅細靡遺地向讀者介紹上述帝國的大事紀年，而是側重於分析權力、擴張、族群以及認同等帝國構成要素，在歐亞大陸各地不同時空脈絡的平行與交錯。要言之，就理解帝國這一主要寫作目的而言，本書的主要原創貢獻並不在於發掘稀見史料與新興個案，而是透過消化和整理歐美學界的先行研究，作者進而以歷史縱深的視野出發，提出對帝國概念化與模式化的見解。就此而言，本書的知識定位，可以說是相對傾向歷史社會學（historical sociology），而非歷史學。

就學術旨趣而言，歷史學與歷史社會學領域中，均不乏關注帝國的研究者。就歷史學而言，多數學者在關注帝國時，往往強調原始史料、個案研究以及多元文化的重要性。這類學術趨向，又經常體現在強調跨語種史料運用，或者是多文化視角等層面，如近二、三十年來，北美中國研究學界所興起的新清史（New Qing History）思潮，便是顯著的例子。其中具有代表意義的著作，諸如濮德培（Peter C. Perdue）的《中國西征：大清征服中央歐亞與蒙古帝國的最後輓歌》（*China Marches West: The Qing Conquest of Central Eurasia*）以及馬世嘉（Matthew W. Mosca）《破譯邊疆・破解帝國：印度問題與清代中國地緣政治的轉型》（*From Frontier Policy to Foreign Policy: The Question of India and the Transformation of Geopolitics in Qing China*），皆已透過漢譯本的形式在臺灣出版，並被引介至華文世界。

除了華文讀者相對熟悉的大清帝國外，國際史學界近年來亦積累關於大英帝國、沙俄帝國等各種歐亞政權的研究成果，其中又以新帝國史（New Imperial History）富有啟發意義。值得關注的是，新帝國史的學者雖然各自側重不同的研究區域，但同時卻亦不約而同地強調「將邊疆置於核心」（borderlands in the center）的學術共性。藉由新帝國史的觀點，研究者強調將傳統上所謂「核心」（metropole）與「邊陲」（periphery）的歷史敘事，進行權力倒置。具體來說，過去被視為帝國邊陲的地帶，例如大清帝國統治下的西藏，或者大英帝國統治下的印度，實際上往往是帝國接收新穎資訊、實踐統治技藝，乃至生產新興知識的核心。

在歷史學之外，帝國亦廣泛為各種人文以及社會科學的研究者關注，而作為獨立學科的社會學也累積了相當可觀的研究成果。其中最富盛名的，莫過於查爾斯・蒂利（Charles Tilly）、伊曼紐・華勒斯坦（Immanuel Wallerstein）等歷史社會學者。相較於歷史學者立基於檔案史料的發掘以及歷史脈絡的詮釋，歷史社會學者更加偏重理論模型的建立與比較。在這個背景下，蒂利與華勒斯坦等歷史社會學者曾就帝國建構（empire building）與國家形成（state formation）等理論進行一系列的深入討論。除了蒂利與華勒斯坦等以西歐帝國為主要模型基礎的學者外，亦有數量相當的歷史社會學者從非西方典型的帝國出發進行研究，如凱倫·巴基（Karen Barkey）便是以其對鄂圖曼帝國的比較研究所著稱。

在參考濮德培、巴基等歷史學者以及歷史社會學者的帝國研究基礎上，本書作者對帝國性質進行了視野開闊的比較探討，其中透過「陸地／海洋」、「殖民主義／帝國主義」、「帝國／民族」等不同框架，對帝國概念進行比較分析，是本書相對精彩的部分。唯仍須留意的是，本書在有限篇幅內所重點探討的帝國，除了傳統上經常被視為與西方相對的鄂圖曼外，仍在極大程度上側重羅馬、不列顛、法蘭西等立基於定居農業文明的歐洲帝國。至於先後活躍於歐亞大陸核心地帶的匈奴、突厥、吐蕃、蒙古等游牧帝國，則並未被納入本書的主要討論範疇。透過對法蘭西等帝國的討論，可知本書核心關懷之一，在於藉由歐洲帝國的性質梳理，論證「帝國／民族」與「多元／統一」等概念間的辯證關係，個中自有其創發。至於筆者作為專精於中央歐亞（Central Eurasia）的歷史學研究者，則想在此進一步強調「農業／游牧」、「定居／移動」等概念間的拉扯、折衷與涵化，其無疑是理解帝國的另一重要面向。換言之，在臺灣讀者相對熟悉的中國與西歐之外，中央歐亞的多元文化亦能為讀者深入認識帝國概念的複雜性，提供關鍵的思想參照。更進一步地說，在十八世紀以前的帝國，並非單純由歐洲海上帝國所專擅，實際上蒙古帝國等中央歐亞游牧政權，對於近世乃至於現代世界的形成，均留下影響深刻的歷史遺產。讀者在閱讀本書之餘，值得於未來就此方向，對「何謂帝國」一題，進行下一步的知識考掘與思想探險。

Preface

前言

今日帝國研究興盛，二十世紀初以降未曾見過如此光景。何以如此，並不全然清楚。一九六〇年代歐洲諸帝國走入歷史，反省那段帝國經驗，幾乎所有前帝國國家都會萌生明顯的厭惡。帝國似乎已然結束罷休；另有其他問題急需關切，例如在西歐建立全新的歐洲共同體。反帝國的情緒席捲第三世界，與前殖民地往來時，最好不要深究帝國統治的話題。學者也許繼續研究帝國、書寫帝國，但是他們的學生整體而言偏好研究其他題目。我就是其中一位那樣的學生。儘管我在劍橋大學聖約翰學院的指導教授是研究帝國的重要學者——隆納．羅賓森（Ronald Robinson），當時我仍選擇不修任何帝國課程；這點，我追隨普遍的趨勢。世人對於重新探究前帝國的光芒與事蹟，絲毫不感興趣。

倒是冷戰似乎造就兩個對立的帝國——美國與蘇聯，而且某些人必定就是如此描述冷戰。但是仍有其他方式看待、分析這個競爭，例如意識形態與文明，而且整體而言，這樣的觀點似乎較令人滿意。無論如何，歐洲的帝國瓦解後，半個世紀之內超過五十個新興國家成立，似乎指出民族國家（nation-state）才是未來的模範形式，而非帝國。一九九一年，「末代帝國」蘇聯瓦解，諸多國家在那片土地獨立建國，似乎就是難以辯駁的證明。

對於帝國的興趣重燃（第一章會詳述），無疑有許多原因。如果不是真的由於念舊，也許是因為歐洲諸帝國距離現在的時間夠久，相對來說可以平心靜氣地討論。但是，更重要的是，這件事情代表許多人不再深信民族國家是面對未來最佳或唯一的形式。全球衝突，尤其是二〇〇一年九月十一日紐約與華盛頓發生攻擊事件，似乎要求各國共謀解決之道。國際的恐怖主義，無論源頭或結果都不分國界。全球化本身，於經濟、科技、文化方面，皆需跨國的思維與規範。多國組織，諸如世界銀行、國際貨幣基金組織、北大西洋公約組織、歐盟、聯合國本身等，都發現世人加諸新的要求在他們身上；許多全球公民社會團體亦擔心人類對於環境造成威脅。世界各地的移民潮造就多元文化社會，而這樣的社會日益抗拒同質的民族國家這種想法或理想。

當然，帝國不會被當成解答，至少古典形式的帝國不是。但是無論如何，帝國是規模宏大、多民族、多文化的實體，也許他們能夠教導我們什麼？也許研究帝國能夠展現某種機制，足以管理廣大地區內部的差異與多元？幾個思想家如此深深相信，他們多數絕對沒有無視帝國犯下的錯誤與不公（雖然民族國家未必比較好），但是，研究帝國至少迫使我們思考最廣大的可能性。畢竟帝國從世界史伊始便占有一席之地，甚至可能位居要角。他們往往年深歲久，壽命若不以千年，也要以世紀計算。如果研究帝國並不能教導我們什麼，那也很奇怪。而且其中一堂課的狀況會是許多不同民族占據同一政治空間，他們如何互相包容，又不必然處於平等地位？蠻力絕對是故事的一部分，但不會是唯一。

本書並無直接的教學意圖；但主要任務當然是呈現帝國的治理，尤其治理帝國的民族怎麼看待他們的任務——經營幅員遼闊、雜亂無章、多姿多彩，我們稱為「帝國的事業」。換句話說，本書目的較不著重帝國治理機制的細節，而是檢視，什麼樣的想法與意識形態影響帝國統治者的思維，以及至少某個程度的政策。他們有多大的程度希望實踐？多大的程度又能夠實踐這些想法與意識形態？這些問題因為帝國的情況各有千秋，也是學者爭辯不休的領域。但是帝國的概念和帝國的統治並非無關，並不只是煙幕，以資遮蔽其他較不理想主義的動機與利益。帝國的漫漫青史中，這個概念決定帝國的任務，令統治者意識當下的行為與理由。缺乏這點，便會難以看出為何帝國能夠存活這麼久。合理與合法如同蠻力與欺騙，都是統治的一部分。

這本厚重的書先以一章的篇幅討論帝國的概念，接著一章檢視羅馬帝國於此概念中的關鍵角色，之後討論鄂圖曼帝國、哈布斯堡帝國、俄羅斯帝國、不列顛帝國、法蘭西帝國。這些名稱透露某種進展，不只是時間順序，還有意識形態的展現。第一個明顯的是「王朝帝國」，甚至難說統治的民族到底是誰，至少給他們一個名字很難；在鄂圖曼帝國和哈布斯堡帝國的情況，「土耳其人」和「奧地利人」兩者又是高度誤導。「俄羅斯人」比較適合主要由俄羅斯人建立的沙皇制度與蘇維埃帝國，雖然我們應該注意，「羅曼諾夫」（Romanov）這個王朝名稱往往和前者連帶提到；此外，後者不僅完全缺乏王朝的正式名稱，也缺乏民族或族群的正式名稱。不列顛帝國與法蘭西帝國明顯具有民族特徵：前者是由不列顛人（Britons）建立的，雖然常常搞不清楚統治的人是英格蘭人還是不列顛人；「帝國的民族國家」則是由一個特定民族建立，最清楚的例子是法蘭西帝國，該帝國中的民族絕大多數都是法蘭西民族。

所以本書討論的帝國之間差異極大，特別是帝國內的民族屬性（nationness）程度。這些帝國之間的民族屬性，程度最低的是鄂圖曼帝國與哈布斯堡帝國，程度中高的是俄羅斯／蘇維埃帝國，而民族元素高的則是不列顛帝國與法蘭西帝國，雖然後者又高於前者。這些差異，明顯對應了較為人所熟悉的「陸地帝國」（鄂圖曼、哈布斯堡、俄羅斯）與「海外帝國」（不列顛、法蘭西）之分，同時指出可能的理由，說明帝國內民族歸屬（nationality）的相對強度（見第一章與第六章）。但是我們應該記得，法蘭西與英格蘭／不列顛兩者都先建立了陸地帝國──「六邊形」（the Hexagon）[1]、聯合王國──才建立海外帝國。此外，哈布斯堡帝國透過哈布斯堡王朝兩個支系連接陸地（奧地利）與海外（西班牙）帝國，而且更複雜的是，在西班牙的支系下，哈布斯堡帝國和法蘭西、不列顛一樣，又有陸地與海外帝國。陸地帝國與海外帝國是重要的區別，但我們也不應誇大這個區別。我們討論的帝國之中，往往可見兩者大幅重疊。

再者，無論差異為何，所有討論的帝國都有同樣驚人的相似處。最重要的相似是，這些帝國，無論民族屬性強烈程度，統治的民族都屈服於帝國的本質，壓抑自己民族的特殊身分；若不這麼做，就是置帝國事業於險境。即使我們可能能夠察覺，帝國本身內部的演化是從「帝國到國家」，或者至少逐漸增加民族屬性（這個民族屬性與傳統認為終止並取代帝國的民族非常不同），但那與將帝國視為放大的民族還是不同。即使是最「民族」的帝國──即法蘭西帝國，也極力強調其普世性質（universality）與對外開放的事實，並且強調法蘭西人不過是啟蒙運動與法國革命普世訊息的信差。

如同第一章即將討論，帝國與民族國家或許有些相似之處，然而兩者也是完全不同的實體，具有截然不同的原則。帝國的情況，最重要的是認識民族主義的危險性，不僅是臣屬的民族，統治者自己的民族主義甚至更甚；當統治民族開始強調自己本身的民族身分，無論是突厥人、奧地利人、俄羅斯人、英格蘭人或法蘭西人，就是帝國開始衰退的時候。帝國的弔詭之處，就是它馬上建立之前往往不曾存在的民族，而且同一時間必須火爆地鎮壓那些民族；民族的原則違背帝國的原則。第五章討論的蘇聯，也許就是這個弔詭的最佳例子。

接著談談研究材料與方法。本書顯然是一部綜合論述，因為本書的想法和論點取材來自許多學者，多數是歷史學家，也有社會學家與政治理論家。但我希望本書也有某些特色，就是比較多個迥異的帝國，希望得到共同的意識形態與身分特徵——尤其是統治民族的身分，也就是他們如何從帝國中的角色認識自己。從這個意義而言，本書「從上」觀看帝國，而非從下。本書主題是菁英與知識分子的眼光和態度，而非臣屬的眾多民族。我這麼做的理由是，雖然近來的文獻非常關注帝國臣民的經歷，著重在統治者的論述卻較為缺乏，例如他們認為自己在帝國裡頭從事何種事業？他們如何回應帝國的需求？如果沒有某種確實的「帝國邏輯」，一定也有共同的問題與挑戰，以歐洲的帝國而言，至少都以非常相似的方式回應。

同時，本書與其他著作不同，例如珍・波本克（Jane Burbank）與弗雷德里克・庫伯（Frederick Cooper）傑出的比較著作《世界帝國二千年》（*Empires in World History*，又譯《帝國何以成為帝國》）。我想我最多只能透過個別討論每個帝國來達到我的寫作目標，當然遇到相關之處也會加以比較。這麼做，部分是因為我想帶出帝國的時間順序，表現每個帝國對其先人與當時對手的認識（以及對於羅馬帝國這個例子的認識）。如同許多人認為革命的傳統源於法國大革命，所以可能有人會說，帝國也有傳統，亦即「帝國繼承」這個想法。這個傳統之中，每個帝國都想延續帝國的聖火，而且通常是透過宣稱自己的獨特與普世等方式。我們可能會說，這是某種歐洲的「帝國套路」——每個帝國在世界上插旗立樁的時候，都會援用某些共同的想法、記憶、經驗；即使他們宣告自己不僅是最後一個，也是帝國傳統唯一真正的守護者。

關於我選擇論述的帝國——鄂圖曼、哈布斯堡、俄羅斯、不列顛、法蘭西，某方面而言是武斷的，不只

❶ 譯注：以法國國土形狀代表法國的稱呼。

反映我個人的品味與嗜好，也反映我的知識限度。歐洲的帝國之中，我也樂意書寫葡萄牙帝國和荷蘭帝國，如果也能討論非歐洲的帝國，例如中國、印度、伊斯蘭，以資強調差異，應該會更有幫助。當然也有許多古老帝國的研究似乎很興盛，例如阿茲提克與印加帝國；或是新大陸的帝國，例如今日的「美國帝國」？然而若灑下大網，試圖涵蓋漫長的歷史與壯闊的地理，則會出現概念問題，而且無論如何都得在某處劃下界線——即使放棄某些帝國不免令人惋惜。不過，至少我可以說，我選擇的帝國，就許多標準而言——大小、權力、影響，於現代帝國當中都是舉足輕重、足具代表的，而且任何說明帝國於世界的角色時，他們全部都會入選。

最後一點。我對帝國是否太仁慈？也許。但是抨擊帝國的著作很多，不遺餘力描寫暗黑殘酷面向的大有人在；我則是試著展現他們不同的一面。我試著表達，這些帝國應對的問題，也是某些現代國家最困難又最複雜的問題，即他們如何管理「差異」與「多元」，且這可能並非他們的初衷。帝國興起的原因很多，不過那些都不是重點；事實是，取得與治理帝國的過程中，統治民族會發現自己面對接連不斷的問題，若不解決，他們的帝國很快就會瓦解。驚人的是，我發現帝國的錯誤其實不多，偶有暴力發生，但是豐功偉業不勝枚舉，民族國家若要匹敵，可得要有相當好運。

◆

本書就像許多同類書籍，生於一個特殊機構，這個機構就是普林斯頓高等研究院（Advanced Study at Princeton）。我於二〇〇四年到二〇〇五年期間擔任該院的研究員，我覺得自己非常幸運，因為那一年也有幾個對帝國感興趣的研究員，其中幾位是馬克・貝辛格（Mark Beissinger）、保羅・迪西德利（Paolo Desideri）、丹・戴訥（Dan Diner）、馬尼亞・拉茲雷格（Marnia Lazreg）、瑪麗・路易斯（Mary Lewis）。更幸運的是遇見派翠西亞・克隆（Patricia Crone），她任職於研究院，代表我們成立一個運作一整年的帝國專題討論會；透過那個研討會，不僅能與研究院的研究員交流，也能與附近普林斯頓大學的教職員互動。普林斯頓大學的與會人員有琳達·柯莉（Linda Colley）、桑卡爾·穆圖（Sankar Muthu）、珍妮弗·皮得（Jennifer Pitts）。錦上再添花的是兩位蒞臨研究院的學者，分別是克利福德·格爾茨（Clifford Geertz）和狄宇宙（Nicola Di Cosmo），我與他們相談甚歡，所以真的難以想像會有其他的時間、地點更適合這部著作的開始。我非常感謝他們，也非常感謝研究院與其總是助益良多的員工。可惜我的欣喜之情帶有一些悲傷，他們之中有兩位不幸離世：一位是二〇〇六年身故的克利福德·格爾茨；另一位是派翠西亞·克隆，我準備出版此書時才得知她的消息。我真的非常希望能親手把書交給他們，他們兩人對本書的概念影響重大。

我也非常幸運在普林斯頓這個地方與普林斯頓大學出版社的彼得·多賀提（Peter Dougherty）再次相遇，鼓勵我向出版社提案的就是彼得。尤其不久之後他就當上出版社的經理，儘管如此，還是繼續擔任我的編輯。他明智的建議對本書最終完成影響深遠。後來彼得做了一件更有價值的事，就是把編輯的業務交給布莉基塔·萊茵伯格（Brigitta van Rheinberg），沒有哪位編輯能比布莉基塔更友善、更有同情心、更支持我；本書寫作歷經多年，她持續予以鼓勵與建議，尤其在我擔任系主任長達六年，一度懷疑是否可能完成的時候，她對我的幫助一言難盡。由於彼得起初的鼓勵，以及布莉基塔接續的引導與支持，我才能夠完成漫長的寫作歷程，尤其是書本的最後階段，我的感激之情難以言喻。同時也謝謝出版社的琳西·克拉羅（Lyndsey Claro）、亞曼達·佩里（Amanda Peery）、勞倫·萊波（Lauren Lepow）等人優秀的審稿；謝謝迪米曲·卡列尼科夫（Dimitri Karetnikov）繪製地圖，也謝謝 With Permission 公司的梅莉莎·弗蘭森（Melissa Flamson）和黛博拉·尼寇斯（Deborah Nicholls）對地圖與圖畫授權的寶貴協助。感謝戴夫·路葉克（Dave Luljak）製作索引。

還有其他人，他們是我的知識夥伴，給予學術支持。首先是「帝國小組」的成員——茱莉安·高（Julian Go）、彼得·佩杜（Peter Perdue）、喬治·斯坦梅茨（George Steinmetz）、尼可拉斯·威爾森（Nicholas Wilson），我們一起參加美國社會學會（American Sociological Association）、社會科學歷史協會（American

Sociological Association）與其他機構舉辦的會議。耶魯大學也是另一個研究帝國的學生天堂，其中的靈魂人物茱莉雅．亞當斯（Julia Adams）和史蒂文．平卡斯（Steven Pincus）共同籌辦數個以帝國為題的研討會和會議，我因此能在友善的氣氛中請教來自不同領域的歷史學家、社會學家、政治科學家等。同樣深具啟發的是在二○○八年十月，保羅．迪西德利於佛羅倫斯大學主辦的「古代作家與現代帝國」研討會，我在那裡和大衛．勞弗（David Lupher）與薩賓．麥科馬克（Sabine MacCormack）交談。那次關於古典文學與帝國的談話正好補充更早之前亞瑟．愛克斯坦（Arthur Eckstein）在馬里蘭大學舉辦的座談。

我也謝謝以下人士的友情與珍貴的幫助：大衛．阿米蒂奇（David Armitage）、傑克．哥斯登（Jack Goldstone）、約翰．霍爾（John A. Hall）、克李斯．韓（Chris Hann）、辛尼沙．馬瑟維克（Siniša Maleševi）、珍妮維．蘇伯傑奇（Geneviève Zubrzycki）。而安東尼．帕格登（Anthony Pagden）邀請我參加他在華盛頓特區福爾格研究所（Folger Institute）舉辦的帝國研討會，正好藉機討論他在許多著作談到，而且影響重大的想法。我也很珍惜與傑佛瑞．霍斯金（Geoffrey Hosking）在倫敦東協首腦會議的討論，他對俄羅斯與蘇維埃的研究之於我了解這些實體非常重要。

回到家，我在維吉尼亞大學的同事羅伯特．格雷西（Robert Geraci）慷慨與我分享他對於俄羅斯帝國的知識；另一位同事伊麗莎白．湯普森（Elizabeth Thompson）則幫助我書寫鄂圖曼帝國。維吉尼亞大學也是我以帝國為題開設研究所課程數年的地方，我從幾位熱情活力的學生身上學習良多；而且提到維吉尼亞大學就不能不提到那貢獻極大、不可取代的奧德曼圖書館（Alderman Library）館際借閱系統。員工高超的效率總是令我驚嘆，而且他們總是熱心幫忙。也許這本著作開花結果，他們的功勞是最大的。

劍橋大學的鄧肯．貝爾（Duncan Bell）著作多篇關於不列顛帝國政治理論的論文，他不僅慷慨提供，也對我的研究提出建言，我在此感謝。而在牛津大學納菲爾德學院，安得魯．湯普森（Andrew Thompson）和約翰．達耳文（John Darwin）曾經主持令人振奮的會議，題目備受爭議——討論不列顛帝國對於英國社會的影響；此外，他們關於不列顛帝國的傑出著作也惠我良多。已故的克里斯多福・貝利（Chris Bayly）對我的影響也很大，不只是不列顛帝國的部分，還有帝國於全球的脈絡。

最後我要提到兩個與我互動頻繁的人。卡塔雅・馬卡洛娃（Katya Makarova）多年來常與我討論俄羅斯與不列顛帝國平行存在的經驗，以及兩個帝國的人民失去帝國後的困境；本書的核心論點因我們的討論而透澈。年輕而且前途無量的歷史學家契利爾・昆納塔維其（Kyrill Kunakhovich）正在發展關於中歐與東歐近代史的想法，想必會為這個長久受到帝國主宰的地區帶來許多啟示。我不僅感謝這兩人提供本書洞見，也感謝他們的關愛與支持。沒有這些，我書寫這本書的過程會更孤獨，且一般而言，這種企圖心所遭遇到的挑戰，也會令我更感到困難。

克里杉・庫馬

夏洛蒂鎮，美國維吉尼亞州

Chapter One

帝國的概念

帝國一直以來、永遠只會，建立在更高層次的概念之中。民族只能建立國家。

——法蘭茲・韋費爾（Franz Werfel, 1937: 7）

為後代子孫征服蠻夷、感化異教、啟發愚民，乃無上光榮。

——理察・哈克盧伊特（Richard Hakluyt）

一五九五年致沃爾特・雷利爵士（Sir Walter Raleigh, in Pagden 1995: 64）

世界的面貌持續改變：小王國擴張為大帝國、大帝國瓦解為小王國、在殖民地上耕作、部落遷徙。這些事件中，除了蠻力與暴力，還能發現什麼？

——休謨（David Hume, [1748] 1987: 471）

帝國再探

厭惡帝國不同於漠視帝國，也不同於漠視帝國的研究。霍布森（Hobson）和列寧都討厭帝國，卻把研究與理解帝國視為緊急要務。約瑟夫・熊彼得（Joseph Schumpeter）也是，深信帝國是退步到過去的軍國主義，卻付出極大的心力來剖析帝國。兩次大戰之間，義大利、德國、日本等擴張主義的政體圖謀建立新的帝國，學者與知識分子如詹姆斯・伯哈（James Burnham）與弗朗茲・諾伊曼（Franz Neumann），甚至是革命分子如毛澤東，都深感檢視與分析新帝國主義竄起之必要。[1]

無論政治上或知識上，二次大戰後可見帝國逐漸撤退。政治上，最明顯的事實是大歐洲的海外帝國紛紛瓦解，諸如不列顛、法蘭西、荷蘭、比利時、葡萄牙；新的國家從中建立並取而代之。這些新的國家是民族國家，和現代的歐洲民族國家同一個模子。因此，重要的似乎是理解民族主義，尤其是「第三世界」的民族主義。帝國已成往事，未來是國家的世界——一九六〇年至一九八〇年加入聯合國的新國家高達大約五十個。（Strang 1991: 437）

一九六〇與一九七〇年代，馬克思主義在東方與西方持續論戰帝國主義，尤其相對美國的外交政策與冷戰政治。但是這裡爭的其實是資本主義與資本主義的影響，尤其對於第三世界的發展中國家。帝國主義代表資本主義最近期的階段，也就是影響擴大到全球的資本主義，因此常見訴諸依賴理論與「非正式帝國」理論。（Lichtheim 1974: chaps. 7-9; Mommsen 1982: 113-41）[2]帝國的特色，諸如運作原則、目標、代表的特別實體，反而消失了——因為實體本身似乎就是過去的事物。此時漠視帝國不亞於厭惡帝國。

這種漠視近幾十年又逐漸掃除。隨著持續成長的書籍冊數、會議場次、大眾媒體，[3]帝國回來了。站在學術興趣的觀點，至少是英語世界，有人會拿起麥克・道爾（Michael Doyle）積極大膽的著作《帝國》（*Empires*, 1986）象徵回歸；之後幾乎立刻又會拿起保羅・甘迺迪（Paul Kennedy）那本贏得讚譽且出奇受到歡迎的《霸權興衰史》（*The Rise and Fall of the Great Powers*, 1988）。該書概要地研究過去廣大的歐洲帝國，以及它們興衰的理由。多數讀者都注意到書名呼應愛德華・吉朋（Edward Gibbon）的著作❶，也呼應吉朋以古鑑今的企圖——尤其為美國人。尼爾・弗格森（Niall Ferguson）刻意通俗的《帝國》（*Empire*, 2004），盡心竭力呈現其副標題的內容——《大英世界秩序興衰以及給世界強權的啟示》（*How Britain Made the Modern World*）；該書鬥志十足地主張不列顛帝國與當代全球化（「盎格魯全球化」〔Anglobalization〕）的關聯。大衛・阿伯內西（David Abernethy）針對歐洲海外帝國，為學生和學者著作珍貴的總論《全球統治的動力學》（*The Dynamics of Global Dominance*, 2000）；多米尼克・李文（Dominic Lieven）聚焦俄羅斯的著作《帝國：俄羅斯帝國與對手》（*Empire: The Russian Empire and Its Rivals*, 2001）也是陸地帝國同類的著作。更近期的書籍內容廣泛程度驚人，將帝國視為全球現象，如珍・波本克和弗雷德里克・庫伯的《世界帝國二千年》（2010）。

人人都同意，帝國持續帶有負面、貶低的言外之意。這種言外之意始於二十世紀初，並於一九四五年後去殖民化時期達到高峰。[4]過去許多人為帝國辯護，然而今日光景不再——至少是正式意義上的帝國。如果今日存在帝國，就是不敢說出名字的帝國。❷即使談到「美國帝國」，絕大多數也是傾向反對近期美國對外政策與策略，很少聽到任何人提倡嚴格意義的美國帝國主義。[5]

如果帝國一般給人的印象不好，甚至就現況而言，難以想像任何人或任何國家試圖建立正式意義的帝國，那為何忽然流行研究帝國？為什麼諸多書籍與會議以帝國為題？要怎麼說明今日帝國受到歡迎的程度？

可能的理由有數個，但光是「全球化」可能就涵蓋其中好幾個。至少作為反省的對象，帝國不僅回歸，而且受到青睞，因為帝國在某種形式上，與我們每日生活的許多特徵息息相關。我們是否希望推行「多文化主義」，也就是在現有的國家架構下包容各式各樣的信仰與生活？根據定義，帝國是多文化的。我們是否能面對全球規模的移入與移出之挑戰，也就是新來的社群「流散」在地主國，進而形成大批次要人口？地球表面的廣大移民創造帝國，回過頭來，帝國也造成廣大移民。隨著金融、工業、人民、思想紛紛跨國移動，民族國家是否因此感到壓力，甚至陷入危機？帝國是「多民族的」，而且是「超民族的」。帝國先於民族國家，也可能繼承民族國家。

總而言之，當代世界面臨的迫切問題，甚至新世界秩序誕生而產生的陣痛，許多都可以透過帝國的稜鏡來檢視。無論我們在哪裡轉彎，遇到任何問題、任何情況，歷史上的帝國似乎都有先例。[6]

有些評論者開玩笑，歐盟就像「哈布斯堡帝國」再生，或是「神聖羅馬帝國」再生；談到鄂圖曼帝國的「宗教社群」制度（*millet system*）作為我們多元文化的社會模式，肯定之餘，另有幾分懷舊之情；某些人聽到「不列顛治世」（*pax Britannica*）作為世界秩序的模範，嘴角就會忍不住上揚。但是帝國克服許多今日難倒我們的問題，這點千真萬確。儘管斯蒂芬・浩威（Stephen Howe）對帝國一點也不友善，他還是說：「至少某些偉大的現代帝國具備優點，卻輕易被遺忘，例如不列顛帝國、法蘭西帝國、奧匈帝國、俄羅斯帝國，甚至鄂圖曼帝國。他們的臣民享受穩定、安全、法律秩序。他們約束，或盡其所能凌駕臣屬民族當中可能的野蠻族群或宗教對立。而且統治的貴族，比起宣稱民主的後繼，往往遠為開明、人道，也見過世面。」（Howe 2002a: 126-27; cf. Kappeler 2001: 3, 392）[7]

由於世界政治與經濟秩序長期、深層的變化，當代與帝國之間看來似乎仍然息息相關，因此人們對於帝國的興趣持續增長，這是最重要的重生原因。此外，也有許多直接原因——一九九一年，後來逐漸被人稱為「蘇維埃帝國」的瓦解是其一。學者難忍比較蘇維埃帝國與其他帝國的衝動，無論是過去的或是現在的。他們追問，蘇維埃帝國的發展過程，甚至最終傾覆，和條件雷同、幅員廣大、多元民族的陸地帝國，例如哈布斯堡和鄂圖曼，有無相似的啟示意義。蘇維埃帝國逐漸被視為俄羅斯帝國的整體，因此也包括了之前的沙皇時期。一

❶ 譯注：指的是吉朋的《羅馬帝國衰亡史》（*The History of the Decline and Fall of the Roman Empire*）。

❷ 譯注：典故出自艾瑞佛・道格拉斯（Lord Alfred Douglas）的詩作"Two Loves"，原為「不敢說出名字的愛」。

且這點受到承認，在各種學科與特殊領域中關心帝國的專家便又能進行比較研究。[8]

至於「美國帝國」是否也會激起具有啟示的討論，則是未決的問題。但是重新將美國視為帝國，無疑造成某些影響；[9]認為美國本身就是帝國亦同，如同亞歷山大．漢密爾頓（Alexander Hamilton）相信新的共和「許多方面是世界上最有趣的帝國」（Lichtheim 1974: 60）。傳統觀點認為美國正在、或一直以來都在追求對外的帝國主義政策，目前關於美國帝國的辯論也幾乎都與其當今對世界的企圖，以及支持這些企圖的意識形態有關。但是這個辯論普遍引發帝國本質的問題：帝國是什麼？帝國如何看待自己？幾乎所有關於「美國帝國」的討論，都要從我們對其他帝國的知識開始——無論這個專有名詞是否令人滿意；而幾乎所有以帝國為題的會議也都會以「美國帝國」的場次告終，且通常接著問號。

許多人確實認為，帝國重新成為熱門議題與美國帝國直接相關，然而，這樣的觀點似乎過於狹隘，事實上，另有許多其他事物推動著這股潮流，可能是其他更為廣大的變化引發美國帝國的論述。即使美國就是造成全球化的要角，但全球化衝擊美國的程度不亞於別的社會（部分社會偽裝這個過程為單純的「美國化」）。令美國成為「帝國」，或看似如此，可能只是單純基於美國回應世界秩序破裂與不穩的方式，而這樣的世界秩序，很大部分就是因為美國本身的文化與經濟動態，以及美國式的資本主義勝過所有對手（包括蘇維埃社會主義）。「美國帝國」——人人都承認，這個帝國沒有獲得新鮮屬地的欲望——就是「孤單的超級大國」面對「新的世界紛擾」的產物。[10]

無論如何，滿地開花的帝國再探之中，有件事情非常清楚：帝國不只是歷史。帝國造成當代迴響，聲音之宏亮，要我們超越歷史看待。但是進一步而言，帝國也是當代的。從歷史上來看，歐洲帝國消失是近期的事情：奧地利、德意志、俄羅斯、鄂圖曼——這些偉大的陸地帝國在一次大戰期間或之後瓦解；法蘭西、荷蘭、不列顛、比利時、葡萄牙等海外帝國解散較慢，約於二次大戰三十年後。但是無論哪種情況，相對帝國統治數個世紀，都是不到一百年的事情。帝國不應該有「來生」是不可能的，也不可能缺乏任何影響殖民者社會與被

殖民者社會的遺產。（cf. Pagden 1995: 1-2）

當然，這一直是研究許多過去被殖民民族的主要論點，這些研究多數出自非西方，但仍包括某些較接近「殖民地」的學者，如愛爾蘭與巴爾幹地區各國。作家如法蘭茲・法農（Frantz Fanon）和愛德華・薩伊德（Edward Said）於此皆有重大影響，「後殖民理論」各種學派則接續他們的工作（例見，Ashcroft, Griffiths, and Tiffin 1995; Young 2001）。然而，同樣重要的是，帝國的遺產對於帝國民族本身生活持續扮演重要角色——不列顛人、法蘭西人、俄羅斯人、奧地利人、突厥人等；這點從許多方面顯而易見，尤以一九四五年後，大批前歐洲帝國的人民移入歐洲社會（「帝國大反擊」❸），受到衝擊的不僅是前帝國民族的意識——也就是他們的自我認同，還有帝國消失後，他們所位居的世界地位。

這本身就是一個需要獨立處理的主題（而且希望留待我之後的著作處理）。[11]這本書稍微談到這點，但主要關切的還是帝國實際治理期間，當帝國達到高峰時，統治民族的觀點與態度。統治民族正式垮臺，等於為帝國歷史開啟新的篇章，而這個篇章不僅反省過去，也思考帝國未來的形式。當帝國統治世界，他們思考自己的方式必然不同，無論帝國對於未來有何懷疑與焦慮，帝國的統治者在當下現實的任務就是管理多元民族，他們如何看待這項任務？而作為一個帝國民族，他們如何思考自己的角色？獲得什麼樣的身分？這都是後續章節主要須討論的內容。

為了轉移最近期的研究重點，尤其是各式各樣的「後殖民」理論，我聚焦在帝國的統治者，而非臣屬民族。此舉並不意謂無視帝國對於臣屬民族的影響，這麼做反而重新建構這段關係的概念，不純然視為對立，更視為雙方的共享事業。雖然這樁事業可以區別統治者與被統治者，但也可以結合他們；如同民族國家區分階級、種族、宗教，但是通常可以共同行動。同樣的，差異確實就是帝國的構成特色，而帝國的目標以及他們的成就，

❸ 譯注：作者引用電影《星際大戰》系列第五集的片名「*The Empire Strikes Back*」。

也是建立一個凌駕多種差異的整體。

這一點引入意識形態，也就是帝國通常希望以「普世使命」的形式來呈現自己。這個形式不僅證成他們的統治與擴張，而且允許帝國中的所有民族參與。這個「使命」往往化身為宗教——伊斯蘭、東正教、天主教；偶而則是世俗的，例如法蘭西人的「教化使命」（*mission civilisatrice*）。時間會影響使命，通常越晚期的帝國，使命也越世俗化，但是我們也應該記得，首先提出「教化使命」的是羅馬人。某些使命是跨歷史的。

民族國家有時也有使命，然而基於國家平等的原則，會不同於帝國的普世使命，這是帝國與民族國家的差別，儘管兩者也有許多重要的相似之處。另一個差別是，為求更有效率地管理多民族的帝國，並長久維持統治地位，帝國的統治者必須壓抑本身的民族或族群身分。那是帝國最顯著的特色，接下來的章節將會詳加討論。

將焦點放在帝國治理，即統治民族的想法與理想，就會導向這些觀點。本書主要章節談到羅馬、鄂圖曼、哈布斯堡、俄羅斯／蘇維埃、不列顛與法蘭西等帝國，帝國治理也將是重點，成為章節的骨幹。這些帝國彼此之間的差異不勝枚舉，他們如何回應變動的歷史環境，方式更是截然不同。較晚的帝國面對的挑戰和較早的不同，但是所有帝國都要處理許多相同的問題，尤其管理橫越廣大地理空間的差異與多元。歷史和敘事都很重要，會在本書占有一席之地，但是，帝國的形式以及身為帝國實體的特徵也必須重視，而且這個問題將橫越歷史與年表等界線。當我們探討個別帝國之種種差異的時候，也須關心這個面向。

首先我們必須轉向帝國的概念。我們需要知道長久以來帝國意謂什麼，那些意義是否符合我們當前的用法。我們應該怎樣思考帝國才是最好的？帝國是什麼樣的一個實體，或者多個實體？帝國建立何種特徵關係？帝國與我們熟悉的政治形式有什麼不同，尤其是與民族國家相較之下？

「無盡的帝國」——羅馬與帝國的概念

世界的歷史實際上就是帝國的歷史，（Howe 2002a: 1; Pagden 2003: ix; Ferguson 2005: xii）至少絕大多數的歷史記載，人們一直住在帝國裡頭。但是帝國在不同地方與不同時間，會出現不同的模樣和形式，這就是為什麼研究帝國的學者會有這麼多異議——根據約翰・蓋勒（John Gallagher）和隆納・羅賓森一篇有名的文章顯示：學者「在寫不同的帝國」，往往選擇「古怪又孤僻的」面向，然後由此歸納。（Gallagher and Robinson 1953: 1; cf. Morrison 2001: 3）。

如果我們思考通常被稱為帝國的事物，就會發現種類確實非常驚人。從薩爾貢大帝（Sargon of Akkad）征服蘇美爾（Sumeria）城邦開始（公元前三千年），文明的發源地中東一直是後繼帝國的東道主，包括阿卡德帝國（Akkadian）、巴比倫尼亞（Babylonian）、亞述、波斯、希臘羅馬、阿拉伯、鄂圖曼。相同的地區，超過三千年的時光，埃及帝國都是其文明與文化的燈塔，不僅強大，又饒富創造力，以致有些人想要視之為文明的父母。往東過去就是中國與印度，而往南又有新世界的阿茲提克與印加帝國。之後歐洲的帝國出現——神聖羅馬帝國、西班牙、葡萄牙、荷蘭、法蘭西、比利時、不列顛、奧地利、德意志、俄羅斯帝國。這些帝國，整體來看，無論在政治、工藝、文化上，展現的特徵猶如天地之別。那麼，如果有的話，是什麼整合了這些帝國？為何我們全都稱它們為「帝國」？

不久之前的學者，如同他們的上一輩，仍然企圖找出共同的形態與原則，以資連結所有帝國——從古老到現代，從西方到東方（例如，Eisenstadt [1963] 1993; Kautsky [1982] 1997）。現在的習慣傾向謹慎，區別帝國與帝國主義的類型與時期。儘管如此，站在最普遍的觀點，關於什麼構成帝國，這個問題竟然已達到相當的共識。另外方便的是，這個共識主要來自對於羅馬帝國的理解；從羅馬衍生的帝國概念，不費太多力氣就能適用多數我們習慣稱為帝國的政治實體，包括羅馬之前的帝國，例如亞述和波斯。之所以說方便，是因為本書關切的帝國毫無例外的都會重提羅馬的部分。

當然，羅馬堪稱帝國，可不只是巧合或好運。很大程度來說，尤其在西方，能被稱為帝國的，都要感謝羅馬這個範例——成為一個帝國，就得像羅馬那樣。一旦從羅馬的例子得到某些原則，相同的原則也可以輕易地在許多其他我們認為是帝國的例子中找到。

帝國的羅馬文或拉丁文是「*imperium*」。根據維吉爾（Virgil）知名的著作《埃涅阿斯紀》（*Aeneid*, 1.278-279），朱庇特承諾羅馬人（即，建立羅馬的特洛伊人後代）「Imperium sine fine」，意謂「無盡的帝國」，「時間或空間沒有邊際」。但是到了維吉爾的時代，羅馬帝國元首制的第一世紀，這個字的意思已經歷經重大轉變，或說，這個字代表了雙重意思，而且後來的時代產生的諸多混淆都是因為這個事實。

imperium 主要、原始而且長期以來的意思是：合法賦予元首或統治者的至高無上權力。「以公法的語言，該詞意謂人民授予元首之權力，委託元首執行權威，命令執政官、地方總督、裁判官、省長、獨裁官。」（Koebner 1961: 5-6; cf. Richardson 1991: 2）[12]與這個意義一致的是軍事用法，同樣的，起初就非常普遍——人民賦予最高的軍事指揮官「*imperium*」。

從羅馬時代持續至今，並在所有歐洲各國語言得到迴響的是 *imperium* 的第一個意義。[13]對英語人士來說，最知名的例子是亨利八世於一五三三年公告的《禁止上訴法案》（*Act in Restraint of Appeals*），其中寫著「本英格蘭王國是帝國」。（Elton 1982: 353；亦見 Ullmann 1979）這句話意謂英格蘭國王不承認他的王國之內有位階更高的人；他的統治是至高無上或絕對的，而且無法向更高的權力上訴，例如教宗。都鐸時期的英格蘭是個領土不大、威力普通的王國，他們能夠如此宣告，表示大小和威力不是決定的標準；原則上，任何國家——王國或共和——都能自行宣布為帝國，許多義大利城邦即是如此，例如維斯孔蒂公爵（Visconti）統治的米蘭。也就是說，幅員遼闊又包含不同民族，不必然是成為帝國的條件。

無疑的，「只要這個詞指涉政府的權威，專門留給某些特別威風的政府似乎更為自然」。（Koebner 1961: 57）歐洲各國語言開始以比喻的方式使用「帝國」一詞，意謂威嚴與偉大，無論是指太陽或大河。但是如果莎士比亞可以把英格蘭、蘇格蘭、法蘭西都稱為「帝國」，顯然對他而言，疆域大小和威風程度都不是理解帝國的必要要素，還須引進其他意義，才能成為後來的核心標準。現代時期早期的思想家認為，帝國的主要面向是權威，尤其是皇室權威（但不是「暴君」）。[14]這也是為何我們在歐洲專制主義時期發現，許多統治者會如此宣稱自己對於王國的所有權。帝國不多不少，就是統治權的同義詞，這也是布丹（Bodin）、霍布斯（Hobbes）、格勞秀斯（Grotius）與史賓諾莎在著作中提出的主要意義。（Koebner 1961: 52）

回到羅馬的案例，正是心裡有了這樣的意義，我們必須了解像西塞羅這樣的作家經常指涉的帝國。「西塞羅評論 *imperium populi Romani*，從不偏離『*imperium*』的真正意義。他在《論法律》（*De Legibus*）中深深讚揚 *imperium* ——執行法律的合法權力……『*imperium*』並不代表『帝國』，帝國是 *imperium populi Romani* 統治範圍的政治實體。」（Koebner 1961: 4-5）不論名稱為何，有鑑於羅馬帝國的形成事實上多數是共和的成就，這個限制也就更加顯著。如同愛德華・吉朋正確指出：「羅馬帝國主要的征戰都是在共和時期完成；而多數的皇帝也安於維持元老院的政策、執政官的積極作為、人民的軍事熱忱所取得的領土。」（Gibbon [1776-88] 1995, 1:31; cf. Schumpeter [1919] 1974: 50-51; Finley 1978a: 2）[15]從這點看來，也許可以料到 *imperium* 一詞能擴充到行使其所涵蓋的帝國與事物。

這種情況確實發生了，因此出現 *imperium* 的第二個意義，並將這個意義傳遞給羅馬的後繼。也許出自對於共和制度的情感，西塞羅不願稱 *imperium* 為「帝國」，畢竟他為了共和而死，但是即使在他的那個時代裡，這個詞也明顯帶有這層額外用法。凱撒正好符合這個用法，甚至在他推翻共和並開創帝國之前便是如此。元老院授予凱撒和他的繼承人奧古斯都 *imperator* 的頭銜，這個事實更幫助這個詞成功指涉「帝國」。至於 *imperator* 一詞，在共和時期已普遍使用，之後也使用了一段時間，代表「榮譽頭銜，在戰場上的軍隊給予凱旋將軍的稱讚歡呼」（*OED* 1989: *s.v.* "emperor"）。在凱撒和奧古斯都的情況，這個詞的意思是國家賦予元首的軍事權力。

奧古斯都竭盡心力堅持他尊重共和制度的態度，而且 *imperator* 的頭銜並不侵犯法律實踐。他在數個場合重申 *imperium orbis terrarum*，也就是帝國領土，仍然是 *imperium populi Romani*（Koebner 1961: 7）。然而，既然不只有凱撒和奧古斯都，而是接下來每個帝國的統治者（除了提貝里烏斯〔Tiberius〕和克勞狄斯〔Claudius〕）都用了 *imperator* 的頭銜，這個詞難免就超越純粹的軍事意義，繼而包括所有政治統治的言外之意。公元前二十三年，元老院宣布奧古斯都行省總督的 *imperium* 為永久性質，並且包括羅馬所有省分，也就是接下來所有皇帝皆主張的控制範圍，於是 *imperator* 與 *imperium* 合而為一的舞臺就架設好了。*imperium populi Romani* 現在強調為 *imperium Romanum*，由神化的 *princeps* 或 *imperator* 統治。奧古斯都時期的詩人維吉爾、賀拉斯（Horace）、奧維德（Ovid）皆是如此讚揚；其他作家，如李維（Livy）、塔西佗（Tacitus）也確認這個連結——雖然他們內心充滿不安。（Koebner 1961: 11-16; Lichtheim 1974: 25-26; Woolf 2001: 315）

從 *imperium* 作為權威，即羅馬人民的權威，到 *imperium* 作為皇帝的省分或領土，如同喬治・利希海姆（George Lichtheim）指出，是「重要性至高的發展，因為此舉豐富了接下來整個西方政治歷史的過程，更確切地說，創造西方政治術語的新詞」（Lichtheim 1974: 24）。帝國從未失去與絕對統治或統治權的關聯，但是現在帝國與「統治許多不同民族居住的廣大地區」這個概念融合—— *imperium orbis terrarum* 或 *imperium totius orbis*，也就是領土意義的帝國，其中不只包括羅馬和義大利，還有希臘、高盧、西班牙、不列顛、埃及、阿非利加、敘利亞——很有可能，而且在理想上，就是整個世界。[16]

這當然是今日最尋常的意義，至少之於大眾口語而言。當我們提到俄羅斯或不列顛帝國，我們確實通常仍會想到一個單一的統治者，沙皇或「國王身分的皇帝」，而且暗指這個統治者是專制的；但是不列顛帝國多半的歷史都是國會的君主政體，且法蘭西帝國亦從一八七一年起便採取國會共和制度。「帝國」較早的意義絕大部分已被較晚的意義取代，也就是說，「帝國」現在對多數人而言，意謂包含不同民族與族群的政治組織，如同一位十八世紀初期的法國字典編輯所言——「une état vaste et composé de plusieurs peuples」。[17]當然，帝國的意義不只如此，尤其是學者的用法，我們也將會看到；而且較早的意義早就消失了。[18]終究因為羅馬從 *imperium populi Romani* 轉為 *imperium Romanum*，造就今日人們對帝國的想法這個事實。

因此，羅馬的用法，到了公元第一世紀，已經連結「帝國」兩個主要的意義：絕對的權威或統治權，以及統治多樣的領土政體。（Richardson 1991: 1, 7; Pagden 1995: 13; Woolf 2001: 313）此二重性持續到「神聖羅馬帝國」，保守地說，是從公元八〇〇年查理曼建國開始，持續存在大約一千年，直到一八〇六年拿破崙將之廢除。至少就理論上來說，德意志皇族推舉的皇帝，就和古老的羅馬皇帝一樣至高無上，同時皇帝統治的領土種類又是多到令人傻眼——王國、公國、教區、獨立城市——其中許多不是德意志人。[19]在奧托王朝（Ottonians）和薩利安王朝（Salians），以及霍亨斯陶芬王朝（Hohenstaufens）如腓特烈一世（Frederick Barbarossa）與腓特烈二世（Frederick II），還有哈布斯堡王朝，如查理五世（Charles V）等人治理期間，尚能夠要求並伸張羅馬帝國的普世遺產（包括治理義大利的權利，並讓羅馬人擔任帝國元首）；至於其他神聖羅馬帝國的皇帝，被現實中敵對的教宗權威砍斷腳筋，或者對於帝國領土的權力有限，就只能做做美夢（Folz [1953] 1969: 121-68; Bloch 1967; Heer [1968] 2002: 22-93）。但只要帝國持續，帝國作為特殊權威形式（若不是獨裁），統治廣大或特徵多元的領土，這樣的想法也會是不朽的。[20]

這裡必須談到從羅馬進一步衍生的主題，就是帝國的普世主義。羅馬人在此處引用希臘思想，尤其是斯多噶學派發展的概念——由普遍理性聯合的單一人類社群。用西塞羅後來的話，就是「神與人的單一聯合社群」（Pagden 1995: 19）。希臘哲學家受到驍勇善戰的亞歷山大大帝（Alexander the Great）影響，認為古希臘文明肩負普世任務。希臘文明是人類迄今最高的成就，在他們眼中與 *oikoumene* 幾乎一致，也就是文明世界；在這個世界的邊界之外就是蠻邦。在希臘人的幫助之下，從亞歷山大開始，帝國的目的就是擴展全世界的教化使命。[21]

正是公元前二世紀以降的希臘思想家，如波利比烏斯（Polybius），開始認為羅馬帝國延續亞歷山大的使命。羅馬的作家，例如李維和維吉爾，熱切抓住這個主題。羅馬帝國包含 *orbis terrarum*，即整個已知世界；羅馬會為人類帶來和平、秩序、正義，於「羅馬治世」（*pax Romana*）聯合世界所有民族。君士坦丁大帝於第四世紀改信後，整個帝國隨之基督宗教化，羅馬的普世使命從此多了精神面向。所有的中世紀皇帝，各自努力恢復並振興羅馬帝國的時候，都強調聯合 *orbis christianus* 與 *orbis romanus*，兩者是同一普世使命的兩面，現在又在天主的保護下，為了全體人類利益，實現羅馬人與基督宗教信徒永遠追求的美德。[22]

羅馬代表帝國的泉源與象徵，也許至今仍是，在西方當然是。「從現代初期的西班牙到十九世紀末期的不列顛，羅馬總是為所有歐洲帝國提供啟發、想像、詞彙。」（Pagden 2003: 19; cf. Pagden 1995: 11-12）斯蒂芬．浩威進一步宣布：「羅馬發明帝國的概念，至少於理解帝國的形式上，而且後來的帝國建立者總是緬懷羅馬。」（Howe 2002a: 41）寇勃納（Koebner）回溯到最早的時代，指出傳承的深度：

> 帝國的現代概念總是喚起過去的羅馬帝國：共和的 *imperium populi Romani*、奧古斯都皇帝與後繼治理的 *imperium Romanum*、查理曼，以及之後由德意志皇族推舉的國王領導神聖羅馬帝國。不列顛帝國、拿破崙的法蘭西帝國、霍亨索倫王朝、奧匈帝國、沙皇之國，無論是什麼心情——光榮、不安、厭惡——都會與其一或其他前任比較。（Koebner 1961: 18; cf. Richardson 1991: 1）

長久以來引發比較的不只是「羅馬的偉大」。我們必須記得羅馬在西方衰退和殞落之後仍然繼續存在很久，甚至以神聖羅馬帝國的形式繼續存在於西方，直到一八〇六年才灰飛煙滅；而且，更明確地說，羅馬存在於東方，並於君士坦丁大帝在第四世紀建立東羅馬帝國之後，直接由拜占庭帝國延續。雖然鄂圖曼人於一四五三年推翻該帝國，但是羅馬深深震懾鄂圖曼人。他們就像許多歐洲皇帝一樣，感覺自己繼承羅馬的衣缽。他們稱呼自己的首都為伊斯坦堡，即君士坦丁堡的土耳其文——君士坦丁之城。[23]蘇丹（sultan）❹梅赫麥德二世（Mehmed II）征服拜占庭，請來義大利藝術家詹蒂利・貝利尼（Gentile Bellini）為他繪製肖像畫，並雇用義大利的古典學者為他朗讀從希羅多德（Herodotus）到李維撰寫的希臘羅馬光榮事蹟。拜占庭學者特雷比宗的喬治（George of Trebizond）向他保證「毫無疑問，你是羅馬人的皇帝」。安東尼・帕格登注意到這個延續，於是說：「如果西羅馬帝國在一八〇六年走向盡頭，東方的羅馬帝國是直到一九二四年三月三日廢除鄂圖曼的哈里發之後才消失。」（Pagden 2003: 176）

第二章會詳細說明羅馬的帝國遺產，也是我們在這本書會經常提起的遺產。但是，首先我們必須轉向這段歷史衍生的問題：現代學者創造的「帝國」與「帝國主義」這兩個概念。

帝國、帝國主義、殖民主義

到了十八世紀，帝國的概念當中兩個主要要素已經穩穩地建立。較老且主要的統治權要素越來越被較後來的要素覆蓋，也就是統治許多不同民族居住的大片領土。無論神聖羅馬帝國在這方面的貢獻是什麼，毫無疑問的，某些歐洲國家在歐洲土地以外締造炫目的成就，致使這個概念得以成形。最重要的是葡萄牙與西班牙的海外帝國，後來還有荷蘭、法蘭西、英格蘭賦予「帝國」一詞現代的涵義。這些帝國建立的時候，經常借鑑羅馬與羅馬帝國；但是羅馬從來沒有任何事物比得上西班牙在新世界的屬地，也比不上不列顛帝國的領土。不列顛的領土在全盛時期占據世界四分之一的陸地，而且囊括世界四分之一的人口。湯瑪斯・卡萊爾（Thomas

❹ 譯注：此處作為稱謂，指的是伊斯蘭的統治者。

Carlyle）於一八四〇年思考「世界歷史的潮流」指派給英格蘭人民的「巨大任務」時，如此表示：「羅馬熄滅了，英格蘭崛起了。」（Carlyle [1840] 1971: 202）

但是，十六世紀起，成為帝國的不只是大西洋強權。西班牙建立海外帝國後，哈布斯堡緊接著深入奧地利建立另一個帝國，這次是個中歐與中南歐的陸地帝國。還有俄羅斯，他們從十六至十九世紀大幅往東擴展，十七世紀末期觸及太平洋，從此以後於此之間暢行無阻。另外，一四五三年鄂圖曼突厥征服君士坦丁堡，確立跨足歐亞版圖的巨大陸地帝國，並且兩度叩關維也納，終於無法繼續前進。就連中國，儘管自明朝以來，似乎進入修身養息的狀態，沒有興致繼續擴張，卻在十八世紀於清朝治理之下往西方與北方開拓，中國從此具備前所未見、多民族、多語言的「帝國」性格（Di Cosmo 1998; Perdue 2005）。這些壯闊且長久的陸地帝國本身擁有分明的形態，各自為帝國的概念增添獨特的貢獻。

換句話說，談到什麼是帝國或什麼構成帝國等定義問題時，可以思考的帝國，有古老的、現代的、各種不同類型的。也許有人同情馬克斯．韋伯（Max Weber）的觀察，像我就是，他說「定義，如果有的話，只在研究的結論才會得到」，而非研究的開頭（Weber 1963: 1）。難怪到了本書尾聲，也許我們會得到不同於起初的帝國。但是藉助幾位作家的見解，最初的切入還是有用的。驚人的是，對於帝國主要的概念存在普遍共識，而且衍生其他專有名詞，例如帝國主義。此外，清楚可見的是，無論經歷幾個世紀的變化，現代的定義依然來自世紀以來為人熟知並且不斷談論的帝國——羅馬當然就是歷久不衰的基準。

麥克．道爾定義的帝國，被廣為接受：「正式或非正式的關係，其中一國控制另一政治社會實質的政治主權……帝國主義單純為建立帝國的過程或政策。」（Doyle 1986: 45）[24]這裡的關鍵要素是權力的單向流動，源自帝國的國家或「宗主國」，因此就有殖民地、隸屬、屈服的「邊陲」。連結宗主國與邊陲的，除了不對稱的控制關係，還有以宗主國為基礎的「跨國社會」（Doyle 1986: 81）。根據道爾的定義，跨國社會意謂「宗主國國內社會跨越國家延伸」到邊陲，無論邊陲採取的形式是如同第五世紀雅典帝國的民主城邦，或是羅馬帝國的都市法律文明，或是都鐸與斯圖爾特的英格蘭政治制度，如英格蘭的北美帝國（Doyle 1986: 129）。換句話說，帝國的國家將具有本身特色的制度出口到邊陲，因而搭起兩邊的橋梁並創造共同文化，確保宗主國的制度與想法永遠占據有利的位置。

如此看待帝國，允許我們區分幅員廣闊、但宗主國與邊陲不分的帝國，以及連接宗主國與邊陲的跨國社會與參與者。莫塞斯・芬利（Moses Finley）曾經抱怨，經常聽到人們認為帝國就是土地面積廣大的國家，但是真正的關鍵在於「對其他國家（或社群、民族）」行使權威（Finley 1978a: 1；亦見 1978b: 104）。[25]我們已經見識到，儘管沒有明顯意謂統治數個不同民族的成文規定，但由於帝國原始的統治權意義，確實有個「稱呼大國為帝國」的習慣；我們在這章後面也應見到領土廣大的國家——尤其是民族國家——與帝國之間絕對沒有道爾和芬利都希望我們認為的清楚界線。許多現代國家，例如法蘭西或不列顛，都有帝國的性格，即使他們並不承認，而且在他們正式取得海外帝國之前（以及之後）就已經是了。然而，仍然重要的是，這兩國或其他更為人熟知的帝國，都統治數個民族。

某些學者（如 Lieven 2001: 25）主張兩個意義的帝國——一是單純一個大國，另一是相對多族群或多民族組成的國家——直接反映陸地帝國與海外帝國的區別，然而這個想法會造成誤導。確實有些陸地帝國，例如俄羅斯和哈布斯堡，帝國的領土是接連相續的，難以分別宗主國與邊陲；至於海外帝國則較易觀察，例如不列顛與法蘭西，畢竟地理距離強調政治距離。儘管如此，陸地帝國比起海外帝國，宗主國與邊陲的關係並不會較不明確，比如在鄂圖曼這樣的陸地帝國，君士坦丁堡明顯就是宗主國，其他則是邊陲，這點沒有人會搞錯。如我們即將見到，將帝國區別為陸地與海外是有所幫助的，對於帝國與從屬民族也承載著重要意義。在某些能被當成陸地帝國，也能被當成海外帝國的國家，例如不列顛，情況又更有趣了。但是，重要的區別不是帝國有無宗主國和邊陲之分，而在於宗主國和邊陲的關係是否存在，且這些關係構成那些實體的政治生活，才是所有帝國的辨識標記。

問題反而出在學者希望區分「帝國主義」與「殖民主義」。這個問題在專有名詞的歷史上有一些基礎。「帝國」是個備受推崇的術語，但是直到十九世紀後半，「帝國主義」才進入歐洲各國使用的詞彙，而「殖民主義」作為普遍的術語，則是一九五〇與一九六〇年代才出現（*OED* 1989: *s.v.* "imperialism," "colonialism"）。每個詞各有特色用法；一八八〇與一八九〇年代，克服早期的負面觀感，使用「帝國主義」的多半是西方強權，通常帶有正面意義，擁護帝國。然而，從一九〇二年霍布森出版了《帝國主義》（*Imperialism*）開始，列寧與其他作家的著作接續在後，這個詞從此沾染汙名；雖然正面的意義仍然持續至二十世紀上半（Fieldhouse 1961: 187-88; Koebner and Schmidt 1964: chaps. 4-8; Hobsbawm 1987: 60）。一九六〇年代，多虧共產主義與第三世界的作家與社運人士，「殖民主義」一詞開始取代「帝國主義」接受責難；不如後者，前者「似乎打從一開始，用法就充滿敵意」。（Howe 2002a: 27）

但是，除了專有名詞的歷史，殖民主義和帝國主義是否還有更有用的區分？艾瑞克・霍布斯邦（Eric Hobsbawm）認為，十九世紀末期，資本主義強權的帝國主義催生新形態的帝國，也就是殖民的帝國。帝國主義現在具備不可化約的經濟特性，因此與資本主義之前的帝國比較，是過時的作法。對霍布斯邦而言，從這個時候開始，只有殖民主義——即使這個詞還需要歸化——沒有舊式的帝國主義。（Hobsbawm 1987: 57-60）

霍布斯邦可能相信後來的帝國主義或殖民主義可以簡化為經濟主張。但他清楚意識到許多人的想法不同，例如熊彼得，而且我們當然沒有義務追隨馬克思主義的正典。無論如何，與此相關的問題太多。[26]將二十世紀如此的現象理解為蘇維埃帝國，對我們當然沒有幫助，理解為希特勒的納粹德國更是無益。多數支持歐洲殖民帝國的人確實期待帝國帶來經濟好處——雖然是否真是如此，仍是熱烈爭論的議題（例見，Offer 1993）；但是那不代表我們可以無視建立殖民帝國的軍事、政治或意識形態因素，或單純認為這些因素只是表面，而骨子裡還是以經濟動力為主。論意識形態的因素，那些殖民帝國和過去的其他帝國就是屬於同類，並可溯及羅馬帝國或更早之前的帝國。古老的帝國和現代的帝國可能有一些重要的差異，但是強調經濟似乎沒有說到重點。

有個不同的方式區別帝國主義和殖民主義：建議帝國主義限制在陸地帝國的活動，讓殖民主義描述海外帝國的制度。因此中國和俄羅斯可以說是形式較老、偏向以區域為基礎的陸地帝國，而不列顛與法蘭西則是參與轉變世界的海外殖民主義事業（例見，Adas 1998: 371）。但是，幾個學者又頗具說服力地主張，並以中國為例，十七世紀末與十八世紀，清朝治理的中國擴張至「亞洲內陸」，具備所有歐洲海外擴張的基本特徵，而且「清朝統治西藏、蒙古、新疆，與歐洲深入海外屬國並無異」（Di Cosmo 1998: 306；亦見 Perdue 2005）。此外，一直有人認為，俄羅斯於十九世紀征服中亞陸地，也有殖民擴張的標誌，包括殖民者定居並建立殖民地的行政制度（Carrere d'Encausse 1989; Di Cosmo 1998: 307）。再一次的，雖然主要基於技術與軍事力量優越之故，（Adas 1998: 382-88）我們傾向認為歐洲的帝國主義與非西方的帝國主義有所差異，然而區分帝國主義與殖民主義又是不同的一回事。

有個進一步的想法可能也要提起——雖然似乎只會讓情況更加混亂。莫塞斯．芬利（1976）主張，「殖民主義」一詞應該只運用在宗主國社會刻意灑下男人與女人定居的種子——名符其實的殖民或「種植」——並且依賴宗主國的力量。根據這個說法，雖然公元前第五世紀的雅典人與斯巴達人擁有帝國（Finley 1978b），但古希臘人一般而言卻沒有殖民地或殖民主義，因為宗主國或「母國」建立的「殖民地」無論目的或事實，都是公民自治的共同體，就像他們衍生的「城市國家」（poleis）一詞（亦見 White 1961）。[27]更加爭議的是，芬利雖然認定印度是不列顛「帝國」的部分，卻不是殖民地，因此不屬於殖民主義的系統。在不列顛的脈絡下，殖民主義只能用於那些存在相當數量的不列顛或歐洲殖民者的居留地，例如北美、澳洲、紐西蘭或南非。這意謂不列顛帝國的許多部分，包括在非洲、亞洲、太平洋的許多領土，沒有大量歐洲人居留的地方，都不能當作殖民地。帝國主義與殖民主義可能重疊，但是他們各有不同原則，而且導致宗主國與邊陲產生不同的關係。[28]

芬利想要回到「殖民地」一詞中屬於「技術的」、且坦白說是古老的意義，他意識到這番事業可能是一種空想（Finley 1976: 170）。確實如此。他很清楚，對他自己和其他人來說，殖民主義與帝國主義或多或少會交替使用，而且企圖分開兩者也無多大的幫助；這方面的研究還在進行，但沒有什麼正面效果（例如，Howe 2002a: 25-31）。甚至如「內在殖民主義」這樣的概念，也有如邁克爾·赫希特（Michael Hechter）等思想家經常使用的，結果和我們意謂的帝國主義沒有太大不同，而且當然不需要芬利的殖民地種植園（這也是芬利不同意的原因）。同樣的，雖然「去殖民化」是個有用的術語，因為「帝國」和「帝國主義」都沒有相等的含意，但是使用「去殖民化」一詞並不需要有別於帝國主義的殖民主義。

帝國、帝國主義、殖民主義組成一個概念家庭，用法不同又重疊。這些專有名詞的歷史各自指向不同來源，時間又將他們融為一個合成物，其中具有合理程度的共識。從我們的觀點來看，最重要的是帝國的意義，而羅馬提供那個意義的基本描述；至於上述道爾的定義，衍生自羅馬的使用傳統，是個合理的總結。帝國就是統治多種民族；帝國主義與殖民主義就是與帝國有關的態度與作為。

帝國主義，嚴格正式來看，也許已經是過去的事。國際社群多種機構皆厭惡既存的國家合併或併入新的領土等行為，就連最強大的國家也接受這條自我否定的規定。[29]但是永遠都有「非正式帝國」的形式，不須正式占領土地，也能控制其他國家或社會的命運（Gallagher and Robinson 1953; Wood 2005）。不列顛人在十九與二十世紀大範圍從事這種活動；美國人，如果更早之前沒有，那麼二次大戰之後也付諸行動了；俄羅斯人可能在喪失他們正式的蘇聯帝國後，於今天開始跨出步伐。「帝國」可能消失了，但帝國主義可能還是如影隨形。

更重要的是，普遍認為過去大約兩個世紀扮演世界共同體的政治機構再也無能繼續，或發揮相同效果。民族國家與其機構是否「正在減少」，這是熱烈爭論的議題，但是實際上無人爭論民族國家的背景已經改變，也就是作用並限制民族國家行動的全球力量，包括經濟、政治、軍事方面。現在大約存在兩百個民族國家，然而他們決定自己命運的能力卻大不相同，大約只有幾個國家擁有那樣的能力，那當然也是十九世紀末古典帝國年代的世界局勢，當時歐洲帝國或多或少控制世界；就這方面而言，當時與此時有某些相似之處。帝國的歷史並不「只是」歷史，重新檢視這件事也許就有意義。

還有一個進一步的觀點：我們習慣比較與對照帝國和民族國家，並且假設過去半個世紀或更久以前，曾經過一段「從帝國到民族」的時間（詳情如後）；甚者，來自法國大革命的民族原則被假設為「現代」原則，而帝國某個方面即是現代之前。於是就如熊彼得的看法，延續到十九與二十世紀的帝國，是某種來自古代、陳舊的殘留物，但帝國不但沒有讓路給民族國家，而且在過去兩個世紀不僅尾隨著民族國家，很大程度更令民族國家黯然失色。雖然帝國在二次大戰數十年之間正式瓦解，他們的位置很快地被許多方面形同帝國、唯獨名稱不是的「超級大國」取代，但在這種情況下，當然會被說成是殘留物！

簡單來說，帝國不只是過去，也是現在，因此我們需要檢視帝國持續的形式與影響。如果帝國屬於歷史，那麼那段歷史就有必然出現的來生。奈波爾（V. S. Naipaul）的小說《模仿者》（*The Mimic Men*, [1967] 1985: 32）當中的角色說：「我們時代的帝國壽命不長，但永遠改變世界；滅亡是他們最不重要的特徵。」

最需要重新檢視的特徵是帝國與民族之間的關係，以及兩者之間預設的衝突，這點一直是討論帝國的核心議題，尤其是現代帝國。他們事實上如何不同？民族國家到何種程度取代帝國？身為帝國與身為民族的相似之處是什麼？差異之處是什麼？如果帝國確實於原則上和民族截然不同，就帝國的影響而言這意謂著什麼，又能從帝國身上學到什麼？

民族對上帝國

傳統上，總是認為帝國與民族互為對手，是結下不共戴天之仇的死敵。[30]民族主義的原則是同質性，而且往往是族群的同質性；民族力求包含或製造共同文化，並表達激進的平等主義：民族中的所有成員原則上是平等的；全體共享民族的「靈魂」。此外，民族是極度特殊主義的，雖然民族不否認其他民族的存在，也不否認其他民族發展自己的方式，但民族普遍只關心他們自己的方式，深信自己的方式優於其他所有民族。也就是說，民族高度注重自我，他們傾向彰顯自我——「我們英格蘭人」、「我們德意志人」、「我們法蘭西人」——純粹因為他們命好所以生來如此，而非世界上有任何原因或目的能夠證成他們的存在。（Breuilly 2000: 217）

相反的，帝國的原則似乎與民族的原則對立。帝國是多族群或多民族的，帝國不僅不會尋求共同文化，反而強調文化的異質性，尤其是菁英與地方文化之間；且帝國是階層的，原則上與平等主義相反；而團結的方向是垂直的，即臣民與統治者之間，不如民族是平行的，即相同族群團體的平等公民或同胞。最後，帝國追求普世主義，而非特殊主義，如同中國或羅馬，他們視自己為已知世界的中心、文明起源、傳遞文明到全球各個角落的使者，因此他們不會只彰顯自己，反而傾向認為自己在為世界更崇高的目標服務，通常具有道德或宗教特性；他們認為民族主義既心胸狹隘又自我中心，因此不屑一顧。西班牙帝國的奧利瓦雷斯伯公爵（count-duke Olivares）說過一句話，反映典型的帝國主義心態：「我不追求民族，那是給小孩的。」（in Elliott 1984: 74）

班納迪克．安德森（Benedict Anderson）在著作《想像的共同體》（*Imagined Communities*）中強力主張「帝國與民族內在的不相容性」（Anderson 2006: 93），艾尼斯特．葛爾納（Ernest Gellner）知名的民族主義研究著作《民族與民族主義》（*Nations and Nationalism*）[5]亦有相同見解。葛爾納認為帝國（以現代之前為主要類型）屬於他所謂「農業識字」（agro-literate）社會，其中的核心事實是「裡頭所有事物都在妨礙以文化界線定義的政治單位」（Gellner 1983: 11；亦見 Gellner 1998a: 14-24; Breuilly 2000: 198-99）。權力與文化屬於不同國度，關鍵的是，菁英文化（特性通常是見多識廣或放眼世界的）與帝國內部無數從屬階層的地方文化涇渭分明。現代的帝國，例如蘇維埃帝國，持續這個分野，這也是為何葛爾納認為他們本身在民族主義主導下的世界會不穩定。

葛爾納主張，民族主義取消現代時期的權力與文化、國家與民族之間越來越無法容忍的差距。民族主義堅持只有統治者與被統治者共享相同文化才是正當的政治政體，既然民族主義想像的民族，精髓上就是共享的文化，那麼民族主義的理想就是一個國家只能有一種文化，亦即「民族國家」。在民族主義者的眼中，一個政體的統治者不屬於多數被統治的民族，就是「違背政治適當性，相當無法容忍」（Gellner 1983: 1）。對民族主義者來說，一個實體，例如不列顛帝國，由少數英國人統治超過上百萬個印度人、非洲人與其他人，而這些人本身各個又可能構成國家身分，這種情況怎麼可能證成？

安德森與葛爾納認為民族與帝國對立，這個想法可回溯至十八世紀歐洲的啟蒙運動。安東尼・帕格登特別受到其中一位歐洲民族主義之父約翰・戈特弗里德・赫爾德（Johann Gottfried Herder）吸引，主張「民族與帝國不可改變的對立」。「對赫爾德而言，民族的概念，也就是『*a Volk*』，以及帝國的概念，單純互不相容。全世界的帝國遲早注定瓦解回到組成的成分」，視為民族或國家（Pagden 2003: 131-32；亦見 Pagden 1994: 172-88; Muthu 2003: 210-58）。赫爾德表示，「國家的非自然擴張，各種人類和民族在一個權杖下的瘋狂混合——沒有任何東西像這樣，直接面臨統治終結」（in Muthu 2003: 248），這個觀點逐漸與民族原則結盟，成為十九世紀自由派的老生常談。即使是那些為帝國辯護的自由派，例如麥考利男爵（Lord Macaulay）和約翰・史都華・彌爾（John Stuart Mill）也接受民族歸屬是「自然」的原則，而且僅在帝國帶領「落後」的民族邁向獨立的國家地位，這樣的情況才能證成帝國。（Mehta 1999: 77-114; Pitts 2005: 123-62）

民族與帝國過去兩個世紀的歷史似乎證實這個差異與分歧的觀點。一直以來，歷史就是以民族之名對抗帝國。大型陸地帝國，例如俄羅斯、德意志、奧匈、鄂圖曼帝國，常被斥責為「囚禁民族的監獄」，緊接著在一次大戰之後紛紛崩解，取而代之的獨立民族國家於是普遍被當成合法的帝國繼承人。一九一八年，美國總統伍德羅・威爾遜（Woodrow Wilson）提出戰勝的協約國十四點原則，大聲宣布民族原則勝過帝國王朝。（Seton-Watson 1964: 19-23; Hobsbawm 1994: 31; Kappeler 2001: 213; Ferguson 2005: 172-73）

❺ 譯注：中譯版書名為《國族與國族主義》。

之後法蘭西、荷蘭、不列顛等海洋或海外帝國也轉向。經過一系列驚天動地的「民族解放之戰」，這些帝國的殖民地基於民族主義的教條，宣布並實行獨立，而民族主義的教條也成為國際制度的準則；「從帝國到民族」的運動便常被用來總結這段戰後經驗（例如，Emerson [1960] 1962），此外，這些帝國瓦解的原因部分由於天翻地覆的二次大戰。如同上一場戰爭，聯合國在一九四八年的《世界人權宣言》為民族原則背書（「人人有權享有國籍」），而且之後的一九八九年，蘇維埃帝國在東歐的「非正式殖民地」紛紛宣布獨立，蘇聯本身諸多共和國或「內在殖民地」也接連採取類似行動（雖然，如同葛爾納正確地提到〔1998a: 57〕，推倒蘇聯的並不是民族主義本身）。

一九九一年蘇聯解體，似乎為民族與帝國持續已久的對抗設下定局。儘管許多人討論「美國帝國」，但古典意義下的正式帝國目前至少已抵達某個終點站（「歷史的終點」這種宣告，或類似自由民主在世界勝利這種主張，某方面也認同這點）。圍繞「帝國」、「帝國主義」的汙名，自二次大戰以降越來越強大，現在似乎影響各處。再也沒有國家稱呼自己為帝國，只有敵人會這麼做。如果真有美國帝國，如同尼爾．弗格森主張，那就是「反對帝國的帝國」，實施「反帝國主義的帝國主義」、「不敢說出名字」的帝國。（Ferguson 2005: xxii, 6, 61-104; cf. Teschke 2006: 137）

民族作爲帝國

但是，講述民族與帝國的故事還有另一種方式。依照這個方式，民族與帝國並非如此對立，而是同一權力現象的替代或補充——帝國可以是放大的民族，另起一個名字的民族帝國。

傑出的歷史學家路易斯．納米爾爵士（Sir Lewis Namier）曾經說過，「十六世紀的民族主義叫作宗教」（in MacLachlan 1996: 15），這似乎是典型的案例，表示世俗思想家拒絕接受參與者真誠的主張。拆散十六世紀多數歐洲社會的，確實就是「宗教戰爭」衝突，而且將衝突轉化或簡化為民族主義（或者甚至原型民族主義〔protonationalist〕），儘管安東尼・馬克思（Anthony Marx, 2003）可能不會同意，但現在顯得非常不合時宜。[31]然而，納米爾觀點的洞見是，民族主義可能採取各種形式與表現，如此一來「帝國民族主義」這樣的概念，就不會如乍聽之下來得那樣矛盾。

首先，重要的是要注意，如同上述討論，許多早期的現代國家——那些後來演化為民族國家的國家——視自己為「帝國」。大衛・阿爾米塔基（David Armitage）和其他人皆強調，尤其在十六與十七世紀，「帝國」一詞經常以原始（羅馬）意義的「統治權」或「至高權威」意義使用，而非後來且較普遍現代的意義，也就是統治廣大土地與多個民族（Armitage 2000: 29-32；亦見 Pagden 1995: 12-13）。「Rex in regno suo est *imperator*」，意思是國王在他的王國就是皇帝，這個中世紀晚期的俗語就是現代時期早期的國家宣稱帝國的基礎。（Ullmann 1979）這裡出現帝國的主張，作為統治權或獨立的權威，與民族國家的核心主張是非常相似的。

帝國和（民族）國家可能重疊，還有進一步的方式。許多現代時期早期的國家是所謂的「複合君主政體」或「多個王國」——一個君主可能統治數個領土，其中許多之前是獨立王國，例如西班牙或不列顛。因此，儘管西班牙在我們的印象中，更經典的是在新世界與其他地方的殖民，但西班牙國王查理五世也曾統治卡斯提爾、亞拉岡、米蘭、拿坡里、低地國等王國；至於不列顛則隨著一六〇三年詹姆士一世（James I）即位，加上一七〇七年的合併法案，更加確立不列顛王國由英格蘭、蘇格蘭、愛爾蘭王國，以及威爾斯公國組成（Koenigsberger 1987; Elliott 1992; Russell 1995; Armitage 2000: 22-23）。換句話說，這樣的國家，無論古典或現代，都表現帝國有多種民族與土地的涵義。無論強調統治權或治理多民族，國家和帝國在現代時期早期是相承的術語。（Koebner 1961: 52; Armitage 2000: 14-23; Pagden 1995: 13-14）

但是還有更具說服力的考量，令我們視帝國與（民族）國家兩者為交會，而非分歧。多數民族國家，就像多數帝國，是征服與殖民的結果。晚近的民族主義，當然想掩飾這個嚥不下去的事實，就像民族主義談到民族許多暴力起源的一面就會馬上健忘（Marx 2003: 29-32）。十九世紀民族主義史學興起，造成「國內」與「領土之外」之間，以及民族國家與帝國之間的不和，無論是之前的領土帝國，或十八、十九世紀歐洲在全球建立的帝國。儘管如此，如同大衛．阿爾米塔基所言，「從激烈競爭的民族中倉促形成的民族國家，功能是『未能如願的帝國』」——歐洲內外皆是如此。（Armitage 2000: 14）

對於歐洲國家如何於中世紀中期，即十至十四世紀，經過「征服、殖民與文化改變」的過程形成，羅伯特．巴特利特（Robert Bartlett, 1994）提出經典的說法。法蘭克與諾曼的武士從他們位於老卡洛林王朝（Carolingian）的心臟地帶——現代法國與德國西部——往東、西、南方掃蕩。諾曼人征服英格蘭，接著取下威爾斯和愛爾蘭；他們對蘇格蘭人施予莫大壓力，以存活為條件，強迫他們採取盎格魯—諾曼文化與制度。在東邊，德意志人剷除森林，建立新城鎮並大批搬進舊城鎮，例如布拉格，目的在於最終將這些土地併入普魯士與其他德意志國家。勃艮第（Burgundian）家族在葡萄牙和雷昂—卡斯提爾建立領地，以天主教先鋒之姿從摩爾人手中奪回安達魯西亞（Andalucía）。諾曼人征服西西里，並以此為基地，散播拉丁基督宗教的生活方式與制度，透過建立耶路撒冷十字軍王國的十字軍東征幫助，遍布整個南地中海與黎凡特（Levant）。在這場廣大的離心運動中，城鎮特許狀、商業法、貨幣、語言（拉丁語）、教育與教會系統等統一的制度，從波羅的海到東地中海這片廣大的範圍中誕生。「歐洲是這個世界征服、殖民、文化轉變過程主要的創始者，也是過程的產物。」（Bartlett 1994: 314）

這段征服與殖民的動態過程意謂著，建立在中世紀與現代時期初期歐洲的國家與王國，幾乎全都具備了帝國的外貌。以英格蘭為例，一〇六六年英格蘭被諾曼人征服後，開始自己的征服過程，起初多半由諾曼人主導，「合併」（即，征服）威爾斯、愛爾蘭、以及最後的蘇格蘭等民族，成為另一個國家——聯合王國，以及另一個民族——不列顛。尼爾．弗格森觀察到「現在許多成功的民族國家，都是從帝國開始」，於是他問：「現代的大不列顛聯合王國及北愛爾蘭，如果不是早期英格蘭帝國主義的遺產受贈人，又是什麼？」（Ferguson

2005: xii）如同歐洲本身的作為，英格蘭首先進行「內部殖民」，建立大不列顛「內部帝國」，作為大不列顛在海外「外部帝國」的跳板，開始世界上的殖民事業。（Kumar 2003: 60-88; cf. Cooper 2005: 172）

法蘭西亦同。卡佩（Capetian）王朝的國王從他們在法蘭西島大區（Île-de-France）的基地發動征服過程，取得國家地位（見第七章）。他們逐漸征服並吸收周邊國家：諾曼地、布列塔尼、勃艮第、隆格多克（Languedoc）、普羅旺斯，以及許多一度獨立的公國，後來繼承卡洛林帝國。誠如歐根・韋伯（Eugen Weber）所示，直到十九世紀末期，不同傳統的農民和諸多方言才被國家化，成為法蘭西男人或法蘭西女人。法國「六邊形」的國土，具有可見的帝國根源。

從西班牙身上更可明顯見到透過征服的統一——西班牙在許多方面越不完整，這個形態越是明顯，例如努力不懈的巴斯克（Basque）分裂主義運動，以及加泰隆尼亞斷續的獨立要求。自從亞拉岡與卡斯提爾王國於一四六九年統一後，西班牙的君主費盡心力，希望將毗鄰的領土整合為單一國家，組成西班牙國，然而只是部分成功；整個過程迂迴曲折，充滿暴動與內戰。十八世紀，從一位西班牙公僕奧拉維戴（Olavide）的評語可一目了然，他說西班牙「是其他分裂的小團體組成的主體，小團體互相對抗、彼此輕視，而且長久處於內戰狀態……現代的西班牙可以看成毫無活力的主體……互相作對的小共和國形成一個畸形的共和國」。（in Carr 2000: 6）

西班牙、法蘭西、英格蘭／不列顛，這三國是民族主義研究文獻當中最常代表早期形式良好的民族國家。（例見，A. Smith 1991: 55）好好記著，形成這些民族國家的過程中有多少征服與殖民，而且「民族」這個詞，意謂共識、社群、同質性，最終產物卻是不完美的。「西班牙」、「法蘭西」、「不列顛」以及他們相對的民族，或多或少都是強迫相鄰土地與團體結合的結果。而支配的團體，其中的制度與文化往往與那些被征服的團體不同。後來建立的民族也會見到這個模式。例如，常有人說，十九世紀與之後，「德意志」是普魯士征服其他的德意志國家；另一方面，雖然較不普遍，但也有這樣正確的說法：「義大利」是皮埃蒙特人（Piedmontese）

征服其他的義大利國家（這點可以說明一八六八年馬西莫．達澤里奧〔Massimo d'Azeglio〕那段著名的話：「我們已經建立義大利，現在我們必須打造義大利人。」）而且常有人指出許多非洲與亞洲的「新國家」只是虛有其名，他們是人造產物，絕大部分是戰爭與前帝國強權操作的結果。我們需要強調的是，這種模式不只是後來國家建立的典型，在最早的例子中就已成為準則了。許多「民族國家」，換句話說，是帝國的縮影；他們形成的方式往往就是帝國形成的方式。有鑑於此，民族國家不可避免地具有帝國的面向。

帝國作爲民族——「帝國民族主義」

倘若民族常被理解並建構為帝國，反過來是否也為真？如果民族被視為迷你帝國，帝國是否可以視為大型民族？帝國主義與民族主義是否交會？如此交會的程度與限制又是什麼？

安東尼．史密斯（Anthony Smith）不只一次（例如，1986, 2004）主張所有國家都由「核心族群」（ethnies）構成，核心族群周圍可能相容其他從屬地位的民族團體。以英格蘭為例，當我們說「英格蘭人」，不能忽略幾世紀以來挪威人、諾曼人、胡格諾教徒（Huguenots）、蘇格蘭人、威爾斯人、愛爾蘭人、猶太人、印度人、非洲裔加勒比海人與其他民族的貢獻。但是同樣清楚的是，最晚大約於十六世紀，開始出現某種像樣的英格蘭民族（這和我們在這個時期可以發現英格蘭的民族主義不同，雖然 Greenfeld [1992] 不這麼認為）。一方面，由於莎士比亞、馬羅（Marlowe）、史賓賽（Spenser）的作品大放光芒，英格蘭的語言彼時已經自成一格；基督教亦開始發揮效果，尤其是以非國教的形式；國會與普通法更已被公認為民族文化的象徵。用雷金納德．霍爾斯曼（Reginald Horsman, 1981）的術語來說，這是「種族的盎格魯—撒克遜主義」（racial Anglo-Saxonism）的開端，雖然這個主義的外觀在十九世紀沒有生物特徵，但是到了這個時候，確實有個分明且支配的「族群」

在英格蘭出現，設下條款與條件，後來的團體可以在裡頭找到（強取）一個位置。（其他例子見 Kaufmann 2004）正是這個「核心族群」將其特殊性質借給民族；正是這個團體定義「民族特性」，而且，要精確地列舉出這些特殊性質總是困難的。（就英格蘭的例子，優秀的討論見 Mandler 2006）

對於帝國，我們難道不能用類似的方式描述嗎？多數帝國是由一個特定的民族建立——羅馬人、西班牙人、英格蘭人／不列顛人、法蘭西人、俄羅斯人、突厥人等，正是這些人為帝國命名並監督帝國發展，不管他們的人數多寡，正是他們定義了帝國的特色；我們可以說，他們是該帝國「承擔國家」（state-bearing）的民族，如同一個特定族群團體可能會將自己的身分等同自己創造的民族，一個特殊民族可能也會將自己的身分等同於自己建立的帝國。如我們所見，民族與帝國會站在不同的觀點上來思考自己在世界上的目的或天命，一個是偏向內部，一個是偏向外部，但是在兩種情況中，我們都可以分辨一個團體或數個團體將自己等同他們建立的政體，並從中衍生出他們的集體身分。

我在其他地方主張過（Kumar 2000, 2003: 30-35），我們可以稱帝國民族的認同感為某種「帝國的」或「傳教的民族主義」；我承認這麼做有雙重危險。首先，民族主義的意識形態直到十八世紀末期才出現，因此在這個時間點之前提及民族主義是不合時宜且容易誤導人的，畢竟多數帝國顯然早於民族主義的年代——即使他們順利延續，進入了這個年代——我們顯然需要清楚說明「帝國的民族主義」是什麼意思。第二，所有的平行資料皆指出，帝國不是民族（而且民族不是帝國），我們會在之後的論述提及。因此提出帝國的民族主義，將冒上混淆民族與帝國兩個實體的風險，而在多數情況下必須區分兩者。

儘管如此，「帝國的民族主義」可能是個有用的概念，因為從共同有利的位置觀看兩個無法比較的現象也會有所收穫；如同民族主義者之於他們的民族，帝國主義者亦能感覺到他們的帝國有某些獨特之處，且在世界上肩負任務或目的。這點，再次如同民族主義者，賦予帝國的民族本身較為優越的感受；因為與生俱來的優點，所以他們獲選為執行任務的民族（cf. Smith 2003）。[32]帝國主義者，如同民族主義者，是狂熱的信徒。

是什麼原因或使命，賦予帝國民族集體的認同感？對多數歐洲人來說，羅馬人定下這個模式，他們相信他們為世界貢獻文明，即羅馬法律、羅馬制度、羅馬文化；因此羅馬人認為他們的帝國等於整個已知世界——*orbis terrarum*，這種想法是可能的。之後的歐洲帝國，從神聖羅馬帝國以降，重申這個主張到了令人生厭的程度，儘管內容可能根據特定時空而有變化。因此，雖然西班牙人就和多數帝國主義者一樣，以羅馬的形象看待自己，但是他們看待自己在歐洲和新世界的使命是天主教的強權（這個角色又受宗教改革增強）。而奧地利的哈布斯堡王朝從他們西班牙的表親手中接棒，不僅視自己為反宗教改革之首，而且以奧地利人的身分，視自己為歐洲文明東翼的守護者，抵抗突厥異教的威脅。至於俄羅斯人則宣告莫斯科是「第三羅馬」，而他們自己繼承遇難的拜占庭，努力地在世界上延續東正教。類似的決心但相反的目標鼓舞了英格蘭人，身為「基督教的國家」，他們試圖領導基督教在歐洲與新世界的改革運動，尤其對抗西班牙與法蘭西等天主教強權的陰謀。就法蘭西人來說，首先他們將帝國與天主教的目標掛勾；一七八九年大革命後轉向共和主義，逐漸開始認同法蘭西帝國主義是「*la mission civilisatrice*」，即教化使命（如同不列顛人於不列顛帝國後期的階段）。這本身也是俄羅斯人在他們的第二個帝國或蘇維埃帝國的使命，也就是以共產主義的形式向愚昧的人們傳播理性與科學。從羅馬人開始的文明與啟蒙使命，在此被重新強調，輪子也在轉滿一圈後，再度回到起點。[33]

然而，僅僅列出這些目標或任務，反而會對民族主義與帝國主義的類比投以更多懷疑；民族主義的目標在典型上並不像這些。十九世紀初期某個時候，自由民族主義（liberal nationalism）在朱塞佩．馬志尼（Giuseppe Mazzini）和其追隨者的旗幟下蓬勃發展，民族主義確實與「啟蒙世界、傳播自由」這個高貴的目標結盟。（Alter 1994: 19-23, 39-65; Mazower 2015: 48-54）但是接續的時期，即「有機民族主義」（organic nationalism）時期，顯示出民族主義的另一個面貌：仇恨且無法容忍對手、鼓吹某幾個國家的力量與光芒、要求公民無論國家選擇追求什麼目標都要為國犧牲。納粹頌揚條頓或亞利安民族，其實就是頌揚自己，而且指出了這種民族主義邏輯的終點。（Alter 1994: 26-38; Hobsbawm 1992: 101-30; Zimmer 2003: 80-106）

帝國主義的意識形態是普世主義的，而不是特殊主義，這個差別必須牢記在心。帝國主義的民族不像民族主義的民族，他們不會頌揚自己；他們頌揚的是他們代表或背負的目標，他們正是從這點來衍生自我身分與在世界上的定位。但是帝國與民族主義並置依然有所啟示，從兩者身上我們都見到融合一個民族與一個政治實體或幾乎共生的企圖。帝國主義的民族國家傾向自鳴得意與自恃甚高，並且弱化「僅為國家」的身分，但是，如此是為了堅持更高形式的民族主義，這樣的民族主義支持著民族投身至超越該民族的目標。

從這個觀點看來，多少有些諷刺——帝國主義和民族主義最大的交會正是在一八七〇年代到一次大戰之間，民族主義脫掉自由的外衣，呈現赤裸的面貌，轉而追求權力。歷史學家沃爾夫岡・蒙森（Wolfgang Mommsen）談到這個時期「民族政治的變形」：

> 民族國家的概念，當中有某些要素，在十九世紀上半令這個概念成為解放的意識形態，來對抗公國與小型貴族菁英武斷的統治，而且是爭取法治政府的知識武器。但是這些要素逐漸喪失了，取而代之的是，這個概念與既有民族文化的權力地位聯合，而且認為有必要將其價值強加於族群或文化的弱勢，無論是在政治團體之內或之外。（Mommsen 1990: 215；亦見 Mommsen 1978）

蒙森認為這種變形與當時的「高度帝國主義」（high imperialism）直接相關，即強權透過取得越來越大的領土帝國以競爭世界舞臺的支配地位，尤其是不列顛、法蘭西、德意志（Mommsen 1990: 212）。這也是另一位自由主義思想家霍布森的觀點，霍布森是帝國主義重要的批評者，他認為帝國主義「貶損真正的民族主義，手法就是溢出天然的堤防，吸收遙遠或鄰近的領土上不情願又未同化的民族」（Hobson [1902, 1938] 1988: 6）。對霍布森和其他自由主義的思想家而言，民族歸屬依然展現自然且令人嚮往的原則——「通往國際主義的康莊大道」，而帝國主義是「民族主義本質與目的的顛倒」。（Hobson [1902, 1938] 1988: 11）

在其他思想家眼裡，這樣的立場對民族主義似乎太善良。對他們來說，民族主義是天生的帝國主義，如同此時帝國主義不可避免地對抗民族主義。如此一來，帝國主義不再那麼被視為顛倒的民族主義，而是尋求權力的民族主義或多或少的自然延伸；民族則是以帝國的形象想像自己，也就是偉大與崇高權力地位的傳統象徵。克里斯多福・貝利（Christopher Bayly）認為：「帝國主義與民族主義，是一體之兩面……排外的民族主義興起，抓住並利用新興且偏重干預主義的國家。而這個國家的力量是關鍵，促進新的帝國主義，並且強化整個世界大多數人與『族群』人口之間的界限……帝國主義與民族主義互相作用，重新再次劃分世界與人民。」（Bayly 2004: 230, 242-43）

因此，再一次的，帝國與民族、帝國主義與民族主義之間的分野，似乎粉碎並消失。如果民族可以被視為帝國，那麼帝國，尤其是現代的帝國，似乎就是大規模的民族。不列顛帝國，或某些人稱「大不列顛」，就這個觀點表達的即是不列顛民族主義，欲於世界擴張不列顛人的存在與權力（例見，Seeley [1883] 1971）；法蘭西帝國，某部分與不列顛互相對抗，表達的是一八七一年慘敗於普魯士手中而受傷的法蘭西民族主義（見Schivelbusch 2004: 103-87）。也許，帝國主義顯得像是過度膨脹的民族主義；但是，無論如何，民族主義還是表現自己最終的邏輯與趨勢。

帝國與國家
——持續的對立與緊張

那麼，這是結論嗎？葛爾納、安德森與其他許多人，極力區分帝國的原則與民族的原則，他們錯了嗎？帝國主義只是換個名字的民族主義嗎？

馬克斯・韋伯觀察，雖然所有強權基於聲望，傾向帝國主義而且持續「擴張」，但並非所有民族皆是如此，有些民族從自我當中尋求原則與民族尊嚴。「不是所有政治組織『擴張』的程度都相同。他們並非全都尋求向外擴張的權力，或者隨時準備合併與支配其他領土與社群，以取得控制的政治權力。因此，作為權力結構，政治組織轉向外部的程度各不相同。」（Weber 1978: 2:910）不列顛、法蘭西、德意志也許覺得需要帝國，但是瑞士或挪威並非如此。

這個觀點可能是思考一個事實的方式：帝國與民族在不同時期的國家發展當中，是可以交替的。現代時期初期，西班牙與葡萄牙帝國令人覺得帝國似乎是宣示存在的唯一方法。不列顛、荷蘭、法蘭西急忙模仿那些國家的帝國模式，而且相當成功。後來，在十九世紀，隨著民族原則壯大，民族國家形成，似乎提供一個更能實現，而且對許多人而言更務實的選項，對於小型或柔弱的國家更是如此，例如義大利、波蘭、愛爾蘭、挪威、哈布斯堡帝國的斯拉夫民族。在這些地方，帝國是敵人，不是目標。

但是民族主義不是專為小型或柔弱的國家存在的。民族與帝國之間的緊張常見於同一時期、同一國家，包括某些最強大的國家。十九世紀的不列顛有自己的英格蘭本土主義者（Little Englanders），尤其失去北美殖民地後，他們感覺到帝國毀滅不列顛的商業，敗壞自家的道德政治。對不列顛而言，前進的道路即是放棄帝國作為，以眾多民族之一的身分，豎立和平與繁榮的楷模，並且展現其影響力（例見，Thornton [1959] 1968: 1-56; Gott 1989）。[34]在法蘭西，一八七一年的普法戰爭中，他們喪失亞爾薩斯—洛林（Alsace-Lorraine）領地之後，帝國主義者與民族主義者之間也出現痛苦的鬥爭，一方想要維持與不列顛帝國的權力抗衡，另一方則認為帝國會礙事，為了法蘭西的民族榮耀，收復失地乃為必要。（Baumgart 1982: 55-68; Schivelbusch 2004: 176-87）

因此，儘管民族主義者與帝國主義者存在相似之處，兩者仍然可以轉向不同方向。民族的世界，接受不同民族的特殊性，並且鼓勵培養獨特民族文化，與互相競爭的帝國世界相當不同；每個帝國都希望以自己的想法改造世界。現代帝國主義最著名的作家霍布森，非常積極串連民族主義與帝國主義，儘管如此，他認為有必要在他的研究開頭就闡述明白，與民族主義串通的帝國主義是非常新穎且非典型的帝國主義；新穎與非典型的原因是，這樣的帝國主義以互相競爭的民族為形式，每個民族都力求擴大他們的帝國；然而，帝國真正的原則是單一且普世的。

> 數個互相競爭的帝國，這個想法本質上是現代的。在古代與中世紀的世界，帝國的根源概念是國家的聯邦，隸屬於一個霸權，範圍大致上是已知、認得的世界，例如隸屬於所謂羅馬治世的羅馬。當具有完全公民權利的羅馬公民出現在已被發現的世界，在非洲與亞洲、高盧與不列顛，帝國主義便包含國際主義真正的要素。羅馬傾覆後，這個單一帝國擁有支配文明世界政治權威的概念並沒有消失，相反的，這個概念捱過起起落落的神聖羅馬帝國。即使第四世紀末，羅馬分裂為東西，單一國家的理論依然存在，雖然為了不同的管理目的而分割。而且儘管許多獨立王國與省分分離，在每個裂縫或對立之下，這個理想的帝國整體仍然存在。查理曼公然以這個理想自居……哈布斯堡的魯道夫（Rudolf of Habsburg）不僅復興這個概念，而且致力在中歐實現。他的後代查理五世在位期間統一奧地利、德意志、西班牙、尼德蘭、西西里、拿坡里等領土，更是賦予這個術語真正的意義。之後的時代，這個歐洲帝國的大夢持續激勵彼得大帝（Peter the Great）、凱薩琳二世（Catherine）、拿破崙等人。（Hobson [1902, 1938] 1988: 8-9）

這番巧妙的描繪不須多加補充，唯一要說的是，後來多數帝國概念的研究，紛紛證實了其正確性（例見，Folz [1953] 1969; Muldoon 1999; Munkler 2007）。霍布森繼續提到，「帝國的國際主義」持續，但力量漸弱，到了十九世紀啟蒙運動與法國革命的「人道的全球主義」時代，在「強大的民族主義復興之前枯萎」。他一直相信，適當理解與實踐的民族主義，與國際主義並不必然是矛盾的，但是連結到激進且競爭的帝國主義，此舉將「不同民族類型有益的互相激勵」轉為「帝國競爭殘酷的搏鬥」，則會「威脅人類的和平與進步」。（Hobson [1902, 1938] 1988: 10-12）

我們已經提過，今日人們對帝國重燃興趣，有很大的程度與二十世紀過分的民族主義所引發的反感有關，尤其是法西斯政權滋養的民族主義，如義大利、德國，近來更是前蘇聯與前南斯拉夫暴力衝突的原因。這點無疑引發了對於帝國的懷舊情緒（包括蘇維埃帝國），加上面對全球化的問題與民族國家角色的式微，歷史上的帝國能夠提供建言；更不用說關於如何管理「多元文化」社會（那些社會本身很大程度就是從前帝國的產物）。無論我們對此有何感受，以上確實強調了一點，就是在許多人心中，帝國與民族，無論兩者之間具有多少有趣的重疊，終究基於不同原則，指向了不同世界。

作為意識形態構成，民族與民族主義可能占據現代世界秩序的舞臺中央——至少過去兩個世紀皆是。美國革命，也是現代時期首次的反殖民革命，也許可以視為西方思潮首波強烈的反帝國情緒。美國革命受到許多歐洲知識分子的熱情回應，當然包括法國，畢竟這場革命深刻地影響法國，使它於一七八九年推翻舊政權。啟蒙運動的思想家，例如狄德羅（Diderot）與赫爾德、亞當・斯密、埃德蒙・伯克（Edmund Burke），甚至邊沁，紛紛痛斥帝國（Pagden 1995: 156-200; Mehta 1999: 153-89; Muthu 2003; Pitts 2005: 25-122）。眾人認為，帝國老舊過時，沉迷「榮耀」、「雄壯」、「偉大」、「光芒」等古代美德，帝國對其他民族的壓迫也隨時會轉為對自己民族的專制統治。雖然帝國明顯是財富的來源，但是最終會毀滅他們國家的經濟，如同毀滅自己的道德健康。

然而，民族主義與反帝國主義絕對沒有過上大好生活，無論在思想或實踐上。我們非常熟悉十九世紀末期歐洲帝國主義的旋風（而且，有段時間是美國帝國主義）——「瓜分非洲」、盎格魯與俄羅斯在中亞的「大博奕」、歐洲強權爭奪世界。較不為人知的是，帝國的概念與實踐，如何強大地存留在十八世紀末期與十九世紀初期的歐洲，並持續影響十九世紀大國的政策。十九世紀中期反帝國的自由主義與放任主義的「間斷」，現在看來越來越虛幻，或充其量只是部分為真。例如不列顛帝國，失去北美殖民地後，緊接取得在亞洲更加耀眼的獎品；法蘭西也是，雖然失去北美，卻早在一八三〇年征服阿爾及利亞後，開始建立非洲新的帝國；當然更別忘記，拿破崙建立帝國的企圖（見第六章與第七章）。

歐洲於政策與實踐上執意追求帝國，這點與其堅持某波重要的歐洲思潮一致；這波思潮指的不只是種族主義或右翼思想家，如湯瑪斯・卡萊爾（Thomas Carlyle）和阿瑟・戈平瑙（Arthur Gobineau），雖然他們受歡迎的程度顯示出十九世紀初期與後期皆樂見帝國的存在。也不該忘記一八二一年拿破崙死後，帝國的想法在《拿破崙思想》（*les idées napoléoniennes*）中復興，而且對於許多法國政治家而言，竟然極具吸引力，包括創立第二帝國的拿破崙三世（Louis Napoleon）（Koebner and Schmidt 1964: 1-26）。但是更重要的是，就當時某些最受歡迎的自由主義思想家，例如彌爾、亞歷西斯・德・托克維爾（Alexis de Tocqueville），無論他們心中有什麼擔憂，每個人都以傳播文明至其他未達歐洲社會水準的民族為使命，並依靠這種教育使命來證成他們的國家「轉向帝國」。（Mehta 1999: 97-114; Pitts 2005: 123-62, 204-39）十九與二十世紀兩個主要的帝國強權——不列顛、法蘭西，兩國當代具影響力的思想家都以他們的知識盛名支持帝國概念。

需要強調的一點是（因為我們傾向忘記這一點），帝國一直都是現代世界秩序的一部分，程度不亞於、甚至可能更甚於民族國家；「民族國家的時代」並沒有勝過「帝國的時代」，民族主義也並沒有勝過帝國主義。民族主義當然是新的事物，而且十九世紀的帝國主義給人新思維與新力量的印象。帝國比從前帶有更多民族的標籤，最明顯的是一九三〇與一九四〇年代，希特勒試圖建立陸地帝國作為德意志第三帝國。不列顛與法蘭西帝國在某個程度上代表民族主義的競爭，疊加在十八世紀較舊式的「強權」競爭之上，但是這完全不代表他們不再是帝國；那表示他們有原則、有目的，有別於其他民族國家。他們的目標與志向是全球的，而不是地方的。

帝國的消失——至少正式意義上的帝國——是相對最近的事。他們存在的記號依然圍繞著我們。從前人口眾多的帝國，現在變成西方主要城市部分的生活，這點當然也是。為了了解我們的現在，必須了解我們的過去，我們需要更近距離地梳理帝國的原則，也特別需要將焦點放在統治民族本身、他們的自我觀念、帝國的理據上。「蠻力與暴力」，如休謨所見，絕對是帝國故事的一部分，但不是全部，而且不能讓帝國持續這麼久。創造並維持帝國的民族，即「承擔國家」的民族，如何想像他們的角色？他們如何執行角色？這個角色如何影響他們的自我觀感？失去帝國會帶來什麼後果？

既然帝國的故事在整個歷史紀錄上幾乎可說一致，表示可以引用的例子很多。我們應該限制自己在一些現代的例子，如不列顛、法蘭西、俄羅斯、鄂圖曼、哈布斯堡帝國，但是一個帝國總是從一個特殊的模子、一段歷史時期所壓製而成的。帝國，由於其根本原則，不僅能敏銳察覺當代的對手，也不放過從前偉大的例子。有時相對近期的帝國全都延續了下來，例如西班牙、葡萄牙、荷蘭，與更新、更有活力的不列顛與法蘭西帝國並存，而且確實持續到進入了二十世紀，只是幾乎都已氣衰力竭。然而，所有西方帝國沒有一個能與羅馬匹敵，而且與其說所有帝國都通往羅馬，不如說是始於羅馬；羅馬是靈感的泉源，雖然羅馬的衰退與滅亡也常被人提起作為警告。現代的帝國往往是由接受古典教育的菁英治理，全都崇拜羅馬、學習羅馬、希望成為「新羅馬」，他們更希望超越羅馬，從羅馬的錯誤中學習，建立更穩固的基礎。這些希望當然終究都是幻覺，如同湯瑪斯．格雷（Thomas Gray）發現「光明的道路只會通往墳墓」。此話對所有人類制度皆為真；帝國也須服從這個法則，但和其他長久的制度一樣，都將帶給後世一番啟示。

無論如何，在觀察更現代的例子前，我們需要回頭看看羅馬。我們已經思考過羅馬人所謂的帝國是什麼意思，以及它作為概念，它對於後來的帝國歷史產生多少影響。而我們現在需要以綱要簡短、但筆法廣泛的方式來思考的是：羅馬帝國到底是什麼？羅馬如何看待自己，又如何運作？因為，儘管受人扭曲與誤解，這些概念與實踐的形式皆深深地影響後來帝國的觀念——帝國是什麼、應該是什麼，以及帝國的言行舉止。同樣重要的是，帝國傾覆的原因為何可作為可畏的警告，或者人們認為原因是什麼，而後來的帝國可以學到什麼，以免重蹈羅馬的命運。為何它們即使費盡心力突破看似命中注定的結局，但終究沒有帝國能夠逃出羅馬的影子。

Chapter

Two

羅馬帝國

帝國之父母

少有世界如此長治久安……在其領域內，屬於這個世界的人民，認為這就是世界也不為過。於這個世界統治之下聯合的國家，相較任何強權領導，享有更長久、更完整之太平盛世。

——特奧多爾・蒙森（Theodor Mommsen, [1909] 1974: 1:4-5）

只要我們繼承歐洲文明，我們就仍然是羅馬帝國的公民。

——T・S・艾略特（T. S. Eliot, 1957: 130）

我們可以說，在歐洲文化傳統，任何帝國在某個意義上必定是羅馬帝國。所有代表帝國光芒的方式，不論於藝術或於文學，甚至於政治思想，最終源頭都會指向羅馬。

——馬其・炎諾斯基（Maciej Janowski, 2004: 79）

羅馬的遺產

對於後世帝國的想法與實踐，羅馬造成的衝擊與影響，怎麼誇大也不為過。一方面，即使許多受過教育的人也未充分了解，羅馬帝國並沒有在第五世紀「陷落」。陷落的是以羅馬為中心的帝國西部；而帝國東部，以君士坦丁堡為中心，繼續存在兩千年，稱為「拜占庭帝國」。拜占庭人稱自己為羅馬人——「*Rhomaioi*」，而且只要拜占庭帝國持續，羅馬的名字和理想就會繼續存在。[1]一四五三年，君士坦丁堡終於落入突厥人手中，繼承那個地區的鄂圖曼帝國好一段時間立志延續羅馬遺產，並且以羅馬形象自視。[2]所以我們必須視羅馬帝國有好好地步入中世紀時期，不僅扮演活躍的角色，而且從東地中海到大西洋整個區域，名聲無不響亮。

即使在西部，也必須謹慎對待羅馬帝國陷落這個想法。許多羅馬帝國的習慣透過帝國創造的產物延續下來，也就是天主教教會；在中

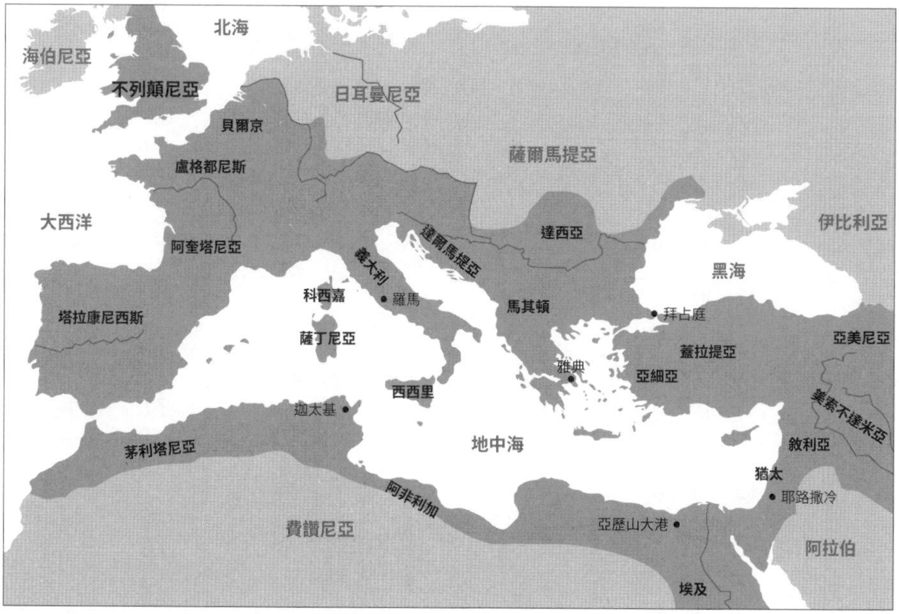

羅馬帝國疆域全盛時期，公元一一七年。

世紀初期的困難時刻，教會盡其所能地保存帝國。此外，公元八〇〇年，神聖羅馬帝國的建立者查理曼在西部復興了帝國，這個帝國本身也有興衰，總之仍以某些形式維持到十九世紀，一八〇六年才被拿破崙廢除。其生存就是羅馬歷久不衰的證詞，代表帝國有意識地以再生和持續為目標。

而且，考量必要的資格，難道歐盟不是復興的神聖羅馬帝國？（Zielonka 2006）世紀以來，為了創造統一的歐洲（如果不是統一的世界）所付出的努力，某個意義上來說，就是為了復興羅馬首先建立的統一。

羅馬帝國激起查理五世與西班牙腓力二世（Philip II）對「世界領地」的渴望，法蘭西路易十四與拿破崙一世亦同。鎮壓神聖羅馬帝國的同時，拿破崙希望自己的帝國以法國和巴黎為根據，取代神聖羅馬帝國；而且雖然他拒絕法蘭西學會（Institut de France）提議的「奧古斯都」和「日耳曼尼庫斯」（Germanicus）等稱號，羅馬的共和模式仍毫無疑問地對他有所啟發，如同這個模式曾經啟發他推翻共和（Huet 1999）。馬克思提到：「一七八九年至一八一四年的革命為自己分別披上羅馬共和與羅馬帝國的外衣。」（Marx [1851-52] 1962: 1:247；亦見 Jenkyns 1992a: 27）確實就是如此。「直到拿破崙時代不久之前，歐洲幾乎無時無刻不想起羅馬或中世紀帝國，也就是歐洲作為統一國家的時候，而且大國的政策就算沒有決心恢復那些時期，也可見對那些日子的眷戀。」（Hinsley 1963: 154）

十九世紀的不列顛和法蘭西發展並治理他們的帝國，也循著原路回到羅馬時代（見第六章與第七章），但是這裡可能會有人提到一八七一年普魯士建立的德意志帝國。這個帝國幾乎不可避免地會被當成第五世紀以來「德意志民族神聖羅馬帝國」的繼承者，建立這個帝國的俾斯麥個人反對如此聯想，第一位皇帝普魯士國王威廉一世（Wilhelm I）甚至也是，但是他們發現支持這個聯想的潮流無法抵抗。威廉一世企圖借用維也納原始的皇冠不成，於是就在原地仿造神聖羅馬帝國奧托大帝（Otto the Great）的皇冠，而且「第二帝國的第一餐就由皇帝坐在哥斯拉（Goslar）古老的帝國寶座，也就是亨利四世（Henry IV）、士瓦本的菲利普（Philip of Swabia）、奧托四世（Otto IV）與腓特烈三世（Frederick III，以上都是前神聖羅馬帝國的皇帝）曾經登基的寶座」（Heer [1968] 2002: 278）。下一個皇帝威廉二世（Wilhelm II）對於帝國展現較大的熱忱，自覺地建立神聖羅馬帝國的象徵，甚至是羅馬皇帝君士坦丁的象徵。（Heer [1968] 2002: 278-79）

莫索里尼的「羅馬帝國」和希特勒的第三帝國似乎更是不可避免地以羅馬的形象看待自己。莫索里尼宣布：「羅馬是我們的起點與依據。羅馬是我們的象徵，或者如你所願，也是我們的神話……羅馬許多不朽的精神，都在法西斯主義下復活。」他主張，對義大利人而言，羅馬「既永恆又現代。對我們而言，彷彿凱撒昨天才遇刺」（Nelis 2007: 396, 403）。「*Romanità*」，意謂著羅馬的性格或特質，是法西斯意識形態與文化的宗旨（Visser 1992; Nelis 2007; Arthurs 2012）。法西斯的重要象徵「*fasces*」就是取自羅馬，意謂官員的束棒❶，象徵國家權力與威信。法西斯主義的知識分子，如喬瓦尼・秦梯利（Giovanni Gentile）發展「兩個義大利」的想法——羅馬的義大利與文藝復興的義大利。他們主張，不只是義大利，還包括整個西方，都讓文藝復興所強調的個人主義與「文化」破壞了羅馬遺產的威猛與團結，因此需要加以改革。「榮耀」必須取代「輕浮」；個人主義必須讓路給羅馬傳統的「有機國家」。（Berezin 1997: 57; Visser 1992: 12; Stone 1999: 207）

法西斯羅馬的建築計畫恬不知恥地取材自羅馬帝國的設計與紀念碑。如同一位規劃者所言：「羅馬在全世界所有的人面前就該絕妙非凡：遼闊、有序、強大，如同第一位皇帝奧古斯都的時代。」（in Berezin 1997: 125）他們挪用壁畫與鑲嵌工藝，並仿造羅馬帝國的主題與形式。一九三七年，為紀念奧古斯都皇帝誕生兩千年，大型展覽在羅馬舉辦，而莫索里尼與奧古斯都的人像紀念碑分別矗立在場館入口兩旁。展覽籌備期間，為強調羅馬的過去與法西斯的現在，奧古斯都的陵墓與和平祭壇（Ara Pacis）還被挖掘出來，為展示而重建。如同當代評論家所言，展覽的設計是為了展現「法西斯主義的統治下 *romanità* 的重生」。為強調這個重點，就在奧古斯都展覽的同一天，法西斯黨重新舉辦並擴大法西斯革命展。莫索里尼在一個鐘頭內為兩個展覽開幕。

❶ 譯注：束棒為一根或多根木棒圍繞的斧頭，木棒數根據官員的等級而有所不同。

米蘭《晚郵報》（*Corriere della sera*）報導，兩場展覽同時開幕，旨在顯示「*Romanità* 和法西斯主義表現相同的精神。兩個偉大的歷史，一個建立奧古斯都的帝國，一個建立我們的帝國，代表一個民族於兩個千年之間，重新發現他們的自我價值，並且蛻變成長」。（Stone 1999: 215-16; Visser 1992: 15-16; Scobie 1990: 10-11, 27-28）

雖然法西斯主義常與極端民族主義產生聯想，但眾人經常忘了，法西斯主義是帶有明確帝國主義嗜好的民族主義物種。莫索里尼希望以地中海為根據，建立新的羅馬帝國，並延伸到北非與巴爾幹半島，這種想法合乎羅馬帝國世界使命的邏輯。他們經常打開地圖，展示古代羅馬帝國陸續征服各地的階段，「而且義大利人喜歡歷史可能自行重複的含意……很久之前就有人說，法西斯主義的定義就是帝國主義，而義大利比起不列顛或法蘭西，更適合成為殖民強國」（Mack Smith 1977: 32, 84）。在北非可以發現大量的羅馬遺跡製品，證明他們確實希望恢復並重生長久受人遺忘的羅馬遺產（Wyke 1999: 190-91）。無論在厄利特尼亞（Eritrea）與索馬利亞建立殖民地，還是征服利比亞與伊索比亞，這些行動往往被描繪為返鄉歸國（義大利軍隊進軍利比亞的艾因札拉〔Ain-Zara〕時，詩人喬瓦尼・帕斯科利〔Giovanni Pascoli〕宣布「我們已經到了……我們回來了」）。莫索里尼的義屬東非宣言主張義大利繼承北非，羅馬作為「文明與人道的帝國」，已經回到義大利懷中，再次為北非民族守護北非。上百萬名義大利人將會定居於此，讓北非成為義大利於地中海的「第四海岸」，拉丁文為「*mare nostrum*」——我們的海。（Taddia 2007; Stone 1999: 209; Nelis 2007: 399-400, 404）

從希特勒的第三帝國可能不會找到直接來自羅馬帝國的靈感。確實，許多羅馬的政策與慣例完全就是納粹種族主義的相反。但是，如同所有的西方帝國，羅馬的模範無法視而不見，羅馬的偉大也難以抗拒。這點在建築尤其特別明顯，亞伯特・史佩爾（Albert Speer）重新設計柏林作為帝國首都的計畫強力呼應古典羅馬，史佩爾吹噓，「他和他的合作者已經學會比羅馬人更懂羅馬的建造方法」；而希特勒表示，只有羅馬適合當作「具有無限未來的城市」模型，「配得上擁有千年歷史文化遺產的千年民族」。他的計畫是讓柏林的建築比羅馬更令人「嘆為觀止」，羅馬的建築是「我們在世界上唯一的對手」。（Scobie 1990: 6, 35; Koshar 1998: 165）

羅馬還有其他方面作為納粹的模範。希特勒觀察到，羅馬之所以成為世界帝國，是因為羅馬基本上是「農民國家」；對他而言亦同，維持農業生活有益於民族強健，也是國力來源（Losemann 1999: 222）。雖然希特勒公開崇拜斯巴達社會的紀律與「純種」，關於納粹帝國的想法，讓他反覆提起的卻是羅馬。例如，談到納粹對東歐的計畫，他會提及羅馬的道路在統治其他民族方面得以顯示出良好通訊的重要性；他也喜歡把以貿易為基礎的不列顛比喻為「現代迦太基」（Carthage），而德意志人是「北歐羅馬人」的繼承人；他讚美羅馬的軍隊與官僚組織，以及羅馬追求與終止「和平」的方式（「每個和平協議都寫好下一場戰爭。這就是羅馬！這就是真正的政治家精神！」）。他在一九四一年對希姆萊（Himmler）說：「即使今日，羅馬帝國仍然無可匹敵！成功地完全控制所有周邊民族！沒有帝國像羅馬一樣散播如此統一的文明。」不只是羅馬的崛起，羅馬的衰亡也傳達了重要的訊息。重創羅馬帝國的是一種猶太宗教，也就是基督宗教，而其現代化身就是布爾什維克主義。希特勒說：「基督宗教是前布爾什維克主義，是猶太人為了破壞國家而動員大批奴隸。」（Losemann 1999: 224-25）確實如此，福克．陸斯曼（Volker Losemann）說：「希特勒主動談及的歷史，沒有哪一段比得上羅馬……直到生命盡頭，希特勒仍緊抓著『羅馬模範』。」（Losemann 1999: 226, 234; Scobie 1990: 20-22）

無人能夠逃出羅馬的魔咒，不只是在歐洲，歐洲之外也是如此。羅馬創造的廣大文明，無論是文化或物質層面，都能拓展到歐洲世界最遠的邊界，影響觸及東方。人口龐大多元的羅馬城，本身某個意義相當於世界。奧維德說：「世界與羅馬城占據相同的空間。」羅馬是「整個世界的神殿」；羅馬是「*cosmopolis*」——世界之城，而羅馬公民是世界公民。歌德觀察，「整個世界的歷史都和這個城市相連」。歐洲思想家一再表達這種情懷。（Kennedy 1999: 20；亦見 Edwards and Woolf 2003; Samman 2007: 70-83）

羅馬延續古典希臘人文主義的遺產，保留並復興希臘文學、哲學、藝術的寶藏，包括生活的藝術（Jenkyns 1992a）。羅馬的語言，即拉丁文，成為歐洲受教育階級的語言逾千年；其文學與哲學，連同在這些領域得到認可的希臘哲人，是所有歐洲上層階級教育系統的基礎，影響甚至更為長久。羅馬貴族的鄉鎮生活成為整個歐洲貴族的典型，羅馬建造的道路與城市在整個西歐仍然可見其遺跡，而且今日許多使用中的建設，確實就是以此為基礎。最重要的是，羅馬建立多數歐洲大陸現行的法律制度與內容；羅馬貢獻政治的形式與概念，持續滋養西方社會的思想與慣例——即使在某些時期曾經出現刻意拒絕羅馬模式的企圖（Feenstra 1992）。佛洛伊德不是唯一對羅馬感到深刻矛盾的名人——時而興高采烈趨近，時而與之保持距離，他也無法分辨這是什麼情緒（Schorske 1980: 189-93; 1991）；但他就像許多人一樣，絕對同意艾略特的觀察，如本章開頭的引言：「只要我們繼承歐洲文明，我們就仍然是羅馬帝國的公民。」（Eliot 1957: 130; cf. Edwards 1999a: 18）

十九世紀初期，部分由於法國革命與早期浪漫主義，對古希臘的熱情再度燃起——文學、哲學、政治，而且確實風靡一時，在某個程度上取代啟發十八世紀「奧古斯都年代」的羅馬權威。浪漫派的詩人，例如拜倫、雪萊、歌德、席勒，讚美希臘是歐洲文化與民主的泉源，並且貶損羅馬，視之為物質與單調，而「希臘的光芒」比「羅馬的宏偉」更加耀眼（Jenkyns 1981; Bernal 1987: 281-336; Vidal-Naquet 1995; Edwards 1999a: 8-13）。但是，羅馬的光芒絕不可能徹底熄滅；而且十九世紀後期，隨著歐洲帝國進一步擴張，羅馬再度出現，無論優點或缺點，都是比較的對象（Jenkyns 1981: 331-35）。無論相不相信帝國，無論接不接受散播文明到全世界這種主張，人們都不可能不思索羅馬。

每個人都想仿效或超越的，是羅馬的什麼？特別對於後繼者，羅馬帝國特殊的意義是什麼？這裡我們並不關心羅馬帝國的詳細歷史，也不探討組織與政策的實際運作。就我們的目的而言，重要的是羅馬帝國的形象或象徵，最廣義的情況下，人們認為羅馬帝國的經驗與成就是什麼？當然，這個形象部分是由羅馬人自己創造，尤其是某些帝國最著名的詩人著作，例如維吉爾與賀拉斯；而羅馬人自己也對帝國提出過最沉痛與最尖銳的批評，例如作家塔西佗和朱維諾（Juvenal）。歐洲繼承了誇獎，也繼承了批評，並且添加自己的讚美與警告。換句話說，我們要檢視的是意識形態，而非羅馬帝國的現實；但我們應該永遠記得，意識形態不可能與其宣稱反映的真實社會生活完全無關。

羅馬使命
——亞歷山大、世界主義、教化世界

羅馬帝國留給歐洲帝國主義的主要想法就是「使命」。雖然不能說是羅馬人發明的，但是羅馬人推廣這個想法，提供最具影響力的方式。此外，特別重要的是，對歐洲帝國，尤其是早期的帝國而言，羅馬不只是以世俗的方式，也以宗教的方式表現帝國使命。羅馬不只留給世界「文明」，甚至創造基督宗教，並遺贈給後人。

某個程度來說，亞歷山大大帝身上融合了世俗與宗教的面向；而且最早、最廣、最久的帝國想法與使命，就是歸功於亞歷山大。亞歷山大的理想被羅馬繼承，也影響了東方的統治者，從波斯人到印度人都是。有人問公元前第三世紀建立印度孔雀王朝的旃陀羅笈多（Chandragupta），其心目中的帝國是什麼樣子，據說他回答：「我從年輕就看著亞歷山大。」他表示，亞歷山大原本可以繼續征服全印度，因為他的治理模式優於所有印度王子。直到今日，印度的兩大城塞康德拉（Secundra）與塞康德拉巴德（Secunderabad）皆以偉大的「塞康德」（Secunder）❷命名，可見亞歷山大傳奇在那個區域的影響力。[3]

對所有崇拜亞歷山大的人來說，他的目標似乎不只是將世界希臘化或「西化」，而是更接近某種融合的世界文化與政治組織。亞歷山大的帝國連接東方與西方，從多瑙河延伸到印度河；他的帝國追求的「普世性」就是帝國理想的核心，或可說是關鍵（Pagden 2008: 62-68）。在他的帝國，東西之間的仇恨從此平息，像是神話歐羅巴的掠奪——東方的公主被誘拐到西方的海岸；以及特洛伊戰爭的故事——為了一個被誘拐到東方海岸的西方女人而發動的戰爭。

所有關於亞歷山大的事，至少相傳或編造的，都指向這個普世性的理想。[4]據說晚年他在知名的奧皮斯

❷ 譯注：波斯人稱亞歷山大大帝為「Secunder Roomee」。

（Opis）之宴祈禱：「帝國之中，馬其頓人與波斯人和諧共榮。」（Bosworth 1993: 161）這件事不久之前，他才歡天喜地讓他九十一個禁衛騎兵娶了波斯新娘，而他自己在與巴克特利亞（Bactrian，阿富汗）貴族的女兒羅克珊娜（Roxane）結婚後，又娶了兩位波斯公主。

公元第一世紀，拉丁作家阿普列阿斯（Apuleius）宣稱亞歷山大是「人類記憶中唯一建立普世帝國的征服者」（in Pagden 2008: 62）；公元第一世紀希臘作家蒲魯塔克（Plutarch）撰寫亞歷山大最著名且影響深遠的功績時，也以這方面的成就作為重點：亞歷山大的老師亞里斯多德建議他只將希臘人視為人，並將所有「蠻族」視為「禽獸與野草」，而亞歷山大在深思熟慮之後，拒絕老師的建言；蒲魯塔克說，若聽從老師的建議，會讓他的帝國「充滿歹徒惡棍與叛賊逃兵」。

> 但是，亞歷山大相信自己從天上下凡人間，擔任所有民族共同的協調者與仲裁者，並且以武力征服那些不能以公平條件聯合的民族，因此，他兢兢業業，致力廣納各地於同一麾下。接著，如同宴會上的酒杯，人種、習慣、風俗、婚姻全都混合在一起。他命令所有人應將可居住的世界視為他的國家，他的軍營就是主要城市與要塞。（Plutarch 1871: 481）

傑出的希臘文化學者威廉．塔恩爵士（Sir William Tarn）相信亞歷山大的政策一致，就是融合希臘人與蠻族。塔恩認為，從三個面向可見亞歷山大的世界主義洞見。

> 第一，神是人類共同的父親，所以可說人類都是手足。第二是亞歷山大的夢想：他已知的人類多族，團結一心，共同居住在統一和諧之中，可以稱為人類的統一。第三個面向……是他帝國內的所有民族，可以是夥伴，而非臣屬。（Tarn 1948: 1:400）[5]

亞歷山大於三十二歲英年早逝，意謂他在世的時間不足以執行這個願景（如果這真是他的願景），徒留粗略的輪廓。但是政治思想的歷史學家普遍同意，亞歷山大之後興起的犬儒學派與斯多噶學派，他們的世界主義就是對帝國的直接回應，也是帝國展現的可能性——「世界公民」的普世人類社會（Sabine 1960: 117-53; Burn 1962: 187-88）。H．G．威爾斯（H. G. Wells）在著作《世界史綱》（*Outline of History*）提出「世界國家」（world-state）的觀念。他在尋找這個觀念的起源時，表示亞歷山大的事業突破所有前人的經驗，確實是「人類首次想像人類的事務能夠合為一體」。在他之後，「人類心中可以實現也可以吸收世界法律與組織的概念」。（Wells 1937: 372-73）

關於亞歷山大的事蹟，保存紀錄最早可回溯至羅馬人，至少是羅馬的公民，包括西西里的狄奧多羅斯（Diodorus Siculus）、阿里安（Arrian）、蒲魯塔克、庫爾蒂烏斯（Curtius）（Gergel 2004）。除了庫爾蒂烏斯，其他都以希臘文寫作，而且寫作時間全都在事件發生後約四百年。亞歷山大當時的紀錄全數佚失，所以亞歷山大的故事多數是神話，絕大部分由羅馬帝國早期的希臘學者創作（雖然那些學者確實取得遺失以來的第一手資料）。但是，這些神話威力驚人，不僅淵遠流長，而且遍及天下，啟發東西方的國王與皇帝，影響逾兩千年（Lane Fox 1986: 26; Bosworth 1993: 180-81; Pagden 2008: 66; Baynham 2009）。從我們的觀點來看，特別重要的是這些神話如何影響羅馬的領袖創造帝國。從龐培（Pompey）與凱撒（凱撒感動落淚，因為「亞歷山大是這麼多民族的國王，三十二歲就去世，而凱撒自己還沒達到輝煌的成就」），到圖拉真（Trajan）與卡拉卡拉（Caracalla），這些皇帝「模仿亞歷山大的程度之誇張」（Bosworth 1993: 260），讓自己為亞歷山大的願景目眩神迷，設法延長實現那個願景（Brunt 1978: 178-79, 1990c: 449; Spencer 2009）。此外，更加激勵他們這麼做的，是亞歷山大與其希臘後繼神授的國王身分。亞歷山大相信，眾人也都相信，他是宙斯的兒子。凱撒被刺殺後也被奉為神，從此以後所有外省的羅馬皇帝皆是如此。只有神能夠支配世界並統一人類——這就是亞歷山大與所

有羅馬皇帝的志願。（Tarn 1948, 1:145-48; Bosworth 1993: 278-90）

我們可以透過艾瑞斯提德斯（Aelius Aristides）與克勞狄安（Claudius Claudianus），從最廣義的面向思考羅馬教化使命的本質，兩位都以誇大華麗的方式讚頌並褒揚城市與統治者，從中指出他們的志願與成就。選出這兩位的理由是，最能代表後代心中的羅馬，也因此成為後世帝國目標的，就是這兩人的演說內容。尤其在十九世紀，不列顛、法蘭西與其他地方，政治家與公關人員經常引用艾瑞斯提德斯與克勞狄安來支持他們的帝國觀點。[6]

約於公元一四三年，希臘演說家艾瑞斯提德斯在羅馬宮廷發表〈羅馬演說〉（To Rome）。[7]詹姆斯・奧利佛（James Oliver）稱之「最偉大的文學，表達哈德良（Hadrian）與安東尼・庇烏斯（Antoninus Pius）統治的黃金時代」。（Oliver 1953: 887）此時確實是安東尼羅馬的高峰，皇帝安東尼・庇烏斯本人可能就是艾瑞斯提德斯演說的聽眾；而艾瑞斯提德斯後來又恰逢令人崇拜的奧理流斯（Marcus Aurelius）。眾所皆知，連吉朋也稱讚，那個時代，如果不是全世界，也是羅馬帝國的黃金時代。艾瑞斯提德斯本身毫不懷疑，對他而言，羅馬是世界文明的中心，所有人、事、物趨之若鶩的地方，也是所有文明影響流向世界各個角落的源頭，諸如物質、道德、文化、政治等。

首先，遼闊又卓越的羅馬，是亞歷山大以來最大的已知帝國，而且確實比亞歷山大的帝國偉大，因為此時的羅馬更堅韌、更長久。亞歷山大「橫行地球，論事實，他更像取得王國的人，而非展現自己是國王的人。他看似得到偉大的帝國，直到你的帝國崛起」；他留下許多紀念，例如有名的亞歷山大港（Alexandria）——「最偉大的城市，但次於你的城市」——無奈死得太早，沒能留下長久遺產，代表公正與堅固的治理（Oliver 1953: 898）。羅馬不只承接這個任務，而且拓展邊界到所有已知世界的過程之中，更達「甚至無法丈量其中面積」的程度。「你的領地等同太陽行經之處，而太陽通過你的國度……你的統治亦無不變的邊界，無人知曉你的統治終點；然而環形的大海以文明世界與你的霸權為中心擴散」。（Oliver 1953: 896）

接著談到由於位在世界商業與貿易的十字路口，因而富裕繁榮的羅馬。

> 無論四季孕育什麼，無論每片陸地與海洋帶來什麼國家、河流、湖泊、希臘人或非希臘人生產的藝術，以致如果某人觀看這一切，他必定需要走遍所有文明世界，或者來到這個城市。因為不管孕育什麼，不管每個民族生產什麼，無論何時，都會大量出現在這裡。而在這裡，商船載著每個季節，甚至春分秋分，所有地區的眾多物品到來，所以這個城市就像世界的商業中心……如同赫西俄德（Hesiod）談過海洋的盡頭，有條共同的渠道是百川的起點與終點，因此有條共同的渠道通往羅馬，舉凡商業、船運、農業、冶金、所有古今藝術與工藝全都匯集於羅馬，所有生長與發生於大地的事物也都是。人從未在這裡見過的，過去與現在必定不曾存在。（Oliver 1953: 896-97）

然而，艾瑞斯提德斯想要強調並稱揚的，不只是羅馬的權力與財富，更重要的是羅馬贈予世界一份道德與政治的禮物：秩序、穩定、和諧、公正等，以及平等（適當理解之下），這些難以估計的恩賜。「廣袤無垠、一望無際，你的帝國之完美，遠勝其環繞之疆域……掌握遼闊帝國的你，以如此堅實的手腕、無限的權力治理，偉大的成功全數屬於你。因為所有曾經取得帝國的人，只有你治理的人是自由的。」（Oliver 1953: 898-99）艾瑞斯提德斯意識到這個主張需要小心解釋，畢竟羅馬是個帝國，身分地位分明，而皇帝不只專制，更是神；但他希望展現的是，相較其他所有帝國，甚至相較古希臘城邦的「自由共和」，羅馬如何建立公正的統治系統，其中從屬官員聽命上級，懲罰貪汙，法律保護帝國裡無論身分地位的所有人民。因此，「偉大的人與卑微的人、知名的人與無名的人，之間充滿美好的平等，而且更重要的，貧窮的人與有錢的人、貴族與平民亦同，以及如赫西俄德所言：『因為他欣然讚揚他人，並檢視被讚揚的人。』」意即這名法官或首席元老主持的公道，如同吹拂船隻的微風，不會愛護富人較多、但窮人較少，而是無論遇到誰，皆平等施惠。

（Oliver 1953: 899）

讚美羅馬公正與平等地對待子民的同時，艾瑞斯提德斯順勢談到：「（羅馬的）所有其他部分，同樣明顯值得注意與景仰。」

> 我說的是你們廣大的公民身分與其偉大的觀念，在人類的紀錄前所未見。在你們的帝國內部分成兩個團體——我所謂的帝國，指的是整個文明世界——你在每個地方指派你的公民身分，甚至與你的親屬關係，在這世界你擁有優越的才能、勇氣、領導能力；同時，你視其他為麾下聯盟，海洋或中界陸地都不是公民身分的障礙，亞洲與歐洲在這裡亦不造成差別待遇。在你的帝國，所有道路對所有人開放，值得治理或信任的人無一被排除在外，且是由單一、絕佳的統治者與秩序的導師，建立一個世界的公民共同體、自由共和體；而且全員齊聚為共同的公民中心，為求得到每個人應得的。（Oliver 1953: 901）

艾瑞斯提德斯反覆讚揚的，確實正是羅馬帝國的世界主義；羅馬帝國吸納諸多不同的土地與民族，對世界開放；其開明的治理制度海涵全體，種族或族群、民族歸屬或宗教，都不是成員身分或帝國內部進步的障礙。希臘城邦的政策與慣例以公民權利為傲，卻彈斤估兩地不願與人分享，亞歷山大與後繼者皆同。然而，這裡的羅馬已經超越了希臘，羅馬之偉大在於慷慨地擴展公民身分，如此「你令你的公民身分成為不可思議之物」。

> 你視公民身分之擴張為值得的目標，而且你令羅馬人一詞成為標籤，不是城裡的成員，而是共同之民族歸屬，而且這並不是所有民族歸屬之一，而是以一調和全體。現在你區分世界，不再是希臘人與蠻族為範疇，而且你的區分並不荒謬，因為你向他們展現數量多於整個希臘種族的全體公民。你以羅馬人與

> 非羅馬人的範疇取代，程度之深，乃至擴展你的城市之名。既然這些就是劃下區別的線，每個城市裡的許多人，即使他們某些尚未見過這個城市，他們就是你的公民同胞，不亞於他們自己的親屬。不須派駐軍營控制他們的要塞，每個城市中權勢地位最高的人都會為你守護他們的母土。（Oliver 1953: 902）

艾瑞斯提德斯意識到這是多麼巨大的一步，而這一步讓羅馬與之前所有公民的觀念大相逕庭。正是這裡，羅馬的教化效果發揮最根本的作用，因為羅馬締造的，就是將自然轉為文化，將人們區區的「身體」（多半以種族與民族的「生物」區別來定義）化為具有平等權利與責任的公民共同體。而過去：

> 統治廣大世界的人，僅是統治赤裸的身體，只是組成族群團體或民族的人……因為過去遠遠被超越，從前的人低下的地位於是顯現。不只是帝國統治的人民，同樣的團體被其他人與被你治理的情況也不相同。那些其他人治理的團體，身為個人並不擁有平等的公民權利與特權，但是對照過去一個族群團體的粗糙組織，今日同一個團體卻可以設立市政機構。也許可以這麼說，其他人都是空地與要塞的國王，只有你是文明共同體的統治者。（Oliver 1953: 905）

公民身分，這個複雜的故事，是羅馬留給歐洲帝國主要的遺產之一。我們接下來會詳細檢視，但現在我們趕緊進入艾瑞斯提德斯漂亮的結尾，讚美羅馬之偉大與仁慈：羅馬是希臘文明的實現者；羅馬是和平與文明普世秩序的德米奧格神（Demiurge）。❸

❸ 譯注：指在柏拉圖哲學中，從混沌創造現實世界的神。

人可以說，文明的世界，從病懨的初期被正確的知識導回健康的狀態……城市散發光芒與風韻，整個世界美化得像座花園……正是你絕佳證實的那個普遍主張：大地是萬物之母，是共同的祖國。現在確實，無論希臘人或非希臘人，擁有或沒有財產，皆能雲遊四方，如同從祖國旅行到祖國。舉凡奇里乞亞山口（Cilician Gates）、穿過阿拉伯國家前往埃及的風沙窄路、抵達不了的山脈、無盡延伸的河流、冷淡野蠻的部落，都不令人生畏，因為成為羅馬的公民，或者成為聯合在你霸權之下的一分子，就享有安全。荷馬說：「世界是共有的。」而你令此話成真。你已測量並記錄整個文明世界的土地；你已建造橋梁跨越河流，開闢道路橫越山脈，派駐軍營填補荒地；你令所有地區習慣安定有序的生活……雖然雅典的公民開始今日的文明生活，回過頭來，這樣的生活因為晚到的你而穩固，而人說，晚到的較好……如詩人所言，宙斯統治之前，世界滿是鬥爭、混亂、紛擾，但當宙斯前來統治，祂安頓一切……因此反思在你之前的世界與你的時代的事態，便會認為，在你之前的帝國四處混亂，事物任意運作，但是當你登上統治之位，混亂與鬥爭停止，普世秩序光明燦爛，照耀人類的公私領域；法律出現，眾神的祭壇接受人類崇拜。

（Oliver 1953: 906）

艾瑞斯提德斯的〈羅馬演說〉在當時遠近馳名，後來數個世紀亦同。其修辭與比喻切中帝國的各種面向，尤其是那些亟欲證成帝國之存在的人；但是這場演說同樣影響那些想要呈現羅馬魅力的人，他們點出羅馬的偉大，以及羅馬走向衰退並陷落之前的黃金時代。其中，支持這樣的主張最著名的是吉朋《羅馬帝國衰亡史》第一冊的前三章——他在這三章描述安東尼時期的羅馬，正好就是艾瑞斯提德斯發表演說的時期，也是他演說指涉的世界。這三章吸收艾瑞斯提德斯演說的精神，從第一章開頭就可發現：

基督紀年第二世紀，羅馬帝國的領土涵蓋地球最富饒的範圍以及人類最文明的地區。自古聞名、訓練有素的勇士守衛浩瀚君主政權的前線。法律與規範儘管懷柔，然而影響深刻，逐漸融合各省分為一體。居民在安和樂利的帝國享受財富，極盡奢華之能。對於制度的尊重保持開明的形象。（Gibbon [1776-88] 1995: 1:31）

第二章的開頭又提到艾瑞斯提德斯，這一章則兩次直接提到他。我們在這裡也發現一連串比較，這個手法反映演說傳統，而比較的對象是艾瑞斯提德斯非常喜愛的統治者與帝國：

> 我們衡量羅馬的偉大，不應只憑征服的速度與廣度。俄羅斯國家的沙漠占據地球遼闊的面積；亞歷山大穿越海倫斯坡（Hellespont）❹，七年之間在比亞斯河畔（Hyphasis，拉合爾與德里之間）豎起馬其頓共和國的勝利紀念碑；銳不可擋的成吉思（Genghis）與同族的蒙古王子無情掠劫，不到一個世紀，拓展一瞬而逝的帝國，從中國的海至埃及與德國邊境。然而世代的智慧建立並保存羅馬大權堅固的結構。在圖拉真與安東尼統治之下，行省恭順，由法律聯合，由藝術裝飾。儘管偶有部分權力濫用，但是治理的一般原則明智、簡單、裨益。他們享有先人的宗教，同時在公民的榮耀與優勢中，他們獲得公正的讚揚，與征服他們的人平起平坐。（Gibbon [1776-88] 1995: 1:56）

總結這個幸福的年代，吉朋加了一段綜合引述，明顯引用艾瑞斯提德斯類似的段落，同時還引用小普里尼（Pliny）與特土良（Tertullian）：

❹譯注：今達達尼爾海峽。

> 儘管人類喜愛稱讚過去，並且鄙視眼前，然而帝國居民與羅馬人皆能感受，並坦言帝國之和平繁榮。「他們承認，社會生活、法律、農業、科學等主要原則，首先由雅典的智慧創造，現由羅馬的威力穩固建立，並在其幸運影響下，以平等治理與共同語言來統一兇殘的蠻族。他們證實，隨著藝術進步，人類物種明顯增加。他們讚揚耀眼的城市；鄉村有如巨大、精心裝飾的美麗花園；許多民族歡慶長久的和平，忘卻他們古代的仇恨，不再擔憂未來。」誇張與讚嘆的語氣遍布這些段落，難免令人懷疑，然而歷史事實完全贊同其中內容……如果某人被喚來指出歷史上的一段時間，代表人類最快樂與最繁榮的時刻，他會毫不猶豫回答：圖密善（Domitian）死後到康莫達斯（Commodus）執政。無遠弗屆的羅馬力量由絕對權力治理，並由美德與智慧指引。四位皇帝接連控制軍隊，恩威並施，品格與權威無不令人佩服；聶爾瓦（Nerva）、圖拉真、哈德良、安東尼謹慎地維護行政制度，樂於保持開明形象，視自己為對法律負責的大臣。（Gibbon [1776-88] 1995: 1:82, 103）

阿爾多．斯契亞沃尼（Aldo Schiavone）評論艾瑞斯提德斯與吉朋對於第二世紀羅馬帝國的看法，他觀察道：「現代與古代的形象，透過艾瑞斯提德斯的視角，逐漸互相重疊，直到融合。但是吉朋擁有某些艾瑞斯提德斯無法預見的知識：這個世界即將走向暴力的盡頭。」（Schiavone 2000: 16-17）羅馬的衰退與陷落，至少在西方，即將成為羅馬留給後世帝國另一項偉大的遺產。然而，這裡令人困擾的問題，不是模仿或效法，反而是相反的思考：如何「不像」羅馬。任何帝國，根據定義，幾乎都認為自己會普世長久，但如何避免走向羅馬的命運？有無可能做到？如何免於侵襲羅馬典範的衰退與瓦解？如果連羅馬都倒下了，還有帝國會倖免嗎？「衰退與陷落」是否寫在每一面帝國的旗幟上？任何帝國哲學與文學的反思，無不以此為主軸，從吉朋的《羅馬帝國衰亡史》，到魯德亞德．吉卜林（Rudyard Kipling）的〈撤退〉（Recessional, 1897），皆以「帝國之毀滅」的文學與意象描述羅馬。[8]查爾斯．麥爾（Charles Maier）談到「帝國的憂愁，必死的命運玷汙所有勝利……

帝國的終點永遠存在……帝國的舞臺，燈光終將黯淡，帷幕終將垂下……帝國是混亂的史詩」。（Maier 2006: 76-77, 286）這裡值得思考的事情，規模也宛如史詩；而羅馬提供充裕的材料，尤其是來自羅馬本身的作家，例如塔西佗和朱維諾獨到的沉思。（Shumate 2006）

但是羅馬滅亡的災難降臨之前，有人仍視羅馬為世界的燈塔，這個帝國比其他國家都要耀眼，而且也將更長壽。不僅出身小亞細亞美西亞（Mysia）的艾瑞斯提德斯，還有另一個來自埃及的外省人克勞狄安，同樣以誇大的演說讚揚羅馬的光芒與成就。[9]克勞狄安以拉丁文演說——儘管他和艾瑞斯提德斯一樣，母語是希臘文——而且他不是讚揚羅馬城，而是一位羅馬將軍暨汪達爾人（Vandal）❺之子弗拉維斯·斯提里科（Flavius Stilicho）。皇帝狄奧多西（Theodosius）雇用斯提里科對抗西哥德（Visigoth）國王阿拉里克（Alaric），而且斯提里科娶了狄奧多西的姪女暨養女賽麗娜（Serena），而他自己的女兒瑪麗亞（Maria）則嫁給年輕的皇帝霍諾留斯（Honorius），因此斯提里科既是皇帝的女婿，又是皇帝的岳父——雖然克勞狄安從沒這麼稱呼他。公元四〇二年，斯提里科於波倫提亞之役（Battle of Pollentia）擊敗阿拉里克；兩年後，克勞狄安逝世，沒能見到在四〇八年時，嫉妒的霍諾留斯殺害斯提里科的事，也沒見到四一〇年時，阿拉里克捲土重來，攻陷了羅馬。然而，他在世的時候發表兩次演說讚美斯提里科，分別為〈論斯提里科任執政官〉（On Stilicho's Consulship, 400）與〈哥德之戰〉（The Gothic War, 402）。雖然後者為斯提里科的波倫提亞之役祝勝，不過流傳千古的，卻是前者對羅馬的頌揚。

汪達爾人與西哥德人，叛亂者對上叛亂者：一個效忠帝國，另一個毀滅帝國。我們現在來到羅馬帝國的晚期，即第五世紀初，羅馬陷落的前夕。也許這正是克勞狄安的編輯與翻譯莫里斯·普拉諾爾（Maurice Platnauer）稱他為「古羅馬最後一位詩人」的原因（Claudian [c. 370-404 CE] 1922: 1:vii）。克勞狄安對斯提里

❺ 譯注：汪達爾人是東日耳曼部族，曾於公元四五五年洗劫羅馬城。

科的演說用盡浮誇的修辭讚美羅馬，他對羅馬的讚美如此熱情、如此諂媚，似乎超乎演說傳統，就像瀕臨絕種的物種展現最華美的羽翼。[10]

既然克勞狄安的演說正式獻給一個人物，也就是斯提里科，而非直接獻給羅馬城或羅馬帝國，演說自然花費相當的篇幅讚美人物的特殊功績，然而還是特別提到這些功績之於羅馬的重要性，例如斯提里科於三九七年平定吉爾多（Gildo）於阿非利加的叛亂，穩定羅馬的穀物供應；或者斯提里科於波倫提亞之役擊敗阿拉里克，此事「驅逐籠罩帝國的黑暗，恢復帝國的光明」（Claudian [c. 370-404 CE] 1922, 1:385, 2:129）。大致而言，當斯提里科向元老院請求允許發動阿非利加之戰，他被視為再創所有古老羅馬價值的化身。（1:389）

但是在某些點上，尤其在〈論斯提里科任執政官〉，當克勞狄安發揮辯才訴說斯提里科代表羅馬再生，他便有機會進一步直接反思羅馬。

> 斯提里科展現昔日價值，喚醒一個忘卻從前光榮的民族；恢復他們習慣的統治權，令自己受人敬畏；將欺壓人民的政務官輾於輪下，給予罪犯應得之報應；寬恕誤入歧途的人，維護無辜的人，懲罰有罪的人，並且再次展現他們仁慈敦厚的美德……感謝他，恥辱得以驅逐，而在我們的時代，羅馬古代之美德猶如百花齊放。感謝他，長久降格而且全數轉移的權力（轉向君士坦丁堡），不再忘卻自己，不再被放逐到奴役之地；回歸正確的家，恢復義大利勝利的命運，享受其基礎應允之吉利，將散落的四肢歸還帝國之首。（Claudian [c. 370-404 CE] 1922: 2:51）

這個段落之後，馬上又出現一段，其中斯提里科被譽為保護城市的人，因而捍衛所有羅馬代表的偉大。

就在這裡，克勞狄安達到了演說高潮，宣揚羅馬高超的願景與世界使命。

> 執政官，是諸神的同儕，保護空氣所到之處最偉大的城市——其遼闊無人能丈量，其美麗無人能想像，其崇拜無人能表達，在星辰之間綻放金黃光芒；其七座山丘仿效天堂七個國度，她是武器與法律之母，足跡踏遍四面八方，是正義最初的搖籃。這個城市從卑微的起點延伸到極點，從渺小的地方擴展力量，為與耀眼的太陽相連。她迎向命運的狂風，同時奮鬥千場戰役，不僅征服西班牙，包圍西西里諸城，在陸地征服高盧，在海洋征服迦太基，而且從不對失敗讓步，從不對任何攻擊透露懼怕。在坎尼（Cannae）與特雷比亞河（Trebia）的災難之後，反而升起更高的勇氣，而且，儘管有敵人的火焰威脅，對手重擊城牆，她仍派遣軍隊至最遙遠的伊比利亞。海洋無法阻撓她，她從深海崛起，尋找另一個讓不列顛人征服的世界。唯有她，擁抱被征服者，像母親，而非皇帝。以共同之名保護人類種族，召喚手下敗將共享公民身分，以情感羈絆吸引遙遠民族。世界是我們隨意居住的家，歸功於她的太平盛世。造訪圖勒（Thule）❻，或探索曾經可怖的野獸，不過形同娛樂休閒；感謝她，所有民族暢飲隆河之水，啜吸奧龍特斯（Orentes）溪泉；感謝她，我們都是同一民族。羅馬帝國的奢華與隨從永遠沒有盡頭，也不會以接二連三的仇恨毀滅所有其他王國。（Claudian [c. 370-404 CE] 1922: 2:53-55）

這個萬能的帝國，注定要綿延千年的帝國！四一〇年，就在這篇頌詞寫下的後十年，永恆之城羅馬遭到掠奪——這是多麼令人崩潰的打擊。其實「羅馬之掠奪」對羅馬實際的物質影響相對輕微，本身絕不可能代表帝國的盡頭。[11]那是自從公元前三九〇年落入高盧人之手以來羅馬第一次淪陷；而且不久之後，四七六年，最後一任西羅馬皇帝羅慕勒斯．奧古斯都路斯（Romulus Augustulus）遭到廢黜。因此，回溯起來，那次掠奪被視為一連串的打擊之首，最終令羅馬倒地。可想而知，當時整個帝國裡受過教育的人民無不驚慌失措。在耶

❻ 譯注：歐洲古代傳說中的世界極北之地。

路撒冷，聖葉理諾（St. Jerome）哀悼「當世上最明亮的光熄滅，當羅馬帝國的頭顱被分離，整個世界就在一個城市中滅亡」（Kelly 1975: 304）；在北非，希波的奧斯定（St. Augustine）沉思該事件的意義，特別是面對關於基督宗教應該為羅馬蒙受苦難負責的這項指控。由於基督宗教的天主，帝國古老的諸神遭到拋棄，而這就是懲罰。在《天主之城》（*City of God*, 413-26），奧斯定滔滔不絕駁斥這項主張，同時奚落所有地上之城與帝國，接著主張，相較之下，在天主的「天國之城」將會得到救贖與永生。（Coyle 1987）

我們在本章稍後會回到羅馬與基督宗教這個問題上。現在需要注意的是克勞狄安對羅馬的形容，以及即使羅馬早就滅亡，克勞狄安的演說仍然盛傳多年的原因（Cameron 1970: 419-51）。晚至十九世紀，英國的帝國主義者仍贊同地引用克勞狄安的話，以資表達帝國的目標，例如埃及總督克羅默伯爵（Lord Cromer）與印度總督喬治・鮑溫爵士（Sir George Bowen）；差不多同時，美國學者R・Y・特雷爾（R. Y. Terrell）也引用他的演說，目的是敦促美國自己的帝國主張，演說「精湛地表達偉大的帝國與偉大的共和應該以什麼為野心與抱負」（Vance 1997: 233-34）。對後來的帝國主義者而言，克勞狄安已經以最明顯的方式勾勒羅馬代表著什麼；所有帝國，若想以羅馬為自我標準，應該以什麼為抱負。

就維吉爾知名的說法，羅馬的偉大不在於疆域或權力本身，而在權力所及的地方如何運用權力。對所有其他民族而言，羅馬確實值得 *imperium* 的頭銜，但是羅馬肩負的任務與其他統治不同——「施行和平與道德，寬恕你的臣屬，征服高傲的人」（pacisque imponere morem // parcere subiectis et debellare superbos, *Aeneid* 6.851-53）。羅馬教化使命的中心是把那件重要的事傳送到世界，也就是文明。英文的「文明」（civilization），譯自羅馬人通常指的「*humanitas*」；「文明」是人道、進步、文雅的理想之士（參照德文 *Bildung*）。羅馬作家，例如西塞羅，承認這個憧憬源自希臘，如「*philanthropia*」與「*paideia*」的概念。但是他們堅持，是羅馬人令這個概念臻於完美。更重要的是，宣傳並散播這個概念給世界的，正是羅馬人，承載教化使命的是羅馬帝國。老普里尼（Pliny the Elder）在他的著作《自然史》（*Natural History*）說，羅馬被稱為「所有其他土地的乳母與父母，由神的意志挑選，為令天堂大放光明，令分散的民族聚集為一體，令規矩溫和，以共同體的語言吸引眾多民族刺耳與粗魯的方言，賦予人類（*humanitatem homini*）文明，惠及所有土地，成為人類單一的祖國。」（in Champion 2004: 259-60；亦見 Nutton 1978; Woolf 1994: 119, 1998: 54-60; Edwards and Woolf 2003; Woolf 2012: 226-29）

羅馬的權力與遍及世界的擴張因教化使命而正當。[12] 格雷格・伍爾夫（Greg Woolf）表示，在凱撒、斯特拉博（Strabo）、小普里尼與其他人的著作中，「羅馬的統治，為人類提供完全實現潛能的條件，受到教化後，繼而成為真正的人類……羅馬的擴張因此被理解為實現世界與整個人類種族潛能的可能手段。帝國主義早期的理據，便是基於每場戰爭都是正當的，即『正義戰爭』（*bellum iustum*），但是羅馬作為 *humanitas* 的宣傳者，這個想法批准了征服世界的整個過程」。（Woolf 1998: 57）

重要的是，羅馬的文明概念與族群和民族歸屬分離。即使羅馬在許多其他方面尊崇希臘人的文化與成就，但針對這點，羅馬卻不與希臘為伍。希臘人認為，個人或團體，若想被視為希臘人，而且屬於文明世界（相對於「野蠻」），某種共同血統（無論真實或想像）是必要的。而羅馬人認為，文明，或羅馬化，原則上對所有人開放，外邦蠻族或鄰近的義大利人都是。羅馬本身是一座「混血」的城市，由各種部落與種族團體混合，而非以族群為基礎。至於神話與歷史的源頭與想像，羅馬人「並不將羅馬人定義為像希臘人那樣具有某種血統，或像猶太人那樣是被挑選的民族，而是一個共同體，招募外人參與他們的價值、忠誠、習俗與信仰」。（Woolf 1994: 120, 1998: 74; cf. Walbank 1972: 149-50; Sherwin-White 1973: 8; Miles 1990: 633-38; Dench 2005）[13]

此外，不只是任何人都可以獲得文明，文明也分等級。「教化過程」本來就是 *humanitas* 相關特徵與品質循序漸進的成長，獲得文明的認證就是公民身分，而公民身分也是依程度取得。一個團體，例如拉丁人，是羅馬人的鄰居，和羅馬人使用相同語言，共享部分信仰，因此這個團體可以視為正在通往文明的路上，而且授予他們某種公民權利——「拉丁公民權」，當時稱為「*ius Latii*」；唯有當他們被認為完全與羅馬人的方式同化，才會獲得完整的公民權利（Sherwin-White 1973: 32-37, 96-116; Woolf 1998: 65-67, 2012: 219-20）。因此納入其他外國人的模式應運而生，甚至連北方荒野的高盧與最遙遠的不列顛蠻族都可以。「*ius Latii*……變成羅馬最喜愛的武器，能夠逐漸提升外地社群，達到與自己平等的地位。」（Sherwin-White 1973: 114；亦見 414-15；但是 Brunt 1990b: 268 抱持懷疑的看法）後來的歐洲帝國沒有忘記這個先例，他們也對臣屬開放公民身分，不是立即也不是無條件，而是達到某種程度的「文明」。

羅馬——公民身分、種族、民族歸屬

克勞狄安的演說中，最常被引用的部分是關於羅馬對待臣民的態度；克勞狄安稱讚羅馬「召喚手下敗將共享公民身分，以情感羈絆吸引遙遠民族」。數個世紀以來，羅馬的統治方式吸引許多評論者；繼克勞狄安之後，出身土魯斯（Toulouse）的詩人路提里爾斯（Rutilius）在返回高盧的路上寫了一首壯麗的詩，這首名為〈歸途〉（De reditu suo, 417）的詩再次指出羅馬教化任務這個特點的重要面向。

汝令諸異地為一祖國；
於汝之統治，不知律法之人亦得益處；
與汝之臣屬共享汝之律法，
汝所造之城，乃往昔之廣大世界。
（in Heather 2006: 234）

文藝復興時代的思想家認為，羅馬在古代世界常被視為與眾不同，原因正是對非羅馬人的開明態度。馬基維利（Machiavelli）在著作《李維論》（*Discourses on the First Ten Books of Titus Livius*, 1531）中觀察，希臘城邦如雅典與斯巴達，停滯不前而且最終被消滅，是因為他們仇視「陌生人」與「外國人」；相較之下，羅馬「摧毀她的鄰居」而且越加強壯，因為羅馬「為意欲進入並居住的外國人開放安全的道路」，並且保證他們「輕易得到她的榮耀」，包括羅馬公民身分這個獎賞。（Machiavelli [1531] 1970: 281-82）[14]

法蘭西斯・培根（Francis Bacon）就像馬基維利，指出羅馬公民身分的政策是其威力上升與維持的關鍵。「所有對異鄉人採取開放歸化的國家都適合成為帝國……這個時候，沒有任何國家有如羅馬，如此敞開大門吸納異鄉人；因此羅馬與他們成為一群，成為最偉大的君主政體。」培根又針對這點補充：「他們習慣在殖民地耕種，由此，羅馬的作物被移植到其他國家的土地；而且，兩種制度並陳，你會說，不是羅馬人遍布世界，而是世界都來找羅馬人——那必定是邁向偉大的方法。」（Bacon [1625] 1906: 120-21）其他國家自我封閉、目光狹隘，死守他們的文化與公民身分；羅馬，根據傳統，就像亞歷山大，對外面的世界開放門戶，吸收各地的民族、習慣、文化，同時將自己的政治與文化散布進入那個世界。

「羅馬化」（Romanization）一詞通常用來描述羅馬的法律、語言、都會形式、行政架構，散布到帝國每個角落的過程，[15]這並不必然意謂消除文化或民族的地方差異，尤其是社會通俗的層面。羅馬通常寬容地方文化，允許保留地方信仰與語言，[16]但是大體上，羅馬在帝國每個地區菁英階級的意識與慣例上，也會蓋上自己物質、政治文化的印章，形成明顯的統一過程。外省城市會顯示出相同樣式的神殿、劇場、鄉鎮廣場、郊區別墅、道路、浴場、論壇、運動場、公共雕像與紀念碑——能在羅馬本身找到的，也能在整個義大利找到。外省但完全羅馬化的土地貴族，首先在鄉鎮議會透過間接治理的系統來統治當地，後來，隨著地方人士失去權勢，又在帝國的官僚組織與軍隊找到位置；而這個系統後來深深吸引管理廣闊帝國的不列顛。整個帝國歷史當中，拉丁文是外省的上層階級以及任何想要進入上層階級的人的語言——至少在西邊是如此。[17]如我們所見，艾瑞斯提德斯和克勞狄安都是外地人，而且除了這兩人，還可加上一個梅羅波德（Merobaudes）——出生在西班牙南部，帶有法蘭克血統、羅馬化的將軍（參照斯提里科）。梅羅波德後來成為著名的拉丁詩人暨演說家（也是軍人），甚至晉升到位於拉溫納（Ravenna）的帝國宮廷。（Heather 2006: 283-84）

公民身分，也就是有權利說：「我是羅馬公民」（civis Romanus sum），是多數羅馬臣民的獎賞。不僅如此，羅馬也用這個來吊臣民的胃口，效忠羅馬與尊重羅馬的法律與制度，就可如願獲得這個獎賞。羅馬正是因為這個面向而與希臘（但不是馬其頓）這位前輩有別。爭論是否讓高盧北部與中部的高盧人（所謂「長髮高盧」〔Gallia Comata〕，相對於南方已經羅馬化的納伯納〔Narbonese〕高盧）進入羅馬元老院時，皇帝克勞狄斯主張的論點完全就是幾個世紀後馬基維利和培根的論點。「儘管斯巴達與雅典強大的軍事力量，最後證明，致他們於死地的，是將已征服的臣民當作異己分離。相反的，我們的奠基人羅慕勒斯（Romulus）擁有智慧，不只一次在一日之內轉化整個敵對民族為羅馬公民。」克勞狄斯提出大量例證主張，這就是羅馬的方式，回溯自羅馬崛起，而且確實就是羅馬偉大的源泉。他自己家族的創立人阿皮烏斯（Clausus）是薩賓人（Sabine）[7]，「自動成為羅馬公民與貴族」；因此克勞狄斯呼籲「採取同樣的國家政策，無論來源，將優點帶到羅馬」。他援引事實：自從高盧戰爭（Gallic Wars）結束，「和平與忠誠盛行無礙。現在他們已經與我們的風俗文化同化，與我們結為姻親，讓他們貢獻他們的黃金與財富，而非藏在身上」。塔西佗說，元老院贊成皇帝的演說，勉為其難承認，對於成為羅馬臣民並學習羅馬方式的蠻族，不只開放羅馬的公民身分，也開放擔任最高官職的權利。（Tacitus 1996: 242-44 [*Annals* 11.22-24]；亦見 Sherwin-White 1973: 237-41; Griffin 1990; Woolf 1998: 64-65; Dench 2005: 117-18）

羅馬的公民身分擴張是個緩慢但持續的過程，首先從羅馬的鄰居開始：同盟者戰爭（Social War，公元前九十一年至八十九年）後，義大利的聯盟加入（公元前八十九年），接著是山南高盧（Cisalpine Gaul）的凱爾特人羅馬化（公元前四十九年），至此完成羅馬統一義大利的大業。在帝國治理之下，非義大利的省分逐漸獲得公民身分。公元二一二年，皇帝卡拉卡拉擴大羅馬公民身分至帝國所有自由的臣民，整個過程也順勢達到顛峰。實際上，有人說，這不過是統整過去一個世紀持續的發展，但沒有人否認此舉巨大的象徵意義。皇帝詔書以堅定的口吻宣布偉大帝國之統一，即「*maiestas populi Romani*」——羅馬人民之偉大。[18] 所有人都成為公民後，詔書將 *orbis Romanus*（即羅馬的世界）中全體臣民提升至平等地位，而羅馬的世界也越加等同 *orbis terrarum*，也就是整個文明世界：「因此人僅因為身為文明世界之自由居民就是羅馬公民」（Sherwin-White 1973: 287），以外就是「蠻族」，現在更近地看，蠻族就是那些帝國之外、沒有享受文明益處的人。雖然從前是，但現在再也不可能出現數個「內部蠻族」的團體享有不同等級的公民身分（Burns 2009: 35; Sherwin-White 1973: 445-46, 451-60）。此時世界一分為二——「羅馬人」與「蠻族」，文明的人與不文明的人，而且越來越常交戰。

雖然這個結果可能來自持續的過程，但是，對某些人而言，卡拉卡拉的詔書無論如何對羅馬的進化設下某種「門檻」。詔書象徵從這個時間點起，羅馬人民不再控制帝國的命運，反而完全由皇帝與其僕從（即軍隊與官僚）控制。寇勃納認為，「普世的公民身分事實上與 *imperium populi Romani* 並不相容」。卡拉卡拉的詔書使用 *orbis Romanus* 一詞，也就是「羅馬的世界」，而非更常用的 *imperium populi Romani*（羅馬人民的帝國），這點透露他的詔書等於宣稱「管理的全能」。（「In orbi Romano qui sunt, cives Romani effecti sun」：羅馬的世界裡頭的人已經成為羅馬的公民。）根據寇勃納，基督宗教概念的羅馬帝國，也就是「皇帝的帝國」，舞臺即已架好了。這個概念將帝國完全附屬於皇帝這個人，正是因為如此，現在的帝國才能在君士坦丁堡找到皇座；現在在米蘭，現在在拉溫納，之後在神聖羅馬帝國，甚至在遙遠的高盧和德國——只要皇帝選擇居住在哪裡，

❼ 譯注：阿皮烏斯指的是 Appius Claudius Sabinus Regillensis（505-480 BC），原名 Attius Clausus，克勞狄家族（Claudia gens）的創立者。薩賓人是位於義大利中部的部族，羅馬帝國建立之前就已存在。

那裡就是「羅馬」。（Koebner 1961: 15-17; cf. Miles 1990: 649; Brown 2003: 101）

雖然麥克．道爾在文章〈卡拉卡拉門檻〉（Caracallan threshold）中，從略微不同的觀點表達了類似的變化，但是更廣泛地來說，他也質疑卡拉卡拉之後，羅馬在多大的程度上能夠稱為嚴格意義的帝國，即「兩個政治實體的互動」，一個控制另一個。

> 「在卡拉卡拉的治理下，羅馬成為一個政治共同體，其中公民擁有稀薄但平等的權利。從一個民族控制另一個的觀點來看，羅馬仍然是個帝國嗎？事實上羅馬到達帝國的顛峰：民族之間的政治區別被移除了。」

（Doyle 1986: 97；亦見 12, 45）這裡道爾的帝國概念較貼近莫塞斯．芬利，不以廣大領土國家為定義，而將帝國限制在一個民族或國家治理其他民族或國家的定義上。因此芬利可以堅定地說：「當皇帝卡拉卡拉擴大羅馬的公民身分到王國內所有的自由居民……那項不太有意義的政令象徵我們所謂的羅馬帝國已經不再是帝國。」（Finley 1978a: 2; cf. Crone 2006: 109）

道爾和芬利似乎在暗示，隨著公民身分平等化，羅馬實際上變成某種巨大的民族國家，而非帝國，畢竟平等的公民身分一直是民族國家的基本原則。若是如此，民族國家必須列入羅馬帝國諸多貢獻之一，畢竟古代世界從來沒有任何一個國家對於公民身分的態度能媲美羅馬。（Brunt 1978: 185; Dench 2005: 131）

如第一章所見，若非在原則上，至少在實踐上，帝國和民族國家確實經常看來相似。任何個別的案例中，我們選擇的描述似乎相當程度取決於我們的興趣，但是，無論其他人認為卡拉卡拉的詔書有何意義，仍然難以將之視為帝國的終點。對西塞羅、艾瑞斯提德斯、小普里尼、斯特拉博、克勞狄安、路提里爾斯以及眾多評論者，無論羅馬人或外省人，將公民身分擴大到羅馬帝國的臣民是羅馬帝國的重要元素，也是羅馬帝國最高與最具特色的原則，正是此舉令羅馬成為與眾不同的帝國，在所有過去與現在的國家與帝國之間鶴立雞群。十九世紀傑出的歷史學家暨法學家詹姆斯．布賴斯（James Bryce）正是利用這點比較羅馬帝國與不列顛帝國，注意到不列顛在這方面想要模仿羅馬，他說：「對於羅馬領土的統一與力量，貢獻最大的莫過於帝國的民族歸屬……

公元第三世紀，西班牙人、潘諾尼亞人（Pannonian）、俾西尼亞人（Bithynian）⑧、敘利亞人，都稱自己是羅馬人，或者為了實用目的而成為羅馬人。帝國的利益是他的利益，帝國的光芒是他的光芒，幾乎有如他就出生在神殿的影子之中。因此，沒有理由不相信他的忠誠，沒有理由不應選他帶兵打仗或治理安寧和平，沒有理由說他不是義大利血統的男人。」（Bryce [1901] 1914: 40-41）

和布賴斯同時代的政治科學家C．P．盧卡斯（C. P. Lucas）認為：「的確，逐漸且確實從一個城鎮擴大為一個世界的共同體，就是羅馬人這個民族。」（Lucas 1912: 95）即使在卡拉卡拉之後，這裡也是羅馬帝國與民族國家的區別。哪個民族國家包含世界？哪個民族國家渴望包含世界？民族國家，無論怎麼利己，都會接受世界上有其他民族國家；帝國，則無論怎麼被迫面對其他國家與帝國，都不會接受有其他的存在，最後只能有一個帝國，普世的帝國，承擔普世的教化使命（見第一章）。沒有其他帝國曾經比羅馬更加堅定地表達這個信念，如特奧多爾．蒙森所言：「羅馬人熟悉一個概念，他們不只是世界上第一個強權，某個意義來說，也是唯一一個。」（in Pagden 1995: 23）羅馬就是世界，*urbs*，*orbis*；羅馬的皇帝，如同第二世紀的《羅得島法》（*Lex Rhodia*）稱之為「*dominus totius orbis*」，就是全世界的君主。當教宗在復活節對著「urbi et orbi」發表演說，就是對著「城市與世界」。身為羅馬天主教教會之首（即普世的），他就是在表達羅馬帝國主張的統一與身分，而羅馬天主教教會宣稱自己是羅馬帝國的繼承人。

儘管羅馬也為少數民族與「多元文化主義」的問題頭痛，而且羅馬的世界主義包含民族多元與民族差異，但是又能接受民族國家均質的傾向。普世公民身分的另一面是不重視種族、族群、民族歸屬，毫無例外，幾乎所有羅馬帝國的學生都同意這點。[19]羅馬人可以在帝國內外表達對「蠻族」的鄙視，但壓倒的共識是，羅馬容

⑧譯注：潘諾尼亞約為今日中歐匈牙利西部、奧地利東部、斯洛維尼亞、克羅埃西亞、波赫和塞爾維亞北部。俾西尼亞位於小亞細亞的行省，約為今土耳其西北部。

納各民族，最終沒有不能克服的「種族」、生物障礙（只有極不情願，例如要猶太人接受羅馬的方式）。蠻族可以被教化；穿長褲（而且留長髮）的高盧人可以變成穿長袍的高盧人；他們可以被叫去種葡萄和橄欖；不吃麥片粥，改吃麵包；不喝啤酒，改喝葡萄酒；住在城市裡；洗澡。簡單來說，他們可以被羅馬化。這個面向相當吸引人，而且多數蠻族，尤其他們的上層社會，急忙接受這個想法，如同斯特拉博談到西班牙的圖爾德泰尼人（Turdetani）：「他們全都採用羅馬的方式，再也不記得自己的語言，變成穿長袍的民族了。」（in Sherwin-White 1967: 3）

許多評論家觀察，相較現代的帝國，羅馬作為政治實體的特點是從城邦轉為帝國，但無任何民族歸屬意識，羅馬起源的神話無不強調異質性這個根本原則。納德・賽姆（Ronald Syme）說：「許多國家傾向美化讚揚其誕生與起源，但羅馬創立的傳說什麼都有，有混帳，有土匪，就是沒有好話。」（Syme 1958: 17；亦見 Ando 2000: 52）根據李維的說法，羅慕勒斯創立羅馬，是「為了收容亡命之徒」，「各式各樣的流氓來自附近民族，不分自由人或奴隸，全都渴望重新開始。這些人是這個城市真正的力量開端」。（Livy [c. 25 BCE] 1998: 13 [1.8]）[20]撒路斯（Sallust）也注意到羅馬混合的族群起源，並說：「一旦他們都落腳在城牆圍繞的鄉鎮，儘管出身、語言、生活習慣不同，他們都可輕易融合，而且不出多久，來自各地的流氓移民就會結合成為一個民族。」（in Champion 2004: 209）

但是就現代觀點，這樣完全不是民族形成的國家，從族群觀點更不是。根據羅馬人掠劫薩賓婦女的故事，羅馬民族持續「混血」的特性，雙方之間的戰爭由於這項惡行眼看一觸即發，薩賓婦女調停爭執的雙方，終於達成和平與和解；薩賓人因此融入羅馬。如同李維所言，羅馬與薩賓的領袖「不只締結和平，而且聯合兩個民族成為一個共同體」（Livy [c. 25 BCE] 1998: 18 [1.13]；亦見 Edwards and Woolf 2003: 9-10; Dench 2005: 11-26）。我們大概還記得，克勞狄斯吹噓過自己的薩賓祖先；而西塞羅認為，羅馬晉升偉大的帝國，正是從結合薩賓與羅馬的政治家精神開始，此外，「這個國家應該不惜接受敵人為公民而擴張」的原則隨之建立。（in

Champion 2004: 209）

隨著羅馬擴張，並融入越來越多地區，逐漸授予旗下民族公民身分，非羅馬人與非義大利人於帝國所有階層的行政組織開始扮演要角。後來的評論者從現代帝國的角度去看，全都認為羅馬實際上是把帝國分給別人，到達不可思議的程度。重要的是維持帝國的理想——當然是羅馬闡述的理想，能夠繼續稱呼帝國為羅馬，但是「羅馬」這個指稱也變得極為開放與靈活。公元第二世紀之後，就連羅馬城本身都不再是皇座之所在，皇帝在哪裡，「羅馬」就在哪裡，多半是邊境地區。如同布賴斯所言：「羅馬城變成帝國，而帝國變成羅馬……到了最後，羅馬不再擁有任何自己的歷史，除了建築歷史，羅馬完全融入自己的帝國。」（[1901] 1914: 40, 71；亦見 Cromer 1910: 37-38）不只是非義大利的外省人，高盧、西班牙、阿非利加、巴爾幹半島的省分達爾馬提亞（Dalmatia）與潘諾尼亞、東方的省分敘利亞與亞細亞——來自這些地方的人壯大騎士兵團，並在軍隊與官僚組織中擔任要職。帝國的最高層也是，不難找到非義大利人的皇帝，例如出身阿非利加行省的塞提米烏斯·塞維魯斯（Septimus Severus the African）；西班牙人，諸如圖拉真、哈德良、狄奧多西；來自達爾馬提亞的戴克里先（Diocletian）和君士坦丁；敘利亞人埃拉伽巴路斯（Heliogabalus）與亞歷山大·塞維魯斯（Alexander Severus）。如同P·A·布朗特（P. A. Brunt）所言：「在羅馬帝國，像尼赫魯（Nehru）與恩克魯瑪（Nkrumah）❾這樣的人都有資格擔任帝國的最高職位。第三世紀多數元老院的成員都不是義大利人，從圖拉真以降，多數皇帝來自外省，而公元二四七年，那不朽之城在阿拉伯的部落首領統治之下，慶祝一千週年。」（Brunt 1965: 274）[21]

對於那些想將羅馬與後世帝國比較的人，羅馬的世界主義，也就是反轉古代世界的仇外傳統，是羅馬最驚人的特徵。但是還有一個問題：現代的帝國大幅融入非歐洲民族，能夠達到羅馬立下的同化目標嗎？而且是

❾ 譯注：尼赫魯（一八八九—一九六四），印度獨立後第一任總理；恩克魯瑪（一九〇九—一九七二），首任迦納總統。

在某個程度上透過羅馬化的過程與政策？這個問題困擾後來多數的帝國評論者。法蘭西人有自己的同化政策，如果實際上不是，至少是理想上最接近羅馬的模式。不列顛人對這個問題總是舉棋不定，不太確定印度人和非洲人是否真的能夠成為不列顛人（而且，更甚者，成為英格蘭人）。對於羅曼諾夫（Romanovs）、哈布斯堡、鄂圖曼等陸地帝國，就人口位置比鄰這點而言，羅馬的同化模式似乎最明顯。然而基於各自的理由，他們多半偏好效法羅馬經驗的另一面：建立共同的成員身分與對帝國共同的忠誠，但允許不同民族相當程度地維持自己的信仰、語言、習俗。羅馬的遺產在這方面確實複雜，既允許追求共同的帝國文化，某個程度上又允許不需一致的多元與差異。

之後我們將會見到這些問題如何影響這些帝國的發展。我們現在必須來看羅馬遺產的最後一個重要面向，在某方面而言是最重要的：創造並傳播新的宗教——基督宗教。

羅馬——普世宗教

> 阿諾爾得・湯恩比（Arnold Toynbee）在鉅作《歷史研究》（*A Study of History*）回溯所有文明的共同形態，由此經過一段創造的全盛時期後，創造的能量消逝，凝固為「普世國家」以及「普世宗教」。對他而言，典型的例子就是希臘文明孕育出羅馬這個普世國家，以及基督宗教這個普世宗教。普世國家，也就是羅馬帝國，可能傾覆，然而，普世宗教融合希臘文化，讓制度化在教會裡頭就像蛹一樣，可以傳給初生的西方文明。（Toynbee 1962-63: 1:52-58；亦見 vols. 7a and 7b）

無論個人對湯恩比的歷史哲學有什麼看法，毫無疑問的事實是，羅馬與基督宗教相連，而且是羅馬最重要且最長久的遺產。看在崛起並持續兩千年、而且無論如何都被稱為羅馬天主教會的份上，這些事實似乎相當明顯。然而，較不明顯，且對許多人而言，若不否認也仍受爭議的事實是一項長久的指控。首先由第四與第五世紀的異教思想家提出，認為基督宗教不僅沒有凝固並延續羅馬傳統，事實上反而破壞羅馬傳統，害得羅馬面對最終擊敗他們的蠻族毫無招架餘地。儘管存有相反的證據，儘管許多蠻族也信仰基督宗教（例如，四一〇年洗劫羅馬的西哥德人），儘管東方完全基督宗教化的拜占庭帝國繼續生存一千年，然而還是有些隱約的看法，認為基督宗教與羅馬作對。精神上，羅馬是非基督宗教、軍國主義、驕傲自大的，其制度充滿崇拜皇帝的作為，並從血腥殘忍的格鬥與暴飲暴食的宴席中得到歡愉，而基督宗教的哲學宣揚和平與服從，馴服帝國的軍國主義氣質；另外，基督宗教勸人謙虛寬恕、樸素禁欲，並志願將信仰帶到那些羅馬不在、也不可能涉足的外國土地。這兩個實體怎麼可能相容？更不用說是互補了。[22]

重要的是，先來看看似乎採取了這個觀點，而且最具影響力的說法——吉朋的《羅馬帝國衰亡史》；但是，其實吉朋根本沒有這個意思。確實，吉朋傑出的論述在某個地方談到：「如同未來生活的幸福是宗教偉大的目標，我們聽到也不會驚訝或反感，引進基督宗教，或至少濫用，某些程度造成羅馬帝國衰亡。」在這個知名的段落上，他繼續說：「阻礙社會活潑的優點」，點燃「宗教不和諧的火焰」，「皇帝的注意力從軍營轉向宗教會議」，而「羅馬世界受到新品種的暴君打壓」。（Gibbon [1776-88] 1995: 2:510-11）

但是，永遠記住，尤其是閱讀吉朋，必須注意的不只是吉朋的語調和謹慎的用字，更須注意的是吉朋話鋒一轉，並且在某個程度上駁斥這項指控。他接著說，基督宗教是分裂的力量，也是統一的力量；這個力量在帝國遭受其他外力，而且面對瓦解的威脅時凝聚帝國。「來自一千八百個講道壇的主教，勸誡合法正統的君主被動服從的義務；他們經常集會，並且不斷通訊，維持遠方教會參與；天主教徒的精神聯盟雖然限制，但也強化教理慈悲的傾向。」除此之外，基督宗教確實緩和蠻族入侵的影響，畢竟許多蠻邦自己也改信基督宗教。「基督宗教純然且真正的影響，也許能夠回溯至，那些對北方改信的蠻族儘管不完美但仍有益的作用。如果羅馬帝國的衰亡是由於君士坦丁改信而加速，那麼他的勝利是以宗教化解戰敗者的仇恨，撫慰征服者凶猛的性情」。

（Gibbon [1776-88] 1995: 2:511 ；亦見 3:1068-70）[23]

吉朋警告讀者不應歸咎基督宗教，這點與某些盛行的啟蒙運動思想相異，其中認為基督宗教違反理性——或普遍而言宗教皆然——因此針對羅馬的士氣與韌性衰退，基督宗教在很大程度上應為此負責。但是這裡啟蒙運動回應的是基督宗教辨惑學更長遠的傳統，這個傳統不僅沒有破壞羅馬帝國，在某些方面而言，其實是在實現帝國。這個論述的基本形式於基督世紀初期形成，主張羅馬是基督宗教起源與發展的幸運利器，在帝國本身內部達到基督宗教勝利的高峰，而且傳遍整個世界。羅馬和基督宗教並非互相作對，他們為彼此而存在；基督宗教延續、補充、完成羅馬發起的教化使命，然而是在一個較高的、精神的層面。因此羅馬帝國在物理結構上傾覆，而且政治乃至經濟制度衰退，並不必然就是羅馬的終點，因為羅馬的遺產現在由更偉大的力量承擔，也就是天主教教會。教會以其他方法、其他形式延續羅馬帝國，如同傑出的中世紀歷史學家亨利・皮雷納（Henri Pirenne）所言，教會是「羅馬天主教延續最顯著的例子」。「神父難道沒有說過羅馬帝國根據天主的意志存在，而且對基督宗教而言不可或缺？基督宗教難道沒有模仿帝國的組織？沒有說著帝國的語言？沒有保存帝國的法律文化？基督宗教的高層難道不是來自古代元老院的家族？」（Pirenne 1939: 45, 124）

這個具有影響力又長久的觀點受到支持，其中一位辯護者是第三世紀的神學家俄利根（Origen of Alexandria），他是希臘教父[10]的頂尖代表人物。俄利根引述《馬太福音》第二十八章第十九節：「你們要去，使萬民作我的門徒。」俄利根表示：「明顯的是，耶穌生於奧古斯都在位期間，也就是統一世界多數民族的人。否則，許多王國並存，將會阻礙耶穌教義傳播到全世界。」（in Isaac 2006: 491）站在早期的基督宗教觀點，只有愚笨或無知的人會認為，基督出生與「奧古斯都治世」（pax Augusta）為同一時間只是巧合，或不認為公元七〇年，提圖斯（Titus）攻破耶路撒冷是為了懲罰猶太人殺害基督。[24]

正是希波的奧斯定在《天主之城》第五卷，賦予了羅馬帝國與基督宗教之間的關係這種教義觀點。奧斯定明確引用維吉爾論述的羅馬帝國傳統：因為羅馬肩負神聖使命，帶給世界法律與和平，所以諸神賦予羅馬統治其他所有國家的權力（[413-27 CE] 1984: 198-99；亦見 Heather 2006: 125; Ando 2000: 48, 63-64, 346-51）。奧斯定認為這些全是天主為人類擬定的計畫，天主選擇羅馬實現祂的目的，因為羅馬清楚地向世界展現他們的美德。「東方的王國長久享受名譽，當天主決定西方的帝國應該崛起，縱然稍晚，但領土將更雄壯偉大。而且，為鎮壓許多國家邪惡的魔鬼，祂獨厚這些人，將統治權託付給他們。他們為了道義、聲望、榮耀而服務他們的國家；他們追求榮耀，視國家安危勝過個人；他們壓抑對金錢的貪婪與許多其他缺陷，只為維護他們一項缺陷，即讚美的愛。」（Augustine [413-27 CE] 1984: 201-2）

這些美德既不完美又世俗，但他們教育世界接受基督宗教的美德，並準備進入「永恆且天堂的國家」：

> 羅馬帝國擴張，而且在人類的眼中散發光芒，不只因為有這種特徵的人們就應得到這種回報，還有進一步的目的：在人類眼裡，如果世俗的城市得到她的公民如此奉獻，散發希望的光芒，那麼永恆之城的公民，在朝聖的日子裡，應該堅定且清醒地凝視這些例子，觀察對於高尚的永恆之城，從永恆生命的眼光中得知，他們應該具備什麼樣的愛。（Augustine [413-27 CE] 1984: 205）

奧斯定的著作重複表達這個想法：如果羅馬人為了這個地上的城市能夠做到這樣，我們為了得到天堂的城市更偉大的光芒，還要付出多少努力才能培養那些美德？「如果我們服侍最輝煌的天主之城，不展現羅馬人的特質，模仿他們追求世俗城市的光芒時為我們立下的模範，我們都應該為羞恥所責難。」（Augustine [413-27 CE] 1984: 211）我們必須向他們學習。羅馬人開好了路，在天主庇佑下提供基督誕生與傳教的地方，懲罰置他於死地的猶太人，透過他們的帝國建立傳教地點，讓像是保祿（Paul，又譯保羅）那樣的福音傳教士，將基督

⑩ 譯注：Greek Fathers of the Church，意指早期基督教會具有權威的宗教作家；以希臘文寫作的則會冠上「希臘」一詞。

宗教的訊息散布至整個世界。最後——再一次的，在天主庇佑之下——羅馬自己推舉如君士坦丁與狄奧多西那樣的皇帝，他們見到那樣的光芒，並立基督宗教為帝國國教，沒有什麼比這個更能顯示羅馬帝國與基督宗教的密切關係。天堂的城市只不過令羅馬人地上的城市更顯完美與完整。

後來的歲月，歸功奧斯定與許多教會的教父。羅馬是基督宗教的搖籃這個主張，具有極大吸引力，而且能夠平衡羅馬帝國素來殘酷無情的專制主義形象。數個十九世紀的思想家特別喜愛這個主張，例如若望·亨利·紐曼（John Henry Newman），眾所皆知，他改信天主教，並且積極為天主教會辯護。但是這個主張也吸引麥考利，他常見的形象是凶猛的基督徒，對高架子的羅馬天主教會充滿敵意，然而公開稱讚天主教會的正是麥考利。他曾寫過一篇文章評論蘭克（Ranke）的《教皇史》（*History of the Popes*），其中談到「（羅馬天主）教會的歷史結合了人類文明兩個偉大時代。沒有其他組織仍然屹立不搖，這提醒人們，犧牲的濃煙曾經從萬神殿（Pantheon）升起，長頸鹿和老虎曾經困在羅馬競技場」。對麥考利而言，天主教教會延續羅馬時代與羅馬精神，無人匹敵；而且他認為羅馬的力量與對世界的影響沒有終點。[25]基督宗教延長羅馬的遺產。理查·詹金斯（Richard Jenkyns）說：「基督教界本身的概念，作為羅馬屬性（Roman-ness），穿越地理邊界……是羅馬部分的遺產。」（Jenkyns 1992a: 9）

弗蘭克·特納（Frank Turner）觀察，「維多利亞時代的人認為，基督宗教這個共同的信仰，連結了他們的生活與帝國統治之下的羅馬人……對維多利亞時代的人，甚至許多愛德華時代的人而言，羅馬帝國興起基督宗教，這個事實不只是彌補帝國的消逝。確實，就許多維多利亞時代的作家而言，帝國僅僅作為神助的工具，推動信仰出現」。（Turner 1999: 173-74；亦見 Vance 1997: 236, 1999: 121）雖然某些思想家可能同意這個想法，但不代表這是普遍的認知。羅馬帝國之衰亡是西方思想家長久以來感興趣的主題；十九世紀開始，在歐洲帝國主義全盛時期，更是占據學者與政治家的心思。如果他們以此脈絡思考基督宗教，基督宗教也常是羅馬的對照與對手，甚至可能就是瓦解帝國結構的溶劑。羅馬之陷落，從這個觀點看來，象徵新的年代開始——「基督宗教的中世紀」，以及古代時期的結束。對文藝復興時期以及之後世俗的人文主義者而言，失去寶貴的思考與生活方式，是足以哀悼的事。

但是對於帝國獨特的興趣同樣持續著。羅馬孵化基督宗教並作為主要承載者的事實對早期的現代帝國極為重要，例如葡萄牙與西班牙在新世界與東方，他們以基督宗教的方式看待自己的使命。陸地帝國如羅曼諾夫和哈布斯堡也是，一是東正教與拜占庭傳統的承擔者，即「莫斯科第三羅馬」；另一是羅馬天主教，領導反宗教改革，並捍衛帝國在東方邊境（奧地利）的信仰。

對後來的西方帝國——荷蘭、法蘭西、不列顛與其他，雖然基督宗教依然重要，尤其是在面對鄂圖曼人的伊斯蘭時，但是羅馬遺產的其他面向更為醒目。「教化使命」在某個程度上改變原本的特性，主要是不再關於散播信仰，轉而關注於帝國創造的法律、政治、文化秩序。在這方面，羅馬也有豐富的想法與經驗提供他人汲取，無論是公民身分的政策，或是應對帝國內部許多民族的習俗與信仰的態度。卡拉卡拉授予所有臣民、公民身分，這個先例能否效法？羅馬化的意圖與效果究竟為何：建立共同的帝國文化，或是純粹收買敗戰國家的菁英階級？羅馬意欲達成普世性質的世界，成為 *imperium totius orbis*，這個抱負又有多大意義？在一個有其他帝國與國家的世界，帝國能以普世性質為目標嗎？這些問題全都對著歐洲帝國施壓；而且為求答案，或至少為求思索的材料，他們幾乎全都求助於羅馬。

蒙田（Michel de Montaigne）在《隨筆集》〈論馬車〉（On Vehicles, 1580）一文中寫到他對西班牙征服新世界的惡評，他悲嘆失去取得當地印地安人信任與同意的機會，而且勸告：「為何如此高貴的征服不是落在亞歷山大、古希臘或羅馬人的肩上？為何這麼多的帝國與民族廣大的改變與轉變落在那群人手中？他們大可溫和地精鍊並掃除所有野蠻的事物，刺激並鞏固大自然在那裡播下的種子，不僅涵養土地，以這個半球的藝術裝飾城市；此外，必要的話，更可灌輸當地人民以希臘與羅馬的美德。」（Montaigne [1580] 1958: 278-79）從這個生動的例子可以看出，對許多現代時期受教育的歐洲人而言，羅馬作為希臘的繼承者與傳播者有何意義，這也提醒他們，現代帝國的問題正代表著他們背離羅馬模式。不管以什麼方式，現代帝國主義的演化，正持續與羅馬對話。

Chapter Three

鄂圖曼帝國

有些歷史學家筆下的鄂圖曼帝國彷彿是個民族國家，由突厥人控制並治理少數民族。這個取徑是錯誤的。這個體系包含多個團體，全都被當作「不同」的身分接納。差異並非被水平式地拔除，而是垂直式地併入政治系統。

——阿隆・羅德里格（Aron Rodrigue, 1995: 84）

製造鄂圖曼奴隸家庭的人打造一種工具，讓被攆出原生草原、丟到外地的小幫游牧民族，在這個奇怪的世界裡不只能夠生存，而且還可不落下風，甚至賦予分崩離析的大基督宗教地區（東正教）和平秩序；威脅從那時開始影響著其他人類另一個更大的基督宗教社會。

——阿諾爾得・湯恩比（1962-63: 3:49）

將已故的鄂圖曼帝國限制在某個框架，主張在震耳欲聾的進步鼓聲中，不外乎關於西化、民族主義、世俗化，導致帝國崩潰——這種意圖只會阻礙我們清楚理解所要談論的帝國發展。

——蘇庫魯・漢尤固（M. Sukru Hanioglu, 2008: 1-2）

外來的帝國

鄂圖曼❶帝國聽在西方人的耳裡，可以非常陌生。鄂圖曼帝國與西方帝國不同，是非基督宗教的帝國，承擔伊斯蘭的中心，保護聖地。鄂圖曼帝國從阿拉伯人那裡繼承哈里發帝國的衣缽，在某種程度上於世界宣揚伊斯蘭的使命。對西方人而言，與鄂圖曼人的衝突就像延續中世紀十字軍對阿拉伯地區發動的東征。尤其現代時期初期，當時宗教是歐洲帝國的心頭要務，宗教區別似乎可以視為與鄂圖曼帝國之間最深遠的差異。十五、十六世紀鄂圖曼人入侵歐洲，震驚整個歐陸，尤其中歐、德國、哈布

❶ 譯注：根據林長寬教授的說明（《鄂圖曼帝國的殞落》導讀，頁三，二〇一六，貓頭鷹），「'*Othmān*」為帝國時期鄂圖曼文之羅馬拼音，較正確的譯名應為「歐斯曼」。本書採用臺灣常見的譯法「鄂圖曼」，此譯名來自英文拼法「Ottoman」。

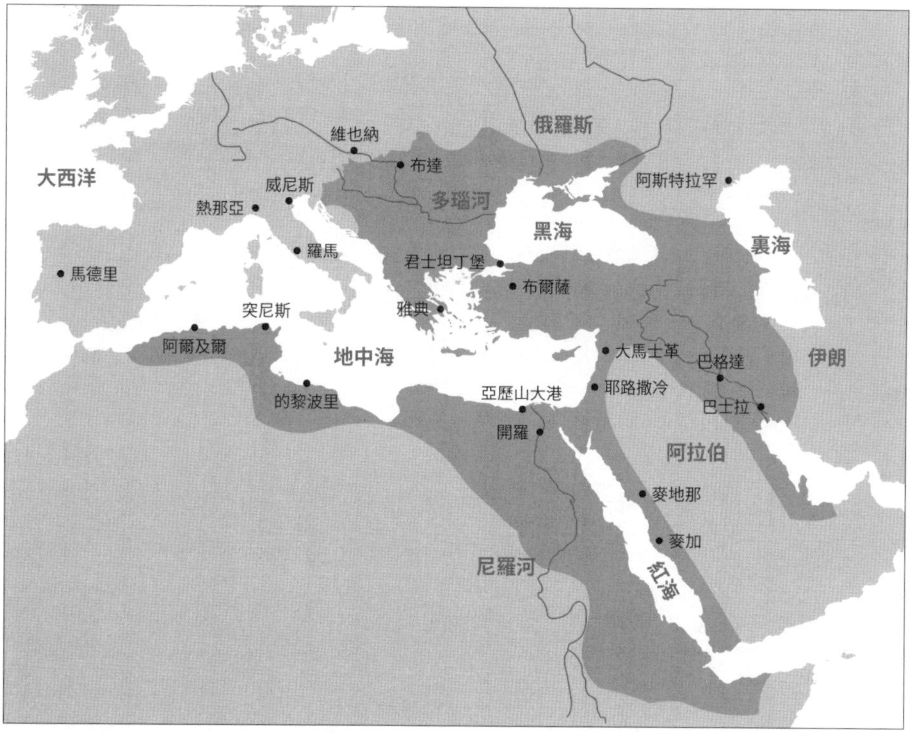

鄂圖曼帝國疆域全盛時期，一六八三年。

斯堡領地（Elliott 1993: 155）。面對伊斯蘭顯然銳不可擋的進犯，天主教徒與基督教徒雙雙顯露無比焦慮，鄂圖曼人更兩度包圍哈布斯堡帝國的首都，以及基督教界對抗鄂圖曼人的主要堡壘——維也納（一五二九年、一六八三年）。鄂圖曼人帶著奇怪的生活方式與陌生的宗教信仰逼近，就和幾個世紀前的阿拉伯人一樣，威脅要大亂歐洲。

哈布斯堡帝國代表著反宗教改革運動的天主教，但基督教徒也一樣激動。馬丁・路德確實激烈地抨擊過：「土耳其人是上帝實施懲罰的棍棒」，是基督宗教信徒墮落、容許教會腐敗的天譴。但是，基於「正義之戰」的立場，他呼籲追隨者支持哈布斯堡人對抗鄂圖曼人，因為「如同教宗反基督（Antichrist），突厥人是魔鬼的化身。基督教界的祈求，就是他們兩者都該下地獄」。路德越來越常把教宗和突厥人合而為一：「反基督的人就是教宗，他的血肉就是突厥人。」（in Smith 2007: 354；亦見 Elliott 1993: 157-58）

對文藝復興時代與之後的思想家而言，「突厥人」——歐洲人對鄂圖曼人的普遍誤稱——就是新的蠻族，希臘羅馬的宿敵，等同推翻羅馬帝國、兇殘又野蠻的「*barbari*」。套句英格蘭作家理查德・克諾勒斯（Richard Knolles）的話，是「世界當前的恐怖」（Woodhead 1987: 22；亦見 Mantran 1980: 231-33; Yapp 1992: 148; Cirakman 2001: 53）。對鄂圖曼人各式各樣的印象與觀感，都為這句話作背書。他們的制度和習慣特異，就和鄂圖曼人的宗教在西方人眼裡一樣古怪：他們手足相殘，新的蘇丹即位後，就會殺光所有兄弟，搶先鎮壓敵對勢力，繼承過程充滿血腥；有囚禁年輕王子的習慣，也就是把蘇丹之子關在托普卡匹皇宮（Topkapi Palace）後宮的「籠子」；而在後宮本身，也就是女人的住所，由蘇丹皇太后坐鎮，統領蘇丹的妻子和情婦，還有黑皮膚的非洲閹人照料起居；驚人的是「奴隸傭兵」（*devshirme*）制度，也就是以基督宗教的少年為「稅收」，徵召他們進宮服務，或進入新軍（Janissaries）成為蘇丹的奴隸；除此之外，蓄鬍纏頭巾的穿著、不斷旋轉的托缽僧，以及每當新軍發動屢見的叛亂，宮廷內外隨之上演的血腥殘殺……不難看出為何鄂圖曼帝國成為愛德華・薩伊德所謂「東方主義」的熱門景點，而且這個形象在西方人心中不斷深刻化。「直到十七世紀末，『鄂圖曼之禍』

一直潛伏在歐洲邊緣，長久危害整個基督宗教文明。」這是伊斯蘭造成的「恆常創傷」，在歐洲人心中象徵「恐怖、毀滅、魔鬼、討厭的蠻族部落」（Said 1979: 59; cf. Yapp 1992: 135）。世紀以來，鄂圖曼帝國都是西方文明經典的「他者」，是外來的威脅，同時也令人神魂顛倒，而且將以陌生的方式推翻西方文明。

弔詭的是，十九世紀伊斯蘭的威脅漸弱，而鄂圖曼帝國成為「歐洲病夫」，此時歐洲對於西方文明與鄂圖曼的差異更達全新又顯著的緊張。傑出的不列顛思想家樞機紐曼（Cardinal Newman）認為，鄂圖曼人代表無效原則（principle of nullity），缺乏任何內在生命的蠻族文明，而且生存全然依賴他人——「法蘭克人」、亞美尼亞人、希臘人、猶太人。紐曼主張，他們「妨礙十九世紀的進步……他們躺在那裡，無法拋棄他們的傳統原則，沒有乾脆停止身為國家；無法保有原則，也無法保有基督教界的同情；穆罕默德教徒（Mahometan）❷、專制君主、奴隸販子、一夫多妻、鄙視農業、憎恨歐洲、崇拜不幸的自己、脫離諸國的大家庭、憑藉無知與信仰狂熱而生存」。（Newman [1853] 1894: 220, 222-23）

紐曼對鄂圖曼人仇視的觀點儘管強硬，還是不敵英國首相威廉・格萊斯頓（William Gladstone）論一八七六年「保加利亞恐怖事件」（Bulgarian Horrors）著名的短文，內含對於「土耳其種族」與其性格強烈的譴責。

> 問題不光出在穆罕默德教，而是穆罕默德教加上這個種族奇怪的性格。他們不是印度那種溫和的穆罕默德教徒，也不是敘利亞英勇的薩拉丁（Saladins），更不是西班牙有教養的摩爾人。大體上，從他們剛進入歐洲暗無天日的那天開始，他們就是極度無人性的人類樣本。無論他們去到何處，身後必定血跡遍布，凡是他們領地所及之處，文明就會消失眼前。無論在哪裡，他們都是蠻力的政府，而非法治的政府。

❷譯注：此為一九六〇年代之前歐洲人對穆斯林的稱呼，今日已罕見。

> 對於此生的指引，他們抱持嚴厲的宿命論：來世的獎賞是肉欲的天堂。（Gladstone 1876: 9）

這個殘酷、縱欲、暴虐的突厥人變成西方典型的刻板印象。但是，其實打從鄂圖曼人最早現身歐洲時，就已出現不同觀點，雖然威力與受歡迎的程度從來不及負面看法。對某些西方思想家而言，這種與西方的差異可以用來批判與諷刺西方思想和習俗；某些人，例如理查德．克諾勒斯，談到缺乏貴族血統的優點，認為奴隸傭兵制度完全依據美德與對國家的功績來選出統治階級。（Woodhead 1987: 23）十六世紀的法國思想家布丹（Jean Bodin）更對照了歐洲的宗教權威狂熱主義與鄂圖曼人較為容忍的政策：

> 突厥人偉大的皇帝，如同世界上所有全心奉獻的皇族，履行並遵從傳承自先人的宗教，然而並不厭惡他人奇異的宗教，反而允許每個人根據個人的宗教來生活：確實而且更甚於此的是，佩拉（Pera）[3]皇宮周圍有四個宗教——猶太教、基督宗教、古希臘宗教，以及穆罕默德教。除此之外，皇帝派遣歌女給住在阿索斯山（Athos，基督宗教區）的希臘僧侶（Calogers）或虔誠的僧侶，要他們為他禱告。（Bodin [1586] 1962: 537；亦見 Hentsch 1992: 68-75）

約翰．洛克（John Locke）在著作《論宗教寬容》（*Essay on Toleration*, 1689）提出類似論點，他想像兩個基督宗教的教會在君士坦丁堡打算「滅了」對方，然而「同一時間突厥人什麼也沒說，竊笑基督宗教的信徒毆打殺害對方的殘忍行徑」。（Locke [1689] 2010: 14）布丹的同胞伏爾泰在兩個世紀後的文章甚至更尖銳，他比較鄂圖曼與歐洲的習慣：

> 蘇丹和平治理兩千萬名不同宗教的人民；二十萬名希臘人安全地住在君士坦丁堡；穆夫提（*muphti*）[4]

親自提名並向皇帝介紹希臘宗主教。蘇丹提名部分希臘群島的拉丁主教，按慣例說：「根據他們古代的習俗與盛大舉辦的典禮，我命令他以主教身分前往並居住在希俄斯島（Chios）。」帝國之中充滿詹姆斯黨員、奈斯多利主義者（Nestorians）、單志論者（Monothelites）；包含科普特人（Copts）❺、施洗者約翰的教徒（Christians of St. John）、猶太人、印度教徒（Hindoos）。土耳其的編年史並未記載任何關於這些宗教發動的叛亂。（Voltaire [1763] 1912: 23；亦見 Hentsch 1992: 104-7）

鄂圖曼人的國家普遍寬容的本性建立在宗教社群制度（*millet*）——貶低鄂圖曼帝國的人拚命添加臭名時，捍衛鄂圖曼帝國的人總是提出這點作辯護。但是這麼做，回過頭來，反而強調鄂圖曼帝國與西方的差異，至少在較早的世紀，當時多數歐洲國家仍認定東正教是公共政策的主要目標。伏爾泰舉出其他容忍案例，以資對照歐洲的不容忍，包括印度、波斯、韃靼、中國、日本（直到不容忍的天主教耶穌會出現），這些社會的情況與習慣全都與歐洲顯然不同。因此，在歐洲人面前抬舉鄂圖曼人，這個作法反而更加彰顯其異國元素。

歐洲的帝國

凸顯鄂圖曼帝國的非歐洲面向確實有可能，包括其突厥、阿拉伯、波斯等特色。但是好好想想，論起點、發展方式、地理分布，以及對歐洲的影響，鄂圖曼帝國就如其他帝國，例如俄羅斯帝國，顯然可以視為歐洲的帝國。[1]

❸ 譯注：位於今土耳其伊斯坦堡的貝伊奧盧（Beyoğlu）。
❹ 譯注：伊斯蘭法的說明官。
❺ 譯注：埃及的基督徒，當時為埃及的少數民族。

起點不會決定目的地，沿路上也有許多岔路與奇異的風景，但是起點是好的指引，可以看出大致定位與方向。優秀的鄂圖曼學者保羅．維特克（Paul Wittek）確實主張：「俗話說，每個國家之所以存在，都要歸功創造這個國家的原因，這句話完全適用鄂圖曼帝國。」根據維特克所言，直到帝國的終點都是。（Wittek 1938: 5）這麼說可能言重了，但是鄂圖曼帝國如何誕生，又是如何組成，無疑透露這個帝國的基本性格與前景。

因為關鍵的十三與十四世紀紀錄幾乎不存在，鄂圖曼帝國的起源充滿神話與學界爭議。鄂圖曼人是否如同美國歷史學家赫爾伯特．吉本斯（Herbert Gibbons）主張，是個相對小的部落團體，融合拜占庭傳統，廣泛利用基督宗教徒或前基督宗教徒擔任行政官員與軍事指揮？或者如土耳其學者M．傅阿德．克普儒呂（M. Fuad Köprülü）與吉本斯相反的意見所認為的，他們其實是毫無瑕疵的土耳其人，帶著中亞的突厥傳統前來，或者至少在早期階段完全依賴突厥人經營帝國？另外，法國學者維特克反過來主張，他們完全不是部落，而是前線戰士（*gazi*）步兵團，立志傳播伊斯蘭信仰，因而與異教徒展開全面無休的戰爭？[2]

我們先從看似普遍同意的事實，或至少是觀感來看。[3] 鄂圖曼（Osmanli）王朝的創立者名為鄂圖曼（Osman），他的祖先約於十三世紀初期抵達安納托利亞（Anatolia）。他們屬於第二波突厥大遷徙，發生在成吉思汗征服中亞時期，當時中亞就是突厥或土庫曼（Turcoman）部落的家。他們在安納托利亞遇到十一世紀第一波突厥大遷徙的突厥族群，這個族群中最主要的是賽爾柱突厥人，他們的帝國一度占據小亞細亞的許多部分。一〇七一年，曼齊科爾特戰役（Battle of Manzikert）後，賽爾柱帝國擊敗拜占庭帝國，於安納托利亞建立領地，並以安納托利亞中部的伊茲尼克為軸心（Iznik，當時稱尼西亞〔Nicaea〕），後來又以科尼亞（Konya，拉丁名為伊康〔Iconium〕）為基地。儘管效忠程度各有不同，安納托利亞的其他突厥埃米爾國（emirate）❻都向他們稱臣。賽爾柱人稱他們自己為「魯姆的賽爾柱人」（Seljuks of Rum），也就是（東）羅馬帝國土地上的賽爾柱人，就此與伊朗及伊拉克賽爾柱帝國的賽爾柱人區別。於是建立一個概念：無論何人在「魯姆」統治，就是羅馬帝國實際上的繼承人。

十三世紀蒙古侵略安納托利亞，戛然終止賽爾柱人的統治。一二四三年古茲達格戰役（Battle of Kösedag），蒙古人粗魯地擊敗賽爾柱人，安納托利亞易主為蒙古伊兒汗國（Ilkhanids）。為了避免或逃離伊兒汗國的控制，某些突厥族群往西方與北方推進，到達拜占庭帝國的邊界（Köprülü [1935] 1992: 32-42; Inalcik 1981-82: 72-75; Darling 2000: 156）。這些團體之中，部分是鄂圖曼的追隨者，於是他們就在比提尼亞（Bithynia）邊界落腳：十三世紀末的時候，鄂圖曼埃米爾國實際上控制了比提尼亞。一三〇一年，鄂圖曼人於巴菲烏斯之役（Battle of Bapheus）擊敗拜占庭人，這是雙方勢力首次交鋒，也預告在接下來的一個半世紀裡將有更多衝突。

在這個時候——十四世紀初鄂圖曼人支配比提尼亞時，這些鄂圖曼人到底是誰？他們可能代表什麼？這類的爭議不休。鄂圖曼人於十四世紀在安納托利亞和巴爾幹半島累積實力，但是目的是什麼？奉行的意識形態又是什麼？數十年來主要的解釋一直都是所謂的「前線戰士」理論；保羅．維特克是最具影響力的辯護者，他表示鄂圖曼人是「前線戰士的共同體，穆罕默德教的鬥士；穆斯林步兵戰士的共同體，矢志對抗周圍的異教」（Wittek 1938: 14）。對維特克而言，一四五三年征服君士坦丁堡不只是高峰，也是定義鄂圖曼使命的行動。雖然之後鄂圖曼人還拿下了阿拉伯地區，包括麥加與麥地那兩處聖地，鄂圖曼人也因而晉升為現代時期最強大的穆斯林勢力，但是帝國的核心永遠都在從拜占庭手上贏得的安納托利亞與巴爾幹。當鄂圖曼人征服君士坦丁堡，也就是「這個地區天然的中心」，他們於是「取得首都，而這個首都過去超過一千年都是帝國傳統的寶座」，這個重要的「內部」帝國就是以君士坦丁堡為中心，鄂圖曼人自己也稱這個帝國為「魯姆的蘇丹國」（Sultanate of Rhum），強調他們是「Rhomaean」，也就是拜占庭國家的繼承人。維特克說：「這個較老的鄂圖曼帝國從未完全融入後來較大的穆斯林帝國；此帝國明顯保持整體重要的核心地位，而且將其特異的政治傳統強加於後

❻ 譯注：「*emir*」源自阿拉伯文「*Amir*」，意為統率他人的人；埃米爾統率的土地「*emirate*」為埃米爾國。

世。」（Wittek 1938: 2）

維特克認為，這個傳統來自前線戰士的精神，因此表示對鄂圖曼人而言，甚至在他們成為哈里發和伊斯蘭信仰正式的守護者之前，「對抗基督宗教的鄰居」已經是他們的歷史起源與延續原則，直到帝國休止。征服君士坦丁堡後，鄂圖曼人不停對抗歐洲的基督宗教勢力，取得匈牙利，並兩度叩關維也納，直到一六九九年的《卡爾洛夫奇和平條約》（*Peace of Karlowitz*），帝國才開始式微，開始鄂圖曼帝國的瓦解之路。維特克認為，嚴重削弱鄂圖曼帝國的是退出歐洲，而非退出阿拉伯地區，阿拉伯地區是帝國屬地的主要部分，也安穩地保留在帝國之中。「帝國在歐洲受到傷害之後，緊接著就是衰退與滅亡。」儘管如此，這段衰退緩慢且斷續，直到十九世紀末期才加速，而帝國也在二十世紀初期走向終點。「特別的是，巴爾幹戰爭（Balkan War, 1912-1913）失敗後，帝國幾乎失去所有歐洲屬地，馬上就迎來最終崩潰。這場敗仗迫使鄂圖曼人徹底退出，並且永遠放棄任何統治基督宗教國家的企圖，而這就相當於放棄他們核心的思想以及存在的理由。」（Wittek 1938: 2-3）

維特克的前線戰士假說尤其主張，鄂圖曼帝國的基礎建立在最初兵團的本質，這點稍後再談。我們必須先看維特克強調鄂圖曼帝國當中的歐洲元素，也就是關於帝國「Rhomaean」的核心，程度之高，可以與早先鄂圖曼人的宗教動機區分。無論最初兵團的本質為何，清楚的是，從一開始，甚至一直以來，帝國的志願就是穿越馬爾馬拉海（Sea of Marmara），征服歐洲大陸，控制君士坦丁堡。此外，他們與西方接觸越多，越發現自己的科學、技術、現代政府形式落後，同時在鄂圖曼人的意識中，這個「歐洲」元素也會越來越明顯。鄂圖曼帝國確實是個伊斯蘭的帝國，卻也是個歐洲的帝國——儘管普羅大眾的觀感，甚至某部分學界或許不同意，但兩者當然沒有衝突。自從第八世紀阿拉伯人（之前是羅馬人）征服北非與西班牙，伊斯蘭一直是歐洲的一部分。鄂圖曼人統治地中海地區與巴爾幹半島，只不過延續這波潮流。但是，因為伊斯蘭與基督宗教之間的衝突，而且因為歐洲許多部分已經等同於基督教界，就有必要強調，即使鄂圖曼帝國沒有伊斯蘭的性格，也能視為歐洲帝國大家族的一分子。

普遍同意，區別鄂圖曼人和其他安納托利亞的突厥埃米爾國（包括賽爾柱人）的方法是，他們對於達達尼爾海峽彼端的歐洲領土很感興趣。他們占領安納托利亞半島西北角的比提尼亞，因而獲得有利位置，突襲並掠奪拜占庭邊界的城鎮與村莊，並且計畫深入搖搖欲墜的拜占庭帝國中心。一二〇四年至一二六一年，第四次十字軍東征期間，拉丁人的軍隊占領君士坦丁堡，迫使拜占庭朝廷撤退到尼西亞，而且重創拜占庭在該地區的勢力與權威；即使拜占庭人於十三世紀後期收復君士坦丁堡，但仍讓鄂圖曼人完全利用這個機會。一三二六年，鄂圖曼的兒子奧爾汗（Orhan）拿下拜占庭重要的城市布爾薩（Bursa）並立為首都，但是決定鄂圖曼帝國從亞洲跨足歐洲的是占領巴爾幹半島東南的色雷斯（Thrace），這一步使鄂圖曼人成為歐洲強權。

這個進展絕大部分是鄂圖曼與各種基督宗教勢力交錯結盟的成果——這個典型的形態，直到鄂圖曼帝國尾聲，都將是帝國統治的特色（包括哈布斯堡帝國，儘管它是鄂圖曼帝國有生之年來最頑劣的宿敵，雙方仍於一次大戰期間形成詭異的結盟）。一三五一年至一三五五年間，為控制利潤優渥的黑海貿易，熱那亞和威尼斯大動干戈，而奧爾汗選擇支持熱那亞。威尼斯人攻擊熱那亞的貿易殖民地加拉塔（Galata），熱那亞人為報答鄂圖曼出兵抵抗，於是提供船隻，讓鄂圖曼人能在一三五二年穿越達達尼爾海峽。但是奧爾汗也一直與拜占庭城（Byzantium）❼進行談判；自一三四一年起，皇帝安德洛尼卡三世（Andronicus III）去世後，拜占庭城就陷入內戰，奧爾汗與安德洛尼卡的繼承人約翰六世．坎塔庫澤努斯（John VI Cantacuzenus）聯盟，而且於一三四六年時盛大地迎娶他的女兒狄奧多拉（Theodora）。一三五二年，約翰．坎塔庫澤努斯請來一支「土耳其」小隊（可能是卡拉斯王朝〔Karesi〕）駐守拜占庭的要塞——塞茲姆佩（Tzympe），塞茲姆佩位於加里波利半島北部，達達尼爾海峽歐洲一邊。奧爾汗之子蘇萊曼．帕夏（Suleyman Pasha）帶著軍隊，搭著熱那亞人

❼ 譯注：今伊斯坦堡的舊名。

的船穿越達達尼爾海峽，占領加里波利，此時，這些約翰六世的土耳其戰士就在他面前宣布效忠鄂圖曼帝國。一三五四年發生地震，加里波利要塞的城牆與半島上其他城鎮的要塞應聲摧毀，色雷斯就這麼順水推舟地被送到鄂圖曼人的手裡。一三六二年奧爾汗去世的時候，鄂圖曼人已經擴張超過色雷斯，進入相鄰的巴爾幹地區。一三六一年他們取得愛第尼（Edirne，又稱「阿德里安堡」〔Adrianople〕），以此地為這個地區的新首都，並且稱這個地區為「魯米利」（Rumeli）或「魯米利亞」（Rumelia）。

此時鄂圖曼人已經建立他們在歐洲的橋頭堡，而且在十四世紀後半繼續拿下巴爾幹半島的其他王國與公國。一三八九年，他們於科索沃戰役（Battle of Kosovo Polje，「黑鳥戰場」〔Field of Blackbirds〕）中擊敗塞爾維亞人，實際終結了塞爾維亞的獨立狀態。一三九三年，保加利亞的土地被併吞；一三九五年，瓦拉幾亞（Wallachia）落入鄂圖曼人手中。一三九四年至一四〇二年，鄂圖曼人包圍君士坦丁堡，但在蒙古人的威脅之下，該城挺了過去。

現在又有另一股蒙古勢力入侵安納托利亞，嚴重地打斷鄂圖曼帝國的擴張，那股勢力就是帖木兒。一四〇二年安卡拉之戰（Battle of Ankara），帖木兒大敗鄂圖曼，安納托利亞的埃米爾國因而恢復獨立；後來鄂圖曼人慢慢重振旗鼓，一四二五年又重獲安納托利亞多數的埃米爾國。他們持續在巴爾幹半島活動：一四三〇年取得塞薩洛尼基（Thessalonica）；一四四四年在瓦爾納（Varna）擊敗匈牙利人，因此結束匈牙利人對巴爾幹半島的野心；一四五三年，大獎終於入袋——拿下君士坦丁堡。從新的帝國首都開始，鄂圖曼人或從布爾薩（安納托利亞），或從愛第尼（魯米利亞），出兵收服剩下的巴爾幹政權。一四六〇年合併伯羅奔尼撒（Peloponnese）；一四六三年吞下波西尼亞與赫塞哥維納（Herzegovina）；一四六四年至一四七九年征服阿爾巴尼亞。

關於這段鄂圖曼帝國早年的敘述，有兩個重點需要說明。首先，明顯能看出，帝國的歐洲策略是以巴爾幹半島為基地，並在征服君士坦丁堡的時候達到高峰。某些亞洲的征服者會突然從東方竄起，以外來文化與宗教之姿空降西方文明，但是鄂圖曼人不是這樣；相反的，他們從早期，甚至在完全握有安納托利亞之前，就亦步亦趨在巴爾幹半島上累積勢力，同時建立愛第尼這個首都，投入大量心力經營。一四〇二年帖木兒入侵擾亂，他們耐心等候帖木兒離去，接著重起爐灶，繼續進行控制整座巴爾幹半島的大業，以此作為推翻拜占庭帝國的最佳武器。「征服者」梅赫麥德二世（Mehmed II）是從西邊的愛第尼進入君士坦丁堡的，而非鄂圖曼帝國位於博斯普魯斯海峽東邊的首都布爾薩。希斯．路尼（Heath Lowry）的看法是正確的，他認為了解早期鄂圖曼的傳統與制度，必須將焦點放在巴爾幹半島，而非過去注重安納托利亞的那種作法。「雖然鄂圖曼帝國源自後者，卻在巴爾幹半島成熟，而且直到十六世紀才真正開始將注意力完全轉向東方的安納托利亞與伊斯蘭世界核心地區。早從一三五〇年代開始，鄂圖曼帝國的焦點就是朝向巴爾幹，我們若要尋找支持鄂圖曼成功的組織源頭，就要從這個西向運動著手……鄂圖曼政體的性格，是在羅馬後期巴爾幹半島的拜占庭基督宗教環境中發展成形的。」（Lowry 2003: 96）

第二個重點是，鄂圖曼穆斯林與歐洲基督宗教徒之間長期不斷地交戰——這個想法是個迷思；鄂圖曼的政治宣傳者會信手利用，歐洲人更是。打從一開始，鄂圖曼人就打算和基督宗教勢力聯盟，而且是確實聯姻。我們也看到，十四世紀中期鄂圖曼人首次進入巴爾幹半島時就曾獲得這種機會，就連一四五三年征服君士坦丁堡的時候，與基督宗教統治者的聯盟，都對鄂圖曼人保住巴爾幹半島的腹脇甚為關鍵，包括匈牙利——波蘭的瓦迪斯瓦夫（W adys aw of Hungary-Poland）、塞爾維亞的杜拉德．布蘭科維奇（George Brankovic of Serbia，他的女兒嫁給穆拉德二世〔Murad II〕）、匈牙利王國與威尼斯共和國的攝政匈雅提．亞諾什（John Hunyadi）。此外，其中一個為拜占庭守護君士坦丁堡的人，是覬覦鄂圖曼王位的奧爾汗。同時也有證據指出，君士坦丁堡裡頭也有東正教的信徒，東正教教會與天主教教會於不久之前統一，他們為此感到慌張，而且沒有忘記十三世紀拉丁人統治君士坦丁堡的兇殘，因此寧願接受鄂圖曼人，也不願被天主教徒箝制（Inalcik [1973] 2000: 23; Finkel 2007: 50）。[4]透過此重大的事件，穆斯林與基督宗教徒因而產生了複雜的交叉結盟關係。

這種現實政治的形態持續到鄂圖曼統治的尾聲，甚至在十八世紀歐洲國家系統接受鄂圖曼人之前（但是在一八五六年的《巴黎和約》之前都未正式接受），鄂圖曼人早已積極介入歐洲內部的對立與衝突，展現出與歐洲列強締結密切關係的意願。他們在十六世紀與法蘭西聯手對抗哈布斯堡；儘管路德猛烈譴責他們，他們支持德國的基督教公國對抗反宗教改革，主張穆斯林與基督徒有許多共同之處，兩者都厭惡崇拜偶像與教宗（這番主張甚至為他們獲得英格蘭伊莉莎白皇后的青睞）。十八與十九世紀，由於害怕俄羅斯，因而促使他們向不列顛與法蘭西靠攏，而十九世紀末、二十世紀初，德意志似乎又是較佳的夥伴；伊斯蘭的軍事力量從來沒有與基督宗教集團一刀兩斷。鄂圖曼人盡情遊走在歐洲人的遊戲之間，是極為活躍、兼具實力的玩家。唐納德·奎塔特（Donald Quataert）說：「鄂圖曼帝國整個六百年的歷史，一直是歐洲政治秩序的部分，程度不下與他敵對的法蘭西與哈布斯堡帝國。」（2000: 2；亦見 Elliott 1993: 154, 162; Goffman 2002: 103, 110-11; Goffman and Stroop 2004: 135-41）

穆斯林與基督宗教徒

如果我們現在轉向保羅·維特克的前線戰士理論以及衍生的相關批評，就可以進一步看出，將鄂圖曼帝國視為「東方」、伊斯蘭的國家，而且一概反對西方與基督宗教所有事物，會是多麼錯誤的想法。這類史學史的爭議常出於爭論者傾向誇大差異，而且詳細閱讀維特克的主張，就會發現如果只是摘要他的立場，往往缺乏精妙與細節。儘管如此，維特克強調早期鄂圖曼人勢不可擋的宗教特色，即伊斯蘭，但是後來的研究正確地指出，他和其他同期的鄂圖曼學者，例如克普儒呂和克普儒呂的弟子哈里爾·伊納爾齊克（Halil Inalcik），過度受到十五世紀末期與十六世紀鄂圖曼編年史家的影響，而那些編年史家一心想要強調鄂圖曼帝國傳統的伊斯蘭性格。

有些學者，例如齊麥．科發達（Cemal Kafadar），強調鄂圖曼社群在比提尼亞與周圍地區「身分的流動」，允許穆斯林與基督宗教徒相當程度的混合，導致某種融合文化，如同中世紀的伊比利亞。他說，鄂圖曼的成功是基於牽制安納托利亞邊界社會的「行動與流動」，使其屈服於他們自己「尋求穩定、集中化的願景」。（1995: 140-41；亦見 Lindner 1983: 1-50）

希斯．路尼甚至更進一步地刻畫早期的鄂圖曼世界。十四世紀的比提尼亞是個「多宗教、多語言、多族群的社會」，證據指出「鄂圖曼與奧爾汗較想接納比提尼亞的基督宗教鄰居，而非要他們改信」；且於十四世紀與十五世紀初期時，沒有必要改宗伊斯蘭，才能進入鄂圖曼的統治菁英階級。然而，因為某些理由，改宗對某些人來說頗具吸引力：「無論是受到寬容善待的國家政策（對於農民）刺激，或是想從征服當中分一杯羹，或是現實政治考量（對於當地的拜占庭貴族）——前所未見的，有越來越多比提尼亞（以及後來的巴爾幹）的基督宗教徒，選擇加入鄂圖曼麾下，主要原因是有利可圖。奴隸解放、逐漸同化、異族通婚，全都變成工具。憑藉這些，宗教與文化改信的人民穩定地流向鄂圖曼的人力基礎。」（Lowry 2003: 132）這些全都需要明確拒絕維特克的前線戰士（聖戰）理論。鄂圖曼人的目標不是改宗伊斯蘭，而是「賺頭、贓物、奴隸……鄂圖曼不可抗拒的可怕力量席捲比提尼亞，進入巴爾幹，加速這股力量的不是宗教血緣的狂熱，而是掠奪聯盟的貪念與野心」。（Lowry 2003: 43, 46, 54；亦見 Darling 2000: 137）

凱倫．巴基（Karen Barkey）引用科發達與路尼的研究，巧妙地援用網絡分析，展現早期鄂圖曼帝國的形成，以及為何鄂圖曼人能從安納托利亞的對手之間勝出。她描述：「雖然有個受到承認的界線，邊境卻持續遭到侵犯。鄂圖曼、米哈爾（Mihal）、埃夫雷諾斯（Evrenos）等（鄂圖曼帝國的諸位創立者），在許多方面成功地穿越界線，聚集不同社群，並徵召他們加入共同計畫……於是，鄂圖曼實力的基礎是突破界線的結果，尤其是宗教界線。人們不應忽略這番建設的諷刺，因為很清楚的是，當西方鞏固拉丁基督教界，處處反對並壓迫東正教的時候，穆斯林與希臘東正教徒正在為混血的帝國奠定基礎。」（Barkey 2008: 54-55；亦見 Lowry 2003: 56-57, 136; Goffman and Stroop 2004: 137）

路尼談到早期鄂圖曼治理「不拘泥教條的精神」，容許簡易的改信與同化，讓之前和現在的基督宗教徒能夠晉升管理與軍隊階層。鄂圖曼人對當地的基督宗教徒實施「接納」（*istimalet*）與「誘惑」政策，歸還農民征服之後易主的土地、確認他們的權利、減輕賦稅，以致在許多方面而言，農民在鄂圖曼的治理之下，生活過得比拜占庭治理時要好。信仰基督的地主也是，他們接受鄂圖曼的治理，他們的土地所有權因而被確認，而他們封建領主的身分轉為同等級的鄂圖曼封建騎兵（timariots），成為徵稅封地（*timars*）[8]持有者，並以此得到收入。

路尼表示，不只是基督宗教的農民，還有大批拜占庭—巴爾幹貴族被招募進入鄂圖曼的統治菁英。普遍認為，基督宗教徒或前基督宗教徒的地位提升，大部分歸因於十四世紀後期蘇丹穆拉德一世與巴耶塞特一世（Bayezid I）建立的奴隸傭兵制度。由於穆拉德延續舊的慣例，利用基督宗教徒的戰俘為戰士，成立第一個步兵軍團「新軍」（New Force，土耳其文為「*yeneceri*」）。巴耶塞特將此化為奴隸傭兵制度，也就是從巴爾幹的村落、後來亦從其他地方，徵召基督宗教少年為稅收。[5]被選上的少年必須改信伊斯蘭教，接著被帶到宮廷學校接受軍人或行政官員的訓練。

人們很早就知道，鄂圖曼統治初期，許多最高階層的官員都是出身奴隸傭兵制度。一四五三年至一六〇〇年間，大維齊爾（grand viziers），即鄂圖曼帝國的最高官職、蘇丹的副手，三十四位中只有四位不是出身自奴隸傭兵制度。確實如此，就整個帝國歷史而言，二百一十五位大維齊爾中，有超過三分之二來自基督宗教。一般經常預設奴隸傭兵制度選自農民家庭少年，但這些前基督宗教的鄂圖曼菁英並不必然擁有農民背景，許多是出身自拜占庭—巴爾幹貴族，而且過去人們反而認為這個階層反抗鄂圖曼統治的立場是最烈的。（Lowry 2003: 117, 119; Inalcik 1954: 114-17; Kunt 1982; Toynbee 1962-63, 3:40）。

雖然高階的伊斯蘭文化與管理融入拜占庭基督宗教，而且穆斯林與基督宗教徒亦呈現片面和睦，但是這個由鄂圖曼人建立的「混血帝國」並不是沒有危機。學者注意到，十四世紀與十五世紀初期，鄂圖曼的土地上出現相對大量的「異教」傳教者，宣揚耶穌和穆罕默德具有平等價值與地位，並盼望伊斯蘭與基督宗教合併；這樣的學者往往為了一四一六年在魯米利亞與安納托利亞爆發的謝赫・貝德爾丁叛亂（Sheikh[Seyh] Bedreddin Revolt）感到不解，且此叛亂在被殘忍地平定之前，已經嚴重地威脅到因為帖木兒的侵略而衰弱的鄂圖曼帝國。既然貝德爾丁——尤其他的弟子波克路斯・穆斯塔法（Borkluce Mustafa）——也宣揚其他傳道者敦促的伊斯蘭與基督宗教和解理念，路尼因而合理地主張「一個由穆斯林與基督宗教徒組成的國家，其中大眾宗教的角色，從其開端就結合穆斯林與基督宗教徒，這個運動實際上根本就是結合兩個信仰為一」，並投射為「伊斯蘭—基督宗教之融合」。（Lowry 2003: 138; cf. Inalcik [1973] 2000: 188-90; Kunt 1982: 57-58; Goffman 2002: 39; Barkey 2008: 65）儘管保持容納的態度，加上他們在軍隊與行政上需要招募基督宗教徒，但這一步對鄂圖曼人來說還是邁得太大步了——他們對於宣揚伊斯蘭信仰從未動搖。鎮壓貝德爾丁叛亂的兇殘足見這項運動之嚴重，以及鄂圖曼社會朝向「伊斯蘭—基督宗教之融合」強大的趨勢。

鄂圖曼人與羅馬人

鄂圖曼人拿下君士坦丁堡時，稱其為「伊斯坦堡」。這個名稱並非如同從前認為是君士坦丁堡的變體，而是從古希臘文「*eis tin polin*」（去該城）衍生而來的名字，口語希臘文中則簡稱為「*stin poli*」，有「去該城」與「在該城」的雙重意思，而該城就是君士坦丁堡（Georgacas 1947: 367）。但延續拜占庭希臘慣例的不只是

❽ 譯注：統治者分封給軍人開墾，並從中徵稅的土地。

名稱，君士坦丁堡的舊名，寫成土耳其文是「*Kostantiniyye*」，與較新的貨幣一起使用了數個世紀。事實上，直到一九三〇年，新的土耳其共和國才採用伊斯坦堡作為該城的官方名稱。（Finkel 2007: 57）

於是我們有了另一個鄂圖曼征服拜占庭帝國延續的元素，而且是特別顯著的形式。其他名稱的意思也相同，從梅赫麥德二世開始，鄂圖曼統治者使用的名稱有：*Kaysar*（凱撒）、*Basileus*（國王——拜占庭皇帝主要的頭銜）、*Padisah-I Kostantiniyye*（君士坦丁堡的皇帝）、*Padisah-I Rum*（羅馬人的皇帝）。（Lowry 2003: 119; Goffman and Stroop 2004: 132）這些名稱顯然在某個面向上表示，至少就鄂圖曼人而言，身為東羅馬帝國的征服者，他們希望視自己為羅馬的繼承人。他們也不就此停在君士坦丁堡；梅赫麥德二世進攻奧特朗托（Otranto）是征服羅馬的第一步，卻因他的死亡告終。一五三七年，蘇萊曼進攻科孚島（Corfu）期間，也在思考侵略義大利並拿下羅馬；他支持歐洲的基督教徒就是為了這個目的，雖然表面上是為了破壞教宗與神聖羅馬帝國象徵的基督教界。晚至十七與十八世紀，鄂圖曼的蘇丹仍稱呼自己為「凱撒」或「凱撒中的凱撒」，同時否認最有資格的人擁有這個頭銜，也就是神聖羅馬帝國的皇帝。（Inalcik 1993: 68; Göçek 1993: 93, 96; Imber 2002: 125; Goffman 2002: 107-9; ahin 2015）

梅赫麥德二世征服君士坦丁堡後，威尼斯的旅人賈科莫・德・蘭古斯琪（Giacomo de' Languschi）隨即拜會他，當時他說：「世界帝國必須是一個，具有一個信仰與一個主權。為了建立統一，沒有比君士坦丁堡更適合的地點。」梅赫麥德二世找來希臘學者與義大利人文主義者在宮廷教授他羅馬歷史。希臘學者格奧爾格・特拉布宗（George Trapezuntios）寫道：「他是羅馬人的皇帝，無人可置疑。手中掌握帝國寶座的他是正當的皇帝；而君士坦丁堡是羅馬帝國的中心。」（in Inalcik [1973] 2000: 56-57；亦見 26, 29-30, 181）其他人寫到梅赫麥德如何著迷希臘羅馬歷史：他前往特洛伊探訪希臘英雄小埃阿斯和阿基里斯的墳墓；他的圖書館館藏中有《伊利亞德》；他認為自己是亞歷山大大帝與凱撒。即使至死，梅赫麥德持續堅持這項傳承，避開前任蘇丹埋葬的舊都布爾薩，選擇葬在新都君士坦丁堡。此外，他的葬禮還模仿君士坦丁堡的創立者君士坦丁大帝。

（Finkel 2007: 80, 82; Göçek 1993: 97-98）

由於鄂圖曼人已經控制博斯普魯斯海峽，在魯米利亞與安納托利亞兩塊版圖之間建立重要的連結，因此取得君士坦丁堡明顯包含交通與戰略意義。但如同所有評論者指出，君士坦丁堡具有高度的象徵價值——長期以來，它於宗教與世俗的伊斯蘭觀念當中占據特別地位（Goffman 2002: 13）。傳說記載，先知穆罕默德本人預言：「某天君士坦丁堡必定會被征服。一位傑出的埃米爾與一支優秀的軍隊將有能力成就此事。」十五世紀後期，先知的其中一位同伴艾鬱普蘇丹（Abu Ayyub）的墳墓，連結起鄂圖曼傳統與這座城市。公元六六八年，艾鬱普蘇丹於阿拉伯人襲擊君士坦丁堡時身亡；鄂圖曼人征服君士坦丁堡後，有人在城外不遠的埃由普（Eyüp）「發現」艾鬱普蘇丹的墳墓，埃由普從此成為穆斯林朝聖的重要地點，也是新的蘇丹在繼承典禮時必定拜訪之聖地，於是君士坦丁堡與先知的關係就此建立，拿下該城也納入了穆斯林的啟示傳統。君士坦丁堡確實就是「紅蘋果」，如同鄂圖曼人表示：是他們的最高志願與最終獎賞（Imber 2002: 116-18; Finkel 2007: 48, 54, 153）。藉由征服君士坦丁堡，鄂圖曼人對自己展現，他們就是羅馬與拜占庭的直接繼承人，同時代表他們擁有世界帝國與普世性質。於是如同從羅馬到神聖羅馬帝國，「皇權過渡」（*translatio imperii*）直接傳到鄂圖曼帝國。

一五一六年至一五一七年，即使塞利姆一世（Selim I）征服埃及與敘利亞，並且因此取得異於穆斯林傳統的重要地區，鄂圖曼的蘇丹仍持續視自己等同於某些羅馬人的普世名稱。塞利姆一世稱自己為「世界的征服者」，而他的兒子仁者蘇萊曼（the Magnificent）繼續四處征戰（匈牙利是其中之一）。一五三八年，聶斯特河（Dniester）彎曲處的要塞立起一塊碑文，上頭記載蘇萊曼稱呼自己為「神的奴僕與世界的蘇丹」。他連結伊斯蘭與基督宗教的土地與人民，像亞歷山大一樣，令他們成為一個*ecumene*，也就是一個偉大的世界共同體。

> 我乃蘇萊曼，麥加與麥地那的 *hutbe*（公開布道）宣告我的名號。在巴格達，我是沙阿（shah）[9]，在拜占庭的疆界是凱撒，在埃及則是蘇丹；派遣艦隊到歐洲海洋、馬格里布（Maghrib）、印度。我是取得匈牙利皇冠與權杖的蘇丹，並賜給謙卑的奴僕。戰士的領袖佩楚（Petru）於叛亂中昂首，但我的坐騎將他踐踏成灰，於是征服摩爾達維亞（Moldavia）。（in Inalcik [1973] 2000: 41；亦見 Inalcik 1993: 67-68; ahin 2015）

鄂圖曼人被視為羅馬後繼的幾種方式中，特別驚人的是與基督宗教的關係。典型上弔詭，但也相當明顯；阿諾爾得．湯恩比表示，儘管表面相反，至少在早期階段，鄂圖曼帝國直接延續羅馬教化任務，保護並推廣基督宗教，而非阻撓或改變。中世紀的時候，東西方的基督宗教皆面臨重大的威脅，若要抵擋，則須藉助新帝國的幫助。十一世紀起，西方、拉丁的基督宗教經歷蠻族入侵、西羅馬帝國陷落等「混亂時期」——一〇七一年敗給賽爾柱人；而最不幸的，是一二〇四年拉丁軍隊攻陷並洗劫君士坦丁堡，接續建立拉丁王國。鄂圖曼人就是在這個脆弱與頹喪的時刻拯救希臘東正教。湯恩比說：「鄂圖曼帝國建立者的歷史功能，就是以外來的鄂圖曼治世（Pax Ottomanica），於政治上統一整個東正教基督教界，終結東正教社會的『混亂時期』。」（Toynbee 1962-63, 1:370；亦見 3:26-27; and cf. Shaw 1976: 59）

如我們所見，「外來」可能是個太強烈的字眼，而且湯恩比確實是從後來的鄂圖曼歷史往前讀，所以忽略早期鄂圖曼統治者的意圖——如同湯恩比自己說的——其實正是重建此時破敗的拜占庭帝國。就像許多學者，湯恩比相信，隨著伊朗薩法維王朝（Safavid Iran）崛起，以及東邊什葉派的挑戰，鄂圖曼帝國被迫適應新的環境，並改變自己的性格；我們稍後再看這個論證以及論證的強度。然而，湯恩比的取徑帶來的啟示是，在他眼中，形成時期的鄂圖曼帝國不僅再生，而且貫徹了拜占庭帝國。對於大部分的東正教世界來說，鄂圖曼帝國帶來好幾個世紀不見的和平與安定——東正教的教會與神職人員權威受到認可，並在鄂圖曼的行政制度獲得正式官職；[6]東正教的社群在其宗教官員的監督下可以實踐他們的宗教。並且，鄂圖曼在巴爾幹以及絕大部分地中海地區的霸權有效地阻擋拉丁勢力。

東正教教會的最高階層確實發展出一項教條，表示鄂圖曼帝國之建立是天啟，是為了守護完整的東正教。這個觀點強調帝國之延續，拜占庭人讓路給鄂圖曼人，而鄂圖曼人如同古代的羅馬人，肩負保護與推廣真實信仰的任務。蘇丹被視為「羅馬最後一位基督宗教 *Basileus* 的直接繼承人，也是君士坦丁本人的直接繼承人」（Nicol 1967: 334）。晚至十八世紀，東正教教會的聖統制仍會宣揚這項教條，例如一七九八年耶路撒冷的宗主教在《神父告誡》（*Paternal Exhortation*）中提到：「看！我們仁慈全能的主，如何保存我們神聖的正教信仰，解救（我們）全體；祂從虛無之中帶來鄂圖曼人強大的帝國，在已經偏離正教信仰之路的羅馬帝國安置他們；而祂將鄂圖曼帝國高舉，高於其他，證明此乃神之旨意。」（in Nicol 1967: 334; cf. Clogg 1982: 191）東正教與鄂圖曼人達成和解，後者不是基督宗教的野蠻敵人，而是看守者。此外，直到十九世紀，鄂圖曼帝國內部最嚴重的威脅都不是來自基督宗教社群，而是穆斯林社群當中的激進分子與叛亂分子。[7]

鄂圖曼人與突厥人

鄂圖曼人不是「突厥人」（Turks），鄂圖曼帝國也不是「土耳其帝國」（Turkish Empire）。實際上每個夠資格的評論者都同意這一點。至於帝國的核心組成當中，突厥人占比多少，土耳其的語言與文化又影響帝國多少，則有不同見解。但很清楚的是，無論我們在鄂圖曼帝國的脈絡下所理解的「土耳其」是什麼意思，都和穆斯塔法・凱末爾・阿塔圖克（Mustafa Kemal Atatürk）建立的新土耳其國家（Turkish state）差異極大。

❾ 譯注：古代伊朗高原的君主頭銜。

使情況複雜的原因是，打從最早的時候——突厥人於十一世紀首次到達安納托利亞——西方人就習慣稱他們為鄂圖曼突厥人，而且稱他們的帝國為土耳其帝國（Lewis 1968: 1）。此外，十九世紀末開始，土耳其民族主義者急於強調帝國的土耳其性格，並把其他團體描述為不斷威脅帝國土耳其屬性的外來少數。尤其一九二三年土耳其共和國（Turkish Republic）成立之後，穆斯塔法・凱末爾希望盡可能抹去鄂圖曼的繼承，強調新建、西式的共和國特色是「新穎」與「現代」。儘管如此，對於研究鄂圖曼時期的土耳其學者而言——例如傅阿德・克普儒呂——土耳其人創造鄂圖曼帝國，代表土耳其人在文明方面的天才，而且擅長打造國家，因此他們還是以偉大的鄂圖曼帝國為榮。克普儒呂（[1935] 1992: 87）斷言：「鄂圖曼帝國完全是由突厥人於十四世紀建立。」這個觀點被科林・英伯（Colin Imber）斥為「胡說八道」。（2002: xiv）

鄂圖曼王朝確實主張他們是烏古斯突厥氏族（Turkic Oguz）的後代，而且早期他們在安納托利亞與其他來自中亞的公國競爭，那個時候強調突厥的根源還有其道理；但是隨著他們拔除這些敵對公國——更重要的是，在拿下君士坦丁堡，宣布繼承羅馬拜占庭之後，很快就不再提起帝國的突厥身分；到了十六世紀，「突厥」反而是個負面的詞，而非讚賞了。柏納・路易斯（Bernard Lewis）說：「在鄂圖曼的帝國社會中，突厥這個族群術語幾乎不用，之後反而是以較為貶抑的意思，指涉土庫曼（Turcoman）的游牧民族；後來又表示安納托利亞鄉村、說土耳其語、無知且粗魯的農民。將這個詞用在君士坦丁堡的鄂圖曼仕紳，可謂侮辱。」（Lewis 1968: 1-2；亦見 332-33）[8]

對於帝國受教育的居民，「突厥人」或「土耳其人」就是「無知」、「無能」、「無大腦」、「愚蠢」、「不誠實」的意思；突厥人被稱作「鄉巴佬」和「滋事者」，他們可能也離經叛道，或是異端，例如那些在十六世紀靠向伊斯瑪儀一世（Safavid Shah Ismail）⑩的人，或是那些十七世紀反抗中央政府的人。（Imber 2002: 3; Finkel 2007: 548）面對這些輕蔑和嘲弄的歷史，難怪土耳其民族主義者齊亞・格卡爾普（Ziya Gökalp）會大聲疾呼：「可憐的突厥人，從鄂圖曼帝國那裡只繼承破劍和舊犁。」（quoted Armstrong 1976 : 397）這絕對不是唯一案例，我們還會看到，「帝國民族」（在這個例子中是突厥人）覺得他們被「他們的」帝國虧待。

不只有鄂圖曼人不是突厥人，「突厥人」和「土耳其人」本身也模糊不清，指涉變來變去。常被指涉為突厥人的安納托利亞偏鄉農民，他們沒有「民族地位」的觀念，他們隸屬他們的村落或氏族，或者廣大的伊斯蘭共同體，並占據安納托利亞大部分人口，但是這個人口當中大約三分之一不是穆斯林，而穆斯林當中，也不全是突厥族群。此外，帝國其他地區還有許多突厥族群，尤其是巴爾幹的省分。（Kafadar 1995: 4; Lieven 2001: 133）族群性（ethnicity）一詞，用來定義突厥人，甚至也過於強烈特定。阿米拉·本尼森（Amira Bennison）說：「『突厥』是個社會語言學的區別，而非族群區別，成員來自巴爾幹、安納托利亞、阿拉伯地區，以及歐洲改信伊斯蘭的教徒。」（Bennison 2002: 90）

後來土耳其的民族主義者試著建立土耳其民族「想像的共同體」，他們就像十九世紀其他地方的民族主義者，面臨歷史、地理、文化巨大的阻礙。他們實際上是在強迫某個地區冠上土耳其之名，強加土耳其人的身分給某個民族。此舉反映歐洲的用法；「土耳其」寫作土耳其文是「*Turkiye*」，明顯源自歐洲，卻和帝國內部多數人的理解背道而馳。[9]柏納·路易斯說：「這個概念進入土耳其並繁殖，而土耳其的人民最終接受這個詞，代表他們全體身分與民族地位。這件事情可謂現代的重大革新，內含與過去的社會、文化、政治傳統激烈且暴力的分離。」（Lewis 1968: 1）

如果突厥不是明確的國家或族群團體，「鄂圖曼」當然更加不是。鄂圖曼人原本——而且就某方面而言——一直單純就是「追隨鄂圖曼的人」，也就是建立王朝的那個人。他們組成鄂圖曼帝國的統治階級，但他們永遠是蘇丹創造的僕從。傅阿德·克普儒呂說：「從不存在鄂圖曼民族，根據古老的編年史家，『鄂圖曼』這個詞不是一個族群術語，而是一個政治術語，永遠都有『一個支配的或管理的階級，他們服務國家並

⑩ 譯注：伊朗薩法維王朝的建立者。

從國家預算取得生計』這層意思。」（[1935] 1992: 5; cf. Goffman 2002: 65; Finkel 2007: 74）鄂圖曼人是「四海一家的統治階級，以鄂圖曼宮廷文化為辨識標記」，這個階級來自較早的世紀，透過奴隸傭兵制度，從整個帝國招募前基督宗教的少年。（Findley 2005: 230；亦見 Goffman and Stroop 2004: 141）「如同所有帝國統治階級」，這個階級包括「來自各種不同背景的個人——阿爾巴尼亞、法蘭西、威尼斯、阿拉伯、猶太、切爾克斯（Circassian）[11]」。（Mazower 2005: 281; cf. Goffman 2002: 51）就連鄂圖曼人的語言——鄂圖曼土耳其語——也不是多數中亞突厥人說的土耳其—波斯合成語，而是土耳其語、阿拉伯語、波斯語的合成，並以希臘、斯拉夫、義大利傳統加以修飾。這是真正四海一家的產物，而且是土耳其農民百姓通常接觸不到的語言。（Findley 2005: 156; Hanioglu 2008: 34-35）一個人要表示自己是鄂圖曼的菁英，就要透過參與並認同鄂圖曼文化；因此帝國任何受過教育而且有教養的居民，都會稱呼並認為自己是鄂圖曼人（Osmanli）。「唯有幾乎失去最後一個歐洲的省分，而且失去阿拉伯省分的窘境也近在眼前，伊斯坦堡的政治領導人才開始認為與宣稱自己是突厥人。」（Seton-Watson 1964: 10）

「最終，隸屬（有些自願，有些非自願）鄂圖曼家族統治的王朝國家，而且說土耳其語（雖然不必然是母語）的穆斯林（某些透過改信），形成鄂圖曼的統治階級。」（Kafadar 1995: 4）鄂圖曼帝國是個王朝的、多民族的帝國，統治多種民族的程度，相較其他歐洲帝國也許更高。如同科林・英伯所言：「鄂圖曼帝國……不是純粹伊斯蘭，也不是純粹土耳其。反而是個王朝帝國，對於形形色色居民的唯一要求，就是效忠蘇丹……最終團結帝國的，不是宗教、族群或其他身分，而是蘇丹這個人。」（Imber 2002: 3; cf. Rodrigue 1995: 84; Bayly 2004: 220）鄂圖曼的理論強調王國之內所有臣民與土地都屬於蘇丹，而且所有權利也都來自他的意志。不像歐洲貴族，鄂圖曼統治階級完全沒有世襲的權利，純粹只是一個功能的統治階級，不由族群、語言、宗教定義，而由經營國家的角色定義。（Sugar [1977] 1993: 273）當鄂圖曼人取得一片領地，至少於原則上，他們廢除所有地方與繼承的權利與特權（雖然，如我們所見，早期他們非常謹慎，尊重巴爾幹臣民的這些權利）。在位的蘇丹一死，所有職權和權利即失效，必須由繼承者重新確認。路易十四有句名言：「朕即國家。」但是給定法蘭西貴族的能力與慣例的權利，根本無法和鄂圖曼的蘇丹相比。就像哈里爾・伊納爾齊克說的，「那句常見的話，真正的意思是『蘇丹即國家』」。（Inalcik 1954: 113）

王朝原則就是帝國社會結構的基礎。整個鄂圖曼社會只有一個基本區別，就是不用納稅的統治階級「*askeri*」，以及被統治而且納稅的臣民階級「*aya*」，包括農夫、工匠、商人，無論穆斯林或非穆斯林。在征戰的社會中，*askeri* 原本指涉軍事領導人，但後來包括所有公僕，例如宮廷官員、省分官員、宗教官員、宗教學校（*medrese*）的教師與學者，以及他們的眷屬。「鄂圖曼人」實際上是社會整個受過教育、具備文化涵養的階層，這並非歐洲模式的世襲貴族，而是蘇丹創造的服務階級，並且永遠依賴他的意志。因此帝國的階級結構直接來自蘇丹治理的政治原則。如果我們希望，也可以稱此為「東方專制主義」，只要我們記得，沒有任何中東的統治者曾經想過，因為他們具有絕對權力，所以不須根據正義原則來治理；這個正義原則稱為「*adâlet*」，尤指對於臣民階級的責任，也就是他的「羊群」⑫。[10]

「突厥人」和「鄂圖曼人」因此代表帝國社會截然不同的面向。如果我們選擇指涉「突厥」為族群團體，他們就只是眾多團體之一，而且當然不是 *Staatsvolk* ——「承擔國家」的人。經營帝國、命名帝國的民族不是族群團體，不是現代意義的「民族」，而是受過教育的菁英，類似中國的官吏，而非西方的統治階級。如同所有帝國統治階級，鄂圖曼人懷抱使命，主要是保護所有穆斯林，並且促進伊斯蘭在世界的目標。但是這個使命等同某個特殊民族與他們特殊文化的程度，則較其他帝國來得要少；例如，不像英格蘭人之於他們的帝國，或俄羅斯人之於他們的帝國，鄂圖曼人沒有特殊族群衍生而來的文化與傳統（那些較為清楚的案例反而複雜）。

⑪ 譯注：俄羅斯北高加索地區。
⑫ 譯注：原文中的「*re'aya*」，其字面意思是羊群。

鄂圖曼人完全是個帝國創造的階級，並且隨著帝國演化、改變，從鄂圖曼一世的追隨者開始（而且如我們所見，早在最初就包括非突厥人、非穆斯林），帝國發展，這個階級也跟著發展，成為範圍廣大、廣納世界的結構，包含出身各種族群與民族歸屬的個人：突厥、阿拉伯、波斯、猶太、亞美尼亞、歐洲；我們將會看見，多數帝國的統治階級絕大部分都是族群混合，哈布斯堡帝國就相當明顯，在這方面來看，所有歐洲帝國中，他們可能最接近鄂圖曼帝國。但是鄂圖曼人，在非獨特性這方面又優於所有帝國，基本上，就是缺乏族群的核心。因此十九世紀土耳其民族主義者要求繼承鄂圖曼帝國的衣缽，試圖主張他們是鄂圖曼帝國天生的後繼者，這個作為正是違反鄂圖曼的傳統碩果。土耳其民族主義是股爆炸的力量，結果只會瓦解帝國本身——雖然真正要瓦解帝國，還需要其他要素促成。

穆斯林與非穆斯林

鄂圖曼帝國，就和薩法維人和蒙兀兒人的帝國一樣，是個穆斯林帝國，[11]整個鄂圖曼帝國的歷史，伊斯蘭是部分重要的身分。但是帝國強調其穆斯林性格的程度，端看情況並不相同，此外，如同蒙兀兒人之於其印度教、耆那教、佛教、基督宗教的臣民，鄂圖曼帝國總是意識到，他們龐大的臣民並非穆斯林。帝國的制度與慣例多數反映這個事實。

邁克爾．沃爾澤（Michael Walzer）主張，多民族的帝國迫於本質，對人民採取容忍政策。「多個團體別無選擇，只得和其他一起生存，因為帝國的官員根據帝國的法規統轄他們的互動。」（Walzer 1997: 14）容忍蘊含著忍耐與接受，不僅意識到差異（而且往往令人不快），也意識到，儘管如此都必須允許那些差異；有時這種接受可以是正面的，把差異當成實力與活力的來源。鄂圖曼的歷史多半可見這兩種態度，直到十九世紀末期對於統一與同質的呼籲開始消滅多元的聲音。

班傑明・布萊道爾（Benjamin Braude）與柏納・路易斯曾經編撰知名著作，講述鄂圖曼社會的多元本質。他們在開頭即有力地寫道：

> 將近半個千年，鄂圖曼人統治的帝國就和歷史上其他帝國一樣多元。驚人的是，這個多元族群與多種宗教的社會有效地運作。穆斯林、基督宗教徒、猶太教徒並肩禮拜與學習，增色各自獨特的文化。每個社群的法律傳統與慣例……在帝國當中獲得尊重，並且允許實踐。經文種類之多，令人目眩神迷，當中的語言與文學蓬勃發展。飛黃騰達的機會，以不同程度對帝國所有臣民開放。在他們的全盛時期，鄂圖曼人建立允許高度社群自主的社會，同時維持財政健全與國防堅強的中央政府。（Braude and Lewis 1982b: 1）

布勞道爾和路易斯不遺餘力地強調這點，程度不下他們反對伊斯蘭與穆斯林的刻板印象，諸如「頑固、心胸狹隘、壓迫」，因此，他們同樣反對另一個迷思——「信仰之間、種族之間的烏托邦，其中穆斯林、基督宗教徒、猶太教徒平等和諧地共同合作，共創自由學術成就的黃金時代」。他們堅持，鄂圖曼社會是個嚴格意義的多元社會；引用富爾尼瓦爾（J. S. Furnivall）的名言，就是「各種民族來自『烏合之眾，他們交錯，但不結合。每個團體堅守自己的文化與語言、自己的想法與方式。作為個人，他們相遇，但只在市場、在買賣。那是一個多元社會，這個共同體內含不同部分，雖然共同生活，但是在同一政體之下涇渭分明。即使在經濟領域中，也有根據種族界限的分工』」。[12]

如同所有穆斯林國家，鄂圖曼人歧視非穆斯林——這是伊斯蘭法（*Sharia*）的要求，但整體而言，鄂圖曼人並不迫害他們，而且順著這點，《可蘭經》勸誡，人們不應被迫改變宗教。在鄂圖曼帝國，獲得高位的途徑是改宗伊斯蘭，且這點相對簡單，可以透過奴隸傭兵制度或其他方式，但是鄂圖曼人並沒有積極強迫他人改信，甚至也沒有和平勸說改宗。非穆斯林有時會被羞辱；形式上的限制五花八門，例如衣著、騎乘的牲畜（不可騎乘裝上馬鞍的馬）、禮拜地點的大小與數量；如同所有穆斯林社會，不信者的稅率較高。偶而會有執行這些規定的作為，但除了罰款以外，並沒有嚴厲實施（Braude and Lewis 1982b: 5-6; Bosworth 1982: 46-48; Finkel 2007: 213; Barkey 2008: 121, 151）。鄂圖曼帝國多半的歷史，至少直至十九世紀後半，穆斯林與非穆斯林似乎確實兼容共存。只要與多數的民族國家，甚至與其他當代的帝國比較，就可以看見鄂圖曼帝國在這方面的真實成就，不須誇大或被理想化。[13]

如同在其他穆斯林帝國的處境，在鄂圖曼帝國內的基督宗教徒與猶太教徒，毫無疑問是次級公民，和他們身為「*dhimmis*」（土耳其文 *zimmis*）的身分一致，意思就是受到保護的「啟典之民」（*ahl al-kitab*）⓭，主要的過失就是他們拒絕接受伊斯蘭的真實信仰（Bosworth 1982: 41; Sugar [1977] 1993: 5; Karpat 1982: 149; Shaw 1991: 10）。他們必須支付特別的人頭稅（*jizya/cizye*），提供穆斯林某些服務，例如提供穆斯林旅人住宿，但是這麼做的報酬就是，他們的生命與財產能夠受到保護，而且他們擁有工作自由，在他們自己的宗教領導人督導之下也擁有禮拜自由。這就是有名的宗教社群制度，也許也是最為人所熟知與稱道的鄂圖曼制度，並且常被視為其容忍政策的基石。

我們可以見到當代鄂圖曼史學史上許多宗教社群制度的迷思——無論在西方，或透過西方影響。一個宗教社群，單純只是「一個宗教定義的民族」，而且事實上，在十九世紀之前，這個術語較常用來描述穆斯林社群，反而不是後來逐漸演變的，描述各種非穆斯林社群，例如希臘人、亞美尼亞人、猶太人。（Braude 1982; cf. Lewis 1968: 335）此外，從來沒有完全發展而且不變的宗教社群「制度」，反而是「各種的安排，多半是地方的，隨著時間與地點出現極大變化」。（Braude 1982: 74; cf. Goffman 1994: 153-54）

儘管學者提出諸多限制，似乎仍然普遍同意鄂圖曼人確實遵循較古老的穆斯林慣例，允許每個主要的非穆斯林宗教社群擁有相當大的自主程度：依他們自己的規定選出領袖，並在領袖指導之下管理自己的內政。對希臘東正教與亞美尼亞的基督宗教徒而言，這意謂他們各自在伊斯坦堡的宗主教擁有權威；對猶太教而言，則是各地選出的拉比具有領導權。[14]需要注意的是，「宗教社群」是嚴格的宗教區別，而非族群區別；例如，「希臘」的宗教社群，即 *millet-I Rum*，包括許多不同族群團體，不只希臘人，還有保加利亞人、塞爾維亞人、阿爾巴尼亞人、羅馬尼亞人，甚至是信仰東正教的阿拉伯人。（Clogg 1982: 185; Karpat 1982: 146）到了最後，族群多元，以及某些宗教社群的領袖試圖在社群內強加族群性格，例如十八世紀希臘人試圖「希臘化」希臘的宗教社群，將會導致制度崩潰（Karpat 1982; Sugar [1977] 1993: 252-54）。但是直到帝國的盡頭，或多或少，宗教社群制度一直是主要的方法，以資承認並管理鄂圖曼帝國眾多族群與多元文化，而且就整體而言相當成功。

但是，如果以為帝國之中的非穆斯林單純只是在宗教社群的限制之下追求自己的生活，那就錯了。建立宗教社群對於提供保護確實不可或缺，並且賦予非穆斯林與鄂圖曼政府協調的權力；涉及的議題之多，涵蓋了賦稅政策，或調解與地方官員的衝突。然而宗教社群不是封閉的實體，社群之間的合作屢見不鮮，尤其是在貿易事業上，敵對的社群隨時可能跨越彼此之間的宗教社群（Goffman 1994: 146-50）。希臘人、亞美尼亞人、猶太人在帝國廣大的生活中亦扮演重要角色，有時重要程度甚至引來穆斯林臣民的羨慕眼紅。在貿易與財務，以及某些工藝上，非穆斯林的少數民族貢獻重要且必須的技術與專業；他們的價值又因善於與外國人接觸而提高，尤其是與歐洲人，他們代表鄂圖曼人擔任仲介和翻譯（Armstrong 1976: 400; Goffman 2002: 16-18, 85-91）。伊斯坦堡金角灣（Golden Horn）北面的加拉塔與佩拉由非穆斯林主導，尤以希臘人為最，加上許多外國商人與領事也聚集在此，包括威尼斯、熱那亞、法蘭西、英格蘭、荷蘭等，這個事實更增添其「歐洲」性格，成為鄂圖曼的世界之窗。（Mantran 1982: 129; Goffman 2002: 172-73, 185）

猶太人在帝國又特別受到歡迎。十五世紀末，他們從伊比利半島被逐出後，大批遷入鄂圖曼帝國，也有人來自義大利與中歐。[15]猶太人在布爾薩與愛第尼等城市成長茁壯，也幫助這些城市蛻變為帝國首都；征服君

⓭ 譯注：《可蘭經》中稱猶太教、基督宗教的信徒為「啟典之民」，因為他們擁有神的啟示的經典，但是後來這些經典敗壞後，由穆罕默德的經典取代。

士坦丁堡之後，大批猶太人也促進當地人口成長與城市重建（Olson 1979: 76; Shaw 1991: 26-29）。在另一個猶太人的中心薩洛尼卡（Salonica），他們成為鄂圖曼軍隊羊毛製品主要的供應商，另包括小麥、鹽、白銀等其他物品。特別注意的是，猶太人是銀行家與貨幣兌換商，而且深入參與海關稅金的收取業務，此業務與外國商人和船隻船長關係密切。其中一位行業名人，就是家財萬貫、舉足輕重的銀行家、顧問、包稅人[14]約瑟夫・納西（Don Joseph Nasi），他還被塞利姆二世（Selim II）拔擢為奈克索斯（Naxos）與基克拉澤斯（Cyclades）公爵。（Shaw 1991: 88-89）[16]猶太人成為鄂圖曼人與外面世界之間的最優秀仲介，即使在戰爭期間，例如一六四五年至一六六九年威尼斯人與鄂圖曼人的戰爭，猶太人還是能夠利用他們在國外的人脈維持戰爭國之間的貿易。（Mantran 1982: 133; Goffman 1994: 147, 2002: 179-82; Mazower 2005: 52-55）

猶太人就像其他非穆斯林，在鄂圖曼帝國內有他們的難處與限制，但是在後來猶太人的記憶中，鄂圖曼時期是他們的「黃金時代」，這也不完全是空想。斯坦福・蕭爾（Stanford Shaw）主張，十六與十七世紀，「鄂圖曼的猶太人不只是最大，也是世界上最繁榮的社群」，人口介於十萬至二十五萬之間。雖然十八世紀猶太人的運氣有些衰退，十九與二十世紀又強勢回歸。（Shaw 1991: 36, 147ff.；亦見 Olson 1979: 77-78）直到最後，猶太人仍是鄂圖曼非穆斯林臣民當中最忠實的。（Sugar [1977] 1993: 48; Dumont 1982: 221-22; Mazower 2005: 10; Gilbert 2010）想想二十世紀猶太人在歐洲的命運，不難理解為何儘管時光荏苒，黃金時代的記憶卻只是在他們心中更加生動與深刻。

之前統治拜占庭城，並且身懷絕技與經驗的希臘人，他們在鄂圖曼帝國的非穆斯林之間占據高位。蘇丹為他們的宗主教賦予特殊權利，而且同意宗主教具有至高無上的權威，支配帝國內所有東正教徒的民間或教會事務，無論是希臘人與非希臘人；東正教教會在這方面的待遇比起拜占庭統治時期更加優渥。（Sugar [1977] 1993: 45-47; Clogg 1982: 186-87; Kitsikis 1994: 69）我們也應該記得，十六世紀征服阿拉伯地區之前，東正教人口（由希臘人支配與治理）是帝國的多數人口，多於穆斯林。因此在帝國成長與發展的最重要期間，鄂圖曼帝國

不只可以被稱為「土耳其」，也可以被稱為「希臘」，這麼說一點也不誇張。（Kitsikis 1994）

經濟狀況上，希臘人大概是帝國所有團體當中最富有的。他們擁有船隻，也是供應商，因此控制航海。由於散居在帝國各地，他們也於內部商業中扮演起要角，串連遠方省分，當起省分裡頭外國商人的代理，銀行業、鐵路業、製造業也常見他們的身影。但是他們的管理和外交技能同樣重要，希臘人被指定為大使與外交官，並於鄂圖曼政府的外交機構獲得重用。（Mantran 1982: 130; Clogg 1982: 196）

鄂圖曼帝國於一六八三年第二次包圍維也納之後，希臘人於十八世紀在帝國的影響力其實越來越大，鄂圖曼人這下才發現他們或多或少與西方強權進行連續不斷的外交與和約談判。他們比從前更意識到有必要與基督宗教臣民和解，尤其在《庫楚克開納吉和約》（*Treaty of Küçük Kaynarca*, 1774）之後。這個和約被詮釋為俄羅斯擁有模糊的權利，代表所有東正教徒干預鄂圖曼帝國（Finkel 2007: 378）。因此國際關係與管理專業方面，帝國越來越需要中間人，而希臘人隨時可以勝任這個角色。

這方面特別重要的是法那爾希臘人（Phanariot Greeks），他們來自伊斯坦堡的法那爾角（因為法那爾位於城市的西北角，有「燈塔」之意）。由於希臘宗主教位於此區，而且許多極為富有的商人也以此地為根據，所以在鄂圖曼人征服之後，這個社群很快就成為希臘人口的宗教與商業中心。在十八世紀嶄新的國際氣象中，鄂圖曼人不僅需要應對西方，管理基督宗教社群的策略更須謹慎，而法那爾人由於在這兩方面皆有成就，在鄂圖曼人心中珍貴無比。十七世紀末至十九世紀初，法那爾希臘人壟斷帝國翻譯官與艦隊翻譯官兩個職務，「翻譯官」乍聽之下很普通，事實上在帝國行政體系中，這兩個職務非常重要，相當於外交大臣與海軍大臣。此外，一七一一年起，而且再次直到十九世紀初，法那爾人取代羅馬尼亞當地皇族，成為多瑙河兩個自治區域瓦拉幾亞與摩爾達維亞的「*hospodars*」，也就是「總督」。因此，鄂圖曼帝國進攻哈布斯堡帝國與羅曼諾夫帝國

⓮ 譯注：包稅制乃政府將稅收業務發包給包稅人，包稅人只要事先付給政府一定額度的租金，就可保留其他稅收收入。

的時候，這些地區新的政治與戰略地位也獲得承認。（Toynbee 1962-63, 2:223-25; Lewis 1968: 62, 87; Sugar [1977] 1993: 128）

法那爾人在十八世紀變得如此重要，許多人視之為希臘的「收復失地運動」（*reconquista*）的初期，或至少有意取得與穆斯林相當的地位。眾所周知，在一七六八年至一七七四年的俄土戰爭（Russo-Turkish War）中，俄羅斯大敗鄂圖曼，凱薩琳二世（Catherine the Great）在法那爾人的安排之下，考慮重建拜占庭帝國（儘管皇帝是羅曼諾夫人）。一八二一年，法那爾親王亞歷山大・伊普斯蘭提斯（Alexander Ypsilantis）從南俄羅斯的基地越過普魯特河（Prut）進犯摩爾達維亞，這起事件往往被視為「希臘獨立戰爭」的先發行動，他似乎也意欲在希臘的統治之下重建拜占庭帝國，而非建立獨立的希臘國家。（Toynbee 1962-63, 2:225, 7a:30; Armstrong 1976: 401; Finkel 2007: 430; Findley 2010: 26）

法那爾人希望偷偷摸摸，和平地深入鄂圖曼帝國。然而，伊普斯蘭提斯逃跑，加上一八三〇年希臘成功獨立，一舉粉碎這些希望。原本最得寵的希臘人，一夕之間成為帝國叛徒，也是策劃這場分裂的嫌疑犯。儘管希臘宗主教額我略五世（Gregory V）極力撇清，表示自己與伊普斯蘭提斯和站上歷史舞臺的伯羅奔尼撒[15]毫無關係，他仍被拉到伊斯坦堡宗主教教會的大門絞死。同時，連續兩位希臘的大翻譯官被處死，該職位從此不再交給希臘人。（Lewis 1968: 87; Clogg 1982: 192-93; Finkel 2007: 429-30）

儘管如此，希臘人在鄂圖曼帝國的成功故事，並沒有因為這個猛烈的逆轉劃下句點。希臘獨立建國並非所有希臘人的志願，而且絕對不是希臘的宗主教和法那爾的菁英階級心之所向。新的國家太窮又太落後，根本無法與鄂圖曼帝國提供的經濟機會相比。希臘獨立之後，整個十九世紀後半，新國家的希臘人爭相湧進帝國；此外，帝國內的希臘人於人口統計上高於突厥人。到了一八六〇年代，位於西安納托利亞伊茲密爾（Izmir）的希臘人取代穆斯林，成為人口多數，該地區許多城鎮皆是如此；一八九〇年代，伊斯坦堡四分之一人口是希臘人，如同過去，希臘人在商業、製造業、銀行業、船運與其他專業繁榮興盛，鄂圖曼帝國甚至持續雇用他們處理外交事務。十九世紀後期，外交部近百分之三十的官員是希臘人——遠勝希臘人在鄂圖曼帝國的人口比例，而且有個名為亞歷山德．卡拉席歐多里（Alexander Karatheodori）的希臘人甚至當上外交部副部長。（Quataert 2000: 81）如同十八世紀，帝國內外的希臘人再次談論持續且確定的鄂圖曼帝國「希臘化」。理查德．克洛格（Richard Clogg）寫道：「一八二一年之前，希臘人在鄂圖曼帝國的經濟曾經舉足輕重，政治上也是如此，儘管程度較少；到了十九世紀後半，他們重新建立權威。」（Clogg 1982: 196；亦見 Zürcher 1997: 50; Lieven 2001: 153）

帝國中的希臘人和亞美尼亞人一樣，由於土耳其（以及希臘）民族主義與一次大戰的各派陰謀，不幸成為犧牲對象。[17] 但是如同克洛格所言：「最驚人的是，希臘獨立運動後，希臘的宗教社群竟然存活了這麼長的時間。」（Clogg 1982: 200）這點即可證明希臘人在鄂圖曼帝國的整個歷史上扮演多麼重要的角色，也能證明希臘人在希臘獨立建國後，於各個層面上為自己在帝國之中找到的位置。一九二三年，希—土人口交換，超過一百萬的希臘人從新的土耳其共和國被驅逐出境，就此結束五百年來了不起的共居實驗。（Zürcher 1997: 171; Clark 2006）

最後，總的來說，關於鄂圖曼帝國如何處置帝國內的非穆斯林臣民，最常聯想的就是奴隸傭兵和宗教社群制度。奴隸傭兵盛行超過兩百年，從十四世紀後期到十七世紀中期；傳統上認為，是艾哈邁德二世（Ahmed II，一六九一年至一六九五年在位）廢除了這項制度。學者估計，十五、十六世紀的顛峰時期，帝國徵召的基督宗教少年約二十萬名，多半來自巴爾幹的斯拉夫人。（Sugar [1977] 1993: 56; Itzkowitz 1980: 49-54; Braude and Lewis 1982b: 11-12; Imber 2002: 137）

對許多歐洲人而言，奴隸傭兵制度就是鄂圖曼帝國奇異野蠻的象徵。坊間也流傳許多可憐的故事，描述

⓯ 譯注：希臘獨立戰爭即從伯羅奔尼撒開始並擴大。

基督宗教的男孩被人強行從哭泣的母親懷裡拉走，（Yapp 1992: 137）個人蒙受的苦難程度究竟多大，至今仍是爭論不休的議題。但是多數學者同意，許多基督宗教家庭樂於見到自己的兒子「離開偏遠、窮困、沉重的環境，進入帝國的統治階級，而且這個帝國可能是世界上最強大且進步的政治實體」（Goffman 2002: 68）。[18] 我們也從波西尼亞的穆斯林得到明顯的案例：他們由於穆斯林身分免於奴隸傭兵，但是他們憑藉早期改信之故，成功向蘇丹請求參加奴隸傭兵制度作為獎賞——顯然對他們而言，這個制度是獎勵而非懲罰。（Imber 2002: 136-37）此外，從許多例子可見，帝國中出身基督宗教的高階官員仍與家庭和出身地區保持聯繫，因此得以幫助他們。其中知名的例子是塞爾維亞的一對兄弟——哥哥索庫魯·穆罕默德（Mehmed Sokullu）藉由奴隸傭兵制度成為大維齊爾；他的弟弟米加利阿斯（Makarius）在他的幫助之下，成為塞爾維亞東正教教會的宗主教；兄弟倆在塞爾維亞持續聯絡。如此一來，透過個人的人脈和人情，奴隸傭兵制度可能可以幫助伊斯蘭的鄂圖曼帝國牽制基督宗教的省分。（Sugar [1977] 1993: 58; Goffman 2002: 68; Barkey 2008: 124）

宗教社群制度討論至此，重要的是，切勿將之視為「多數—少數」的關係，也切勿認為這個制度代表多元主義與「多元文化主義」的現代想法（Rodrigue 1995）。這兩個想法呼應的是後啟蒙運動的西方政治思想，而且最終都建立在自然權利與人權相關的同一性與普世性假設。

鄂圖曼帝國並不接受或追求同一性，他們也不信奉任何自然權利的概念，他們假定差異存在，予以尊重，而且毫無達成同質的欲望。因此，雖然他們無疑相信伊斯蘭的真理與優越，但是毫無意圖施加在非穆斯林身上。從這個觀點看來，因為帝國接受不同宗教社群的存在差異，所以宗教社群違反了普世性的原則，甚至違反伊斯蘭這個統治的宗教。但是，同時，鄂圖曼人也不接受現代意義的平等。「伊斯蘭終究是掌握大權的系統……因此，我們可能可以說，承認差異，但絕非基於平等的基礎，這是帶有濃厚階層色彩的差異。這不是關於多元主義，而是關於多元的性質。換句話說，差異是社會的管理原則，而且維持某個程度的不平等。但是承認差異的下一步也不是大刀闊斧來消弭差異，繼而導致無法容忍的結局。」（Rodrigue 1995: 90）

因此，既然民族主義的根本動力是消弭差異，並且促進那些被認為屬於同一民族的人達到整齊劃一，任何團體的民族主義，包括他們自己的，都是鄂圖曼人的眼中釘。民族主義也違反宗教社群制度的原則，該制度不是以族群或民族為基礎，而是嚴格地以宗教為基礎，因此，若視這些宗教社群為後來帝國內民族主義的「積木」，則是犯了根本上的錯誤。民族主義之興起不僅預告建立並推行宗教社群制度的帝國之滅亡，也預告這個制度之滅亡。在「希臘」的宗教社群的情況，這點又是特別明顯；塞爾維亞、保加利亞、羅馬尼亞與其他東正教成員的民族主義興起後，這個社群承受越來越大的壓力。異質性是鄂圖曼帝國的根本信念，而宗教社群制度是最直接的表現。

十七世紀奴隸傭兵制度式微，加上十九世紀宗教社群制度疲弱，我們就會發現，當時以及從此之後，許多觀察者看見鄂圖曼帝國衰退的徵兆，以及近在眼前的瓦解。因此我們需要轉向帝國較後期的發展，離開「古典」時期，並且詢問那對帝國認同與目的有何意義。鄂圖曼帝國是否改變根本的方向？那是最終崩潰的前因嗎？帝國滅亡是自找的，還是鄂圖曼人無法控制的外力所致？

衰退或改變？帝國的轉變

任何重新評價鄂圖曼帝國「古典」時期（十四至十七世紀）的重要綜論，都沒有延伸到帝國在一次世界大戰之後瓦解的後期歷史。我們有大量的研究文獻探討帝國早期階段，出自齊麥．科發達、希斯．路尼、科林．英伯、丹尼爾．戈夫曼（Daniel Goffman）、蘇萊雅．法洛希（Suraiya Faroqhi）與其他學者。這些文獻改善帝國早期「前線戰士」的假設，強調其複合與混血的性格，對征服地區的文化與制度保持開放態度，樂於允許非穆斯林的臣民追求各自的生活方式，渴望在經濟、商業、外交等面向上完全雇用他們，以及使帝國與其他歐洲強權積極互動——無論身為敵人或盟友。鄂圖曼帝國在這方面完全屬於現代時期早期的歐洲世界，不管他們面對的東方是什麼臉孔。

關於帝國較後來的時期，目前有越來越多優秀的文章挑戰既有假設，而且我們也會在接下來的討論中引用。然而，相較古典時期，針對帝國在最後三個世紀基本的形式與性格，我們缺乏綜合論述的研究。相反的，有非常多、甚至非常近期的文章持續堅持，不管我們需要對於較早的時期改變多少印象，針對那段較晚的時期，較舊的說法還是有實質的正確性。

這些說法主要的負擔是，在十七世紀某個時期，或者甚至更早，鄂圖曼帝國經歷根本方向的轉變，而這個轉變帶領帝國朝向與原本相當不同的路徑。更重要的是，許多人認為——但絕非所有人——那樣的方向轉變，埋下了鄂圖曼帝國衰退的種子，程度之深，以致帝國後來的歷史，幾乎都被視為種種末路之舉，只為了不令帝國分崩離析，阻擋更強的對手擊敗帝國。就這方面而言，我們在最後三個世紀見到的，是殘酷、緩慢的衰退，偶有重建帝國、逆流而上的努力作為，但終究還是徒勞。

關於這種說法，有幾個切入的方向。首先，而且就許多方面而言是最重要的，即一五一六年至一五一七年，塞利姆一世擊敗馬木路克（Mamluks）[16]，因此取得阿拉伯統治的埃及、敘利亞、漢志（Hijaz）。一五三四年，蘇萊曼一世在位期間也征服伊拉克，鄂圖曼帝國此時瞬間囊括伊斯蘭地區的重要城市：開羅、大馬士革、巴格達，以及聖地麥加與麥地那。鄂圖曼人從統治穆斯林為少數的帝國，搖身成為統治穆斯林明顯為多數的帝國。他們是伍麥亞帝國（Umayyads）、阿拔斯王朝（Abbasids）、法提瑪王朝（Fatimids）等偉大伊斯蘭文化與傳統的繼承人。學者、官員、商人從阿拉伯世界前往伊斯坦堡和其他帝國大城，例如布爾薩與愛第尼。鄂圖曼帝國現在是聖地的守護人，以及前往麥加與麥地那朝聖路線的保護者。蘇萊曼一世以降（一五二○—一五六六），鄂圖曼的蘇丹也取得哈里發的頭銜，成為整個伊斯蘭世界的精神領袖。（Inalcik 1993: 67-69; Imber 2002: 126）

難怪許多學者視這些發展為帝國廣泛的「伊斯蘭化」，許多方面反轉了早先折衷主義與混合主義的傾向。

希斯．路尼一直反對伊斯蘭的鄂圖曼國家前線戰士理論，但是他也覺得，征服阿拉伯地區後，鄂圖曼帝國開始步上新的方向。

> 最終成為古典伊斯蘭王朝的帝國，不是因為形成時期的發展，反而是在十六世紀第二個十年的尾聲，因為合併傳統伊斯蘭世界的阿拉伯核心地區而達成。從此之後，我們看到一個世紀之久的古老伊斯蘭官僚傳統，植入一個在此之前活潑、兼容、多元族群、多元文化的實體。就這個意義看來，究竟是誰征服誰，還很難說。（Lowry 2003: 96）[19]

有人進一步主張，由於十五世紀初興起的薩法維王朝於伊朗重新崛起，鄂圖曼帝國才會轉向伊斯蘭。現在帝國東側出現敵對的伊斯蘭勢力，而這個勢力後來的確成為帝國往東擴張時所無法克服的障礙；更重要的是，薩法維伊朗是什葉派，相對於鄂圖曼人的遜尼派。許多鄂圖曼蘇丹的臣民受到這個與鄂圖曼競爭的伊斯蘭教派吸引，尤其是安納托利亞東方的土庫曼游牧民族。現在他們在帝國東方有個強大的後盾——許多什葉派的叛亂都獲得伊朗支持，例如奇茲爾巴什兵團（Kizilbas，「紅頭」）在十五與十六世紀動搖整個帝國。[20]普遍確實認為，至少在薩法維王朝於一七二二年陷落之前，什葉派的伊朗對鄂圖曼帝國所造成的威脅，比西方的基督宗教勢力還要巨大。

有人主張，面對這個威脅，帝國自然的反應就是重新強調伊斯蘭的資格。帝國強調，身為真正的伊斯蘭保護者，也就是遜尼派，必須與什葉派的異端為敵。帝國承擔不起對於宗教身分疏忽或冷漠的罪名，而且必須以最清楚的方式宣告其穆斯林性格，避免任何異端或違背的汙名。後果之一就是以極為僵化與狹隘的方式解釋

⑯ 譯注：指九至十六世紀之間，阿拉伯哈里發和阿尤布王朝蘇丹的奴隸兵。

與應用伊斯蘭的教條，同時在穆斯林與非穆斯林之間劃下更為嚴格的界線。[21]

無人能夠否認鄂圖曼帝國身分中伊斯蘭的重要性。對某些人而言，例如柏納．路易斯，這個事實從一開始就是帝國的標記，他說：「從建立直到陷落，鄂圖曼帝國是個致力促進或保衛伊斯蘭權力與信仰的國家。」征服阿拉伯地區只是證實一直以來的情況：「對鄂圖曼突厥人而言，他的帝國，包含所有早期伊斯蘭地區，就是伊斯蘭本身。」（Lewis 1968: 13；亦見 Lewis [1982] 2001: 171-73; Imber 1995: 139; Findley 2010: 64）

我們已經看過，就帝國早期的世紀而言，這是一個誇大的主張。問題正是後來是否出現變化？十六世紀征服伊斯蘭傳統的地區，這件事情是否於根本上重新指導鄂圖曼社會？我們必須認知的是，雖然蘇丹多了哈里發與真實信仰的守護者兩個角色，但這是一項斷斷續續的事業，永遠基於務實考量，因為帝國有此需要，所以有了這些頭銜。理論上的官方教義，實務上不總是符合，此外，就連官方教義也可以歪曲。如果教義方便國家伸張嚴格的伊斯蘭身分，例如與什葉派伊朗競爭或反對各種異端主張的時候，帝國就會這麼做。然而，如果此舉將會招致非穆斯林臣民的怨恨，帝國就會噤聲或甚至不顧其伊斯蘭的性格，如同十九世紀改革運動時期那樣。

帝國統治者必須謹慎地伸張伊斯蘭的身分，還有進一步的原因。十八、十九世紀期間，鄂圖曼帝國開始對西方開放，程度越來越大，鄂圖曼帝國與歐洲其他地區人群和思想的交流穩定地成長。鄂圖曼的外交官和旅人開始回傳西歐社會新的思想和作為；西方的旅人和學者同樣書寫鄂圖曼帝國，在某個程度上抵銷了他們在較早世紀時不甚討喜的形象，且越來越多西方人，諸如商人、外交官，或單純好奇與具有冒險精神的訪客，例如大膽的瑪麗．蒙塔古．沃特利夫人（Lady Mary Wortley Montagu, 1689-1762）[17]，紛紛現身在伊斯坦堡、伊茲密爾、阿勒坡（Aleppo）等鄂圖曼帝國大城。[22]

最重要的是，鄂圖曼的政治家開始敏銳地意識到，帝國於經濟與技術發展，以及在軍事、民政方面，落後西方到達危險的程度。如果帝國想要存活，越來越多共識認為，必須進行重大制度的改革。「現代化」如果不是鄂圖曼政府喜歡的術語，至少也是他們的目標。相對的，「歐洲病夫」、「近東問題」、該怎麼處理可能瓦解的鄂圖曼帝國，開始進入西歐政治家的言談，並影響他們的政策。鄂圖曼帝國從前被視為危險強大的勢力而引發出的焦慮，現在越來越被當成孟德斯鳩稱呼的「東方專制主義」——靜止屈服、退步腐敗、缺乏所有進步特徵的社會秩序。（Cirakman 2001；亦見 Hentsch 1992: 107-13; Faroqhi 2006: 61; Pitts 2016）

現在不是堅持帝國的伊斯蘭宗教性格的時候。[23]世俗化的趨勢影響鄂圖曼菁英的程度，不下於西歐菁英；歐洲上流階級的會客室與沙龍，因為博學、高尚、見過世面的鄂圖曼外交官和旅人而蓬蓽生輝。一八二一年，政府成立翻譯局，取代希臘人主導的翻譯官，以法語教學為主的貴族學校加拉塔薩雷高校（Galatasaray Lycee）培養多種人才，學生畢業後即進入翻譯局，翻譯局亦為歐洲語言文化的訓練場所。（Quataert 2000: 80; Lewis 1968: 118, 122）[24]對許多這樣的菁英而言，宗教是鄉下人——「突厥人」和巴爾幹的農民——的事情，受過教育與教養的鄂圖曼仕紳和宗教較無關係。在中央政府，專業官僚質疑宗教菁英烏理瑪（ulema）的權力，導致後者日益失望之餘，開始不顧規定，與新軍結盟。直到十九世紀後期失去許多歐洲省分之後，帝國，至少說是在位的蘇丹，才開始慎重考慮再次強調穆斯林的身分；而且明顯可見，此舉挑起臣民之間的紛爭（穆斯林臣民亦同），對於帝國的問題當然沒有助益。但是總的來說，「麥加對抗歐洲」的衝突中，麥加不總是勝利，甚至也沒有占據優勢。[25]

另一件重要的事情是，甫從鄂圖曼帝國誕生，帝國就發現有必要限制國家與社會純正的伊斯蘭本質。帝國透過建立世俗的蘇丹法典（*kanun*）達到這個目的，而這些準則法律與伊斯蘭法平行，甚至往往凌駕伊斯蘭法。事實上，鄂圖曼政府治理與管理領土，多數透過蘇丹法典，程度之深，以致哈里爾・伊納爾齊克認為那是「鄂圖曼政府專制與集權的基石」（Inalcik [1973] 2000: 73）。梅汀・昆特（Metin Kunt）提到，到了十五世紀

⑰ 譯注：英國貴族，隨外交官丈夫居住於伊斯坦堡，為當地見聞著書立說。

初期，蘇丹國成為主要的社會制度後，「蘇丹的法律，也就是蘇丹法典，毫不提及伊斯蘭法，完全在伊斯蘭法之外；某些方面，如同部分刑法，蘇丹法典直接取代教法的禁令」。（Kunt 1982: 58；亦見 Imber 2002: 244-51）

蘇丹的法令編纂成為《法典》（*kanunname*），特別代表「內亞」（Inner Asian），以及帝國特別的鄂圖曼面向。《法典》源於「*kanun ve adet-I osmani*」，也就是「鄂圖曼的法律與傳統」，或「鄂圖曼的慣例法律」（Kafadar 1993: 38; Göçek 1993: 104; Howard 1988: 58; Inalcik [1973] 2000: 70-72）。就這點而論，法典賦予帝國獨特的靈活身手，以資適應在長久進化的過程中面對的變動與挑戰。伊斯蘭法發展於第八世紀，是為了因應當時阿拉伯的環境而生；然而此時擁有多元信仰、多元文化的帝國必須對抗過去和現在諸多偉大的帝國，法典承認教法可能不完全適用。蘇萊曼的偉大成就之一，確實就是成功地融合宗教的伊斯蘭法和蘇丹的法典。（Göçek 1993: 103）

鄂圖曼許多具代表性且特有的制度，權威都來自蘇丹法典，包括部分以奴隸傭兵為基礎的政府官員「*kul*」（奴隸）系統，這個系統本身就偏離並侵犯了伊斯蘭法。蘇丹法典也規範統治階級 *askeri* 和臣民階級 *re ʻaya* 的關係：一邊是服務國家因而領取酬勞的人，一邊是納稅的人，這是嚴格的根本區別。因此蘇丹法典並不理會宗教差異，臣民階級包括穆斯林與非穆斯林，而且早期的統治階級也是如此。由此可見，蘇丹法典與伊斯蘭法的差異是：伊斯蘭法嚴格區分穆斯林與非穆斯林，而且就某方面而言，不但是社會主要的，也是唯一的區別。

同樣的，伊斯蘭法之外——或說嚴格意義的伊斯蘭法之外——還有兩個重要的鄂圖曼制度。一是宗教基金（*wakf*），就是為宗教或公益目的而賜予宗教學者永久的土地或其他收入來源，這是傳統的伊斯蘭慣例，而透過皇室賜予的財產權，又稱「*temlik*」；鄂圖曼人將宗教基金運用在各種世俗的公共目的上，包括興建市場、建設橋梁、為旅人設立商隊旅館（Inalcik [1973] 2000: 141-50）。另一種是徵稅封地制度，鄂圖曼政府賜給某些政府官員權利，得以向某些地區的臣民收取稅金以自用。鄂圖曼的封建騎兵又稱「*sipahi*」，是徵稅封地主要的持有者，而封建騎兵的威力與福利常被視為帝國整體的國力與安康指標。（Inalcik [1973] 2000: 111-16; Imber 2002: 194-206）

宗教基金和徵稅封地制度，如同奴隸與奴隸傭兵制度，幾乎完全依據蘇丹法典（Howard 1988: 59; Inalcik [1973] 2000: 73; Imber 2002: 244-46）。到了十六世紀與十七世紀初期，所謂的「蘇丹法典意識」變得非常廣泛，開始與伊斯蘭法競爭法律與規定的支配地位。因此坐在帝國宮廷的掌璽大臣尼尚哲（*nisanci*），也是每日都會解釋蘇丹法典的官員，在當代文獻可以被稱為「蘇丹法典的穆夫提」，和大穆夫提平行：大穆夫提（the chief mufti）就是宗教學者烏理瑪的領袖謝赫伊斯蘭（*seyhulislam*）。「鄂圖曼社會中，蘇丹法典這個概念極為重要，甚至可以相當於伊斯蘭法，蘇丹法典的主要解釋人可以和帝國至高無上的宗教權威相提並論。」（Howard 1988: 59）重要的也許是，對今日的突厥人而言，如同過去，偉大的蘇萊曼蘇丹是以「Kanuni」著稱——即立法者，而非西方較普遍理解的「仁者」。

蘇丹法典的重要性，加上緩和鄂圖曼帝國中的純粹伊斯蘭性格的這個角色，為通往「衰退」這個重要的特徵提供一道便利的橋梁，而這個特徵將會出現在鄂圖曼的思想與後續西方對於帝國的評論。以「衰退」為主要主張的文獻始於十六世紀後期，並持續整個十七世紀，內容主要是蘇丹和蘇丹的顧問貿然蔑視蘇丹法典，因此導致中央鄂圖曼制度目前為止的腐敗與衰退。征服阿拉伯地區與其他事件後，出現伊斯蘭化的趨勢，即被視為鄂圖曼政府注定衰弱的原因。

柏納・路易斯說過：「鄂圖曼帝國到達顛峰後，便開始辯論衰退——而且是從鄂圖曼突厥人自己開始。」（Lewis 1962: 73-74; cf. Itzkowitz 1980: 37; Howard 1988: 53）緊接在塞利姆一世的光芒與成就之後（一五一二年至一五二〇年在位），尤其是蘇萊曼一世（一五二〇年至一五六六年在位）以後，一群官員和學者或多或少開始反省帝國腐敗與衰弱的源頭，並且帶著不同程度的希望，向蘇丹提供各自的建言。[26]其中最有影響力的包括呂特菲・帕夏（Lütfi Pasha）、塔利基薩德（Talikizade）、科其・貝（Kochu Bey）、查提・切萊比（Kâtip

Çelebi）、穆斯塔法・阿里（Mustafa Ali）。這些人的說法當中，仁者蘇萊曼通常被指為黃金時代，象徵鄂圖曼帝國的顛峰。[27]基於這點，部分作家的結論是，多數帝國「衰退」的文體常見懷舊情感，但是唯一的路就是下坡，而鄂圖曼帝國注定瓦解。但是其他人相信，只要決定努力，帝國可以避開災難，回到過去健康的狀態。

這些論述當中，改革者提出過去蘇丹法典建立的規範秩序。（Howard 1988: 62; Kafadar 1993: 42; Woodhead 1995: 187）前十位好蘇丹——從早期的鄂圖曼，經歷征服者梅赫麥德二世，並在立法者蘇萊曼達到顛峰，這些相繼的蘇丹已經建立制度系統，帝國之所以能夠南征北討、興盛昌榮，足見這個體制之偉大。這個古典的體制被稱為「*kanun-I kadim*」，即「古代傳統」或「習慣法」，而且應該作為當前慣例衡量的標準（Howard 1988: 64）。而正在凋零的就是這個秩序。

早期論述出現漫長的抱怨，而這些抱怨成為後繼者的標準說法，西方評論者與學者也盲目地引用這些鄂圖曼當地作家的看法。例如當地出生的穆斯林擠進新軍，又占據其他職位，包括從前由基督宗教出身的奴隸擔任的大維齊爾一職，導致奴隸傭兵制度衰退；對許多人而言，此舉開啟偏袒主義，意謂不靠功勞，靠著家世就能獲得晉升。另也有人提出，類似情況也改變徵稅封地制度，繼而造成腐敗的影響。受封徵稅封地的騎兵，是各領地堅實的武士和武士之子組成的兵團，然而這個制度現在不再專門支持騎兵，上有政府官員和皇宮親信，下有普通農民，都來侵犯這個制度。因此蘇萊曼治理時期之後，開始出現軍事弱點和災難。如果好好遵守建立原始制度的蘇丹法典（編纂為規定徵稅封地的《法典》），以徵稅封地為基礎的軍隊就會再度茁壯，而帝國將重新取回軍事實力。

根據那些批評，還有其他重大的作為偏離了古典鄂圖曼慣例，例如殺兄屠弟——蘇丹在掌權後，會殺掉他的兄弟，藉此避免繼承鬥爭。然而，這個習俗在十六世紀後期由年長原則取代，皇位改由鄂圖曼家族最長的男性繼承。但由於蘇萊曼一世之後，下個世紀的皇帝皆是軟弱愚昧的蘇丹，而且害怕他們還活著的兄弟，這點反而促使許多蘇丹行為反覆無常、粗暴野蠻，因此許多人覺得這項改變只是惡化事態（Imber 2002: 108-15; Finkel

2007: 196-97）；後果之一就是蘇丹失去威信，始終隱居在皇宮城牆後方，而朝廷派系逐漸掌權。此外，既然不再外派王子管理省分，而越來越常把他們關在托普卡匹皇宮的「籠子」裡，工於心計的母親和他們在宮廷的支持者就有許多勾結機會。不僅如此，蘇丹再也不像過去與外國君王的女兒結婚，而是模仿蘇萊曼與許蕾姆（Hurrem）的先例，和他們最喜歡的情婦結婚，皇宮因此常見蘇丹的妻子為了確保子嗣利益而勾結鬥爭；蘇丹皇太后（*valide sultan*）和黑人閹人主導後宮，惡性影響的批評此起彼落。[28]從塞利姆二世統治開始（一五六六年至一五七四年在位），蘇丹幾乎不再領軍作戰，因此加深他們軟弱而且「陰柔」的形象。（Woodhead 1987: 26; Imber 2002: 119, 143）

此外，重大的財政與行政變動，不僅在當時，且從此之後，都被視為削弱國力的改革，其中以包稅制度擴大為要。政府為了各種目的尋求更多收入，包括擴充軍力，因為新的作戰形式需要加強步兵，以取代騎兵；為了支持更多新軍和其他形式的步兵，徵稅封地改為包稅，改革者對此又是格外憂心（Imber 2002: 210-13, 284-85; Itzkowitz 1980: 90-91; Shaw 1976: 173-4）。一直有人認為，廣泛實施包稅制度會導致中央政府的權力衰退，並且相對增加省分與地方領袖的勢力。終生包稅制度助長新品種的「*ayans*」，也就是外省貴族，普遍認為所謂的「外省貴族時代」——特指十八世紀的發展——代表鄂圖曼政府深遠的危機。某些事件顯示這個危機，例如在外省貴族叛亂後，中央政府於一八〇八年與他們簽訂前所未見的聯盟協定（the Sened-I Ittifak）。[29]

鄂圖曼帝國的實力與名聲在國際上遭遇重大衰退，跡象絲毫不輸內部，甚至更為明顯（Lewis 1968: 36-38）。塞利姆和蘇萊曼於十六世紀初期締造勝利，後來帝國卻於海上的勒班陀戰役（Battle of Lepanto, 1571）慘敗，這是西方強權反轉鄂圖曼強權的關鍵之役，整個基督宗教的歐洲大感痛快。十七世紀中期至後期，克普儒呂擔任維齊爾，度過一段團結穩定的時期，但很快又發生失敗的維也納圍城（一六八三），並在神聖同盟（Holy League）的戰爭（一六八三—一六九九）中損失慘重。《卡爾洛夫奇條約》（一六九九）割讓匈牙利與外西凡尼亞（Transylvania）給哈布斯堡，虧損也達到高峰。

十八世紀，鄂圖曼主要的對手不再是哈布斯堡，而是俄羅斯。此時的重大損失主要是克里米亞汗國（Khanate of Crimea）。因《庫楚克開納吉和約》（一七七四）承認克里米亞汗國獨立，等同一七八三年併入俄羅斯的前奏，而此事進一步羞辱鄂圖曼人的是，中央政府被迫接受俄羅斯對於帝國內基督宗教臣民隱約的「保護權」。一七九八年拿破崙征服埃及，也是類似的鄂圖曼衰退故事，而且受到法國革命思想的影響，穆罕默德．阿里帕夏（Mehmed Ali Pasha）接著於該省發動叛變。

這段衰退實際上被視為鄂圖曼帝國經歷前三個世紀的強大繁榮之後，接續著壯烈、憂傷的結尾。這裡並不適合詳細質問這段漫長的衰退過程，但是關於衰退，有幾件事情可以討論。首先，所有帝國都曾經歷「混亂時期」，有時候甚至數次，以羅馬帝國而言，是在第三世紀；以西班牙和俄羅斯而言，如同鄂圖曼，是在十七世紀；而哈布斯堡是在十八世紀。多數情況之下，混亂時期並不阻止改革、再造與復原。如果鄂圖曼帝國對這種普遍形態而言是個例外，那才真的驚人。鄂圖曼帝國又「存活」了三個世紀，直至二十世紀（當然「存活」這個詞是可質疑的），這個事實本身就該讓我們懷疑衰退這種說法。

第二，重要的是，注意「衰退」一直是鄂圖曼史學史的主要特徵，尤其是蘇萊曼改革之後，十六與十七世紀的文獻，這個特徵一直沒有改變。[30]那些文獻本身當然重要，告訴我們那個時代的鄂圖曼意識，但是我們必須記得——文章特定的文學品質、對傳統說詞的依賴、支持者與辯護者援用的修辭手法等，對於當時發生的事，提供完整或客觀圖像的可能性極低。那麼多的現代說法持續重複聽過的故事，而且用的都是一樣的術語，這個事實再次提醒我們，不可過度重視當代作者的字面主張。[31]

最後，最重要的，我們應該發現，許多近期研究徹底重塑我們對於鄂圖曼治理最後三個世紀的理解，這些研究忽視或質疑衰退的論述，聚焦在鄂圖曼政府與社會試圖回應內外環境變化帶來的挑戰。這個故事只是部分成功案例的代表之一；但是這個故事也是關於政府在他們的歷史過程中，引進或經歷重大變化與改革。更顯著的是，在鄂圖曼帝國的情況中，他們持續努力改變，而且獲得極大成功。如果鄂圖曼帝國最終屈服於戰爭和革命的壓力，他們就是和其他帝國一樣，而相較其他案例，他們的活力跡象並沒有較少。一次大戰後的「帝國瓦解潮」有許多原因，沒有單一的系列缺失，導致任何一個帝國不可避免的陷落。

針對鄂圖曼的「衰退」，修正主義的學者提出的圖像遠較適當，不僅指出積弱與失敗的跡象，也指出重組與改革。雖然奴隸傭兵制度確實結束，但是沒有證據顯示確實出現「穆斯林暴動」，反對原本由非穆斯林管理的政府機關。整個十八世紀與之後，非穆斯林，包括許多大維齊爾，持續出任鄂圖曼的政府高層（如同蘇萊曼與之前的君主在位期間，也有穆斯林擔任這樣的職位）。總的來說，如同諾曼．艾托可維茨（Norman Itzkowitz）主張，宗教在十八世紀已經不再是任命大維齊爾、外省省長、高階軍事將領的決定因素，更重要的是「職業經歷」，決定因素包括官僚機構中的專長與表現、軍事或宗教的位階，加上這些領域中的家世傳統（Itzkowitz 1962: 85, 91, 1977）。如果像許多人那樣，將衰退歸因於「伊斯蘭化」，近看政府的統治結構，其實看不見伊斯蘭化的證據，反而見到壯大的世俗主義與專業特質。（Faroqhi 1994: 552-61；亦見 Quataert 2000: 98-100）

外省貴族 *ayans* 興起，導致政府積弱與分裂——這樣的觀點近幾年也受到嚴正的質疑。相反的，實際上似乎是菁英重新排列，現在出現新的人選競爭宮廷權力，但是中央並沒有喪失根本的控制。包稅制與更商業化的經濟當然產生「鄂圖曼青年團」，但是如同較老的家族，他們的眼光放在集中的軍隊與官僚權力機構，而非提高外省勢力以對抗中央。此外，較老的菁英和新一輩一樣極力投標包稅，而他們在宮廷的人脈意謂著他們通常會獲勝，且他們控制分配包稅的拍賣，因此很大程度地贊助地方貴族。清楚的是，「私有化」與「去集中化」並不是集中化的相反，事實上反而能被視為政府現代化相對成功的措施：相對集權政策的「另一種現代化」是多數西方專制國家的特徵。[32]

國際場合的失敗與羞辱也不再這麼明顯。在勒班陀的海軍敗仗（一五七一）深刻影響軍事策略，象徵歷史上地中海地區最後一場以槳帆船為主的海戰，而且在歷經鄂圖曼勝利多次後，基督宗教國家自然為之振奮。然而，對鄂圖曼人而言，這場戰役只是次要的挫折，採用更優良且堅固的船隻後，幾年之間他們就恢復海軍實力。更重要的是，應從其他勝仗的脈絡看待這場戰敗。一五六五年，鄂圖曼人圍攻馬爾他（Malta）；一五六六年，拿下希俄斯（Chios）；一五七一年，就在勒班陀戰役同年，從威尼斯人手中拿下賽普勒斯（Cyprus）。希俄斯和賽普勒斯是各國長久以來爭奪慘烈的重要島嶼。的黎波里（Tripoli）於一五五一年收入版圖，一五六九年與一五七四年兩次收入突尼斯（Tunis），至此鄂圖曼確立整個北非沿岸的統治權，並且終結西班牙的野心。一五七八年，鄂圖曼在阿爾卡塞爾（Alcazar）擊敗葡萄牙，結果之一便是西班牙於一五八〇年吸收葡萄牙，削減葡萄牙於印度洋的勢力，化解鄂圖曼對東方的貿易問題。一五八〇年，西班牙與鄂圖曼簽訂和平條約，於是政治地理勢力重組，同時威尼斯人趕走東地中海人，伊比利半島國家的範圍止於歐洲，鄂圖曼人此時無疑就是北非與黎凡特的主人。[33]

一六六九年，克里特島（Crete）落入鄂圖曼人手中，因此或多或少完全囊括所有地中海地區具戰略價值的島嶼（除了馬爾他）。同年，烏克蘭多數地區再次納入鄂圖曼帝國，而且在蘇丹梅赫麥德四世（Mehmed IV）個人的領導之下，鄂圖曼軍隊深入波蘭—立陶宛（Poland-Lithuania）襲擊，於一六七二年在波蘭波多里亞（Podolia）建立省分卡緬涅茨（Kamenets），並威脅將波蘭國王納為鄂圖曼臣屬（Finkel 2007: 273-75）。任何認為鄂圖曼在勒班陀戰役之後便放棄在歐洲擴張的想法，顯然不夠成熟，尤其一六八三年差點成功的維也納圍城更是證明。（Faroqhi 2006: 57, 73）

即使《卡爾洛夫奇條約》（一六九九）割讓匈牙利給哈布斯堡帝國，也不是純然的災難。彼得大帝在位期間，俄羅斯首次嚴正進犯鄂圖曼，卻在一七一一年於克里米亞慘敗。一六八八年被哈布斯堡奪走的要塞貝爾格勒（Belgrade）也在一七三九年與一七八九年至一七九〇年收復；其他之前輸給哈布斯堡（保加利亞、塞爾維亞、外西凡尼亞）與俄羅斯（亞速〔Azov〕與其他黑海要塞）的地區，也在十八世紀末期反轉。另外，一七一四年至一七一八年鄂圖曼人從威尼斯人手中取回希臘省分摩里亞（Morea），維持超過一個世紀

（Quataert 2000: 41）；整個十八世紀，鄂圖曼人對北非省分馬格里布都維持穩固控制（Hess 1977）。我們應該記得，事實上，因《庫楚克開納吉和約》而喪失領地之後，一個世紀以來沒有更進一步的重大損失——「歐洲病夫」不會有此表現。

對鄂圖曼人而言，更加重要的可能是一七二二年伊朗的薩法維王朝陷落，開啟鄂圖曼與俄羅斯爭奪伊朗的競爭，鄂圖曼的帝國東側同時獲得相當需要的休養。有鑑於此，有些在某程度上未經證實的事後見解，會描述《卡爾洛夫奇條約》是鄂圖曼帝國命運的轉折點或分水嶺。但是人們應該看見的是，鄂圖曼帝國在十八世紀逐漸整合進入歐洲的國家系統，類似當時的國家，上演聯盟、逆轉、成功的形態。（Naff 1977b; Faroqhi 2006: 73）

與俄羅斯再戰（一七六八—一七七四）確實導致羞辱的《庫楚克開納吉和約》，並且丟了克里米亞，如同拿破崙於一七九八年侵略埃及所示，此戰亦透露鄂圖曼行政與軍事技術顯著的弱點。但是除了這些無疑的敗仗，同時需要注意的是，鄂圖曼意識到自己的缺陷，並且持續採取行動彌補，十九世紀將會出現更為熱烈的改革，直至該世紀尾聲。如果這些努力最終都無法挽救帝國，那麼同一時間，俄羅斯與哈布斯堡的努力也是一樣的。但是相較之下，鄂圖曼帝國的「衰退」竟然談了三百年之久，彷彿自從十六世紀末，鄂圖曼帝國就注定滅亡。為什麼會那樣？我們必須看看，許多方面非常類似的案例，套用的標準卻非常不同。[34]

鄂圖曼人到突厥人

在一七七四年的《庫楚克開納吉和約》，鄂圖曼被迫向俄羅斯屈服某些定義模糊的權利，也就是允許俄羅斯干預鄂圖曼政府所管轄的東正教臣民。於是蘇丹提出自己的主張應對，就是身為「穆斯林至高無上的哈里發」，他有權利規範剛獨立的克里米亞（很快就會屬於俄羅斯）穆斯林臣民。柏納・路易斯說，這個主張「全新且前所未見」。

> 自從中世紀古典伊斯蘭哈里發絕種後，整個伊斯蘭共同體再也沒有單一、普世認為正當的領袖，而且實際上，每個君王都變成自己國土的哈里發……在國界之外主張宗教權威是與眾不同的作法——自從阿拔斯王朝結束後，首次出現建立普世伊斯蘭領袖身分的企圖，而且是為鄂圖曼王朝要求這個身分。（Lewis 1968: 324; cf. Findley 2010: 25-26）

如果真是這樣，這個主張便有幾分諷刺——無論如何，都既可疑又曖昧（Deringil 1999: 46-47, 174-75; Hanioglu 2008: 130, 142）。這件事情發生在鄂圖曼帝國面對十四世紀建立以來最嚴重的存亡挑戰，而且挑戰不只來自俄羅斯，確實在世界各地——北非、印度、東南亞、中亞、高加索地區——伊斯蘭都位居守勢，遭到歐洲殖民強權的打壓。鄂圖曼主張對於所有穆斯林普遍的權威，似乎是阿諾爾得・湯恩比的想法典型的例子——在衰退的時期，所有文明都會祭出「普世國家」的稱號，要求遍及世界的權威。

事實上，這個伊斯蘭領導身分的主張具有雙重諷刺：因為如我們所見，這件事情正好發生在世俗化正要進入鄂圖曼菁英文化的時候；此世俗化持續進行至十九世紀。這個世紀從開始到結束，幾乎每個蘇丹都想發起波濤洶湧的改革，留下一片混亂的學校、大學、醫學院與軍校、新的宮廷與法規，這些改革全都印上西方世俗與科學文化的標記，因為受過教育的鄂圖曼人遊歷歐洲，帶回巴黎、倫敦、維也納、柏林等歐洲知識分子所發展出的社會政治思想。十八世紀以降，印刷機終於引進鄂圖曼帝國，透過報章雜誌勇猛地承載這些思想，於十九世紀大放光芒。

這裡的意思不在於表示帝國的伊斯蘭資格是個空洞的主張。我們現在非常清楚，世俗化與宗教存活（其實是復興），不是矛盾，而是互補的現象。基督宗教在西方也是如此，十九世紀毫無疑問的世俗化過程，伴隨在歐洲與北美福音教派大規模的進步，這也是基督宗教歷史上最大的復興運動。鄂圖曼帝國如同伊斯蘭世界的其他地方，世俗化的潮流必須與不斷重複迸發的伊斯蘭互相競爭，不只發生在鄉間農民，也在社會最高層（cf. Findley 2010: esp. 18-22）。帝國在不同時間，直至二十世紀初結束的時候，統治機關希望藉由融入宗教再次活化帝國的社會與政府。如同世俗改革失敗不能怪罪世俗主義，這個方法終究無法拯救帝國，卻也不能歸咎伊斯蘭。面對一次大戰的漩渦與勢力增強的民族主義，兩者都必須與對帝國再也不友善的世界競爭。

十九世紀有兩件事情影響鄂圖曼帝國的性格與前景。首先是帝國失去多數基督宗教的省分，尤其是該世紀後期。正是因為這件事情，那些堅持唯有強調帝國伊斯蘭性格方能生存的主張才會具有說服力。直到痛苦的尾聲，土耳其共和國早期為了廢除伊斯蘭法與哈里發帝國爭論時，這個觀點持續擁有許多強大的追隨者。第二個發展，尤其與十九世紀中期坦志麥特（Tanzimat）改革有關，就是力求所有帝國臣民——穆斯林與非穆斯林——的法律與政治地位平等。這點扭轉世紀以來維持並已成慣例的差異，造成社會大眾深刻的不安。法國大革命於全世界的效應一目了然；立志改革的蘇丹與顧問，他們支持法蘭西人，也支持西方普遍的平等與一致，但在鄂圖曼社會發動革命，將威脅破壞許多帝國的核心原則與慣例。

這兩個發展廣泛地影響著鄂圖曼政治家與知識分子在十九世紀推動的三個改革。第一，尤與坦志麥特改革時期有關，就是「鄂圖曼主義」（Ottomanism）的政策：以鄂圖曼主義為所有蘇丹臣民的共同基礎，終結穆斯林與非穆斯林之間的歧視。第二，恢復帝國的主要定義，也就是伊斯蘭，並希望為伊斯蘭的法律與機構注入新的力量，以資再生帝國。最後一個策略，最快要到該世紀最後三分之一時才會出現，就是堅持突厥人為一個民族，而且拒絕帝國多民族的想法，成立一個土耳其民族的國家。最後勝出的是第三個策略。雖然，如同在一張羊皮紙上不斷擦掉又重寫，另外兩個趨勢持續發揮影響，甚至直到一九二三年土耳其共和國成立之後；尤其是伊斯蘭的策略，後來更是被證實了，不可能停止發揮影響。

終於——穆斯林的帝國？

一八五〇年之前，儘管在前幾個世紀取得阿拉伯地區的領土，但仍然有大約百分之五十的鄂圖曼臣民——穆斯林與非穆斯林——住在巴爾幹半島。到了一九〇六年，帝國的歐洲省分只貢獻百分之二十的人口（Quataert 2000: 54），換個方式說，穆斯林與非穆斯林的帝國臣民之間，忽然轉向以前者為主。晚至一八七四年，非穆斯林仍占超過百分之五十的人口；到了一八八一年至一八九三年，鄂圖曼在俄土戰爭中戰敗之後，近四分之三的鄂圖曼臣民是穆斯林，而且基督宗教徒占不到四分之一（Quataert 1994: 782; Findley 2010: 115）。十九世紀後半，許多人鼓吹重振帝國最好的方法，就是重新主張並建立伊斯蘭的性格，他們的根據就是這個人口統計數據。

我們可能還記得維特克的主張，他認為直到帝國結束，構成鄂圖曼帝國「生命核心」的不是安納托利亞或阿拉伯地區，而是魯米利亞；此外，失去這個重要的「內在帝國」、這個賦予帝國活力的地區，也就暗示眼前的滅亡。卡特・芬德里（Carter Findley）在較近期也主張，「晚至一九一二年至一九一三年的巴爾幹戰爭，許多突厥人，尤其是那些位居領導職位的人，其真正的家園不是安納托利亞，而是魯米利亞，即鄂圖曼的巴爾幹半島。對他們許多人而言，忽然要他們把安納托利亞當成家園，是扭曲、抗拒的改變。」（Findley 2010: 4; cf. Hanioglu 2011: 199）許多評論者認為，從「鄂圖曼人」變成「突厥人」，理所當然就是十九世紀與二十世紀初期全盤失去歐洲省分的直接結果。

鄂圖曼晚期的歷史輕易就能被描繪成持續的倒退過程。從《庫楚克開納吉和約》（一七七四）失去克里米亞開始，鄂圖曼喪失多數歐洲省分，也終於在一九一二年至一九一三年的巴爾幹戰爭中達到高峰。兩者之間，一七九八年拿破崙征服埃及則是里程碑。拿破崙的占領雖然短暫，然而不只之於埃及，之於帝國整體亦留下長久影響。穆罕默德・阿里帕夏的崛起與統治（一八〇五年至一八四八年在位），使埃及的現代化接踵而來，戲劇性地促使整個鄂圖曼政府振作，否則就是更大的失敗。

緊接在埃及的紛擾後，一八〇四年塞爾維亞爆發起義。如同希臘與其他在巴爾幹半島的民族主義運動，來自外人的鼓吹比來自鄂圖曼臣民的要多，最終導致一八三八年塞爾維亞自治（Hanioglu 2008: 51-53）。希臘則於一八三〇年獨立，而這起事件多數是外界干預的結果，而且為未來的和解立下模型。法國也在一八三〇年占領阿爾及利亞，而且雖然需要經過數十年的血腥衝突，他們才能讓阿爾及利亞成為他們「第二帝國」的基石，但是他們已經留下毫無疑問、不可動搖的印記。

接著鄂圖曼有了喘息空間，且確實也是重大勝利，一八五三年至一八五六年在克里米亞戰爭中戰勝俄羅斯這個帝國的死對頭，《巴黎和約》（一八五六）正式承認鄂圖曼為「歐洲俱樂部」的主要列強，並且「前所未見地保證鄂圖曼國家領土的完整」（Hanioglu 2008: 82）。但在克里米亞戰爭中，鄂圖曼已經顯露對於不列顛與法蘭西的依賴，而且領土完整的保證最後也沒有執行。一八七七年至一八七八年與俄羅斯的衝突重啟，強國的利益再次決定帝國的命運；俄羅斯這次在軍事交戰中穩占上風——那場戰爭「對鄂圖曼人而言是災難」，而且《聖斯特凡諾條約》（*Treaty of San Stefano*, 1878）的協定還會痛擊鄂圖曼，但是列強不願允許俄羅斯將勢力深入巴爾幹半島，於是再次介入。無論如何，這些損失極為慘重。柏林會議（Berlin Congress, 1878.6-1878.7）簽訂的條約中，塞爾維亞、蒙特內哥羅（Montenegro）、羅馬尼亞獨立（原本組成鄂圖曼帝國摩爾達維亞與瓦拉幾亞兩省）；儘管在《聖斯特凡諾條約》中同意的領土延伸遭到拒絕，保加利亞還是獲得自治權；俄羅斯獲得南比薩拉比亞（Bessarabia）與鄂圖曼在黑海的領土卡爾斯（Kars）、巴統（Batum）、阿爾達漢（Ardahan）；奧匈獲得占領並部分治理波士尼亞與赫塞哥維納的權利；英國對賽普勒斯的權利也類此。

看在某些學者眼裡，如此的損失大大轉變帝國的性格。卡羅琳・芬克爾（Caroline Finkel）說：「十七世紀最後幾年，鄂圖曼被哈布斯堡擊敗之後，苦難於是開始。一八七七年至一八七八年的戰爭，以及終止戰爭的

《柏林條約》，又將苦難推上高峰。帝國喪失超過三分之一的領土以及許多非穆斯林的臣民。」（Finkel 2007: 486；亦見 Zürcher 1997: 85; Hanioglu 2008: 121-23）而苦難不僅止於此。一九一二年，義大利實質上取得鄂圖曼的省分的黎波里，也是最後一片仍由伊斯坦堡控制的非洲領土，鄂圖曼的宗主權因而蒙上陰影。部分由於同年爆發與塞爾維亞、保加利亞、蒙特內哥羅、希臘等這些巴爾幹國家的戰爭，迫使鄂圖曼接受這次的讓步。鄂圖曼再次蒙受軍事羞辱，列強再次介入執行和平；但是自從一八八〇年代，不列顛在威廉．格萊斯頓和自由黨的強力領導之下，斷然與鄂圖曼反目，於是鄂圖曼失去這隻大手的保護。在《倫敦條約》（*Treaty of London*, 1913）中，鄂圖曼被迫對希臘（取得克里特島）、塞爾維亞、蒙特內哥羅、保加利亞作出實質的領土讓步。阿爾巴尼亞獨立，義大利占領多德卡尼斯群島（Dodecanese Islands），鄂圖曼的歐洲駐紮就此結束，「橫跨三大洲的帝國」只剩下「一個亞洲國家」。「世紀以來，這個帝國憑藉魯米利亞與安納托利亞兩大支柱，在這之間安置帝國首都。忽然之間，安納托利亞成為新的核心地區，而阿拉伯的邊陲是帝國在核心地區以外唯一重要的延伸。」（Hanioglu 2008: 173）因此，如同某些鄂圖曼思想家在巴爾幹戰爭後所鼓吹的：為何不把首都遷移到安納托利亞的主要城市，例如科尼亞或安卡拉，甚至敘利亞北方，例如大馬士革？（Finkel 2007: 524-25; Hanioglu 2011: 200-201）從「鄂圖曼人」變成「突厥人」，像被打得落花流水一樣。

這樣的敘述，很容易讀成一個故事，描述緩慢但持續，而且冷酷無情的衰退，導致或多或少不可避免的瓦解和滅亡——這就是無數新舊論述的負擔。但是我們到了現在，對於這樣的認知應該特別謹慎，畢竟，法蘭西人於十八世紀在北美與印度喪失的領土遠比鄂圖曼在十九世紀來得更多，但這並不阻止他們建立帝國，因此到了二十世紀初期，他們已經打造世界第二大的帝國，次於不列顛。俄羅斯人也失去一個帝國，但得到另一個帝國，只是偽裝成蘇聯。「帝國的衰退」這種說詞，對個性浪漫詩意的人頗具吸引力，但不應該因此干擾我們審慎評估帝國的性格與面向。版圖減少到亞洲部分不久之後，鄂圖曼帝國確實崩潰，但大約同時，許多其他帝國也是，原因五花八門，包括共同的一次大戰。以鄂圖曼的例子，將其歷史解釋為不可避免的衰退，就如同解釋其他帝國一樣，是危險的作法。

然而，失去許多非穆斯林臣民，確實有必要重新思考帝國中的治理形式與正當性，這點當然不意謂放棄帝國。直到一次大戰，受過教育的人口心中似乎從來不曾閃過那個想法。帝國前巴爾幹的臣民擁護民族主義，而且民族主義在整個歐洲越來越強大，這點在某些程度上影響鄂圖曼後期的政治家與思想家。但是轉向以族群為基礎、成為土耳其的民族國家，這個發展的時間點，比起一般所認為的要晚。一方面來說，帝國當中仍有相當數量的希臘人、猶太人、亞美尼亞人活躍於擴張的商業與經濟，並且對蘇丹保持忠誠，或仰仗蘇丹保護；也有蘇丹的阿拉伯臣民，雖然他們為了不同程度的自治權蠢蠢欲動，但是只有非常少數有意與帝國斷絕關係。（「阿拉伯民族主義」反倒比較傾向於外國的同情者所創造的，例如「阿拉伯的勞倫斯」，而非阿拉伯當地人。）在非穆斯林相對減少的情況下，團結帝國的手段可能是伊斯蘭，我們將會看到，這張牌會適時打出，雖然不如通常描述得那樣直接；但是伊斯蘭不是民族主義，反而是相反的。若伊斯蘭將是帝國的救贖，可能的政策會是泛伊斯蘭，無論如何都不會聚焦在民族國家。

從鄂圖曼帝國走到土耳其民族國家，不是注定的，這條路徑遠為曲折痛苦，不如世人從後期土耳其民族主義者與其支持者的著作當中想得那般容易。若非凱末爾驚人的活力與能力，鄂圖曼帝國很有可能遭逢十八世紀波蘭的命運——在一九一八年後，被勝利的列強瓜分解體。

坦志麥特、鄂圖曼主義、土耳其主義

說到整個十九世紀占據鄂圖曼政治家心中的改革企圖，通常就會想到坦志麥特（一八三九—一八七六）。「坦志麥特」意謂「改革」或「重組」，是馬哈茂德二世（Mahmud II，一八〇八年至一八三九年在位）在位時期最後幾年所發起的，並由他的繼承人阿卜杜勒邁吉德一世（Abdulmecid I，一八三九年至一八六一年在位）與阿卜杜勒阿齊茲一世（Abdulaziz I，一八六一年至一八七六年在位）接續。根據慣例，主要的改革措施明文為一八三九年《花廳御詔》（*Gulhane Hatt-i Serifi*）與一八五六年《改革法令》（*Islahat Fermani*），兩者明顯建立在先前的措施之上。一八七六年的帝國憲法，是鄂圖曼史上第一部憲法，可以視為坦志麥特的延續；此外，還有其他措施促進坦志麥特的目標——集權、平等化、現代化，例如一八四〇年新的刑法和一八五〇年商業法。[35]

但是實際上每個人都同意，改革運動早在十七世紀末期戰爭失利與列強威脅漸增之後就已開始，並於正式實施坦志麥特的年代達到高峰。艾哈邁德三世（Ahmed III，一七〇三年至一七三〇年在位）統治期間，即「鬱金香時期」（Tulip era），已經明顯開放西方的影響與觀念。鄂圖曼帝國首次在歐洲主要首都設立大使館，如此一來，帝國的政治家就能接收歐洲社會各方面的訊息。另外一項重大發展是，在禁止數個世紀後，一七二七年，帝國的穆斯林終於獲准印刷，這是鄂圖曼社會革命性的啟程，也是領導出版業與普及文學文化的先鋒，儘管多數要到十九世紀才會大放異彩（Lewis 1968: 50-52, 187-94; Hanioglu 2008: 94-96）。一七九八年拿破崙征服埃及，接著穆罕默德．阿里帕夏又在那裡推動現代化，這兩件事情刺激塞利姆三世（Selim III，一七八九年至一八〇七年在位）宣布實施「新秩序」（Nizam-I Cedid），尤其是在軍事方面，並且試圖牽制外省貴族的勢力。然而，一八〇七年發生新軍血腥叛變，不久之後他本人也遭到殺害，這場改革於是告終，但是改革的訊息明確。湯瑪士．納夫（Thomas Naff）總結改革的效果與變化：「十八世紀這段期間，傳統束縛從此鬆開，舊制度打從根基動搖，改革觀念本身在鄂圖曼的圈子內取得不可抵擋的勢頭。」（1977a: 14；亦見Lewis 1968: 40-73; Zürcher 1997: 23-31; Findley 2010: 24-34）

馬哈茂德二世接續堂兄塞利姆三世留下的志業，以宮廷為基礎，逐漸累積勢力，並且重新建立中央政府對外省貴族的控制。他開始「改革大計畫，並於其中訂下主軸；後來的土耳其改革者都遵循這個主軸，無論於十九世紀，或某個程度直至二十世紀」（Lewis 1968: 80; cf. Zürcher 1997: 41）。一八二六年，他廢除新軍，此舉於鄂圖曼歷史上稱為「吉祥事變」（Vaka-I Hayriye）；他也重建塞利姆三世創立的「新秩序」軍隊，他令軍隊改戴菲斯帽（fez），不纏頭巾（turban）或其他傳統頭飾，接著下令所有政府員工比照辦理——這是非常重要的象徵舉動（Lewis 1968: 101-3; Quataert 2000: 65）。他將龐大的宗教基金納入政府控制，並將烏理瑪集中在謝赫伊斯蘭底下，也就是大穆夫提，藉此剝奪烏理瑪的獨立地位，令他們聽命政府。另外，他進行帝國首次的人口普查。馬哈茂德二世還成立「翻譯局」（Tercume Odasi），年輕的官員不僅在此學習法文讀寫與口說，這裡也是他們成為十九世紀重要政治家的起點。坦志麥特改革所頒布的《花廳御詔》，也是在馬哈茂德統治期間起草——雖然在正式宣布之前幾週他就死了。馬哈茂德二世與後繼改革者與一八七六年之後最主要的區別是，馬哈茂德二世在位期間，主要由蘇丹本人、皇宮推動改革；然而，在阿卜杜勒邁吉德一世與阿卜杜勒阿齊茲一世，則由莊嚴樸特（Sublime Porte）[18]的官員推動，主要是大維齊爾穆斯塔法・雷希德帕夏（Mustafa Reshid Pasha）、福阿德帕夏（Fuad Pasha）、阿里帕夏（Ali Pasha），皇宮方面雖然順從，但是作用不大。[36]

正因為坦志麥特實際上準備良久，所以能夠達到高度成功的效果（之前甚至不被看好）。一般將坦志麥特本身界定為一八三九年至一八七六年，然而，這樣的時間定義太短，無法締造這些成就；《花廳御詔》之後的改革浪潮之所以影響深遠，必須歸功於漫長的醞釀。至於改革的意義，「現代化」與「西化」在相當程度上代表改革的內容與方向，但是我們可以發現，如同現在多數學者認為，這些改革可以透過他們自己的方式達成，並不必然盲目模仿西方。總結許多改革者的目標，就是「*alafranga*」（*alla franca*，法蘭克或歐洲風格）這個口號；（Hanioglu 2008: 100; Findley 2010: 177）當「*alafranga*」遇上「*alaturka*」（*alla turca*，土耳其風格）不必然就是衝突，而鄂圖曼與土耳其的歷史確實顯示兩者持續互相交織。

無論如何，坦志麥特改革影響長久，土耳其共和國繼承許多改革創造的制度（cf. Zürcher 2010: 61;

⑱譯注：鄂圖曼政府的高級行政體系，蘇丹對外的宮廷，由大維齊爾領導。

Reinkowski 2011: 457）。到了十九世紀後期，帝國已經優化官僚系統，對於省分也建立適當程度的集權控制。帝國依照歐洲模式在中央政府建立定期部會與內閣體制；改革稅徵制度，廢除包稅制，取消納稅和非納稅團體的傳統區別（包括廢除非穆斯林的人頭稅 *cizye*）。此外，還引進徵兵制，實施非穆斯林與穆斯林的兵役義務——雖然在巴爾幹戰爭之前，非穆斯林都可以花錢省去這項義務（多數都會如此）。成立新的學校與學術機構，例如加拉塔薩雷高校、軍醫學校、軍校等，紛紛開始在穆斯林之間培養受過教育與西化的菁英。歐洲首都，尤其是巴黎，其經驗越來越常被重視。一八七六年的憲法，雖然實施兩年就暫停（但非廢除），卻是改革的代表，也是接下來幾年各種改革者的共識；在這些改革之中，仍然適當尊重伊斯蘭與教法，這點也是所有改革的傳統。但是任何人都注意到，改革是透過世俗的律法執行，也就是蘇丹法典，例如一八四〇年的新刑法主張法律之前所有臣民皆為平等，稱為「*ceza kanunnamesi*」。實際上，伊斯蘭法的範圍從此之後幾乎完全只限制在家庭法。（Zürcher 1997: 64; Findley 2010: 24, 94）

坦志麥特引起鄂圖曼社會傳統人士強烈的反彈，包括烏理瑪、宗教學校、外省貴族，這點並不意外。更值得注意的是，基督宗教徒也出現警戒與抗拒，尤其在巴爾幹半島持有土地的基督宗教徒，他們認為自己的地方特權受到威脅（Inalcik 1973）。由此可見，非穆斯林與穆斯林於十九世紀或更早以前，已經在帝國建立地位，而且為了維護這些地位將不惜抗爭，形勢危急時，也願意分離。坦志麥特改革的原則前所未見，內含（法國）革命意義——法律之前、政府眼中，所有鄂圖曼臣民，穆斯林與非穆斯林均為平等，這讓傳統穆斯林與基督宗教徒都出現反彈。這點衝擊帝國從前以傳統伊斯蘭教義為基礎的差異原則，如同亞歷西斯・德・托克維爾表示，平等原則轉變古代制度的法國社會，坦志麥特的目標就是以同樣方式、同樣程度轉變鄂圖曼政府與社會。

但是平等可以拯救帝國，同樣也可以威脅帝國。活躍於一八六〇與一八七〇年代的反對團體「鄂圖曼青年團」（Yeni Osmanlilar）就是如此深信。普遍認為鄂圖曼青年團是鄂圖曼知識分子之間第一個現代形式的反對團體，而且在許多方面而言，尤其他們運用文學與詩的形式，也是反對團體的典範（Mardin 1962: 4; Findley

2010: 104）。鄂圖曼青年團並不反對政府的改革意圖，相反的，他們支持改革，但是他們認為改革推行得不夠，而且坦志麥特若要推行得完整深遠，最重要的是憲法與國會。他們認為，改革需要創造共同的公民身分意識，以及對「*vatan*」（祖國）共同的忠誠。如同法蘭西人在他們革命的過程中為舊的術語賦予新的意義，例如報酬、國家；鄂圖曼青年團的文章同樣為舊的術語賦予新的意義，例如 *vatan*、*millet*、*hürriyet*，其中尤其卓越的，是他們的領袖納莫克・凱末爾（Namık Kemal）。「*vatan*」是阿拉伯文的「出生地」，成為「祖國」的同義詞，或者法文的「*patrie*」；「*millet*」是社群的舊字，獲得現代的「民族」意義（如同法文 *nation*）；「*hürriyet*」，傳統上單純意指身為自由的人而非奴隸，現在的意義是自由（*liberté*），具有完整的（法國革命）政治意義。（Deringil 1993; Zürcher 1997: 72; Findley 2010: 123-32）

鄂圖曼青年團的複雜難解之處在於，雖然改革者深深受到法國思想影響，但是他們也強調帝國伊斯蘭的傳承，並且控訴政府過度急於西化，漠視伊斯蘭的價值。有人說鄂圖曼青年團的認同意識「周旋於鄂圖曼世界主義、伊斯蘭團結、土耳其自覺之間」——而這個形態將會持續傳給數個世代的知識分子。（Findley 2010: 106）但是他們於政治領域最重要的影響，無疑就是促使鄂圖曼政府採取議會立憲制度，這項運動始於一八六五年成立的秘密社團「愛國聯盟」（Ittifak-I Hamiyet），該聯盟宣布，他們的目標是「將獨裁轉為憲政統治」（Mardin 1962: 13）。一八七六年，新的蘇丹阿卜杜勒哈米德二世（Abdulhamid II）頒布憲法，鄂圖曼青年團的成員納莫克・凱末爾等人深入參與憲法起草，立憲運動因此達到高峰。鄂圖曼青年團批評坦志麥特的政治家阿里帕夏、福阿德帕夏於知識上與政治上對歐洲百般奉承，也批評這兩人的官僚專制主義，因為他們撤除傳統上監督權威的獨立機構，例如烏理瑪，甚至是新軍（再一次的，受到托克維爾關於法國革命平衡作用的影響）。他們深信，代議制、憲政制、議會制將會慢慢灌輸公民意識並促使帝國居民效忠帝國，不論是穆斯林或非穆斯林。鄂圖曼青年團主張，這些制度也能恢復某些官僚改革者蔑視的伊斯蘭律法根本原則，包括統治者與人民之間互相羈絆的契約本質（如同伊斯蘭社群的領袖對新蘇丹表示忠誠的傳統誓詞「*baya*」）。除了「愛國是信仰的部分」，他們引用《可蘭經》的一句話呼籲諮商政府——「向他們諮詢此事」，這也是鄂圖曼青年團的期刊《自由報》（*Hürriyet*）的重要特色。（Lewis 1968: 155）[37]

阿卜杜勒哈米德二世（一八七六年至一九〇九年在位）於一八七八年暫停憲法，並且命令國會休會（四十年後才又開會）。身為不屈不撓的工作者，他重申皇宮對於樸特（政府）的權威；在位期間，他換過二十五個大維齊爾，並以個人身分控制許多部會（Fortna 2008: 50）。因為他重新強調伊斯蘭，世人一度經常描繪「哈米德時代」為專制與保守的治理，不僅退步到過去，而且是垂死前的努力，想要撐起明顯出現瓦解徵兆的帝國。一八九六年亞美尼亞大屠殺等事件震驚當時的歐洲人，就連已經退休的英國首相格萊斯頓也大聲表示「厭惡土耳其統治」。屠殺事件令阿卜杜勒哈米德二世的統治時代被標記為「返回原始的極端主義」。（Zürcher 1997: 83）

然而，現在沒有嚴肅的學者會抱持那個觀點。[38]現在變得清楚的是，哈米德時代明顯延續前人。儘管阿卜杜勒哈米德暫停憲法，在許多方面而言，他認同鄂圖曼青年團的觀點，他深信伊斯蘭的信念，而且他不信任坦志麥特的政治家，認為他們過度導向西方。[39]一八七七年至一八七八年與俄羅斯的戰爭後，帝國失去許多基督宗教的臣民，阿卜杜勒哈米德認為，目前主要為穆斯林人口的帝國，有必要援引伊斯蘭作為團結力量，因此他特別注意迄今被鄂圖曼政府相對忽視的阿拉伯地區。雖然阿拉伯民族主義此時尚稱輕微，但是不乏獨立意識強烈的阿拉伯領袖；為因應這點，阿卜杜勒哈米德伸張鄂圖曼蘇丹身為哈里發的歷史角色，即世界上所有穆斯林的精神首領。他喜歡引用穆罕默德的「*hadith*」（聖訓）：「在我之前其他的先知，僅僅被指派給他們的人民，而我被指派給所有的人類。」（Samman 2007: 136）聖城麥加與麥地那的所在——漢志，特別受到重視，尤其從麥加的哈希姆家族（Hashemite）⑲的野心這個立場來看。阿卜杜勒哈米德強調自己是聖地的保護者，也是虔誠的人的司令，他所建造的漢志鐵路是他統治期間的高峰，目的就是方便整個帝國的穆斯林實踐前往麥加朝聖的義務。漢志鐵路象徵蘇丹重視所有穆斯林的福利。[40]

但是，認為重新強調伊斯蘭就是倒轉時鐘，回到某個伊斯蘭帝國神話的黃金時期，這個想法是錯的。縱橫整個歷史，鄂圖曼人對於穆斯林的信仰，一直表現完全務實的態度，賦予特權的同時，又為了管理多元民族與多元信仰的帝國而限制伊斯蘭的影響。失去基督宗教的省分，加上阿拉伯省分的動亂，帝國轉向伊斯蘭作為團結與動員的力量，此舉相當合情合理，但這是在持續現代化的脈絡當中的伊斯蘭。塞利姆・德林基（Selim Deringil）曾經探討阿卜杜勒哈米德統治之下「伊斯蘭法的鄂圖曼化」，他將伊斯蘭的實踐標準化與正規化，成為有效的工具，以資統治整個帝國，凌駕地方習俗與解釋（Deringil 1999: 50-52）。他也談到「伊斯蘭與啟蒙」兩者都是阿卜杜勒哈米德時代學者官僚的要務，世俗改革在「宗教字彙的『繭』」當中進行。坦志麥特改革製造一個社會，其中「宗教本身可以以世俗術語表示，如同世俗可以利用宗教概念」（Deringil 1999: 14, 19, 168, 176）。為帝國服務的伊斯蘭，代表著有必要不斷「更新」，在當前的時代，如此意謂將伊斯蘭合理化與大眾化，使之相容於現代化的目標，而現代化的目標似乎是帝國生存的關鍵條件。德林基引用阿合買提・亞撒爾・奧卡克（Ahmet Ya ar Ocak）的觀點，作為「這件事情的總結」：「哈米德時期的伊斯蘭主義……完全是對古典鄂圖曼伊斯蘭的反動。就這點而言，本質上就是現代主義的運動。儘管這個時期的姿態完全反對西方，因為支持現代化，所以必須和其他土耳其歷史上現代主義的運動一起考量。」（in Deringil 1999: 66-67）柏納・路易斯同意：「阿卜杜勒哈米德在位時期，整個坦志麥特運動，包括法律、行政、教育的改革，不僅實現，而且達到高峰，這麼說一點也不誇張。」[41]

教育改革，無論是中學或高等教育，是阿卜杜勒哈米德政策的主調之一（Lewis 1968: 181-83; Deringil 1999: 93-111, 130-33; Fortna 2008: 51），但是他的成功可能最好還是從鄂圖曼的軍隊表現來評價。經過一八七〇年代的羞辱，軍隊改革再度受到嚴正重視，此時鄂圖曼轉向德意志，當時的德意志在一八七一年的普法戰爭中展

⑲ 譯注：哈希姆家族是伊斯蘭先知穆罕默德的後裔所繁衍而成的家族名稱，始祖定居於麥加。

現不容置疑的軍事本領；之後，德國陸軍元帥科爾瑪·馮·德·戈爾茨（Colmar von der Goltz）於一八八三年至一八九五年領導鄂圖曼陸軍改造。一八九七年，希臘介入克里特島，支持當地暴動；鄂圖曼陸軍痛打希臘，立刻展現改造成果。一九〇四年至一九〇五年，日本於日俄戰爭中獲勝，震驚眾人，是歐洲列強首次敗給亞洲國家；戈爾茨則透過跟隨日軍的鄂圖曼軍事觀察家研究此例。一九〇八年突厥青年團革命（Young Turk Revolution）之後，戈爾茨再次被召來協助軍事改革，他的成績之耀眼，到了一九一八年，每個主要的歐洲戰鬥部隊皆採鄂圖曼模式。「那次改造將鄂圖曼軍隊的作戰準則提升為現代軍隊的水準，並於組織上優於歐洲軍隊……一九一二年至一九一三年巴爾幹戰爭失利的原因，一定不是軍事落後。」（Findley 2010: 199-200）儘管如此，該次敗戰透露出嚴重弱點，為了解決問題，統一進步黨（Committee of Union and Progress）再次轉向德國，找上奧托·利曼·馮·桑德斯將軍（Otto Liman von Sanders）；由於戈爾茨已經奠定基礎，桑德斯得以達到顯著成果。一次大戰期間，鄂圖曼軍隊驚豔許多歐洲觀察者，尤其是一九一五年至一九一六年加利波里之戰優秀的防禦（年輕的穆斯塔法·凱末爾在此戰役贏得他的馬刺）；一九二〇年至一九二三年，在「土耳其獨立戰爭」（Turkish War of Independence）中，鄂圖曼軍隊更令他們錯愕。在穆斯塔法·凱末爾的指揮之下，鄂圖曼軍隊擊退希臘、不列顛、法蘭西聯軍——而且抵擋亞美尼亞與俄羅斯，拯救安納托利亞，建立新的土耳其共和國。（Zürcher 1997: 138-70; Findley 2010: 245; Hanioglu 2011: 33-43）

帝國的最後一口氣給了新的土耳其民族國家，但這不是一九〇八年突厥青年團革命希望的結果，儘管新的國家小心建立並宣傳那樣的神話。一九二三年共和國宣布成立後，新的國家在穆斯塔法·凱末爾的統治之下，將突厥青年團描繪成為新政權鋪路的土耳其民族主義者——這麼說完全不是真的。一九〇八年至一九一八年，這整個期間斷續監督政策的統一進步黨，在動亂的這些年經歷多次方向的改變；但是，就像他們之前的鄂圖曼青年團，他們是要來拯救帝國的，而非為了土耳其民族主義前來終結帝國。

所有重要事件與人物都顯示這點。時間回到一八八九年五月，法國革命一百週年，地點是傳統認為突厥青年團的發祥地——伊斯坦堡軍醫學院。四名在此集會的醫學院學生，沒有一個族群上屬於突厥人。易卜拉欣·特莫（Ibrahim Temo）是阿爾巴尼亞人；梅莫德·雷西德（Memed Reshid）是高加索人；阿卜杜拉·傑夫德特（Abdullah Cevdet）和艾薩克·薩庫地（Ishak Sukuti）是庫德人（Lewis 1968: 197; Zürcher 2010: 99）。他們的英雄，就和許多突厥青年團成員一樣，是鄂圖曼的思想家納莫克·凱末爾（穆斯塔法·凱末爾就是取他的中間名）和齊亞·帕夏（Ziya Pasha）；齊亞·帕夏的著作在阿卜杜勒哈米德統治期間是禁書。（Lewis 1968: 195-97; Hanioglu 2011: 23）他們聚在一起的原因，正是對於分離主義的憂慮——歐洲列強正在非穆斯林的多個社群之間鼓吹分離主義（Hanioglu 2008: 145; Findley 2010: 161），因此他們取名為「鄂圖曼統一協會」（Ittihad-I Osmanli Cemiyeti）。他們透過位於加拉塔的法國郵政與流亡巴黎的鄂圖曼自由派聯絡，這個團體的領袖是黎巴嫩的馬龍教徒（Maronite，基督宗教分支），也是前鄂圖曼國會議員哈利勒·戈奈姆（Khalil Ghanim）。在巴黎創立期刊《土耳其青年》（*La Jeune Turquie*）的正是戈奈姆，他無疑是想起一八六〇年代鄂圖曼青年團的流亡者（Lewis 1968: 197）。這個團體在巴黎自稱「突厥青年」（Jeunes Turcs），而且雖然突厥青年（Jön Türk）比起「鄂圖曼青年」更接近字面翻譯，但是「鄂圖曼青年」也來自同樣的法文術語，兩個名稱的合成進一步代表堅決拒絕區別鄂圖曼與突厥。

與鄂圖曼青年團的連結隨著鄂圖曼主義者暨知識分子艾哈邁德·里扎（Ahmet Riza）早年的影響而持續。里扎是巴黎統一進步黨（Ittihat ve Terakki Cemiyeti）的創辦人之一，這個名稱改編自孔德（Comtean）的口號「秩序與進步」，而孔德和他的弟子涂爾幹（Durkheim）對突厥青年團影響深遠。就是在這樣的影響之下，伊斯坦堡年輕的激進分子決定把「鄂圖曼統一協會」，改為巴黎那個團體的名稱「統一進步黨」。開始發行雙週刊《諮商》（*Mesveret*）的人是艾哈邁德·里扎（Ahmet Riza），而這個雙週刊的名稱啟發鄂圖曼青年團引用《可蘭經》主張諮商政府，同時該週刊還以孔德的「秩序與進步」為副標（Lewis 1968: 198; Zürcher 1997: 91; Fortna 2008: 59）。除此之外，突厥青年團黨人之間一致的要求，便是恢復一八七六年的憲法，並且重新召開國會，因此他們與一八六〇、一八七〇年代鄂圖曼青年團的連結就不可能被忽視（卻不表示沒有經常被忽視）。

來自薩洛尼卡和莫納斯提爾（Monastir）的年輕軍官，例如恩維爾．帕夏（Enver Pasha）和傑馬爾．帕夏（Cemal Pasha），為突厥青年團黨注入軍事力量，他們同樣投入拯救帝國，而非瓦解帝國。他們擔心的是自家省分馬其頓的分離主義運動，並感覺阿卜杜勒哈米德的政府太軟弱，無法解決此事以及其他對於帝國統一的威脅。引發一九〇八年突厥青年團革命的確實就是發生在馬其頓的暴動，同年見證奧地利併吞波士尼亞與赫塞哥維納、保加利亞併吞東魯米利亞、保加利亞宣布獨立、希臘吸收克里特島。統一進步黨的領袖宣布：「馬其頓獨立，意謂喪失半個鄂圖曼帝國，因此意謂帝國完全湮滅……沒有馬其頓居中，自然會喪失阿爾巴尼亞。既然我們的疆界必須撤退到伊斯坦堡大門，首都便不再留在伊斯坦堡。把我們的首都從歐洲搬到亞洲，將會把我們從歐洲列強中除名，並將我們轉為亞洲第二或第三等級的國家。如果，老天保佑，我們失去魯米利亞，那麼……鄂圖曼的統治權將會縮減為伊朗的程度。」（in Hanioglu 2011: 200；亦見 Zürcher 2010: 31）

少有宣言如此準確地預知未來，但是突厥青年團用盡方法阻止宣言實現。既然他們多數來自巴爾幹省分，事實上他們是在為他們認定的家園奮戰（Zürcher 2010: 95-109, 118-19），他們深信唯有重啟國會，才能在這個危急時刻帶來拯救帝國的代議力量。一九〇八年憲法恢復後，立刻舉行新的國會選舉，阿卜杜勒哈米德又苟延殘喘一段時間，但據說一九〇九年他自己發動反政變，導致他被罷黜且流亡。（Finkel 2007: 516-17; Aksin 2007: 57-64; Zürcher 2010: 73-83）

如果考量那個世紀前二十年突厥青年團之間廣為辯論的其他意識形態，馬上就會看出土耳其民族國家不是他們的選項。[42]一九〇四年，早期全家移民到伊斯坦堡的韃靼作家優素福．阿克楚拉（Yusuf Akcura），在突厥青年團流亡者的報紙《突厥人》（*Turk*）上發表一篇很長且備受討論的文章，題名為〈三種政策〉（Three Types of Policy）（Lewis 1968: 326; Zürcher 1997: 134），文中他比較鄂圖曼主義、伊斯蘭主義、突厥主義（Turkism）三者相對的優點。他懷疑鄂圖曼主義的目標，覺得帝國的元素太多元而無法實現；他也覺得面對西方殖民強權的反對，阿卜杜勒哈米德和顧問在不同時期主張的泛伊斯蘭主義是不可能的事；因此他提倡突厥主義，但是當時他的意思不是一九二三年後世人理解的土耳其民族主義。對阿克楚拉而言，突厥主義是泛突厥主義，或「泛都蘭主義」（Pan-Turanianism），即聯合所有突厥民族，包括高加索、中亞、安納托利亞的突厥人。泛都蘭主義完全不像土耳其民族主義偏袒安納托利亞的突厥人，而是延伸到所有宣稱共同的突厥文明，帝國內外皆同。泛都蘭主義追求恩維爾・帕夏的夢想，長期以來他都是突厥青年團黨的要角，而且一九二二年在中亞對抗蘇聯軍隊的時候奉獻生命。（Lewis 1968: 351; Zürcher 1997: 124）

就連突厥青年團中最熱中於民族主義的思想家，也就是對穆斯塔法・凱末爾影響深遠的社會主義學者齊亞・格卡爾普，也不倡導純粹族群的土耳其民族主義。格卡爾普是法國社會學家涂爾幹的追隨者，也是德意志社會學家斐迪南・滕尼斯（Ferdinand Tönnies）的學生，他針對「文化」與「文明」做出重大區分，許多方面類似滕尼斯區分「*Gemeinschaft*」與「*Gesellschaft*」。一是民族的，另一是民族之間的，所有社會都共享兩者。格卡爾普所謂的「突厥主義」，是一般人的語言與大眾文化，代表突厥人的民族文化，同時相對「外來」的鄂圖曼語言與文化；但是突厥人也汲取伊斯蘭民族之間的文明，如同歐洲民族汲取基督宗教民族之間的文明。「我們民族的理想將是突厥屬性；我們民族之間的理想將是伊斯蘭。」（Gökalp 1959: 103）格卡爾普不像穆斯塔法・凱末爾，他從未否認伊斯蘭是突厥屬性中的重要部分，但是他確實主張，如果伊斯蘭要扮演民族文化當中的角色，就必須拋棄本身向外的、「教會的」（*ümmet*）面向，承擔私有宗教的性格，如同為民族服務的基督教已經成為許多北歐民族私有的宗教。那樣就會為土耳其開路，參與科學與工業的國際新文明，而且這個文明已經漸漸取代公共生活與社會的基督宗教。因此現代土耳其民族歸屬的三個面向——突厥主義、伊斯蘭、西方現代——就會調和。（Gökalp 1959: 71-76）[43]

格卡爾普本人也支持後來出現的土耳其民族主義。「直到安納托利亞的革命（一九二〇—一九二三）之前，我們的國名、我們的民族，甚至我們的語言，都是『鄂圖曼』。沒人敢用『土耳其』表示，沒有人能夠宣稱自己是『突厥人』。」（Gökalp 1959: 305）只要看看這個主張修辭上的誇張，就能明白根本的重點。整個「第二憲政時期」（一九〇八—一九一八），全體統治思維與政策是為了鄂圖曼帝國，不是民族的土耳其國家。「巴爾幹災難」（突厥人眼中一九一二年至一九一三年的巴爾幹戰爭）以及帝國縮減成「亞洲國家」之後，確實有些統一進步黨的成員，其中包括穆斯塔法・凱末爾，開始設想新的土耳其國家，並以安納托利亞為中心；而且真的就在一九一三年，鄂圖曼帝國整個歷史首次由土耳其人占據多數。（Zürcher 2010: 120; Hanioglu 2011: 37-38）但是這個仍是明顯少數的觀點，多數統一進步黨的領袖並不認同；只有到了一次大戰更進一步的戰敗災難，以及不只整個鄂圖曼帝國，任何可能繼承帝國的國家都受到瓦解的威脅，土耳其民族主義才會站上前線，作為唯一可能解決危機的方法。儘管如此，那是帝國面對阻礙的措施，就連一九二〇年一月鄂圖曼末代國會的「國民公約」（Misak-I Milli）指涉的也是「由鄂圖曼穆斯林多數居住」的領土，而非「土耳其人」多數。從這一點來看，國民公約依然企圖收復阿拉伯省分，要求那裡舉辦公民投票；對於西方的色雷斯，以及黑海省分的卡爾斯、阿爾達漢、巴統（一八七八年割讓給俄羅斯）亦同。因此，即使到了如此末期，還是有許多人不願將帝國付諸歷史。（cf. Aksin 2007: 146）

只要伊斯蘭——以「鄂圖曼穆斯林」的形式——仍是統一進步黨與後繼的目標與要求，嚴格意義的土耳其民族主義就不可能實現。一九一四年，鄂圖曼政府正式宣布為戰爭付出的努力是「奮鬥」（*jihad*）[20]，而且整個戰爭期間，鄂圖曼的政治宣傳都把對象指向全世界的穆斯林，呼籲他們與鄂圖曼的蘇丹—哈里發聯盟（這個主張特別困擾不列顛，因為他們在印度有上萬名穆斯林臣民）。一九一八年至一九二〇年，在帝國到處興起「維護民族權利」的組織當中，格卡爾普的公式——土耳其文化與伊斯蘭文明——出現各種面貌；而且就連在「獨立戰爭」（一九二〇—一九二三）中，穆斯塔法・凱末爾和其他人也利用伊斯蘭作為動員安納托利亞農民的工具。

如果我們希望，我們可以提到「宗教的民族主義」（Zürcher 2010: 278），如同其他案例（波蘭民族主義利用天主教）——只要記得其中可能的矛盾。伊斯蘭永遠傳遞著跨越民族的訊息，而且正是普世的；即使為了實用目的，伊斯蘭可能會被限制於鄂圖曼帝國的穆斯林臣民，但再怎麼樣，不會只包括突厥人，還會包括其他穆斯林團體，例如庫德人（「突厥人和庫德人」，作為一個共同社群，確實是我們常在抵抗運動中遇到的宣言。）[44]

確實就是在獨立戰爭（但不是在之前，也不是沒有爭議）中，首次出現某種像樣的土耳其民族主義。一九二〇年四月，「土耳其大國民議會」（Turkiye Buyuk Millet Meclisi）在安卡拉成立。歐洲人長期使用、但直到最近才被少數鄂圖曼人使用的術語「土耳其」，首次獲得正式地位；同時，鄂圖曼王朝與鄂圖曼國家首次正式被推翻。（Kayali 2008: 129; Zürcher 2010: 143）這是歷史性的時刻，而且是歷史性的轉折點。此舉宣布新國家誕生——一個民族的國家，宣稱建立在安納托利亞突厥人的「歷史文化」，一個根源回溯到「外來」的宗教伊斯蘭引進之前，非常遙遠的過去。

從此之後，穆斯塔法．凱末爾持續反對伊斯蘭，目標是盡可能將伊斯蘭從他一九二〇年代後半與一九三〇年代所建立的，世俗、科學、徹底西化的共和國當中連根拔起。伊斯蘭被指為「阿拉伯的宗教」，不只是「鄂圖曼的穆斯林」，格卡爾普的突厥—穆斯林合成論也被排斥；「突厥人與庫德人」的連用消失在正式公告，而庫德族的叛亂，一九二五年尤其知名，也遭到極大的暴力鎮壓。一九二四年廢除哈里發，新的國家內部因而引起沉痛的爭論，土耳其之外上百萬的穆斯林也憂心忡忡。宗教學校（*medreses*）、修道院（*tekkes*）紛紛遭到關閉，就連《可蘭經》也土耳其化，翻譯成土耳其文，加上土耳其文的評點。穆斯塔法．凱末爾知道，面對龐大的鄉村人口集結而成的宗教信仰力量，這方面他必須謹慎以對；一九二四年的憲法依然明訂伊斯蘭是國教，直到一九二八年，他才有足夠的信心廢除這項條款。穆斯塔法．凱末爾當時似乎覺得——某個程度呼應格卡爾普

⑳ 譯注：「*jihad*」出自阿拉伯文「做出一切努力」或「竭力奮鬥」之意，在伊斯蘭的脈絡之中有多層意義。

——土耳其可以實施某種類似基督教的宗教改革，因此不僅把宗教變成私事，並且如他所認為的，像基督教國家那樣，準備將之全面世俗化。（Hanioglu 2011: 131-59；亦見 Deringil 1993: 176-81）

否定伊斯蘭、否定鄂圖曼主義，兩者是一回事；定義土耳其民族主義是另一回事，而接下來幾年證明後者困難多了。一九二〇年代初期，當突厥人努力抵擋希臘、不列顛、法蘭西的要求，而且蘇聯的協助變得不可避免的時候，土耳其國家主義大聲表示自己反帝國主義、反西方。穆斯塔法．凱末爾甚至勾搭蘇聯新的布爾什維克領袖，宣稱支持「穆斯林共產主義」（Hanioglu 2011: 86-109）。雖然這件事情曇花一現，卻頗具啟示，透露出土耳其民族主義原本千變萬化的本質，以及建立明確資格的困難。企圖定義土耳其屬性的時候，穆斯塔法．凱末爾（一九三四年後，又稱「阿塔圖克」〔Atatürk〕，即突厥人之父）和支持者訴諸強大但多元程度令人糊塗的歷史、人類學、宗教概念，再塞滿突厥人是人類文明創造者、土耳其語是所有文明語言的原始來源等思想。許多這類的知識包袱在阿塔圖克於一九三八年死後都被丟棄，可見這些包袱不僅缺乏說服力，事實上也沒有深入普羅大眾的心中。但是阿塔圖克個人孜孜不倦、百般用心地追尋，表示新共和國的建立者多麼渴望宣揚新的民族身分，多麼急於為此身分提供足夠的學術基礎。

土耳其民族主義必須符合阿塔圖克堅持的歐洲西化模型，這點才是更大的問題；阿塔圖克認定自己是鄂圖曼後期極端的西化者。突厥青年團的作家阿卜杜拉．傑夫德特於一九一一年表示：「沒有第二個文明；文明意謂歐洲文明。」（Lewis 1968: 236, 267）阿塔圖克不僅相信這個主張，甚至試圖展示土耳其文化是歐洲文明的源頭；在西化的過程中，土耳其人只是回到他們原本的道路，而那條道路受到伊斯蘭外來的影響才會偏離（Hanioglu 2011: 201-4; Lewis 1968: 358-60）。但是這個主張遇到同樣重要的土耳其文化中亞根源之說，又顯得尷尬；中亞根源之說必須主張，過去五個世紀構成土耳其核心地區的是安納托利亞，而非魯米利亞，而且甚至在更久之前，早在突厥人於新石器時代從中亞遷移到安納托利亞就是如此，但這個說法與所有鄂圖曼傳統相反，包括突厥青年團自己的主張（Hanioglu 2011: 165-66）；展現古代安納托利亞西臺文明當中的突厥文化，這個企圖反而令情況更加矛盾。阿塔圖克希望達到土耳其社會與文化徹底的歐洲化——以拉丁文字取代阿拉伯—波斯文字、以基督宗教的格里曆取代穆斯林的日曆、提倡歐洲服裝與禮儀、西式文學與藝術——這些全都令土耳其民族主義更加虛偽：外表看來崇尚西方，時而又堅持自己獨特的東方與亞洲根源。

民族主義的意識形態五花八門，他們的矛盾並不妨礙群眾熱情地接受他們——事實上反而相反。對土耳其民族主義而言，以凱末爾主義的形式發展所遇到的問題，似乎比較是難以突破相對狹小的都會圈與受過教育的人士，不足以深入社會主體。這是知識分子、政府官員、軍隊將領的民族主義，而非鄉村城鎮，尤其是尋常百姓的民族主義；結果就是失去平衡與裂縫無所不在的土耳其社會。一九五〇年後開放多黨政治，不斷發生軍人干政，頻率幾乎是每十年一次——一九六〇年、一九七一年、一九八〇年、一九九七年。自稱凱末爾遺產守護者的軍方設法保衛世俗、單一的國家，這個國家代表他們心中現代的土耳其民族。宗教是一個威脅，要求自治，甚至獨立的庫德少數族群是另一個；兩者近幾十年都再次興起，尤其在正義與發展黨（Justice and Development Party）的雷傑甫・塔伊甫・艾爾多安（Recep Tayyip Erdo an）執政時期。由此可見，阿塔圖克並未完整實現自己的願景。[45]

小結

帝國崩潰是一回事，從斷垣殘壁生出了什麼又是另一回事，一件事的原因並不必然造成另一件事。一次大戰的戰火之中，鄂圖曼、哈布斯堡、霍亨索倫、羅曼諾夫等王朝的陸地帝國全都崩潰，繼承者形成的原因各有千秋：戰勝國的利益與理想（經常互相衝突）；戰敗的帝國內部互相競爭的社會與意識形態；領導人的魅力、機智、能力。運氣和巧合，以及思想，都是重要因素，尤其美國總統威爾遜在他主張的十四點原則中大聲疾呼民族自決，但那也只是整體其中的一個因素。只要各種因素以不同方式融合，就會造成不同結果。

哈布斯堡帝國分出小國奧地利，但不久就被另一個帝國吸收——更強大的鄰居，也就是德意志第三帝國。霍亨索倫的王國變成威瑪共和，短暫持續十年左右就臣服於同一個德意志帝國（本身也相對短暫）。布爾什維克黨人保證，所有戰敗的帝國中，只有羅曼諾夫俄羅斯帝國會生成另一個帝國，也就是蘇聯。

土耳其共和國從鄂圖曼帝國當中生成，並沒有不可避免或合乎邏輯的理由。那個名字「土耳其」，如我們所見，直到一九二〇年代才第一次使用。協約國提出苛刻的《色佛爾條約》（*Treaty of Sèvres*, 1920），要求土耳其縮減領土，範圍不得超過伊斯坦堡與安納托利亞中部，而且可能落入不列顛的監督，類似國際聯盟授權不列顛託管的國家；唯有憑著穆斯塔法·凱末爾領導的堅決抵抗，才有可能成立更有能力的國家。土耳其採取的形式，是以西方現代化為圖像的世俗民族主義國家，這個國家的誕生本身就是各種勢力在極不可能的情況下匯聚出的結果——其中，鎮壓伊斯蘭，現在回想起來，是最不可能成功的。

新的國家另一項驚人特色，是完全否決鄂圖曼帝國與鄂圖曼的過去，而且就像伊斯蘭，帝國可能回來糾纏新的國家。本書討論的所有帝國，鄂圖曼是最「帝國的」，意思是最接近帝國的各種原則。鄂圖曼帝國比起任何其他帝國，更加實踐差異與多元的原則，同時努力維持一種交集的身分作為普世文明，而種族、族群、民族是他們極為討厭的咒語。宗教是重要的，確實也是他們部分的使命，但程度不至於破壞他們對其他宗教社群的承諾。如我們所見，說容忍是誤導，因為容忍預設著接受異於鄂圖曼的思考方式；鄂圖曼人展現的，反而是能夠說明帝國存活六百年的實用主義與現實主義，直到各方國際勢力忽然紛紛轉為對抗鄂圖曼帝國，他們的生存才受到威脅。帝國是否必須消失，帝國是否終究不屬現代世界？如同許多其他帝國的情況，永遠都是未決的問題。至少能夠這麼說，在其顛峰時期，鄂圖曼帝國提供世界一個了不起的模範，展現出在一個超越民族的政權庇護之下，不同社群能夠如何共存。從這個面向看來，土耳其共和國取代鄂圖曼帝國可謂損失——雖然不能光是歸咎於突厥人。

Chapter Four

哈布斯堡帝國

在其他國家，王朝是某個民族歷史中的數段事件；在哈布斯堡帝國，民族把某個王朝歷史變得更複雜。

——A．J．P．泰勒（A. J. P. Taylor, [1948] 1990: 12）

哈布斯堡的歷史，從普遍或特殊的觀點來看，都不只是國家的歷史，而是歐洲的歷史。從家族最初發跡開始，就被賦予化解東西南北緊張關係的任務。

——亞當．汪德魯斯卡（Adam Wandruszka, 1964: 183）

陛下現在能夠消滅奧地利的君主國，或重建之。但是這些國家必須聚在一起。為了文明世界之未來安康，此乃不可或缺。

——塔列朗伯爵（Count Talleyrand）致拿破崙．波拿巴，
一八〇五年奧地利於奧斯特里茲戰敗後（Ingrao 1994: 237）

回顧哈布斯堡帝國

本書討論的所有帝國當中，哈布斯堡是最曲折詭譎、變化不定的。我們也將看到，就連如何精確稱呼這個帝國、命名這個帝國也會遭遇問題。但是同時，如果允許這麼形容帝國的話，這個帝國也是最「可愛」的。所有帝國消逝之後都會引發某個程度的懷念，而在哈布斯堡的情況，簡直到了相思成災的地步。部分原因是，帝國陷落後，奧地利持續數十年的悲傷命運，先是被強大的德意志納粹帝國併吞，然後因為納粹的惡行與瓦解吃足苦頭，更可能還由於十九世紀末與二十世紀初，帝國在遲暮之年出現迴光返照。

二十世紀知識與藝術的陣容多數在哈布斯堡偉大的城市形成，諸如維也納、布拉格、布達佩斯。只要說出那些赫赫有名的人物就能道盡一切：哲學界——恩斯特・馬赫（Ernst Mach）、路德維希・維根斯坦（Ludwig Wittgenstein）、卡爾・波普爾（Karl Popper）、摩里茲・石里克（Moritz Schlick）與維也納學派（Vienna Circle）的成員；心理學界——約瑟夫・布羅伊爾（Josef Breuer）、西格蒙德・佛洛伊德（Sigmund Freud）、阿爾弗雷德・阿德勒（Alfred Adler）、威廉・賴希（Wilhelm Reich）；人類學與社會學界——布朗尼斯勞・馬凌諾斯基（Bronis aw Malinowski）、保羅・拉扎斯菲爾德（Paul Lazarsfeld）、瑪麗・雅霍達（Marie Jahoda）；經濟學界——約瑟夫・熊彼得（Joseph Schumpeter）、路德維希・馮・米塞斯（Ludwig von Mises）、弗里德里希・海耶克（Friedrich von Hayek），以及經濟學的「奧地利學派」；建築界——奧托・華格納（Otto Wagner）和阿道夫・路斯（Adolf Loos）；文學界——卡爾・克勞斯（Karl Kraus）、亞瑟・史尼茲勒（Arthur Schnitzler）、胡戈・馮・霍夫曼史塔（Hugo von Hofmannsthal）、史蒂芬・褚威格（Stefan Zweig）、約瑟夫・羅特（Joseph Roth）、羅伯特・穆齊爾（Robert Musil）、法蘭茲・卡夫卡（Franz Kafka）；音樂界——安東・布魯克納（Anton Bruckner）、古斯塔夫・馬勒（Gustav Mahler）、胡戈・沃爾夫（Hugo Wolf），以及「第二維也納樂派」（Second Viennese School）的阿諾・荀白克（Arnold Schonberg）、奧本·伯格（Alban Berg）、安東·魏本（Anton von Webern）；繪畫界——古斯塔夫·克林姆（Gustav Klimt）、埃貢·席勒（Egon Schiele）、奧斯卡·柯克西卡（Oskar Kokoschka）。實際看看我們的時代，任何領域的思想與藝術，一定會發現都活在哈布斯堡最後幾年那驚人的創意世代。相較之下，那個年代與帝國結束後只是外省地位的奧地利，只是加深失去「金色的秋天」那種傷感。[1]

另有其他人令我們立刻想起那段暗黑歲月：奧地利出生的希特勒，在城市猖獗的反猶主義中找到許多思想材料，並從種族主義的維也納政治家格爾哥·馮·熊那赫（Georg von Schonerer）以及他的德意志民族主義運動學到殘忍的政治學；面對這一切，維也納的記者西奧多·赫茨爾（Theodor Herzl）感到自己不得不選擇猶太復國主義之路。哈布斯堡的遲暮之年不盡是甜美耀眼，就連容許沉浸在憂傷之中的時候也不是，然而正是因為民族與思想互相激盪與碰撞，以及交會之際的猛烈，於是發展蓬勃的創造力。帝國末日從來不是輕鬆的時光，這段時間奧地利頻傳的自殺事件就是壓力的證詞；但是，反而如同演化在某些物種終結之時出現的作用，有時候，正是在滅絕的序曲響起，某個文化便會綻放出最燦爛豔麗的花朵。哈布斯堡帝國是否注定滅絕，至少這件事情發生的時候，自然是個爭執不休的議題，但不容否認的是，十九世紀末期的帝國氛圍，存在某種程度的迫切、憂慮，甚至絕望的感覺；這是整個西歐十九世紀末普遍的心情，但在奧地利似乎特別清晰，尤其是在維也納。瑪麗·埃布納—埃申巴赫（Marie Ebner-Eschenbach）在一八九九年寫道：「人們必須為逼近眼前的世界大戰準備。為了將對方狼吞虎嚥，他們必須磨利齒尖。」（in Spiel 1987: 97）

我們將會回來討論哈布斯堡帝國的晚期，但是首先，我們必須思考該帝國的主要特徵，尤其這個帝國打從十六世紀就開始演化。這裡我們馬上遇到王朝最分明的性質，也就是幅員廣闊、遍布歐洲的性格。哈布斯堡一度統治一群令人費解、完全不同的領土，從大西洋延伸到喀爾巴阡山脈之外，從北海至地中海與亞得里亞海。哈布斯堡帝國統治西班牙、義大利、勃艮第、尼德蘭、奧地利、波西米亞、匈牙利、克羅埃西亞，以及部分德國；葡萄牙一度也被西班牙併吞。某個程度上，哈布斯堡人是神聖羅馬帝國世襲的皇帝，對於德意志與某些非德意志國家的影響雖然分散，卻也真實。哈布斯堡得到部分波蘭，後來他們又從走下坡的鄂圖曼帝國得到更多巴爾幹的土地，這還不考慮十六世紀哈布斯堡帝國征服新世界所取得的大筆土地，以及非洲與亞洲的屬地。沒有其他歐洲王朝曾經結合如此大規模的陸地與海外土地。

當然，這會導致某種錯誤的統一印象。哈布斯堡或許統治這些土地，卻沒有當作單一統一的實體統治。最重要的是，區分西班牙與奧地利哈布斯堡的這個區別，只在一七〇〇年最後一位西班牙哈布斯堡家族成員去世後才失去意義。在這一章，我們主要只會討論奧地利哈布斯堡，但正確來說，我們應該先從較古老的支系，也就是西班牙哈布斯堡談起——世界偉大帝國的統治者。

哈布斯堡西班牙與西班牙帝國

見識卓越、博覽五車的卡拉布里亞（Calabrian）托缽僧托馬索・康帕內拉（Tommaso Campanella）於一六〇七年寫道：「容納諸國，海涵世界的西班牙君主國，是彌賽亞的君主國，因此以宇宙繼承者的姿態現身。」（in Pagden 1990: 50）康帕內拉知名的著作《太陽城》（*City of the Sun*）描述一個烏托邦，傳達西班牙預言末日與太平盛世的角色。如同安東尼・帕格登所示，這個觀點在十六、十七世紀的西班牙帝國蔚為風潮，之後甚至也是。與康帕內拉同一年代的皮埃蒙特（Piedmont）學者喬萬尼・博泰羅（Giovanni Botero）認為，西班牙帝國「勝過有史以來的所有帝國」。只有這個帝國包含如此遼闊的地區，而且容納「這麼多種語言、習慣、宗教與其他性質相異的民族」（in Pagden 1990: 55）；這樣的觀點並不限於西班牙的臣民如康帕內拉與博泰羅。法國貴族布蘭登勳爵皮埃・德・伯迪爾（Pierre de Bourdeille, lord of Brantome）曾於西班牙軍隊服役，一六〇〇年，他寫下對西班牙人的崇拜：

他們征服了東方與西方的印度群島，即整個新世界。他們把我們打得落花流水，趕出那不勒斯和米蘭。他們前進法蘭德斯，到達法蘭西本土，拿走我們的城鎮，在戰爭中擊敗我們。他們擊敗德意志人，凱撒之後，羅馬沒有皇帝做得到。他們越過海洋取得非洲。靠著要塞、岩石、城堡裡的小群人，他們賦予義大利與法蘭德斯的統治者法律。（in Kamen 2003: 487）

亨利・凱曼（Henry Kamen）在他西班牙帝國的綜論中費盡心力強調，西班牙並非光憑自己即成就這番驚人的豐功偉業——差得遠！西班牙依賴各方面的貢獻，包括人力、金錢、物資、技術知識；來自義大利人、法蘭德斯人、德意志人、葡萄牙人，甚至是法蘭西人與英格蘭人。馬德里可能是帝國的首都，至少從腓力二世的時代開始；卡斯提爾人（Castilians）是「承擔國家的民族」，而卡斯提爾語是帝國的語言，正因如此，我們稱呼這一切為「西班牙帝國」，普遍允許卡斯提爾代表西班牙。但是，就像多數帝國，西班牙帝國是多民族的，不只因其涵蓋廣袤的人口，還

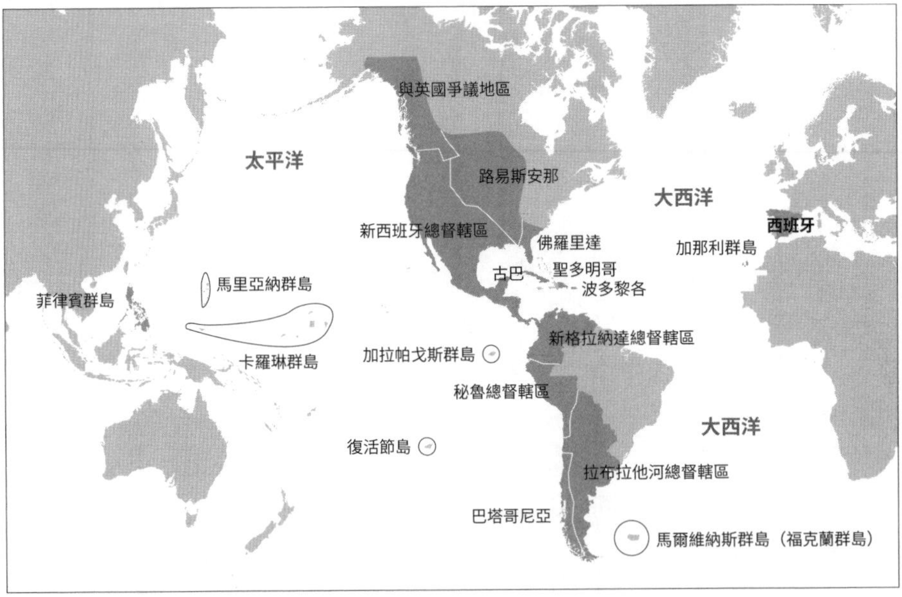

西班牙帝國全盛時期疆域，一七九〇年。

因西班牙帝國的統治菁英與許多重要人物。帝國深深依賴多位領袖，例如帕爾瑪（Parma）公爵亞歷山德羅．法爾內塞（Allesandro Farnese）是一位優秀的指揮官，後來成為尼德蘭總督；熱那亞人斯皮諾拉（Spinola）侯爵安布羅西奧（Ambrogio）原本是銀行家，後來成為西班牙對荷蘭的戰場上最成功的將軍；來自法蘭琪—康堤（Franche-Comte），後來成為樞機的安托萬．皮埃努．德．格蘭維爾（Antoine Perrenot de Granvelle）是接連幾位哈布斯堡繼承人的顧問，也曾任那不勒斯總督。我們也知道，雖然海上飄揚的是西班牙國旗，哥倫布是熱那亞人，麥哲倫是葡萄牙人，就連打造西班牙帝國的查理五世，也是法蘭德斯人多於西班牙人，而且學習卡斯提爾語作為第二語言（他的第一語言永遠是法語）。凱曼說：「事實是，西班牙是個貧乏的國家，能夠躍昇帝國的地位，是因為每逢轉角，就有相關人士提供資本、專業、人力等幫助。」（Kamen 2003: 489；亦見 2005: 244-47; Braudel 1975, 1:208-14）

但是「西班牙帝國」這個詞是爭議的，無論「西班牙」或「帝國」都是。這時候的「西班牙」是什麼？多於十九世紀梅特涅（Metternich）眼中義大利的「地理意義」嗎？與摩爾人的鬥爭，當然號召出許多西班牙人，而且帶來某種團結意識。自從一四九二年格拉納達（Granada）戰爭勝利，所有為西班牙君王出征的民族，都被告誡若聽到「聖雅各，西班牙！」❶的呼喊就要上戰場（Kamen 2003: 332）。雖然中世紀伊斯邦尼亞（Hispania）的概念與西班牙的關聯偏重地理實體，但隨著伊比利半島的居民與外在世界接觸，他們也開始發展某種共同性的意識，有別於法蘭西人或英格蘭人。當時西班牙沒有那麼多省分，人文主義者回顧羅馬時期的伊斯邦尼亞，只分成近伊斯邦尼亞（Hispania Citerior）和遠伊斯邦尼亞（Hispania Ulterior），於是他們又在著作中強調這個共同性。根據這段歷史，有人因此希望能重新統一西班牙。（Elliott 1970: 19）

此外，卡斯提爾的重要性無庸置疑，而且卡斯提爾的崛起可以比喻整個西班牙。卡斯提爾王國於

❶譯注：聖雅各是耶穌十二門徒之一，是西班牙、士兵、朝聖者、騎手的主保聖人。

十五、十六世紀取得格拉納達，之後占領大約三分之二的伊比利半島，人口更是高達四分之三（其他是亞拉岡王國〔Crown of Aragon〕、納瓦拉〔Navarre〕與葡萄牙王國）。以加泰隆尼亞和大商港巴塞隆納為中心的亞拉岡在十四世紀繁榮昌盛，但在十五世紀，命運卻隨著加泰隆尼亞的光環消失而急轉直下；囂張的黑死病蹂躪加泰隆尼亞，影響範圍遠多於西班牙其他地方。那段期間，卡斯提爾利用熱那亞的金融家與商人，反而擴張羊毛貿易，並且透過建立南方的塞維亞（Seville）和北方的坎塔布里亞（Cantabrian）兩座港口，強化與北方民族的海上連結。（Braudel 1975, 1:343-44, 500-508）

卡斯提爾的伊莎貝拉（Isabella of Castile）和亞拉岡的斐迪南（Ferdinand of Aragon）於一四六九年結婚，兩個王國也在一四七九年合併，到了這個時候，卡斯提爾顯然是個地位較高的配偶，且從此之後，十六世紀的卡斯提爾編年史家與歷史學家在他們的著作中，便傾向將卡斯提爾與卡斯提爾人當作西班牙與西班牙帝國的創造者（Kamen 2003: 333-35）。如同後來的「英格蘭」與「不列顛」，「卡斯提爾」與「西班牙」之間自然發生省略與等同，至少卡斯提爾人和許多外地人占了數量優勢。卡斯提爾人帶頭發現並剝削新世界，他們的語言在西班牙本身已經占據優勢，明顯已成為帝國的主要語言。一四九二年，人文主義者安東尼奧・德・內夫里哈（Elio Antonio de Nebrija）出版卡斯提爾語的語法書，也是歐洲首部文法著作。伊莎貝拉問阿維拉（Avila）的主教，那本書有什麼用途？主教回答：「陛下，語言是帝國絕佳的工具。」想不到被他說中。無論在西班牙或更廣大的帝國，卡斯提爾的語言和文學成為主要文化，也就是由卡斯提爾人擴張並領導的帝國的文化。「斐迪南與伊莎貝拉賦予卡斯提爾新的方向與目的時，也釋放行動的泉源。十五世紀末期呱呱落地的是卡斯提爾，不是西班牙……對卡斯提爾人而言，卡斯提爾早就是西班牙。」（Elliott 1970: 128-29; cf. Braudel 1975, 1:163; Lynch 1991: 3-4, 25-26）

但是對於許多人來說，尤其在西班牙境內，卡斯提爾是否比較優越？西班牙是否等同卡斯提爾？則是爭論不休的話題，地方和地區激烈的情緒古今皆同。加泰隆尼亞人、亞拉岡人、瓦倫西亞人（Valencians）、納瓦拉人、巴斯克人（Basque）、安達魯西亞人（Andalusia）都以各自的身分為傲，並帶著這個身分定居在新世界。（Kamen 2003: 348-49）儘管伊莎貝拉和斐迪南採取某些集權行動，卡斯提爾王國和亞拉岡王國的政治制度依然持續分離，而且根據自己的傳統運作。半島的經濟也是分開的，各自追求傳統的行業，對外人總是猜忌，小心守護自己的特權。埃利奧特（Elliott）說：「經濟上和政治上都一樣，西班牙只存在於胚胎。」（1970: 125; cf. Lynch 1991: 5-9）只有在「天主教的國王」，個人心中才有統一可言。如果這樣真的是個「西班牙帝國」，就是許多西班牙的帝國。

如果帝國的西班牙屬性可以被質疑，根據某些人，帝國這個地位也可以被質疑。安東尼・帕格登主張「從來就沒有一個『西班牙帝國』」：

> 雖然現代人所謂的帝國，有時是指起初由哈布斯堡皇室、接著被波旁皇室統治的領土，且雖然在許多方面而言，這些領土的政府是帝國的政府，但是理論上，而且普遍於法律實行上，是在單一國王底下聚集的公國聯盟。那不勒斯維持總督治理的王國，總督是國王的第二自我（*alter ego*）；而米蘭一直是個公國，時任西班牙君主就是公爵。美洲從來不是殖民地，而是王國，且在這方面他們相當獨特，美洲是卡斯提爾王國不可缺少的部分。美洲出生的西班牙人，也就是克里奧人（*criollos*），之後將會強迫他們的國王想起他們。（Pagden 1990: 3）[2]

其實，就算有人稱呼西班牙帝國，也是非常少數——就連帝國的海外屬地相對上也不會。通常的稱呼是「*monarquia espanola*」，也就是西班牙君主國（Muldoon 1999: 114-27; Elliott 1989b: 7; Pagden 1995: 15-16）。查理五世治理的廣大遺產是卡斯提爾、亞拉岡與其他西班牙皇室持有的領土，如果他是皇帝，就是神聖羅馬帝國的皇帝，他確實也在一五一九年當選這個頭銜。這個頭銜賦予他在德意志的權利與責任，也受制於和弟弟斐迪南的關係，即奧地利的統治者。既然繼承神聖羅馬帝國頭銜的是斐迪南，而不是查理的兒子腓力，更加增強「西班牙君主國」一詞的習慣，並且想到哈布斯堡帝國，多半是想到奧地利的分支。

但這只是文字的部分。如果查理五世不曾擁有帝國，很難思考帝國那個字要用在什麼實體上。西班牙人文主義者安東尼奧・德・內夫里哈觀察：「雖然帝國的頭銜在德意志，真實的權力卻握在西班牙君王手上；他們是義大利絕大部分與地中海地區的主人，征戰非洲，派遣所有船隻，跟著星象的軌跡抵達印度群島與新世界。」（in Kamen 2003: 9）確實，正是德意志帝國與西班牙皇室兩相結合，哈布斯堡才會得到這麼強大的力量，他們的領土也因而成為世界帝國。斐迪南和伊莎貝拉精心打造王朝聯盟，透過兩樁婚姻連結兩個皇室，將他們的家族與哈布斯堡相連，而且從天主教國王的觀點來看，加上其他更有可能、更理想的繼承人英年早逝，意外造就他們的孫子根特（Ghent）的查理成功登基。西班牙與哈布斯堡相加的遺產，也是全歐洲最偉大的王國，傳給同時身為西班牙卡洛斯一世（Charles I of Spain）與德意志民族神聖羅馬帝國皇帝的查理。身為亞拉岡的國王（包括加泰隆尼亞和瓦倫西亞的領土），一五一七年即位後，他又統治那不勒斯、西西里、薩丁尼亞（Sardinia）；一五三五年，他的頭銜又多了米蘭公爵，因此鞏固西班牙在義大利半島的優越地位，長達兩個世紀（之後傳給奧地利哈布斯堡）。從祖母勃艮第的瑪麗（Mary of Burgundy），並經由父親勃艮第的美男子腓力（Philip the Fair of Burgundy）那裡，查理繼承法蘭琪—康堤和尼德蘭；再透過祖父奧地利的馬克西米利安（Maximilian of Austria），使身為長子的他也統治哈布斯堡的奧地利領土，在位期間又取得波西米亞、克羅埃西亞、匈牙利。身為神聖羅馬帝國皇帝，他可以要求帝國的德意志國家和城市為他征戰，且身為卡斯提爾的國王，他治理的不只是西班牙最大、最富裕、人口最多的地區，還包括卡斯提爾在美洲、非洲、亞洲的屬地。就像人們稱呼他的祖先腓特烈二世，同為神聖羅馬帝國的皇帝，查理也是 *stupor mundi* ——「世界驚奇」。

他的兒子腓力二世繼承這些龐大的屬地，甚至增加屬地。雖然他不是神聖羅馬帝國皇帝（那個頭銜傳給他的叔叔奧地利的斐迪南），但是他繼承之後娶了瑪麗・都鐸（Mary Tudor），並且希望英格蘭與愛爾蘭可能納入他的王國（瑪麗死於一五五八年，因為沒有任何子嗣，所以澆熄這些希望，儘管他對瑪麗同父異母的妹妹伊莉莎白有所企圖，後來也想讓兒子卡洛斯〔Carlos〕和瑪麗．斯圖亞特〔Mary Stuart〕結婚）。一五八〇年，他又憑著家族關係，強行將葡萄牙納入麾下❷，因此順勢繼承所有葡萄牙在海外的殖民地，包括南美洲、非洲、亞洲。他的帝國可能是較以西班牙為基地、面向大西洋的帝國，而非他父親以法蘭德斯為基地、朝向中歐的帝國，但毫無疑問的就是，這是當時世界上最大的帝國。腓力自己似乎想過，雖然沒有帝國頭銜，然而，繼承父親帝國使命的反而是他，而非皇帝斐迪南，且透過他，也繼承查理曼的帝國。因為他，*translatio imperii ad Hispanos*❸；透過 *monarquia del mundo*（世界皇室），也就是西班牙，他可以持續羅馬與中世紀帝國的普世使命（Muldoon 1999: 120）。康帕內拉的彌賽亞君主國，就是指身為「宇宙繼承者」、腓力的皇室。英格蘭伊莉莎白時代的編年史家威廉．卡姆登（William Camden）毫不猶豫地稱呼腓力的王國為帝國，宣稱：「無遠弗屆、超越所有他之前的皇帝，他真的可以說：『*Sol mihi simper lucet.*』，太陽永遠照耀著我。」（in Kamen 2003: 93）

此外，我們也別太認真看待其他拒絕西班牙是帝國的說法。這種說法認為，嚴格來說帝國不是西班牙的，而且是由疆界內外許多民族組成——這兩個特徵對多數的帝國都是真的。西班牙帝國很正常，具有「承擔國家」的民族，也就是卡斯提爾人，他們代表西班牙半島的其他民族，如同英格蘭代表聯合王國的其他民族；社會所有階層由許多民族組成，這點也很正常。我們很習慣談到哈布斯堡的奧地利帝國具備多民族的性格，卻沒有停下來想想，同理也適用在西班牙兄弟統治的帝國分支。

如果是帝國，西班牙帝國是哪種帝國？對於伴隨查理南下繼承西班牙領地的人文主義者，查理代表羅馬帝

❷ 譯注：前任葡萄牙國王曼紐一世（Manuel I）的第一任妻子是胡安娜（Juana，查理的母親）的妹妹伊莎貝拉（Isabella），即腓力的姨婆。

❸ 譯注：指皇權過渡到伊斯邦尼亞。

國的復興，延續中世紀查理曼與後繼的神聖羅馬帝國。（Yates 1975: 20-28; Braudel 1975: 2:674-75; Pagden 1995: 40-46; Headley 1998）查理的家庭教師與終身顧問加蒂納拉的梅爾克里諾・阿薄里歐（Piedmontese Mercurino Arborio di Gattinara）研讀但丁的《論世界帝國》（*De Monarchia*），認為查理是普世君王——*Dominus Mundi*，世界的主人——但丁認為這對世界的和平幸福有所必要，阿薄里歐的希望也和那個時代強烈的預言氣氛正好一致。一五一六年，阿里奧斯托（Ariosto）在《瘋狂的羅蘭》（*Orlando furioso*）預言新的查理曼會以查理的人身統治，查理就像偉大的古羅馬皇帝，將會重現正義的統治。阿里奧斯托還補充，由於查理征服羅馬人未知的新世界，他將超越羅馬：那就是查理著名的王徽圖案——海格力斯支柱，以及支柱上的格言「*Plus Oultre*」，意謂「更遠」，後來整個歐洲都通曉。（Yates 1975: 22-23; Elliott 1989b: 8）

如果查理不只代表古典羅馬帝國復興，也代表基督宗教化的神聖羅馬帝國復興，那麼他的使命已經制定好了：他必須捍衛基督宗教，抵擋基督宗教的敵人，將基督宗教傳到異教的土地。一五二一年，他在沃木斯議會（Diet of Worms）上宣布：「為捍衛基督教界，我決定以我的王國、領地、朋友，我個人的身體、血液、靈魂生命發誓。」他甚至可能如同伊拉斯謨派（Erasmians）在西班牙宮廷敦促的，改革教會，剷除引起類似路德那類人物注意的惡習（一五二七年的羅馬之劫，雖然查理本人譴責，卻被某些他的支持者視為湊巧的警告，認為教宗制度需要修改）。（Yates 1975: 25）[4]

改革沒有實行——至少沒有實行到令路德信徒滿意的程度——而查理和他的哈布斯堡繼承人發現他們就在反宗教改革運動的前鋒。這場為對抗基督教異端的反宗教改革持續世紀之久，直到一六四八年的《西發里亞和約》（*Peace of Westphalia*）達成某種精疲力盡的決議。同時，「土耳其的威脅」日益增長。鄂圖曼人突擊，一五二九年至一五三〇年第一次包圍維也納；哈布斯堡失去多數匈牙利的版圖，西班牙的西地中海地區受到威脅，奧地利和西班牙的哈布斯堡因此發現自己在中歐與西邊兩個前線都岌岌可危。他們聯合起來對抗共同敵人，而且身為神聖羅馬帝國的皇帝，就必須承擔對抗異端、捍衛信仰的責任。於是這裡出現哈布斯堡的使命

——捍衛基督宗教的歐洲，對抗內外的敵人——這個使命可以且確實成為哈布斯堡從十六到十九世紀的號召口號。

但是，首先深深啟發帝國理論家的，正是查理五世本人，正是因為他的事業和野心，令人立刻想起古代經典的偉大帝國——羅馬。至少在他的人文主義顧問眼中，例如阿薄里歐，義大利就是查理的帝國之鑰，而且他最積極追求帝國目標的地方也是在義大利（Headley 1998: 59-65）。他繼承的亞拉岡王國已經給他那不勒斯、薩丁尼亞、西西里；在決定性的帕維亞之戰（Battle of Pavia, 1525）擊敗法蘭西後，查理也正式取得米蘭公爵的頭銜，並且在義大利半島建立無疑的西班牙統治權。與羅馬的類比不可避免，而且自然就會出現，如同安東尼・帕格登所言：

> 更廣大的義大利計畫旨在創造歐洲的 *imperium*，而西班牙是一部分。*imperium* 抵抗外面的突厥人，以及裡面的喀爾文教派宗教衝突。就這點看來，毫無疑問，新的卡洛林帝國提供的好處和古老的羅馬帝國一樣：保護 *civitas* 的安全。*civitas* 現在不是理解為受到蠻族威脅的公民社會，而是受到不信者和異端威脅的基督宗教。權力的轉移——從奧古斯都到君士坦丁大帝，從君士坦丁，經由查理曼，到查理五世，也就是 *alter Karolus* ❺，保證古代與現代 *imperia* 之間的連續。這是所有皇室追求的目標。如同帝國歷史學家佩德羅・德・梅西亞（Pedro de Mexia, 1500-1552）觀察，羅馬的歷史就是一個帝國的歷史，這個帝國「壽命、大小、力量」都是所有帝國當中最強大的，因為羅馬「略少於兩千三百年前開始，而且今日還活著」。
> （Pagden 1995: 41-42; cf. Elliott 1989b: 8-9）

❹ 譯注：一五二七年羅馬之劫的背景是教宗克勉七世（Pope Clement VII）有意改變區內的勢力均衡，以擺脫神聖羅馬帝國的支配；同時查理五世下屬的軍隊因得不到應得的軍餉而譁變，掠奪在教宗國治下的羅馬。

❺ 譯注：意為「另一個查理曼」。

西班牙統一並征服穆斯林統治的安達魯斯（Al-Andalus，這個過程通常稱為「收復失地運動」，雖然有些誤導），還取得大批海外領土，在新世界建立全新帝國，而這些極費力氣的成就可以融入古典與基督宗教的帝國原則。很多人都注意到，一四九二年，西班牙不只在格拉納達擊敗摩爾人，哥倫布也在同年啟程航向印度群島，征服並殖民新世界，顯然即為帝國從半島內部向外擴展。如同納德．賽姆（Ronald Syme）所言：「跨越海洋的事業是收復失地運動與對抗北非異教徒的延續。」此外，這不只是「宗教的討伐，西班牙人非常清楚地意識到羅馬帝國（而且可能沉迷於圖拉真的聲望），深深受到征服與治理的使命驅動」。（Syme 1958: 27; cf. Parry [1966] 1990: 37; Fradera 2007: 45; Kamen 2003: 16-17; Elliott 2006: 20）

但是這個使命，在信仰虔誠的年代，並在神聖羅馬帝國皇帝的保護之下，注定染上大片宗教色彩。麥克．道爾主張：「從基督教界的面向，就可適當看見西班牙為帝國提出的理據背後有股宗教動力。實際上，殖民是基督教界的企業冒險。」（1986: 110）在此有必要提醒一點，在世俗的時代經常有個傾向：如同看待多數現代帝國，這裡也必須從物質觀點來看待西班牙。「我來這裡是為了發財，不是為了像個農夫耕作」——此話難道不是墨西哥的征服者埃爾南．科爾特斯（Hernan Cortés）本人所說？想必他也不是為了感化異教徒。人們都說，黃金和白銀是帝國的動機，也是「西班牙強權的緊急大錨（sheet anchor）[6]」（Kamen 2003: 493）。十七世紀當西班牙開始走下坡（當時以及此後，似乎許多人都這麼認為），從那時候開始，常常有人歸咎於過度依賴美洲的金銀，以及其隨之帶來的腐敗後果。法蘭德斯的學者尤斯圖斯．利普修斯（Justus Lipsius）於一六〇三年寫信給西班牙的朋友，「新世界被你們征服，回過頭也征服你們，耗盡你們古代的氣力」。（in Elliott 1989b: 25）

經歷十六世紀查理五世與腓力二世的光芒之後，十七世紀西班牙的衰弱源頭，長久以來備受爭議。[3]新世界白銀供應減少，隨之無法應付保持帝國強權狀態的花費，這點一直被當成主要原因。但是聚焦在這些原因上，會令我們忽視支持帝國事業的意識形態動力，無論在西班牙或在新世界；而若沒有這番動力，就無法想像西班牙國王、征服者、教士的偉大成就。貪念與財富永遠都是帝國強烈的動力，但是帝國無法光憑這些動力長命百歲；西班牙帝國從十六世紀持續到十九世紀，如同羅馬帝國，傳教的熱情是解釋其長壽的核心理由。驅動帝國的力量——卡斯提爾人，如同J・H・埃利奧特所言，已經發展「一種強大的彌賽亞民族主義品種。遍及世界的帝國成就，以及非凡的勝利，全都有助於說服卡斯提爾人，他們是天主選擇的民族，尤其獲選實踐天主的偉大計畫——一個自然投射到宇宙規模的計畫，就是感化異教、根除邪說，最終建立天主在地球的國度」（Elliott 1989d: 246；亦見 Elliott 2006: 67）。麥考利男爵更是如此認為，他在十九世紀中期的時候寫道：整個現代的西班牙歷史應該從基督宗教化的使命來看待。

> 東征只是其他民族歷史的一段。西班牙的存在是一段漫長的東征，擊敗舊世界的穆斯林後，她又開始對抗新世界的異教徒。在教宗詔書的權威之下，她的孩子航向未知的大海；在十字架的標誌之下，他們無畏驅入偉大帝國的核心。正是呼喊著「為西班牙的聖雅各」，他們衝向多出他們百倍的軍隊……薩克遜人因羅馬的苛刻暴怒，掙脫身上的枷鎖時，西班牙人，在羅馬的權威之下，令自己成為蒙特蘇馬帝國（Montezuma）財富的主人。❼因此，在北歐大眾心中，天主教不離貪腐和壓迫，而在西班牙大眾心中，不離自由、勝利、土地、財富、光榮。（Macaulay [1840] 1907: 50）

因此新世界的帝國被放進已經在舊世界闡述過的傳教觀念。查理被選為神聖羅馬帝國皇帝不久之後，埃

❻ 譯注：緊急大錨，是船上最大、最重的錨，用於風浪極大的時候穩定船身。

❼ 譯注：即一四六六年至一五二〇年，古代墨西哥阿茲提克帝國的特諾奇蒂特蘭君主。

爾南．科爾特斯就從墨西哥寫信給他：「這片土地的物品數量之多，種類豐富，人可以稱自己為這個王國的皇帝，而且是毫不遜色德意志的王國。托天主鴻福，陛下已經擁有。」安東尼．帕格登對此話的評論是：「『新西班牙』不只是一個省分，更不是殖民地，而是查理五世的帝國世界當中的一個王國。西班牙會是海外的德意志，而皇帝是主人，埃爾南．科爾特斯是總督與事實的統治者。整個征服墨西哥的歷史被視為從舊世界到新世界的『皇權過渡』。」（Pagden 1987: 52; cf. Muldoon 1999: 88; Elliott 2006: 5）

儘管事實上，美洲的屬地早在一五二三年就被併入卡斯提爾王國，墨西哥和秘魯的克里奧菁英階級仍堅持他們的土地是「王國」，如同亞拉岡、尼德蘭、那不勒斯，是「大西班牙」，即 *magnae hispaniae* 內的王國，由單一君主治理，因此，他們擁有西班牙君主賜予歐洲其他王國同樣的權利。也就是，對待他們，應該如同對待本身擁有習俗與傳統的自治實體，只須效忠君王。作為王國，而非殖民地（從未用在美洲屬地的詞），他們視自己是大西班牙帝國的部分，而他們的使命就是殖民、教化、感化在新世界遇到的異教徒。（Pagden 1987: 63-64, 1995: 137-40; MacLachlan 1991: 17, 25; Elliott 2006: 66-69, 121-22, 238）

克里奧人不惜對印地安人的過去大做文章，以資證實他們統治印度群島的資格。他們將阿茲提克與印加帝國等同希臘與羅馬，而「征服者」（*conquistadores*）就是這些古代帝國的英雄後繼，如同歐洲帝國視自己為羅馬的後繼。[4]但是相對於當時日益強調的「血統純正」，也就是「*limpieza de sangre*」，他們的立場顯得偏促；血統成為西班牙帝國區分自家與海外的指標。[5]有地位意識的克里奧貴族不會想要承認自己沾染上印地安血緣，尤其過了早期與印加或墨西哥貴族聯姻相對普遍的時期。若想被視為西班牙人，擁有西班牙人的權利與特權，提到印地安人的過去沒有幫助。然而，十八世紀在波旁王朝的統治之下，大批半島上的西班牙商人與官員抵達美洲，他們把克里奧人當成外省老粗，在新世界過著道德敗壞的生活。克里奧人爭取的權利反而變得越來越重要。

最後，半島人和克里奧人之間的競爭，以及克里奧人越來越強烈的美洲身分認同，導致克里奧諸國叛亂獨立（Elliott 2006: 234-42, 319-24）。然而，較驚人的反而是，在這麼長的一段時間裡，西班牙皇室成功地防止這類暴動，並維持歐洲與新世界臣民之間的共同目標。「大西班牙」，也就是在歐洲與美洲的西班牙帝國，聯繫其組成部分的時間，比起幾個世紀之後的「大不列顛」，甚至長得多。如同埃利奧特寫道：「除了征服秘魯之後皮薩羅（Pizarro）的追隨者和國王之間的鬥爭，以及一五六六年馬汀・科爾特斯（Martin Cortés）中途流產的陰謀，西班牙統治的三百年期間，直到十九世紀早期獨立運動推翻君王之前，都沒有什麼重大挑戰。」考量現代時期初期時空的困難，比起後來的帝國面對的問題，如埃利奧特所言，這確實是「了不起的成就」，同時證明廣大的西班牙哈布斯堡與美洲之間的關係相當緊密。（Elliott 1989b: 14; cf. Pagden 1987: 54-56; Parry [1966] 1990: 274）

克里奧人和半島人之間的關係，以及兩者與印地安人之間的關係，透露所有海外帝國明顯出現的瑕疵。有努力維持對從屬控制的宗主國，派遣代表到海外監督並執行宗主國的政策；也有移民者的社群，他們的目標是盡可能保有自由與獨立，又不切斷與母國的聯繫或失去母國的身分。接著是原住民，時而被宗主國保護，時而又被拋棄。就這一點，如同其他方面，西班牙帝國就是楷模。移民者伸張自主權，中央政府施加控制；移民者試圖剝削當地人，但是遭到強硬的保護措施阻撓。最後，宗主國相對長的控制時間，就會以抗拒宗主國統治告終。繼承人若不是克里奧人（如同不列顛北美和西班牙南美），就是在歐洲移民者稀少的情況下，由當地人繼承（如同不列顛南非、亞洲，以及法蘭西、比利時、荷蘭帝國）。

就西班牙帝國的情況，因為印地安社會整體衰退、人口減少，不可能由當地人繼承。西班牙人征服後，印地安人遭遇極大比例的「人口統計災難」，主因是歐洲人帶來的疾病。十六世紀傑出的思想家因此曾經針對印地安人的權利與宗主國的責任進行激辯，之後所有意欲救贖靈魂，並促進海外影響的歐洲殖民者，都會面對那些問題。「改宗的責任是否包括征服的權利，而如果印地安人確實有合法的統治者，是否包括廢除當地的統治者？取得他們的土地？由西班牙治理統治者之前的臣民？而且如果透過公平的征服，印地安人應該被降格為西班牙君主的附庸地位，他們還剩下什麼法律與政治權利？他們可能被貶為奴隸，或者財產被掠奪？他們是否受制於西班牙法律？公民與教會的法律？最重要的是那些關鍵的制度，也就是監護征賦制（*encomienda*）和勞動力分配制（*repartimiento*）[8]，基於什麼理據存在？」（Parry 1940: 5；亦見 Parry [1966] 1990: 139）西班牙皇室鼓勵討論這些問題，由此可見西班牙多大程度承擔身為基督宗教強權這個責任。法學家法蘭西斯科·德·維多利亞（Francisco de Vitoria）的文章，以及一五五〇年在瓦拉多利德（Valladolid），巴托洛梅·德拉斯·卡薩斯（Fray Bartolome de Las Casas）和璜·吉耐斯·得西普維達（Juan Gines de Sepulveda）兩人的激辯，深入詳細的程度難以匹敵，[6]這些討論也不光是無關痛癢的學術練習。卡薩斯的影響尤甚，他指責移民者的暴行，捍衛印地安人的權利。而《一五四二年印度群島新法》（*New Laws of the Indies of 1542*）與《一五七三年法令》（*Ordinances of 1573*）就是成果，兩者都以限制移民者與伸張印地安人權利為目標。

各方人士經常引用羅馬來辯論印地安人的權利與能力（Lupher 2006; MacCormack 2009），這種情況在所難免，所有受過古典訓練的西班牙人文學者必定引用羅馬法律與羅馬歷史作為核心論點。誠如人類學家克勞德·李維史陀（Claude Levi-Strauss）可能說過：「適合思索。」更切題的是，西班牙帝國認為，經由查理曼，接著神聖羅馬帝國，他們本身直接繼承了羅馬帝國，且神聖羅馬帝國的頭銜或多或少被哈布斯堡當成家族財產。但是，由於較晚，而且較全面的基督宗教化，西班牙人有能力與義務比近來的異教羅馬人更進一步——這也是科爾特斯不只在一個場合上驕傲宣布的（Diaz 1963: 131, 158-59）。此外，他們征服的世界，是羅馬人未知的，而且他們遭遇的挑戰全新且不同。即使西班牙基本上繼承偉大先人的教化使命，在重大方面上，他們的帝國行動仍必須有別於羅馬。

大衛·勞福（David Lupher）研究十六世紀的西班牙針對帝國豐富的辯論如何利用羅馬，他強調：「一而再、再而三，西班牙人將希臘羅馬的形態和觀點運用於新世界，啟發對於古典詮釋架構重新評價……當『他者』應要求被詮釋並『歸化』為熟悉的事物，永遠都有一個風險，就是當下將會被反轉，而熟悉的事物將會被概念上不受拘束的『他者』『去熟悉化』。」（2006: 321）羅馬與西班牙帝國之間的比較經常走向這一途。如此古代羅馬的經驗就不是無關——正好相反，且該經驗能夠彰顯新世界的西班牙與舊世界的羅馬兩者之間的差異。

在這方面，西班牙確實開創新的道路。關於西班牙帝國，就其歷史與比較帝國研究，重要的是西班牙帝國在許多方面是現代帝國之首（Elliott 2006: 405-10; Fradera 2007: 67）。西班牙帝國結合陸地與遍及世界的海外帝國，這是古代帝國缺乏的面向，亞歷山大和羅馬的帝國也是；西班牙帝國憂煩的治理問題，涉及面積廣大且變化多端的實體。帝國治理的第一個世紀，各種縝密思維已經為帝國設下模版，提供現代帝國可能遭遇的問題與分析的基本法則。大約同時，身為陸地帝國的工頭，鄂圖曼人提供由管理多元民族而獲得的啟示，但是他們主要面對的非穆斯林是「啟典之民」，也就是猶太人與基督宗教徒，許多方面是他們的親戚。在新世界，西班牙人必須面對的民族和習俗，卻完全超出歐洲人的理解與經驗；這是地圖上沒有記載的領土。首先想要畫進地圖的，就是西班牙人，而且引發從此之後占據歐洲帝國數個世紀的討論與辯論。如果「文明與基督宗教」是歐洲征服宣稱的目標，首先煩惱如何做到的就是西班牙人，而且當這些目標與其他更現實與世俗的目標產生衝突，發生矛盾便是不可避免的。

西班牙與奧地利的哈布斯堡

一五五五年十月二十五日，在布魯塞爾宏偉的市政廳，當著一群高官顯貴的面——來自幾乎所有他在歐洲的王國——查理五世宣布退位。告別演說中，他提到自己行經他的土地：

❽ 譯注：監護征賦制，理論上，由西班牙人保護自己管轄的印地安人，並傳授西班牙語和天主教信仰作為回報，同時要求印地安人提供勞動；實際上，卻和奴隸制別無兩樣。勞動力分配制，即強制要求當地原住民村落必須每週向鄰近的莊園提供一定數量的勞工。

> 我去過德意志九次，西班牙六次，義大利七次；我來到法蘭德斯這裡十次；在法蘭西四次的時候，遇過和平也遇過戰爭；英格蘭兩次、非洲兩次……去過一次的地方不計其數。我曾八次航行地中海，三次航行西班牙，而且很快我會航行第四次，回去並葬在那裡。（in Kamen 2003: 92）

這段話耐人尋味，透露許多查理的優先次序和興趣。他的西班牙臣民——尤其是卡斯提爾，經常抱怨他長期缺席，也抱怨他寧願選擇尼德蘭人、勃艮第人、義大利人作為官員和顧問，也不選擇西班牙人。查理即位初期，必須處理卡斯提爾人的叛亂，這場叛亂的原因，除了許多不滿之外，主要認為外國影響過多，導致卡斯提爾人的利益因查理其他的王國而犧牲。（Lynch 1991: 51-59）

最後查理說服他的臣民，而且直接選擇西班牙作為終老之處。儘管如此，正如他的西班牙臣民毫不在乎他在法蘭德斯與德意志的事務，他似乎也經常不如關心其他領地與問題那般關心西班牙。除了亞拉岡與卡斯提爾國王以外，他也是哈布斯堡與神聖羅馬帝國的皇帝，他深深憂心尼德蘭和德意志的命運，這正是他去那些地方的頻率多於其他的原因。重要性次之的是義大利，對查理曼以來所有的神聖羅馬皇帝而言，那裡是帝國的象徵核心。因此，如果沒在義大利出現，對義大利沒有影響力，無論在其他地方多麼成功，就不是羅馬的皇帝。至於新世界，查理很感謝新世界帶給他的財富，支持他的帝國事業——雖然得到更多的是他的兒子腓力二世。但他看待自己，主要不是印度群島的皇帝，而是歐洲帝國的統治者；他關心歐洲廣大的利益，身負相關責任。從這方面看來，如同觀察，查理不像他的兒子腓力開啟海外帝國的時代，反而是延續中世紀神聖羅馬皇帝的傳統。（例見，Chudoba 1952: 14）

查理退位、過世之後，重獲神聖羅馬帝國的奧地利哈布斯堡，心心念念的也是這個傳統。說奧地利人從不關心他們的海外帝國不是真的——他們嘗試數次，雖然都無疾而終（Kann 1980: 92）——但他們不曾取得任何海外帝國，他們的帝國一直都是完完整整的歐洲帝國。奧地利的哈布斯堡，偕同鄂圖曼、俄羅斯兩個帝國，從十六到二十世紀，成為歐洲陸地帝國的代表，觀念和想法相去不遠，最終命運也是——一次大戰戰敗並瓦解。

由於職業歷史學家區域與專長的考量，加上傳統時期劃分，常把西班牙帝國歸在十六與十七世紀的「現代時期初期」，把奧地利帝國歸於十八與十九世紀，於是常見一種趨勢——區分西班牙的哈布斯堡與奧地利的哈布斯堡，並且差別對待。有鑑於此，必須強調兩者的重疊與延續。西班牙與奧地利的哈布斯堡，從最初就糾纏在一起，而且持續經歷查理五世與後繼。哈布斯堡是個家族，權力（即 *Hausmacht*）和生存是共同利益，這點他們幾乎不曾忘記（Wandruszka 1964）。赫赫有名的家族聯姻就是家族遺產最適合的象徵—— *tu, felix Austria, nube* [9]，為哈布斯堡家族帶來驚人的財產，範圍遍及歐洲每個角落。

西班牙與奧地利哈布斯堡的連結，以及他們各自的財產，不只是家族的，也直指物理的與地理的。他們的王國界線並非一般所認為的涇渭分明，這也是為什麼義大利對西班牙哈布斯堡如此重要。透過統治義大利北部，西班牙哈布斯堡就可以經由著名的山線——連結米蘭和提洛邦（Tyrol）與奧地利哈布斯堡的瓦爾泰利納（Valtelline）——接上奧地利哈布斯堡。軍隊透過這條高高低低的路線，可以安全通過哈布斯堡全部的土地。一六二九年，西班牙對法國曼托瓦爵位的繼承戰爭中（Mantuan Succession, 1627-1631），華倫斯坦伯爵（Count Wallenstein）的軍隊就是從德國取道瓦爾泰利納前來支援西班牙國王。一六三四年，西班牙軍隊在斐迪南親王（infante Ferdinand）的指揮之下，經由瓦爾泰利納接上堂兄斐迪南二世（Ferdinand II）的軍隊——即匈牙利國王，以及後來的神聖羅馬皇帝。「兩個斐迪南」於是在納德林根會戰（Battle of Nördlingen）痛擊瑞典和德意志的基督教邦國。（Kamen 2003: 382-86; Chudoba 1952: 242）

[9] 譯注：此處完整的引言是「*Bella gerant alii, tu felix Austria nube*」，意為「讓其他人去打仗；汝，奧地利人去結婚」，指涉馬克西米利安的聯姻策略。

即使神聖羅馬帝國傳給奧地利哈布斯堡之後，西班牙仍持續深入地介入德意志的事物，部分因為十六與十七世紀上半的奧地利羸弱不振。查理的弟弟斐迪南，也就是哈布斯堡奧地利地區的統治者，在一五二六年以斐迪南一世（Ferdinand I）的身分繼承匈牙利、克羅埃西亞、波西米亞王國，為後世留下強大的遺產。但是他繼承的原因，終究是由於他祖父馬克西米利安機敏的聯姻政策：匈牙利國王拉約什二世（Louis II）於一五二六年在摩哈赤戰役（Battle of Mohacs）陣亡時沒有留下子嗣，而那場戰役中，鄂圖曼大敗匈牙利，並且控制更多匈牙利的土地。一五二九年，鄂圖曼人不只占領布達（Buda），而且包圍維也納；雖然一六八三年維也納圍城比較知名，其實一五二九年這次比較危險——一六八三年鄂圖曼只是採取守勢，然而一五二九年蘇萊曼二世卻是橫掃千軍，後來蘇萊曼撤軍的原因不是因為他被擊敗，而是因為許多人死於瘟疫，他計算損失後，發現不利繼續進攻。重要的是，匈牙利接下來的一百五十年都在鄂圖曼的統治之中，奧地利要經歷漫長的等待，才能繼承帝國後來的其中一根支柱。

儘管斐迪南在一五五六年成功繼承神聖羅馬帝國皇位（查理五世促成），但奧地利哈布斯堡對王朝而言，仍是相當資淺的夥伴（Wandruszka 1964: 102-23）。斐迪南自己從沒忘記早年在西班牙受的教育，並且持續向那裡尋求指引。十六世紀末期與十七世紀前半，奧地利哈布斯堡幾乎困在反宗教改革的鬥爭中，因此，腓力二世與繼承者治理的西班牙與西班牙哈布斯堡，還是位居領頭地位（Lynch 1991: 342-85; Kamen 1991: 177-90）。查理五世視路德教派為歐洲帝國完整的最嚴重威脅，但是要到他去世之後，宗教衝突才會占據歐洲。

宗教裁判所的總部在塞維亞，從西班牙發揮強大的影響。一五三四年，西班牙軍人與學者依納爵．羅耀拉（Iñigo López de Recalde）創立耶穌會，他們就從西班牙開始激烈的反宗教改革運動，並且派遣傳教士到各地，包括奧地利的領土。腓力二世特別展開家族策略，確保他的叔叔，也就是皇帝斐迪南，參與他在王國當中所有反對宗教改革與鎮壓叛亂的行動，尤其是尼德蘭境內，而且馬德里與布拉格之間的大使交流持續不斷。腓力認為斐迪南的兒子，也就是皇位的繼承人馬克西米利安二世（Maximilian II），對於王國裡的基督徒太過寬鬆，於是派了很多使者給他的堂哥——也是他的姊夫，催促他採取更強烈的手段對抗改革者。（Chudoba 1952: 132-33, 147-52, 179-82）

西班牙的政治家很清楚，在反宗教改革的高峰，也就是在德意志的三十年戰爭（Thirty Years' War, 1618-1648），西班牙和奧地利的命運相連。「一切答案必須來自德意志」——奧利瓦雷伯公爵（count-duke of Olivares）深信，唯有維持北義大利與法蘭德斯這條關鍵路線的暢通，才能支持在德意志的奧地利哈布斯堡，繼而持續西班牙於北歐的統治（Kamen 2003: 385）。白山戰役（Battle of the White Mountain, 1620）之所以大敗基督教的波西米亞貴族，正是仰賴西班牙的金錢、西班牙在帝國的調度策略，以及大批義大利人、法蘭西人、法蘭德斯人，這些人來自西班牙在義大利與尼德蘭的領土（占去帝國軍隊四分之三）（Chudoba 1952: 239-48; Ingrao 1994: 32-33）。一六三四年在諾德林根（Nördlingen）對基督教的勝仗，西班牙的軍隊也是成員。決定性的三十年戰爭，在許多方面重演更早之前哈布斯堡的勝利，即一五四七年查理五世在米赫爾貝格（Mühlberg）對上路德教派的邦國施馬爾卡爾登聯盟（Schmalkaldic League）。這次也在德意志，查理的弟弟斐迪南號召各國，包括西班牙人、義大利人、法蘭德斯人，在哈布斯堡家族的帶領下，大敗基督教改革者。再一次的，公認西班牙獲勝的一五七二年勒班陀海戰，五千名德意志軍隊來自帝國，與西班牙人、義大利人並肩作戰，並由腓力二世同父異母的哥哥奧地利的唐胡安（Don John of Austria）全權指揮。整個十六與十七世紀，西班牙和奧地利的統治者在軍事或意識形態上均合作密切，並認同彼此的仰賴。（Kamen 2003: 68, 71, 80, 184）

事實上，查理一直認為西班牙與奧地利共同擁有哈布斯堡的遺產，利益與目標相同。兩者大致上也有所分工，西班牙的軍隊活躍於西方與北方，而奧地利的軍隊在南方與東方；但是雙方都能取用出自同一國庫的人力與財力。因此一五二九年在維也納對抗鄂圖曼的時候，扮演重要角色的是西班牙軍隊，如同一六八三年他們再次出兵一樣（Lynch 1991: 117）。此外，認為帝國分離四散，遍及西班牙、法蘭德斯、義大利、奧地利等部分——這是誤導的印象。查理建立精密的郵政網絡，連結所有帝國的主要城市，從西班牙到布魯塞爾、維也納、米蘭、那不勒斯。野心勃勃的塔西斯家族（Tassis）管理並經營這個系統。他們出身義大利北部，但在尼德蘭與德意志建立分支，後來成為卡斯提爾貴族的重要成員（Kamen 2003: 54-55）。如此的世界主義與國際主義，就是查理的帝國典型，斐迪南的帝國也會如此，在帝國的軍隊、官僚系統、外交軍團都可見到。不僅如此，傑出的德意志金融世家福格（Fuggers）也與他們合作。福格不僅在一五一九年出資幫助查理得到他的皇位，也曾多次金援查理的弟弟斐迪南對付領土內頑抗的德意志邦國。（Chudoba 1952: 73; Lynch 1991: 52）

事實上，直到一七〇〇年，沒有繼承人的最後一任西班牙國王查理二世（Charles II）死後，奧地利的哈布斯堡才完全自立。在那之前，相較西班牙的威力與影響，因為他們自己的軟弱，所以位居家族的次要地位，依賴西班牙親戚指導支持。十六世紀與十七世紀初期，基督教入侵哈布斯堡的土地，包括匈牙利、波西米亞與奧地利本身，延及宮廷與貴族最高層級；奧地利哈布斯堡身為神聖羅馬皇帝，與西班牙的同胞合作堅守天主教的目標，但是他們幾乎輸掉這場對抗改革者的戰爭（Evans 1991: 3-40; Ingrao 1994: 28-29）。一六一八年，帝國使者被丟出窗外，這起事件引發三十年戰爭，奧地利哈布斯堡奮力對抗基督教的邦國，最終於一六四八年《西發里亞和約》帶來疲憊的和平。奧格斯堡（Augsburg）格言「誰的地區，就信誰的宗教」（*cuius regio, eius religio*）從此確立，而哈布斯堡被迫承認德意志的基督教徒實際獨立。一六八三年，鄂圖曼再度叩關維也納，代表鄂圖曼的威脅完全沒有減少。儘管西班牙本身於十七世紀逐漸轉弱，平衡依舊西重於東，但是空氣中嗅得到變化。回想起來，西班牙無力的哈布斯堡末代皇帝查理二世，可以視為歐洲，甚至全世界，權力平衡重大轉移的預兆。

奧地利哈布斯堡崛起

一七〇〇年哈布斯堡在西班牙的支線終結，本身當然不保證奧地利哈布斯堡崛起。三十年戰爭殘酷無情，耗盡帝國氣力，而奧地利的哈布斯堡身為神聖羅馬皇帝，戰爭之後氣力大傷，影響力因而減弱，尤其在德意志（Kann 1980: 46-47; Ingrao 1994: 48）。但是，如同R．J．W．埃文斯（R.J.W. Evans, 1991）令人信服的論點，正是在這段期間，尤其是十七世紀下半，奧地利哈布斯堡逐漸恢復精力，在他們的王國鞏固權力。除了零星地區，尤其在匈牙利，他們確實剷除基督教，證實天主教獲勝與反宗教改革的目標。他們以天主教為基礎，建立強大的巴洛克文明，遍及整個哈布斯堡土地。他們終於開始抵抗鄂圖曼人，化解一六八三年第二次維也納圍城，一六八六年重新取回布達。《卡爾洛夫奇條約》（一六九九）中，哈布斯堡收復一五二六年摩哈赤戰役後落入鄂圖曼人手中的大半匈牙利。這是決定性的轉折點，「鄂圖曼勢力再也不能單獨對哈布斯堡強權的存在造成威脅」。（Kann 1980: 67; cf. Berenger 1994: 335-36; Ingrao 1994: 83）

西班牙王位繼承戰爭（War of the Spanish Succession, 1701-1714）中，奧地利哈布斯堡沒能為自己的候選人守住西班牙王位，但某方面而言，似乎也讓哈布斯堡轉而專心成為中歐的領導強權，這麼一來，確實令他們的範圍與野心顯得過分狹隘。為了回報他們放棄西班牙，奧地利收到屬於西班牙的尼德蘭以及西班牙在義大利幾乎所有的領地（米蘭、曼托瓦、那不勒斯、西西里、薩丁尼亞）。[7]隨著奧地利接續西班牙哈布斯堡統治這些廣大四散的歐洲地區，這裡至少出現部分「皇權過渡」。確實，在整個繼承危機與隨後的戰爭中，哈布斯堡的皇帝——利奧波德一世（Leopold I）、約瑟夫一世（Joseph I）、查理六世（Charles VI）——展現他們統一哈布斯堡諸多王國，以及重建查理五世帝國的決心。可惜他們未能達成目標，尤其遭到不列顛的阻撓；儘管如此，似乎反而增強他們在義大利穩固重建、撐起中歐霸權的決心。直到十九世紀末期拱手讓人之前，義大利成為哈布斯堡版圖的永久標誌，如同過去象徵的普世性。查理五世去過的地方，他的繼承人，即神聖羅馬帝國皇帝查理六世，就希望也去。取得西屬尼德蘭以及大西洋的前哨後，這份渴望甚至擴展為殖民帝國的夢想。這個夢想對於內陸國家奧地利，首次可能實現。（Kann 1980: 91-93）

與鄂圖曼再戰，進一步得到更多土地。哈布斯堡的英雄——薩伏伊的歐根親王（Prince Eugene of Savoy）立下幾次輝煌戰功，例如一七一六年在彼得羅瓦拉丁（Petrovardin），而一七一七年拿下貝爾格勒更是將他的聲望推向頂點。一七一八年《帕薩羅維茨條約》（*Treaty of Passarowitz*），鄂圖曼承認哈布斯堡統治的貝爾格勒、巴納特（Banat）與大部分的塞爾維亞，一六八六年起，哈布斯堡完成收復匈牙利之戰。有了這些，加上在烏特勒支（Utrecht）和拉施塔特（Rastatt）獲得的領土，哈布斯堡的勢力達到最大範圍，同時也是躍升十八、十九世紀歐洲強權的跳板。「維也納的哈布斯堡從未統治如此廣大的領土。他們現在成為偉大的陸地強權，從北海

一八一五年後奧地利的領土。

延伸到喀爾巴仟山，從波西米亞到梅西納海峽（the Straits of Messina）。哈布斯堡在整個義大利施展霸權，在德意志占領優勢。一六四八年十月打完三十年戰爭的斐迪南，很難想像如此的復仇。」（Berenger 1997: 24; cf. Kann 1980: 68）

這個時候，確實可能說是「第二哈布斯堡帝國」的誕生，這個帝國和查理五世的歐洲帝國幾乎一樣廣大，版圖僅次於當時的俄羅斯帝國（Ingrao 1994: 121）。而且正是在十七世紀後半與十八世紀前半，哈布斯堡建立一套社會政治制度，以資作為帝國運作的基礎，直至帝國末期。這段期間，尤其哈布斯堡的統治者與神聖羅馬帝國皇帝利奧波德一世（一六五七年至一七〇五年在位）、約瑟夫一世（一七〇五年至一七一一年在位）、查理六世（一七一一年至一七四〇年在位）這三人的統治期間，君王、教會、貴族融合為強大、遍及帝國的統治聯盟，共同抵抗威脅權威的挑戰逾兩百年。憑藉共同利益與文化，這三者緊緊結合，以天主教與效忠王朝為基礎；而且，實在沒辦法的時候，至少在菁英層級，此基礎能夠克服捷克、匈牙利、奧地利、德意志與其他國家之間的差異。

維也納在那些年裡晉升為帝國首都，成為所有特權與榮耀的泉源，吸引帝國所有地區的貴族居住，並以宮廷為中心，培養共同的生活風格，皇帝、貴族、教士大興土木，包括皇宮、教堂、修道院。到了一七三〇年，約有二百三十處貴族宅邸湧現在維也納與周圍，許多出自偉大的巴洛克建築師艾爾拉赫（Johann Bernard Fischer von Erlach）與希德伯朗特（Johann Lukas von Hildebrandt）之手。希德伯朗特為卓越的軍事領袖歐根親王建造奢華的美景宮；艾爾拉赫則是設計哈布斯堡宏偉的美泉宮，欲與凡爾賽宮分庭抗禮。位於維也納卡爾廣場（Karlsplatz）壯觀的查理教堂（Karlskirche）也是艾爾拉赫開始建造，但由他的兒子約翰．米蓋爾（Johann Michael）完成；查理教堂兩側的圓柱展現圖拉真柱[10]的風範，又或者如同查理五世王徽上的海格力斯支柱。為向十六世紀的聖人嘉祿．鮑榮茂（Carlo Borromeo）致敬而興建的查理教堂，同時也能頌揚同名的教堂建立者，也就是皇帝查理（德文又作「Karl」）六世[11]，以及他所統治的帝國。教堂圓柱的浮雕描繪古典羅馬，這點錯不了。沿著多瑙河，就在維也納之外，查理六世也計畫建立雄偉的帝國皇宮，呼應腓力二世在馬德里周圍建立的埃斯科里亞爾修道院（Escorial）。這點無疑再次強調從西班牙到奧地利哈布斯堡的「皇權過渡」；現在西班牙已由波旁王朝統治。但是皇宮只建了一排，為了補償，查理翻修了緊連的克洛斯特新堡（Klosterneuberg）修道院，修道院因而成為那片土地上最華麗壯觀的建築。幾乎同樣令人嘆為觀止的，還有同時期沿著多瑙河建立或翻修的修道院，例如格特維克修道院（Stift Göttweig）、聖弗洛里安修道院（St. Florian），以及頂天立地、貌似要塞的梅爾克修道院（Melk）。

所有學者都強調，藝術之於建立共同文化具有非凡價值，並且賦予哈布斯堡輕易辨識的特色。直到今日，在許多帝國之後的中歐或中東歐國家，這個特色依然鮮明。哈布斯堡的標誌就是華麗的巴洛克風格，即*Kaiserstil*或帝國風格，改編自較拘謹的義大利巴洛克，用來吹噓教會與國家反宗教改革的勝利。[8]常常有人評論，巴洛克這種藝術是精心雕琢的門面、奇異複雜的風格，不僅極盡可能展現效果，同時又設法掩飾終究會洩漏的裂縫和破損（例見，Taylor [1948] 1990: 14; Evans 1991: 443）。《西發里亞和約》之後費力且刻意打造明亮的社會秩序，其中無疑仍有持續不斷的缺失。維也納、普萊斯堡（Pressburg）、布拉格三者之間，儘管貴族整合為統一勢力，中央和地區的關係仍然不明確又不穩定；雖然零星的基督教勢力不得不轉為地下活動，卻仍是動亂來源，尤其在匈牙利與西利西亞（Silesia），波西米亞亦同。帝國的野心往往超越其能耐與資源，結果就是流產的海外冒險（在不列顛的壓力下，查理六世的歐斯登貿易公司〔Ostende Trade Company〕於一七三一年關閉）。[9]帝國冒著巨大風險，依賴歐洲勢力平衡，也依賴外交手腕維持奧地利的利益。

但是在十八世紀的歐洲，事實上每個舊制度都身陷同樣的處境。就法蘭西帝國的情況而言，因為無法解決內部問題，所以導致法國革命；數個其他國家也因十八世紀後期橫掃歐洲的政權正當性危機而灰頭土臉。必須強調的是，哈布斯堡駕馭風暴相對成功，他們走出舊制度動亂的社會秩序，或多或少毫髮無傷，如此就是君主、教會、貴族在這個世紀初期形成統治聯盟最好的證明。

奧地利[10]在十八世紀當然有他們的挫折。波蘭王位繼承戰爭（War of the Polish Succession, 1733-1738）之後，帝國把在洛林（Lorraine）的領土割讓給法蘭西，而那不勒斯和西西里歸給西班牙波旁；但是作為補償，哈布斯堡獲得義大利中部的土地（帕爾瑪、皮亞琴察〔Piacenza〕、托斯卡尼），因而鞏固他們的義大利屬地，同質性更高，而且防禦更完整。與鄂圖曼的另一次戰爭之後，某些因《帕薩羅維茨條約》而取得的巴爾幹地區，包括貝爾格勒，又在《貝爾格勒和約》（*Peace of Belgrade*, 1739）中喪失；但是同時，帝國為對抗鄂圖曼，在斯拉沃尼亞（Slavonia）的克羅埃西亞飛地（裡頭住著塞爾維亞的難民）建造一個強大的軍事前線區域（*Militärgrenze*），成為哈布斯堡最重要的防守陣地。

但是後來在奧地利王位爭奪戰（War of the Austrian Succession, 1740-1748），奧地利將繁榮的省分西利西亞割讓給新興強權普魯士與其國王腓特烈二世（又稱「大帝」），雖然這次損失較為嚴重，不過再次得到補償。各列強接受一七一三年的《國事詔書》（*Pragmatic Sanction*），意謂不僅查理六世的女兒瑪麗亞·特蕾莎（Maria Theresa）可以繼承奧地利王位，更重要的是，列強承認所有哈布斯堡領土與哈布斯堡治理領土的權利。有鑑於哈布斯堡不同領地皆有強大的地方組織與自治傳統，這點必須視為一項重大成就，而且效果長久，持續至帝國一九一八年瓦解（Kann [1950] 1970, 1:9-12, 1980: 58-60; Ingrao 1994: 129-30; Judson 2016: 22-23）。另外重要的是，承認瑪麗亞·特蕾莎的丈夫洛林公爵法蘭茲（Francis of Lorraine）為神聖羅馬皇帝，因此帝國確定還是哈布斯堡的——現在更正確來說，是哈布斯堡—洛林。

哈布斯堡的運氣簡直好得不可思議，總是有失必有得。某些觀察者認為，哈布斯堡帝國在十八世紀初期一飛沖天，到了世紀中期卻陷入泥沼，但是其他人，包括普魯士國王腓特烈二世，他們深知並非如此。到了世

⑩ 譯注：圖拉真柱位於義大利羅馬圖拉真廣場，為紀念圖拉真征服達契亞（Dacia）所立，柱身遍布精美浮雕，淨高三十公尺。

⑪ 譯注：「Carlo」為義大利男子名，英文作「Charles」，德文作「Karl」。

紀中期，帝國在國際之間已是不可缺少的要角，尤其更是抵抗法蘭西這個長期威脅的城牆。「奧地利之必要性」這個概念就在這幾年間建立，並在接下來的世紀中成為外交智慧的傳統，意謂哈布斯堡於穩定歐洲秩序中占據重要地位（Ingrao 1994: 237; Taylor [1948] 1990: 38, 137; Sked 2001: 107-8）。在十八世紀後半，帝國甚至做到內部改革，整頓並革新搖搖欲墜的行政體系，使之突飛猛進；時而又有人說，奧地利對於歐洲啟蒙時期貢獻極少，那個偉大的智性運動就這麼略過奧地利。其中一個解釋是，治理菁英的文化既強大又成功，遍布整個帝國，以致重要的啟蒙時代相形失色。如查爾斯・英格蘭（Charles Ingrao）所言：「波旁與斯圖亞特王朝顯然的缺失，啟發法蘭西與不列顛的哲學家尋求啟蒙代表的不同價值，然而，結合教會、貴族、君王的君主國能夠形成一個合法系統，這個系統重新建立天主教、從匈牙利驅逐突厥人，而且重建並復興繼承之地（*Erblande*）的經濟。與其說是求助懷疑主義與自省，統治階級其實是透過贊助各種巴洛克媒介來散布價值。」（Ingrao 1994: 102）

這段論述部分為真，但更重要的是，啟蒙運動不是略過哈布斯堡，而是併入哈布斯堡。哈布斯堡的土地接收到的是，透過「已啟蒙的專制君主」——瑪麗亞・特蕾莎和約瑟夫二世（Joseph II），這兩人的思想和政策展開「從上的啟蒙」。他們徹底檢修財務、民政、軍事組織，聘請政治家與顧問，諸如弗里德里希・威廉・霍格維茨伯爵（Friedrich Wilhelm Haugwitz）、文策爾・安東・考尼茨（Wenzel Anton Kaunitz）、約瑟夫・索南費爾斯（Joseph Sonnenfels）、伊格納茲・波恩（Ignaz Born）、戈特弗里德・馮・斯威坦（Gottfried van Swieten）（Wangermann 1973: 60-105, 158-59; Okey 2002: 25-39; Judson 2016: 28-36）。隨著一七七三年，教宗克雷孟十四世（Clement XIV）解散耶穌會，瑪麗亞・特蕾莎抓住機會實施普遍的公共教育計畫，學校的普及程度與品質皆超越普魯士（Ingrao 1994: 188-91）。約瑟夫又接著推動言論自由，並擴大容忍猶太人、基督教與東正教的臣民；他也建立國家對於教會穩固的控制，沒收許多修道院，又改革教士教育；他更廢除農奴身分與整個哈布斯堡領土之內的無酬勞動服務（*robota*）。由於他們挑起保守分子的反彈，約瑟夫於一七九〇年去世後，某些強硬的措施隨之廢除或修改。儘管如此，在位時間短暫但聰敏的繼承人利奧波德二世（Leopold II，一七九〇年至一七九二年在位）成功地保住多數他的遺產與名聲。如果不說是十九世紀自由主義想像的「皇室革命」，約瑟夫至少也是啟蒙的改革者。（Wangermann 1973: 175-76; Okey 2002: 40-67; Judson 2016: 51-85）[11]

同一時間——*tu, felix Austria, nube*——瑪麗亞．特蕾莎許多子女的策略聯姻（她和法蘭茲生了十六個子女）令哈布斯堡的影響力伸及西班牙、法蘭西和許多義大利宮廷，最著名的是她的女兒瑪麗．安東尼奧（Marie Antoinette）與法國皇太子，也就是與未來法王路易十六的婚姻。這些國家多數都由波旁王朝統治，而與波旁王朝緊密結盟，因此聯姻不僅結束與波旁超過一個世紀的戰爭，也是奧地利十八世紀後半的防禦基礎。瓜分波蘭事件（First Partition of Poland, 1772）後，奧地利又有更多實質的收穫，首先獲得加利西亞（Galicia）這塊大肥肉；當鄂圖曼人在庫楚克開納吉向俄羅斯求和的時候（一七七四），也從鄂圖曼那裡獲得具戰略價值的布科維納（Bukovina），正好連結匈牙利與剛到手的加利西亞。

帝國在文化上也欣欣向榮，締造繪畫、建築與造形藝術方面的多項成就，音樂方面更是大放異彩。哈布斯堡的皇室與貴族，以及越來越富裕的布爾喬亞，接納並鉅資贊助某些史上最偉大的作曲家：格魯克、海頓、莫札特、貝多芬、舒伯特（就連巴哈也趨之若鶩，然而他是基督教徒，瑪麗亞．特蕾莎因而拒絕）。對弗朗茲．魏費（Franz Werfel）而言，音樂是帝國的共通語言，而莫札特「為奧地利思想發聲」。（1937: 39）無論他們在哪裡出生（許多人來自隔壁的德意志），音樂家湧進維也納，或到貴族的鄉村宅邸，例如海頓就在埃施特哈齊家族（Esterhazy）於匈牙利費爾特德（Fertod）和艾森斯塔特（Eisenstadt）的宅邸，創作並演出許多他的作品。布拉格也成為音樂重鎮，孕育枝繁葉茂的捷克作曲家學派，也是莫札特許多偉大作品的場景。對整個世界而言，之後超過一個世紀，奧地利成為音樂的同義詞，十九世紀後期與二十世紀初期帝國盛世的尾聲亦同。

法國革命前夕，哈布斯堡帝國的威力與強壯達到空前絕後。帝國在各方面建立的制度和前景是「奇妙的恩威並進」，並藉此準備面對下一世紀（Okey 2002: 33）。帝國為工業經濟設下基礎，尤其是波西米亞和下奧地利（Lower Austria），在十九世紀就會大展身手。帝國依然是多民族、王朝的帝國，地方傳統不僅深厚，而且迴異。但是歸功瑪麗亞・特蕾莎和約瑟夫二世的改革，帝國逐漸發展出近乎共同的身分，臣民普遍也接受帝國治理。查爾斯・英格蘭的評語並非差得離譜——「到了十八世紀後半，帝國不僅擁有歐洲最先進的政府和最大的軍隊，也是公共教育與音樂世界的領袖。帝國無視法國革命，繼續扮演領導的角色，並打造維持至一九一四年的國際制度。四年後，當帝國終於崩潰，它在壽命和王朝延續方面其實已經勝過每個主要的君主政體。」（Ingrao 1994: xi-xii；亦見 212-19; cf. Judson 2016: 97-102）

什麼是哈布斯堡帝國？

羅伯特・穆齊爾（Robert Musil）文采遒豔的小說《沒有個性的人》（*The Man without Qualities*）以奧匈帝國末期為題。他寫到「卡卡尼亞」（Kakania）矛盾的本質，並用這個有點貶抑的詞命名一個帝國，然而，卻也是他深愛的帝國。

> 例如，這個帝國是 *kaiserlich-koniglich*（帝國—皇室），而且是 *kaiserlich und koniglich*（帝國的且皇室的）；兩個縮寫是 *k.k.* 或 *k. & k.*，適用每件事情和每個人，但是，為了明確區別哪一個是 *k.k.*，哪一個又是 *k. & k.*，仍需要極少人知道的祖傳知識。在紙上，這個帝國自稱奧匈皇室（Austro-Hungarian Monarchy）；然而，口語上，人們指涉這個帝國為奧地利，意思就是，這個帝國為人熟知的名字，作為國家，已經被人嚴正地宣誓放棄，同時，又多愁善感地保留這個名字；作為一個符號，表示情感就像憲法一樣重要，也表示規定在生活當中並不真的重要。根據憲法，這個帝國是自由的，但是治理系統是教士的；治理系統是教士的，但是整體的生活態度是自由的。法律之前，所有公民平等，但是，當然不是每一個人都是公民。有國會，而這個國會大肆運用自由，以致經常關閉；但是情急之下又有不需國會也可以運作的權力，而

且每次當人們即將開始慶祝集權主義，君主又會宣布現在必須回到國會政府。諸如此類的事情在這個國家屢見不鮮，其中幾件就是那些無可非議地引起歐洲好奇的民族鬥爭，而且今日被人完全誤解。那些鬥爭極為暴力，以致每年幾次都會阻礙政府運作，乃至動彈不得。但是幾次之間，政府與政府呼吸的空間之間，人與人之間相安無事，舉手投足之間也彷彿從來沒有要緊的事。任何真正的事情也從來不要緊。（Musil [1930-32] 1979, 1:32-33）[12]

這段精湛的描述觸及幾乎所有十九世紀哈布斯堡帝國的面向，其中的諷刺似乎完全適合每一個人對帝國愛恨交織的情緒，無論當地人或外地人。首先點出光是命名這個帝國就有困難，這是人人都困惑的謎題：應該是哈布斯堡皇室、哈布斯堡帝國、奧地利帝國（一八〇四年之後）、奧匈帝國或奧匈（一八六七年之後）？「奧地利」是否如同常見的情況，真的代表全部？接著那整個世紀，帝國歷史的特色是憲政主義、集權主義或獨裁主義交替，又被革命和民族主義暴動打斷，例如一八四八年的起義。在不被看好的情況之下，哈布斯堡帝國安然地度過這些暴動，最終在一次大戰的戰火當中崩潰。另外顯著的，而且可能最重要的，就是任何人都多麼不願摧毀帝國；帝國顯得如此必要，就連那些感到壓迫，而且希望徹底改變的人也這麼認為。「奧地利之必要性」不只是一般所謂十九世紀國際舞臺的角色，實際上，也適用所有帝國國內舞臺的主角。「人與人之間相安無事」並不必然輕鬆愉快，但他們卻深深體認彼此互相需要。

R．J．W．埃文斯描述十七世紀後期的哈布斯堡帝國是「複雜且平衡微妙的有機體，不是一個『國家』，而是令人費解的多種異質元素，適度地向中心黏著」。到了十九世紀，歸功瑪麗亞．特蕾莎和約瑟夫二世的集中政策，一致的方向出現重大變化，特別是波西米亞和匈牙利歷史悠久的議會勢力已經急遽消滅。但是帝國仍然是個高度多民族的實體，國力不變，但許多問題的來源也不變。

一般同意，哈布斯堡的版圖通常分為三個主要部分。[13]第一部分是典型奧地利，即狹隘定義的奧地利，「奧地利」在此意謂「Erblande」，即哈布斯堡家族直接治理的世襲土地，不包括波西米亞和匈牙利。哈布斯堡的名字來自「*Habichtsburg*」，「鷹堡」之意，也就是他們祖先十一世紀的家，現在的瑞士北部阿爾高州（Aargau）。十二世紀神聖羅馬皇帝授予公爵頭銜後，他們開始逐漸擴大版圖，取得上萊茵河兩側、瑞士南部的亞爾薩斯（Alsace）和布賴斯高（Breisgau）。一二七三年，哈布斯堡的魯道夫（Rudolf of Habsburg）被選為神聖羅馬帝國皇帝，是漫長世襲皇位的元老；一二七八年，魯道夫一世在馬希費爾德戰役（Battle of Marchfeld）擊敗波西米亞國王奧托卡二世（Ottokar Przemsyl），從此成功取得奧地利公國的領導地位；這個位置自從一二四六年巴奔堡家族（House of Babenberg）的最後一位公爵死後就一直空著。此後哈布斯堡便將他們的勢力轉移到奧地利——Österreich，這個字源自Ostmark，意謂查理曼帝國的「東方邊境」（Eastern March）。

巴奔堡家族留下的財產以及他們與霍亨斯陶芬王朝（Hohenstaufen）皇帝的密切聯盟，這下都落入哈布斯堡家族的口袋，而且巴奔堡被併入哈布斯堡，成為「類哈布斯堡家族」（Wheatcroft1996: 48）。「奧地利」這個名字後來又包括哈布斯堡家族的魯道夫與後繼取得的中歐土地——史泰爾馬克邦（Styria）、克恩頓邦（Carinthia）、伊斯特里亞半島（Istria）、提洛邦，合起來稱為「內奧地利」（Inner Austria）。奧地利也包括神聖羅馬帝國士瓦本（Swabian）的部分，稱為沃爾蘭德（Vörlande）或「前奧地利」（Further Austria）。一五〇〇年，皇帝馬克西米利安一世（Maximilian I）又在繼承的土地中添了戈里齊亞（Gorizia），因此更容易前往第里雅斯特港（Trieste）與亞得里亞海。

哈布斯堡領土的第二部分包含「聖溫塞斯拉斯（St. Wenceslas）王國的土地」（即波西米亞與其從屬國，例如摩拉維亞〔Moravia〕與西利西亞）。第十世紀的時候，波西米亞成為神聖羅馬帝國的領土，直到帝國於一八〇六年瓦解。一一五六年，皇帝腓特烈一世賜予波西米亞王國地位，這是帝國唯一如此特別的領地，而當皇帝改為選舉制，波西米亞隨即成為七個投票國之一。十五世紀哈布斯堡短暫統治波西米亞（以及匈牙利）後，一五二六年，這裡就成為哈布斯堡帝國長久的領地，作為查理五世的弟弟斐迪南部分的遺產。波西米亞貴族之間強力擁護基督教，導致這片領土與其哈布斯堡的統治者兩相衝突。一六二〇年白山戰役期間，波西米亞當地的貴族被擊潰，而且幾乎全體被帝國其他地區的地主取代（以資確保新興貴族對王朝的高度忠誠，穩定持續到十九世紀），基督教也幾乎完全被連根拔除。過了將近一個世紀之久，波西米亞人民才普遍接受哈布斯堡的統治，但是到了十八世紀，波西米亞已經與哈布斯堡的制度緊密結合，並經常作為指定的「Erblande」——即繼承之地。十九世紀，波西米亞成為帝國廣大工業發展的重鎮。

匈牙利——「聖史蒂芬王國之地」——組成哈布斯堡財產的第三部分。匈牙利在一五二六年至一五二七年和波西米亞一起成為共同遺產，但一五二五年鄂圖曼在莫哈奇（Mohács）大獲全勝後，取得絕大部分的匈牙利；哈布斯堡直到一六九九年才收復，但也要到一七一八年才全部收復。匈牙利的面積遼闊，包括今日的羅馬尼亞、克羅埃西亞、斯洛伐克，以及現代匈牙利；十八世紀以來，占據哈布斯堡疆域近一半（百分之四十五），也是所有地區當中自主程度最高的土地，而匈牙利亦緊握自治權不放，這點最後導致一八六七年奧地利—匈牙利折衷方案（Austro-Hungarian Compromise）的二元君主制。從此之後，直到帝國結束，哈布斯堡帝國也稱為奧匈帝國或奧匈。

哈布斯堡除了這三個主要地區，另有其他領土在帝國的生命中扮演重要角色，影響或長或短。如奧地利從西班牙哈布斯堡取得的義大利重要地區；到了十八世紀中期，這些地區還包括倫巴底大區（Lombardy）和數個義大利中部王國；拿破崙戰爭後，他們拿一七一四年至一七九七年控制的奧地利尼德蘭交換威尼托（Venetia）；一七七二年第一次瓜分波蘭（First Partition of Poland），他們從中獲得富裕的省分加利西亞，作為一七四二年割讓西利西亞給俄羅斯的補償。這些改變意謂，一八一五年維也納會議（Congress of Vienna）之後，哈布斯堡的領土在他們的歷史上首次或多或少緊密聚集，穩坐中歐與中東歐，並且延伸進入義大利戰略地位重要的地區。深深建立在十九世紀歐洲人心中的，正是「多瑙河皇室」（Danubian Monarchy）這個政治實體；而今日緬懷哈布斯堡王朝，也最常想起這段時期。

哈布斯堡失去六百年歷史中最重要的角色之後，也就是丟了神聖羅馬皇帝，多瑙河皇室的形象竟弔詭地更加鮮明。一二七三年，哈布斯堡的魯道夫被選為第一位哈布斯堡的神聖羅馬皇帝，繼承接著中斷，直到阿爾布雷希特二世（Albrecht II，一四三八年至一四三九年在位）當選；其在位期間雖然短暫，但是從此之後建立哈布斯堡獨攬神聖羅馬帝國的模式，雖然十八世紀偶有例外，但在神聖羅馬帝國於一八〇六年滅亡之前都是如此。

在較早的世紀，神聖羅馬皇帝選舉的模式通常先由帝國的選舉人選出「羅馬人的國王」，並在帝國直轄的城市亞琛（Aachen）進行加冕；之後才由教宗在羅馬加冕為神聖羅馬帝國皇帝。腓特烈三世（一四四〇年至一四九三年在位）是最後一位在羅馬加冕的皇帝；他的兒子暨繼承人馬克西米利安一世（一四九三年至一五一九年在位）於父親在世期間被選為羅馬人的國王，但是他的敵人不讓他去羅馬，於是他在一五〇八年自行宣布為「候任皇帝」，並在缺乏教宗的情況下，自行加冕為神聖羅馬皇帝。他也大幅修改帝國名稱，從此稱為「德意志民族的神聖羅馬帝國」（sacrum *imperium Romanum* nationis Teutonicae）。（Mamatey 1995: 6）這件事情暗示哈布斯堡在德意志取得領導地位，也影響後來的德意志民族主義，他們將帝國視為德意志統一早期的化身。一八〇六年，帝國在法蘭西的壓力下廢除（因為只能有一位皇帝，而拿破崙宣布自己是皇帝），即使如此，當奧地利於一八一五年被賦予主席職位，領導三十九個王國組成的「德意志邦聯」，哈布斯堡還是能在德意志繼續抱持他們的希望。

同時，哈布斯堡的神聖羅馬皇帝法蘭茲二世（Francis II）預料神聖羅馬帝國即將瓦解，便於一八〇四年自行宣布為新立的「奧地利帝國」皇帝法蘭茲一世（Francis I），也是與「德意志民族的神聖羅馬帝國」切割後，首次純粹的奧地利或哈布斯堡帝國的宣言，這令哈布斯堡較易強調中歐多瑙河的身分。奧地利一直沒有放棄德意志的領導地位，直到一八六〇年代的戰爭，在普魯士強迫之下只好作罷；神聖羅馬帝國瓦解之後，無疑斷了哈布斯堡與德意志諸國的歷史關係——哈布斯堡的君主，早至馬克西米利安一世與查理五世，都十分珍惜這段關係。哈布斯堡帝國的「德意志屬性」，這個問題確實變成十九世紀帝國的核心問題。

十九世紀民族歸屬與身分

若說哈布斯堡的領土是各式各樣的，民族歸屬更是如此。此外，民族歸屬並不必然與領土重疊，因為這點，在哈布斯堡的土地論述民族主義與民族身分時，比起在其他地方顯得又更背信忘義。

數字上，德意志人是哈布斯堡帝國單一最大的族群。[14] 一九一〇年，他們占了百分之二十三——五千一百萬人中占了一千二百萬。二元君主的「奧地利」那邊，德意志人甚至占了百分之三十五；近百分之五十九的主要人口則是斯拉夫人，包括捷克人、波蘭人、「小俄羅斯人」（魯塞尼亞人〔Ruthenes〕／烏克蘭人）、斯洛維尼亞人、塞爾維亞人、克羅埃西亞人（其餘為義大利人與羅馬尼亞人）。[15]

但是，誰是「德意志人」？或者，什麼是「德意志人」？帝國宮廷確實盛行德意志的文化與語言，後來地方機關也是（Kann [1950] 1970, 1:361-62, 1991b: 53-55; John 1999: 30）。帝國官僚和軍隊幹部的語言是德語，城鎮也是，整個帝國都具有德意志特色，諸如布拉格、普萊斯堡（布拉迪斯拉瓦〔Bratislava〕）、布爾諾（Brno）、布達佩斯、薩格勒布（Zagreb），以及維也納、林茨（Linz）、因斯布魯克（Innsbruck）與其他的奧地利城鎮。商人和受教育的專業人士如同貴族一般口說德語，大學以德語授課，學者和詩人亦以德語寫作；也許可以說，德語是帝國的「國家語言」，德意志文化走到哪裡都是高雅文化，只有波蘭的加利西亞和哈布斯堡的義大利地區在低地國家（Low Countries）喪失後，地方貴族和布爾喬亞仍然維持當地的語言與文化。但在其他地方，奧地利的德意志民族主義者後來主張，哈布斯堡帝國——奧地利帝國——可以想成德意志帝國，完全就是「德意志民族神聖羅馬帝國」的繼承者，以及統一的「大德意志」理所當然的領袖。

然而奧地利德意志人的「德意志」幾乎完全是文化的意義，不是種族，甚至也不是族群。只要採用德意志的語言與文化，無論出身，就是德意志人。十九世紀許多自我定義的「德意志人」根源，來自捷克、斯洛維尼亞、克羅埃西亞、塞爾維亞、羅馬尼亞（Taylor [1948] 1990: 27, 285; Deák 1990: 14）。回到家裡，尤其在村莊和小鎮，他們可能還是說著母語，如同約瑟夫・羅特（Joseph Roth）的小說《拉德茨基進行曲》（*The Radetzky March*, 1932）描述馮・卓塔（von Trotta）家族老一輩的人，他們還是說著斯洛維尼亞語。成為「德意志人」骨子裡是階級和文化的事情，等於召告天下自己是都市人，來自德意志文化的大城，不是鄉村的「農民」，而是政府官員、商人、學校老師、律師、醫生或任何受過教育的階級，意思就是既有教養又有學問。就連帝國最國際的語言——音樂，也始於格魯克、莫札特、貝多芬、舒伯特、韋伯等越來越強烈的德意志色彩，直到十九世紀後半，民族主義運動才激起作曲家德沃夏克（Dvořák）與斯美塔那（Smetana）[12]的音樂反動。

更重要的是，身為德意志人，無論是在哈布斯堡帝國或其他地方，意思都不是德意志民族主義的德意志人。在奧地利的德意志人認為自己是奧地利人，或許是「奧地利的德意志人」，而非純粹簡單的德意志人。他們效忠帝國，更重要的是效忠帝國首領，也就是哈布斯堡皇帝與哈布斯堡王朝（Kann [1950] 1970, 1:51-53; Taylor [1948] 1990: 25）。他們的民族主義——如果有的話——是我們稍早（第一章）談到的「帝國的民族主義」，也就是「承擔國家的團體」的民族主義，認為自己等於帝國的目標或使命（「國家愛國主義」〔state patriotism〕可能是另一個名稱）。但這不是十九世紀普遍的民族主義，也就是以種族或族群定義的民族主義；這樣的民族主義，如同大家都知道，尤其大多數德意志人都知道，會毀滅明顯多民族的帝國。帝國內的其他民族，諸如匈牙利人、捷克人、波蘭人，甚至克羅埃西亞人、斯洛維尼亞人、魯塞尼亞人，可能會擁護民族主義的觀點與身分，只要這個趨勢不危害帝國的完整；對他們而言，民族主義可能為他們在帝國中的從屬地位提供某些掩護或慰藉。但是對德意志人而言，他們知道，採取這條路徑是危險的。十九世紀多數時候，德意志人是帝國當中最不帶有民族主義情緒的團體。德意志民族主義者卻志在切斷與帝國的關係，將德意志人統一在泛德意志的民族國家（大德意志計畫〔the Grossdeutsch program〕），但是多數奧地利的德意志人拒絕。直到最後幾年，為回應捷克與其他非德意志民族越來越響亮的訴求，而且主要是在一九一九年帝國瓦解之後，德意志的奧地利人才發展專門的德意志民族主義，而這個民族主義最終在一九三八年的德奧合併（Anschluss）欣然被希特勒的德意志第三帝國吸收。

基於相同理由，許多匈牙利人拒絕民族主義刺耳的呼喚，並設法在帝國的範圍內達成自己的目標。占據百分之十九，約為一千萬人的匈牙利人，代表一九一〇年帝國單一第二大的團體，因此德意志人與匈牙利人占據當時帝國人口總數略少於一半（百分之四十二），那也是一八六七年奧地利與匈牙利「折衷方案」的分治理據之一。其他原因，可能更加實際，是匈牙利當地的機構與自治傳統不斷推波助瀾。不像波西米亞和克羅埃西亞，「聖史蒂芬王國的土地」從來不被當成 Erblande 的部分——不被當成奧地利的繼承之地。

但是直到十九世紀末期為止，統治所有地方機關的匈牙利貴族，如同堅持「自由」與獨立，他們也可能強調歷史的權利與特權，因此他們也有充分理由支持哈布斯堡，並且繼續當個帝國忠誠的僕從。一方面，儘管他們宣稱是「千年匈牙利」的監督人，貴族當中有許多是相對新的產物，如頭銜和土地來自十七世紀末與十八世紀初從鄂圖曼手中收復的匈牙利——一五二〇年代至一六八〇年代，鄂圖曼統治超過一百年的期間，在匈牙利的歷史劃下深刻的區別。雖然不是波西米亞模式全新的貴族，至少在上層的階級，經過哈布斯堡重建，匈牙利貴族也足以參與哈布斯堡的治理與文化。多數權貴家族，例如埃施特哈齊、帕爾菲（Palffys）、包賈尼（Batthyánys），在維也納都有宏偉的宅院，完全融入首都生活（各種活動以外，其中某些人還贊助貝多芬與海頓）。就像波西米亞的貴族，他們知道他們的權力和特權歸功於哈布斯堡。低階的貴族可能會玩玩民族主義，但他們也知道比起布爾喬亞或農民的民族主義，哈布斯堡的治理對他們較有利。對多數的匈牙利貴族來說，一八六七年的奧匈折衷方案就夠讓他們滿意了，而且保證他們效忠帝國直到最後（Evans 2006: 175-92）。

⓬ 譯注：兩位都是捷克民族樂派的作曲家。

還有一個更有說服力的理由，解釋為何馬札爾（Magyar）的貴族應該安於哈布斯堡的治理：為控制「匈牙利」裡頭許多其他族群團體，也就是一八六七年折衷方案後帝國「匈牙利」的那一半，哈布斯堡的治理是必要的。「聖史蒂芬王國的土地」，即「較大的匈牙利」，包括克羅埃西亞與外西凡尼亞，也包括典型的匈牙利，所謂「較少的匈牙利」。一八四八年、一八六七年再次而且更加確定，外西凡尼亞失去身分，被吸收進入單一的匈牙利；至於後來的「斯洛伐克」，從十一世紀起即已屬於匈牙利（「上匈牙利」〔Upper Hungary〕）。

在這個匈牙利（包括外西凡尼亞，但不包括克羅埃西亞）中，一九一〇年的普查顯示馬札爾人近一千萬人，形成明顯多數（百分之五十四）；此外，有近三百萬羅馬尼亞人（百分之十六），近兩百萬斯洛伐克人（百分之十．七），近兩百萬德意志人（百分之十．四），「小俄羅斯人」（魯塞尼亞人或烏克蘭人）與塞爾維亞人各五十萬（百分之二．五），十九萬五千名克羅埃西亞人（百分之一．一）。

這個數據還是隱藏非馬札爾人口的程度，例如猶太人（百分之五）在一九一〇年的普查被歸為馬札爾人；如果扣掉他們，在「較少的匈牙利」的地區，馬札爾人就會變成少數（百分之四十九），而且如果我們加入塞爾維亞人和克羅埃西亞的克羅埃西亞人（馬札爾人希望呈現他們是多數的時候就會排除他們），馬札爾人在「較大的匈牙利」更是少數（百分之四十三）。此外，到了一九一〇年，馬札爾的人口可能經歷膨脹；十八世紀他們占據不到四分之一人口，甚至在一八八〇年，他們也是少數，占據百分之四十六。一九一九年帝國崩潰後，許多後繼的國家普查透露，一八六七年折衷方案後刻意的「馬札爾化」政策製造比從前更多馬札爾人。如同帝國其他部分的「德意志人」，在匈牙利，當「馬札爾人」要花錢，直到非馬札爾的團體興起民族主義，這個身分才沒那麼受到歡迎。

德意志人與匈牙利人也許占據帝國百分之四十二；但若斯拉夫人和羅馬尼亞人，作為「從屬民族」，兩者合一，實際上就會成為帝國多數，占據百分之五十一（百分之四十五或二千三百五十萬名斯拉夫人，百分之六或三百萬羅馬尼亞人）。只有扣除斯拉夫人之中、約有五百萬名（百分之十）的波蘭人，並把他們加入德意志與匈牙利這兩個帝國歷史上的「主要民族」——十九世紀常見的作法——斯拉夫人和羅馬尼亞人才會變成少數。然而，無論多數還是少數，這些團體都沒有團結可言。羅馬尼亞人當然不是斯拉夫人，而且雖然歷史上有點存疑，但他們自豪自己是「羅馬人」，是羅馬帝國多瑙河省分達契亞人（Dacians）的後代（因此在二十世紀，他們改掉令人想起土耳其時期的名字「魯姆尼亞」〔Rumania〕，改成「羅馬尼亞」〔Romania〕）。斯拉夫人之間開始發展隱約的泛斯拉夫主義，這個想法隨著十九世紀遷移越來越強烈；但是，泛斯拉夫主義仍無法阻止越來越鮮明的民族差異——波蘭人、捷克人、斯洛伐克人、斯洛維尼亞人、塞爾維亞人、克羅埃西亞人、魯塞尼亞人／烏克蘭人。

然而，認為不團結的斯拉夫人因此變弱，而德意志人、匈牙利人、波蘭人因為某種更大的民族意識而變強，這個想法是錯誤的，而且還會嚴重誤解民族主義在哈布斯堡帝國的角色。民族主義會變成問題，而帝國直到最後都會與之搏鬥，但是擊潰帝國的不是民族主義。我們稍待會更加詳細地討論民族的問題，但是這裡，重要的是強調，條列哈布斯堡帝國的「民族歸屬」，並不等於記錄帝國的「民族主義」。帝國裡頭各種族群團體都意識到差異，並努力改善相對於其他團體的地位；但是這些差異本身，或者意識到這些差異，都不會威脅帝國的生命。（Cohen 2007: 242-43）

這是因為，就某個程度而言，而且也許高於其他帝國（鄂圖曼除外），帝國的概念和王朝的概念緊密相連，不僅與民族的概念對立，也允許個人深深效忠皇帝——這點從皇帝法蘭茲·約瑟夫（Franz Josef，一八四八年至一九一六年在位）漫長的統治可見一斑（Wandruszka 1964: 2-13; Kann 1991b: 65; Urbanitsch 2004; Unowsky 2011: 238）。哈布斯堡家族和鄂圖曼家族一樣，無間斷地統治超過六百年，哈布斯堡帝國從頭到尾都緊抓「*Hausmacht*」的概念，也就是哈布斯堡家族的權力。哈布斯堡和鄂圖曼，換句話說，是王朝；不只是家族，而是「統治」家族（出自希臘文「*dunasteia*」，權力或統治之意）。為了王朝的威力與光榮，防禦並擴張領土是他們的責任。

「帝國」，無論是神聖羅馬帝國，或是奧地利帝國，和「哈布斯堡」事實上已成為同義詞，哈布斯堡家族就是帝國各種元素的團結象徵，也是連接這些元素的主要軸線。非常重要的是，為了「*Hausmacht*」原則的強度與穩定，王朝不能等同其中一個從屬民族，包括，而且甚至尤其是有時把帝國視為「他們所有」的德意志民族。皇帝法蘭茲・約瑟夫的堂兄阿爾布雷希特大公（archduke Albert）極力倡議王朝的概念，認為王朝是帝國的關鍵，他曾說：「在一個多語言的帝國，居住這麼多的種族和民族，王朝絕不能僅僅歸屬於某個民族。如同一位慈母，必須對所有子女同樣關愛，不能漠視任何一個。就是這個羈絆證成帝國的存在。」（in Sked 2001: 270）。

打從伊始，哈布斯堡就建立複雜的宗譜歷史，將他們的家族連結到古代的特洛伊人（埃涅阿斯）與羅馬皇帝（凱撒），以及各式各樣早期的基督宗教聖人與早期的德意志皇帝，包括查理曼本人。哈布斯堡自己呈現的形象是羅馬的、基督宗教的、德意志的——這個血統完全就是為了領導全歐洲，而不只是領導德意志（Wandruszka 1964: 15-23; Wheatcroft 1996: 41-50）。為何止於歐洲？皇帝腓特烈三世（一四四〇年至一四九三年在位）採取偉大的「A. E. I. O. U.」格言——「*Austria Est Imperare Orbi Universo*」（「奧地利將會統治全世界」）。[16]當哈布斯堡擔起保衛西方基督教界的使命，對抗異教鄂圖曼人，而且對抗內賊基督教徒，他們逐漸認同自己就是文明本身，他們的角色就是天主指定的守護者（Werfel 1937: 14; Wessel 2011: 344）。對於許多他們的臣民而言，那樣的身分賦予哈布斯堡近乎神聖的地位。（Johnston 1986: 183）

哈布斯堡是裝飾統治標誌的高手，無論是建築、繪畫、音樂、儀式、加冕典禮、皇帝出巡、皇帝相關的頭銜與榮譽（Bucur and Wingfeld 2001; Cole and Unowsky 2007; Judson 2016: 233-44）。身為天主教的擁護者、「*pietas austriaca*」（虔誠的奧地利）的倡議者，他們特別在意宗教典禮，例如濯足節的濯足禮，以及每年在維也納舉行的聖體節；場面盛大熱烈，吸引上千教徒，不只來自帝國，而是整個歐洲（Unowsky 2001: 23-26; Wessel 2011: 346-47）。重要的還有哈布斯堡贊助的朝聖地點，尤其是最受尊敬的瑪麗亞采爾大教堂（Mariazell），朝聖者亦來自整個帝國（Frank 2009）。奧地利的天主教，論華麗程度和禮拜儀式皆是翹楚，教堂與修道院誇張的巴洛克風格就是證明。十九世紀後半，教會歷經活力充沛的成長——雖然此時的建築風格偏向新歌德，而非巴洛克——而且儘管對於民間婚姻等議題與國家出現衝突，教會對於哈布斯堡的統治依然忠誠堅定，與軍隊和官僚同為帝國三根支柱。（Judson 2016: 281-88）[17]

皇帝出巡，有助於皇帝在遼闊又多元的疆界建立他與臣民之間近距離的接觸。法蘭茲・約瑟夫於一八五一年、一八八〇年、一八九四年拜訪加利西亞，重燃約瑟夫二世「開明皇帝」（Emperor-Liberator）的聲望，他在那裡參加羅馬天主教與希臘天主教會的彌撒（東加利西亞的農民是東儀天主教會的魯塞尼亞人）；他也拜訪倫貝格（Lemberg）的猶太會堂，那裡的拉比高舉《妥拉》表示忠誠；就連帶著一八四六年與一八四八年起義失敗傷痛的波蘭貴族，一八六七年亦被權力下放所說服，並在一八八〇年熱情歡迎皇帝。法蘭茲・約瑟夫類似的行程走過布科維納、匈牙利、波西米亞、摩拉維亞、倫巴底、第里雅斯特港、提洛邦等地。自從約瑟夫二世以來，他比任何一位先人更勤於代表王朝與帝國喚起民眾情感，並強調共同的儀式與統治形態。（Unowsky 2001: 27-34, 2005: 33-76; Judson 2016: 233-35）

同樣的，法蘭茲・約瑟夫兩次的帝國加冕紀念，分別為一八九八年的五十週年和一九〇八年的六十週年，皆舉辦盛大的慶典。對大眾來說，正是展現真誠的帝國愛國主義之最佳場合，民族多元、皇帝象徵並代表全體，更是兩場慶典的主軸（Beller 2001; Unowsky 2005: 77-112）。[18]無論這些民族之間有何差異，慶典的參與程度、皇帝和家族紀念物與收藏品的大量銷售，這兩件事情永遠提醒帝國廣大的臣民，皇帝存在，而且他所象徵的帝國超越民族。法蘭茲・約瑟夫的肖像遍及整個帝國，在學校、辦公室、私人住所、日常生活用品如杯盤，幾乎媲美宗教符號的地位。（Urbanitsch 2004: 121-29, 135; Unowsky 2011: 244-57）

人們常說哈布斯堡帝國，至少是奧地利的哈布斯堡，軍事經濟疲弱，政策猶疑多變。十九世紀的奧地利劇作家弗朗茨・格里帕澤（Franz Grillparzer）的劇本《兄弟相爭》（*Bruderzwist*）有句知名的話：「走了一半的路，做了一半的事，工具還在半路。」這句話正是哈布斯堡的魔咒（Wandruszka 1964: 117）。根據那樣的說法，他們六百年的國祚簡直是個謎。部分答案必須檢視他們在國際系統當中的角色——「奧地利之必要性」；但是另一個答案可能更重要，部分與統治的秘訣，以及哈布斯堡將此秘訣發揮到淋漓盡致的能力有關。

軍隊是最能看出這個秘訣的地方。在哈布斯堡，軍隊無所不在，無論是上流社會或平民。伊斯特萬．迪克（István Deák）說：「沒有任何軍隊像奧匈帝國的那樣，精神上如此深入流行音樂、文學、藝術……他們風度翩翩的軍官跳著華爾滋，對著美麗的伯爵夫人獻殷勤；他們的普通士兵出口成章、服儀整潔、舉止得體。」（Deák 1990: 213）弔詭的是，哈布斯堡帝國在許多方面都不是非常熱中軍事，並不喜好參與戰爭，往往迫不及待談和。世紀以來，「克萊門蒂娜的奧地利」（Clementia Austriaca）[13]一詞經常出現在哈布斯堡的命令、法令以及其他官方文件，意謂「繼承憐憫、仁慈、寬容的性情」、「天生的、奧地利的溫和敦厚」，這個概念並非沒有真正的意義與效果。（Wandruszka 1964: 130）

軍隊的角色與其說是作為戰爭機器，還不如說是作為社會制度，而且這個制度盡其可能清晰地表現哈布斯堡的精神與志向。雖然軍隊並不精於征戰四海，但透過其文化示範與兵力展現，維持自家秩序卻是非常成功。軍隊是獨特的超民族組織，榮譽、教養、儀式是他們的道德準則，道德與宗教寬容是他們的風氣，也是整個哈布斯堡社會的標準。約瑟夫．羅特的小說《拉德茨基進行曲》剖析一次大戰瓦解的體制，透露其中種種的不理性與不穩定；書中精湛描寫軍隊，說得更實際，正是超民族的軍隊救了一八四八年革命的皇室。然而格里帕澤寫到庫斯托扎戰役（Custoza）的勝利者，即陸軍元帥約瑟夫．拉德茨基．馮．拉德茨伯爵（Field Marshal Joseph Wenzel Count Radetzky）——「In deinem Lager ist Österreich」（在你的軍營找到奧地利），他的觀點相當正確；而且軍隊從庫斯托扎歸來時，軍隊唱的流行歌曲提供音樂家老約翰．史特勞斯（Johann Strauss I）靈感，寫下《拉德茨基進行曲》。這首曲子幾乎成為帝國的第二國歌，而且在帝國結束後更引人懷念（維也納傳統的新年音樂會總是演奏這首曲子）。（Beller 2011: 126）

伊斯特萬・迪克（一九九〇）認為哈布斯堡軍隊的軍官團扮演「多民族君主政體的守護者」，尤其在一八四八年至一九一八年的困難時期。即使在十九世紀末期，當軍隊的社會基礎擴大（而且可能就是因為如此），他們帝國至上的團隊精神與忠誠仍然無可匹敵；（Kann 1991c）軍隊是多族群的、多宗教的、多民族的，其多元程度是其他帝國無法比擬的（就連鄂圖曼，雖然是眾多族群的帝國，但是進入軍隊必須改信）。雖然德語是軍官溝通、指揮的語言，但是軍階和卷宗以多種語言呈現（至少有十種主要語言），而且哈布斯堡的軍官必須學會下屬的語言（Stone 1966: 100）；各個民族的軍官之間關係非常密切，可從通常用於家人與密友之間的稱呼縮寫中發現；尤其是猶太人，在其他軍隊的高層可能相當排斥這個民族，但在哈布斯堡的軍官團之中，待遇卻與其他民族相等，例如允許他們以傳統的決鬥方式捍衛自己的榮譽。（Deák 1990: 133; Stone 1966: 99; Urbanitsch 2004: 116, 134-35） 19

對待猶太人的態度，普遍代表哈布斯堡軍隊如何對待多個民族。實際的考量，例如技術與教育程度、傳統，會決定族群團體分發不同部隊，所以騎兵較常招募馬札爾人、波蘭人、魯塞尼亞人、捷克人，步兵較多來自羅馬尼亞人，砲兵則是德意志人與斯洛維尼亞人；但是一般而言，軍職對所有民族開放。後備軍人與職業軍人當中，德意志人、馬札爾人、波蘭人、捷克人比例確實偏高，但是這點反映的似乎是教育程度不均，而非種族偏見，如同軍官團中猶太人占高比例。此外，如我們所見，德意志人或馬札爾人的身分似乎較有優勢，而且相對容易「通過」，因此許多軍官原本可能是克羅埃西亞人、羅馬尼亞人或魯塞尼亞人（Deák 1990: 181）。迪克說：「縱觀其歷史，哈布斯堡的軍隊公開主動反對任何民族主義的言論……事實是，所有聯軍的軍官，無論意圖和目的，都沒有民族……無論什麼時候，他們的教導都是身為軍官不應帶有任何民族情感，否則甚至等於叛國。」（Deák 1990: 183-84; cf. Jászi [1929] 1961: 141-48; Stone 1966: 97; Kann [1957] 1973: 8, 180, 1991c: 225-35; Wheatcroft

⑬ 譯注：克萊門蒂娜是羅馬神話中的女神，象徵仁慈、寬容、原諒。

1996: 277-78）

適用哈布斯堡軍官團的，也適用多民族帝國另一根主要支柱，也就是官僚體制，以及君主政體首要的部長、顧問、軍事指揮官。這裡也可以發現——呼應西班牙哈布斯堡——帝國之內所有民族團體的實際代表，沒有民族的也不罕見。[20]最著名的「外地人」是哈布斯堡的英雄，即薩伏伊的歐根親王。他拒絕出生地法王路易十四委託，反而進入哈布斯堡軍隊，在對抗鄂圖曼的戰爭中獲得榮耀和名譽，並在西班牙王位繼承戰爭與他從前的同胞法蘭西人為敵。羅伯特·卡恩（Robert Kann）寫道：「整個奧地利歷史，大概沒有哪個人物比這個人更超民族、四海為家，他可能是帝國最偉大的軍人。一個由德意志、法蘭西、義大利元素組成的角色，親王是哈布斯堡家族的光榮最了不起的支持者。」（Kann [1957] 1973: 178-79）法蘭茲·韋費爾稱歐根是*gelertner Oesterreicher*的「最佳範例」，意思是奧地利製造，而非奧地利出生；韋費爾認為這是真正的奧地利帝國概念代表。（1937: 36）

帝國裡頭當然可以找到許多德意志人，雖然他們也不全都出身哈布斯堡。其中包括出身萊茵蘭科布倫茨（Koblenz）的梅特涅（Klemens von Metternich），他是奧地利皇帝法蘭茲一世與斐迪南一世（Ferdinand I）長期的首相。弗里德里希·馮·根茨（Friedrich von Gentz）是來自布雷斯勞（Breslau）的普魯士人；他在維也納會議期間輔佐梅特涅，並透過優雅的文筆強力支持哈布斯堡王朝。如同所有帝國政治當中「承擔國家」的民族，德意志人也得小心不要強調他們的德意志屬性，而是強調帝國僕從的身分（Judson 2016: 298）。約瑟夫二世眼光狹隘的德意志化為期短暫，之後帝國致力消弭所有民族主義的言論，包括德意志人的。[21]

儘管匈牙利在歷史上保持某種與哈布斯堡其他部分分離的意識，匈牙利人（帝國的「第二民族」）相當興盛，不僅支配匈牙利的地方機構，也廣大支配帝國的行政機關與軍隊。到處都可以見到重要的家族，如埃施特哈齊、卡羅伊（Károlyi）、包賈尼。例如哈布斯堡的將軍卡羅伊·包賈尼（Károly Batthyany）成為約瑟夫大公的教師，也就是後來的約瑟夫二世（他的「德意志化」政策，深深傷害匈牙利人的感情）。亞當·弗朗茨·

寇拉（Adam Franz Kollár）出身匈牙利，但本身是斯洛伐克人，他是宮廷的圖書館員，也是瑪麗亞・特蕾莎的顧問。另一位同樣重要的外交最高官員是藏書家卡羅伊・萊維茨基伯爵（Count Károly Reviczky），他是約瑟夫二世在倫敦與華沙的大使。十九世紀，儒略・安德拉西（Julius Andrássy）伯爵父子持續這項帝國外交公僕的傳統，兒子還當上外交部長。一九二一年，小安德拉西甚至試圖復辟，不料因此坐牢。之後還有匈牙利將軍雅諾斯・帕爾費（János Pálffy）、費連・納達斯第（Ferenc Nádasdy）、安德拉斯・哈迪克（András Hadik），以及卡羅伊・包賈尼。軍隊確實成為匈牙利人晉升帝國階級的主要途徑，例如哈迪克成功當上帝國戰爭委員會（Imperial War Council）主席與外凡尼亞總督，之後又當上加利西亞總督。這樣的匈牙利人不必然放棄他們的匈牙利屬性，打個比方，程度不下不列顛帝國中蘇格蘭人的蘇格蘭屬性；他們「重疊，甚至互補兩邊的情感」，結合「堅固的奧地利忠誠」與匈牙利傳統的自由與習俗。（Evans 2006: 32）

波西米亞人與摩拉維亞人對於帝國運作影響程度更大。乍聽之下驚人，畢竟一六二〇年的白山之役徹底擊敗多為基督教徒的波西米亞貴族，天主教的反宗教改革運動隨後在波西米亞獲得勝利。但是重組的波西米亞貴族多半是外國人（波西米亞超過百分之五十的土地財富轉手），他們極力擁護哈布斯堡。此外，奧地利家族，或奧地利後嗣的家族，包括迪特里希史坦因家族（Dietrichtsteins）、列支敦士登家族（Liechtensteins）、埃根博格家族（Eggenbergs）、阿桑斯家族（Althans）、哈拉斯家族（Harrachs），無不扮演橋梁的角色。同時，許多老的波西米亞家族設法生存並振作，藉由改信天主教表示效忠哈布斯堡（Evans 2006: 86-90）。其中最著名的是阿爾布雷赫特・馮・沃德斯坦（Albrecht von Waldstein），更為人熟知的名字是華倫斯坦（Wallenstein）。他是貧窮的捷克基督教貴族子嗣，但從小改信天主教，而且在帝國軍隊飛黃騰達，最後成為夫力德蘭（Friedland）和梅克倫堡（Mecklenburg）公爵以及薩根（Sagan）親王。另有其他老的捷克家族在帝國政府扮演重要角色：馬丁尼茲（Martinic）、斯拉伐塔（Slavata）、洛布科維茨（Lobkowitz）、賽林（Czernin）、金斯基（Kinsky）、科洛瓦德（Kolowrat）、史坦伯格（Sternberg）、諾斯提茨（Nostitz,）與施利克（Schlick）。「若

非華倫斯坦和他的捷克朋友這些自我感覺良好的人，傳統家族原本可能占據更多優勢。」（Evans 2006: 87）

來自摩拉維亞的文策爾・安東・考尼茨擔任瑪麗亞・特蕾莎和約瑟夫二世的首席顧問長達四十年；知名的教育家與奧地利國家愛國主義倡導者約瑟夫・馮・松能費茲（Joseph von Sonnenfels）是來自柏林的猶太拉比之子，他移民到摩拉維亞並改信天主教。十九世紀，波西米亞人持續任職政府各個高層，「這段期間，不管在哪裡的奧地利政府，都可以找到波西米亞人」（Evans 2006: 95, 197）。最有名的大概是弗朗・安東・科洛瓦德—列斯廷基伯爵（Count Franz Anton Kolowrat-Liebsteinsky）。他是國務院之首，也是法蘭茲一世在位期間梅特涅最大的對手（Sked 2001: 29-31）。而且儘管十九世紀捷克民族主義興起，波西米亞人還是強力支持哈布斯堡皇室。我們將會看到，其中一人甚至表示，如果哈布斯堡帝國不是已經存在，就有必要創造出來。R・J・W・埃文斯指出，一八四八年至一八四九年的革命，拯救哈布斯堡帝國的是兩個波西米亞將軍——溫迪施格雷茨親王阿爾弗雷德（Prince Alfred Windischgrätz）與約瑟夫・拉德茨基・馮・拉德茨伯爵，以及另外一個波西米亞政治家施瓦岑貝格的菲利克斯王子（Prince Felix Schwarzenberg）。（Evans 2006: 97; cf. Sked 2001: 228）[22]

如同其他多民族的帝國，哈布斯堡培養帝國的公僕階級，雖然這個階級並非不受歷史差異或新興的民族主義潮流影響，但他們認為自己投身王朝與帝國的時候超越那些區別分野，而付出當然也為他們帶來身分與利益。階級的成員能夠完全理解，聽到某人「效忠奧地利」，皇帝法蘭茲一世就會不耐煩地問：「是，但他效忠我嗎？」（Taylor [1948] 1990: 25）他們發展的共同前景與生活方式主要來自宮廷，反過來也連結分布在帝國許多地區與族群的他們（Johnston 1986: 184; Urbanitsch 2004: 137-38; Kuzmics and Axtmann 2007: 179-214）。因此，羅伯特・卡恩說：「這個階級非常強大，不只維持帝國數個世紀，也形成奧地利帝國制度與行為的形態。人們也將此視為奧地利人基本的生活方式。」（Kann [1957] 1973: 190；亦見 7-24）遍及整個帝國，軍隊和官僚高層的禮節、服裝、語言、品味，成為其他階級的模範。若想在社會出人頭地，就必須採取這個方式。但是，如同羅馬的菁英，種族、族群或民族都不是障礙。

奧地利構想

「奧地利人」或許顯得有些空想，程度不下「蘇維埃人」。但是「奧地利構想」（Austrian idea）確實存在。為了抵抗普魯士主導的德意志民族主義，同時敏銳地意識到帝國的多民族性格，十九世紀許多作家與政治家試圖提出「奧地利」的構想——最廣義的意義，包含整個帝國——並藉這個構想凝聚各個區域，找到共同身分。

典型上，首次全面闡述奧地利構想的，完全不是奧地利當地人，而是來自北方的基督教徒，後來改信天主教，流亡各地的弗雷德里希．施勒格爾（Friedrich Schlegel）。神聖羅馬帝國這個「德意志」的帝國瓦解，而奧地利帝國普及之後，梅特涅與外相施塔迪翁伯爵（Count Stadion）雇用施勒格爾規劃專屬奧地利的愛國主義原則（Beller 2011: 109-10）。一八一〇年，在維也納一系列現代歷史課堂上，施勒格爾汲取查理五世及其哈布斯堡後繼的經驗，反對赫爾德與黑格爾深具影響力的民族主義哲學與歷史。施勒格爾主張，哈布斯堡代表歐洲全體文明，聯合東西南北、德意志與斯拉夫。他們為基督教界對抗共同敵人——突厥人；他們希望以共同目標團結歐洲列強，寧願和解也不願訴諸武力（克萊門蒂娜的奧地利）；他們締造教宗與帝國良好的關係。這就是帝國憑藉的 *die österreichischen Grundsätze*，也就是奧地利原則，以資對抗狹隘的民族主義與沙文主義。在這種民族主義的地方，施勒格爾提倡一個「聯邦國家……本身是個民族與國家聯盟的體系，如同查理五世統治的奧地利。」（in Timms 1991: 902-6）

一八四八年的革命震撼哈布斯堡帝國，也震撼其他歐陸主要強權，另一個著名的奧地利構想也在這段期間公諸於世。捷克歷史學家弗蘭蒂謝克．巴拉茨基（František Palacký）受邀擔任法蘭克福的德意志國民議會代表，當時他表示，身為捷克人，他並不希望加入德意志民族。其他代表得知他的回應似乎相當驚訝。不僅如此，他還舉出事實抗議：「所有公開宣布目的與目標的人，你們現在或將來，都不可逆轉地，永遠破壞身為獨立帝國的奧地利，不讓奧地利存在。這個帝國的保存、完整與團結，不只對我的民族，對整個歐洲與人類文明本身，

都是非常重要，也必須是非常重要的事。」（in Kohn 1961: 119）

巴拉茨基繼續表示，他視哈布斯堡為必要，而且可能是日益壯大的俄羅斯強權唯一的阻礙。俄羅斯無疑是斯拉夫文化，但卻威脅西方更小的斯拉夫民族享有自由與獨立。他在一段著名的宣言主張奧地利代表帝國吹起號角，「根據天性與歷史，奧地利注定成為歐洲對抗亞洲的堡壘與守衛……若非奧地利國家已經存在很久，為了歐洲的利益，甚至人類的利益，我們有必要盡快努力創造一個」。（Kohn 1961: 120）

為了讓哈布斯堡重組，成為所有民族結為聯邦的帝國，也就是他對民族問題的解答，這搞得巴拉茨基心煩意亂。人們經常引用他陰鬱的預言：「我們在奧地利之前存在，也應該在她之後存在。」（Evans 2006: 98）但是直到一八六七年奧地利—匈牙利折衷方案之前，他持續表達他堅定的信念：「考量憑我們自己的力量，幾乎無法建立獨立的主權國家，沒有什麼地方比起奧地利，可以讓我們保留歷史的政治實體與獨特的民族歸屬及文化，而且最終，我們的經濟生命……奧地利之外，我們沒有希望，也沒有政治遠景。」他依賴的奧地利政府應該「不是德意志人的，也不是馬札爾人、斯拉夫人、拉丁人的，而是意義更高、更遠的奧地利政府，意思就是所有成員平等的基礎上……三百多年前，如此迥異的各個民族透過自由協議形成奧地利帝國，我認為這是上天對他們所有人極大的祝福」。（Kohn 1961: 51-53）

漢斯．孔恩（Hans Kohn）表示，這個立場變成十九世紀帝國內多數斯拉夫團體的基本教義。即使一八六七年折衷方案令他們失望，斯拉夫人因此附屬在德意志人與馬札爾人的領導之下，他們仍然持續努力重建帝國，而非瓦解帝國。瓦解帝國的可能性反而嚇壞他們全體（Sked 2001: 226-28; Cohen 2007）。沒有人比捷克哲學家暨社會學家托馬斯．加里格．馬薩里克（Thomas Garrigue Masaryk）更相信這點。捷克斯洛伐克獨立後，馬薩里克成為第一任總統，當然這不是他所希望的結果，只是一次大戰後哈布斯堡帝國瓦解，使他們不可避免地走上這途（Gellner 1994: 115-23）。馬薩里克表示自己是巴拉茨基忠實的追隨者。他稱巴拉茨基「我的指引和主人」，而且感慨一八六七年折衷方案後，巴拉茨基遂失去信心。就像巴拉茨基，馬薩里克認為若要對抗俄羅斯以及日益強大的德意志新興勢力，強壯的奧地利是不可或缺的保護盾牌。他在一八九五年的著作《捷克問題》（*The Czech Question*）中寫道：「我認為巴拉茨基對於奧地利國家的想法，儘管面對所有憲政變革，仍然是個可靠的指引……當我以文字表達我的政治經驗，就是根據他的計畫。我們的政策若要成功，必定要以奧地利的命運真實且強烈的利益為後盾……而且我們的目標必定是整個奧地利和政治制度的進步，此外，文化政治計畫與人民需求亦須兩相和諧。」一九〇九年，他宣布：「我們想要聯邦的奧地利。我們不能在奧地利之外獨立，旁邊是強大的德意志人，讓德意志人踏上我們的土地。」（in Sked 2001: 228）

以強大的哈布斯堡國家為架構，建立平等民族的聯邦，這樣的奧地利構想，最熱烈的支持者是斯拉夫人。原因自然由於他們的地位是從屬團體當中最「從屬」的。就連加利西亞的波蘭人，他們就像其他地方的波蘭人，視自己為「歷史民族」的成員，期盼獨立的波蘭最終復活，然而，即使如此，他們也把哈布斯堡帝國當成對抗俄羅斯威脅最大的屏障。一八六三年，在俄羅斯控制的「波蘭會議王國」（Congress Poland）發生殘暴的鎮壓後，波蘭就把俄羅斯當成威脅。一八六八年，折衷方案之後，出現熱情洋溢的宣言，表示效忠皇室並認同二分的決議，「波蘭人據此證明自己是新的政治體系可靠的支柱」。（Sked 2001: 228）

但是德意志人與匈牙利人，兩個帝國主要的民族，也產出他們自己關於奧地利構想的版本。兩者都明白，如果帝國想要在民族主義的挑戰以及其他列強競爭（十九世紀最顯著的是普魯士）當中存活，就有必要改變帝國。匈牙利人維持傳統的懷疑態度，在他們看來，德意志人只是想在帝國占上優勢。對匈牙利人來說，奧地利人一般而言就是「德意志人」，這種認知在約瑟夫二世改革期間又更加增強（Evans 1994, 2006: 137）。[23]對於斯拉夫人和羅馬尼亞人在他們那半邊的帝國表達的主張，匈牙利人也沒有表示太多尊重——儘管到了十九世紀，事實上在「歷史悠久的」匈牙利，他們已經是少數（百分之四十五）。但是他們足夠意識自己的利益，而且清楚哈布斯堡將他們從「土耳其的俘虜」當中拯救，也覺得效忠帝國能夠提供他們保存文化與實力的最佳機會。自由派的匈牙利領袖米克洛斯·威塞連義（Miklós Wesselényi）驚人地料到巴拉茨基在一八四八年的宣言，他在一八四三年寫道：

> 從屬這個統治家族（哈布斯堡），是連結匈牙利人和這些民族的羈絆，而且基於這個要素，光這些民族和他就是、也可以是利益的親屬關係，因此是他唯一且自然的聯盟。這個情況如此重要，以致如果我們數個世紀神聖的自然羈絆和當下關係不存在，而且如果我們沒有支持哈布斯堡伯爵的帝國枝葉，現在就是這麼做的時候，而且迫切必要如此。這些觀點與這些信念必須輸入我們的血液，變成每個匈牙利人內在信仰的部分。（in Evans 1994: 27）

一八四八年，在哈布斯堡與其他地方的革命，顯示關於帝國應該採取什麼形式，各方見解存在嚴重分歧。但是在年輕的法蘭茲．約瑟夫與大臣施瓦岑貝格（Schwarzenberg）與巴赫（Bach）底下，重新站穩的哈布斯堡統治者，他們也和革命人士同樣深信無法再回到舊秩序（Taylor [1948] 1990: 84-90; Evans 2006: 268-72; Beller 2011: 130-33）。一八五九年與一八六六年失去義大利領土而加速的各種變化，以及一八六六年被普魯士排出德意志，導致一八六七年的折衷方案。這點實際上賦予匈牙利「自家治理」以及對於帝國共同事務真正的發言權。一八六七年後，數個匈牙利人在哈布斯堡行政、外交與軍事部門擔任要職，包括久洛．安德拉什（Gyula Andrássy）、阿拉約什．卡羅利（Alajos Károlyi）、伊姆列．賽切尼（Imre Széchényi）、拉斯洛．斯金尼（László Sz gyény）、亞諾斯．佛格區（János Forgách）、拉約什．班涅代克（Lajos Benedek）（Evans 2006: 207, 238-39, 249）。匈牙利似乎總算在帝國保有一席之地。斯拉夫人所深信、以平等民族聯邦為形式的奧地利構想，當然沒有機會。但是作為多民族的帝國，其中匈牙利扮演核心角色，這樣自利的奧地利構想很有說服力，而且當然延長帝國的生命（Kann 1991d: 216-17; cf. Sked 1981: 180-83, 2001: 191-202）。幾乎沒有匈牙利人想要單打獨鬥，即使那是可能的。正如同斯拉夫人仰賴帝國作為他們的救贖，匈牙利人也是——雖然理由大不相同。對匈牙利而言，不管過去和皇室有什麼齟齬，一九一八年帝國崩潰是他們歷史上的重大悲劇，甚至大於十六世紀被鄂圖曼征服。毫無疑問，匈牙利至今還在痛苦地調適。

十九世紀的奧地利德意志人絕大部分都對德意志民族主義抱持敵意，他們在各方面也對奧地利構想提供貢獻，最重要的，大概也是消極的，就是「不要」強調帝國的德意志屬性。常常有人發現他們支持「奧地利斯拉夫主義」，例如一八四八年的革命。這個主義希望聯合皇室與斯拉夫團體對抗高傲的德意志與匈牙利民族主義。一八八〇與一八九〇年代，這個教條在任期漫長的奧地利總理愛德華·塔菲伯爵（Count Eduard Taaffe）期間獲得支持，塔菲著名的言論是，他維持君主政體的政策就是保持所有民族「處於平均且調節良好的不滿」。塔菲是有愛爾蘭血統的德意志貴族，特別提倡捷克的利益，帶捷克人進入政府，讓捷克語和德語同為波西米亞土地上的行政語言，並在布拉格成立捷克的大學。他組成擁護皇室的「鐵環」聯盟，但是，在這個聯盟中，他也偏袒波蘭人和克羅埃西亞人，同時還有自由派的德意志人。一八九三年他被撤職，等於重重打擊想在民族主義的時代為多民族帝國尋找適當出路的企圖。

奧地利的德意志人從哈布斯堡社會的頂端提供其他品種的奧地利構想。大約就在梅特涅和施塔迪翁要找施勒格爾來提倡奧地利愛國主義的時候，也是法蘭茲一世即將在一八〇四年宣布自己是奧地利皇帝的時候，法蘭茲一世支持他哥哥約翰大公（archduke John）提出「奧地利身分」。約翰大公推動並資助這項偉大的計畫，讓因斯布魯克的學者約瑟夫·霍邁爾（Joseph Hormayr）製造一個源自古代哈布斯堡歷史的民族身分，其中多半是神話。霍邁爾首先產出《民族歷史手冊》（*Handbook for a National History*, 1810），數年後又出版二十冊的《奧地利蒲魯塔克》（*Austrian Plutarch*）。霍邁爾於一八一六年被指定為帝國史官。這些作品實際上提供完整的戲碼，包括與哈布斯堡家族相連的事實、符號、思想，提供支持哈布斯堡的作家和藝術家使用，而且確實在十九世紀被大方地取材。如同克勞迪奧·馬格里斯（Claudio Magris）的觀察，他們提供「道地的愛國年鑑，包含整個快樂的哈布斯堡歷史，收集奧地利與波西米亞過去的偉大人物，作為啟發和仿真的來源」。（in

Wheatcroft 1996: 248；亦見 Wandruszka 1964: 165-67）

更加奢侈，而且再次受到皇帝（這次是法蘭茲．約瑟夫）熱烈支持的是皇帝的兒子魯道夫。魯道夫於一八八四年在聽眾面前向他的父親解釋：

> 奧匈帝國仍缺乏偉大的民族學誌，以今日最先進的科學研究為基礎，加以極度完美的藝術方式裝飾，同時具有激勵與指導的功能，呈現我們祖國與種族全面的樣貌……這項工作將在帝國內外顯示，這個皇室之於諸多國家的人民擁有寶貴豐富的智性力量，以及這些力量如何共同合作締造耀眼成就，而這些成就必定幫助發展共同祖國的意識與力量……以及聯合的愛國主義。透過認識這些性質，培養諸多團體的單一民族特色，令他們實際上互相依賴，必定能夠增強團結，聯合我們祖國所有的民族。（in Wheatcroft 1996: 279-80）

這項事業立刻獲得金錢與官方支持，一八八六年至一九〇二年這十六年間，共產出二十四本書。但更重要的，以及這些哈布斯堡政治宣傳計畫成功的原因，就是每個章節先以紙本週刊發行，價格人人皆可負擔。這種分冊出版的形式依循大眾文學作家的小說與文章出版模式，例如英格蘭的狄更斯。章節以奢侈的手法裝飾，涵蓋歷史、社會、地貌，同步在匈牙利布達佩斯發行，派送整個帝國。（Wheatcroft 1996: 280-81; Judson 2016: 327-28）首幾冊發行的時候，一八八九年魯道夫在梅耶林（Mayerling）離奇自盡。他去世之後，堂弟法蘭茲．斐迪南大公（archduke Franz Ferdinand）繼承皇儲，延續他的願景，直到一九一四年在塞拉耶佛刺殺事件中身亡。

約翰大公和魯道夫皇太子的想法，代表發展奧地利構想兩種互補的方式。一八六〇年代中期，約翰大公的侄子阿爾布雷希特大公提出另一個較保守的版本，重新強調王朝原則。他主張，哈布斯堡若要生存，唯有對臣民保持疏遠與絕對的分離，站在階級與民族之上。永遠不應鼓勵軍隊為「國家」這個「開放且抽象的概念」效命，而是為「奧地利的『家族』，如同祖國的化身，其成員應為祖國流血送命」（Wandruszka 1964: 170）。皇帝法蘭茲·約瑟夫頗受這個觀點吸引，但是他也認為這個觀點需要與約瑟夫二世為國家奉獻的想法融合，這是他六十八年在位期間所全心投入的使命。[24]他的座右銘是「*viribus unitis*」——「具備聯合的力量」，表達哈布斯堡帝國各個民族，在王朝的保護之下，彼此合作的概念；確實和巴拉茨基的觀點大同小異。無論如何，關於帝國的未來，「皇室」的貢獻是，首先，王朝本身必須領頭宣傳帝國的願景，不能任憑自己淪為事件的囚犯；第二，如果帝國將自己等同任何民族或團體的目標，將會步上末路。多民族的帝國必須具備多民族的哲學。

事實上，這也是社會另一端的主張：倒不是來自工人和農民本身，而是來自自己宣稱的代表，也就是中產階級社會主義的知識分子與政治家。不是所有哈布斯堡的社會主義者，都感覺有必要直接處理多民族帝國的問題。某些人認為，一般而言許多馬克思主義者，認為民族文化的問題是個混淆的問題，因為無產階級是國際的實體，超越民族界線，注定要在新的——潛能上屬全球的——社會主義國家中完全取代民族。但是對於被歸類為「奧地利馬克思主義者」的思想家而言，這是不真實且無益的立場。他們認為，傳統的社會主義者將哈布斯堡帝國想成保守、以階級為基礎、需要被掃除的國家，這麼做是冒著風險，將許多帝國的小民族託付給兩側大的民族國家治理，尤其是德意志與俄羅斯。至少現在，哈布斯堡是小民族最好的保護人，如同列寧可能說過，是捍衛利益最好的「政治外殼」。帝國不應廢除；但是需要改革，甚至轉型。

最知名的奧地利馬克思主義者卡爾·倫納（Karl Renner）與奧托·鮑爾（Otto Bauer）接受民族的正當性。[25]與傳統的馬克思主義者不同，他們認為民族不只代表布爾喬亞階級的利益。民族是歷史、精神、文化的實體，值得保存與推廣。但是民族不是國家，而且民族國家——十九世紀多數民族主義者的願望——不必然是民族最佳與最高的政治表現。民族國家造成民族之間對立，為求生存而走向霍布斯或達爾文的鬥爭，於是日漸衰弱。哈布斯堡帝國，也許獨一無二地，包含另一個更有希望、更進步的原則枝芽，也就是多民族的國家，最好組織為多個民族社群的民主聯邦，如同倫納所謂的「民族的自由協會」。鮑爾重新詮釋「社會主義的國際主義」理想，主張在未來社會主義的國家中，民族區別是珍貴的、歷史形成的資源，不會消失，反而會更重要，更能夠表達自我。「不是均化民族的特色，而是在民族多樣性中提倡民族之間的團結，而且這必定是民族之間的任務。」（Bauer [1907, 1924] 2000: 18; 類似亦見 Otto Neurath in Sandner 2005: 282）

鮑爾警告「多瑙河帝國」的工人階級勿將希望寄託在分崩離析的帝國，以為那是解決問題的方法。那樣只會容許德意志、義大利、俄羅斯的「民族帝國主義」撿起帝國的碎片。

> 如果勝利的帝國主義占領奧地利的領土，如果帝國主義將小民族整合為大的民族國家，嚴重的民族鬥爭將會在此爆發——在德意志人與捷克人之間、德意志人與斯洛維尼亞人之間、義大利人與南部斯拉夫人之間、波蘭人與魯塞尼亞人之間——短期之內不可能出現任何階級鬥爭……奧地利的工人不能把希望寄託在德意志、義大利、俄羅斯的帝國主義，那是他們海外兄弟的敵人，而且帝國主義的勝利將會削弱他們自己在家的力量。民族主義的帝國主義，其權術不能作為工人階級的權術。（工人）必須在歷史提供的地帶追求他們的鬥爭……奧地利所有民族的工人，主要目標不能是實現民族國家，而是在給定的國家架構中實現民族自主。如果奧地利持續存在，創造奧地利工人階級的階級鬥爭，最有利的條件將是民族自行管理……對工人階級而言，基於自主、本地管理的民族自治，是住在這片土地的民族共存的法則。
> （Bauer [1907, 1924] 2000: 403-4）

因此，社會主義者必須支持哈布斯堡帝國抵抗敵人，同時尋求由內的改革。羅伯特・卡恩說：「直至一次大戰期間，鮑爾都認為偉大的多民族奧地利帝國是個優良的運作基礎，可以實現他的社會主義計畫。」（Kann [1950] 1970, 2:168）

藝術家和作家也分別貢獻奧地利構想。一次大戰期間，當哈布斯堡帝國力求生存時，偉大的奧地利詩人與劇作家胡戈・馮・霍夫曼史塔發出響亮的信心宣言，他一九一七年的文章就稱之為〈奧地利構想〉（the Austrian Idea）。霍夫曼史塔承認他的主張是遲來的改信。就像許多其他藝術家與知識分子，之前他也大玩諷刺和批評的遊戲，埋怨帝國過時落伍。現在他明白，過去這麼做是既偷懶又危險的舉動。他寫道：「人逐漸不得不認為這個宣稱由某個暴君統治的『集團』、『捆在一起的民族』，是精神力量與歷史必要的展現。」（in Le Rider 1994: 121）對霍夫曼史塔而言，哈布斯堡帝國完全不是自由派和激進言論所謂的「民族的監獄」，帝國保存了容忍、多元與人性的原則。奧地利奇異的 *Schlamperei* 特質，常被嘲笑為混亂、效率低落；現在顯得像是一種態度，表示有益、仁慈的疏忽，當明顯冒犯共同情理的時候，不願強行告上法院。同樣在一九一七年的文章，題名為〈普魯士人與奧地利人之概要〉（The Schema of Prussians and Austrians），對照愛當老大指使他人的普魯士人——他們嚴格遵守規定，不管規定的意義和效果；然而奧地利人則是「猶豫不決又溫和」。（Johnston [1972] 1983: 22-23; Kuzmics and Axtmann 2007: 14, 179-80）

當奧地利社會主義者維克多・阿德勒（Viktor Adler）稱奧地利政府是「ein durch Schlamperei gemildeter Absolutismus」，即「被 *Schlamperei* 馴化的集權主義」，他是在表示讚許。奧地利的「*laissez-vivre*」⑭是人性化的；普魯士專制主義是僵固的。（Johnston [1972] 1983: 22）塔菲伯爵採納作為奧地利政府原則的 *fortwursteln* ——「糊塗、苦幹」，也是類似的意思。（Morton 1980: 159）[26]格里帕澤指控哈布斯堡的失敗源頭是「走了一半的路、做了一半的事」，也許 *fortwursteln* 就是機智的回答。對霍夫曼史塔而言，奧地利構想反而包含「和解、合成、不相容者的橋梁」。哈布斯堡兼具「前線與堡壘」的角色，保護歐洲免於外在威脅，同時也是「流動的邊界」，允許民族與文化跨界往東西方向流動，串連德意志人、拉丁人、斯拉夫人。霍夫曼史

⑭ 譯注：指放任生活之意。

塔的結論是：「這個想要重新塑造自己的歐洲，需要奧地利：一個真正具有彈性的結構，但這個結構也是一個真正的有機體，受到向內的自我崇拜滲透，少了這個自我崇拜就少了凝聚的力量；歐洲需要奧地利理解多元的東方。中歐是個日常實際的概念，但是在最高的領域中，對歐洲而言，奧地利是不可或缺的。」（in Le Rider 1994: 122）

霍夫曼史塔是猶太人，或至少祖籍是猶太人；而且人們常說猶太人是哈布斯堡最忠誠的臣民，誠心投入奧地利構想（如同他們投入鄂圖曼構想）。不同於歐洲其他地區，在維也納、布拉格、布達佩斯、克拉科夫（Cracow）、倫貝格（利維夫），以及許多其他帝國的主要城市，猶太人找到機會培養他們的智性、專業、商業生活。[27]許多受過教育的猶太人融入帝國德意志的上流社會，部分也融入馬札爾、捷克、波蘭文化，端看他們住在哪裡。雖然仍有人完全放棄他們的猶太屬性，而且有幾個重要的人物改信天主教，但數量非常少。反猶主義確實存在，十九世紀後期越來越多。（Schorske 1980: 116-80; John 1999: 59）但是整個社會廣大的寬容態度平衡並抵銷了反猶主義，包括皇帝法蘭茲．約瑟夫自己。一九一六年，法蘭茲．約瑟夫去世，維也納首席拉比莫里斯．古德曼（Moritz Güdemann）在日記寫道：「一個真正 *tzaddik*（公正）的人離開了人世，一位耐心的英雄，在戰爭之中的和平人士。他的事蹟將是眾人之幸。」（Rozenblit 2005: 1）馬爾沙．羅堅布利（Marsha Rozenblit）說，對多數猶太人而言，法蘭茲．約瑟夫「不只是『*der gute, alte Kaiser*』⑮，也是他們法律平等的源頭、法律權利的保證、反猶主義的保護……所有猶太人都懷抱熱切的哈布斯堡愛國主義，為 *Gesamtstaat* ⑯之延續而努力」。（Rozenblit 2005: 2-3, 13; cf. Schorske 1980: 129-30; Déak 1997: 137）

哈布斯堡帝國末期最知名的知識分子和藝術家，有驚人的比例是猶太人或祖籍猶太——許多人，或他們的父母，已經改信基督宗教。幾個最有名的人物，包括維根斯坦、胡賽爾（Husserl）、赫茨爾、阿德勒（阿爾弗雷德和維克多）、凱爾森（Kelsen）、佛洛伊德、馬勒、史尼茲勒、荀白克、霍夫曼史塔、克勞斯、布伯（Buber）、布洛曲（Broch）、羅特（我們可能要加上更早的史特勞斯家族，老約翰和小約翰，雖然納粹企圖說他們是亞利安人）。當哈布斯堡在一九一八年瓦解時，佛洛伊德崩潰了：「奧匈不復存在。我不想活在別的地方……我應該和他的軀幹共存，想像這就是全部。」（in Coetzee 2002: 18；亦見 Jones 1964: 645）

小說家約瑟夫．羅特是另一個深深相信帝國消失是災難的猶太知識分子，無論是對猶太人或歐洲而言。羅特是改信天主教的加利西亞猶太人，對於哈布斯堡並非毫無批評。在他的小說《拉德茨基進行曲》（1932）與續集《皇帝的墳墓》（*The Emperor's Tomb*, 1983），他暴露帝國守舊、效率低落，時而殘暴的面向。但是他對卓塔家族的描述展現他對帝國的喜愛，以及許多帝國臣民忠誠的力量：祖父是「蘇法利諾之役（Solferino）的英雄」，在戰場上拯救法蘭茲．約瑟夫的性命，並因此受封貴族；父親是地區隊長馮．卓塔男爵；男爵之子是軍官卡爾．約瑟夫（Carl Joseph）。當卡爾．約瑟夫想要駐守在斯洛維尼亞的村莊，藉此回到卓塔的故鄉斯洛維尼亞，他的父親警告他切勿如此：

> 他自己也是地區隊長，卻從不希望看見父親的家鄉。他是奧地利人，是哈布斯堡的僕從與官員，而他的家鄉是維也納的帝國皇宮。如果他聽到任何政治觀點，關於改進這個偉大而多元的帝國，他會欣然接受，因為所有的君主領地僅僅是皇宮大型的雜色前院，而君主政體的所有民族都是哈布斯堡的僕從。他是地區隊長。在他的轄區，他代表陛下。他身穿金領，頭戴三角帽，配戴長劍。他並不希望在肥沃的斯洛維尼亞土地耕種。致他的兒子，極為重要的信中寫著：「命運將我們的家族從邊境的農民轉為奧地利的王朝。這就是我們應該保持的。」（Roth [1932] 1995: 125-26）

⑮ 譯注：意指「好的老皇帝」。
⑯ 譯注：指政府、國家。

小說家J・M・柯慈（J. M. Coetzee）在《拉德茨基進行曲》前言〈致哈布斯堡奧地利之輓歌〉說，羅特寫道：「我最難忘的經驗是戰爭與失去祖國，我唯一有過的祖國：奧匈君主國。我愛這個祖國，它令我能夠當個愛國者，同時又能當個世界公民。無論在奧地利所有民族之間，或身為德意志人。我愛這個祖國的優點與美德，而且今天，它死了也消失了，我甚至也愛它的瑕疵和缺點。」（in Coetzee 2002: 18）一九三八年奧地利與納粹德國合併前夕，焦急的羅特迫切希望見到奧地利總理庫爾特・許士尼格（Kurt Schuschnigg），打算說服他支持哈布斯堡帝國復辟；而他的最後幾封信（他死於一九三九年）寫給德根菲爾德伯爵（Count Degenfeld），也就是時任流亡政府奧托・馮・哈布斯堡（Otto von Habsburg）的副官，信中羅特要求他「代為轉達陛下我由衷之謝忱，向他保證我必定會遵守他對我下達的任何命令」。（Roth 2012: 528）[28]

「比起捷克人或德意志人，我更是馬札爾人，但是最重要的，我是奧地利帝國的公民，而且唯有如此，我才是馬札爾人。」匈牙利記者奧爾瑞・卡其卡麥提（Aurel Kecskemethy）在他一八五六年的日記中如此寫道。（Evans 2006: 282）哈布斯堡帝國的猶太人完全可以懂得這種情感。他們也認為，身為帝國忠誠的公民，才能輕鬆當個猶太人。古斯塔夫・馬勒可能說過：「我三度無家可歸——在奧地利當波西米亞人、在德意志人之間當奧地利人、在世界當猶太人。」（in Janik and Toulmin 1973: 109）但是馬勒的猶太身分並沒有妨礙他成為維也納國家歌劇院的*Hofoperndirector*，也就是音樂劇導演這個人人嚮往的藝術職位，也沒有阻撓維也納大眾崇拜他（Spiel 1987: 165-67）。史尼茲勒和霍夫曼史塔的猶太出身，也沒有影響世人讚賞他們。

基於一九三〇與一九四〇年代等著他們的恐怖，猶太人和其他許多人，都有充足理由為哈布斯堡帝國和奧地利構想消逝而悲痛。奧托・鮑爾的著作《民族性與社會民族之疑問》（*The Question of Nationalities and Social Democracy*）於一九〇七年出版之後，一九二四年發行新版。他在新版被迫承認以聯邦原則復辟哈布斯堡帝國的希望不復存在。「我在一九〇七年提倡的政治計畫，試圖解決奧匈民族歸屬的問題，已經成為歷史。」（Bauer [1907, 1924] 2000: 6）一次大戰、俄國革命、一九一八年哈布斯堡本身的崩潰，三件事情完全抹煞戰前的改革計畫。但是鮑爾是對的。該書的核心論點，以及彰顯的傳統，從施勒格爾到霍夫曼史塔，假道巴拉茨基與馬薩里克，無不與戰後互相競爭與衝突的民族國家息息相關，尤其是與他所謂的「非歷史民族之覺醒」有關，也是中東歐的「大民族」所輕視的。

後來的思想家幾乎同樣熱切地重提這個傳統。捷克斯洛伐克和波蘭的命運，以及許多中歐小國的命運，無論是兩次大戰之間或大戰之後，似乎只是證實那個基本的洞見正確——俄羅斯與德意志之間必得存在「第三力量」。隨著共產主義世界發起改革（*perestroika*），捷克小說家米蘭・昆德拉（Milan Kundera）於一九八四年的文章中重申這個論點，引起廣大注意。昆德拉清楚指出巴拉茨基的「夢想」——中歐作為「平等民族的家庭，每個民族以尊重與信任相待，同在一個強大、統一的國家保護之下，而這個家庭也會養成自己的獨特性」。他哀悼哈布斯堡帝國消逝，並感嘆帝國沒能實現巴拉茨基的夢想。「奧地利帝國曾有絕佳的機會將中歐締造為強大、統一的國家。但是奧地利人……沒能成功建立平等民族的聯邦，而他們的失敗是整個歐洲的不幸。出於不滿，中歐其他民族於一九一八年與他們的帝國分手，卻沒發現，儘管帝國有所缺陷，卻無可取代……奧地利帝國崩潰後，中歐隨即失去城牆。」（Kundera 1984: 33-34, 37; cf. Timms 1991: 909-10; Kumar 2001: 93）

衰退且陷落？

一九一四年六月，哈布斯堡繼承人法蘭茲・斐迪南在塞拉耶佛遭到暗殺時，諷刺作家卡爾・克勞斯描述當時的哈布斯堡帝國是「世界盡頭的實驗組織」（*eine Versuchstation des Weltunterganges*）（McCagg 1992: 63）。學者和評論家只是興高采烈地隨之起舞，將哈布斯堡帝國列入以衰退與滅亡為特色的帝國文獻。其中顯著且具影響力的是奧斯卡・嘉慈（Oscar Jászi）在一九二九年首次出版的著作《哈布斯堡君權之瓦解》（*The Dissolution of the Habsburg Monarchy*）。嘉慈是匈牙利人，該世紀初積極參與失敗的帝國制度改革，於是認為自己的任務是「描述大眾的心理歷程，關於哈布斯堡君權崩潰，以及刻意闡述共同意志卻失敗」（Jászi [1929] 1961: v）。正是嘉慈將「不同民族不可和解的敵對」等同帝國永遠解決不了的核心問題。他主張，不該視一次大戰為帝國陷落的原因，「而是君權深層內部危機的最後清算」。（Jászi [1929] 1961: 23；亦見 Kann 1980: xi; Cornwall 2002: 2-3）

在十九世紀，關於哈布斯堡的情況與未來，這是長久存在的觀點。（Deak 2014: 338-57）許多說法都不離「諸神的黃昏」（Götterdämmerung）[17]（例如，Namier 1962）。如果不是鄂圖曼帝國的「病夫」形象在先，這個觀點亦有相同的意思，認為哈布斯堡或多或少注定瓦解，無能解決許多內部問題，而最重要的就是民族問題。身為破舊、多民族、王朝的帝國，哈布斯堡成為古老、形式過時的政體代名詞。就連以反傳統著名的 R．J．W．埃文斯也說：「拿破崙戰爭之後，哈布斯堡帝國衰退成虛弱無力、保守的獨裁政權。」（Evans 2006: 108）在位期間漫長，並且蒙受諸多苦難的皇帝法蘭茲．約瑟夫，謹守並尊重古老的僵固形式，似乎象徵帝國無可救藥的守舊。難道在一九一六年去世前不久表示「我一直清楚我們在現代世界中有多麼反常」的人，不就是法蘭茲．約瑟夫嗎？（in Wank 1997a: 48）

十九世紀期間，哈布斯堡的敵人能夠將帝國宣傳為「民族的監獄」（*Völkerkerker*）；此外，許多國家把知名的民族主義流亡者奉為英雄，例如曾經帶頭反抗帝國的匈牙利人路易斯．科蘇特（Louis Kossuth）和義大利人朱塞佩．馬志尼（Giuseppe Mazzini）。想當然爾都沒幫助。哈布斯堡的陷落確實被當成教科書的範例，代表民族主義不容於帝國，以及在現代世界中，前者必定勝利。

英國歷史學家 A．J．P．泰勒在一九四八年的著作《哈布斯堡皇室：一八〇九—一九一八》（*The Habsburg Monarchy 1809-1918*）就是這類觀點極具影響力的代表。泰勒拋棄所有之前的觀點，包括他自己的，以及「自由派的幻覺」——認為如果哈布斯堡的領袖不同，或者政策不同，或者免於某些外交政策的不幸，帝國就不會滅亡。泰勒反而堅決主張：「超民族王朝國家與民族原則之間的衝突直到最後都是需要解決的問題，君主和臣屬民族之間的衝突也是。不可避免的，任何讓步都來得太晚也太少；而且同樣不可避免的，每個讓步都產生更暴力的不滿。民族原則，一旦開始，就必須自行找到結論。」（Taylor [1948] 1990: 9；較後來的觀點，見 Taylor 1967; cf. Namier 1962; John 1999: 20）

同時又必須說，所有近期研究與再探已經徹底修正，而且許多情況否認這個傳統觀點（例見，Wessel 2011; Unowsky 2011; Deak 2014: 357-61）。哈布斯堡帝國的陷落，比起其他任何捱過一次大戰期間與之後「帝國瓦解潮」的歐洲帝國，並非更不可避免。哈布斯堡的問題比起其他王朝的陸地帝國並無格外不同，而且某些方面而言，比起包含許多非西方人口文化的海外帝國，如不列顛與法蘭西，反而較為容易管理。最重要的，消滅帝國的不是民族主義，無論是君主的民族主義或臣屬民族的民族主義；招致哈布斯堡帝國在一九一八年滅亡的是其他帝國，以及他們捲入的漫長戰爭。[29]

所有十九世紀的帝國都經歷這種或那種危機，如同我們在鄂圖曼見到的情況，而且我們也將在俄羅斯與其他帝國見到。所有帝國在管理多元民族、廣袤無垠的帝國，面對其中的複雜繁瑣，無不感到壓力，程度遠勝整合、相對同質的民族國家。可能有人會說，這種危機與壓力是帝國的特產。這也是為何常見他們的政治家與知識分子為了帝國的未來焦頭爛額，並且發出陰鬱的預言，而這些預言在帝國消失之後，又被當成準確的診斷。後見之明總是容易。哈布斯堡在一九一八年陷落的事實被當成帝國必須陷落的證據，表示他們的失敗，如果不是更早，也已經寫在上一個世紀的歷史。更不用在乎實際上一次大戰前夕，沒人希望哈布斯堡陷落，甚至，就連帝國最兇狠的對手，也沒料到帝國陷落。

事實是，哈布斯堡在十九世紀的故事，可以輕易被讀成衰弱與失敗，也可以輕易被讀成強大與成功（cf. Wandruszka 1964: xx; Deak 2014: 361-79; Judson 2016: 1-15）。帝國駕馭拿破崙戰爭以及一八四八年革命，在法

⓱ 譯注：德國作曲家華格納所著歌劇《尼伯龍根的指環》（*Der Ring des Nibelungen*）的第四部，改編自北歐神話，該詞亦用來比喻世界末日、災難。

蘭茲・約瑟夫與顧問（包括他自己家族的成員）的領導之下重組。即使最嚴重的挫折，如一八五九年失去義大利領土與一八六六年敗給普魯士，也是具有建設性的檢討，導致一八六七年的折衷方案與二元君主。這件事情當然延長帝國的壽命，而且倘若沒有一次大戰，還可能在未來繼續改進。此外，巴爾幹半島的補償賦予帝國新的轉彎與可能的嶄新前景。隨著鄂圖曼撤退，或許能讓斯拉夫人成為三重皇室的「第三國家」？（Eisenmann 1910: 198; Kann 1977; Sked 2001: 247-51）

儘管有所不滿，捷克人、斯洛伐克人、斯洛維尼亞人、克羅埃西亞人、塞爾維亞人、波士尼亞穆斯林、波蘭人、魯塞尼亞人、羅馬尼亞人，都認為失去帝國的損失比留住帝國多。德意志與匈牙利人在帝國裡頭當然是最舒服的，如同猶太人，只是猶太人的理由不同。我們急著評斷這些團體在帝國的處境之前，應該想想一九一八年之後，命運如何造化這些團體。戰爭是輿論和民心最大的試驗，而且基於該判準，從各項證詞來看，哈布斯堡帝國的表現相當不錯。諾曼・斯通（Norman Stone）寫道：

> 論一九一四年的行動，帝國的民族回以意想不到的熱忱，就連捷克人也沒有理由抱怨……事實上，一九一四年之前區分奧匈政治的民族歸屬騷動，在一九一四年幾乎消失了。直到一九一六年，才又開始出現嚴重不滿，而且直到一九一七年，「較弱的民族」才開始在君權之外摸索解決方法。到了一九一八年，各民族都暴露在不可容忍的壓力之下。（Stone 1966: 103）[30]

「因為輸了重大的戰爭，所以帝國陷落。」（Sked 2001: 301）這個觀點越來越受到哈布斯堡帝國的學生歡迎（例如，Unowsky 2011: 237-38; Zückert 2011: 517; Deak 2014: 379, 2015: 261-74）。這並非忽略長期的趨勢或問題。長期的趨勢或問題最終可能就像拉下任何其他帝國一樣，擊潰哈布斯堡帝國；沒有帝國長生不死。這只是說，一九一四年，除非某些無法預料的災難，沒有理由認為帝國無法生存。（Kann [1966] 2011: 205）那

個災難確實隨之而來，以冗長耗竭的戰爭為形式，把奧地利逼到輸的一邊，受到大傷元氣的打擊。（Cornwall 2002）

如果我們回頭簡短看看十九世紀帝國的發展，可以提出許多正面成就。有別於公認的經濟衰退，學者現在強調相對快速的改變步調，尤其十九世紀下半的高程度工業化。儘管整體發展並不平均，到了一九一四年，光是捷克斯洛伐克就貢獻百分之五十六的奧匈國內生產；有零星地區呈現衰退，例如加利西亞和布科維納，但是十九世紀整個西方經濟都是如此，包括美國。一九一三年，奧匈帝國貢獻整個歐洲的國民生產總值（GNP）為百分之十．一，相當於法蘭西，而且整個十九世紀，奧地利名列整個歐洲經濟第四強，次於不列顛、德意志、法蘭西。如同麥克．曼恩（Michael Mann）所言：「哈布斯堡的經濟是資本主義的成功。」（1993: 333；亦見 262- 64, 333-36）[31]

政治上也是，二十世紀初期，帝國需要依賴各方力量才能維持相對健康的狀態，並且克服許多從前苦惱帝國的許多問題。「公民社會」，即諸多關於「民意」的非國家組織與協會，處於繁榮興盛的狀態；日刊或週刊亦踴躍發行。許多組織遍布整個帝國，例如帝國中學協會聯盟（Imperial League of Secondary School Associations），或者至少是多民族的組織，例如奧地利婦女協會聯盟（League of Austrian Women's Associations）。階級也可能凌駕民族差異，最明顯的就是一九〇〇年代初期行業工會與社會主義政黨興起（Berenger 1997: 245-47; Okey 2002: 336-42）。一八四八年之後，恢復活力的官僚組織，包括許多來自帝國各地的「新人」，完成帝國中央政府重大的改革與現代化。官僚組織與積極且資源豐富的市政機關合作，並大幅繞過省分限制與其他當地貴族的大本營，帶頭創造現代的憲政國家（儘管不是一個「民族」國家），因此允許開放多數西方社會興起的自由與權利。（Deak 2015; Judson 2016: 336-63）

一八六七年的折衷方案似乎奏效，對確實覺得已經被排除的斯拉夫人與羅馬尼亞人做出重大讓步。一九〇七年，法蘭茲．約瑟夫推動選舉改革，促成奧地利男子擁有普遍投票權（並且承諾延及匈牙利），此舉大大消弭不同民族代表不公的問題，而且此時德意志首次在上議院（Reichsrat）成為少數（Okey 2002: 349-50）。法蘭西學者路易斯・艾曾曼（Louis Eisenmann）是近代哈布斯堡歷史相當博學的學生，他在一九一〇年的文章指出，戰勝許多危機的哈布斯堡帝國，現在非常強大且堅韌。

> 一九〇八年十二月二日，法蘭茲・約瑟夫一世慶祝即位六十年。一八九八年十二月即位週年時，歐洲對於這個皇室的未來感到憂慮與不信任，彷彿法蘭茲・約瑟夫死後，這個帝國注定會瓦解。但是十年轉瞬而逝，而預言完全改變。嚴重的危機光靠皇室內部的力量已經排除。外在的危險，也就是泛德意志主義與泛斯拉夫主義，此時已經不如過去嚴重。泛德意志主義已經被普遍投票權解除，而泛斯拉夫的情感逐漸變弱……民族之間仍有暴力鬥爭，但是不可避免的解決方法就在眼前。實際上，奧地利與匈牙利的聯盟已經透過新的折衷方案與新的東方政策加強。彷彿所有奧地利人、匈牙利人與奧匈問題都能從內平定。過程亦步亦趨，也為未來鋪上安穩的道路。（Eisenmann 1910: 212）

艾曾曼繼續將許多「觸角遠伸且和平的轉變」，歸功於皇帝法蘭茲・約瑟夫的「智慧、自制、節制、機敏、不帶歧視」。他說，很多轉變端看他的繼承人。「但是帝國的民族從五十年的民族與憲政生活得到力量，與他們的君主肩並肩實現他們的願望，必要的時候，甚至反對他們的君主。他們已經成熟，而且如果他們希望控制自己的命運，就做得到……他們已經了解將他們團結在同一君主底下的共同利益，而且遲早他們將會意識到他們的力量，並且依照自己的利益支配這個力量。帝國再也不光依靠王朝羈絆，也依賴他們有意識的聯盟欲求。帝國重大的內部變化就在這裡；帝國巨大的新力量就在這裡。這是法蘭茲・約瑟夫統治的非凡結果。」（Eisenmann 1910: 212）

這是一段不同凡響的結語，和那幾年，以及尤其從此之後充滿惡兆的預言完全不同。但是這段話似乎建立在堅固的基礎，很大程度因為這位學者幾年前才針對一八六七年折衷方案寫下批判文章，而且各方面而言，他都不會被認為是哈布斯堡派出的厚臉皮宣傳員。此外，當劇變來臨，一九一四年戰爭爆發，哈布斯堡的軍隊就像鄂圖曼，證明不只忠心可靠，而且令人驚訝的是，他們也是高效的戰鬥軍隊。「所有政府都同意，軍隊值得稱讚，而且一九一八年夏季之前，都是有效率的戰鬥機器，南部斯拉夫人參與絕大部分的戰爭，直到最後。因此，帝國不是被民族問題擊垮。」（Sked 2001: 266; cf. Zückert 2011: 510）帝國也捱過驚人的死傷：八百萬個徵召軍人之中，超過一百萬死亡，超過一百五十萬被俘或失蹤。加上其他損失，「我們必須總結，參戰的人，損失超過一半」。（Deák 1990: 192-93）

哈布斯堡軍隊還有另外兩件戰爭的特殊事蹟：民族團體直到最後依然忠誠——斯拉夫人、羅馬尼亞人、義大利人原本應該與哈布斯堡的敵人同一陣線；以及另一個事實，所有列強之中，自從一八七〇年代以來，哈布斯堡的軍隊占人口總數最少，「只有俄羅斯或德意志的四分之一，不列顛和法蘭西的三分之一，甚至比義大利更少」（Taylor [1948] 1990: 247; cf. Stone 1966: 96, 103; Sked 2001: 266- 67; Zückert 2011: 516）。兩件事實充分顯示，幾乎所有民族團體都仍相當程度地在為帝國奉獻，以及統治者憑著有限的軍力，希望保存明確的君主政體。雖然兩件事實最終都無能拯救帝國，並不意謂帝國無法拯救。重要的是應注意，直至一九一八年初期，主要的協約國國家，尤以不列顛和美國而言，都無意看見哈布斯堡帝國瓦解。一九一八年一月，威爾遜總統十四點原則的第十點清楚宣告：「應該賦予奧匈帝國的民族最自由的自主發展機會」——不是民族獨立。直到後來威爾遜才接受，當時情況已經改變，這種結果可能是為必要。（Namier 1962: 184, 188; Cornwall 2002: 177-78）

許多關於哈布斯堡後期的傳統言論，都是從一九一八年之後的情況回頭評論。哈布斯堡帝國確實瓦解；多半依照民族而形成的繼承國家確實興起，包括捷克斯洛伐克、南斯拉夫、波蘭。因此這些民族國家一直都在等待出生，也在等待帝國長久存在但最終致命的源頭。這是熟悉的「睡美人」故事，也是民族史學史與民族政治宣傳的故事。然而，這樣的故事千萬不可相信。沒有帝國有責任永遠存在。哈布斯堡帝國，以各種形式，持續將近六百年。帝國最終陷落的原因非常複雜；但是民族問題只是其中之一，而且可能不是最重要的。

還有另一個理由說明，為何後來的哈布斯堡被呈現為衰落且準備瓦解的形象。一九一八年後，「德意志的奧地利」區塊亟欲尋求某種身分。對於許多奧地利的德意志人來說，失去他們的帝國，被「大德意志」吸收，也就是新的德意志帝國，似乎是個合理的解決方法（Bruckmüller 1993: 198, 219, 2003: 304-11）。純粹的「奧地利」身分在當時似乎沒有意義：奧地利身分包括什麼？變節的奧地利人希特勒（生於林茨附近）統治崛起的德意志，這樣的吸引力再明顯不過。一九三八年，奧地利人對於「德奧合併」幾乎全體推崇。有了這個選項，奧地利的德意志人就像老哈布斯堡帝國的其他民族，他們能夠欺騙自己：這一直都是他們的命運，是帝國遮蔽且阻擋這個命運。對他們而言，如同對其他民族，把哈布斯堡帝國說得不值也有道理——帝國是互相分離的區塊，以人為且「非自然」的方式聚集，等待機會分解為自然的成分。[32]

直到納粹政體的災難發生，以及一九四五年完全戰敗，奧地利人才清醒，體認有必要再次思考他們的身分。由此可見，如同史蒂文·貝勒（Steven Beller）所言：「直到一九四五年，奧地利人才嚴正試圖建構有別於德意志人的民族身分。」（Beller 2011: 1）從各方面而言，他們相當成功（Bruckmüller 1993: 199, 221）。但是他們是從已被埋藏的歷史背景之中這麼做。這段歷史往往會浮出水面，困擾他們試圖為自己建造的新身分。如同所有帝國的民族，他們不能輕易揮別帝國的過去。

Chapter
Five

俄羅斯與
蘇維埃帝國

我們數十年來犯下的錯誤，就是我們還不承認，自從彼得大帝和凱薩琳二世後，就沒有俄羅斯——只有俄羅斯帝國。

——謝爾蓋・維特（Sergei Witte, 1910, in Hosking 1998a: 479）

十九世紀俄羅斯民族主義的兩難如下——如果真有的話，視沙皇國家為民族目的之化身，為表達民族目標與價值的工具，同時，國家本身戒慎恐懼看待民族主義自治的表現。

——漢斯・羅傑（Hans Rogger, 1962: 253）

蘇維埃聯盟是俄羅斯歷史不可溶解的部分，然而卻相當程度摧毀俄羅斯……蘇聯是俄羅斯的，也是反俄羅斯的。這就是根本的兩難。

——傑佛瑞・霍斯金（2006: 347）

雙帝國故事

從帝國轉世為蘇維埃聯盟這個高點來倒著說俄羅斯帝國的故事，這麼做不無可能，而且具有啟示。蘇聯實際上收復所有前沙皇帝國的土地。就像沙皇的帝國，蘇聯宣告全球的使命，然而不是宗教使命，而是激進的無神論教條。如同沙皇的帝國，主要承擔新使命的是俄羅斯人，他們是兩個帝國中最大的團體，也是統治帝國的團體。兩個俄羅斯帝國存在明顯的差異，尤其於國際脈絡上——美國興起是一個，德國捲土重來並帶來威脅是另一個。但是許多觀察者，無論是俄羅斯人或其他人，都很訝異兩者的相似之處與延續性。俄羅斯哲學家尼古拉·別爾佳耶夫（Nikolai Berdyaev [1947] 1992:263）認為，長久以來有個信念，認為俄羅斯是「第三羅馬」，即羅馬與拜占庭的繼承者，身負普世任務，相當前兩個帝國的基督宗教使命，而蘇聯只是這個信念最近的代表。對其他人而言，尤其在西方，相似之處更在於——儘管蘇聯抗議——事實上他們單純就是帝國，就像前任沙皇，抱持同樣的帝國動力和野心。看待、分析蘇聯，應該視之為世界上互相競爭的帝國之一。

重疊和延續意謂著蘇聯也繼承過去沙皇帝國許多問題。如何面對疆域內部許多非俄羅斯的民族？他們是否獲准維持自己的文化與相對高程度的自治？或者他們會被「俄羅斯化」，被同化？俄羅斯人本身又是什麼？他們在帝國中的角色是什麼？他們應該大肆宣揚他們的文化較為優越，主張自己是帝國的領導力量？或者如同多數其他帝國的統治民族，為了促進帝國目標，管理多民族的帝國，他們應該壓抑自己的民族身分？在不同的時期，兩個衝動都曾湧現，一個從不完全取代另一個。

所以也許可以從蘇維埃聯盟開始回頭看。有時從較近期的角度思考較不近期的時代，也許會豁然開朗，因為隨著時間過去，某些特色、某些問題，可以看得比較清晰。例如，那就是卡爾·洛維特（Karl Löwith）在《歷史的意義》（*The Meaning of History*, 1949）書中的概念，該書從黑格爾與馬克思關心的議題與認知回溯到《聖經》。但本章並不這麼操作，部分為了與其他章節同調，部分因為傳統的時間順序取向，即使在俄羅斯的情況，似乎還是最好。儘管如此，一開始就強調延續性，展現俄羅斯帝國兩個面向或兩個設置之間深遠的關聯，仍然會有幫助。

俄羅斯帝國的誕生

有些人在俄羅斯的歷史看到不只兩個帝國，而是四個，甚至五個（Longworth 2006; cf. Berdyaev [1937] 1960: 7, [1947] 1992: 21）。首先是基輔帝國，即基輔羅斯（Kievan Rus）的帝國（約九〇〇年至一二四〇年）。這個帝國有維京人（瓦良格人〔Varangians〕）、斯拉夫人、波羅的人、芬蘭人與其他人，由留里克（Riurik）的王朝統治。斯拉夫人和其他部落不僅臣服於他，更視他為傳奇的維京領袖。[1] 到了第十世紀中期，斯拉夫人和維京人合併，建立斯拉夫為主的語言和文化，並刻意選擇聶伯河（Dnieper）中部的基輔為中心，以利通行黑海與君士坦丁堡（Franklin and Shepard 1996: 141）。「早在非常初期，羅斯（Rus）就是多族群的，對後來俄羅斯歷史的影響也不容忽略。」（Milner-Gulland 1999: 55）

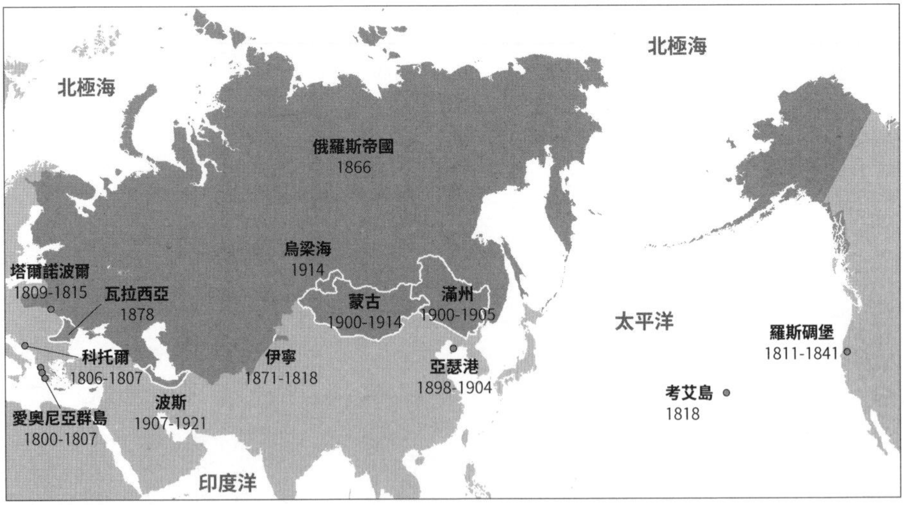

俄羅斯帝國，一八八六年。

儘管基輔羅斯較像個聯邦，不像單一國家，而且經常受到草原上的游牧民族威脅，他們還是成功維持兩個世紀之久。基輔羅斯和波羅的海國家與拜占庭建立緊密的貿易關係，此外，本身也是與東方貿易相連的主要軸線之一。十二世紀，由於獨立城市日漸富裕，加上內部爭執，基輔羅斯開始分裂。十三世紀中期終於被可畏的草原游牧民族蒙古人征服。

在被征服之前，第十世紀已經發生重大且深遠的發展：在拜占庭的影響下，首先是奧麗加公主（Olga），接著更具決定性的，是她的孫子弗拉基米爾大公（Prince Vladimir）改信基督宗教，傳統上又於九八八年立為國教。弗拉基米爾與拜占庭皇帝巴西爾（Basil）二世的妹妹安娜（Anna）結婚，締結兩國關係；他的兒子雅羅斯拉夫（Iaroslav）在基輔建立雄偉的聖索菲亞大教堂，便是以君士坦丁堡同名的教堂為模範，象徵基督宗教的城市與國土。從拜占庭繼承的遺產，無論在宗教、藝術、建築、法律和統治理念，都對俄羅斯歷史產生深入透徹的影響。俄羅斯的文字西里爾字母（Cyrillic）本身就是拜占庭的發明，由九世紀的馬其頓僧侶聖西里爾（Cyril）和聖梅篤丟斯（Methodios）創造。「羅斯人的基督宗教文化，以拜占庭的形象創立，以拜占庭的原型作為範本與偶像。」（Franklin and Shepard 1996: 210; cf. Milner-Gulland 1999: 73-74; Pipes [1974] 1995: 223-26）

更具爭議的是，蒙古（或韃靼）一又二分之一世紀的統治也影響俄羅斯發展。蒙古人下授俄羅斯大公統治權力（例如，戰勝瑞典與條頓騎士的弗拉基米爾大公亞歷山大・涅夫斯基〔Alexander Nevskii〕），因而幫助統一俄羅斯，尤其傳播與強化他們支持的俄羅斯東正教教會（Kivelson 1997: 642; Hosking 2012: 57）。修道院正是在這段期間成為俄羅斯文化的重要工具，也孕育出偉人聖像畫家安德烈・魯布烈夫（Andrei Rublev）。（Pipes [1974] 1995: 226-27; Longworth 2006: 49-51）

過去也流行——尤其在俄羅斯人之間——將俄羅斯的「東方專制主義」遺產，連同許多野蠻的「亞洲」作為，歸功蒙古人（Pipes [1974] 1995: 56-57, 74-76; Stone, Podbolotov, and Yasar 2004: 28）。但是現在較少聽到了；歐洲本身就有很多獨裁傳統可供模仿，影響俄羅斯早期發展的拜占庭文明當然也是。但是蒙古人無疑對俄羅斯文明貢獻良多，不僅是政治與教士集權，在貿易與市場，以及通訊制度發展等方面亦同。（Pipes [1974] 1995: 203-5; Kivelson 1997: 642-43; Figes 2002: 366-75; Riasanovsky 2005: 62-69）

一三八〇年庫里科沃戰役（Battle of Kulikovo），俄羅斯人戰勝韃靼人，開始逼退蒙古，最終推翻蒙古統治（雖然要再經過一個世紀，俄羅斯人才會停止承認欽察汗國的權威）。帶頭「收集羅斯的土地」的，是莫斯科這個新的城市。莫斯科從前是弗拉基米爾—莫斯科公國的偏遠地區，但是，所幸莫斯科位於俄羅斯中心，適合發展農業，又是主要河流與陸運網絡要塞，於是逐漸擴張為財富與面積匹敵諾夫哥羅德（Novgorod）、特維爾（Tver）、弗拉基米爾的城市。一三二五年，在莫斯科親王，也就是弗拉基米爾和「全羅斯」的大公伊凡一世（Ivan I）的統治之下，基輔的都主教永久搬到莫斯科，因此莫斯科成為俄羅斯教會的基石與俄羅斯的精神中心。在互相交戰的公國之間扮演統一力量，同時提升莫斯科地位的正是教會。教會的僧侶效法知名的隱士謝爾蓋．拉多涅日斯基（Sergii of Radonezh），在「荒野」中建立修道院，帶頭進行莫斯科的殖民使命。（Longworth 2006: 58-61; Milner-Gulland 1999: 109-10; Hosking 2012: 72-78）

第二個俄羅斯帝國因此可以稱為「莫斯科帝國」（Muscovite Empire，約一四〇〇年至一六〇五年），基本上出自兩位大公之手，即伊凡三世（Ivan III，「伊凡大帝」，一四六二年至一五〇五年在位），和伊凡四世（Ivan IV，「恐怖的伊凡」〔the Terrible〕，一五三三年至一五八四年在位）。一四七八年，伊凡三世征服最大的對手諾夫哥羅德。諾夫哥羅德也是俄羅斯人的國家，內部有多個非俄羅斯的族群團體，本身也算是帝國。有人說，事實上，征服諾夫哥羅德「才讓莫斯科大公國具有多族群的性格」，在此之前主要是俄羅斯（Kappeler 2001: 16; Martin 1988: 26-29）。也有人主張，完全徵收諾夫哥羅德貴族與商人階級的財產，並在當地建立軍隊體制，這兩件事情引進獨裁要素，深刻影響整個莫斯科帝國的發展（Lieven 2001: 240）。伊凡三世也著手進行無疑帶有帝國暗示的事業。一四七二年，他和拜占庭末代皇帝的姪女佐伊．帕萊奧洛吉娜（Zoe Palaeologue）

結婚，接著展開數項行動，並於宣告莫斯科為「第三羅馬」後達到顛峰。伊凡三世也採用羅馬帝國的符號「雙頭鷹」作為國徽（後來經過接連修改，最後一次是一八八三年），表示俄羅斯矢志成為「世界強權，統治東西方」。（Hellbirg-Hirn 1998: 17；亦見 Riasanovsky 2005: 65）

為了完成這番帝國野心的宣示，伊凡的兒子瓦西里三世（Vasilii III，一五〇五年至一五三三年在位），於一五二五年剃去鬍鬚，意在模仿凱撒大帝，此舉嚇壞保守派（Longworth 2006: 86）。僧侶普斯科夫的斐洛菲斯（Philotheus of Pskov）一五二三年（約略）著名的書信也是寫給瓦西里，信中寫著：「基督教界所有的帝國在你的帝國中統一，因為兩個羅馬已經陷落，第三個崛起，而且不會有第四個。」（Hosking 2012: 103）這段論述的意義廣受爭議，其中對於俄羅斯帝國主義的暗示也是。[2]但是核心的訊息毫無疑問，就是羅馬與拜占庭城陷落後，基督宗教的香火將會傳給俄羅斯，而俄羅斯神聖的責任就是守護並宣揚基督宗教的目標（必要的話，反對羅馬天主教教會的權力）。

任何人都會察覺，因為俄羅斯本身剛剛脫離蒙古統治，才能幸運接續拜占庭（Lieven 2001: 238）。此外，這段預言也包含警告：倘若莫斯科的大公沒有完成這個使命，將不會有第四次機會──「不會有第四個」，而且世界就會終結（Bushkovitch 1986: 358）。君士坦丁堡陷落，加上基督宗教本身漸增的分裂（一五一七年路德張貼《九十五條論綱》），四處瀰漫著末世的氣氛，這次在西方也很強烈；俄羅斯的命運藍圖因此繪出。從務實面向考量帝國的非基督宗教臣民（所有帝國統治都有的修正特色），主要是穆斯林，這個重大的使命還須加以調和。儘管如此，仍無礙這個使命成為強大的統一意識形態，而這個意識形態可能採取多種形式，包括世俗形式。

一五五二年，伊凡四世征服喀山（Kazan），堪稱完全實現那個宗教使命。對於第一位被稱為沙皇（凱撒）或皇帝的俄羅斯統治者，似乎也是適當的成就。君士坦丁堡的宗主教應允伊凡四世這樣的頭銜，代表受到東正教教會最高的領袖承認（Hosking 2012: 131）。[3]俄羅斯的沙皇現在身負責任，也具有權威，將基督教界的帝國擴展到最大的範圍，如同一五四七年他在即位的受銜儀式中宣告的：「征服所有蠻邦民族。」（Cherniavsky 1975: 124- 26; Longworth 2006: 87）「收集羅斯的土地」——諾夫哥羅德、特維爾、普斯科夫、斯摩倫斯克（Smolensk）都有基督宗教的同胞，已經整合進入莫斯科的教會。但是喀山不同，「收集欽察汗國的土地」就從這裡開始。安得烈亞斯・卡普勒（Andreas Kappeler）就以這次征服作為俄羅斯成為多族群帝國的開端。他說：「那次征服，是莫斯科國家歷史上無法超越的一步……喀山汗國具有歷史傳統、合法王朝，說著不同語言，屬於不同世界的宗教與文明——伊斯蘭，此時成為第一個納入俄羅斯統治之下的獨立政體。」（Kappeler 2001: 14, 21; cf. Huttenbach 1988a; Lieven 2001: 231; Hosking 2012: 117）

伊凡四世統治期間（一五三三—一五八四），確實代表新的分水嶺、新的性質。許多學者視之為俄羅斯帝國主義的真正開端（例如，Hosking 1998a: 3; Longworth 2006: 87）。部分從新的獨裁治理工具顯現，包括射手衛隊（*streltsy*），也就是使用火槍的突擊隊；更惡名昭彰的是穿著黑色罩袍的「特轄軍」（*oprichniki*），即「挑選的人」（men apart），他們是伊凡個人的秘密警察，以類似僧侶的方式組織訓練，用以恐嚇他的敵人。但最重要的是，這些新的手法都被視為新式擴張，推動俄羅斯拓展到遙遠地區、收服不同民族的方式。緊接喀山之後，俄羅斯征服阿斯特拉罕汗國（the Khanate of Astrakhan, 1556），相當於打通南部草原與中亞。俄羅斯也憑藉阿斯特拉罕進入高加索山脈並接觸山地民族，開始與高加索命中注定的糾纏。一五六一年，伊凡和高加索親王捷姆留克（Temriuk）的女兒結婚就是象徵。征服喀山和阿斯特拉罕因此確實可以視為俄羅斯帝國歷史的重大事件。在此之前，俄羅斯一直是斯拉夫人、基督宗教、歐洲的國家。「沿著伏爾加河（Volga）打了勝仗之後，莫斯科公國突破限制，成為歐亞的政治實體、多元文化的社會。」（Huttenbach 1988a: 68）

在新的南方邊界守衛俄羅斯並殖民的是哥薩克人，他們是一群不規律的戰士，由韃靼人、俄羅斯人、立陶宛人、波蘭人組成。哥薩克人粗暴且獨立，緊緊擁抱他們的「*volia*」（自由）。俄羅斯歷史上兩次最大的農民叛亂都是哥薩克人領導，一是史丹卡・拉辛（Stepan [Stenka] Razin, 1670-1671），另一是葉梅利揚・普加喬夫（Emelian Pugachev, 1773-1775）。儘管如此，他們依舊是帝國擴張凶猛的戰力。伊凡在位後期，突破西伯利亞部落抵抗的正是哥薩克人，因此立下俄羅斯殖民事業最重要的里程碑（Huttenbach 1988b: 77-80; Kappeler 2001: 34, 49-50）。下一個世紀，哥薩克人就會成為幫助俄羅斯迅速推進西伯利亞大陸的先鋒部隊，直至太平洋。

十七世紀，由於留里克王朝衰微，加上長期的繼承鬥爭，俄羅斯的領土於是動盪不安。連續數個覬覦王位的人發起叛亂與內戰，紛擾俄羅斯長達數十年。此時波蘭與瑞典又來侵略，幾乎瓦解俄羅斯。一六一〇年，波蘭軍隊占領俄羅斯；諾夫哥羅德落入瑞典之手（Longworth 2006: 117-26）。這就是穆梭斯基（Mussorgsky）偉大的歌劇《鮑里斯・戈東諾夫》（*Boris Godunov*, 1872），以及未完成的《霍萬興那》（*Khovanshchina*）描述的年代——「混亂時期」。[4]一切都演變成，誰控制射手衛隊，也就是火槍軍隊，就像古代羅馬禁衛軍或鄂圖曼帝國的新軍，誰就能當上沙皇或拉下沙皇。一六一三年，米哈伊爾・羅曼諾夫（Mikhail Romanov）當選沙皇，無疑終結混亂。儘管羅曼諾夫家族最後如此強壯，成為俄羅斯第三個帝國的名稱（一六一三—一九一七），而且是最強大與持久的帝國，但是彼得大帝崛起之前，羅曼諾夫人還不覺得自己穩坐皇位。

所有挑戰中，最嚴重、範圍最大的，是東正教教會分裂，兩邊分別是以宗主教尼孔（Nikon）為首的改革者，與後來所謂的「舊禮儀派」（Old Believers）。改革者希望引進拜占庭的禮拜儀式與經文，如此俄羅斯教會就能更加接近拜占庭教會。拜占庭落入突厥人手中後，俄羅斯教會就有權威取得整個東方基督宗教的領導地位。一五九一年，莫斯科主教駐地被提升為獨立的宗主教區，不僅權力與名望提升，現在和國家是平起平坐的夥伴。這個事實也幫助這項行動。

舊禮儀派則認為，尼孔的改革違反俄羅斯傳統，褻瀆神聖，同時，傾向西方教會的模式也很危險。沙皇阿列克謝（Aleksei）稍微遲疑後，決定支持尼孔，因此召集教會和國家，來反對越來越不滿皇帝的舊禮儀派。教會分裂的餘波影響長達數個世紀。舊禮儀派頑強抵抗，不肯和解。他們搬到北方偏遠地區，經常遭受迫害，同時在社會裡頭組成另一個社會——「平行社會」，希望保存有別於官方的傳統習慣與信仰。他們也成為許多激進運動的榜樣，有時更參與叛亂，直到二十世紀初期。其中許多運動本身無關宗教，但是認同舊禮儀派的生活方式。

舊禮儀派可不只是個宗教派別；接下來兩個世紀，據稱大俄羅斯約有四分之一人口是舊禮儀派。這裡出現兩個俄羅斯，或兩個俄羅斯的理想：一是明顯帝國的，視東正教教會為工具，促進俄羅斯成為基督宗教徒的保護者，而且是所有土地上的基督宗教徒；另一則與教會國家相反，在「土地」和人民中尋找救贖，尤其在鄉村。接下來許多年，這兩種看待俄羅斯使命截然不同的方式，將會以各種樣貌重新出現，不只是十九世紀後期西化派（Westernizers）與斯拉夫派（Slavophiles）之間的爭論。這也透露民族與帝國兩者志向的差異，一個是回頭尋找俄羅斯「民族」的傳統，另一則是強調俄羅斯身為歐洲強國於世界歷史中的角色。（Hellberg-Hirn 1998: 90-93; Milner- Gulland 1999: 119-26; Hosking 1998s: 64-74, 2012: 165-74）

儘管混亂，又或者因為混亂，十七世紀，俄羅斯持續以飛快的速度擴張。這些年最重要的收穫是西伯利亞遼闊的土地。西伯利亞之於俄羅斯，相當於西歐征服並殖民大西洋彼端的新世界。西伯利亞的征服行動始於十六世紀中期，約為伊比利半島人和其他人開始帶著歐洲文明遠渡海洋半個世紀左右之後（Huttenbach 1988b:70; Bassin 1999: 61-62）。有鑑於蘇聯瓦解後，西伯利亞持續留在俄羅斯，可見比起西歐鄰居的殖民作為，俄羅斯對於這個地區的影響更為長久、巨大。此外，光憑俄羅斯於二十世紀大肆開採西伯利亞的石油與天然氣，說西伯利亞是「俄羅斯皇冠上的寶石」一點也不誇張。（Lieven 2001: 224；亦見 Breyfogle, Schrader, and Sunderland. 2007: 21-37 and passim）

蒙古勢力在烏拉山東部潰散後，形形色色的人，包括哥薩克人、商人、設下陷阱捕獸的人、逃跑的農奴、冒險家，都為西方宮廷皮草的高度需求，前仆後繼地勇闖廣袤的西伯利亞大地。（Slezkine 1994: 11-45; Bassin 1999: 19-20; Etkind 2011: 72-90）鬆散弱小的西伯利亞部落不是被收買，就是被擊敗。但是他們的制度多半保持完好，畢竟俄羅斯人主要的興趣是部落耆老的皮草進貢，即「*iasak*」。此外，俄羅斯人與當地人有相當程度的交往與聯姻，尤其部落民族改信東正教後。伊曼紐爾・薩基西亞茲（Emanuel Sarkisyanz）說，俄羅斯帝國以這個方式展現「意識形態的身分標準，而非生物的」。「隸屬帝國的標準，是東正教的信仰，而非種族或出生。」（Sarkisyanz 1974: 73；亦見 Slezkine 1994: 42-45）

西伯利亞，也就是*Sibir'*，在俄羅斯人的想像當中占據重要地位。原本是政府獎勵拓荒的土地，充滿黑貂、白貂、白鼬的毛皮；然而十八世紀末與十九世紀初，隨著皮草貿易衰退，這片殘酷無情的「荒原」淪為流放罪犯的地方。對俄羅斯人而言，西伯利亞也是「亞洲」的起點，他們視亞洲為蠻邦與異教之地，而馴服並令他們改信，成為俄羅斯在東方的「教化使命」。出於同樣的原因，俄羅斯的亞洲面貌，也就是東西之間的位置，可能能夠賦予俄羅斯略高於西方的地位，對抗西方優越感的假說。「追求本土」在俄羅斯帝國從來不像在西方帝國那樣染上汙名，愛德華・薩伊德描述的「東方主義」也不會強加負面特徵在東方。杜斯妥也夫斯基於一八八一年寫道：「對於歐洲稱呼我們為亞洲蠻邦，而且說我們是亞洲人多於歐洲人，我們必須擺脫那種卑微的惶恐。」（Figes 2002: 415；亦見 377-84, 415-20; Bassin 1991; Slezkine 1994: 47-92; Lieven 2001: 217-20）

沒有疆界的帝國

彼得大帝（一六八二年至一七二五年在位）是俄羅斯第三帝國真正的建築師，也就是羅曼諾夫人的帝國。彼得熬過血腥衝突，包括異母姊姊索菲亞（Sophia）攝政期間的大型射手衛隊暴動；一六九六年後，他總算鞏固他的政權。把俄羅斯變成強國的是彼得，足以躋身歐洲列強之間，吸引他們前來求愛。彼得密切研究歐洲成就，多次造訪歐洲國家，最著名的是一六九七年至一六九八年赴荷蘭之行。就像二十世紀初期土耳其的阿塔圖克，彼得決定，唯有向西方學習，俄羅斯才能強大。這個想法最重要的象徵就是俄羅斯的新首都——涅瓦河（Neva）經過的聖彼得堡，也是俄羅斯的「歐洲之窗」。[5]

將宮廷從莫斯科搬到聖彼得堡（一七一〇），不等於放棄俄羅斯的遺產，也不等於放棄身為欽察汗國繼承者的歐亞性格。然而，卻相當於認同俄羅斯有待追上西方，尤其是科學與技術，以及廣泛而言的教育與學習。彼得為此成立數學與航海學校，此外還有其他學校，例如人稱「軍訓隊」（Cadet Corps）的菁英中學，後來「培育以學校、軍團、政府機關、莊園為中心的 *dvorianski*（紳士階層）」（Hosking 2012: 207）。他設立俄羅斯第一所公立圖書館與第一所博物館。他為俄羅斯第一所大學奠基，一七五五年於莫斯科開放。他以倫敦皇家學會為模範，成立科學院，促進最高等的研究。他籌備印刷業，鼓勵圖書出版；一七〇三年，莫斯科出現俄羅斯第一份報紙。傑出的俄羅斯詩人亞歷山大・普希金（Alexander Pushkin）唱出彼得的成就：「憑著獨裁之手／他大膽播下啟蒙」。[6]

貴族階級重組是彼得的計畫核心。他鎮壓射手衛隊，也就是貴族派系主要的鬥爭工具。他將各種等級的貴族合併為單一階級——*shliakhetstvo*（後來重新命名為較為人熟知的 *dvorianstvo*），建立官階表，下令貴族晉升的條件是為國效力的功績。俄羅斯的貴族本來就要服役，在彼得的統治之下更是如此，這個特徵延續到帝國結束（Pipes [1974] 1995: 124-25）。彼得亦引進西式穿著與禮儀，包括要求貴族不得蓄鬍（商人和農民不在此規定內）；鼓勵貴族學習國際外交與禮節的語言——法語，而且也要出國遊歷。到了一七二五年，俄羅斯於歐洲各國首都共有十二個常駐外交代表；巴黎、維也納、柏林、倫敦等歐洲貴族流行的宴會、沙龍，也常見於俄羅斯的貴族。

彼得治理期間，帝國持續擴張。他最大的勝利是擊敗俄羅斯在波羅的海最可怕、最長久的敵人瑞典。決定性的波爾塔瓦會戰（Battle of Poltava, 1709）最終帶來《尼斯塔德條約》（*Treaty of Nystad*, 1721），藉此，俄羅斯控制瑞典在波羅的海多數省分、愛沙尼亞、利沃尼亞（Livonia）與部分芬蘭。彼得又在芬蘭灣的克隆斯塔特（Kronstadt）建立海軍基地，進一步鞏固這些地區。俄羅斯此刻擁有強大的海軍，並且自由進出波羅的海這條重要的戰略與貿易通道。俄羅斯成為北方強國，往東與往南的擴張更是錦上添花。

彼得於其他方向的挫敗，如著名的克里米亞，則由他的繼承人雪恥，尤其是凱薩琳二世（大帝，一七六二年至一七九六年在位）。一七六八年至一七七四年俄土戰爭期間，俄羅斯在克里米亞汗國建立保護國（一七七一），取代鄂圖曼的君主地位。一七八三年，克里米亞正式併入俄羅斯帝國。此外，終結俄土戰爭的《庫楚克開納吉和約》（一七七四）賦予俄羅斯在黑海駐艦的權利，並將商船經由海峽送至地中海。和約當中模糊的條款承認俄羅斯是鄂圖曼帝國內東正教臣民的「保護者」；後來俄羅斯將這項影響重大的條款解釋為有權代表東正教徒干預鄂圖曼帝國的事務。（Finkel 2007: 378）

征服克里米亞象徵俄羅斯南向擴張之高峰。帝國現在的版圖從波羅的海延伸到黑海；同時，儘管當時前往地中海的通道只准許商船進出，仍然開啟俄羅斯早已蓄勢待發的地中海帝國大業；他們的野心甚至更遠。克里米亞現在被重新命名為「新俄羅斯」。凱薩琳大帝的情人、克里米亞總督格里高利·波坦金伯爵（Count Grigorii Potemkin），想像發動巴爾幹的基督宗教徒對抗鄂圖曼，並在俄羅斯的監護下重建拜占庭帝國。（Hosking 2012: 233）一八二〇年代希臘人對抗鄂圖曼，部分就是反映這個目標，可惜由於西方強國決心把俄羅斯限制在黑海地區的企圖，這個目標不太可能成功實現。

儘管如此，俄羅斯繼續沿著黑海前進。與鄂圖曼再次交戰後（一七八七—一七九一），俄羅斯取得更多土地，一七九二年得以在港口城市敖德薩（Odessa）奠定基礎。在黑海得利後，俄羅斯於一八〇六年至一八一二年收穫比薩拉比亞（Bessarabia）；希臘獨立戰爭後，一八二八年至一八二九年在摩爾達維亞和瓦拉幾亞的多瑙河公國建立保護國——兩者都是鄂圖曼的損失。俄羅斯在黑海與巴爾幹的計畫非常清楚，而且不僅與鄂圖曼衝突，也與不列顛和哈布斯堡衝突；「東方問題」於是形成。

征服克里米亞汗國後，加上先前征服喀山、阿斯特拉罕與其他韃靼土地，俄羅斯是欽察汗國實至名歸的帝國繼承者。但是俄羅斯的目標更遠大，不僅向東，也向西。往西的勝利主要針對早年的頭號敵人，即瑞典和波蘭立陶宛。如我們所見，彼得大帝治理期間，俄羅斯從瑞典分離波羅的海省分利沃尼亞和愛沙尼亞。一八〇八年至一八〇九年，瑞典又喪失芬蘭，讓給俄羅斯。更早之前，於十七世紀，哥薩克酋長博格丹・赫梅利尼茨基（Bohdan Khmelnytsky）與聶伯河的哥薩克人對抗波蘭統治，俄羅斯坐收利益，在一六六七年時併入烏克蘭更多地區。對俄羅斯人而言，這正代表從波蘭的束縛中解放他們東方的斯拉夫兄弟，也就是「小俄羅斯人」，而且收復多數歷史上「羅斯的土地」（包括基輔），重回俄羅斯的版圖。當時而且從此以後，許多烏克蘭人改變看法，認為起初與俄羅斯是平等的兩方，後來成為從屬，以致烏克蘭身分受到打壓。這個問題糾纏兩個民族（或者根據俄羅斯人，是同一民族的兩群人），直到蘇聯解體之後也沒有化解。[7]

波蘭失去烏克蘭，相較十八世紀發生的事，實在九牛一毛：一七七二年、一七九三年、一七九五年，波蘭接二連三遭到瓜分。再一次的，俄羅斯為其分贓辯解，包括立陶宛和白俄羅斯，連同烏克蘭和利沃尼亞剩餘的地區，說是「收集羅斯的土地」，其中許多曾被「外來」的波蘭統治。既然新土地多數人口都不是波蘭人，俄羅斯便可以宣稱這是重新統一「曾經屬於俄羅斯帝國的土地、他們的斯拉夫同胞曾經居住的土地、東正教曾經啟蒙的土地與城鎮」。（in Kappeler 2001: 80）

拿破崙從普魯士與奧地利瓜分波蘭的戰利品是建立波蘭公國；一八一五年，拿破崙潰敗。與波蘭新的和約中，在波蘭眼裡，俄羅斯也是主要受益人，得到最大分額的波蘭公國。現在俄羅斯不只擁有波蘭邊境，還占領核心地區，並重建為俄羅斯帝國境內的波蘭王國。波蘭邊境多數是波蘭貴族統治的烏克蘭與白俄羅斯農民，但是核心地區不同，過去主要是波蘭人，於是現在俄羅斯為自己製造了波蘭問題，而且不是國際問題，而是國內問題。尤其一八三〇年至一八三一年與一八六三年至一八六四年，兩次波蘭起義失敗，波蘭強烈的願望成為該地區長久的隱憂，也影響緊連領土內的波蘭人，例如立陶宛。（LeDonne 1997: 70-80; Weeks 2001）

十七與十八世紀，俄羅斯向東與東南擴張，觸角不亞於向西。身為欽察汗國的繼承者，俄羅斯現在可以進入高加索山與之外的地區。這點引發鄂圖曼與薩法維帝國不滿。但是在那個地區，這些反而是最輕微的問題。不宜居住的高山地形、超過五十個好戰的部落（車臣人、切爾克斯人〔Circassians〕、卡巴爾達人

〔Kabardinians〕等）、基督宗教與伊斯蘭的宗教差異等等，任何國家想要征服高加索地區，並在該地建立秩序，無不視之為夢魘（而且至今仍是）。[8]

在這個險惡地帶，俄羅斯於高加索外的南高加索迎來首次成功。這裡住著較穩定的喬治亞民族，擁有最長的國家歷史（只不過如同俄羅斯，被蒙古人終結），而且多半信仰東正教。波坦金伯爵立志從鄂圖曼手中奪回基督宗教所有領土，在他活力充沛的指揮下，一七八三年，俄羅斯在喬治亞建立保護國。一八〇〇年，在王位繼承鬥爭之中，同時面對伊朗與鄂圖曼的競爭，俄羅斯依然併吞喬治亞，納入俄羅斯帝國的行政地區。

另外兩個南高加索的民族也成功落入俄羅斯的口袋——基督宗教的亞美尼亞人，以及口說突厥語的穆斯林，後來稱為亞賽拜然人（Azerbaidzhanis）。這兩個民族就像喬治亞人，也是具有國家傳統、定居的民族，但是他們四處分布，而且歷史上的土地也分別屬於鄂圖曼與伊朗帝國。一八〇四年至一八一三年俄羅斯與伊朗的戰爭後，亞賽拜然北部的汗國併入俄羅斯；另一場與波斯的戰爭導致一八二八年亞美尼亞東部的汗國納入俄羅斯的疆域（然而，仍有大批亞美尼亞族群繼續住在鄂圖曼帝國統治的東安納托利亞）。亞美尼亞人就像喬治亞人，能夠代表活在伊斯蘭的軛下，是被俘虜的基督宗教徒：大批亞美尼亞人從伊朗與鄂圖曼帝國湧進俄羅斯統治的亞美尼亞，正好證明俄羅斯人是解放者（Kappeler 2001: 175, 178）。對亞賽拜然的穆斯林來說，這個論述當然不成立；在這裡，俄羅斯人的「教化使命」成為標準理據，照亮蠻族居住的東方，後來他們也舉著這塊招牌征服亞洲。

十九世紀中期與後期，輪到「內亞」的草原游牧民族被俄羅斯這隻大熊擁抱。再一次的，對俄羅斯而言，此舉即為以韃靼後繼的身分「收集欽察汗國的土地」。俄羅斯以一七三四年建立的奧倫堡（Orenburg）為前方作戰基地，從十八世紀後期到十九世紀中期，首先吸收廣大的哈薩克汗國。如同在西伯利亞，哥薩克人是首波移民者，接著俄羅斯與烏克蘭的農夫也受到鼓勵前往定居。到了十九世紀後期，數千名來自歐洲俄羅斯的移民者占據北哈薩克肥沃的牧場，逼迫游牧的哈薩克人遷往南方較乾燥也較不宜居住的地區（Donnelly 1988: 204-

6）。南烏拉山的巴什基爾人（Bashkirs）亦同。十七世紀起，俄羅斯隱約控制他們；十九世紀前半開始，帝國的治理轉為強硬。（Donnelly 1988: 191-96; Steinwedel 2007）

彼得大帝相信哈薩克人是「前往亞洲國家與土地的鑰匙與通道」，果然不錯（Donnelly 1988: 203）。十九世紀後半，輪到烏茲別克人、塔吉克人、土庫曼人面對臣服而且併入俄羅斯帝國的命運。相較於高加索人，征服這裡相對容易，武力與死傷較為輕微。（MacKenzie 1988: 231）中亞的絲路城市——布哈拉（Bukhara）、撒馬爾罕（Samarkand）、塔什干（Tashkent）——全都在俄羅斯的統治之下，雖然到了這個時候，這些城市的光彩已不如昔。戰略與經濟考量，當然還有總是重要的聲望激勵，都是影響擴張的元素。（MacKenzie 1988: 211; Lieven 2001: 210-11）

俄羅斯視中亞為三大帝國的角力場——俄羅斯、中國、不列顛。占據中亞對不列顛在印度造成壓力，對爭奪阿富汗也是；這個時候俄羅斯與不列顛之間玩的「大博奕」，就是魯德亞德．吉卜林著名小說《基姆》（*Kim*）的主題。俄羅斯對印度是否別有居心，這點並不清楚。（雖然據說俄羅斯將軍斯科別列夫〔Skobelev〕說過：「給我十萬駱駝，我會征服印度。」）[9]但是不列顛當然如此認為，而且這件事情更重要。既然俄羅斯已經清楚顯示從中國取得新疆和滿州的意圖，為何認為俄羅斯會安於中亞？如同美國覺得占據大西洋與太平洋之間所有的北美大陸是「昭昭天命」，許多俄羅斯人也覺得占據整個烏拉山以東的歐亞大陸是天命，甚至是責任。一八六〇年，俄羅斯建立夫拉迪沃斯托克（Vladivostok）❶，俄文意思為「東方統治者」，加上這個港口實為中國轉讓給俄羅斯的黑龍江與濱海省分，等於明白宣告意圖。

中國於中日戰爭（一八九四—一八九五）戰敗後，俄羅斯眼見進一步侵略亞洲的機會；一八九一年興建西伯利亞鐵路的計畫又刺激這個念頭。俄羅斯利用日本對韓國的威脅，在韓國建立穩固地位（一八九六—一八九八）。但是真正的目標是中國滿州，而俄羅斯在一八九〇年代逐漸深入該區。一八九七年，中國割讓大連和旅順給俄羅斯，而一九〇〇年與一九〇五年間，拳民起義之後，俄羅斯占據整個滿州。直到日俄戰爭（一九

○四—一九○五）戰敗，才阻擋俄羅斯圖謀東亞。但是俄羅斯的歐亞意識形態已經產生，無論是以俄羅斯在東方教化使命的形式，或者認為俄羅斯是同時具有歐洲與亞洲特色的國家。[10]

一八六四年，俄羅斯的外交部長戈爾恰科夫（Gorchakov）從俄羅斯的觀點提出尖銳分析，其中，他明確地將俄羅斯與美國和其他西方列強並列：

> 俄羅斯在中亞的情況，就如同與半開化、流動、缺乏結構性社會組織的族群團體接觸的所有文明國家。在這樣的情況下，基於邊界安全與貿易關係，文明國家必定需要某種對鄰國的權威，因為他們野蠻粗魯的習俗令人感到憂心。

戈爾恰科夫繼續說明，干預的一步怎麼導致另一步：新開墾的土地回過頭來變成其他野蠻民族邊界上不受歡迎的眼中釘；為保障更早之前的征服，這個無法攔阻的邏輯會導致進一步征服。「國家必須在兩個選項之間決定，要不放棄這個不停的工作，將邊界讓步給混亂的秩序，或者不斷深入蠻荒之地……所有遇到這種情況的國家都必須面對這個命運。美洲的美國、非洲的法蘭西、在殖民地的荷蘭、在東印度的不列顛——與其說是被野心驅使，不如說是走上這條必然的道路，一旦開始，就很難停下。」（in Kappeler 2001: 194; cf. Raeff 1971: 25; MacKenzie 1988: 212）

我們稍後再來看這個清楚又大膽的分析，無論是普遍而言，或是針對俄羅斯對中亞民族的關係。但是總括俄羅斯帝國成長的論述，我們最後應該注意俄羅斯也曾突破歐亞，跨過白令海峽，直到美洲西岸。這是一段相對短暫的故事（Vinkovetsky 2011）。俄羅斯受到阿拉斯加皮草吸引，自十九世紀起，開始在阿拉斯加與阿

❶ 譯注：今海參威。

留申群島（Aleutian Islands）開墾。一八〇六年，他們已經抵達西班牙統治的加利福尼亞邊界，並於一八一二年在舊金山以北約一百公里處的博德加灣（Bodega Bay）建立要塞。除了來自英國與美國的對抗，由於皮毛獵場快速耗竭，俄羅斯移民者的數量也持續減少，因此一八六七年，俄羅斯以區區七百二十萬美元將阿拉斯加與阿留申賣給美國。俄羅斯繼續當個歐亞強國。

俄羅斯開墾阿拉斯加後又拋棄，與事實相反的想像一直是有趣的主題。（如果俄羅斯留在北美……？）從我們的觀點來看，此事絕佳展現俄羅斯帝國主義世紀以來的動態。俄羅斯擴張似乎沒有界線。俄羅斯向四面八方、東南西北伸出觸角。確實，俄羅斯絕大部分仍然是陸地，而陸地盡頭的海洋設下俄羅斯成長的界線。（如同中國，是自己設下的界線？）但是在歐洲和亞洲，至少其野心似乎無限，不只驚動長期的對手，例如鄂圖曼、波斯、中國，現在也驚動哈布斯堡、不列顛、法蘭西、美國。十九世紀俄羅斯傑出的歷史學家瓦西里・克柳切夫斯基（Vasilii Kliuchevsky）曾經說過，俄羅斯是個「殖民自己的國家」。這句名言有數個可能的含意，我們很快就會看到。但是清楚的是，俄羅斯和自己的帝國一起成長，沒有帝國就無法想像俄羅斯，身為俄羅斯就是身為帝國。俄羅斯失去帝國，無論沙皇或蘇聯，當然就會出現大問題。

「殖民自己的國家」

二十世紀初期，俄羅斯帝國達到顛峰的時候，是世界歷史上最大的陸地帝國，整體僅次不列顛帝國。[11]「但是論面積與持續時間，在世界史上獨一無二，遠遠超過其他大帝國。」（Taagepera 1988: 1）也許不列顛最後建立了世界最大的帝國；但是俄羅斯身為世界最大帝國大約三百年，不列顛只有一百年（Taagepera 1978a: 125）。在所謂的「面積的時間積分」這個巧妙的計算上，也就是用來測量面積—持續時間的結合效應，政治學家雷恩・塔格培拉（Rein Taagepera）認為，俄羅斯是六千五百萬平方公里—世紀，不列顛和蒙古之後的中國是四千五百萬，羅馬、巴格達、中國漢代、波斯薩珊王朝、蒙古帝國則介於三千萬到二千萬之間。「當我們考量帝國的大小與持續時間，俄羅斯遠超過不列顛和蒙古帝國……也遠超過羅馬與薩珊帝國……考量帝國的影響取決於控制多少土地與多少世紀，莫斯科—俄羅斯—蘇聯已經在世界史上締造紀錄。」（Taagepera 1988: 4-6）

我們已經回顧俄羅斯持續的擴張，從十五世紀中期完成「收集羅斯的土地」，到一五五二年征服喀山，之後「收集欽察汗國的土地」。到了一九〇五年，俄羅斯或多或少達到擴張的顛峰，帝國從波羅的海伸及太平洋，從北極下達黑海。其繼承者，也就是蘇聯——俄羅斯的「第四」帝國——再也沒有走得更遠，但是，儘管早期喪失一些，蘇聯又恢復並掌握沙皇時代幾乎所有土地。（Taagepera 1988: 3）

俄羅斯帝國是什麼？——無論我們認為有兩個、四個，甚至五個（菲力普・朗沃思〔Philip Longworth〕和其他人認為第五個是此時的普亭〔Putin〕政府）（Longworth 2006: ix; Beissinger 2008: 1; Etkind 2011: 4）。有件事情是清楚的，就是其巨大的易變、機動、流動性。俄羅斯不像其他帝國，沒有明顯或永久的中心。隨著千年的歷史，帝國的中心從諾夫哥羅德搬到基輔，到弗拉基米爾，到莫斯科，到聖彼得堡，然後又回到莫斯科。俄羅斯人有句俗話：「諾夫哥羅德是我們的父親，基輔是我們的母親，莫斯科是我們的心臟，聖彼得堡是我們的頭。」這是聽了會安慰的器官比喻，也隱藏主要器官——頭部——令人擔心的不穩定性（Hellberg-Hirn 1998: 35-37）。俄羅斯就像後期的羅馬帝國，帝國的中心就是皇帝當時剛好所在的位置。當然，在俄羅斯的案例中，沒有任何城市如同羅馬、君士坦丁堡／伊斯坦堡、維也納、倫敦、巴黎，可以作為帝國的都會中心（雖然早期的中國帝國，也不太在乎常駐的首都）。

因此，一八一二年對抗拿破崙的時候，庫圖佐夫（Kutuzov）將軍下令棄守莫斯科，讓給法蘭西，其實也不會造成嚴重傷害。他對沙皇亞歷山大一世（Alexander I）說：「只要陛下您的軍隊完好，失去莫斯科不等於失去祖國。」（Longworth 2006: 194）更早之前，在十七世紀，莫斯科曾被波蘭人和瑞典人占領，但是帝國仍然繼續運作。首都在帝國之中具有象徵與精神地位，但是奇怪的是，首都可有可無，有時候處在邊緣。如同克柳切夫斯基談到建立聖彼得堡，「在俄羅斯，中心就在邊緣」（in Etkind 2011: 97）。彼得大帝可以拿莫斯科交換聖彼得堡（這個在新殖民地建立的城市，如同果戈理〔Gogol〕所言：「在自己祖國的外國人。」），如同列寧隨時可以拿聖彼得堡交換莫斯科（而且普亭，身為聖彼得堡人，偶而暗示想把首都遷回聖彼得堡）。就連經常且隨時可以改名這件事，也暗示這種不穩定。聖彼得堡早期改名彼得堡；一九一四年又變成彼得格勒（Petrograd），一九二四年是列寧格勒（Leningrad）；一九九一年又改回聖彼得堡，而且大多時候，人們都只稱這個城市為彼得（Brodsky 1987: 71, 84）。也難怪在果戈理、杜斯妥也夫斯基、別雷（Biely）的文章中，聖彼得堡帶有抽象、幻覺的特色，是個不太真實的地方。（Berman 1983: 173-286; Hellbirg-Hern 1998: 40-51）

俄羅斯帝國的怪異之處就是難以用傳統的方式區分宗主國與殖民地。如我們所見（第一章），比起海洋帝國，所有陸地帝國某個程度都有這個特點。但是比起鄂圖曼、哈布斯堡等陸地帝國，俄羅斯在這方面表現得程度之高，使學者被推著形容俄羅斯帝國為「沒有宗主國的邊陲」，區分兩者的界線在此變得不穩定且模糊，幾乎到了消失的地步（Semyonov, Mogilner, and Gerasimov 2013: 54; cf. Lieven 2001: 226; Tolz 2001: 2）。這件事情若太強調字面的意義，則會導致誤導。再怎麼說，還是有個主要的族群——俄羅斯人——形成某種相對許多邊陲的「核心」。但是誇大也能帶來啟示，指出俄羅斯帝國發展的特殊形式。俄羅斯的發展像是一波波的海浪，衝回帝國中心，並威脅要包圍中心，使其成為自己的「殖民」產物。有人可能也會把俄羅斯看成套娃，即 *matrioshka*，象徵帝國這種傾向：娃娃一個一個取出後，中間什麼也不剩，沒有「核心」。尤里．斯萊茲肯（Yuri Slezkine）曾經描述十八世紀的旅人與民族誌學者試圖從帝國取得的大量民族與領土當中分辨俄羅斯與俄羅斯人，結果他們大驚失色：「許多『重要』的心臟地帶似乎包含邊境地區。」（Slezkine 1997: 50）以邊境地區組成的帝國——描述俄羅斯帝國倒也不差。

理解這個過程可能的方式，就是透過「內部殖民」的概念。某個形式來說，西方學者越來越熟悉這個概念，至少自從邁克爾．赫希特在他精闢的研究中，把英國當成「內部殖民」的案例開始（Hechter [1975] 1999）。

但是與我們的問題特別相關的是，在某些最傑出的歷史學者與評論家的文章中，俄羅斯人自己如何使用與發展這個概念。

首次提出這個概念的是莫斯科的歷史學家謝爾蓋．索洛維耶夫（Sergei Soloviev, 1820-1879），他提出的形式被他的學生發揚光大，最著名的是瓦西里．克柳切夫斯基。[12]十九世紀中期，在他關於早期俄羅斯的文章中，索洛維耶夫寫道：「俄羅斯是個廣大的處女國家，等待人類居住，等待其歷史開始：因此，古代俄羅斯歷史就是一個國家殖民自己的歷史。」索洛維耶夫非常清楚，這點將俄羅斯的發展與較為熟悉的海外殖民模式區分開來。「這個國家不是和宗主國隔著海洋分開的殖民地：這個國家生命的心臟就在這個國家裡……即使國家的需求與功能逐漸增加，這個國家也不會失去自我殖民的特性。」（in Etkind 2011: 62-63）

索洛維耶夫可能想要讓現代俄羅斯更像同時期的歐洲帝國，因此將自我殖民的概念限制在俄羅斯的中世紀歷史。他的弟子克柳切夫斯基在一九〇四年出版成冊的課堂講稿中跨出大膽的一步。克柳切夫斯基幾乎一字不漏地重複索洛維耶夫的論述（多數人甚至以為這句話就是克柳切夫斯基說的）：「俄羅斯歷史就是一個國家殖民自己的歷史。殖民的空間隨著國家領土而變寬。」但是接著，克柳切夫斯基補上重要的一句：「這個長達數世紀的動作不斷持續，直到此時此刻。」克柳切夫斯基認為，古代和現代的帝國主義沒有分別，至少就俄羅斯而言是如此。從中世紀最早的西伯利亞拓荒開始，到十九世紀吸收克里米亞、高加索、中亞，克柳切夫斯基發現不著痕跡的征服與殖民過程。克柳切夫斯基說：「國家進行殖民，是俄羅斯歷史單一最重要的事實。」從中世紀到現代，俄羅斯歷史的標準週期什麼都不是，除了「殖民」。（in Etkind 2011: 67）[13]

俄羅斯帝國中，不變的就是擴張運動本身。俄羅斯可能會萎縮，甚至被征服，如同十二與十三世紀被蒙古統治、十七世紀被波蘭與瑞典襲擊、十九世紀初遭到拿破崙入侵、一九一七年沙皇帝國崩潰、二次大戰被希特勒猛攻。但總是能再站起來，重新建立帝國。一九一七年後最為清楚；但是更早的時期也是如此。有鑑於此，許多人覺得俄羅斯的帝國歷史絕不可能在一九九一年蘇聯瓦解後就結束（例如，Hosking 2012: 4）。俄羅斯有過失敗經驗，但仍是世界上最大的國家，擁有豐富的天然氣、石油、黃金、鑽石等資源；周圍許多鄰國和俄羅斯存在歷史聯繫，情況適宜的時候，可能就會重回俄羅斯疆域。比起整個世界，「帝國的終點」在俄羅斯的案例中不是必定，儘管時常有人主張相反的論述。

索洛維耶夫和克柳切夫斯基說俄羅斯是「殖民自己的國家」，這是什麼意思？一方面，也許也是他們心中的主要方面，似乎意謂今日學者所謂的內部殖民。[14]也就是，他們對俄羅斯發展的論述可能類似赫希特對於英國的觀點，認為國家形成的過程是英格蘭人殖民緊連的威爾斯、愛爾蘭與蘇格蘭——周圍的凱爾特人——並將這些民族整合成統一國家（Hechter [1975] 1999）。俄羅斯的案例可能也類似美國「移動邊疆」的發展：如弗雷德里克·杰克遜·特納（Frederick Jackson Turner, 1920）為人熟知的描述，十九世紀的大西進運動扮演重要角色，不僅把美國變成國家，也在美國的民族性格導入「邊境心態」（Bassin 1993）。索洛維耶夫的注釋指出這種觀點——「因此，（俄羅斯自我殖民的性格）出現跨越廣大地區的強力人口移動」；克柳切夫斯基有類似的看法——「這個殖民的範圍隨著國土擴大」（Bassin 1993: 498）。在這些論述中，重要的概念是，這個國家和其文化，來自持續不斷、而且越來越寬廣的擴張過程，其中鄰近的土地與民族遭到征服、殖民，並吸收進入不停演化的國家社會。這些民族究竟是完全同化，或者單純併入，還帶著高度的自主，則是變動的情況。重要的是這個國家的性格是「殖民的國家」，其存在的原則依賴殖民擴張的過程，而且這樣的擴張至少在理論上，是無邊際的。

這個類型的內部殖民主義，在現實中，就是許多所謂民族國家的基礎，只不過較早的殖民事實被較晚的民族主義意識形態遮蔽，並將民族國家描繪為一個特殊民族的成品與化身。從這個意義上來看，許多國家都是「迷你帝國」、偽裝的帝國。（見第一章）但是如同區分帝國與民族國家是有益的（至少原則上是），區分較為熟悉的殖民形式（國家取得空間與文化往往距離遙遠的殖民地，例如多數的西方海外帝國）與內部殖民主義也是。內部殖民主義在這個意義中顯然不只是民族國家的特徵，也是所有陸地帝國的特徵——鄂圖曼、哈布斯堡，當然也包括俄羅斯。這些例子中，承擔殖民事業的那個國家本身就是殖民的成品，支配的民族可能反而是真正的少數，例如哈布斯堡帝國的德意志人。程度上也許仍有差別——俄羅斯顯然是個極端案例——但是一般而言，陸地帝國都有這個特徵，就是殖民與被殖民區別模糊，具有一邊化為另一邊的趨勢，所以過了某個點，便難以分別兩者。當據稱的「宗主國」在殖民的過程中本身不斷被「邊陲」重組，到底誰在殖民，變成一個懸案。

這個內部殖民主義的主要意義帶有一個常被暗示的含意，但不常被提出並發展；而且這個主要意義賦予內部殖民主義稍微不同的意思，或者至少提醒經常被忽略的面向。說一個國家由殖民主義形成，這是一回事；追溯殖民主義對「承擔國家」的民族本身的影響，又是另一回事，也就是帝國藉此命名的民族；而在這個案例中，是俄羅斯人。俄羅斯的案例中，比起「內部殖民主義」，「自我殖民」可能更為正確。因為自我殖民指出，帝國民族被自己執行的殖民方式影響，這樣的效果，是讓他們在許多方面，就和他們征服的其他團體一樣，都是「殖民的臣民」。換句話說，在殖民過程中，他們變成客體的程度不亞於主體；他們表面上是殖民者，其實本身也被殖民。

我們將會更詳細地看到這個過程如何運作，又有什麼後果。整體而言，我們可以說內部殖民，或自我殖民，雖然把帝國的民族變成殖民事業的受益人，但也將他們變成受害者。表面上，統治的民族，也就是賦予帝國名字的民族，他們可以發現這會導致某個程度的自我限制增強，甚至導致某種「反轉歧視」的形式。相對「邊陲」的民族，也就是臣服於殖民的民族，反而置自己於更不利的地位。為了帝國的整體利益，他們自己的民族身分可能需要壓抑或貶低；他們可能沒有發展自己的制度，或者併入帝國的制度後，卻難以反映自己的特色；最後他們可能覺得帝國再也不是他們的，或者他們不再控制帝國。諸如此類的現象曾發生在所有的帝國民族——羅馬人、突厥人、西班牙人、奧地利德意志人、俄羅斯人、英格蘭人，還有法蘭西人（雖然相較之下，也許是最輕微的）。在這些民族的情況中，帝國這件事情有好有壞。他們為自己創造的產物感到驕傲，而且除了帝國就無法正式存在。儘管如此，他們可能還是逐漸感到和帝國漸行漸遠。帝國彷彿吸收他們所有的精力，給予的回報卻越來越少，至少在他們的案例中是如此。忠誠開始減弱，但又伴隨一種憂傷：沒有帝國，情況可能反而更糟；沒有帝國，他們又是什麼？約瑟夫．羅特精湛的小說《拉德茨基進行曲》（一九三二）傳達的，正是這種強烈又微妙的驕傲、擔憂、焦慮。

為了理解俄羅斯帝國，我們必須觀察自我殖民過程的兩個面向。我們首先必須檢視內部殖民主義形成的俄羅斯帝國國家，包括觀察經營國家的民族，他們是誰，又是如何看待自己的任務。意思就是檢視他們對待帝國各種民族的態度和政策，當然不能少了對待俄羅斯人本身，這個有名無實的帝國民族。如同所有帝國，俄羅斯帝國是多族群、多民族的帝國；管理這種多樣性，過去是、現在也是所有帝國的主要任務。

第二，我們需要思考俄羅斯民族身為統治的民族，以及身為臣民的民族。他們賦予帝國名字——俄羅斯帝國。帝國有多少是他們的？他們可以宣稱所有權到什麼程度？帝國對於他們的自我意識貢獻多少？也就是他們身為一個民族的身分。帝國的年代，身為俄羅斯人是什麼意思？這將帶領我們思考「俄羅斯民族主義」。作為概念，「俄羅斯民族主義」似乎就和「英格蘭民族主義」一樣古怪與不自然。

帝國國家與其民族

十六世紀以來，俄羅斯國家和領土的官方名稱是「羅西亞」（*Rossiya*），普遍認為這是中世紀「羅斯」（*Rus*）一詞的拉丁文變化，儘管這是錯誤的認知。十八世紀初，當彼得大帝被封為「俄羅斯的皇帝」——在更古老且更為人熟知的「沙皇」加上這個稱號——他宣稱擁有的領土就是羅西亞。如此的用意之一是，彼得大帝打造的俄羅斯帝國，也就是「Rossiyskaia Imperiya」，「組成上不光是大俄羅斯」。（Raeff 1971: 22; Milner-Gulland 1999: 1; Tolz 2001: 158）

古代的羅斯，「羅斯的土地」中的羅斯，並沒有消失，經常出現在詩歌散文，而且偶而也代表民族危機（參照「英格蘭」代表「不列顛」類似的意思）。羅斯在整個俄羅斯歷史上持續流行。無論如何，由於這個詞賦予俄羅斯民族名稱，也就是「*russky*」，因此歷久不衰。「*russky*」一詞代表族群（ethinic）的俄羅斯人，和「*rossiysky*」並列，即俄羅斯國家的公民，但不必然為俄羅斯出身。傑佛瑞・霍斯金說：「這個差異就和『英格蘭』與『不列顛』之間一樣重要，或者——某方面來說更貼近的對比——『土耳其』和『鄂圖曼』」。（Hosking 2006: 7; 參照 Kristof 1967: 244-45; Cherniavsky 1969: 119-20; Brooks 1985: 219）

俄羅斯有兩個詞代表民族成員身分，也許不太正常；但是這個情況反映的處境並不稀奇，幾乎發生在所有帝國上，如同霍斯金指出，而且我們在鄂圖曼和哈布斯堡帝國已經見過。幾乎所有帝國都存在這個區別：帝國國家（與其控制之諸多領土）和帝國的諸多民族（包括構成統治族群的民族）。統治的族群也許不能總是清楚意識到這個區別，尤其不如帝國內其他族群清楚。俄羅斯的案例中，這點在蘇維埃時期特別顯著，當時「俄羅斯人」常被當地人與外地人以「蘇維埃人」取代（參照大不列顛裡頭「不列顛人」取代「英格蘭人」）。但是到了蘇維埃後期，俄羅斯人高度意識到，他們不只是蘇維埃人；而且帝國期間，也就是沙皇俄羅斯帝國，多數俄羅斯人清楚 *russky* 和 *rossiysky* 之別。這個區別可能成為距離與隔離，甚至是與俄羅斯國家疏遠的感受來源。確實經常有人主張，「民族」與「帝國」——或「民族」與「國家」，在俄羅斯帝國是清楚分明的，而且欲了解俄羅斯的歷史，就必須以此為基礎。（例如，Rogger 1962; Pipes [1974] 1995, Hosking 1998a）

我們晚點再來討論這些主張。不過首先，俄羅斯帝國的族群組成是什麼？俄羅斯帝國有多「俄羅斯」？十八世紀初期，俄羅斯族群（以語言定義）占據稍微超過帝國百分之七十的人口。烏克蘭人占據將近百分之十三，而白俄羅斯人占百分之二・四。至於剩下的百分之十五，波羅的海民族（拉脫維亞人、愛沙尼亞人、立陶宛人、芬蘭人、德意志人、瑞典人）只略超過百分之四，而穆斯林（韃靼人、巴什基爾人、諾蓋人〔Nogai〕與其他）也是略超過百分之四。最後百分之六至七由改信基督宗教的團體組成，例如喀山的楚瓦什人（Chuvash）和莫爾多瓦人（Mordvins），以及信奉泛靈論的西伯利亞部落，例如雅庫特人（Iakuts）、奧斯洽克人（Ostiaks）、布里亞特人（Buriats）。由於俄羅斯習慣視烏克蘭人（「小俄羅斯人」）和白俄羅斯人根本上為俄羅斯人，因此十八世紀初俄羅斯帝國主要是俄羅斯人——根據定義，大約四分之三至五分之四是俄羅斯人。（Rywkin 1988: xv; Kappeler 2001: 115-17, 395-99）

到了一次大戰前夕，隨著帝國於十八與十九世紀積極擴張，俄羅斯族群現在變成少數，略少於百分之四十五。烏克蘭現在占據百分之十八，白俄羅斯百分之四。大幅增加的是波蘭人，現在是帝國組成的百分之六。猶太人現在約有百分之四・二，多半住在立陶宛、烏克蘭、白俄羅斯。喬治亞人占據百分之一，而德意志人百分之一・四。波羅的海民族——扣掉德意志人——維持在百分之四。另一方面，俄羅斯征服高加索與中亞部落後，穆斯林團體成長超過三倍，從百分之四到百分之十五，包括車臣人、奧賽提亞人（Ossetians）、哈薩克人、吉爾吉斯人、烏茲別克人、塔吉克人、土庫曼人，連同亞賽拜然突厥人，是帝國最大的非東正教團體，他們遍布帝國，而且彼此不同。（Rywkin 1988: xv; Kappeler 2001: 285-86, 395-99; Crews 2006: 13-14）

俄羅斯人在他們的帝國，比起突厥人在鄂圖曼，或德意志人在哈布斯堡，還是占據更大比例；如果加上烏克蘭人和白俄羅斯人，就是三分之二。東正教教會也持續位居優勢，百分之七十一的人口信奉東正教。此外，帝國主要還是歐洲的，加上波蘭的土地更是如此。然而無疑的是，經過兩個世紀，俄羅斯帝國的族群與宗教都變得更為多元。帝國第二大的宗教不再是羅馬天主教，而是伊斯蘭（百分之十四）。接著才是天主教（百分之九）、猶太教（百分之四・三）、路德教派（百分之二・七）、亞美尼亞額我略派（Armenian Gregorians，百分之〇・九）（Kappeler 2001: 286, 396）。帝國的「俄羅斯屬性」，這個問題注定變得更複雜、更困難，需要敏銳察覺其他信仰與文化。帝國不遺餘力鼓勵改信東正教；但是想當然爾，也需要包容天主教的波蘭人與立陶宛人、基督教的芬蘭人與德意志人，以及各式各樣的穆斯林，更不用說信仰獨特的猶太人與亞美尼亞人。

帝國如何管理非俄羅斯的民族？（我們會另外討論俄羅斯人）直到十九世紀中期，一般原則——兼顧務實與審慎的政策——就是盡可能保存被俄羅斯吸收進入帝國之前的架構與制度。在北方與西方的芬蘭、波羅的海省分、立陶宛、白俄羅斯與部分烏克蘭，有少數俄羅斯的行政人員、軍人部隊、移民者住在階級與族群分野極為強烈的人口當中。在芬蘭，瑞典人治理多數芬蘭人；在愛沙尼亞和利沃尼亞，波羅的海的德意志貴族支配拉脫維亞人和愛沙尼亞人；在白俄羅斯、立陶宛、烏克蘭「聶伯河東岸」（基輔、沃里尼亞〔Volhynia〕、波多里亞），波蘭或波蘭化的貴族統治白俄羅斯人、立陶宛人、烏克蘭人和拉脫維亞農民。換句話說，非俄羅斯的菁英得以繼續統治較低階級的農民，他們多半身為農奴，並且依據族群，和其他人與菁英分開。從政府的觀點來看，這樣的情況具有雙重優點，既能夠獲得菁英的忠誠，又能讓菁英分擔當地社會的管理工作。帝國政府也能利用該地區族群的諸多差異，充當調解人的同時，在適當的時候，也能從「受壓迫」的團體對抗當地領主而得利（例如，立陶宛的農民對抗波蘭領主）。（Kappeler 2001: 119-20）

其他方面，帝國政府在這個地區採取的政策也是容忍老舊的作法。一七七二年、一七九三年、一七九五年瓜分波蘭，而且波蘭的土地併入俄羅斯帝國之後，政府不僅不干預波蘭地主貴族與農民之間的關係，甚至容許這些土地波蘭化，推行學校與大學以波蘭語授課；波蘭語凌駕其他語言，例如立陶宛語和烏克蘭語。波蘭立陶宛聯邦時期的民法與刑法——「立陶宛法規」——持續適用這些省分，波蘭語也是行政管理的主要語言。政府也不打算介入居民的宗教信仰。波蘭人與立陶宛人都可以信奉天主教；烏克蘭和魯塞尼亞的農民也可以繼續追隨東儀天主教會（Uniate Church）。（Raeff 1971: 31-32; Kappeler 2001: 78-84; Miller and Dobilov 2011: 426-27）

即使在一八一五年後，沙皇的國家繼承拿破崙創造的「波蘭王國」，並且併吞多數前華沙公國的的領土，也沒有改變這個情況。一八三〇年之前，波蘭王國都有自己的憲法，波蘭語是官方語言，波蘭軍隊穿著波蘭制服，指揮軍隊的語言也是波蘭語。波蘭的行政機關完全控制波蘭的預算，只臣服於身為波蘭國王的沙皇，也是王國的最終權威。在亞歷山大一世的統治下，波蘭貴族甚至開始燃起沙皇可能解放波蘭的希望，統一瓜分波蘭所喪失的領土。此時亞歷山大的首席顧問與心腹是自由派的波蘭貴族亞當・恰爾托雷斯基（Adam Czartoryski），也沒有澆熄這些希望。（LeDonne 1997: 71-72; Kappeler 2001: 85-89）

亞歷山大在位後期，事情開始發生變化，另外，也因為尼古拉一世（Nicholas I）初即位時的十二月黨人起義（一八二五）與波蘭的密謀者有關。儘管如此，尼古拉還是宣布，他會努力「如同當個俄羅斯人一樣，當個波蘭人」。他的波蘭語相當流利，而且一八二九年他在華沙即位為波蘭國王時，宣誓維持波蘭憲法。（Miller and Dobilov 2011: 430）令帝國態度與政策戲劇性轉向的，是一八三〇年至一八三一年失敗的波蘭起義，導致波蘭憲法廢除，領土併入帝國。波蘭軍隊解散，併入俄羅斯軍隊。數千名軍人被流放到西伯利亞或高加索。（Miller and Dobilov 2011: 434-36）

儘管如此，波蘭王國沒有廢除，而且雖然波蘭語只限官方用途，還是鼓勵波蘭人學習俄羅斯語，並加入帝國公職。一八三四年，基輔大學取代維爾那（Vilna）[2]的大學，裡頭的學生大部分是波蘭人，教授俄羅斯語的是波蘭籍教授。到了一八五〇年代，波蘭人占據帝國核心官僚百分之六，主導需要特殊技術知識的部門。克里米亞戰爭後的改革氣氛之中，政府又有安撫波蘭貴族的舉動，再次允許貴族在自己的省分擔任國家職務。學校和高等教育機構恢復某些程度的波蘭語言教育。為規範波蘭地主與農民之間的關係，在華沙設立農業學會，由波蘭貴族經營。政府希望證明對波蘭貴族的善意，並回報他們近數十年的忠誠。一八六一年，亞歷山大二世（Alexander II）簽署法令，恢復波蘭高等教育機構，允許波蘭王國舉行選舉，產生地方行政機關。（Miller and Dobilov 2011: 438-42; Kappeler 2001: 249-50, 252-53）

一八六三年的波蘭暴動比起一八三〇年更具威脅性。即使許多波蘭人一開始反對暴動，帝國重新融入波蘭貴族的作為還是因此終結。隨著打擊叛亂，波蘭王國應聲廢除，王國的土地整合進入帝國的一般行政架構，稱為「維斯瓦省」（Vistula province）。波蘭人不准進入波蘭或西方省分任職（雖然不包括聖彼得堡的中央機關）。華沙的高等學校變成華沙大學，教授都是俄羅斯人，俄羅斯語也是唯一的授課語言。天主教教會遭到強力打壓，許多修道院關閉，教會財產全數充公，並在聖彼得堡成立辦公室監督神職人員。（Miller and Dobilov 2011: 443-49; Löwe 2000: 69-71）

儘管如此，雖然一八六三年的叛亂規模龐大，在波蘭地區核心，也就是從前的波蘭王國，波蘭文化和語言並沒有受到打壓。只在西方省分才有全面反對波蘭文化的作為，因為害怕歷史上經歷波蘭統治的地區受到波蘭化影響，也害怕波蘭或波蘭化的貴族仍然占據支配地位。在立陶宛，多數信奉天主教的立陶宛人被當成「可能的波蘭人」，政府想方設法制止當地的波蘭語言和波蘭書刊（Weeks 2001: 99-104）。相反的，立陶宛人不被當成民族，因此不被視為帝國的威脅。立陶宛永遠屬於俄羅斯，是「西方的羅斯」，而波蘭人不正當地占領，這種想法成為一種信念。十九世紀後期，為了抵銷波蘭的影響，俄羅斯的官員確實鼓勵立陶宛文化，例如教堂禮拜使用立陶宛語，以拉丁文（而非西里爾文）印刷立陶宛刊物。人們以為儘管立陶宛人信奉天主教，他們仍會逐漸和平地融入明顯優越的俄羅斯文化。

西奧多・維克斯（Theodore Weeks）在這個脈絡上評論：「靈活的、『想像的』俄羅斯民族地位，偶而可以擴大容納非斯拉夫的立陶宛人。」（2001: 114）「俄羅斯的民族地位」是否為正確或最好的用詞，這點並不清楚，尤其當中並無任何「俄羅斯化」立陶宛人的意圖（Weeks 2001: 104-7）。也許最好將立陶宛的例子視為帝國典型的分而治之策略。俄羅斯政府主要關切的是維持和平與帝國完整，而非把所有居民都變成俄羅斯人。波蘭民族主義變成帝國的威脅；立陶宛民族主義不是，或至少不被當成威脅，因此沒有必要打壓立陶宛的語言或宗教（雖然，又是典型的結果——刺激立陶宛文化以抗衡波蘭，意外促成立陶宛民族運動）。如同維克斯自己說的：「進入『俄羅斯家族』的真正標準，不是信仰或民族歸屬，而是（對沙皇的）忠誠。」（Weeks 2001: 107）

❷ 譯注：今立陶宛首都維爾紐斯（Vilnius）的舊名。

這似乎是關鍵。俄羅斯帝國從頭到尾採取根本的保守主義。只在一八六〇與一八七〇年代，克里米亞戰爭暴露出弱點後，出現俄羅斯的「坦志麥特」，嘗試多方面改革，包括解放農奴、整頓法律系統，引進*zemstva*，也就是選舉產生的地方自治局。隨著接二連三的波蘭暴動與俄羅斯本身的革命運動，改革很快淪為民粹主義與恐怖主義而失敗。另一次改革是在另一次戰敗之後——一九〇四年至一九〇五年的日俄戰爭。這次同樣導致革命，即一九〇五年的革命；革命遭到鎮壓之後，漫不經心的憲法實驗因一次大戰與帝國瓦解而告終。比起鄂圖曼與哈布斯堡帝國，一九一七年被推翻的沙皇帝國顯示高度連續，至少溯及彼得大帝的時代。俄羅斯歷史過去整整兩百年，根本的、結構上的改變，比起本書探討的任何帝國相對較少。

當然這並不表示什麼改變都沒有；不是沒有貫徹一致的政策，也不是沒有整個帝國單一的行政系統；任何人口性質相異、幅員廣闊的帝國有的，俄羅斯也有。但是俄羅斯帝國的目標是維持事情的原狀，並認為這是保存帝國最好的方式。當帝國獲得新的領土，居民通常延續他們原有的身分地位，領土只是併入俄羅斯的財產系統，即「*sosloviia*」。「一個擁有土地與農奴的喬治亞貴族，就會獲得俄羅斯貴族的頭銜，並繼續擁有他的土地和農奴；一個韃靼商人進入俄羅斯商人行會，而且維持在居住地交易的權利；一個烏克蘭的農奴在俄羅斯的統治之下還是一個農奴。」（Geraci 2009: 247）即使亞歷山大二世實施改革，希望帝國人民能夠更加團結，但他仍然保留主要的財產系統，唯恐廢除將不利控制傳統菁英。此外，現代化總是伴隨教育俄羅斯人並賦予他們能力的危險，更甚者，賦予非俄羅斯人能力的危險——他們會要求更多的族群權利與更高的自治。（Löwe 2000: 77）

普遍來說，對於帝國西方、歐洲的領土，追求保存的政策較為容易。這些地區主要是建立已久、定居的社群，也有強大的治理機構。這些機構被視為思想和技術的珍貴來源，越是現成可用，既有的慣例就越不會遭到破壞。我們已經見到這個政策運用在波蘭王國，直到一八三〇年與一八六三年發生暴動，政府不得不出手。彼得大帝從瑞典手中拿下波羅的海省分愛沙尼亞和利沃尼亞，從這件事情更可清楚見到這點。這些土地被劃為俄羅斯帝國的兩個省分，由總督治理，而總督多半出自該地區的傳統統治階級，即波羅的海的德意志人。貴族與城鎮既定的特權就此確立；德意志語繼續作為法庭與機關的語言。多帕特（Dorpat）❸的德意志大學是德意志文化強力的支柱；俄羅斯也沒有意圖干預多數居民的路德教派信仰。更不用說路德教派其實就是居民的優勢，他們因此成為沙皇國家對抗該地區天主教徒（尤其是波蘭人）的有利夥伴。

儘管偶有來自聖彼得堡干預的浪潮，波羅的海省分幾乎直到十九世紀末還是政府偏好的間接治理模範案例；回過頭來，如同未來亞歷山大三世（Alexander III）於一八八〇年所言，他們變成「帝國最忠心、值得信賴、文明的省分，提供最優秀與最可靠的軍隊和人力」。（in Armstrong 1978: 92）他們是整個帝國麻煩最少的省分；而且治理這些省分的民族，即波羅的海的德意志貴族，直到最後都是沙皇最忠實與最支持的臣民，沙皇也任用他們擔任最高階的民政與軍政管理職務。一九一四年爆發與德意志的戰爭，儘管有損省分自治，但直到十九世紀末期，實質上所有俄羅斯的德意志人仍都持續效忠帝國，而且到了一九一七年革命都是如此。（Armstrong 1978: 95-96；亦見 Haltzel 1977;Kappeler 2001: 71-75）

一八〇九年，接續早期占領之後，芬蘭大公國併入帝國。大公國的瑞典與瑞典化菁英整個十九世紀對俄羅斯沙皇的忠誠與奉獻也是類似。比起波羅的海省分，芬蘭自治程度更高，常與一八一五年至一八三〇年的波蘭王國比較。芬蘭有自己的國會、行政機構、法庭，裡頭的職員全是芬蘭人（雖然行政與教育系統的語言是瑞典文，而且任公職的芬蘭人都要學會）。芬蘭維持自己的宗教，也就是路德教派，甚至擁有少數軍隊。芬蘭與俄羅斯唯一的正式連結是沙皇指定的總督。一八一二年，俄羅斯甚至讓十八世紀初開始占領的「舊芬蘭」（Old Finland）重回芬蘭大公國。難怪享有比瑞典統治之下更多自主的芬蘭上層階級更安於俄羅斯統治。在俄羅斯的統治之下，芬蘭於經濟與文化均有發展。芬蘭將首都與大學從阿波（Abo，今圖爾庫〔Turku〕）搬到芬蘭

❸ 譯注：今愛沙尼亞第二大城塔爾圖（Tartu）的別名。

灣上面對聖彼得堡的赫爾辛福（Helsingfors，今赫爾辛基），並欣然接受俄羅斯首都的影響。如同波羅的海的德意志人，芬蘭貴族擔任帝國的民政與軍政管理職位。「因此口說瑞典語的菁英在芬蘭……變成俄羅斯政府的模範夥伴。」（Kappeler 2001: 98; cf. Hosking 1998a: 37-38）

對於烏克蘭（帝國最大的「非俄羅斯」民族），俄羅斯人認為他們賦予其他歐洲省分的自治權似乎太多了，畢竟烏克蘭人和烏克蘭語根本就是俄羅斯（就和白俄羅斯相同）（Rogger 1983: 184; Slocum 1998: 188; Tolz 2001: 198）。影響更大的是，許多烏克蘭貴族和知識分子本身並不確定自己具有明確的烏克蘭身分。他們先是經歷蒙古長時間的統治，接著是波蘭；十七、十八世紀又被俄羅斯（再次）吸收，這種不確定就反映在這個後來被稱為烏克蘭人的民族從前的名稱。在哈布斯堡帝國，他們是魯塞尼亞人；在俄羅斯帝國，是「小俄羅斯人」。烏克蘭的民族身分，如同許多歐洲與其他地方的民族，是十九世紀中期烏克蘭的知識分子發明的。「一九一七年獨立的烏克蘭國家，不是繼承十七世紀哥薩克酋長國，也不是要塞（Sich）[4]，更不是繼承基輔—俄羅斯；因此烏克蘭民族地位的本質必須不斷自我再創造。」（Prizel 1998: 301）

烏克蘭臣服於俄羅斯，並不代表影響與權力單向流動。十七世紀，烏克蘭東正教教會是神學與教會的領頭羊，而尼孔的改革也多虧烏克蘭的學者與神職人員。烏克蘭也為俄羅斯引進西方人文主義重要的元素與巴洛克藝術。「可以有憑有據地說，魯塞尼亞人（即烏克蘭人）為俄羅斯帶來現代時期。」（Torke 2003: 106; cf. Prizel 1998: 159; Tolz 2001: 211）一七〇〇年至一七六二年間，俄羅斯東正教教會正式冊封的主教超過百分之六十是烏克蘭人。（Kappeler 2001: 135）此外，一六五四年，「左岸」（東邊）烏克蘭併入俄羅斯之後，有段時間，允許傳統烏克蘭政權，即酋長國，相當高度的自主。哥薩克菁英，即「*starshyna*」[5]，能夠維持特權，包括控制農民，擁有的權利類似之前地位相等的波蘭 *szlachta*[6]。

破壞這種安排的是酋長伊萬．馬澤帕（Ivan Mazepa）。他在瑞典對彼得大帝的北方大戰（Great Northern War）向瑞典靠攏。一七〇九年，瑞典於波塔瓦（Poltava）戰敗，決定烏克蘭的命運。越來越孱弱的酋長國於一七八二年廢除。哥薩克貴族以在烏克蘭引進農奴制為交換，與俄羅斯國家合併，而且確實成為俄羅斯最可靠的夥伴。烏克蘭東正教教會變成該地區俄羅斯化的仲介（Prizel 1998: 305; Löwe 2000: 59-60）。烏克蘭作家，例如果戈理，被喻為俄羅斯文壇之星。許多俄羅斯化的烏克蘭人在俄羅斯的文武官職任高位。俄羅斯人稱呼烏克蘭人為「小俄羅斯人」，其實語帶傲慢，而烏克蘭語是俄羅斯的農民方言，隨著烏克蘭在十九世紀被貶為俄羅斯帝國落後偏遠地區，這種說法更有說服力，而絕大部分的烏克蘭人是農民，這點又增強這種說法。

對俄羅斯人而言，烏克蘭絕大部分就是基輔羅斯的南方，也是俄羅斯自己的祖先，因此是俄羅斯永久的祖產。烏克蘭與俄羅斯分離就會斷了氣數。多數烏克蘭人逐漸同意；確實就是烏克蘭人（甚於俄羅斯人）發展出與東斯拉夫人統一的想法，聯合烏克蘭與俄羅斯成為單一文化，而且這個想法在十九世紀達到高峰。烏克蘭人有時將自己的未來寄託在所有斯拉夫民族的統一與泛斯拉夫主義上，而不光是在俄羅斯裡。但是無論如何，面對十九世紀下半俄羅斯文化的優點與活力，以及強勢的同化運動，烏克蘭的語言與文化相形失色。（Rogger 1983: 183-86; Prizel 1998: 311;Kappeler 1992: 111, 121-22, 125-26）

波蘭人、立陶宛人、拉脫維亞人、愛沙尼亞人、德意志人、芬蘭人、瑞典人、白俄羅斯人、烏克蘭人，在不同時期，以不同的融入程度，都在俄羅斯帝國找到自己的位置。喬治亞人也是，他們和俄羅斯人一樣信奉東正教，而且於許多方面服務帝國；最著名的人物是一八一二年在戰爭中對抗拿破崙的巴格拉季昂親王（Prince Bagration）。喬治亞貴族的權利確立，而他們的高階官員也被列入俄羅斯的貴族。亞美尼亞人亦同，他們在多方面與俄羅斯聯繫，雖然他們的使徒額我略教會（Apostolic Gregorian Church）與基督宗教的東正教各派差異甚鉅（與其他多數也是）。但是亞美尼亞人視沙皇為保護他們的人，免於鄂圖曼侵犯，儘管鄂圖

❹ 譯注：指與哥薩克酋長國接壤的地區札波羅席要塞（Zaporozhian Sich）。

❺ 譯注：或譯為「大士」，高階軍人之意。

❻ 譯注：波蘭貴族通稱。

曼的疆域中住著許多他們的教友。沙皇政府同意亞美尼亞教會與修道院的自主與特權，並且認同埃奇米阿津（Echmiadzin）[7]的大教長（katholikos）是亞美尼亞人的領袖，也就是亞美尼亞人的教會之首。如同喬治亞人，許多亞美尼亞人找到進入俄羅斯軍隊與文官體系的方法。但是對帝國來說，更重要而且更寶貴的是亞美尼亞人的貿易技巧與人脈，沙皇政府積極鼓勵他們發揮本領。如同其他「移動的流散團體」，亞美尼亞人在帝國執行珍貴的商業功能，尤其是與東方維持貿易關係。（Kappeler 2001: 171-78; Armstrong 1976）

穆斯林與猶太人

他們當然都是基督宗教團體。在宗教是身分的主要標章、也是社會成員主要構成元素的時代（或多或少延續到沙皇帝國結束的時代），整合非俄羅斯、但基本宗教與俄羅斯相同的團體顯然較為容易（雖然我們也不應低估容納宗教對手的困難與成就，例如東正教與基督教、天主教多次對戰，東正教本身內部也是）。但是帝國內非基督宗教的臣民，尤其是穆斯林與猶太人呢？人們經常認為這些團體遭受的困難特別多；帝國對於外來信仰的民族必有歧視，也會覺得他們必定是抵抗同化最頑強的團體（Löwe 2000: 53-54）。此外，穆斯林還有不忠的嫌疑，因為他們伊斯蘭的精神領袖正是帝國的頭號敵人，也就是哈里發——鄂圖曼帝國的蘇丹。

既然同一時期，俄羅斯有兩千萬個穆斯林臣民，是帝國最大的非東正教團體，占據人口百分之十五，而且超過鄂圖曼帝國穆斯林的人數（約一千四百萬），當然就有十足的理由擔心他們是否與鄂圖曼串通共謀，尤其是十九世紀後期。泛伊斯蘭主義，尤其是泛突厥主義，影響這個時期的俄羅斯，泛突厥主義其中一位元老優素福．阿克楚拉，其實就是出身喀山的伏爾加韃靼人。一八九三年，內政部發出警告，必須監督穆斯林是否出現同情「以蘇丹為首的穆斯林世界王國」的跡象，又是否出現「為前者禱告，而非為帝國皇帝禱告」的情事。（Crews 2003: 50）即使十九世紀末，穆斯林發起改革運動「*jadid*」，目的是令穆斯林更融入帝國的社會與制度，這項運動也遭到懷疑。難道這樣的懷疑，不會讓穆斯林社群更加團結，而且更有主見、更難控制嗎？（Geraci 2001: 265-73; Findley 2005: 152-54;Campbell 2007: 328-31）

莫斯科時期早期，俄羅斯帝國的穆斯林確實蒙受諸多歧視與迫害。恐怖的伊凡征服喀山汗國，「形同對伊斯蘭展開東征」，既是報復蒙古統治俄羅斯，也是為了改宗異教（Kappeler 2001: 26-72）。喀山的男人都被處死；清真寺被鏟平，並在原地建起基督宗教的教堂；可汗和其他韃靼高層被驅逐或強迫受洗；俄羅斯的傳教士出動，勸誘穆斯林和非基督宗教徒改宗（Geraci 2001: 15-18）。後來，征服高加索與中亞期間，帝國又與多數為穆斯林的部落和游牧民族發生殘忍血腥的衝突。俄羅斯似乎重複西方的形態，竭盡全力大打伊斯蘭與基督宗教之間的戰爭。看來，穆斯林注定要當「*inorodtsy*」，也就是外來民族，而他們的命運不是消失不見，就是被吸收進入俄羅斯民族。（Becker 1986; Slocum 1998）

然而，其實穆斯林的命運不是如此。雖然較早的時候，*inorodtsy* 這個詞的範疇主要包含住在西伯利亞或草原那些落後、到處遷徙的人口，但是後來普及的用法逐漸擴大到所有非俄羅斯民族。無論俄羅斯對穆斯林的敵意多深，這個詞並非指涉像他們那樣具有宗教歷史或高度文明的民族。因此，長久以來，穆斯林，尤其是伏爾加地區的穆斯林，都不被納入 *inorodtsy* 的範疇。*inorodtsy* 一詞直到一八二二年才被官方賦予法律地位，代表「各種『東部』民族，多半是游牧或半游牧的西伯利亞原住民，生活方式以畜牧、狩獵、捕魚為基礎」（Slocum 1998: 174, 185; Geraci 2001: 31）。後來，一八三五年，猶太人被指為 *inorodtsy*，清楚表示俄羅斯人看待他們的方式非常不同，儘管他們的生活方式並非居無定所，而且出身背景通常是歐洲。二十世紀初期，*inorodtsy* 一詞被俄羅斯民族主義者綁架，穆斯林可能會被當成 *inorodtsy*，但是就民族誌學者列夫．史坦伯格（Lev Shternberg）的觀點來看，「膽敢說著他們自己小俄羅斯方言」的波蘭人、德意志人、喬治亞人、亞美尼亞人，甚至烏克蘭人，

❼ 譯注：亞美尼亞使徒教會總會的所在地。

雖然是「大俄羅斯人的親兄弟」，也是 *inorodtsy*。這個分類觀點反映語言作為身分標記的重要性漸增；但是語言從來沒有取代宗教，而且儘管對穆斯林的忠誠問題越來越不安，還是少見穆斯林被歸類為 *inorodtsy*。

早期大規模改變穆斯林信仰的成效有限。改信永遠是可能的，確實也是可取的，但是沙皇國家從相對早期就放棄勸說大眾改變或強迫穆斯林改信。彼得大帝時期，確實又重新開始勸說改宗，而且若想成為為國效力的貴族階級，改宗東正教是入門條件，但是莫斯科時期並沒有對韃靼貴族規定這個條件。喀山數百座的清真寺因此被破壞。（Löwe 2000: 54; Geraci 2001: 19-20）

彼得的後繼發現這個策略並不明智，很快便停止反穆斯林的行動。凱薩琳二世的時候出現決定性的政策轉彎。她深受啟蒙思想影響，宣布實施普遍的宗教容忍。她停止所有東正教的傳教活動，關閉新改信者部門（Office for New Converts）。她為穆斯林成立穆斯林神職部門（奧倫堡穆夫提管理局〔Orenburg muftiate〕），由聖彼得堡指派的穆夫提領導。沙皇政府發現，神聖宗教會議（Holy Synod）治理東正教教會這樣的組織方式，是規範所有非東正教宗教的模範，甚至適用違背東正教傳統的宗教。因此社群極為分散，而且缺乏正式神職人員的穆斯林，被迫接受由沙皇政府支持、集中化、階層分明的權威。穆夫提管理局負責登記所有的穆斯林「教區」，規定指定的毛拉（mullahs）[8]為「神職人員」，並且督導所有宗教學校。藉此，政府希望平息內部紛爭，並建立「東正教」的穆斯林信仰，相當於基督宗教的東正教。而官方認可的教士階層管制整個穆斯林世界。（Crews 2006: 52-91; Löwe 2000: 55-58; Geraci 2001: 21-22; Steinwedel 2007: 99-102）

但是這樣的政策不應解讀為「隔離」穆斯林社群，把他們關在自己的制度與規定裡頭。如同羅伯特・克魯斯（Robert Crews）指出，沙皇政府認為宗教是整個社會規範與控制的核心機制。這點不僅適用基督宗教團體，也適用非基督宗教。所有宗教都是「穩定、紀律、秩序」的力量（Crews 2003: 54, 2006: 1-30）。沙皇的臣民不得宣告自己「沒有宗教」（*konfessionslos*）；每個人都必須加入宗教團體，受到官方批准的階層制度督導。東正教——國家的宗教，當然最好；但是任何宗教都好過沒有宗教，而且所有宗教都對道德與社會秩序付出貢獻。國家認為，建立信仰和實踐，盡可能免於教義爭議與門戶之見，這是可取的事。因此，「容忍」不同宗教的政策，不等於被動退出或漠不關心，而是主動介入並經常監督社會生活所有面向，從最公開到最私密。「在『良序的警察國家』（*Polizeistaat*）傳統中，政府幾乎直接涉入每個社群宗教生活的核心規範。」（Crews 2003: 57）

驚人的是，就連穆斯林改信東正教，國家也不會彷彿大功告成般地安心退出。穆斯林改信之後又回頭，這類情事眾所皆知；來自鄂圖曼帝國的穆斯林傳教士可能相當有說服力，尤其來自邊界地區的。因此「伊明斯基系統」就很重要。這個系統是喀山的教育家尼古拉・伊明斯基（Nikolai Ilminsky）的研究成果。喀山神學院成立於一八四二年，這個學院非常關心傳教，伊明斯基恰巧也是。對他來說，改信的人應該徹底了解，而且也該打從內心了解改信的宗教。如此一來，他們不僅成為基督宗教信徒，而且是好的基督宗教信徒，在他們居住的社區，自然成為他人的模範。為了達到這個目的，伊明斯基從非基督宗教的社群挑選並訓練教師，包括韃靼、楚瓦什、切列米斯（Cheremis）、莫爾多瓦。基督宗教的經典翻譯為他們的母語。有了這些武器，又以母語教學，喀山神學院的畢業生就能在許多教導改信者基督宗教原則的學校任職。這個方法非常成功，整個帝國爭相模仿，之後令人敬畏的神聖宗教會議總檢察長K・P・波塞多諾斯圖夫（K. P. Pobedonostsev）也支持這個方法。（Kreindler 1977: 93-95; Geraci 2001: 47-85）[15]

伊明斯基系統點出帝國對待非俄羅斯臣民十足的實用主義，後來繼承的蘇維埃也延續這個態度。[16]當然偶有東征的衝動，而且東正教教會一直不滿政府的寬容接納政策，更視伊明斯基系統為毒瘤。但是一般而言，沙皇政府持續堅持改信東正教應該出於自願，而且無論如何，支持所有主要的宗教，才能保證道德與良善秩序，也最能幫助政府達成目標。尼古拉一世統治期間，新的法令宣告東正教是帝國「優秀且主要」的宗教，同時法

❽ 譯注：伊斯蘭法律及宗教的教師。

令也刻意支持其他宗教，因為「所有居住在俄羅斯的民族，也根據他們祖先的信仰和教義，以不同的語言讚美全能的神，祝福俄羅斯皇室，並向宇宙造物者祈求帝國鴻圖大展、威震八方」。（Crews 2003: 59）

就連尼古拉的教育部長謝爾蓋・烏瓦羅夫伯爵（Sergei Uvarov）於一八三三年提出惡名昭彰的「官方民族」理論——「東正教、專制、民族歸屬」，也無意排除或貶低其他宗教。在他的宣言初稿，甚至完全沒有提到「東正教」，重點反而是「傳統」或「民族」的宗教。阿列克謝・米勒（Alexei Miller）說：「正是因為那（東正教）就是傳統且普遍的宗教，烏瓦羅夫才會認為珍貴。」烏瓦羅夫提到「政府的責任是保衛主要教會」，言下之意不只是東正教，還包括其他穩固的宗教（Miller 2008: 141）。因為多數時候，世俗的政府並不理會東正教教會對穆斯林宗教在帝國茁壯的憂心；他們「不把宗教問題當成國家的問題，因此不傾向加入對抗伊斯蘭的宗教鬥爭……『避免驚擾穆斯林』是俄羅斯主要的伊斯蘭政策考量」。（Campbell 2007: 342-43; cf. Brower 1997: 119）

回過頭來，穆斯林也和其他我們談過的非俄羅斯團體一樣，在帝國裡頭尋求改善地位的方法，而非帝國之外。一九〇八年與一九〇九年在杜馬[9]（Duma）開會，韃靼代表為了掃除影響穆斯林的障礙，一再宣告他們是「俄羅斯忠實真誠的子民」，同意俄羅斯語作為國家語言，並且竭盡所能促成俄羅斯土地的「團結」。他們追求的是帝國內的文化自治。一九一四年，穆斯林表示效忠祖國，而且在杜馬的會議上，穆斯林代表宣誓為俄羅斯的榮譽與完整奮戰，從這兩件事情可見穆斯林團體只要平等的權利，而非從俄羅斯獨立。只要以公民的觀點，而非族群的觀點去理解，就會非常清楚，身為穆斯林又身為韃靼人，完全無礙於身為俄羅斯人。

帝國裡的猶太人也有可能如此嗎？猶太人的歷史在帝國中的軌跡似乎和穆斯林相反：不是從拒絕到（合格）接受，而是從相對接受到逐漸排斥，或至少對他們的敵意與日俱增——「相對」也許是關鍵詞；猶太人在俄羅斯從沒真正受到歡迎。這種疏遠可能源自十六世紀東正教教會宣布「猶太教的基督徒」（Judaizer）是異教，而且猶太人不准進入莫斯科的禁令持續到十八世紀下半（Miller 2008: 93）。但是，十八世紀猶太人的商業技巧得到認同，而且允許定居在帝國某些地區，尤其是新俄羅斯（New Russia）[10]。儘管如此，他們還是非常少數，直到瓜分波蘭後，帶來大批猶太人。

瓜分波蘭改變俄羅斯猶太人的處境。他們原本只是少數，到十九世紀末期卻增加為超過五百萬人，占據一八九七年帝國人口普查的百分之四（一八八一年與一九一四年間，將近兩百萬人移出，比例降至略多於三）。十八世紀末幾十年間，加上比薩拉比亞（一八一二）與波蘭會議王國（一八一五）的猶太人，俄羅斯從一個沒什麼猶太人的國家變成世界上最多猶太人的國家——超過全歐洲猶太人的一半。「猶太問題」這下清楚地列在議程上。（Klier 1986; Miller 2008: 98）

普遍認為，十八世紀末到十九世紀中是俄羅斯猶太人的「黃金時期」。波蘭—立陶宛聯邦時期的猶太人受到嚴重打壓，某些打壓情況在多由波蘭人統治的新波蘭王國持續，至少直到一八三〇年。相較於當時，他們現在的處境明顯改善。一七八二年的法令清楚宣布所有波蘭法律不得歧視猶太人；一七八五年又有一項法令公告：「根據女王陛下詔書，猶太信仰的民族與其他民族平等。」阿列克謝．米勒說：「當時俄羅斯猶太人的法律地位比任何歐洲猶太人更好。」（Miller 2008: 96; cf. Klier 1989: 124-26）

尼古拉一世以猶太人完全改宗為目標，被稱為「俄羅斯哈曼」（Russian Haman）⓫。然而，如果猶太人在尼古拉一世底下受到限制，其他團體也是，包括基督宗教的教徒，尤其一八三〇年波蘭革命之後。一八五〇與一八六〇年代，亞歷山大二世發起「大改革」（Great Reforms），對猶太人大幅讓步。然而，一八六三年另一次波蘭革命又部分暫停猶太人這段充滿希望的時光（Klier 1995: 152-58; Lieven 2001: 209）。但更重大的進步可能是，儘管一八六三年波蘭暴動，在懷疑的氣氛之中，一八六〇與一八七〇年代仍有猶太解放運動。人們注

⓽ 譯注：國家杜馬是俄羅斯常設的立法機構，受到俄羅斯革命的影響，於一九〇五年開始召開。

⓾ 譯注：指黑海北岸地區。在十八世紀末期多次的俄土戰爭後，由俄羅斯帝國征服占領。

⓫ 譯注：哈曼是《希伯來聖經．以斯帖記》中的重要人物，勸說亞哈隨魯王（King Ahasuerus）殺死不願向哈曼跪拜的末底改（Mordecai）和全國所有的猶太人。

意到，波蘭暴動之中，猶太人並沒有支持波蘭人，反而維持效忠沙皇。既然如此，為何猶太人不應繼續和平地併入俄羅斯社會？（Klier 1995: 153-57）一八六〇年代大改革解放農奴後，猶太人也得到新的保護與機會。各式各樣限制還在；但是改革為俄羅斯社會的猶太人開創新的大道。

種種機會之中，猶太人特別熱中教育。越來越多猶太學生進入擴大的 *gymnasia*（特選文法學校）與大學。一八五三年，猶太學生占所有 *gymnasium* 的百分之一．三；一八八〇年占全體百分之十二，而在猶太人隔離屯墾帶（Pale of Settlement）[12]占據百分之十九。大學院校的猶太學生比例從一八四〇年全體的百分之〇．五，到一八六五年的百分之三，一八八六年則超過百分之十四（Slezkine 2004: 124; Miller 2008: 115; generally, Nathans 2002: 201-56）。這些數據當然都來自整個帝國百分之四的猶太人口。

一八六〇與一八七〇年代，猶太人的人數越來越多，而他們也獲得在屯墾帶之外居住的權利，此時清楚可見這些改變造成的影響。到了一八九七年，有三萬五千個猶太人合法住在首都聖彼得堡，非法居住的數字也與之相當（雖然自從一八八〇年，內政部逐漸赦免這些居民）。在屯墾帶與之外，猶太人於各行各業占據高比例，尤其在法律與醫學——聖彼得堡百分之五十五的律師、百分之五十二的牙醫、百分之十七的醫生是猶太人。看在這般的流動程度，無論於地理或社會，很難不同意阿列克謝．米勒所言：「一八六〇與一八七〇年代，廢除猶太人隔離屯墾帶的政治條件正當成熟。」（Miller 2008: 117；亦見 Klier 1989: 134; Slezkine 2004: 125）

猶太人積極參與商業、工業與藝術領域，他們的地位因而提升至相當於哈布斯堡猶太人的程度。猶太人的銀行家與承包商在俄羅斯十九世紀末的工業化中扮演重要角色。尤里．斯萊茲肯說：「到了大戰爆發的時候，沙皇的猶太臣民已經準備取代德意志人，成為俄羅斯的現代人典範（他們在多數中東歐已是如此）。」（Slezkine 2004: 123; cf. Nathans 2002: 376-79）猶太人在藝術方面同樣耀眼，敖德薩孕育一群世界級的音樂家（尤其小提琴家與鋼琴家，例如米夏．艾爾曼〔Mischa Elman〕與雅沙．海飛茲〔Jascha Heifetz〕）；基輔與維捷布斯克（Vitebsk）的藝術家如馬克．夏卡爾（Marc Chagall）、埃爾．利西茨基（El Lissitzky），而在格羅德諾

（Grodno）有偉大的舞臺設計師利昂・貝斯克（Leon Bakst，又名 Lev Rozenberg）。「最受喜愛的俄羅斯風景畫家」伊薩克・列維坦（Isaak Levitan）就來自立陶宛的基巴爾泰（Kibartai）。（Slezkine 2004: 126）

多數這些受過教育的猶太人都搬出他們的猶太社群，融入俄羅斯的語言與文化，越來越多其他的猶太專業人士也是。眾所皆知，有些人受到此時的激進知識分子與革命黨派吸引，然而，局勢需要的時候，這點可能、也會用來打壓猶太人（Slezkine 2004: 150, 155; Haberer 1995: 256-57; Miller 2008: 123）。但這在受過教育的猶太人中只是少數，多數還是希望在越加開放的俄羅斯社會裡謀得中產階級的職業。這些較不是俄羅斯的猶太人，而是猶太教的俄羅斯人，也就是自願同化的猶太人——雖然多數是世俗的俄羅斯人，沒有皈依多數俄羅斯人信仰的東正教。他們比起在城鎮和猶太村落的全體猶太人，當然只是少數。十九世紀末，城鎮和猶太村落發起猶太文化與宗教復興運動。在這樣社會主義的猶太聯盟（Jewish Bund）中，越來越多聲音要求認同猶太人是俄羅斯聯邦當中的一個民族。政治錫安主義（猶太聯盟反對）開始在猶太社群中吸引追隨者。（Rogger 1983: 203- 4; Kappeler 2001: 271-72; Slezkine 2004: 140-55）

我們就是要在這樣的流動與機會的背景當中，思考一八八〇年代初期到一九〇〇年代初期明顯的屠殺與迫害。眾人常說這些故事：一八八一年、一九〇三年、一九〇五年的屠殺；捏造的《錫安長老議定書》（*Protocols of the Elders of Zion*）；猶太職員孟德爾・貝里斯（Mendel Beilis）謀殺基督宗教少年血祭之審判；多項歧視猶太人的新措施。這裡需要說明幾點。暴力時期非常緊湊；一九〇六年後沒有屠殺。歧視的措施並非主要來自種族的反猶主義；比起歐洲其他地區，反猶主義在俄羅斯反而較不興盛。屠殺的罪魁禍首並非沙皇政府，這種突發事件往往源於地方派系，雖然地方政府和警察也只是旁觀而很少干涉。（Rogger 1983: 201-6; Hosking 1998a: 390-96; Kappeler 2001: 267-73）

---

⑫ 譯注：俄羅斯政府規定猶太人居住的地區。

社會最高層對於猶太人當然充滿敵意，沙皇亞歷山大三世就是，尼古拉二世（Nicholas II）更是。首席顧問與部長也認同並鼓吹這種態度，例如波塞多諾斯圖夫、德米特里・托爾斯泰（Dmitrii Tolstoi）、內政部長維亞切斯拉夫・普勒韋（Viacheslav Plehve）。不過同時，許多部長，例如謝爾蓋・維特、彼得・斯托雷平（Petr Stolypin），以及財政部許多官員，他們急切推動俄羅斯工業化與現代化，反而認為猶太人是寶貴的仲介，因此反對這種觀點。這類人物主張進一步解放猶太人，確保猶太人在一九〇五年革命後建立的新國會「杜馬」中獲得席次。（Kappeler 2001: 270, 342; Miller 2008: 124-25）

許多關於猶太人在俄羅斯的文章傾向把他們當成「特殊情況」，特別以他們為例，製造融入多元族群與多信仰帝國的困難與問題。這個趨勢一方面歸因於俄羅斯文化當中特別嚴重的反猶主義，另一方面也由於猶太人冥頑不靈地緊抓舊時的文化與宗教（例如，Hellbirg-Hirn 1998: 181）。然而這些刻板印象似乎都沒有證據支持。俄羅斯的反猶主義不比其他基督宗教國家更糟；而且，因為他們在十九世紀後半獲得的機會，猶太人亟欲融入俄羅斯生活主流的渴望並不輸其他團體。問題確實在於，如同很多人的評論，猶太人太想要加入流動在俄羅斯社會的新浪潮，而且太過成功。尤其他們的商業成就招人嫉妒，無論俄羅斯人或非俄羅斯人；俄羅斯的保守派認為，例如波塞多諾斯圖夫，在全新、現代的工業與財政世界，猶太人似乎代表所有最壞的事，破壞傳統道德與社會秩序（Rogger 1983: 201; Kappeler 2001: 271; Slezkine 2004: 155-65; Miller 2008: 121-22）。無論在俄羅斯或其他地方，對於當時全歐洲快速現代化出現的問題，猶太人成了方便的代罪羔羊。因此才會發生反對他們的勢力，甚至偶有暴力，導致近兩百萬猶太人於一八八一年至一九一四年間移出俄羅斯。然而，他們在歐洲其他地方的命運只是更糟。

「俄羅斯化」與俄羅斯民族主義

十九世紀後期，猶太人不是俄羅斯政府唯一的目標。同樣的事情發生在其他非俄羅斯的團體，而且某些情況，確實也發生在俄羅斯人自己身上。這時候似乎展開普遍的「俄羅斯化」運動，接著被詮釋為強勢的俄羅斯民族主義。有人主張，儘管俄羅斯是多民族的帝國，這些年也經歷橫掃歐洲多數國家的民族主義浪潮。這個運動導致全面的計畫，希望盡可能剷除非俄羅斯的語言與文化，賦予帝國更清楚分明的俄羅斯底蘊。（例如，Kaspe 2007: 465-88）

然而，「俄羅斯化」與「俄羅斯民族主義」不是同一件事，而且確實可能指向不同方向。[17] 俄羅斯化有時是「行政」的，基本上關於非俄羅斯團體併入俄羅斯國家的政治整合；有時則是「文化」的，欲使非俄羅斯人吸收俄羅斯文化與文明。有人主張，文化的俄羅斯化直到十九世紀後期才出現，是「國家權力支持、有意的政策」。（Becker 1986: 26; cf. Thaden 1990c）羅伯特．格雷西提出一個連續體：「一邊是帝國的模範，文化同質的民族國家……另一邊是完全非民族、多元文化的帝國，不強迫帝國臣民改變身分。」他指出，很少人選擇其中一個極端，而且通常態度與政策互相混合，如同沙皇時代數個文化的整合時期：「基督宗教化」（*khristianizatsia*）、「同化」（*sliianie*）、「教化」（*tsivilizatsiia*）、以及「俄羅斯化」（*obrusenie*）。（Geraci 2001: 9; cf. Jersild 2000: 542n19; Tolz 2005: 132-33, 135）清楚的是，俄羅斯化絕對不是明明白白的過程，而且，就像民族主義，應該以複數形式稱呼，也就是「諸多俄羅斯化」（russifications）。（Miller 2008: 45-65）

對大多學者而言，「俄羅斯化」主要意謂沙皇政府在十九世紀末幾十年間針對非俄羅斯臣民的政策。一般也同意，這些政策旨在文化的俄羅斯化，例如以貝克爾（Becker）的理解：就是一段過程，使非俄羅斯人除去非俄羅斯的身分，盡可能於語言與文化上成為俄羅斯人。雖然可能承認這些政策結合公民與政治，但是焦點永遠在於那些為了將非俄羅斯人轉為俄羅斯人，被視為新穎激進的手段上。其他類比可能是十八世紀後期哈布斯堡帝國約瑟夫二世的德意志化政策，或十九世紀後期哈布斯堡帝國匈牙利半邊的馬札爾化政策，或者確實如歐根・韋伯（一九七六）的經典說法——「農民變成法蘭西人」的方式。

如我們所見，俄羅斯國家長久以來都抗拒這個意義的俄羅斯化。對於非俄羅斯的省分，政府一直採取「不即不離」的取向，偏好間接治理地方菁英，尊重地方權利與習俗。大致來說，不會企圖強迫非俄羅斯人接受東正教或俄羅斯語言。相較西邊的鄰居，俄羅斯東正教教會從不是積極的說客；當他們想要積極的時候，往往會被政府拉住（Geraci and Khodarkovsky 2001: 6-7）。帝國歡迎臣民改信，而且為了擔任政府高官，往往必要改信。但是除了征服韃靼初期，很少如此強迫。伏爾加韃靼人的案例中，他們的穆斯林信仰在沙皇國家反而有用，能夠藉此擔任與中東教友之間的橋梁。（Starr 1978: 18）

為了報答他們的合作與忠誠，俄羅斯政府對非俄羅斯菁英開放軍階，接納他們進入貴族階級，招募他們擔任公職。其他人，例如亞美尼亞人、希臘人、猶太商人，也在不同時間裡得到不同特權，鼓勵他們貢獻帝國。這樣的形態很長一段時間似乎相當適合俄羅斯帝國的歷史，如同適合其他帝國。誠如費雷德里克・史塔爾（Frederick Starr）所言：「維持帝國本身就是目的，也是俄羅斯政治生命的主要目標。這遠比在帝國內散播俄羅斯價值、宗教、習俗、語言來得重要。」（Starr 1978: 31; cf. Raeff 1971: 29; Steinwedel 2007: 98）

這個政策在十九世紀是否變了？依照慣例都會主張：是的。因為各種原因，十九世紀後半，俄羅斯政府的政策轉為主動的文化俄羅斯化（Raeff 1971: 38-40; Rodkiewicz 1998: 13-14, 269; Carrère d'Encausse 1992: 216）。而且進一步主張，這個轉變增色新的俄羅斯民族主義，或者受到這個民族主義啟發，違背或凌駕帝國較舊的治理傳統。有人主張，民族主義運動強勢橫掃全歐洲，俄羅斯也不能豁免。民族主義運動不只影響臣民，也影響所有多元民族帝國的統治民族。[18]

俄羅斯民族主義在這個時期的影響是什麼？俄羅斯化的政策執行多大程度？清楚的是，種種企圖當然不是為了俄羅斯化每一個人，也不是同樣程度。例如，政府完全沒有意圖俄羅斯化猶太人，部分由於為了享受許多俄羅斯當地人的舒適，他們已經俄羅斯化得太快，另也因為主要的俄羅斯輿論認為，他們就是無可救藥的異族。對多數的穆斯林團體而言，也沒有周延的俄羅斯化政策。對於 *inorodtsy* 的穆斯林，包括高加索人、南高加索人、中亞人，如同西伯利亞人，政府假設隨著時間過去，他們會脫去落後野蠻的習俗，接受優越的俄羅斯文化。俄羅斯化就會悄悄進行。（Becker 1986, 1991; Brower 1997: 122; Hosking 1998a: 388-89）

另一個的策略，同樣相對於文化俄羅斯化，就是培養地方文化與身分，也就是「當地人的故鄉」，作為「建立泛俄羅斯身分的磚塊」，以德意志的「家園」（*Heimat*）模式融合地方與民族（Tolz 2005: 144）。就這個觀點，穆斯林身分就像布里雅特（Buriat）或卡爾梅克（Kalmyk）的身分一樣⑬，不是對立，而是讓更大的俄羅斯身分作為公民、多元族群的民族，能夠更加完美。這個策略的目標不是文化統一，而是公民身分統一，也就是 *grazhjdanstvennost*，蘊含接受某種道德與禮儀的標準。在「俄羅斯的東方」，多數的俄羅斯東方主義者與許多地方官員認為，文化俄羅斯化將不利建立民族。其中一人主張，「強迫的俄羅斯化」只會「嚇跑當地人，不敢借用俄羅斯的習俗」。這個想法也動搖一九二〇年代蘇聯的「本地化」政策。（Yaroshevski 1997: 59-61; Jersild 1997: 101-9; Brower 1997: 131; Tolz 2005: 141-49）

對於伏爾加的韃靼人，伊明斯基系統目標不在改信，而是確保已經改信東正教的穆斯林更加堅定。某些支持者認為這個系統大獲成功，可以視為某種俄羅斯化，例如波塞多諾斯圖夫和教育部長德米特里·托爾斯泰。（Kaspe 2007: 475-76）但是既然系統的整個重點是援用當地語言，而非俄羅斯語，俄羅斯的民族主義者便認為那是在走上危險的道路，鼓勵非俄羅斯人追求民族主義（Kappeler 2001: 263; Seton-Watson 1986: 22）。這裡俄羅斯化成了兩面刃，而且當然不能簡單地視為俄羅斯民族主義得利。

在喬治亞和比薩拉比亞，十九世紀後期有許多俄羅斯化的措施，多半意在增強俄羅斯東正教教會的權威

⑬ 譯注：布里雅特人和卡爾梅克人都是西伯利亞的原住民，屬蒙古人的分支。

和影響。比薩拉比亞的羅馬尼亞語以及喬治亞的喬治亞語隨即遭到打壓，儘管一般而言打壓並不成功。無論如何，喬治亞人與比薩拉比亞之間一直都在進行俄羅斯化。普遍認為俄羅斯保護他們，並將他們從鄂圖曼帝國解放。他們共同信仰東正教，自然是俄羅斯的盟友。因此不需要大量的俄羅斯化。

事情在亞美尼亞人身上並不相同。他們屬於基督宗教的額我略教會，十九世紀多半擁有特殊地位。他們現在受到攻擊，主要因為隔壁的鄂圖曼帝國興起亞美尼亞民族主義，而俄羅斯害怕受到傳染。主流報刊描繪亞美尼亞人的方式和猶太人一樣，是剝削者、寄生者、潛在叛徒。一八八五年，亞美尼亞學校遭到關閉，或者課程加強俄羅斯的內容。一九〇三年，政府充公亞美尼亞教會財產。這些動作製造強烈的反俄情緒，導致俄羅斯官員受到攻擊。政府的因應方式是召回總督戈里津親王（Prince Golitsyn），改派較溫和的沃隆特索夫—達什科夫伯爵（Count I. I. Vorontsov-Dashkov）。一九〇五年革命之後，政府廢除充公令，並取消多數歧視措施。俄羅斯化對於同化沒什麼幫助；主要的效果只是破壞亞美尼亞人長久的親俄態度，做出眾人害怕的事情，助長俄羅斯內部亞美尼亞的民族主義（Hosking 1998a: 386-88）。儘管如此，當俄羅斯於一九一四年與鄂圖曼帝國開戰，亞美尼亞為俄羅斯而戰，比起自己在俄羅斯相對安全的生活，他們更在乎在鄂圖曼帝國的同胞命運。（Rogger 1983: 194-96; Kappeler 2001: 266-67）

只要調查證據，就會馬上發現，那幾年普遍稱呼的俄羅斯化，主要適用帝國西邊的邊境地區（cf. Becker 1986: 26, 43; Seton-Watson 1986: 21-22）。何以如此也不難發現。俄羅斯政府認為，帝國安全與完整主要的威脅，不在南邊或東邊，而在西邊。這些威脅中，主要的是波蘭民族主義，概括而言，是波蘭人和波蘭文化在過去統治的地區留下的影響。其次是德意志與芬蘭民族主義。隨著十九世紀後期強大的德意志崛起，並在巴爾幹與其他地區騷擾俄羅斯，前者更是令人煩憂。

如我們所見，失敗的波蘭暴動刺激一系列在波蘭王國展開的反波蘭措施，包括降級成省分，即維斯瓦省，並且攻擊天主教教會；嚴格禁止教育機構使用波蘭語（雖然教會沒有），代之以俄羅斯語（Hosking 1998a:

376-78）。但如果這些措施的出發點是「文化俄羅斯化」，那麼幾乎沒有成功。波蘭文化可能被壓抑，但不代表會被俄羅斯文化取代。波蘭的語言與宗教倖免於難，且波蘭人大肆利用統一的帝國提供的經濟機會。放棄造反後，波蘭領袖致力在帝國內恢復自主，至少部分在一九〇五年革命後的自由改革中達成。一九一四年，杜馬的波蘭代表與民族民主黨的羅曼・德莫夫斯基（Roman Dmowski）拒絕約瑟夫・畢蘇斯基（Josef Pi sudski）的波蘭社會黨提出的分裂主義，並在患難之際向帝國宣示忠誠。（Rogger 1983: 187-89）

在西邊省分，波蘭的語言與天主教教會遭到嚴格控制，目的在於降低波蘭對農業國家烏克蘭、白俄羅斯、立陶宛的影響。這些團體本身不被當成俄羅斯利益的威脅。他們之間的民族意識也偏低，而俄羅斯把他們全體，甚至包括天主教的立陶宛，當成羅斯歷史的部分，也是俄羅斯的器官之一。禁止他們的語言並推廣俄羅斯語，倒不是為了因應烏克蘭、白俄羅斯、立陶宛的民族主義（在這段期間尚未坐大），而是為了打擊波蘭文化在該地區的支配地位。波蘭人被視為幕後推手，促進這些反俄羅斯的民族文化復興運動；因此，打壓波蘭人就是打壓復興運動。[19]

如同烏克蘭人，立陶宛人和白俄羅斯人比較不怕俄羅斯政府，反而比較害怕他們的波蘭地主；芬蘭人和愛沙尼亞人、拉脫維亞人也是，比較不擔心俄羅斯打壓或俄羅斯化，反而比較擔心瑞典和德意志人統治。這也是為什麼在波羅的海省分的愛沙尼亞和拉脫維亞歡迎俄羅斯化，以資反制德意志的文化與影響。十九世紀前半，東正教教會推動愛沙尼亞人與拉脫維亞人改信，結果相當成功。波羅的海省分的農民在一八一六年至一八一九年間已經解放，相較俄羅斯的農民早了五十年。而且他們也在自治的鄉村社群逐漸培養起當地的語言與文化。某些俄羅斯官員為了對抗波羅的海德意志菁英散播的德意志化趨勢，因而鼓勵這些運動，例如斯拉夫派的尤里・薩馬林（Iurii Samarin）。（Armstrong 1978: 84-85）

過了世紀中期，改信停頓；但是一八七〇年的市政改革擴大到波羅的海省分，弱化德意志控制，並在亞歷山大三世的治理下，恢復並更進一步持續的俄羅斯化。新興的愛沙尼亞知識分子相當歡迎這次的俄羅斯化，並於一八八一年派遣代表晉見亞歷山大三世，要求改革的俄羅斯系統擴大到波羅的海省分（Raun 1977: 127-29）。一八八九年，俄羅斯改革的法律系統與警察系統紛紛引進。學校、大學、高階行政機構規定使用俄羅斯語。多帕特的德意志大學關閉，重開為俄羅斯意葉夫大學（Russian university of Iurev）。路德教派的教會受到限制，改信東正教的行動再度展開。（Hosking 1998a: 382-84）

愛沙尼亞和拉脫維亞的知識分子擁護許多這些措施，藉由打壓德意志貴族獲利（Raeff 1971: 33; Thaden 1990d: 224, 227）。就連引進俄羅斯語也被視為改善之前教育與行政以德語為主的處境。在愛沙尼亞想要「鵬程萬里」，先決條件是接受俄羅斯語的俄羅斯教育；他們在地方文官的任職比例，因此也從一八七一年的百分之二，於一八九七年提升到百分之五十（Miller 2008: 51）。但愛沙尼亞人和拉脫維亞人對於當地語言不受支持感到失望，尤其在教育系統。此外，俄羅斯政府考量地方自治局的系統會被用來對抗波羅的海德意志人，因此並未引進，這點也令他們失望。俄羅斯政府發現，此時愛沙尼亞與拉脫維亞受教育的階級已經產生政治意識。一九〇五年的革命中，波羅的海農民與工人受到這個階級影響，起而對抗德意志地主與俄羅斯軍人。受到這些事件衝擊，一九〇五年後，俄羅斯政府停止俄羅斯化的措施，並且與波羅的海德意志人聯合。儘管俄羅斯意圖削弱他們的權力，他們一直保持忠誠。同時，俄羅斯政府允許愛沙尼亞與拉脫維亞發展當地語言文化，如同在立陶宛與其他地方，此舉賦予這些團體新的民族身分意識，他們也即將在一次大戰的混亂之中徹底利用。 20

波羅的海省分的俄羅斯化，目的是弱化波羅的海德意志人，並且持續進行集中管理，因此和波蘭地區的俄羅斯化非常不同。芬蘭的俄羅斯化也是。這裡主要的動力似乎也是想促進芬蘭與帝國其他省分一致，令帝國的政府更趨標準、集中。自從一八〇九年合併，比起帝國其他地區，芬蘭一直享有更高程度的自主。瑞典或瑞典化的上層階級支配芬蘭的省分事務，掌握所有重要的政治與文化機構。亞歷山大二世又進一步增強他們的支配。俄羅斯賦予芬蘭協商會議（Diet of Finland）[14]新的權力，芬蘭於是允許擁有自己的貨幣，不同於俄羅斯盧布。一八七八年，芬蘭獲得自己的軍隊。一八六〇年代的改革沒有伸及芬蘭，進一步保留瑞典菁英的權力。

直到一八九〇年代，事情才開始改變，在帝國其他地方執行的措施終於也在芬蘭執行。一八九九年，尼古拉二世宣布為了「普遍的帝國考量」，縮減芬蘭協商會議的權利，並且引進徵兵法，將分開的芬蘭軍隊併入俄羅斯軍隊。政府機關的高層改用俄羅斯語。芬蘭失去獨立的郵政系統。（Thaden 1990d: 225-27; Hosking 1998a: 380-81）

這些反芬蘭的措施，許多出於該省總督N・I・包伯利克夫（N. I. Bobrikov），他認為芬蘭的自主是異常情況，而芬蘭的分離主義是威脅。如同在波羅的海省分，俄羅斯政府希望利用芬蘭農民和他們瑞典主人的差異對芬蘭菁英施壓。但是包伯利克夫強硬的治理風格與所有團體為敵。一九〇四年他遭到芬蘭學生刺殺，這起事件引發俄羅斯政府轉變風向，一九〇五年革命之後更是。芬蘭協商會議由於擴大的選民基數與權力因而更為穩固。徵兵法撤銷。芬蘭人在杜馬與國家議會占有席次。但是芬蘭人再次受到監視，因為政府懷疑他們同情德國，而且芬蘭自主的事實有助俄羅斯的激進分子閃躲俄羅斯警察。斯托雷平任職期間，再次出現多項行動限制芬蘭自主，並更一致地整合芬蘭進入帝國體制。一九一四年戰爭爆發，意謂這些行動幾乎沒有執行，卻導致分離主義態度增強，並在一九一八年芬蘭獨立時達到高峰。（Rogger 1983: 189-91; Kappeler 2001: 260-61; Wortman 2006: 370）

西奧多・維克斯說：「現在幾乎沒有學者會贊同這種粗糙的理論，認為俄羅斯政府企圖消滅所有非俄羅斯文化，以俄羅斯文化和東正教取代。」（Weeks 2001: 96; cf. Kappeler 2001: 274）薇拉・托爾茲（Vera Tolz）稱這種「普遍認為」的俄羅斯化是「沒有內容的迷思」（Tolz 2001: 8；亦見174-77）。但是，無論理論是否粗糙，這種主張還是經常出現，而且由專業人士提出，認為俄羅斯化是沙皇政府十九世紀後期持續且刻意的政策。[21]此外，這種主張的另外一個含意是，這個政策代表分水嶺，區別之前容忍與保存非俄羅斯領土的傳統治理形

⑭ 譯注：指一八〇九年至一九〇六年芬蘭大公國的立法機構。

式。

我們已經見到這樣的觀點有多誤導。十九世紀俄羅斯民族主義當然有發展，事實上其他每個歐洲國家也是。某些團體希望把俄羅斯多族群的帝國變得更像民族國家，其中俄羅斯的文化自然就是支配且定義的文化。問題是俄羅斯民族主義者之間對於這個俄羅斯屬性的意見不一。俄羅斯屬性是否應該強調斯拉夫文化，如同斯拉夫派主張？如此一來，泛斯拉夫主義是較合乎邏輯的主導形式，而非狹隘的俄羅斯民族主義。然而，倘若依照「西化派」的定義，那麼，如同前馬克思主義者與泛斯拉夫主義者彼得・斯特魯維（Peter Struve）抱怨，他們的世界主義，以及對西方價值的迷戀，會令他們遠離自己的多數同胞，並令他們的民族主義更難成為一個民族國家的基礎（Rogger 1962: 254）。還有一個進一步的可能，即不應視俄羅斯為歐洲帝國，而應視為歐亞帝國，這個觀點再次指出理解民族性格與民族命運不同的方式。（亞歷山大・布洛克〔Alexander Blok〕於一九一七年唱道：「是的，我們是斯基泰人〔Scythians〕，是的，我們是亞洲人！」）

我們在下一節會討論「俄羅斯屬性」。這裡需要強調俄羅斯化的理論遭遇什麼限制和曲解。沙皇時代的任何時候，包括十九世紀後期與二十世紀初期，都沒有持續、全面的俄羅斯化政策。無論俄羅斯民族主義者如何呼籲，多數沙皇與沙皇的政治家認為民族主義原則會破壞帝國，而保存帝國正是他們的要務（Lieven 2001: 275）。所有後來的沙皇，只有亞歷山大三世（一八八一年至一八九四年在位）似乎真的相信俄羅斯化，並努力推廣。[22]亞歷山大二世（一八五五年至一八八一年在位）與尼古拉二世（一八九四年至一九一七年在位）都見到其危險，而且不是抵擋其壓力，因此採取行動撤銷所有朝該方向執行的措施。如果十九世紀後期可以看出俄羅斯化的浪潮——而且毫無疑問可以——那麼會發現那些浪潮不規律、不長久、不一致，而且多半不成功。（Seton-Watson 1986: 21-22; Löwe 2000: 75-80）民族主義的團體力圖國家回應他們的要求，只是感到挫敗。「王朝的帝國愛國主義禁止族群的民族意識散播」，民族意識又因受過教育的知識分子和廣大農民階級之間的裂縫受到進一步限制，俄羅斯民族主義難以引起農民階級的興趣。（Kappeler 2001: 243; cf. Hosking 1998a: 397; Miller

2008: 55）一九一七年之前，俄羅斯維持以等級為基礎的社會，即「*soslovie*」，其中平行的階級與地位關係凌駕垂直的共同民族地位。就連工廠工人也在 *soslovie* 系統之中（Morrison 2012: 337）。[23] 連結身分的是對沙皇與帝國的忠誠，而非民族。

無論如何我們要記得，俄羅斯化的時期相對來說非常短暫，以及造成這個背景的動力特殊。幾乎所有重要的俄羅斯化措施都從一八八〇年代初期的二十年內發生，也就是一八八一年亞歷山大二世遇刺開始，到一九〇五年革命結束。這段期間也見證了革命與恐怖主義運動興起，並相繼奪走亞歷山大二世與內政部長維亞切斯拉夫・普勒韋的性命（後者於一九〇四年遇刺；後來一九一一年，總理彼得・斯托雷平亦遇刺）。其他地方興起的民族主義也鼓勵非俄羅斯人省分的民族主義運動，而且有可能與帝國之外的民族主義者串連。統一的德意志是全新又可怕的強國；德意志民族主義對俄羅斯帝國內德意志人的影響也是一大隱憂（Armstrong 1978: 91; Miller 2008: 22; Carter 2010: 73）。一九〇四年至一九〇五年，日俄戰爭失敗，澆熄俄羅斯對東亞遠大的抱負，這個事件更是震驚帝國。

這些發展必定製造恐懼與焦慮的氛圍，促使帝國需要重新思考、重新組織。哈布斯堡與鄂圖曼在相同時期，基於相同理由，也在從事同樣的事。回應之一就是推動工業化與現代化，兩者在十九世紀後期大展身手。另一回應是延續彼得大帝與凱薩琳二世於十八世紀開始的作為，更進一步精簡並集中帝國的行政系統。因此，十九世紀末期的俄羅斯化，文化方面倒不如行政方面（cf. Rogger 1983: 182）。如同過去，當各種團體感覺自己的權力與影響受到威脅時，這些作為也會引起反對，但是絕非從族群的意義上改變俄羅斯。

文化俄羅斯化的意圖，例如強制使用俄羅斯語言、壓迫非俄羅斯的文化，一九〇五年革命之後多半廢除，許多重大的俄羅斯化措施也都撤銷。一九〇五年四月，政府發布寬容命令，聲明東正教教會位居首要地位，同時，停止歧視非東正教的宗教。針對非俄羅斯語言的禁令多半取消。十月，政府發布宣言，保證公民權利與自由，允許民族集會結社。所有民族都受邀選出新杜馬的代表，而且除了芬蘭以外，幾乎所有民族都參與；

非俄羅斯的代表因此占據第一屆杜馬幾乎一半的席次。大戰爆發前幾年，出現意料中的政策反轉與不一致，但是沒有任何恢復類似俄羅斯化政策的意圖，畢竟其中的危險現在顯而易見。這個取向成功的最佳證明就是一九一八年以前，儘管風起雲湧的戰爭出現許多機會，只有兩個團體，即波蘭與芬蘭，要求從俄羅斯政府中獨立（Sarkisyanz 1974: 71）。其他民族儘管致力爭取更高的自主與平等，但是他們希望在帝國內部實現，而非外部。直到俄羅斯生命的最終，如同哈布斯堡，帝國成功保留許多成員的忠誠，包括基督宗教徒、穆斯林、猶太人。

俄羅斯人與俄羅斯屬性在帝國

俄羅斯帝國有多俄羅斯？俄羅斯帝國多大程度反映帝國內統治族群的身分、利益、目的？如我們所見，十八世紀初俄羅斯人是帝國明顯的多數，而到了十九世紀末，依舊是最大的族群團體，占據人口百分之四十四。既然官方不認為烏克蘭人（小俄羅斯人）和白俄羅斯人是其他民族，俄羅斯人事實上占據人口的三分之二。無論怎麼計算，他們的比例都比哈布斯堡的德意志人和鄂圖曼的突厥人遠遠要高。

俄羅斯語和俄羅斯東正教教會在帝國內是首屈一指。其他語言與宗教多數時候都得到容忍，而且從來沒有一致的政策要求臣民改信東正教。但是出任俄羅斯公職幾乎必備俄羅斯語言，改信東正教更是有助於鵬程萬里。逐漸的，在十九世紀，俄羅斯文學與文化的知識對於躋身聖彼得堡與莫斯科的上流社會也成為必要，而進入上流社會也才有升遷機會。

有鑑於此，某些學者認為俄羅斯帝國很早就開始反映俄羅斯身分，甚至俄羅斯民族主義。對莉亞・戈林菲爾德（Liah Greenfeld）而言，儘管凱薩琳二世出身德意志，但她「堅信民族主義」，努力提升俄羅斯民族的利益，而且一再於公告當中提及「俄羅斯民族」（*otechestvo*）。（Greenfeld 1992: 201-2）於是這個帝國的故事，特徵就是從「怨恨」中誕生、越來越狠毒的族群與獨裁的俄羅斯民族主義——「令西方極為羨慕」。蘇維埃聯

盟單純延續這個形態。（Greenfeld 1992: 250, 261, 270-71）

很少學者像戈林菲爾德主張俄羅斯帝國等同俄羅斯民族。但是確實有個趨勢，而且其他帝國的研究多數不會出現，就是視俄羅斯帝國為更大的俄羅斯民族（這個趨勢延伸到蘇維埃帝國類似的觀點）。部分因為俄羅斯人自己經常如此，後來列寧與布爾什維克黨人譴責這種「大俄羅斯沙文主義」精神。這種具有影響力的見解，其中一支是十九世紀的俄羅斯史學史家，包括尼古拉・卡拉姆津（Nikolai Karamzin）、米哈伊爾・波戈金（Mikhail Pogodin）、謝爾蓋・索洛維耶夫、瓦西里・克柳切夫斯基等人。儘管他們非常清楚俄羅斯政府的多元族群與實際上殖民的歷史，但還是傾向與西方單一且文化同質的民族國家合流。他們主張為了俄羅斯的安全，並且得以實現在東方的教化使命，俄羅斯有必要擴張，如此確實也結合了許多非俄羅斯的民族與文化；但這些民族的命運，不是自願，就是被迫與俄羅斯文明同化。（Saunders 1982; Becker 1986: 43; Tolz 2001: 155-81）

如果這是重要的思潮，帝國的統治者似乎出奇的不受影響。沙皇和他們的部長，雖然偶而興起俄羅斯化的想法，但是多數強烈地意識到，帝國的特色就是多族群，而且確實就是多民族。民族主義，無論俄羅斯人或非俄羅斯人，如同多數帝國的政治家所想，會被當成帝國直接的威脅；隨著民族主義的力量在十九世紀成長，或許也是帝國面對最大的威脅（Sakharov 1998: 8-13）。這裡出現政府和社會的區別，儘管很多人視這點為俄羅斯持久不斷的問題，在此反而可能貢獻帝國的國祚。少了諸多公眾影響與壓力，獨裁的沙皇政府就能朝著目標前進。採取民族主義、試圖把國家變成民族國家、附和俄羅斯民族，就會冒上帝國瓦解的風險。沙皇政府直到最後都抵抗那個誘惑，最終也獲得獎勵——多數臣民的忠誠，俄羅斯與非俄羅斯皆同。和哈布斯堡，甚至鄂圖曼帝國一樣，一九一七年打倒俄羅斯帝國的不是民族主義。摧毀俄羅斯的是一次大戰，同時摧毀許多政府；民族主義到處撿拾碎片，俄羅斯的布爾什維克亦同（而且立刻重新開始帝國）。

沒有什麼比起俄羅斯政府的統治菁英更能顯示其非民族的性格。直至帝國終點，他們依然維持多民族，毫不妥協。隨著俄羅斯帝國擴張，被併吞或被征服的領土，他們的統治階級加入俄羅斯政府的統治階級，也就是「*dvorianstvo*」。進入統治團體相對容易，「任何來自被征服的社會的上層階級，透過為國效力，就能取得官階（*chin*），而這個官階就能讓他自己，或者他的孩子得到機會，在統治『制度』的結構中，與俄羅斯的同事站在平等的立足點」（Raeff 1971: 34; cf. Wortman 2011: 267）。這些家族自然且自願俄羅斯化。種族不是藩籬（不像在不列顛或法蘭西帝國），從韃靼人和許多亞洲出身的貴族家族身上可見。宗教也不是阻礙，行政機構的最高階層多數需要改信東正教，但是較低階層不會，尤其是省分，例如許多喀山的機關幹員是穆斯林。（Rywkin 1988: 14）

其實就連在最高的階級，也不總是要求信仰東正教。最佳的例子是波羅的海的德意志貴族，雖然他們在沙皇軍隊與文官體系占據重要職位，仍然維持路德教派的信仰。他們學習俄羅斯語，但是同時保留德意志的語言與文化，身為波羅的海省分的領袖需要用上。他們的養成機構不只是德意志的多帕特大學，還有聖彼得堡的菁英中學皇家學院（Tsarkoe Selo Lycée，後來的亞歷山大學院〔Alexander Lycée〕）與皇家法律學院（Imperial School of Jurisprudence）。除了這些學校，他們還會把兒子送到首都的上層階級預備學校，在那裡與俄羅斯貴族的枝葉交流融合。雖然一般而言，波羅的海貴族維持路德教派信仰，但是他們對於東正教也無從抱怨，兒女與俄羅斯人結婚並改信東正教也不是什麼難以接受的事。（Armstrong 1978: 71-72）

約翰．阿姆斯特朗（John Armstrong）說：「毫無疑問，沙皇體系菁英中的菁英——法院、軍隊、民政的高官，很大部分是德意志人。十八世紀後期到十九世紀，最合理的估計大約從百分之十八到超過百分之三十三。」德意志人在外交部（Minindel）特別強大；即使晚至一九一五年，帝國正與德意志帝國交戰，外交部五十三個高階官員中，十六個是德意志人（Armstrong 1978: 75, 88; Kappeler 2001: 300; Bushkovitch 2003: 145, 153-54）。他們在西歐宮廷與家族廣大的人脈，特別有利於他們擔任大使與外交官。例如，「一八一二年至一九一七年，這一百零五年間，波羅的海貴族在聖詹姆士宮（Court of St. James）[15]代表沙皇長達九十三年」（Haltzel 1977: 149）。俄羅斯公務體系中其他知名的德意志人士包括外交官馮．梅耶多夫男爵（Baron von

Meyendorff）與亞歷山大・凱塞林伯爵（Count Alexander Keyserling）；尼古拉一世底下的第一位秘密警察首領亞歷山大・馮・班因多夫（Alexander von Benckendorff）；教育部長卡爾・列文伯爵（Count Karl Lieven）；一八六七年至一八七八年的法務部部長康斯坦汀・馮・德・潘安伯爵（Count Constantin von der Pahlen）；一八八一年至一八八七年的財政部長尼可拉伊・馮・邦吉（Nikolai von Bunge）。軍隊裡有偉大的征服者暨第一位中亞總督K・P・馮・考夫曼將軍（MacKenzie 1988: 219-28）。波羅的海德意志人對帝國的忠誠與付出，就連十九世紀後期「俄羅斯化」的實驗期間，都是出了名的。（Pipes [1974] 1995: 1; Hosking 1998a: 160–61）

波羅的海德意志人在俄羅斯軍隊與官僚高層的重要性相當突出，也許只是相對的程度。打從帝國開始擴張，征服喀山和阿斯特拉罕之後，俄羅斯的 *dvorianstvo* 常見非俄羅斯的上層階級。十六與十七世紀先有韃靼貴族，下一個世紀又有喬治亞與巴什喀爾貴族、烏克蘭的哥薩克「長老」、波羅的海男爵、瑞典貴族、波蘭貴族「什拉赫塔」（*szlachta*）以及高加索王子。重要人物包括彼得大帝的顧問、出身喀山韃靼的恰卡斯基親王（Prince Charkasski）；凱薩琳二世最成功的將軍、瑞典後代亞歷山大・蘇沃洛夫（Alexander Suvorov）；來自喬治亞，一八一二年博羅金諾之戰（Battle of Borodino）的功臣彼得・巴格拉季翁親王（Pyotr Bagration）；亞歷山大一世的心腹，波蘭貴族亞當・恰爾托雷斯基；亞歷山大二世的內政部長，出身亞美尼亞—喬治亞家族的米哈伊爾・洛李斯—梅利科夫伯爵（Mikhail Loris-Melikov）。（Jersild 1997: 104-5; Steinwedel 2007: 98）

躋身 *dvorianstvo* 的當然不只有這些「外國人」。整個帝國的歷史，沙皇政府欣然授予貴族頭銜給愛爾蘭人、蘇格蘭人、法蘭西人、義大利人與其他受邀來到俄羅斯、提供帝國幫助的人。根據計算，帝國期間（一七〇〇—一九一七）公務體系的最高階層有二千八百六十七名公僕，其中一千零七十九名或百分之三十七・六是外來民族；十九世紀中期，光是路德教派就占據中央政府百分之十五的高階職務。「沒有其他貴族如此接納外

⑮ 譯注：英國宮廷，外國大使在此受到英國君主的認可。

來人潮，或如此缺乏深入的本地根源。」（Pipes [1974] 1995: 182; cf.Starr 1978: 17-18; Kappeler 2001: 103-4, 124-41, 151-53; 300-302）特別驚人的是，儘管受教育的俄羅斯人不斷增加，以及偶發的俄羅斯化趨勢，俄羅斯菁英多民族的特色到帝國最終仍然不變。「直到一次大戰，沙皇政府依然堅守原則，重視忠誠、專業知識與貴族血統，甚於宗教或族群根源。」（Kappeler 2001: 302）

不只俄羅斯的貴族階級來自「外國」，皇室也是，至少自從彼得大帝以來，甚至在那之前就是。當然，多數歐洲皇室都來自外國，不列顛不亞於俄羅斯。十八與十九世紀，結婚人選幾乎全都來自德意志國家的王子與公主。彼得之後，所有俄羅斯沙皇都效法他娶外國妻子，絕大多數出身德意志（而且當然包括兩位德意志女皇，即兩位凱薩琳）。那些妻子採用俄羅斯名字，改信東正教，但是她們一般都對自己出身的家庭與文化保留相當的情感，並維持緊密聯繫。她們和她們的丈夫與德意志、丹麥、不列顛的皇室固定來往，也是他們的親戚。亞歷山大三世和他的丹麥妻子達格瑪（Dagmaar，又名瑪麗〔Marie〕）——丹麥國王的妹妹，每年固定造訪丹麥宮廷（通常在那裡和不列顛的親戚見面）；而且尼古拉二世和他的德意志妻子亞莉克絲（Alix〔Alexandra〕）最喜歡的地點，是亞莉克絲位於赫斯—達姆施塔特（Hesse-Darmstadt）的家，當然她們也沒有忽略亞莉克絲的外祖母——英格蘭維多利亞女王——的住處。米蘭達．卡特（Miranda Carter）說：「羅曼諾夫王朝幾乎沒有什麼是『俄羅斯』的。」「他們的生活就是那些西化貴族的生活。他們的宮廷禮儀就是德意志，他們的公園和宮殿是新古典主義，他們的家庭生活是英格蘭。甚至血統也幾乎不是俄羅斯，而是不斷和德意志皇室家族聯姻的產物。」（Carter 2010: 70）有人說：「羅曼諾夫王朝的晚年，從宗譜來看，大約十分之九是德意志人，而非俄羅斯人。」（Hellbirg-Hern 1998: 78n12；亦見 Carter 2010: xiv）

皇室與「外國」的關聯在俄羅斯比其他地方還要更深入。多數出身外國的王朝，例如英格蘭的漢諾威王朝，都試著淡化他們的外來根源，而且盡可能把自己「本地化」，至少從十八世紀中期開始（Hobsbawm 1987: 149）。俄羅斯沙皇反而想要強調他們的外國性質，在他們和他們統治的人民之間畫出距離和區隔。伊凡四世甚至否認自己是俄羅斯人，並且對於自己的系譜連結到第一位羅馬皇帝奧古斯都感到驕傲。伊凡三世採用「沙皇」頭銜，宣稱承襲拜占庭的衣缽；當彼得宣布自己是「皇帝」，等於將俄羅斯與西歐的帝國模型同化，雖然他們也宣稱靈感來自羅馬。但是重點永遠相同——在俄羅斯之外尋找正當性的象徵與來源，以顯示「皇室是外國人」（Hellberg-Hirn 1998: 69）。「從十五世紀到十九世紀後期，俄羅斯皇室生動的神話，裡頭的統治者與菁英，總是具有外國的政治權力形象。」（Wortman 2006: 1; cf. Wortman 2011: 266-68; Cherniavsky 1969: 42）

同樣的，許多現代時期初期的歐洲皇室宣稱他們出身外國，圖拉真和羅馬人是最受他們歡迎的祖先。但是到了十八世紀，他們多半不再如此。理查・沃特曼（Richard Wortman）說：「俄羅斯皇室最顯著的特徵就是挪用外國的象徵與形象，即使歐洲已經不再這麼做，他們還是持續不斷。」舉凡加冕典禮、宮廷儀式、官方慶典、藝術、建築，無不清楚地傳達這個訊息。（Wortman 2006: 2）

我們應該記得在這個脈絡之中，即十八與十九世紀，俄羅斯宮廷與貴族多麼樂意接受德語和法語，無論在家或公開場合。俄語則是和下人與民眾溝通的語言。後來，尤其在尼古拉與亞歷山大的影響之下，英語也被列入宮廷與上層階級的共同語言。公開慶典當中，特地設計並展示代表「權力場景」的主題，通常具有外國特色——奇異的、多數取自西方的詞彙。

> 公開展現的拜占庭與西方文化往往非常誇張，凸顯當地人口的低下地位，當地人口的生活與統治王朝的英雄歷史無關。權力的慶典——加冕、歐洲的將臨期、宮廷遊樂會、遊行——在遙遠國度的場景當中提升皇室地位：這些是他者華麗的展現，肯定而且頌揚統治者與菁英那些外來且至高的性格。（Wortman 2006: 411）[24]

亞歷山大三世與尼古拉二世統治期間，曾經試圖將俄羅斯皇室變得更俄羅斯，讓皇室更貼近俄羅斯人民。

（Wortman 2006: 245-409; cf. Tolz 2001: 100-101）一八八一年亞歷山大二世遇刺後，有人感到皇室已經與平民失去聯繫。為了皇室的未來，皇室必須努力展現他們所反映的、「真正」的俄羅斯價值與傳統，也就是在彼得大帝西化改革之前的俄羅斯。此時發揮重大影響的是亞歷山大和尼古拉的家庭教師波塞多諾斯圖夫。波塞多諾斯圖夫是國會議員，以及俄羅斯東正教神聖宗教會議的總檢察長。身為政治家與沙皇心腹，他有權力敦促俄羅斯皇室與帝國轉往新的方向。波塞多諾斯圖夫深信，彼得時期的俄羅斯走錯了路。接受西方現代化與理性主義等於危害國家。亞歷山大二世的自由改革也帶來危險與傷害。當務之急是讓俄羅斯回到十七世紀的東正教與獨裁傳統。（Walicki 1979: 297-300）

因此正是這個時期，相對非俄羅斯人，出現重要的俄羅斯化潮流以及許多保守的宣言，闡述什麼是「真正的俄羅斯屬性」。這就是「斯拉夫派」傾向推崇的，他們反對「西化派」。農民和他們的村社制度被拿來作為俄羅斯社會的基礎。哥薩克人的地位提升，因為他們代表主要的俄羅斯價值——對沙皇忠誠，而且宣誓奉獻。現在允許蓄鬍，甚至鼓勵蓄鬍，象徵老俄羅斯的男子氣概。經常有人提到「神聖俄羅斯」、「俄羅斯之魂」，也就是古代羅斯與莫斯科公國的傳統。亞歷山大三世在莫斯科的聖母安息主教座堂加冕時，他被擁戴為「真正的俄羅斯沙皇、莫斯科與所有羅斯人的沙皇」。（Wortman 2006: 276）

莫斯科相對「外來的」聖彼得堡，重新被譽為俄羅斯文化的神聖中心、沙皇與人民團結的象徵。東正教的首要地位再次獲得強調，這個宗教承擔俄羅斯的民族精神。為亞歷山大三世加冕而作的合唱曲指出「莫斯科第三羅馬」，而且迴響不只來自俄羅斯於東方的「教化使命」，也來自俄羅斯的另一項任務，就是支持——必要的話——解放其他地方被壓迫的東正教臣民。

這些比喻和主題完全適合打造帝國的意識形態，也就是「帝國民族主義」的意識形態——在帝國使命的脈絡下，同時承認俄羅斯與俄羅斯文化的領導地位。但是這些多大程度適合當成真正的民族主義意識形態？承認非俄羅斯人，把他們當成外來或低下的民族，注定被俄羅斯文化吸收或者遭到驅逐，藉此提升俄羅斯人相對其他民族的地位？結果，並不適合。這就是為何「俄羅斯民族主義」的概念，至少在這個時候，幾乎是古怪且不太可能，就像同一時期的「英格蘭民族主義」。

想想「神聖俄羅斯」這個歷久不衰的想法；一次大戰戰場上的俄羅斯軍人還會提起（Cherniavsky 1969: 222）。「神聖俄羅斯」始於十七世紀，如同邁克·切爾尼亞夫斯基（Michael Cherniavsky）表示，是「流行的綽號，代表流行的意識形態」。象徵東正教的俄羅斯民族，作為實體，有別於國家；然而官方論述很少提及。「神聖俄羅斯」（Holy Russia）經常併成一個單字，例如「神聖俄羅斯的土地」（holyrussian land），也就是「*sviatorusskaia zemlia*」，因此是個與國家分開，而且可能與國家對立的概念。這個概念獲得舊禮儀派青睞，他們反對後彼得時代的國家，認為那是反基督的彼得做的好事，拒絕與之扯上任何關係。如果俄羅斯思想，如同許多人相信，傾向無政府主義，那麼「神聖俄羅斯」對於那個取向貢獻良多。「神聖俄羅斯」代表俄羅斯民族的（理想）特色，是永恆的精粹，不須指涉任何政治體現。「這個綽號在民歌與史詩當中使用的方式，並不限定俄羅斯社會的政治形式；也就是說，俄羅斯可以是『神聖俄羅斯』，無論有沒有沙皇。」（Cherniavsky 1969: 115; cf. Tolz 2001: 79）

根據「神聖俄羅斯」，俄羅斯民族的特徵是東正教。這個特徵也是俄羅斯屬性的定義。身為俄羅斯人就是身為東正教的信徒。由韃靼人、波蘭人、立陶宛人組成的哥薩克人，可以借用「神聖俄羅斯」，因為他們先是東正教徒，因此是俄羅斯人。改信東正教的德意志人、芬蘭人、猶太人、穆斯林也可以。種族和族群不是成為俄羅斯人的障礙。民間的「盧布克」（*lubok*）文學[16]中就有許多外人改信東正教，因此成為俄羅斯社群成員的例子。在這些故事中，改信東正教並發誓效忠沙皇就足夠讓人成為俄羅斯人。盧布克特別流行一種主題，描述一個東方人和一個俄羅斯的追求者或新娘，鼓勵愛人改信東正教，並完全被俄羅斯社會接納。在許多

[16] 譯注：指出自俄羅斯民間的版畫，主要描繪文學、宗教和民俗故事。

情況，根本不須改變任何行為，唯一需要的就是改信。傑佛瑞・布魯克斯（Jeffrey Brooks）說，改信是「較偏向民族，而非宗教的經驗……改信東正教表示地位從外人轉變成俄羅斯人」（Brooks 1985: 216, 220; cf. Slezkine 1997: 32）。晚至一八七〇年代，斯拉夫派的伊凡・阿克薩科夫（Ivan Aksakov）還會主張「猶太人、天主教徒或穆斯林可以成為俄羅斯臣民，但是不能成為俄羅斯人。相對的，在俄羅斯族群眼中，任何改信東正教的人可以成為俄羅斯人」。（in Tolz 2001: 193）

邁克・切爾尼亞夫斯基說：「俄羅斯之魂就是東正教之魂」；「事實上其他俄羅斯的描述都不需要，『俄羅斯』與『東正教』是同義詞，意思相同」（Cherniavsky 1969: 123; cf. Hellberg-Hirn 1998: 101-3; Lieven 2001: 236-37; Figes 2002: 300-301）。農民之間，成為俄羅斯人就是成為「*krestiane-khristiane*」（農民—基督宗教徒）或「*pravslavnye*」（東正教徒），兩者實質上是同一個詞。承認這點，一八六一年廢除農奴數個月內，神聖宗教會議安排列東斯克的聖提康（St. Tikhon of Zadonsk）封聖，稱為「人民的聖人」。成千上萬俄羅斯農民蜂擁進入他的聖壇，一方面對解放他們的沙皇亞歷山大二世表達感激，另一方面再次確認他們和他的身分相同，都是東正教徒。（Chulos 2000: 33-40）

但是無論「神聖俄羅斯」或「東正教」對於俄羅斯民族地位的概念都沒有幫助，至少在民族主義的思想中沒有。就前者而言，將「神聖俄羅斯」從民族分離，而且甚至可能與民族對立，就不可能達成所有民族主義的目標——統一民族與國家。國家與民族之間卡著麻煩的楔子，指出兩者不同，甚至互不相容的命運。這個差異反映在羅斯（Rus）與俄羅斯（Rossiia）之間，也就是民族與國家之間。「屬於羅斯就是成為東正教徒、基督宗教徒，同時指出人在永生的地位；屬於俄羅斯，就是屬於政治的國家。這裡我們似乎有了兩個不同的俄羅斯，各自講述不同的神話：一是普及且流行的『羅斯』，即『神聖俄羅斯』的物質載體；另一是政治國家『俄羅斯』，由 *Imperator Vserossiiskii*（所有俄羅斯的皇帝）統治。」（Chernivasky 1969: 120）帝國「俄羅斯」可以容納俄羅斯民族「羅斯」，甚至賦予他們領導的角色；但是「羅斯」永遠不可能成為「俄羅斯」整個帝國，而且在不同時期可能如同其他臣屬的民族一樣，受到帝國迫害。

東正教當然可以與帝國結合，而且多數的時間確實就是國教。但是那也指出俄羅斯民族主義特別以東正教為標誌的困難。如果「神聖俄羅斯」少於帝國，那麼東正教其實多於帝國，散布超過帝國的邊界。因為許多民族都信仰東正教，不只是帝國裡的「小俄羅斯人」和「白俄羅斯人」以及從其他宗教改信的人，還有許多帝國以外的團體。重要的信徒還有希臘人；自古以來，他們就是資深的東正教民族，也是他們創立俄羅斯民族定義自我的宗教。拜占庭城是東正教承認的聖洗池，在俄羅斯文化也受到推崇；儘管鄂圖曼征服拜占庭城，俄羅斯因而取得東正教的領導地位，希臘正教依舊維持相當影響，如同十七世紀教會分裂所示。許多早期的莫斯科都主教是希臘人，某些代表性的畫家也是，例如塞奧菲洛斯（Theophanos）。此外，鄂圖曼帝國統治的巴爾幹地區住著其他東正教臣民——保加利亞人、波士尼亞人、塞爾維亞人、馬其頓人與其他。俄羅斯宣布，他們有義務解放受到壓迫的教友。如同所有主要宗教，東正教終究是普世的，並不適合作為區區民族身分的基礎。宗主教尼孔斥責舊禮儀派的「排外主義」時宣布：「我是俄羅斯人，但我的信仰是希臘正教。」他是在肯定東正教不可能單純以民族來理解（Berdyaev [1947] 1992: 31; Stremooukhoff 1970: 119）。如果東正教確實是俄羅斯的信念，只有帝國致力將所有東正教的信徒集結成一個聯合社群，如此才有可能。

那確實正是「莫斯科第三羅馬」這個教條為俄羅斯標示的使命。一三九三年，君士坦丁堡的宗主教安東尼指責莫斯科的大公瓦西里一世（Vasilii I of Moscow）自稱教會領袖，他說：「基督宗教徒不可能有教會但沒有皇帝，因為帝國和教會構成一個整體、一個社群。」（Stremooukhoff 1970: 110）此處的皇帝當然是指在君士坦丁堡的拜占庭皇帝。一四五三年君士坦丁堡淪陷，隨之拜占庭帝國陷落，希臘人的這番言論現在轉為對他們不利。俄羅斯教會將君士坦丁堡的陷落歸因於一四三八年至一四三九年在佛羅倫斯大公的會議上，就與羅馬教會重新合一的議題，遭希臘人「背叛」的報應。帝國的寶座和帝國的城市現正空缺中，而俄羅斯沙皇站了出來，代表東正教信仰新的守護者，以及東正教時代新的統治者；因此莫斯科身為帝國之都，即為東正教教會的神聖中心。鄂圖曼征服巴爾幹地區，加上主要的東正教社群臣服於鄂圖曼，其他競爭者就這麼退出。俄羅斯成為世界上唯一自由的東正教社群。根據希臘正教自己的教條，提供皇帝是俄羅斯的義務，否則東正教教會就會嚴重殘缺。

一四九二年，莫斯科都主教佐西姆斯（Zosimus）宣布伊凡三世是「新君士坦丁堡（莫斯科）的新君士坦丁大帝」。這似乎是俄羅斯沙皇宣布身為皇帝，以及莫斯科成為帝國之都的首次宣言（Stremooukhoff 1970: 113）。在一五二三年致瓦西里三世的信中加入繼承三個羅馬的想法與彌賽亞預言（警告）的，正是來自普斯科夫的僧侶斐洛菲斯，他表示莫斯科將會是最後一個：「兩個羅馬已經陷落，第三個崛起，而且不會有第四個：基督宗教帝國……不會傳給其他人。」（Stremooukhoff 1970: 115）[25]

對於斐洛菲斯的預言有多種詮釋。但是不管意圖為何，莫斯科是第三羅馬的教條對於俄羅斯民族主義沒什麼用處——除了「帝國」或「傳教」的民族主義。因為這個教條命令或證明的不是俄羅斯民族身為民族的任務，而是俄羅斯身為帝國——「第三羅馬」的任務，延續前面兩個羅馬由神指定的基督宗教代理角色，承擔教化世界的使命。這樣的帝國認知可能導致（確實導致）俄羅斯在巴爾幹半島的野心——除了保護，可能的話也要解放鄂圖曼帝國的東正教臣民；此外，尤其對於泛斯拉夫的願景，為了基督宗教徒，俄羅斯希望重新奪回君士坦丁堡，並重建拜占庭帝國——然而是在「俄羅斯老鷹的羽翼下」（Walicki 1979: 114, 292）。同時，這個認知也可以證成俄羅斯的「*drang nach Osten*」，也就是東向動力——致力將基督宗教和文明帶給亞洲地區的異教者與不信者。這就是三個羅馬的教條當中，帝國體現的轉譯（*translatio*）與復興（*renovatio*）。諸如此類的內容，不可能適用（區區）民族國家。

直到最後，俄羅斯帝國一直都是基督宗教的帝國，而東正教一直都是自我認知的重要特徵（Kristof 1967: 244-46; Brooks 1985: 217）。成為俄羅斯人，首先而且首要的是成為東正教徒。那些沒有改信的人，無論職位怎麼升遷，都不是俄羅斯人。所有帝國都有使命，而保護並散播東正教完全總括了俄羅斯帝國的使命。「教化使命」的想法，尤其受到西方影響，可能伴隨，而且有時部分取代帝國使命，或者至少轉移重點。但是只要帝國持續，世俗目標永遠不會取代宗教目標。這點在末代皇帝尼古拉二世的生命與思想當中特別清楚，表現在他對家族誇張的忠誠以及宗教地點與慶典的關心。（Wortman 2006: 347-60）

但是，就和尼古拉的先人一樣，尼古拉在位期間的俄羅斯化政策敷衍搪塞，指出追求帝國使命在實踐上的限制。到了最後，重要的還是帝國的氣力與存活，唯有如此，才有能力達到目標。作為多元民族的帝國，俄羅斯如同其他帝國，有必要在傳教目標與帝國管理之間取得平衡。必須要有某個程度自我克制與自我否認的法令。如我們所見，俄羅斯政府限制東正教教會勸人改宗的傾向，對於其他信仰與傳統實施相當程度的寬容。基於同樣的實用主義，除非恰巧符合帝國利益，否則帝國對於極端的俄羅斯民族主義充耳不聞。在與俄羅斯不同的地區，如芬蘭、波羅的海省分、波蘭和伏爾加韃靼人地區，政府對抗強行俄羅斯化的要求，不是為了尊重「多文化主義」——俄羅斯文化顯然被視為優越，而且最終無疑會勝出——而是因為屈服那些壓力會傷害帝國安全，是不智之舉。帝國使命在帝國現實情況與帝國現實主義中總會遭遇限制。

斯拉夫派與西化派

民族與帝國之間的界線難以維持，兩者經常互相越界，從斯拉夫派即可見到蛛絲馬跡。起初他們想要定義民族之「魂」，最後變成泛斯拉夫主義，也就是全斯拉夫民族的最終統一。無論如何，斯拉夫派主要關切的不是具體定義俄羅斯的、群族的民族（Prizel 1998: 163; cf. Sarkisyanz 1974: 57）。他們的對手是「西化派」，而且他們仇視所有深刻影響俄羅斯社會的西化趨勢，尤其影響彼得大帝以來的俄羅斯菁英。就算彼得不是舊禮儀派心中那樣極為反基督的人，無論如何他要承擔引進西方理性主義與物質主義的責任。這些思潮破壞傳統斯拉夫的情感與精神。彼得的「外國」城市，即彼得堡，象徵摧毀俄羅斯的新力量。彼得堡已經取代傳統俄羅斯生活的精神中心，也就是古代的首都莫斯科。

斯拉夫派最有影響力的理論代表，諸如伊凡・季列耶夫斯基（Ivan Kireevskii）、阿列克謝・霍米亞科夫（Aleksei Khomiakov）、康斯坦丁・阿克薩科夫（Konstantin Aksakov），強調東正教的宗教是斯拉夫力量與崇高美德的源頭。[26]對於基督宗教的原始理想，東正教始終虔誠。相反的，西方的基督宗教受到古典理性主義荼毒，指使眾人走向無神論。東正教保存教會集體、社群的特色；西方的教會屈服於分裂與個人主義，反映在他們所有的組織。鄉村的村社，也就是「*obshchina*」，以及「*artel*」（合作社），代表斯拉夫的地方自治主義，由傳統的權威 *mir*（長老會議）管理。*Sobornost* ——「教會會議」（conciliarism）或社群——就是俄羅斯社會對抗西方自私的個人主義的標誌。[17]「道德羈絆是團結社會的主要力量，即堅定信仰的羈絆，而這個羈絆團結整個羅斯的土地，成為一個大 *mir*，也就是整個民族社群中的信仰、土地、習俗。」（Walicki 1979: 96）

斯拉夫派找到空間容納國家，但國家只能限制自己在社會的「外在」事務，諸如法律、戰爭與「高階政治」（high politics）。國家沒有權利，也沒有需要，干預人民的「內在」生活，那是由宗教、傳統與習俗管理的領域。不須如同西化派要求般設置國會或憲法；透過歷史的「*zemskii sobor*」進行諮詢，也就是「縉紳會議」，就足夠告知沙皇其忠誠臣民的煩憂（因此需要恢復縉紳會議）。統治者與被統治者之間的羈絆基於信任，不是法律契約。俄羅斯政府，自從彼得以來，已經非法且嚴重介入鄉村生活。結果就是造成國家與社會之間、西化派菁英與 *narod*（俄羅斯平民百姓）之間的鴻溝。霍米亞科夫主張，西化的俄羅斯人，變成「自己國家的殖民者」。（Walicki 1979: 99）

斯拉夫派獲得數位重要政治家的同情迴響，包括波塞多諾斯圖夫、沙皇亞歷山大三世與尼古拉二世。但是斯拉夫派「保守的烏托邦」（Walicki 1975）不得不面對帝國治理的實踐面與現實面。只要不要求恢復縉紳會議，就可以接受教會會議，然而波塞多諾斯圖夫向亞歷山大三世強烈建議，而且成功提出的斯拉夫派要求，正是恢復縉紳會議（Walicki 1979: 299; Hosking 1998a: 373-74; Wortman 2006: 272）。在伊凡・阿克薩科夫（康斯坦丁．阿克薩科夫的弟弟）的影響下，泛斯拉夫主義也吸引對巴爾幹地區有所意圖的政府。俄羅斯因此回應他們斯拉夫同胞的呼喚——一八七五年至一八七六年保加利亞人與波士尼亞人群起對抗鄂圖曼帝國，導致一八七七年至一八七八年的俄土戰爭（Hunczak 1974: 103-4）。但是政治家，例如波塞多諾斯圖夫，馬上發現過度追求泛斯拉夫夢想的危險（Kristof 1967: 248; Lieven 2001: 247）。泛斯拉夫主義作為實踐政治，在一八七八年的柏林會議上顯示其限制；當時俄羅斯接受身為列強的責任，並且放棄《聖斯特凡諾條約》中獲得的土地。（Hosking 1998a: 371-73）

泛斯拉夫主義，甚至比起其他變體更明顯透露，斯拉夫主義和俄羅斯民族主義是非常不快的組合。泛斯拉夫主義顯然是帝國的教條，如同尼古拉．丹尼列夫斯基（Nikolai Danilevsky）的計畫——「所有斯拉夫民族完全的政治解放，並且在俄羅斯的領導之下建立泛斯拉夫聯盟」（in Kohn 1962: 196）。但是即使俄羅斯應該領頭，他們也只是諸多斯拉夫團體之一。對於不同的斯拉夫團體，斯拉夫派的焦點也不同，有些或多或少僅限俄羅斯人，有些包括所有東斯拉夫人，有些涵蓋所有斯拉夫人，意思就是不只包括南方巴爾幹多數信仰東正教的斯拉夫人，某些版本也包括西方的斯拉夫人，即天主教的波蘭人與捷克人。（Miller 2008: 21-22）

泛斯拉夫主義有合理的基礎，諸如斯拉夫語言和某些共同文化特徵。但是條頓或拉丁民族也有，卻沒有人嚴正提倡他們應該形成一個民族（也許直到希特勒的亞利安主義）。事實上，泛斯拉夫主義並非源自俄羅斯人，而是捷克人與斯洛伐克人。普遍認為，泛斯拉夫主義出自一八二四年捷克人揚．科拉爾（Jan Kollár）著名的詩作〈斯拉夫的女兒〉（Slávy Dcera），內容呼籲所有斯拉夫人於文化與文學上團結。但這並非必然蘊含政治統一，更不是全都隸屬俄羅斯統治。波蘭與捷克許多主要的學者與評論者，例如波蘭詩人亞當．密茨凱維奇（Adam Mickiewicz）和捷克歷史學家弗蘭蒂謝克．巴拉茨基、捷克記者卡雷爾．哈夫利切克（Karel

⓱ 譯注：教會會議至上論發展於十四世紀，主張大公會議的權力凌駕教宗。教會會議不排除教宗的職位，但特別強調團體力量在基督宗教生活中的重要性。

Havlí ek），他們激烈且滔滔不絕地拒絕俄羅斯要求統一所有斯拉夫人並成為領袖。比起奧地利，甚至比起匈牙利和德意志，俄羅斯對他們來說是更大的威脅，而俄羅斯的泛斯拉夫主義掩飾俄羅斯的帝國野心。哈夫利切克說，俄羅斯人「開始到處說、寫自己是斯拉夫人，不是俄羅斯人，所以之後他們就能拿俄羅斯人取代斯拉夫人」。（in Kohn 1962: 88 ；亦見 Sarkisyanz 1974: 63-66; Hunczak 1974: 84-88; Hosking 1998a: 370）

斯拉夫主義永遠無法逃出教條當中的自我矛盾。他們是種族的或宗教的，文化的或族群的，民族的或帝國的？這些問題的答案導向許多不同策略。但是斯拉夫主義，無論如何從來不是政治計畫。這個主義實際上是精神與文化的復興運動，在許多領域強大且創新，如同杜斯妥也夫斯基，甚至亞歷山大・赫爾岑（Alexander Herzen）的文章所示。在這個概念下，斯拉夫主義企求超越民族，無論俄羅斯或任何民族，並且將自身等同人類整體之命運。E・H・卡爾（E. H. Carr）寫道：「俄羅斯不只是眾多民族之間的民族；俄羅斯是身負獨特使命，超越民族成為普遍人道的原型，這個認知成為斯拉夫主義的中心教義。」因此康斯坦丁・阿克薩科夫在一八五〇年代可以寫下：「俄羅斯民族不是民族，是人道；俄羅斯民族是一個民族，僅僅因為周圍都是只有民族本質的民族，而俄羅斯的人道因此呈現為民族歸屬。」對杜斯妥也夫斯基而言，詩人普希金之所以偉大，不是因為他是俄羅斯人，而是因為他是「所有人」的原型；俄羅斯之所以重要不是因為本身，而是因為俄羅斯是「承擔神的民族」。（Carr 1956: 371 ；亦見 Hosking 1998a: 368–69）

西化派主要也是一群道德家，從他們承認的領袖維薩里昂・別林斯基（Vissarion Belinsky）可見一斑。他們反對許多斯拉夫派支持的想法，尤其獨裁和東正教，此外，也反對任何狹隘的民族主義。基本上，他們自己攬下啟蒙運動探求真理與公平的責任。對他們而言，在他們的時代，俄羅斯是兩者的阻礙，而他們努力排除阻礙（Berlin 1979: 150- 85）。民族主義於此對他們沒有幫助，因為民族主義要求民族具有歷史，而對西化派而言，俄羅斯沒有歷史，無論如何沒有堪用的歷史。

這裡，西化派追隨彼得・恰達耶夫（Petr Chaadayev）的領導。恰達耶夫一八三六年的《哲學書簡》

（*Philosophical Letter Written to a Lady*）被亞歷山大・赫爾岑描述為「午夜槍聲；強迫我們全都醒來」（Walicki 1979: 88）。恰達耶夫寫道，俄羅斯的悲劇，就是「我們不屬於任何人類的偉大家族。我們不是西方國家，也不是東方國家；我們沒有東方或西方的傳統。既然我們被置放在時代之外，人類普世的教育也觸碰不到我們」。當彼得大帝開始俄羅斯人的教育，他沒有民族傳統可以汲取。「彼得大帝掌權之時只見空白的一頁，他以強而有力的筆觸寫下『歐洲』與『西方』：從此，我們就是歐洲與西方的一部分。」但是，「可別誤會：無論這個人的才智多麼驚人，意志多麼堅強，然而唯有一個民族的歷史並不狂妄阻擋他們必須依循的道路，一個民族的傳統沒有能力創造未來，一個民族的記憶可以被大膽的立法者抹去而不受懲罰，他的事業在這個民族的心中才有可能。我們如此順從一個親王的言語，這個親王帶領我們走向新的生命，因為我們從前的經驗顯然沒有賦予我們任何抵抗的合法立場」。（in Kohn 1962: 39, 53）

彼得的事業有待完成，但是狹隘或浮誇的民族主義於此沒有幫助。克里米亞戰爭期間，恰達耶夫見到民族主義的表現感到厭惡，他寫道：「我們知道俄羅斯既偉大又強壯，未來充滿希望。但是……我們無法想像俄羅斯代表某種抽象原則，而這個原則包含社會問題的明確解答；無法想像俄羅斯自己構成一個世界……無法想像俄羅斯擁有特別使命，吸收所有斯拉夫民族入懷、成就人類再生。」他明確指涉斯拉夫派，並且表達深刻的沉痛，「所謂民族情感，在我們知識分子的新興階級之間，已經長成真正的偏執」。（in Kohn 1962: 37）

根據恰達耶夫，西化派接受缺乏可用的過去，意謂創造未來須從其他地方汲取元素——西方。就這個前提，民族主義已被排除。恰達耶夫之後最重要的西化派人物別林斯基也稱讚彼得大帝將俄羅斯從「亞洲野蠻主義」解放，甚至更肯定凱薩琳二世在俄羅斯傳播歐洲啟蒙運動，並透過教育政策喚醒俄羅斯的心靈。因此，「今日我們不再是歐洲主義的狂熱者，而是弟子；我們不再希望成為法蘭西人、英格蘭人或德意志人；我們想要成為歐洲精神的俄羅斯人」。終極目標是「歐洲完全滲透進入我們的 *narodnost*（民族歸屬）」。（in Kohn 1962: 128）

但是為了實現目標，也就是為了把俄羅斯人變成歐洲人，不是把俄羅斯人變成民族主義者，而是變成世界主義者，小說家伊凡・屠格涅夫（Ivan Turgenev），與許多受過教育的俄羅斯人，紛紛受到法蘭西和德意志思想家的國際社會主義吸引。或者也可以是創新的合成，如同亞歷山大・赫爾岑的文章：汲取本土的力量以及西歐的思想與經驗（Lampert 1957: 171-259; Berlin 1979: 186-209; Tolz 2001: 93-99）。西化派攻擊的主要目標是獨裁政府與教會散播的無知、奴性、愚民政策，因此，他們重視破壞甚於創造，因為他們相信俄羅斯當前最需要的不是建設的改革計畫，而是拔除舊信念與偏見。這就是為何別林斯基最推崇十八世紀，當時「斷頭臺砍掉貴族、教士的頭，以及其他神、理性、人道的敵人」。他宣布：「我的神是否定！我的英雄是歷史上毀滅陳舊的人——路德、伏爾泰、百科全書派（Encyclopedists）、恐怖主義者、拜倫。」（in Kohn 1962: 130）

西化派希望建立的民族不是以繼承過去傳統為基礎的民族，而是全新的產物——在歐洲人眼中令俄羅斯人驕傲的產物；以啟蒙運動理性主義與世界主義的精神為根據，而非本土俄羅斯沙文主義。別林斯基說，「民族的個體性這個偉大的概念」必須讓路給「更偉大的人道概念」。「各民族開始理解，他們是偉大人類家庭的成員。他們開始以手足精神彼此分享他們民族的精神寶藏……今日，只有軟弱和狹隘的心靈才會認為人道的成功會傷害民族的成功，認為我們需要萬里長城來保衛民族。」別林斯基對於那些「痛恨歐洲主義的人」，除了鄙視，還是鄙視。他們阻礙「俄羅斯社會受過教育（西化）的成員……把凌亂、骯髒的大眾當成原原本本、值得模仿的俄羅斯民族……民族歸屬不是樸素的大衣、皮革脫鞋、便宜的伏特加或醃白菜」。他說，俄羅斯「不是在神祕主義、禁欲主義、虔誠主義當中得到救贖，而是在文明、啟蒙、人道的成功當中」。（in Kohn 1962: 131-23, 135-36; cf. Carr 1956: 376; Berlin 1979: 158, 172-73; Walicki 1979: 140-41）

帝國的民族主義——民族與帝國

杜斯妥也夫斯基說：「一個俄羅斯人，不只是歐洲人，他也是個亞洲人。此外，我們的希望也許寄託在亞洲多於歐洲。我們未來命運的最終解答，也許來自亞洲。」（in Hellberg- Hirn 1998: 227）別林斯基承認斯拉夫派批評「俄羅斯歐洲主義」有理，接受他們的論點：「俄羅斯的生命具有某種二元性，因此缺乏道德統一，這點使我們喪失清楚定義的民族性格，他們說得對，這種性格區分所有歐洲國家；這點把我們變成無雙，我們可以用法語、德語、英語思考，但無法用俄語……用俄語思考困難多了，因為俄語對他自己仍是個謎；至於故鄉的意義和命運，那裡所有事物都剛起步，沒有什麼是確定的、完全進化的、發展的，對他同樣是個謎。」（in Kohn 1962: 134-35）

重要的是，斯拉夫派和西化派都同意俄羅斯的民族歸屬有某些怪異，指向不同方向——西方與東方，而且由於不完整或歪曲的發展，使其一直是個謎。就連諸如尼古拉．丹尼列夫斯基這樣的人——他反對「俄羅斯國家缺乏某種統一，可能因為裡頭有上百個不同民族歸屬的民族」的說法——卻也接受這個觀點。他忘記的是「在俄羅斯種族質與量的優勢面前，所有這些多元都消失了」。身為唯一倖存的獨立斯拉夫國家，解放她的「種族手足」是俄羅斯的義務，而為了做到這點，「她必須以獨立的精神和泛斯拉夫的意識鍛鍊他們與自己」。（in Kohn 1962: 202-3, 210）

丹尼列夫斯基的立場透露斯拉夫派對於俄羅斯民族身分所有的矛盾。為了拯救自己，成為自己，俄羅斯必須拯救所有斯拉夫人，意思就是對鄂圖曼人發動帝國戰爭，也許也要對哈布斯堡人、甚至霍亨索倫人發動。斯拉夫派詩人費奧多爾．秋切夫（Fedor Tyuchev）坦白提到「俄羅斯身為斯拉夫帝國不可或缺的成就」，序曲與必要條件就是以「希臘—斯拉夫」的基礎恢復基督教界一統。實際上這意謂在俄羅斯的支持之下重建拜占庭帝國，也是斯拉夫派不變的宗旨。但也可以和更深的宗旨連結，即彌賽亞的信念，認為俄羅斯的命運是重建世界。根據秋切夫的說法，建立斯拉夫帝國、收復君士坦丁堡，將令俄羅斯改頭換面，比帝國還要偉大。「她會成為她自己，而且，她會與許多其他要素結合，這些要素會充實她並轉化她。她的名字將會改變。她將不再是帝國，而是世界。」（in Kohn 1962: 92-93；亦見 Kristof 1967: 248; Bassin 1999: 45-49）

從普遍的認知而言，這是一種非常奇怪的民族主義。可以想像，以斯拉夫為核心的概念可以鞏固俄羅斯民族，而且如我們所見，這是十九世紀後期的趨勢。但是我們也見到這些概念和政策的限制，也知道過度強調會毀了帝國。即使俄羅斯屬性可以等同斯拉夫人，但究竟是全體斯拉夫人，還是某些斯拉夫人？許多非斯拉夫人留在帝國，十九世紀末期，他們占據帝國將近三分之一的人口。有些人，例如極端民族主義者米哈伊爾·卡特科夫（Mikhail Katkov），提倡趕走這些非斯拉夫人，讓俄羅斯帝國純粹只有俄羅斯人，甚至排除其他東斯拉夫人。這是帶有復仇心態的「大俄羅斯沙文主義」。（Tolz 2001: 172; Hosking 1998a: 375）但是就連在保守陣營，這也是少數主張，而且沙皇和顧問，就連最民族主義、也是唯一民族主義的亞歷山大三世，也從沒認真看待。「文化層面上（建造教堂、宮廷節日），（政府）頌揚『俄羅斯屬性』，但是就其政策，則是以國家和王朝的俄羅斯概念為取向。」（Bushkovitch 2003: 157）

民族與帝國——羅斯與俄羅斯，在十九世紀與之後持續對立，也是替代的參照點。（cf. Prizel 1998: 164-65）支持一個，就是壓抑或威脅另一個。如同艾瑞克·霍布斯邦所言，民族可能已經成為「國家新的公民宗教」。（Hobsbawm 1987: 149）但是，各種於國家政策中注入民族原則的作為，如果主要考量是保存帝國，則必須極度小心規劃。如同對於鄂圖曼、哈布斯堡、不列顛與其他帝國，對於俄羅斯也是如此。太過強烈等同任何一個民族為國家，尤其統治的民族，將會危害帝國的穩定與存亡。到了最後，儘管民族與國家多方重複雷同，但仍指向不同的方向（見第一章）。

俄羅斯的政治家也發現這點。從俄羅斯政治家在十九世紀多個時期謹慎使用「官方民族歸屬」這個原則，就可以清楚發現。「官方民族歸屬」這個專有名詞是一八七五年自由派的歷史學家A．N．皮帄（A. N. Pypin）向尼古拉一世提出的政策。從此之後這個專有名詞就普遍流傳，作為三合一公式「東正教（*pravoslavie*）、專制（*samoderzhavie*）、民族歸屬（*narodnost*）」的注解。一八三三年，尼古拉一世的教育部長謝爾蓋．烏瓦羅夫伯爵以此作為政府的格言。雖然皮帄自己毫不懷疑，那個公式表示強烈接受俄羅斯民族主義，但是如同普遍對於「俄羅斯化」的看法，多數學者都傾向懷疑。（Miller 2008: 139-54）

「民族歸屬」這個專有名詞在三合一的「東正教、專制、民族歸屬」當中，似乎容易產生歧義。這裡用的詞是「*narodnost*」，出自*narod*或人民（people）。對於別林斯基和其他在西方看見某種國家地位的人，這與出自*natsiia*（民族）的*natsionalnost*非常不同。別林斯基說：「自然、直接、父權國家的民族，和同一個民族，但在其歷史發展中經歷理性的運動，這兩者之間存在差異。」（Walicki 1979: 136; cf. Dixon 1998: 155-56; Steinwedel 2000: 73-75）烏瓦羅夫和政府就像斯拉夫派，援引的是保守、「直接的」*narod*原則，而非法國大革命清晰傳達、那個羽翼飽滿的*natsiia*原則。平民主義者（Populists），也就是*narodniki*，如同「官方民族歸屬」的擁護者，他們引用*narod*原則，表示其極端的彈性，可以到處使用（Knight 2000）。「官方民族歸屬」的教條中，*narodnost*想要連結沙皇和人民，模模糊糊但好似熟悉地提到人民，而不宣告俄羅斯是以一個民族為基礎的國家（現代民族主義的原則）。民族歸屬還是以傳統的王朝統治表達，「官方民族歸屬否定種族」。（Knight 2000: 56）[27]

「官方民族歸屬」適合用來表達十九世紀俄羅斯民族與帝國兩者之間的關係。清楚的是，這個理論將民族受限於帝國，而非相反。直到王朝最後，帝國仍是所有統治者與顧問凌駕一切的考量（Weeks 1996: 12-13; Rowley 2000; Bushkovitch 2003）。民族主義，無論俄羅斯或非俄羅斯，都會威脅這項事業。民族主義是十九世紀歐洲興起的強大意識形態，俄羅斯也不能免疫。隨著非俄羅斯的民族主義，帝國內確實也發展一股俄羅斯的民族主義，但卻從未成功得到國家青睞，也未得到多數俄羅斯知識分子青睞，他們認為俄羅斯民族主義太過狹隘約束。（Kristof 1967: 248; Hosking 1998a: 397; Tolz 2001: 103; Miller 2008: 165）

俄羅斯人顯然就是帝國的主要團體，無論數量或影響。俄羅斯帝國明顯避免與俄羅斯人過度密切認同，因為俄羅斯是個多民族的國家，由多民族治理。俄羅斯語也許是帝國主要的語言，而且俄羅斯文學、藝術與音樂是最受尊敬的文化形式。每個人都崇拜普希金、托爾斯泰、杜斯妥也夫斯基、穆梭斯基、柴可夫斯基、葛令卡（Glinka）。帝國是在廣大地理空間散播這股文化的推手。但是俄羅斯人不光承載民族文化（如果民族文化確實是個正確的表達方式，畢竟這個文化來自帝國不同地區，也來自西歐），他們也承載觸及四面八方的原則和計畫。多數時候，這些原則與計畫指的是東正教，被視為基督宗教的純粹形式，能夠救贖並統一所有他者。如同所有主要宗教，這點絕不可能採取純粹的民族形式。東正教的目標是整個世界得到彌賽亞的轉變，而非某個特定民族的精神救贖，但是一個民族可以視這個目標為神賦予他們要完成的任務或使命。這就可以連結民族和帝國，也就是一個民族與其普世使命。

「帝國的民族主義」是我在第一章用的術語，表達帝國和其承載民族之間的連結。這個術語有個危險，就是我們可能強調民族主義多於帝國。這是不對的。帝國民族主義所在之處，就是一個民族，透過成為比自身要大的原則推手而獲得自我意識（並非總是刻意）與在世界的目的，典型上見於一個擁有「世界歷史」或普世使命的帝國。民族國家也是，或至少某幾個是，認為自己身負使命。因此帝國的民族主義另一個說法可能是「傳教的民族主義」（見第一章；以及 cf. Bassin 1999: 13, 15, 274-76）。但這不是通常意義下的民族主義，而且許多方面反而違背民族主義。身為「承擔國家」的民族，必定不能強調有別於帝國其他民族的特殊民族身分。那將危害帝國的完整，也許甚至危害帝國命脈。承擔國家的民族，他們的角色需要低調，甚至自我消音，以便負起帝國的使命。創造一個影響與目的超越典型民族國家的實體，就是令他們驕傲的成就。

那就是俄羅斯人在俄羅斯帝國的地位。帝國可能與他們同名，即俄羅斯帝國，而非統治的王朝羅曼諾夫（這點與鄂圖曼或哈布斯堡不同）。但這點不該引導我們認為帝國只為、或主要為俄羅斯人存在。他們可能如同帝國中的非俄羅斯人，還會認為自己是帝國的受害者，程度甚至比他們更深。這點之後在蘇維埃時期會成為俄羅斯民族主義者的主要信念；不過在沙皇時代，俄羅斯人這個特殊的角色是驕傲多於可憐。

傑佛瑞・霍斯金引用同時代的文化歷史學家格奧爾基・加切夫（Georgii Gachev）的話：「羅斯是俄羅斯的受害者。」這是他自己的著作《人民與帝國：一五五二—一九一七》（*People and Empire, 1552-1917*）的中心思想（1998a）。他說，這本書的主旨是「俄羅斯如何阻礙羅斯人發展，而且，如果你偏好，可以想成建造帝國如何阻礙民族形成」。十九世紀俄羅斯思想家深為俄羅斯民族身分所苦，覺得相較西方，俄羅斯的民族身分毫無發展。霍斯金認為他們的擔憂苦惱是對的。「我相信俄羅斯人是對的。破裂且無發展的民族地位一直是過去兩個世紀來主要的歷史重擔，直至蘇聯時期，持續到蘇聯瓦解。」[28]

確實如此，相當有理由認為，十九世紀俄羅斯民族主義缺乏重大發展，這點與帝國多族群的本質有關。謎團出在誤以為俄羅斯帝國沒有生產民族主義，彷彿民族主義是帝國面對問題時唯一且不可避免的解答。霍斯金和像他的人似乎同意多數意見，認為帝國在十九世紀的世界某個方面「不合時代」，是現代時期之前的形式，不知怎的存活到現代時期的年代。最適合現代時期的形式是民族國家；俄羅斯沒有成為民族國家，於是簽下自己的處決令。[29]

這樣的觀點忽略一個事實，在十九世紀，而且之後也是，帝國不只興盛，確實也是幾乎所有歐洲強國尋求的形式（美國或許也是如此）。（Kumar 2010）為什麼一個帝國，在數個帝國存在的世界，應該滋養首先將危害自己的民族主義？俄羅斯主要的競爭對手清一色都是帝國——鄂圖曼、哈布斯堡、不列顛、法蘭西，甚至德意志。這些帝國全都面對民族主義的挑戰，而且，雖然成功的程度不一，全都壓抑民族主義，或使其轉向。對俄羅斯而言，致力發展民族主義，相當於宣告放棄帝國以及帝國的強大地位，而且把自己降格為類似匈牙利或塞爾維亞（cf. Knight 2000: 59-60）。即使那是可能的，然而，在「俄羅斯民族」尚缺乏任何清晰定義的情況下，也很難理解為何任何俄羅斯的政治家都應該追求民族主義。

一次大戰慘敗以及一九一七年俄羅斯革命的時候，各種俄羅斯屬性的定義互相撻伐。這個時候的衝突，真的就如血腥與持久的字面意思。最終取代過去沙皇帝國的不是俄羅斯民族國家，而是新的帝國——蘇維埃帝國。俄羅斯民族主義看來似乎還須等待良機。

蘇維埃聯盟

——帝國回歸

回想起來，蘇聯可以視為相對短命的實驗，約為七十年。儘管如此，那不代表根據某些內在衰退原則，蘇聯注定滅亡。許多方面而言，蘇聯非常成功。其壽終較多歸因於國際競爭失敗，尤其與西方的競爭，較少歸因於本身社會政治結構的致命錯誤。因此，蘇聯的共產主義在現代世界是否可能，或者，給他們多一點時間，是否真的能夠成為西方資本主義的替代選項（不必然以古典馬克思主義的形式），這點依然未明。

然而，從我們關切的觀點來看，蘇聯最驚人的不是破裂，而是延續。尤其帝國瓦解的短暫時期，俄羅

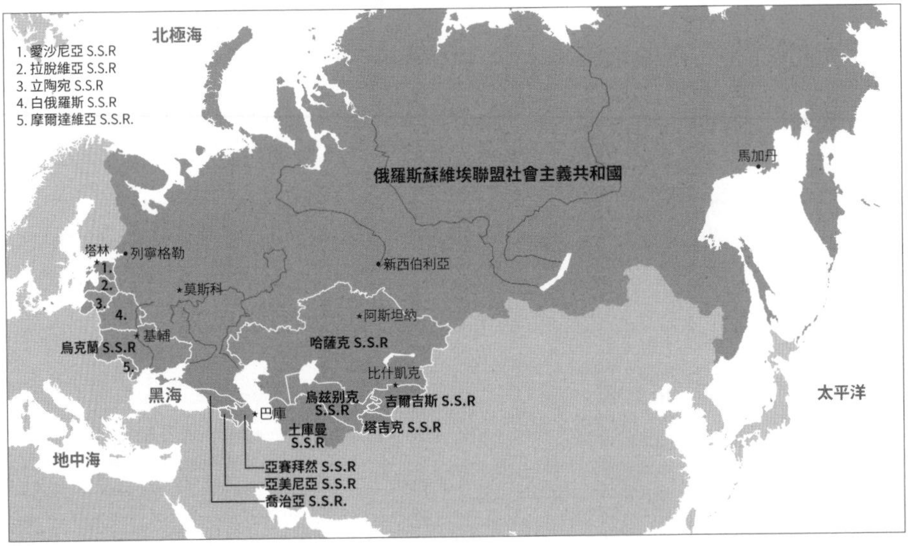

蘇維埃聯盟，一九八九年。

譯注：S.S.R 為蘇維埃社會主義共和國（Soviet Socialist Republics）之縮寫。

斯國家的未來尚不明朗，蘇聯就是帝國重建（Geyer 1986: 53-55）。布爾什維克革命之後，內戰期間（一九一八—一九二一），新的蘇維埃政體快速收復俄羅斯喪失的多數領土，並且重新建立帝國，或多或少與過去沙皇帝國的疆界吻合。主要的例外是波蘭、波羅的海省分（立陶宛、拉脫維亞、愛沙尼亞）與芬蘭。一九四〇年簽訂《德蘇互不侵犯條約》後，蘇聯收復波羅的海省分以及比薩拉比亞（摩爾多瓦）。此外，蘇聯得到波蘭從來不屬於沙皇帝國的地區，即後來的西烏克蘭；在大戰末期，蘇聯也取得東普魯士的柯尼斯堡（Königsberg/Kaliningrad）地區。蘇聯在戰後也擁有東歐「非正式帝國」（蘇聯集團），自詡為老大哥，支持那些新的共產主義國家成立，需要的時候，也會予以干預（如同一九五六年與一九六八年）。我們也不應該忽略，世界各地許多共產黨仰望蘇聯，宛如「國際無產階級的祖國」，以及新文明的中心，並且給予狂熱的支持。一九四五年起，蘇聯確實就是世界帝國，規模超越所有前人的想像，實現泛斯拉夫主義者的夢想。

蘇聯當然從沒稱呼自己是帝國。原則上，蘇聯如同所有左派政黨，極為討厭帝國和帝國主義（Geyer 1986: 52; Beissinger 1995: 149-50; Martin 2001: 19）。蘇聯部分的自我意識，確實就是明確拒絕舊的俄羅斯帝國，然而實為掩飾「大俄羅斯沙文主義」。「帝國」，也就是「蘇維埃帝國」，是他們的敵人使用的術語，尤其是西方（Suny 2001: 23）。對某些人來說，蘇聯當然就是「末代帝國」，即沙皇時代的遺物與帝國時代的殘骸（例如，Conquest 1986）。針對這點，蘇聯以牙還牙，回以「美國帝國」以及普遍的西方帝國主義，包括西方帝國正式結束後隱密或「新殖民」的帝國主義。「帝國」在二十世紀成為穢褻的詞，尤其二次大戰之後。所有政治實體連忙否認自己是帝國。（Beissinger 1995: 152, 156-57; Suny 1995: 189）

儘管如此，一九九一年蘇聯解體後，俄羅斯人和其他東歐人很快就加入他們的西方同志，跟著說「蘇維埃帝國」。前蘇維埃國家宣布他們是蘇維埃帝國的「殖民地」；俄羅斯本身則宣布儘管表面那樣，他們曾經也是殖民地（Hirsch 2005: 3-4）。這個概念成為國際座談與研討會的老生常談，在那些場合中，「蘇維埃帝國」總是與其他帝國比較，諸如俄羅斯、哈布斯堡、鄂圖曼。[30]過去二十年，「蘇維埃帝國」幾乎成為蘇維埃聯盟的標準指涉，而且「帝國」成為分析蘇聯主要的概念工具（Beissinger 2006: 294-95）。[31]幾乎沒有人以其原來的名稱討論蘇聯，而且蘇聯其實是一個反帝國的社會主義共和聯盟。

針對這點也許遲早會有回應；也許蘇聯最後會是不同的動物，不會輕易受到以過去模型為基礎的分析影響，包括帝國的分析。[32]但是就現在而言，把他們想成帝國的物種確實似乎合理而且有所幫助。此外，將蘇聯視為俄國帝國傳統的重申與重生，以及俄羅斯帝國「其他手段」的延續，又是特別令人信服。這也是蘇維埃從沙皇領土上東山再起初期就出現的普遍主調。[33]

蘇聯和俄羅斯帝國兩者當然有所不同。新的帝國也不叫俄羅斯帝國，而是蘇維埃社會主義共和國聯邦（USSR）。更甚於舊帝國的是，俄羅斯不再是整個帝國；正式來說，只是十五個組成蘇聯的共和國其中之一。更驚人的是，蘇聯代表「世界歷史」的使命，確切明白的程度足令所有舊沙皇時代的官員汗顏，即使某些知識階層不以為然。蘇聯公然、正式、頻繁地投入兩個目標：無產階級世界革命、建立全世界社會主義的社會。E．H．卡爾表示，布爾什維克認為，「他們在俄羅斯製造的革命不只是俄羅斯的革命，而是歐洲或全世界革命的第一步；如果只是俄羅斯的現象，對他們來說沒有意義，不足為信也沒有生存餘地」。（Carr 1956: 358）

蘇聯的角色是為即將到來的世界社會提供模範、示範，並且盡其所能實現該目標。一九一九年，延續一九一四年結束的第二國際，蘇聯成立共產主義國際組織（簡稱「共產國際」），即「第三國際」。作為全世界社會主義政黨的聯邦，共產國際致力於世界革命以及國際無產階級之勝利。第三羅馬、第三國際的首都莫斯科將會領頭（Agursky 1987; Duncan 2000: 48-61）。史達林的外相維亞切斯拉夫．莫洛托夫（Viacheslav Molotov）曾經熱烈稱頌「俄羅斯民族偉大的歷史命運與重要任務——杜斯妥也夫斯基曾經寫下的命運：俄羅斯之心，比起其他民族，更是注定成為普世的、友愛的民族人道聯盟」（in Lieven 2001: 295）。如同沙皇的俄羅斯，彌賽亞的宗旨在蘇維埃的年代可以一再浮出水面。尼古拉．別爾佳耶夫寫道：「世界末日反射的光芒閃耀在俄羅斯革命之上。」（[1937] 1960: 132; cf. Flenley 1996: 231）但是即使採取「一國社會主義」（Socialism in One Country）為政策，從來沒人想過，除了世界革命與世界共產主義的翹楚以外，俄羅斯還會是什麼。[18]

沒有其他意識形態能更仇視民族主義，社會主義者廣泛將民族主義汙名化為「布爾喬亞」，而且視為統治階級用來吸引無產階級注意的工具，誘導無產階級在一個民族之中產生平等夥伴關係的錯覺。蘇聯宣布他們對民族原則充滿敵意，並且大肆宣揚其國際主義，程度更甚沙皇帝國。弔詭的是，同一個蘇聯也須為大規模宣傳民族歸屬負責，最後甚至生出那個不情願的產物——俄羅斯民族主義。沙皇帝國被控訴忽視民族歸屬，因此導致帝國陷落。略誇張地說，蘇聯可能反而太過偏愛民族歸屬原則，因此如果不是導致，也是加速自身滅亡。當然這些全都始料未及，而且絕對不是有意企求的結果（Brubaker 1996: 32）。儘管如此，雖然蘇聯就像過去的俄羅斯（與哈布斯堡）帝國，蒙受「民族的監獄」汙名，但他們比起過去任何帝國，實施更多促進民族情感與民族主義的政策。

蘇聯的民族歸屬與民族問題

如同沙皇帝國，蘇維埃帝國占據地表土地面積六分之一，僅次不列顛帝國。如同沙皇帝國，蘇維埃帝國包含超過一百個民族與民族歸屬。一九八九年，在這些民族中，二十二個人口超過一百萬人，五十五個超過十萬人。烏克蘭人如同在沙皇帝國，是最大的非俄羅斯團體（百分之十五・四六），與白俄羅斯（百分之三・五一）共同占據接近沙皇時期的人口比例，多數其他非俄羅斯團體也是。主要的例外是波蘭人與猶太人，他們的人口分別從百分之六與百分之四，下降到不足百分之一。最大的變化是中亞人口——哈薩克人、烏茲別克人、塔吉克人、土庫曼人等，紛紛成長兩倍，從一八九七年的百分之六，到一九八九年超過百分之十二，多半

[18] 譯注：一國社會主義是史達林採取的政策，相對於馬克思主義所認為的觀點：共產主義必須在全球範圍內才能得以建立。

是由於自然增加。（Kaiser 1994: 30-31; Kappeler 2001: 397-99; Hirsch 2005: 320-23）

俄羅斯對蘇聯的關係，結構上也類似俄羅斯對沙皇帝國的關係，也就是俄羅斯與俄羅斯人統治，程度較之前甚至更深。俄羅斯共和國（RSFSR）占去聯邦百分之九十的領土與百分之七十二的人口。當然族群上不全都是俄羅斯人，不過比例也從一九二六年的百分之七十三·四，增加到一九七九年的百分之八十二·六（Simon 1991: 376）。至於蘇維埃聯盟的總人口，一九八九年俄羅斯族群占據百分之五十·八，相較之下，沙皇帝國最後幾年是百分之四十四·三（Kappeler 2001: 397）。因此俄羅斯族群在蘇聯有生之年（而且不只），即使沒有「小」與「白」俄羅斯人，憑他們本身，也是整個蘇聯人口的絕對多數。這點非常重要，因為烏克蘭與白俄羅斯（程度較低）民族意識的發展，並且承認烏克蘭與白俄羅斯分別是聯邦不同的共和國的關係，大俄羅斯人也不如傳統那般輕易假設他們全部都是俄羅斯族群。同樣顯而易見的是，一九九〇年七月烏克蘭宣布獨立，這件事情預示蘇聯瓦解。

至於民族歸屬，俄羅斯的革命希望與從前的沙皇一刀兩斷，不該壓迫各種民族歸屬，不該有新的「民族的監獄」，布爾什維克更猛烈地抨擊沙皇時代的「大俄羅斯沙文主義」，與大俄羅斯人征服非俄羅斯人（包括烏克蘭人與白俄羅斯人）。蘇聯的誕生是基於多個民族歸屬組成的聯邦，而俄羅斯只是其中之一。根據蘇聯所有的憲法——從一九二二年的《蘇聯成立條約》（*Union Treaty*）到一九七七年的憲法——「共和國聯邦自願參加蘇維埃國家的聯盟。十五個共和國皆保留數項權利，以保障其主權地位，包括自己的憲法、國旗、國歌、締結外交關係之權利、鑄幣，以及可能是最重要的自決權，至高甚至包括脫離聯盟」（Kaiser 1994:342; cf. Martin 2001:13-14）。實際上，這些權利許多都沒有行使，或者無法行使。畢竟，事實是，共產黨的觸手伸入政府與行政機關的方方面面，而主腦顯然就是莫斯科中央。儘管如此，這些權利的象徵意義從頭到尾仍然十分重要；爾後，一九九一年，這些權利確實就是蘇聯瓦解的憲法根據。

但是儘管對於民族的抱負如此讓步，蘇聯當然不能容忍民族主義。列寧表示，「馬克思主義與民族主義勢不兩立，即使是『最簡單的』、『最單純的』、最精緻與文明的。馬克思主義推動的不是各種民族主義，而是國際主義，也就是所有國家聯合，在更高的層次團結，並在我們的視線下成長」（Lenin 1962: 33）。蘇聯公然投入國際主義的目標，也就是達成世界社會主義；而「想要利用特別的國家制度為手段，分離所有國家」的民族主義，被視為布爾喬亞兵工廠中的首要武器，阻撓蘇聯實現目標。原則上，社會主義與民族主義互相恨對方入骨。既然如此，在蘇聯裡頭，之前被大俄羅斯人壓迫的民族團體，他們提出的合理要求又該如何容納？

這個問題在知識上的解決方法，就從馬克思主義思想家熱愛的辯證法著手（Fedyshyn 1980: 152; Kaiser 1994: 97; Martin 2001: 5-6）。根據列寧的看法，蘇維埃「民族問題」的理論家先提出「正題」，也就是，資本主義早期階段首先要有民族的「綻放」（*rastsvet*）。這個正題的「反題」是，隨著資本主義成熟，民族「聚集一起」（*sblizheniye*）。從反題開始又出現「合題」，也就是民族問題的解決方法——所有民族最終合成為一個社會主義的共同體。列寧表示，因為「社會主義的目標不只是廢除人類小小的國家分別與所有民族之隔離；不只是將所有民族聚在一起，而是合併他們」。（Lenin 1962: 176；亦見 21-23, 74-75）

列寧在一九一三年至一九一六年間確立他對民族問題的想法，也就是一九一七年布爾什維克革命之前；史達林與其他人在革命前後的文章採用並發展那些想法，但是稍加修改。[34]新的蘇維埃國家面對兩個問題。一是希望在先進資本主義社會進行社會主義革命，但是沒有實現；蘇聯必須自己進行。但是「一國社會主義」的教條，意謂面對新的情況，列寧設定的辯證架構必須改變。結論是，所有民族合併這個合題，必須要在蘇聯內部實現，創造單一個蘇維埃民族，而非馬克思與馬克思主義預想的（列寧一開始也是）社會主義世界共同體。

第二個問題與蘇聯的「落後」有關，也是沙皇時代的遺產。資本主義有個趨勢，就是「完全毀滅民族分別」。這個趨勢適用資本主義的成熟階段，因此在先進的資本主義國家多半可以發現這個趨勢；「美國化」的多元移入社會就是列寧喜歡的例子。但是蘇聯是經濟落後的國家，尚未達到那個階段。組成蘇聯的國家處於許多不同發展階段，從西伯利亞與高加索山的原始部落，到蘇聯歐洲部分的都市社會。因此，在強制並加速「追上」西方的過程中，必須採取「社會工程」的策略，達成平等的民族團體，作為最終整合為一個共同蘇維埃身分的第一步。

這裡，列寧的第二個想法提供順利前進的理路。列寧曾經主張，每個現代民族都由「兩個民族」組成，一個是社會主義的，一個是布爾喬亞的，雖然在資本主義的社會，兩者表現程度並不平均。「每個現代民族裡頭都有兩個民族……每個民族文化當中都有兩個民族文化……每個民族文化當中，即使沒有完全發展，都有民主與社會主義的元素，因為每個民族都有辛苦又被剝削的大眾，他們的生活條件不可避免興起民主與社會主義的意識形態。但是每個民族也都有布爾喬亞文化，而且不只是以『元素』的形式，也以『統治』文化的形式呈現。」「世界工人階級運動」的任務就是「只擷取每個民族文化民主與社會主義的元素」，首先作為「布爾喬亞文化的抗衡」，但是最終目標是打造全新、完全去除民族的社會主義文化。（Lenin 1962: 30, 16-17）

史達林首先提出，後來經常被引用的口號「以民族為形式，社會主義為內容」，就是以這個想法為基礎（Stalin [1934] 1975: 391）。這個想法承認在蘇維埃社會的情況，許多民族仍然處於未發展階段，需要協助他們鞏固民族文化與組織。在蘇維埃的想法中，民族作為依附與完整的形式，地位依然重要。但是，史達林激動地問，這要如何與實現社會主義彼此一致？「打造民族文化、成立當地語言的學校與課程、從當地人口訓練幹部，如何與打造無產階級文化相容？這裡難道沒有不可相容的矛盾？當然沒有！」

> 我們要打造無產階級文化。那是絕對真的。但是那個無產階級文化具有社會主義的內容，在被吸引前來打造社會主義的不同民族之間，端看語言、生活方式等差異，表現為不同的形式與模式，這一點也是真的。以民族為形式，社會主義為內容——這就是社會主義追求的普世文化。無產階級文化並無廢除民族文化，反而賦予內容。另一方面，民族文化亦無廢除無產階級文化，反而賦予形式。（Stalin [1934] 1975: 308；亦見 Hirsch 2005: 268-70）

在這段論述中，即使社會主義要發展成「普世文化」，史達林似乎接受「民族形式」繼續存在，至少只要民族形式唯獨發生在蘇聯的範圍。他們當然不會像存在階級矛盾的布爾喬亞國家，而是「社會主義國家」，由共同的「民族友誼」連結。一九三〇年，他在一份報告中公開指責某個觀點「偏向大俄羅斯沙文主義的歪路」。這個觀點表示：「由於社會主義已經勝利，既然各民族必須融合為一，他們的民族語言也必須轉為單一共同語言，廢除民族差異的時間已經到了，而且發展之前受到壓迫的民族文化，這種政策也要拋棄。」然而，他提醒那些走歪的人，列寧「從沒說過民族差異必須消失，也沒說過，在社會主義獲得『世界規模』的『勝利』之前，民族語言必須在一個『單一』國家，融合為一個共同語言」。在那之前，為了幫助「非大俄羅斯民族的勞動大眾趕上走在前頭的俄羅斯中央地區」，有必要「在他們之間發展並強化法院、行政、經濟與政府組織，雇用熟悉當地生活與居民心態的當地職員，以當地語言運作」。此外，也有必要在他們之間發展「報社、學校、戲院、俱樂部、普遍的文化與教育組織，以當地語言經營」。這些全都不違背「無產階級專政」，因為在這樣的系統之下，民族文化是「以民族為形式，『社會主義』為內容的文化，目標是以社會主義與國際主義的精神教育大眾」。史達林表示，打造社會主義與發展民族文化，兩者確實就是攜手並進。「無產階級專政，以及在蘇聯打造社會主義，這個時期是『以民族為形式，社會主義為內容』的民族文化『綻放』時期；因為，在蘇維埃系統之下，民族本身不是一般的『現代』民族，而是『社會主義』民族，就像內容上他們的民族文化不是一般的布爾喬亞文化，而是『社會主義』文化。」（Stalin [1934] 1975: 386-87, 390-92；亦見 Simon 1991: 136-38; Martin 2001: 245-49; Hirsch 2005: 267）

一九一七年至一九二四年擔任人民委員期間，史達林已經有相當權力執行以這些概念為基礎的民族政策；列寧於一九二四年去世後，他接手蘇聯最高領導後更是如此。一九二〇與一九三〇年代，出現全面的「*korenizatsiia* 計畫」，也就是本土化。如同尤里．斯萊茲肯所言，「『世界第一個工人和農民的國家』是世界第一個制度化族群區域聯邦主義的國家，根據生物的民族歸屬將所有公民分類，並正式規定某些族群定義的人口享有優惠待遇」（Slezkine [1994] 1996: 204）。對泰瑞・馬丁（Terry Martin）而言，蘇聯變成「肯定行動的帝國」。（Martin 2001: 12-20, 341）

學者已經顯示這個計畫實際執行的程度多麼驚人。為了發展之前「受壓迫的民族」，而且抑制大俄羅斯人與其他人「盲目的俄羅斯沙文主義」（*rusotiapstvo*），一九二〇與一九三〇年代出現刻意、而且由國家贊助的政策，支持本土語言、文化與教育，而且指定當地人民任職國家與黨的機關。在以「名義」的民族歸屬組織而形成的十二個聯邦共和國（一九四〇年增加為十五個），包括烏克蘭、白俄羅斯、喬治亞、亞美尼亞、亞賽拜然、烏茲別克等，也在「自治共和國」與「自治州」（程度較低）裡，名義的民族歸屬語言成為官方語言，政府與黨的分部職位也由當地人民擔任。雖然鼓勵俄羅斯語，俄羅斯語也常是第二語言，多數教育機構主要仍以當地語言教學。透過中央進行的研究，創造超過四十種非俄羅斯的書寫語言，多數是新的。不管「本土語言化」在某個程度上是武斷的，找來某個名義的民族歸屬語言作為書寫語言（對照十九世紀剛統一的義大利以托斯卡尼語為官方語言）；不管該名義的民族歸屬，有時候也是被創造出來的「民族」，包括某些中亞團體，如烏茲別克；重點反而是蘇聯政府追求 *korenizatsiia* 的決心與一致，以及一項與蘇聯政府現代化政策相關的事實——「*korenizatsiia* 政策達到驚人的成果，包括一九二〇與一九三〇年代民族之間的平等化——如果不是直接的平等。」（Kaiser 1994: 134）[35]

透過 *korenizatsiia* 進行民族平等化，旨在達到對蘇維埃體制更高度的投入，朝向吸收不同民族進入共同的蘇維埃民族這個目標。諷刺的是，雖然可能也不是非常意外，這個政策幾乎適得其反。不但沒有融合民族，反而鞏固個別民族，強化疆界意識，並在共和國內建立堅強的當地菁英。越是發展，就發生越多都市化、工業化、社會運動，也就越多利益流向當地人，犧牲非當地人。（Kaiser 1994: 125, 135; Suny 1989: 282;Khalid 2007: 129-30）

蘇維埃政府在某些共和國見到「地方民族主義」發展，於是感到擔憂，一九三〇年代末期撤回全面的 *korenizatsiia* 政策（Martin 2001: 344-93）。但是取而代之的倒不是某些人主張的「俄羅斯化」，而是「蘇維埃化」。[36]一九三八年三月，史達林在所有非俄羅斯學校強制實施俄羅斯語言課程（雖然當地語言課程還是繼續），同時試圖在行政機關減少非俄羅斯語。但這不是因為他已經反轉對於大俄羅斯沙文主義的觀點，而是為了推動現代化，而且，希望如此能夠逐漸「抹去」民族，這一直都是 *korenizatsiia* 的最終目標（以民族為形式，社會主義為內容）。彼得・布利茲坦（Peter Blitstein）說：「執行該措施並不是因為俄羅斯語是國家統治民族的語言，而是因為現代經濟、政治、軍事有效運作有賴共通語言。」（2006: 290）[37]俄羅斯是蘇聯明顯的共通語言，也是達成整個系統的最終目標——「上層文化」與經濟進步——最好的工具。如同史達林所言，俄羅斯語的政策理據，「在例如蘇聯這樣多民族語言的情況中，俄羅斯語言的知識應該是蘇聯各民族之間溝通聯絡的有力工具，促進他們進一步的經濟與文化成長……（這個工具）也將幫助各國幹部增加科技知識……對於所有公民於紅軍成功的軍事服務而言是必要條件」。（in Martin 2001: 459；亦見 Slezkine [1994] 1996: 223, 2000:231; Blitstein 2001: 255-58）

事實上，一九三〇年代末期與一九四〇年代持續進行更謹慎的、由國家主導的 *korenizatsiia* 政策；史達林去世後更為強大，持續直到一九八〇年代。[38]然而，更重要的是「從下的 *korenizatsiia*」。這是快速的地理與社會行動，進一步強化民族疆界。隨著當地的菁英鞏固，每個發展面向都可以裨益地方人士，他們在新的產業與擴大的教育訓練等方面，無論就業或升遷，都可以得到優惠待遇。民族之間的平等化可能會發生，但是代價是民族內的平等化。族群與民族歸屬，相對於所有官方命令，變得根深柢固，而且在蘇維埃政府的要求之下，會明顯標記在國內文件與許多資料上，例如出生與結婚證明。[39]

蘇維埃的政治家持續思考，或至少持續表示，彷彿單一蘇維埃共同體的目標無論如何正在實現。藉由呈現並發展每個民族文化當中「民主與社會主義」的要素，就會達成拋棄民族外殼的重點（Hirsch 2005: 311-19）。

Homo Sovieticus，即蘇維埃人，正在取代所有不同且分裂的民族。（Fedyshyn 1980; Rasiak 1980）一九七七年憲法的前言宣布，這個歷史目標確實已經達成：「一個新的、歷史的人民共同體——蘇維埃民族——已經出現了。這個共同體的基礎，就是所有階級與社會階層的集合、所有民族與民族歸屬在法律與現實之前平等、手足之間互相合作。」（Kaiser 1994: 344）晚至一九八八年，米哈伊爾・戈巴契夫（Mikhail Gorbachev）仍然宣布他的信仰就是蘇維埃所有民族都屬於「一個大的國際家庭」，表現為他們的「蘇維埃愛國主義」。（Kaiser 1994: 152; Dunlop 1997: 33-34）

一九八〇與一九九〇年代的事件對此主張拋出嚴重懷疑，至少透露，不僅民族主義的情感趨於凋零，共同的蘇維埃身分也逐漸乏人問津。事實上，民族歸屬經歷根本的平等化，面向涉及經濟、社會、文化，甚至政治條件。然而，亞歷西斯・德・托克維爾首先發現的機制指出，平等化改善許多非俄羅斯民族的處境，但此舉不但完全沒有降低民族依戀，實際上反而弔詭地增強依戀。民族越是發展，都市化、工業化、整個蘇聯的社會行動形態越是一致，非俄羅斯民族的民族主義越是鮮明，他們也越加敢於表達自己的志向。在這之中，有種歷史的忘恩負義感受，俄羅斯民族沒有忘記。他們是主要的民族，自然且正當從進步的成果中要求某些好處。於是，也許是有史以來第一次，他們開始大張旗鼓地形成自己的民族主義。（Flenley 1996: 235-46）

一九九〇年，當戈巴契夫努力維繫蘇聯的時候，俄羅斯民族主義在鮑利斯・葉爾欽（Boris Yeltsin）的領導之下，而且違反戈巴契夫的希望，獲得他們自己的共產黨、共青團、國家安全委員會（ＫＧＢ）、內政部（ＭＶＤ）、廣播電視臺、科學院、行業工會組織，以及其他代表「正常」的聯邦共和國的標誌。蘇聯瓦解前夕，俄羅斯聯邦社會主義共和國總算與其他共和國達到平等地位（Dunlop 1997: 34）。蘇聯也許能夠抵抗其他民族的民族主義；但是他要怎麼面對俄羅斯人自己的民族主義？

俄羅斯人——帝國的受害者？

一九九四年，在美國流亡將近二十年後，小說家亞歷山大·索忍尼辛（Alexander Solzhenitsyn）發表長篇文章〈二十世紀尾聲之俄羅斯問題〉（*The Russian Question at the End of the Twentieth Century*）。[40]摘要回顧俄羅斯歷史的時候，他痛批所有俄羅斯領導人，從彼得大帝開始，一路罵到蘇聯的共產主義領袖，說他們忽略俄羅斯與俄羅斯人民。他控訴，這些統治者，沒有任何人發現「建立多族群的帝國將危害一國的統治民族」。（[1994] 1995: 38）在斯拉夫派的模式下，他看見作為一個外來政權的俄羅斯政府，強迫加諸在本土俄羅斯的民族身上。追求帝國光榮，而且錯誤地希望在西方國家眼中證明自己的時候，他們已經加入代價高昂、血腥殘忍的外國事業，為俄羅斯民族帶來莫大苦難，並且對俄羅斯社會平添長期傷害。「蘇維埃帝國對我們（俄羅斯人）不僅沒有必要，而且毀了我們」——這就是索忍尼辛對整個蘇維埃實驗的判決，對於沙皇創造的帝國亦同。（[1994] 1995: 88）

這個傷心的故事並非隨著一九九一年蘇聯倒臺而結束。歸功於鼓勵俄羅斯人移居整個帝國的政策（其實也是沿襲沙皇），現有兩千五百萬族群的俄羅斯人（占據所有俄羅斯人百分之十八），也是「目前為止世界上最多的僑民」，孤立無援地生活在諸多甫從前蘇維埃共和國獨立的「鄰國」。加上一九九〇年代失敗的經濟政策，以及前共產黨幹部掠奪國家財產，他的人民現在生活在「大俄羅斯災難」當中。（[1994] 1995: 104）

索忍尼辛絕對不是唯一一個人，認為俄羅斯人正是這幾年蘇維埃帝國首要的受害者（Brubaker 1996: 52; Flenley 1996: 234; Rowley 1997: 321）。抓住俄羅斯民族主義的韁繩，並將俄羅斯帶出蘇聯的鮑利斯·葉爾欽，沉痛地說到在俄羅斯人民身上的「馬克思主義實驗」：「他們不從非洲的國家開始，反而從我們開始這個實驗」，結果「把我們推出世界文明國家走的道路之外」（in Kumar 2001: 171）。一九九一年十二月的民調顯示，多數俄羅斯人支持蘇聯瓦解並成立獨立的俄羅斯，這個結果和不過幾年前進行的調查相反。（Dunlop 1997: 42-45; Beissinger 2006: 295）

任何人都懂得這個諷刺。如同沙皇時代，俄羅斯本該是統治蘇聯的民族。俄羅斯輕易就是最富有、最大、最多人口的社群。多民族的蘇維埃帝國廣泛接受俄羅斯語為共通語言。儘管有些遲疑，俄羅斯文化——普希金、托爾斯泰、杜斯妥也夫斯基的文化——在整個蘇聯流行。蘇維埃領導階層絕大多數都是俄羅斯族群。整個蘇聯歷史，史達林是唯一擔任最高職位的非俄羅斯人。俄羅斯人主導蘇聯時期多數制定政策的機構（Rywkin 1980: 182, 185; Medish 1980: 193; Brubaker 1996: 42）。俄羅斯人顯然是「同級之首」。他們怎麼可能變成，或認為自己是帝國的受害者？

認為自己因為優越地位受苦的帝國民族，俄羅斯人當然不是第一且唯一。多數歐洲帝國「承擔國家」的民族都受到同樣想法的影響——卡斯提爾人、奧地利德意志人、突厥人、英格蘭人、法蘭西人。就連羅馬帝國後期的羅馬人也這麼認為。當然，這種想法有些似是而非的成分在內。統治民族確實普遍將他們的性格傳染到他們創造並維繫的帝國。最廣義的意義下，那是「他們的帝國」，即使如同蘇聯的情況，他們不見得把自己的名字給帝國。但是我們多次注意過，為了方便管理帝國，以及帝國的安康，他們通常需要壓抑自己的身分、自己的主張。如此輕易導致帝國成員覺得，所有帝國民族中，唯獨他們的民族受到歧視待遇，換句話說，代表他們而進行的「積極」或「逆向歧視」、「肯定行動」，其實傷害了他們，導致他們成為受害者。「因為」他們是統治民族，他們必須服從他人的需要與欲求。

俄羅斯人對於「逆向歧視」首當其衝感覺可以回溯到很遠，不只在蘇維埃帝國，沙皇時期也是。「喔，沙皇，授予你的人民那些你已授予波蘭人和芬蘭人的東西吧！」這是十九世紀初開始流行的俄羅斯諷刺祈禱文（Pearson 1989: 102）。百分之八十的俄羅斯農民人口覺得他們受到相對嚴重的剝奪。在王國土地上過得比在貴族土地要好的農民，多數都是非俄羅斯人。農奴多半在俄羅斯中部地區，但是芬蘭、中亞、遠東都沒有農奴。

在波蘭（一八〇七）和波羅的海（一八一六—一八一九）的農夫比俄羅斯（一八六一）的農夫早了幾十年被解放，而且條件好得多。為了平衡波蘭土地階級的影響，白俄羅斯、西烏克蘭和立陶宛的農民待遇比起俄羅斯的農民也較好。這是鋪天蓋地的「內部殖民主義」。多米尼克・李文甚至拿歐洲海外帝國的非歐洲當地民族和俄羅斯農民的處境相比。（Lieven 2001: 257; cf.Etkind 2011: 124-28; Kappeler 2001: 124-25; Morrison 2012: 338）

蘇聯激進的 *korenizatsiia* 政策，也就是本土化，注定要製造俄羅斯人民類似被忽略與輕蔑的感受。列寧和史達林對「大俄羅斯沙文主義」的害怕與猜忌真實且持久。布爾什維克的理論家尼古拉・布哈林（Nikolai Bukharin）清楚地表示：「身為從前的強大民族，我們（俄羅斯人）應該遷就（非俄羅斯人的）民族志向，並將我們置於不平等的地位，意義在於向更兇猛的民族浪潮讓步。唯有透過這種政策，刻意置自己於相較他者更低的地位，付出這樣的代價，之前受到壓迫的民族才會信任我們。」泰瑞・馬丁引用這段，並評論：「蘇維埃政策確實要求俄羅斯在民族政策的領域中犧牲：俄羅斯的領土多數劃給非俄羅斯的共和國；俄羅斯人必須接受為非俄羅斯人擬定的大規模肯定行動計畫；他們被要求學習非俄羅斯的語言；而且傳統的俄羅斯文化被玷汙為壓迫的文化。」（Martin 2001: 17）

馬丁說，俄羅斯民族「永遠是蘇聯尷尬的民族歸屬，太大而無法忽視，但同樣的，太可怕而無法給予如同蘇聯其他主要民族歸屬同樣的制度地位」。（2001: 395; cf. Dunlop 1997: 29）整個蘇維埃時期，俄羅斯人缺乏許多其他名義的民族擁有的重要機構。雖然有烏克蘭、白俄羅斯、亞美尼亞、烏茲別克和其他「民族」的共產黨，但是沒有俄羅斯共產黨（史達林的外相維亞切斯拉夫・莫洛托夫曾說：「我們沒有忘記，只是沒有地方。」）。不像其他共和國，沒有個別的俄羅斯外交部。有其他國家科學院，沒有俄羅斯科學院（莫斯科有蘇維埃科學院）。所有聯邦的共和國都擁有自己的國家廣播與電視組織，俄羅斯沒有。RSFSR的電視與廣播直接由蘇聯國家電視和廣播部門委員會管理（Rywkin 1980: 179）。一九三〇年代熱切地推廣民族文化，民族文化的科學研究機構紛紛於各共和國成立，一九三六年超過四十個，但是沒有一個專為俄羅斯的民族文化而設。俄羅斯必須湊合使用一九三四年在莫斯科成立，而且刻意命名的全聯邦國家文化科學研究所。（Martin 2001: 445）

領土上，俄羅斯也是「尷尬的民族」。不像其他所有蘇維埃社會主義共和國，ＲＳＦＳＲ沒有自己的首都——莫斯科身兼其首都與蘇聯整體的首都。就連決定什麼組成俄羅斯領土，相較其他聯盟的共和國，也是難事一樁。ＲＳＦＳＲ很大，但也沒有固定形狀，包含許多族群團體，俄羅斯族群以外大約另有一百個。實際上，只在蘇聯才有這種事，ＲＳＦＳＲ不是民族的，而是「聯邦」的共和國——全俄羅斯（Rossiiskaia）蘇維埃社會主義聯邦共和國，因此是多民族的蘇聯本身的縮影。弗朗西·赫希（Francine Hirsch）說：「重要的是，無論是黨或Narkomnats（人民民族事務委員會），不曾嚴肅地討論賦予『大俄羅斯人』他們自己的族群領土單位。如此是無端的侮辱；彷彿假設俄羅斯人，身為前俄羅斯帝國承擔國家的民族與俄羅斯蘇維埃聯盟的統治民族，不需要自己的族群領土單位。所有在官方族群領土之外的領土，都因為無主才是『俄羅斯』。」（Hirsch 2005: 69）如同尤里·斯萊茲肯所言：「俄羅斯的民族歸屬已經發展成熟，而且是統治的民族，因此無關緊要。俄羅斯領土『沒有標記』，而且實際上就是由尚未被所謂非俄羅斯人的『國人』取得的土地所組成。」（Slezkine [1994] 1996: 210）俄羅斯的領土是殘餘的、「空」的空間，如同俄羅斯民族本身，沒有填上內容，必須視自己與蘇聯這個更大的實體融合，如同之前將自己的身分浸在俄羅斯帝國當中。

這就是一再重複的故事。到處都有俄羅斯人，到處都沒有俄羅斯人。俄羅斯不需要自己的機構，因為某方面而言，他們不可避免也不知不覺地和蘇聯所有的機構緊密相連。蘇維埃的機構替代俄羅斯的機構。這可同時視為損失和獲利。當俄羅斯在沒有被賦予發展民族意識的情況下，就會是損失。根據從外觀察的學者，例如我們已經見過的傑佛瑞·霍斯金，以及俄羅斯本土的評論家索忍尼辛，損失的情況是阻礙俄羅斯進一步的發展。而獲利的情況是，如同邁克爾·里金（Michael Rywkin）所言，ＲＳＦＳＲ可以視自己為ＵＳＳＲ的近義字，對ＵＳＳＲ來說，其他共和國只是附屬品（1980: 179）。如同英格蘭人混淆英格蘭與不列顛，俄羅斯人與其他人混淆俄羅斯和蘇維埃也是司空見慣。[41]對他們而言，蘇維埃的機構推動本身的身分與利益，如同這些機構也推動某些更偉大、全聯邦的身分與利益。或者更甚，對俄羅斯人，兩者可能是一體兩面。建設蘇聯就是建設俄羅斯，反之亦同。莫斯科也許是多國的蘇聯首都，然而也是「俄羅斯母親」的歷史中心。

民族與帝國合併，如同沙皇帝國時期，對蘇聯的俄羅斯人可能是一種驕傲來源。這點可以賦予他們「傳教的民族主義」，也是各個帝國所有統治或「承擔國家」的民族共同的特徵。以蘇聯的情況而言，採用那個使命比較簡單，因為那個使命表達官方重複宣告的蘇維埃國家意識形態。蘇聯是為了建立世界的社會主義共同體而存在的，因此要從枷鎖中解放人類。俄羅斯與俄羅斯人，由於其大小數量、文化優勢，在追求普世自由的目標時，他們不可避免地將會扮演領導角色（cf. Flenley 1996: 231; Dunlop 1997: 31; Khalid 2007: 128）。即使某些俄羅斯人，在不同時候會有不同人數懷疑達成目標的可能，但在這個轉變世界的事業中擔任主角也足夠驕傲了。無論這個目標可不可以改變世界或挑戰美國霸權，代表共產主義與資本主義較量，因而引爆全世界的革命衝突，這些已經賦予蘇聯立足世界的角色，而且多數國家甚至沒有資格。看在這一點，民族身分——如果真的是個問題——也許是個值得付出的代價。

當然不是所有人都這麼想；而且在一九六〇年代後期與一九七〇年代的「停滯時期」，隨著社會主義的願景黯淡，越來越多聲音呼籲俄羅斯人關心他們自己的利益，如同蘇聯裡頭的其他民族關心自己的利益。索忍尼辛於一九七〇年代寫過一些文章，在一九九〇年代發展為更完全的批評。那些年的地下文學，例如週刊《市民議會》（*Veche*），悲嘆俄羅斯民族失去身分、自尊與偉大。[42]更早之前也有類似的憂慮。一九三〇年代的本土化政策引發俄羅斯黨員的抗議，他們感覺俄羅斯受到不公的歧視。他們表示比起其他共和國，缺乏專為俄羅斯而立的機構。他們有種感覺，俄羅斯在革命當中貢獻良多，而且他們提供「落後」的非俄羅斯民族「兄弟般的幫助」，然而沒有獲得認同。對於轉讓俄羅斯土地給非俄羅斯的共和國，也引發不少憤恨。（Martin 2001: 271, 400-401, 445, 454）

部分為了回應這些怒火，一九三〇年代出現某些俄羅斯文化復興運動；政府早期對於傳統俄羅斯文化的極端敵意也出現反轉。普希金被喻為「最偉大的俄羅斯詩人」，但是同時還讓他成為為了「所有民族的勞工」而創作的詩人，而且確實是整個蘇聯的「民族詩人」（Martin 2001: 456, 461; Hosking 2006: 178）。在遍及蘇聯的「民族友誼」當中，俄羅斯是同級之首。俄羅斯文化與俄羅斯語言在學校與大學推廣，教科書強調俄羅斯在過去的奮鬥與革命中的領導角色。（Martin 2001: 432-61; Brandenberger 2001: 275; Hosking 2006: 148-59）

一般同意，頌揚俄羅斯屬性的作為，在一九四一年至一九四五年「偉大的衛國戰爭」（Great Fatherland War）[19]中達到高峰。史達林數次知名的演說就是在這個期間，例如一九四一年十一月，他稱讚「偉大的俄羅斯民族——普列漢諾夫（Plekhanov）與列寧的民族、別林斯基與車爾尼雪夫斯基的民族、普希金與托爾斯泰的民族、高爾基與契訶夫的民族、葛令卡與柴可夫斯基的民族、謝切諾夫（Sechernov）與帕夫洛夫（Pavlov）的民族、蘇沃洛夫與庫圖佐夫的民族！」（Rees 1998: 88）這場戰爭末期，一九四五年五月二十四日，在克里姆林宮的宴會上，為紀念蘇維埃的軍事指揮官，史達林宣布：「我首要為俄羅斯民族之安康舉杯，因為組成蘇聯的所有民族中，俄羅斯是傑出的民族。我為俄羅斯民族之安康舉杯，因為在這場戰爭中，他們身為蘇聯各民族之驅動力量，值得受到廣大認同。」（Brandenberger 2001: 287; Hosking 2006: 211）

學者的提防正確：不將這些二次大戰的演說與史達林之後一般的政策視為俄羅斯民族主義的勝利，也不認為蘇聯轉為某種（俄羅斯）民族國家。即使那些人，例如泰瑞・馬丁，認為一九三〇年代之後的俄羅斯文化復興是重要的發展，但他們仍然堅定宣告「蘇聯不是民族國家」而且「從來沒有打算將蘇聯轉為俄羅斯民族國家」（Martin 2001: 461; cf. Rasiak 1980: 161; Brubaker 1996: 28-29; Slezkine 2000: 233; Suny 2001: 26）。當然，在世界大戰中，俄羅斯的城市，例如史達林格勒、列寧格勒、莫斯科都承受莫大苦難，蘇維埃領導人物的愛國演講訴諸俄羅斯的文化與歷史，這點並不意外。那些在關鍵時刻捍衛俄羅斯的偉大人物當然特別激勵人心。史達林於一九四一年十一月七日在紅場宣布：「願你受到我們偉大先人當中的英雄啟發——亞歷山大・涅夫斯基、德米特里・頓斯科伊（Dimitri Donskoi）、庫茲馬・米寧（Kuzma Minin）、德米特里・波扎爾斯基（Dimitri Pozharsky）、亞歷山大・蘇沃洛夫、米哈伊爾・庫圖佐夫！」（Rees 1998: 89；亦見 Brandenberger 2001: 277-79）

但是就連當時，即使在「偉大的衛國戰爭」之中，宣揚與讚頌的愛國主義是俄羅斯的還是蘇維埃的，也從來分不清楚（Kohn 1971: 58; Brandenberger 2001: 288）。戰爭期間，史達林甚至與俄羅斯東正教教會和解，然而用意也不是利用俄羅斯的愛國主義，而是要使教會成為該地區所有東正教信徒的號召力量，而且，戰爭之後，更是號召全世界的東正教社群——「某種以莫斯科宗主教為首的國際東正教，成為梵蒂岡的對手」。（Hosking 2006: 246; cf. Rywkin 1980: 183）此外，戰爭之後，更是明確地展開合併俄羅斯與蘇維埃的行動，也就是「*russkoe*、*rossiskoe*、*sovetskoe*」，並且宣揚「蘇維埃人民」*sovetskii narod* 的想法與現實。尼基塔・赫魯雪夫（Nikita Khrushchev）與列昂尼德・布里茲涅夫（Leonid Brezhnev）兩人鬥志高昂地進行這項計畫，後者在一九七〇年代初期推出精心規劃的盛大宣傳活動，推廣「蘇維埃人民——新的個人歷史共同體」的想法（Fedyshyn 1980: 151; Rasiak 1980: 159; Flenley 1996: 229, 233-34）。如我們所見，一九七七年的憲法宣告這個實體已經實際出現。這可不光是官方說詞。蘇維埃愛國主義，如阿迪・卡利（Adeeb Khalid）所言：「已經具有實質內容，其中共同形態的基礎，就是教育與行動、經濟參與、蘇維埃的儀式，以及對於男人而言，則是蘇維埃的兵役。」（Khalid 2007: 135）如果歐根・韋伯對於法蘭西民族身分提出的看法是對的，蘇聯——也許如同南斯拉夫——如果給他們更多時間，打造共同的蘇維埃身分並非沒有可能。

推廣例如蘇維埃民族這樣超越族群的理想，在新的國際冷戰局勢當中特別重要。俄羅斯民族主義在這場戰爭中不僅無用武之地，甚至會是阻礙，因此遭到打消。特別顯著的反而是反西方主義，而這個想法需要整個聯邦響應，而且盡可能以整個聯邦的身分。這是東方對抗西方、共產主義對抗資本主義、蘇聯對抗美國、華沙

⑲ 譯注：此名稱專門稱呼二次大戰期間，即一九四一年至一九四五年蘇聯絕大部分成員國對德國納粹的戰爭，以區別更廣泛的二次世界大戰。

公約對抗北大西洋公約的行動。這是發生在全球的衝突，也是全球都參與的衝突。這場衝突需要文明，而非民族國家。民族主義不是沒有用處，如同在第三世界的解放鬥爭當中被那般地利用，但是原則上——如同列寧與史達林遵循馬克思，起初就發現的——民族主義有違蘇聯賦予自己的任務。「要求國際共產主義運動的領導國家站在直接的民族主義立場上，將不可想像，也難以為繼。」（Rees 1998: 100; cf. Hosking 2006: 230-36）

到了最後，俄羅斯民族主義仍然是個軟弱且「本質上爭議」的東西。如同沙皇時代，當時眾人期待俄羅斯人背負統治重擔卻不能伸張他們自己的民族歸屬，蘇聯的俄羅斯人身為「承擔國家」的民族，同樣被迫不得滋養並表達自身的民族地位（同時卻提升其他民族）。帝國和民族、蘇維埃和俄羅斯，糾纏得太深而難以拆解，甚至比在同名的俄羅斯帝國更難。在蘇聯這棟「公共宿舍」中，每個民族都有自己的房間，只有俄羅斯人沒有。「在蘇聯的宿舍中央，是個寬廣但無固定形狀的空間，並不清楚定義為房間，沒有民族的隨身物品標記，沒有民族宣稱『自己』擁有，而且住著一大群艱苦但越來越敏感的無產階級。」（Slezkine [1994] 1996: 217）俄羅斯人潛伏在走廊與廚房，無所不在但莫名迷失，他們可以凝視房間內部，看著自我民族意識越來越高的居民，卻缺乏資格要求任何一戶。如果我們認為在民族國家主導的時代中，這個情況是畸形的，我們應該記得，蘇聯存在的多數時間，英格蘭人也有同樣的困難，他們無法將自己從帝國分離，而且發展出分明的英格蘭民族意識。俄羅斯的案例絕不罕見——二十世紀多數的帝國民族都經歷相同的困難。

這個問題到了帝國尾聲當然變得緊急。蘇維埃帝國解體，俄羅斯人比其他民族更迫切面對這些問題：我們是誰？我們的身分是什麼？又該如何宣揚？俄羅斯真的可能是個「正常」的民族國家嗎？身為數百年來帝國綿延的核心要素，俄羅斯所有的經驗都是帝國的。他們如何在短短幾年內學會當一個民族國家？鮑利斯．葉爾欽領導的俄羅斯政府，採用沙皇帝國的雙頭鷹標誌作為新俄羅斯聯邦的國家象徵。一九九三年新憲法的前言宣告：「我們，俄羅斯聯邦的多民族人民……」雖然俄羅斯族群占據俄羅斯聯邦的百分之八十二，約有兩千五百萬名俄羅斯人住在外面（Dixon 1996: 47）。這一切都不是俄羅斯獨有的情況，多數所謂的民族國家都是多民族或多族群的，而且許多民族國家都有大量住在其他國家的僑民。但是由於俄羅斯漫長的帝國歷史，前後延伸五個世紀，創造出某種可行的民族國家，困難又是特別巨大。今日俄羅斯可能想要把自己想成「強國」，而非「帝國」，但是「在後蘇維埃的脈絡……合法追求（民族）國家的利益與建立帝國，兩者的區別始終含糊，而且無法釐清」。[43]

在弗拉基米爾·普亭長期的控制之下，確實，新的沙皇似乎已經自己坐上俄羅斯的皇座。二〇〇八年八月，俄羅斯在前蘇維埃領土阿布哈茲（Abkhazia）以及南奧塞梯（South Ossetia）建立保護國，將兩地從獨立的喬治亞分離。俄羅斯也持續扶植「聶斯特河沿岸的摩爾達維亞共和國」（外聶斯特里亞），拒絕承認該地屬於獨立的摩爾達維亞。二〇一四年三月，俄羅斯合併克里米亞，並且聲稱克里米亞本來就是俄羅斯的土地，只是在烏克蘭於一九九一年獨立時不幸被遺留在裡頭。東烏克蘭的命運，以及整個烏克蘭的命運懸而未決。全部的前蘇維埃領土中，民調顯示，多數人——不只是族群上的俄羅斯人——相信俄羅斯的領導甚於自家，而且樂意被吸收進入俄羅斯聯邦（Toal and O'Loughlin 2014）。普亭公開宣布與蘇聯分裂是「（二十）世紀最大的政治地理災難」，也是俄羅斯民族「真正的悲劇」（Beissinger 2008: 3）。不會再有新的蘇聯，但是帝國的引擎似乎已經再次啟動。

Chapter Six

不列顛帝國

歐洲西北海岸終年多雨的群島，怎麼會統治世界？這不僅是不列顛，也是世界史的大哉問。

——尼爾・弗格森（2004 : xi）

古今中外，我想不到其他例子。凱撒或查理曼都不曾統治這麼奇怪的領土。

——班傑明・迪斯雷利（Benjamin Disraeli）論不列顛帝國

一八七八年四月八日，於上議院的演講

（in Koebner and Schmidt 1964 : 136）

真是矛盾！世界上最孤立的民族竟有辦法建立有史以來最大的帝國。不，不是矛盾。孤立，如同打造帝國，需要過人的自信，深信個人的道德高高在上。

——保羅・斯科特（Paul Scott）

《殖民統治四部曲：分贓》

（*The Raj Quartet: A Division of the Spoils*, [1975] 1977: 106）

橫跨海洋與陸地的帝國

我們在前三章討論的帝國——鄂圖曼、哈布斯堡、俄羅斯——主要都是陸地帝國。這些帝國都從中心向外擴張，每個都取得鄰近的土地併入自己的國度。宗主國與邊陲近鄰，意謂在特徵上，兩國之間不只物理距離，文化與社會距離都不如海外帝國那般遙遠。這點也許會令某些觀察與評論對待帝國宛如民族國家，如我們在某些十九世紀俄羅斯歷史學家的案例中所見。然而這是錯的；與其說是事實，不如說是願望。鄂圖曼、哈布斯堡、俄羅斯帝國完全不是民族國家；民族主義興起，也就是統治族群或其他團體興起，表示帝國衰微，而非壯大。但是宗主國與邊陲相對靠近，難以分離兩者，意謂統治族群與其他族群之間的關係，與海外帝國常見的情況大相逕庭。

所有帝國都以普世性為目標，陸地帝國與海外帝國皆是。大小和距離並不改變那個目標。比起現代帝國，羅馬帝國相對較小，但這點絕不減少他們要求的普世性——這個要求之強大，甚至交棒給現代帝國，成為羅馬遺產的主要元素。鄂圖曼帝國希望伊斯蘭普世，哈布斯堡是天主教，而俄羅斯是東正教。所有帝國，不論大小性格，都認為他們發現世界的真理，而且希望在全世界散播真理，統一世界。

但是大小，尤其表現為性格的時候，對於要求普世性會造成差異。大小影響威信。俄羅斯帝國很大，但是受限於歐亞大陸。除了短暫侵略北美，俄羅斯帝國沒有嘗試在歐亞家園之外擴張其統治。鄂圖曼與奧地利哈布斯堡也是一樣——儘管偶有衝動，他們也是限制自己在鄰近的大陸。他們也許會以普世的方式看待他們的使命，但是若不擴張到全世界，要怎麼實現使命？伊斯蘭成為世界第二大宗教，但是這番成就有賴多個帝國達成，不只鄂圖曼。天主教確實散播到全世界，但是奧地利哈布斯堡的功勞不大（雖然西班牙哈布斯堡海外帝國的角色非常重要）。同樣的，俄羅斯若不立足非洲或拉丁美洲，東正教在那裡建立的可能性有多少？就連蘇聯，儘管自稱是世界社會主義的革命中心，也不能突破土地包圍的限制，最後必須定位在「一國社會主義」。[1]

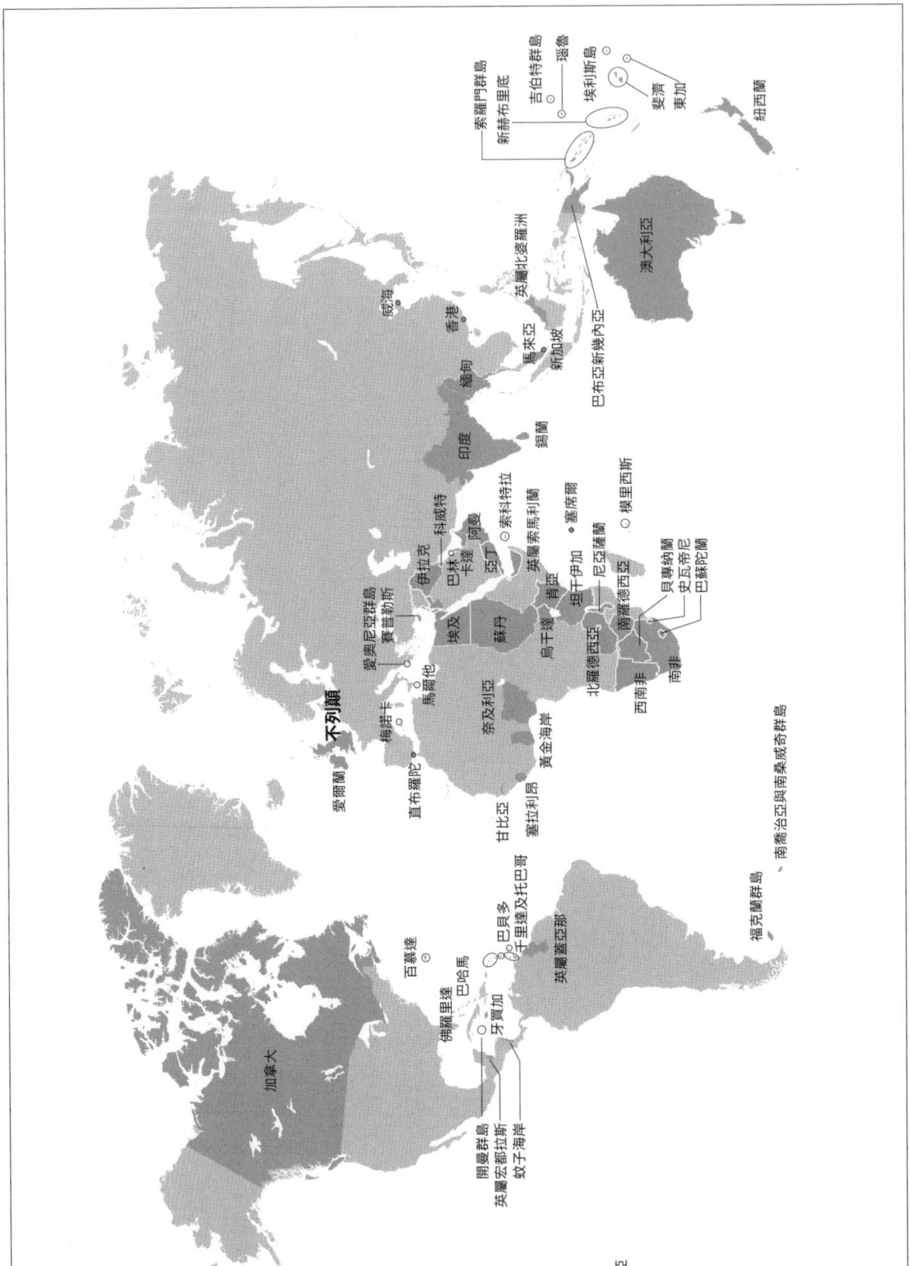

不列顛帝國領土全盛時期，約於一九二〇年。

世界上最大的帝國是海外帝國。對於海外帝國，諸如西班牙哈布斯堡、葡萄牙、荷蘭、不列顛、法蘭西，這句話都為真。但是比起實際大小，更重要的是性格。不像陸地帝國，這些帝國的足跡真正遍及全球。他們實際上就是在所有大陸與全球每個地區建立地盤。他們的影響遍及世界，留下的遺產也是。不像陸地帝國，他們不只以象徵的方式推廣使命；透過他們的宗教、他們的語言、他們的法律、他們在整個世界定居的人民，他們志在將他們的普世使命打造成實質、制度化的現實。真的可能有西班牙、不列顛、法蘭西的世界，並非虛有其名。

歐洲海外帝國在帝國史上是一件新鮮事。過去曾有廣袤、綿延大陸的帝國，例如亞歷山大大帝的帝國。成吉思汗短壽促命的蒙古帝國實際上是世界已知最大的帝國。如果我們考量腓尼基和雅典帝國，海外帝國這個事實其實也不新鮮。但是歐洲海外帝國的規模與範圍前所未有。從十五世紀開始，他們以迅雷不及掩耳的速度，發現並殖民從前只有原生居民知道的國度，在全世界建立據點。歐洲海外帝國躋身世界歷史，某方面來說，就連過去最偉大的帝國，例如亞歷山大的帝國，也望塵莫及。今日存在的世界，很大部分是歐洲海外帝國的產物。

本章與下一章討論兩個最大的海外帝國——不列顛與法蘭西。他們兩者之間有些趣味的雷同，當然也有差異。如果將兩者與本書談到的其他海外帝國比較，即西班牙帝國（雖然篇幅相當短），也是如此；然而兩者與西班牙之間的相似之處較少。歷史的時間差異是關鍵。不列顛與法蘭西帝國達到顛峰的時候，西班牙帝國已經衰退很久。當然還是可以比較，只是收穫因此有限。不列顛與法蘭西帝國茁壯的世界——多數於十八與十九世紀——與西班牙帝國在現代時期初期大相逕庭。一方面來說，西班牙（與葡萄牙）是海外帝國的先驅，而法蘭西與不列顛都從他們的經驗中學習。雖然這並不必然代表不列顛和法蘭西是較佳的帝國主義者，但是前人的經驗始終影響他們的行為，無論好壞。

更重要的是技術與通訊發展，宗主國與邊陲之間的關係因而轉變。西班牙與不列顛、法蘭西帝國間隔工業革命，而工業革命發展鐵路、蒸汽輪船、電報、加特林機槍，以及許多發明與創新。這點賦予不列顛與法蘭西許多治理帝國新的工具；但是同理，他們的敵人，無論帝國內外，也能獲得同樣的工具。此外，新的反帝國意識形態興起，例如民族主義與社會主義。由此可見，不列顛與法蘭西經營帝國的環境，與十六世紀的西班牙、葡萄牙非常不同。於是我們可以理解，為何不列顛與法蘭西帝國已經極為偏離現代時期帝國治理的形態。

世界最大的帝國——有多「怪」？

不列顛帝國發展成了世界史上最大的帝國（Taagepera 1978a）。一次大戰之後的全盛時期，不列顛帝國占據世界陸地的四分之一，涵蓋的世界人口也將近四分之一，相較於海外帝國最接近的對手法蘭西是三倍有餘（Ferguson 2004: 240–41）。俄羅斯帝國位居世界最大帝國的時間可能更長，但是論全球觸及範圍，卻從來不如不列顛，而且無論如何，世界最大的頭銜在十九世紀初期也被不列顛奪走。

英格蘭人是不列顛帝國的統治族群，也就是「承擔國家」的民族。當今這麼說可能有些尷尬，但是，如果不是「最」帝國的，英格蘭人實際上也可以宣稱自己是世界上數一數二的帝國民族，甚於俄羅斯人；可能只有羅馬人與之並駕齊驅。早在建立不列顛海外帝國之前，他們已在離家不遠的地方建立「英格蘭第一帝國」（Davies 2000）。第十世紀的時候，編年史家埃塞爾維爾（Aethelweard）已經宣布「不列顛現在稱為英格蘭，就此採用勝利者的名字」。而且在十一世紀，英格蘭國王懺悔者愛德華（Edward the Confessor）把名稱相反過來，宣稱成為「*rex totius Britanniae*」——全不列顛人之王。一〇六六年諾曼人征服後，隨著征服威爾斯與愛爾蘭，以及較近代的時候征服蘇格蘭（一七〇七年終於強迫統一），這些主張很快成為具體現實。「大不列顛及愛爾蘭聯合王國」在十九世紀初期形成，就此完成英格蘭人世紀以來的事業——征服「鄰近外國」，並創造「內部帝國」，也就是由英格蘭統治的「在歐洲的不列顛帝國」。（Kumar 2003: 60-88, 180; cf. Hirst 2012）

早早成為帝國民族這件事情，也產生所有帝國民族典型的問題——相對我們的帝國，我們如何定義自己？帝國裡頭其他的民族通常較為確定「他們」是誰；然而對照他們，「我們」是誰？如同我們在其他案例所見，答案往往是將自己的民族身分與帝國身分融合，在更優秀、更偉大、更重要的帝國裡頭失去自我。英格蘭人也是如此，他們在大不列顛的「陸地帝國」重新定義自己為不列顛人，或者將英格蘭人與不列顛人兩個身分合而為一，所以當他們說「英格蘭」，意思就是不列顛；而當他們說「不列顛的生活方式」，往往填入英格蘭的內容（Kumar 2003: 1-17; Colley [1992] 1994）。如同俄羅斯人和其他帝國民族，英格蘭人發現民族和帝國難以分離。

我們這裡的主題是不列顛的海外帝國，也就是「外部帝國」，而不是內部、家裡的帝國。但是英格蘭人在他們往海外擴張之前，已經是帝國的民族，這個重點請牢記在心。十六世紀時，他們開始海外殖民與征服，接下來兩個世紀收穫世界帝國；在這之前，他們的帝國身分已經形成。征服與統一不列顛而形成的不列顛身分，透過海外帝國進一步鞏固，因此聯合王國建立的帝國，如同聯合王國，也是不列顛。

不列顛海外帝國是英格蘭／不列顛自家帝國的延續；在家裡建造的不列顛身分已經準備加工出口。（參照，西班牙將在半島的收復失地運動，與征服並定居美洲一事相連。）這就是論述不列顛帝國極為重要的著作——約翰・西利（Sir John Seeley）《英格蘭的擴張》（*The Expansion of England*, 1883）當中的主題。該書內涵底下討論「大不列顛」的概念精華。如同熱烈支持該書的C・P・盧卡斯表示，作者認為「大不列顛在極大的規模上重複自己的歷史，並擴大為聯邦（Commonwealth），其中所有生命元素，以胚胎形式或以活生生的生命，在老的國家已經存在」（in Lee 2004: 129）。這個引人入勝的觀點有自己的問題以及限制，但仍表達出不列顛帝國根本的真理與許多人看待這個帝國的方式，無論自家或殖民地的人。

愛爾蘭是兩個帝國之間的中界。愛爾蘭常順著恩格斯（Friedrich Engels）的話，說他們是英格蘭的「第一個殖民地」（Marx and Engels 1972: 83）。既然愛爾蘭在十二世紀被征服並殖民，顯然屬於首波英格蘭帝國主義。十六世紀末與十七世紀上半出現第二波殖民，包括阿爾斯特（Ulster）與第二次征服，時間正好吻合英格蘭人開始在海外的美洲定居。這兩個過程時間上的巧合，以及某些雷同的殖民方式，自然促使許多人尋找兩者之間的關聯。愛爾蘭似乎同屬第一個帝國與第二個帝國（在海外）。尼爾．弗格森說：「愛爾蘭是不列顛殖民的實驗室，而阿爾斯特是殖民的原型。」（Ferguson 2004: 57）[2]

無人能夠否認愛爾蘭與威爾斯屬於「英格蘭第一帝國」。這是內部殖民主義過程的關鍵要素，而這個過程的產物就是聯合王國（Hechter [1975] 1999）。但是多大程度應該視愛爾蘭為英格蘭／不列顛第二帝國，也就是海外帝國？愛爾蘭多大程度是殖民地，如同十七世紀愛爾蘭的托蒙德伯爵（Earl of Thomond）所言，是「英格蘭人的另一個印度」？（Ohlmeyer 2006: 26）這是整個世代的愛爾蘭民族主義者都喜愛的類比，英格蘭與其他地方的激進分子，如馬克思與恩格斯，也讚不絕口。近幾年，愛爾蘭歷史學家與文化理論家之間也廣為流傳。

有許多理由支持這個類比有理。在愛爾蘭，統治階級是「外來」的，尤其是十七世紀後的基督教「優越階級」（Ascendancy）。就像其他不列顛的殖民地，地方上有通敵者，天主教徒和基督教徒都有。不僅全盤引進英格蘭的法律與行政制度，也引進英格蘭的語言，也就是「壓迫者的語言」，並且禁止當地的凱爾特語。英格蘭宗教改革後，開始迫害愛爾蘭多數人的信仰——天主教，而且強迫立愛爾蘭聖公會為國教。當地的土地遭到充公，「外來的人」在此定居，也就是習俗與宗教和當地人完全不同的蘇格蘭人與英格蘭人。愛爾蘭與其他殖民地之間的直接貿易充滿限制，就像英格蘭對美洲殖民地的規定。對於愛爾蘭人，常見落後、野蠻民族等激烈批評。事實甚至指出，某些負責英格蘭在愛爾蘭政策的人，如最著名的包括漢弗萊．吉爾伯特（Humphrey Gilbert）、華特．雷利（Walter Raleigh）、威廉．佩恩（William Penn），繼續在英格蘭早期開墾維吉尼亞、馬里蘭等地的事業中扮演重要角色。以上種種最甚者，在許多方面而言，就是一八四〇年代災難般的愛爾蘭饑荒，可與一九四二年的孟加拉饑荒相提並論；而且如同孟加拉的情況，人們將此歸咎於愛爾蘭的殖民統治者。此外，省督代表君王從都柏林城堡治理，這種極度帝國的作法，似乎容易對於愛爾蘭產生殖民地經典的壓迫、剝削形象。[3]

但是如同許多人指出，這個結論可以用另一個立場來質疑。把愛爾蘭想成英格蘭的陸地帝國是一件事情，而且不無道理。和普通的觀點相反，這件事情容許我們發現——舉例，由於愛爾蘭與英格蘭地理上的鄰近，反而無法拒絕以帝國角度思考兩者關係。如同我們見過俄羅斯對韃靼的關係，與帝國民族的鄰近不會造成殖民征服的阻礙，更可能加速征服，甚至顯得必要。英格蘭取得並抓住愛爾蘭的決心，最強烈且持久的理由是，不讓敵人有一道可能侵犯不列顛領土的後門；所謂的敵人先後分別是西班牙與法蘭西，後來是德意志（Bartlett 2006: 61）。為了重要的安全理由，而且甚於任何其他考量，愛爾蘭必須作為「內部殖民地」以併入英格蘭的帝國。

但是，關於愛爾蘭作為海外帝國的部分，地理上的接近確實重要。愛爾蘭與不列顛本土之間往來頻繁，對於宗主國與邊陲的關係而言極不尋常；成千上萬的愛爾蘭人定居在不列顛的城市，例如利物浦、倫敦、格拉斯哥——甚至有人視為「反殖民」。[4]從愛爾蘭的地位來看，其他眾所皆知的特徵指出，將愛爾蘭視為經典的殖民地會遭遇困難。直到一八〇一年，愛爾蘭都是分離的王國（雖然與英格蘭和蘇格蘭共屬一個君主），在都柏林也有自己的議會。一八〇一年統一後，愛爾蘭就和蘇格蘭一樣，成為帝國宗主國不可缺少的部分。一百名愛爾蘭議員坐在西敏寺的議會（一八二九年解放法案後有數個天主教徒），而且十九世紀後期經常維繫下議院兩黨的勢力平衡。經濟上與社會上，盎格魯—愛爾蘭仕紳成為不列顛統治階級的核心，而且盎格魯—愛爾蘭文學成為不列顛文化的重要成分，包括斯威夫特（Swift）、柏克萊（Berkeley）、王爾德、葉慈、蕭伯納等。愛爾蘭經濟似乎也不符合剝削、未發展的殖民經濟模式，尤其十九世紀後期，愛爾蘭農業與工業皆受惠於不列顛與帝國的網絡，英格蘭與愛爾蘭的貿易餘額也有利於愛爾蘭。甚至更明顯的，許多愛爾蘭人，不分基督教徒與天主教徒，都在不列顛帝國的管理系統中擔任行政人員、軍人、傳教士、商人、醫生、教育家。這些聽起來全都不像古典的殖民。[5]

當然愛爾蘭似乎占據「不列顛世界」最奇怪的地位。一九二一年愛爾蘭獨立，甚至在一九四九年愛爾蘭脫離國家聯邦之後更是明顯，愛爾蘭人可以在不列顛自由旅行、工作，甚至投票。換句話說，愛爾蘭人不像剛從國家聯邦獨立的國家，他們和聯合王國與殖民地的公民享受相同權利：對一個「前殖民地」而言，這樣的地位無與倫比——而且唯獨這個「前殖民地」在二次大戰中堅持維持中立，大戰之後立刻宣稱共和國，並退出不列顛國家聯邦。（Hansen 2000: 44-48）

愛爾蘭在不列顛帝國可能被當成奇事，但是對許多人而言，不列顛帝國到處都是這種奇事。近年來，越來越常見到一種趨勢，那就是強調帝國雜亂無章的本質，組成成分參差不齊，組成方式又缺乏條理。約翰·達耳文觀察到「帝國主義」一詞在十九與二十世紀的不列顛中缺乏固定意義，部分是因為不列顛 *imperium* 的多元性令人困惑。真正的不列顛帝國不只是等著治理的領土集團，而是一片巨大的拼圖，內有附庸國、保護國、定居殖民地與「勢力影響範圍」、停戰諸國與通商口岸、飛地與轉口港、砲艦與要塞、船運航線與供煤站、電纜線路與航線、領事館與租界、基礎建設與投資、荒島和基地。不列顛帝國如何運作，或者如何維繫，甚至如何取得，就連帝國最聰明的統治者也認為是個謎。這座瘋狂的建築沒有英文名字：他們能夠想到最接近的，是個拼湊而成的拉丁語標籤——不列顛治世（Pax Britannica）（Darwin 2005: 6）。達耳文後來的完整研究完全避開「不列顛帝國」。取而代之的是，他遵循亞當·斯密的宣言，表示不列顛帝國「從此不是帝國，而是帝國計畫」，並將他的書命名為《帝國計畫》（*The Empire Project*）（Darwin 2009: 25）。而且彷彿唯恐讀者無法理解，他的下一本書又命名為《未完成的帝國》（*Unfinished Empire*），而且再次強調不列顛帝國「即興且臨時的性格」，以及「總是建構中的帝國，確實就是蓋不到一半的帝國」這個事實。（2012: xii）[6]

達耳文這裡的觀點呼應針對不列顛帝國成長最著名的觀察，也就是約翰·西利於一八八三年知名的評論——「某個程度上，我們似乎一陣心不在焉就征服且住滿半個世界。」（Seeley [1883] 1971: 12）許多重要的學者，雖然不總是承認這點，近年來也跟著西利強調不列顛帝國無計畫、無意圖、不承認的性格。例如比爾·納森（Bill Nasson）談到帝國是個「莫名糾結一起的產物，似乎只是意外從世界不同的條帶拼在一起」而且「帝國建設缺乏任何一致的協調形態」（Nasson 2006: 11）。就像托普西（Topsy）❶，不列顛帝國似乎就是長出來了。

對其他人來說，這是世界上最偉大的帝國，但是對不列顛人自己來說，一直都是高深莫測的謎。

非常缺乏自我意識、無法理解或抓住某種感覺，這樣的情況可能導致不安與脆弱的感受。琳達．柯莉表示，那個時代的人敏銳地意識到，相對於競爭者——法蘭西、俄羅斯、鄂圖曼帝國，後來又有德意志與美國，又相對於自己浩瀚的帝國，不列顛的身形嬌小，因此他們害怕手中的帝國飄移不定、轉瞬即逝。地理學家G．H．強生（G. H. Johnson）在一九〇二年說：「更大的不列顛，就是不列顛人越過海洋的領土，是大不列顛面積的一百二十五倍。」柯莉表示：「因為其核心非常狹小，而且因為他們依賴海上勢力，不列顛帝國總是過度延展，往往膚淺，而且持續時間可能相當有限。」（Colley [2002] 2004: 378）瑪雅．賈莎諾夫（Maya Jasanoff）同樣強調不列顛強權中的「裂縫與不安」。她指出，「白人的負擔」這個概念隱含的耀武揚威，某個程度是「一廂情願，證成或補償不列顛帝國治理當中根本的脆弱與矛盾」。（2005: 8, 11; cf. Deudney 2001: 192-93; Price 2008: 6-7, 57, 344）

如果不列顛帝國不是自己和他人心中有時大搖大擺的模樣，帝國在不列顛人民的意識當中可能也不如人們期待那樣強壯。人們不見得記得，西利評論英格蘭心不在焉的帝國主義，這段有名的評論出自他敏銳察覺的特質——「對於擴散我們的種族、擴張我們的國家，這個偉大的現象，我們漠不關心。」西利說：「我們並沒有容許這個現象影響我們的想像，或在任何程度上改變我們的思考方式；我們現在甚至還是認為自己只是一個住在歐洲北方群島的居民。」（Seeley [1883] 1971: 12-13）諸多心灰意冷的評論者，從約翰．史都華．彌爾到二次大戰期間的英國廣播公司的官員，都曾同樣感慨普羅大眾對帝國既無知又冷漠。米爾納子爵（Lord Milner）於一九〇六年抱怨：「不幸的，我們必須向那些愚昧之士解釋為何我們想要帝國。」就連那些應該在乎的人，要引起他們對帝國的興趣顯然也很困難。常有人說，每逢討論帝國的議題，下議院就空無一人。[7]

❶ 譯注：小說《湯姆叔叔的小屋》（*Uncle Tom's Cabin*）當中的角色，一名不知來自何方、衣衫襤褸的奴隸女孩。

對於帝國的這種想法，高峰時期（只是暫時）的代表也許可謂貝爾納．波特（Bernard Porter）的著作《心不在焉的帝國主義者》（*The Absent-Minded Imperialists*）（2004b）。波特在該書刻意呼應西利，雖然更甚於西利。他希望表達，縱貫不列顛歷史，人民幾乎不知道帝國，更不關心帝國，而且在多數重要方面上不受帝國影響。幾個上層或中上階級的人，也就是那些實際治理帝國的人，他們會感到興趣而且參與，但對於其他人，最重要的是國內問題，例如工作與家庭。不列顛帝國，換句話說，是「上流行為」。「只要少數的男人（和他們的女性配偶）足夠投入治理帝國，其他人口就可以專心在其他事情上。帝國對多數人民沒有實質要求，至少沒有人民意識到的要求，而且不需要他們的支持或興趣。唯一需要的只是最少的漠然。」（Porter 2004b: 307；亦見 2008）

波特和其他人的觀點，雖然令人不悅，但有助於提醒我們，不列顛帝國在世界各地插下顯著的旗幟，在大眾想像當中占據重要地位，這點不能視為理所當然。另外珍貴的是質疑後殖民理論學者機械式的假設，認為帝國對宗主國社會的影響（不列顛或其他宗主國），如同對殖民的邊陲人口，「必定」既深刻又廣大。這些觀點需要經驗工具證明；而且如果沒有證據，或者證據薄弱，那麼挑戰後殖民理論家就是對的（波特指涉後殖民理論學者的頭頭愛德華．薩伊德，說他們是「薩伊德主義者」）。

事實上，近年研究不列顛帝國主要的學者發表許多著作，無論是詳細的專著或廣泛的調查，目的都在顯示，無論過去或現在，帝國對於不列顛社會的影響既深刻又長久。波特意識到許多這種著作，而且恰好就和他的主張相反。[8]但是無論我們對於這些研究——絕對不是全部或多數活躍的後殖民理論者的觀點——或對於波特的回應抱持什麼看法，如果我們認為沒有證據可以檢視，以及不列顛帝國對不列顛社會造成的影響只是沒有理據的假設，這麼想就是錯的。那樣的立場就和相反的主張——認為帝國到處存在於不列顛社會的角落和縫隙——同樣武斷與無知。

還有進一步的考量。某些形式明顯的經驗主義可能很粗糙。例如依賴民調，或測試大眾對帝國這類、那類的知識，都是評估衝擊與影響的低劣方式（Thompson 2005: 207-9）。就連在學校關於帝國的考試與學院的教學大綱，或者在流行文化露臉（兩者都是波特的研究核心），也不必然告訴我們帝國如何，或者是否可能影響意識與行為。人不一定要是極端的結構主義者或是心理分析師，才會認為文化與意識形態以不同方式在更深的層次運作。關於意識形態，整個重點畢竟就是，意識形態是偽裝的，而我們是最後一個知道意識形態在我們身上作用的人。意識形態的結構多半是「背著我們」悄悄運作，在社會與政治信念最稀薄的層次裡，也在每日生活最平凡的層次中。我們應該記得「平庸的帝國主義」存在，而且運作的方式相當類似「平庸的民族主義」，兩者都在意識的層次底下運作。（Kumar 2012a: 298-304）

關於達耳文和其他人認為不列顛帝國雜亂無章又脆弱，這樣的主張也同樣必須加以警告。什麼帝國不曾覺得自己亂七八糟，而且努力為不和諧的結構注入秩序與條理？[9] 什麼帝國對於自身的穩定與延續不曾感到害怕與焦慮？甚至可以說，如此的擔憂正是帝國的標準性質（特別令人想到羅伯特．穆齊爾嘲笑地評論哈布斯堡帝國搖搖欲墜的本質）。多數帝國是趁機抓住有利的機會成長，並非依據總體計畫行事（希特勒短命的帝國也許便顯示了根據總體計畫執行會走向什麼命運）。多數帝國都害怕環境改變將會弱化或破壞他們。

儘管不列顛帝國近來的史學史具備種種優點，卻有一個顯著的缺點，就是長期缺乏比較焦點。不列顛帝國是如此壯觀的奇景，範圍遍及全球，難怪很少有人感覺到能夠用比較的方式處理這個帝國。[10] 然而，關於不列顛帝國，在比較的架構中就會看見站不住腳的主張。所有帝國都不相同，都以自己的方式獨樹一格。但是他們共同具備某些特質和問題，某些看待自己與被看待的方式。不列顛帝國是個幅員廣闊、迥然不同的部分所聚集成的笨重團塊，也是未完成、永遠都在進化的「計畫」，幾乎打從一開始就擔心自己的未來。所有帝國都是如此；所有帝國或多或少都是雜亂無章的；所有帝國都會改變，對於帝國的安康與穩定，某段時間就會出現焦慮與擔憂（「衰退與崩潰」寫在所有帝國的劇本大綱中）。不列顛帝國可能是世界最大的帝國，但無論大小，都不能免除帝國的方式。

零件組成的帝國

如同俄羅斯帝國，不列顛帝國可以視為經歷連續轉世。而且正如俄羅斯帝國讓路給蘇維埃，英格蘭帝國讓路給不列顛。當地人與外地人困惑的問題——什麼是俄羅斯人，什麼是蘇維埃人，則相當於什麼是英格蘭人，什麼是不列顛人。俄羅斯人從頭到尾都統治他們的帝國，英格蘭人也是。但是如同俄羅斯人，對英格蘭人而言，由於統治帝國，他們極不確定自己身為民族的特殊身分，或者更恰當地說，是極不關心。有些人認為那是帝國必須付出的代價，其他人可能覺得是幸運的遺產（藉此調和民族主義的惡）。但是當然，相較愛爾蘭、威爾斯、蘇格蘭的鄰居，英格蘭人在整個帝國時期傾向忽視或淡化他們自己的民族身分，認為不宜樹立帝國的民族。然而就和俄羅斯人一樣，在帝國結束之後，這個問題不免挾帶強大的力道浮出水面。

蓋德・馬丁（Ged Martin）問：「真有不列顛帝國？」（1972: 562）這提示我們一個問題：這麼龐大又異質的複合體，應該如何描述分析？普遍的答案一直是結合時序與地理特徵，指出一系列的不列顛帝國。有「不列顛第一帝國」，絕大部分以北美和加勒比海殖民地為基礎，大約從十六世紀末開始，直到一七八三年失去北美殖民地。接著是「不列顛第二帝國」，以印度和「白人殖民地」為主；白人殖民地包括加拿大、澳大利亞、紐西蘭、南非等。一九二七年，歷史學家暨政治家阿爾弗雷德・齊門（Alfred Zimmern）提出一次大戰之後出現的「不列顛第三帝國」，就是現在為人熟知的「不列顛國家聯邦」（British Commonwealth of Nations）。這樣的分類是依據領地原則，意即帝國治理的所有部分越來越趨於平等。新的稱呼，即不列顛聯邦，在戰爭開始之前即浮出水面；戰爭期間，南非政治家揚・史末資（General Jan Smuts）廣泛宣傳這個稱呼；而這個稱呼於一九二一年的《英愛條約》（*Irish Treaty of 1921*）正式出現，文中確立愛爾蘭自由邦（Irish Free State）名列不列顛國家聯邦的領地。（Zimmern 1927: 3）

齊門的「第三帝國」概念頗受幾個近期學者歡迎（例如，Darwin 1999; Sinha 2014）。但是關於第一與第二帝國的區分，以及帝國連續的整個概念，仍有不少保留空間。首先「英格蘭第一帝國」被忽略了，也就是盎格魯—諾曼人於十一與十二世紀橫行威爾斯與愛爾蘭時建立的中世紀帝國。如同我們已經注意到，那個帝國和十六、十七世紀在西印度群島與北美建立的所謂「不列顛第一帝國」明顯相關——尤其以愛爾蘭為仲介。所以「不列顛第一帝國」不是英格蘭人建立的「第一個」帝國。

此外，那個第一個海外帝國多大程度是「不列顛」？蘇格蘭、英格蘭、愛爾蘭的國王詹姆士六世與一世（James VI and I），也許曾經宣布自己是「大不列顛」國王，但是這個名稱遭到英格蘭與蘇格蘭議會拒絕，整個十七世紀，流通（與真實）的程度也有限。直到一七〇七年與蘇格蘭訂立聯合法案，「大不列顛」才真正誕生；一八〇一年與愛爾蘭議會聯合後，成為大不列顛及愛爾蘭聯合王國。所以所謂不列顛第一帝國其實首先是「英格蘭」帝國（儘管許多蘇格蘭人、威爾斯人、愛爾蘭人都有加入），直到後來十八世紀，才是「不列顛」帝國。英格蘭和不列顛持續重疊，如同許多其他脈絡，而且種下混淆。

即使我們接受第一與第二帝國的名稱與區別，兩者之間還是存在連續問題。唯有將失去美洲殖民地理解為不列顛帝國歷史上根本的斷裂與重新定位，這番區別才有意義。有人主張，經過適當的療傷時間，不列顛重新思考整個帝國計畫，將心思從大西洋轉向東方的亞洲與南方的太平洋。

根本的斷裂這個想法，近年來飽受數個重要歷史學家的攻擊（例如，Bayly 1989; Marshall 2007）。有人主張，無論是時間，或是關於不列顛帝國本質的概念與假設，其實存在著根本的連續。第一帝國，也就是「西方」的帝國，不是由第二帝國、也就是「東方」的帝國銜接。七年戰爭期間（一七五六—一七六三）以及之後，不列顛政府試圖重整並加強管理北美殖民地，這個時候，東印度公司正在孟加拉鋪路，作為不列顛統治整個印度的跳板。同樣的，相較西班牙與法蘭西帝國的專制統治（Armitage 2000: 142-43, 193），不列顛帝國作為「眾多海洋的帝國」、「基督教徒、商業、海洋、自由」的帝國，現在又因為帝國的領土非常重要，必須由宗主國妥善治理，所以這個較早的概念顯得更加突出。

北美洲殖民地「自由的英格蘭人」也許會奔向自己的前程，但不列顛現在統治廣袤的領土，包括美洲原住民、澳大利亞原住民、法裔加拿大人、亞洲印度人——根據標準的不列顛想法，他們全都不是基督教徒、不列顛人、自由的人（Marshall 2007: 7, 160-61），而且需要在這些地方設置新的帝國政府形式。不列顛帝國現在效法的對象，可能不是希臘，而是羅馬；或者不僅是自治的希臘殖民地，至少羅馬式的集中化在未來的帝國治理上可能必須扮演重要角色。（Kumar 2012b）克里斯多福・貝利說，一七八〇年至一八三〇年，「政府經歷帝國革命」，帝國治理出現全新的地方總督形式——「忠誠的、保皇的、貴族的、軍事的」，富有強烈的羅馬弦外之音。（Bayly 1989: 116-21, 160, 194, 250; Gould 1999: 485）

對於不列顛帝國的定義與區分時期的傳統方式，多數的挑戰是「非正式帝國」的概念。這個觀點最有影響力的文章是一九五三年帝國歷史學家約翰・蓋勒與隆納・羅賓森著作的〈自由貿易的帝國主義〉（The Imperialism of Free Trade）。蓋勒與羅賓森反對長久以來僅透過正式的領土討論不列顛帝國，即「那些在地圖上畫成紅色的殖民地」。他們表示，如此「就像從冰山的一角判斷大小與性格」（Gallagher and Robinson 1953: 1）。這種作法的後果之一就是過分凸顯一八八〇年後的時期，而那個時期不列顛和其他國家在世界各地增添帝國版圖，尤其「瓜分非洲」。帝國主義者，例如西利，以及反帝國主義者，例如霍布森和列寧，雙方同意他們對於這個時期（錯誤）的強調。這要連結到他們的另一個觀點：因為自由貿易的勝利，而且深信殖民地是不必要且造成破壞的負擔，所以認為維多利亞中期的不列顛對帝國漠不關心或懷有敵意。而到了十九世紀最後四分之一，自由貿易的想法遭受攻擊，因此——依照傳統的說法——帝國重新浮上檯面，成為值得的，或許也是必要的事物。

但是，蓋勒與羅賓森主張，針對該世紀中期數十年的漠然，即使我們只考慮正式帝國，這種想法依然禁不起檢驗。「一八四一年與一八五一年之間，大不列顛占領或合併紐西蘭、黃金海岸、納閩（Labuan）、納塔烏（Natal）、旁遮普邦、信德省（Sind）與香港。接著二十年，不列顛的控制伸及拜拉爾（Berar）、阿奧德

（Oudh）、下緬甸與九龍；拉哥斯與塞拉利昂周圍；巴蘇托蘭（Basutoland）、格利夸蘭（Griqualand）與德蘭士瓦（Transvaal）；在昆士蘭與卑詩省建立新的殖民地。」（Gallagher and Robinson 1953: 2-3）如果這個時期的不列顛政府和不列顛輿論真的如此反對帝國，那麼如此廣大的併吞就需要解釋。「心不在焉」是個解釋，但不是很有說服力。

但是對蓋勒和羅賓森而言，對傳統觀點更嚴重的反對是，他們忽略這段時期，以及整個十九世紀，「非正式帝國」大幅成長。意思就是不須正式併吞土地，就可施展不列顛的「最高權威」——不列顛優越的權力與影響力。不列顛十九世紀的工業化與擴張需要市場與供應商，而且取得的手段是正式或非正式根本就不重要。顯然整體而言，非正式的手段花費較少，而且不須涉及直接而且可能引起麻煩的行政管理。因此哪裡有這種機會，就往哪裡去，例如阿根廷、巴西和拉丁美洲其他地區。但是這種技巧不會或不能發揮作用的地方，例如印度或東南亞，即使在所謂的漠然時期，不列顛政府絲毫不會遲疑實施正式控制。重要的是確保不列顛的經濟成長，以及更普遍來說，讓世界取得並接受不列顛的產品、想法、人民。這種二重策略在十九世紀大獲全勝。

> 可能的話透過非正式手段，必要的話正式併吞，不列顛的首要地位穩固維持……比起該世紀後期，外國對不列顛至高無上的權力增強施壓，非正式的技巧在該世紀中期的環境中往往就已足夠……這個事實……不應用來掩飾基本的政策延續。從頭到尾，不列顛政府用盡各種適合不同地區利益的手段，努力建立並維持不列顛的首要地位。（Gallagher and Robinson 1953: 3, 12）

強調非正式帝國於近期學界具有相當影響力，而且蓋勒與羅賓森無疑帶動一股風氣，重新嚴正思考不列顛（與其他）帝國的歷史與政策。[11]他們特別強化十八世紀以來延續性的論證，消弭不列顛第一與第二帝國的區別。這個論證也能延伸進入二十世紀，質疑第三帝國的概念代表某些新原則（因為領土概念顯然有其來自十九世紀的根源）。但是其他方面，分析非正式帝國的概念其實非常困難。研究正式治理的領土是一回事，包括他們的組織、管理、軍隊、治理規則，這些是相對有界線的系統。然而，沒有這樣的結構與界線，又要如何測量權力與影響力？例如，如何比較不列顛對阿根廷與對印度的影響？不可否認不列顛十九世紀在阿根廷大肆駐紮，然而是否真的相當不列顛在印度、加拿大或澳大利亞的權力？[12]權力與影響力的技巧，背後若無正式的治理，似乎截然不同，需要不同的分析。（cf. Baumgart 1982: 6-7）

無論如何，那是對於不列顛帝國接續的反省，而且這些反省也將自己限制在正式帝國。正式與非正式帝國是不同回事，而且雖然點出兩者的雷同並強調兩者的關聯確實重要，並不表示一視同仁，且以同樣的模式分析兩者。延續理論也許也是如此。對於較傳統的說法，延續理論是個機伶的反駁，而且相關的時候也須納入考量（例如，思考不列顛全世界的經濟關係）。但是也許仍有好的理由區分第一、第二，甚至第三帝國，藉此凸顯重點和差異。不列顛帝國如同所有帝國都經歷變化，但不是所有變化的重要性都相當。

話雖如此，區分不列顛帝國為三大部分（再次遵循傳統方式）是方便的作法。[13]首先有「移民殖民地」，後來（一九〇七年後）正式稱為「自治領」（dominions），更口語的說法是「白人自治領」。帝國的這些地區住著不列顛人和其他歐洲白人，往往全部或絕大部分取代原生居民。後來變成美國的美洲北部殖民地就是此類。紐芬蘭（二次大戰後與加拿大合併）、加拿大、澳大利亞、紐西蘭也是。南非屬於這個團體，雖然特別的是，事實上，南非由兩個對立的歐洲團體共有——荷蘭與不列顛，而且另一個重要的事實是，原生的黑人人口沒有被取代，反而持續占據多數。一九二三年後，南羅德西亞（Rhodesia）❷享有如同自治領的地位，但從來不被正式當成自治領。一九二一年愛爾蘭自由邦成立後，愛爾蘭也是自治領，雖然他們選擇不依自治領的方式行事，而且最終在一九四九年離開大不列顛聯邦。

帝國的第二部分以印度為代表。「印度」比我們今日的認知大得多，像是「更大的印度」。印度是一個「小帝國」或「次帝國」的中心，多數時候，範圍不只包括緬甸，還有整個「蘇伊士運河以東」，從亞丁（Aden）

到緬甸。在不同時期，印度的範圍還包括非洲東岸與馬來半島的「海峽殖民地」（Straits Settlements）。技術上，而且也許也很貼切，只有印度擁有皇帝或女皇，也就是一八七六年班傑明・迪斯雷利讓維多利亞女王當上「印度女皇」所指的頭銜。維多利亞之後，不列顛君主的稱呼就是國王—皇帝（伊莉莎白二世在一九五三年即位前沒有女王），反映君主在印度是皇帝，但在帝國其他地方是國王（參照奧地利的 königlich-kaiserlich）。維多利亞中期的不列顛輿論對帝國非常敏感。對他們而言，帝國帶有拿破崙三世第二帝國的獨裁性格，也有羅馬帝國的專制主義。迪斯雷利滿不情願，但仍被迫將頭銜限制在印度。（Koebner and Schmidt 1964: 117-23; Parry 2001: 168-69, 173）

帝國的第三部分，有時稱為「殖民帝國」（Colonial Empire），因為多半隸屬於殖民地部（Colonial Office），是個大雜燴。實際上只要不是自治領或印度，就屬於殖民帝國。殖民帝國主要由直轄殖民地（crown colonies）和保護國組成，包括西印度殖民地、多數非洲殖民地，以及一九三七年後例如亞丁那樣的屬地。殖民帝國是帝國最異質的部分；歸納「不列顛帝國」因此倍增困難。但是某些部分，尤其如西印度與非洲的殖民地，對於帝國想像與帝國政策占有重要地位；凡是評估帝國對於不列顛身分影響的程度，必定不能忽略這些部分。

「更大的不列顛」與自治領

自治領的民族最根本的假設之一就是，他們從前是，而且仍然是不列顛人（Cole 1971）。不列顛本身多數人民也這麼認為：不列顛出生的澳大利亞人、紐西蘭人、加拿大人、南非人，或不列顛人的後代，就是海外

❷ 譯注：辛巴威舊稱。

的不列顛人，也是「親戚朋友」、他們自己家族或鄰居的枝葉。紐西蘭的坎特伯里就如同英格蘭肯特郡的坎特伯里。澳大利亞的政治家亨利・帕克斯（Sir Henry Parkes）所謂「親屬關係的緋紅軸線串連我們全體」，表達的正是普遍的自治領觀點（Cole 1971: 169; cf. Hyam 1999: 58）。這個觀點的壽命驚人，從十九世紀初，一路延續到二十世紀中，甚至在多數自治領取得自治與實質獨立之後仍是。[14]

一八六六年至一八六七年，平步青雲的政治家查爾斯・溫特沃思・迪爾克（Sir Charles Wentworth Dilke）「跟隨英格蘭的腳步環遊世界」。他旅行到美洲、紐西蘭、澳大利亞、印度與部分地中海，發現自己所到之處皆是「說英語或英格蘭治理的土地」。他為眼前的景象大感震驚：「我們民族的偉大已經環繞地球，也許最終還注定鋪滿地球。」接著他創造了一個到處流行的詞：「如果兩個小島美其名稱為『大』，美國、澳大利亞、印度，一定組成『更大的不列顛』。」（Dilke 1869: vi-vii）

「更大的不列顛」越來越常受人認可，見於十九世紀末與二十世紀初不列顛的論述。但是其意義不僅多重，而且有時——也許是刻意——含混不清。這個詞意謂不列顛帝國所有部分？或者單純意謂「白人自治領」，也就是不列顛人移入移民殖民地，而且多數情況構成主要人口的地方？或者意謂整個說英語的世界，即「英語圈」或「盎格魯世界」？「更大的不列顛」的支持者在倡導這個詞的時候聯合起來，但關於這個詞包括誰、什麼，他們又分成不同派別。尤其談到兩個大的政治實體特別出現問題——美國（合眾國）與印度。其中一個，或者兩者都是更大的不列顛？[15]

迪爾克自己並不懷疑合眾國和印度都屬於更大的不列顛。「透過美國，英格蘭向世界發聲。」（1869: 230）十九世紀末橫掃英格蘭與美國、強大的「盎格魯—薩克遜主義」運動，常見將美國包含在全世界說英語的「盎格魯世界」（Horsman 1981; Brundage and Cosgrove 2007: 137-63; Young 2008: 177-95）。美國人曾經屬於不列顛帝國，卻由於不幸的家庭齟齬，他們離開不列顛自成一國。但是十九世紀起，他們與不列顛再度走近，發現兩者的前景與利益有基本雷同（Belich 2009: 479-82）。他們不再是臣民或從屬，而是平等的夥伴，於是再次加入環繞整個世界的大盎格魯家庭。一八九七年，維多利亞女王加冕六十週年的紀念典禮上，《紐約時報》宣告：「我們是更大的不列顛的一部分，而且是一大部分；更大的不列顛明顯注定要統治地球。」（in Morris [1968] 1980a: 28）這樣的情感在英格蘭的思想家與政治家之間得到迴響，他們完全意識到這個在大西洋彼端發展、強大、第二個「盎格魯宗主國」。（Belich 2009: 68-70）

擁有自己的古老文明，人口又以印度人為主的印度，就沒那麼容易放進更大的不列顛這個概念。但是迪爾克至少相信，既然印度文明已經不可回復地衰退，印度人已經準備接受英格蘭的文化與文明。就像麥考利，迪爾克主張，若要將印度人「英格蘭化」，而且作為他們自我治理的前置作業，教導英格蘭語言和英格蘭文化是首要且不可或缺的步驟（Dilke 1869: 543-49）。印度人是「我們的同胞臣民」，同屬一個女王；不列顛政府應該致力將他們變成「我們的同胞人民」，才會使更大的不列顛更臻完善（1869: 560）。後來的文章中，他表達的信念更為堅定：「無論澳大拉西亞（Australasia）❸與加拿大的進步多麼不同凡響，無論未來多麼不可思議，當我們想到更大的不列顛，印度應該永遠位居我們心頭的首位。」（1899: 17）

必須記得，將印度納入不列顛或歐洲文明，這樣的想法並不稀奇古怪。傑出的十八世紀東方主義者威廉·瓊斯（William Jones）已經展現「印歐語言」共同的歷史，不列顛人和印度人因此成為「遠房表親」；瓊斯覺得，不列顛帝國可以是家庭團圓的推手（Koditschek 2011: 60）。維多利亞時代中期重要的東方學家馬克斯·繆勒（Max Müller）也創作抒情詩，歌頌人類發現共同的印歐歷史。「兩個世界，分離數千年，因一個魔咒團圓，令我們高貴的亞利安家族感到驕傲的歷史，也令我們富有……東方是我們的，我們是繼承者，擁有分享其遺產之權利。」（Müller [1876] 2003: 242）他又在別處寫道：「印度並非如你想像的遙遠、奇怪，也不是極其神祕的國家。未來印度屬於歐洲，在印歐世界占據一席之地，在我們自己的歷史占據一席之地。」（in R. Mantena

❸ 譯注：包括澳大利亞、紐西蘭和巴布亞新幾內亞等南太平洋島嶼。

2010: 55-56）印度和歐洲的東方學者經常比較偉大的印度史詩《摩訶婆羅多》（*Mahabharata*）、《羅摩衍那》（*Ramayana*）與備受尊崇的荷馬史詩《伊利亞德》、《奧德賽》，並且指出之間的派生與類比。十九世紀「孟加拉文藝復興」某些最著名的思想家與詩人，例如亨利·路易·微微安·德羅齊歐（Henry Louis Vivian Derozio）與麥克·馬杜蘇登·杜特（Michael Madhusudan Dutt），無不信手引用歐洲，尤其是經典、歷史、文學，以資創作印歐聯合的史詩，敦促盎格魯—印度文化。印度人和不列顛人都喜愛亞歷山大大帝，而且認為不列顛人跟隨他的腳步來到印度，同時援引東方與西方傳統，企圖建立世界一家的帝國。（Hagerman 2009; Vasunia 2013: 33-115, 239-52, 301-33）

某些人，例如麥考利，不是回頭去看歐亞共同的歷史，而是共同的未來，其中，印度人（或者至少很大部分的印度人）會與不列顛文明同化。這是他知名（或惡名）的〈印度教育備忘錄〉（Minute on Indian Education, 1835）所傳達的訊息，當時他倡導形成「一個在我們和我們統治的數百萬人之間擔任翻譯的階級；一個階級的人，血緣或膚色是印度，但是品味、品德、智識是英格蘭」（Macaulay [1835] 2003: 237）。盎格魯化是整合印度進入不列顛帝國的途徑。幾年之後，麥考利的妹夫，即印度的殖民官員與未來的文官制度改革者查爾斯·崔維連（Charles Trevelyan）也提出類似的願景。如同羅馬人教化歐洲民族，不列顛人將會教化印度人——這個類比將會變得非常流行。「我希望印度人在我們面前的地位，很快就會如同我們曾經在羅馬人面前的樣子。」（in R. Mantena 2010: 60-61）另強調的是，這樣的願望何嘗沒有吸引許多知名的印度人，例如拉姆蒙罕·羅伊（Rammohun Roy）、羅賓德拉納特·泰戈爾（Rabindranath Tagore）與達達拜·納奧羅吉（Dadabhai Naoroji，首位當選英國國會議員的印度人）；這樣的願望也沒有停止引人懷念。[16]

但是成功推廣「更大的不列顛」的約翰·西利卻高聲拒絕容納印度；也許是嚴肅反省一八五七年的印度叛變，同時感受印度人與不列顛人甚於從前的分裂，於是得到這個結論。[17]在他的著作《英格蘭的擴張》（[1883] 1971）這部「『更大的不列顛』聖經」（Bell 2007: 150），西利準備把更大的不列顛裡頭的空間騰給美利堅合眾國，畢竟他們曾是不列顛帝國的一部分，而且，即使獨立之後，由於血緣和共同文化，他們仍與不列顛維持緊密的聯繫。確實，他主張：「歷史上沒有其他兩個國家的關係，像英格蘭和合眾國一樣。」儘管他們分隔兩地，「合眾國對我們而言幾乎就和一個殖民地一樣好；我們的人民可以移民過去，但不用犧牲自己的語言和主要的制度或習慣」。（[1883] 1971: 50, 119-20）

但是對西利而言，合眾國之於不列顛主要的重要性是在於帝國的模型。因為合眾國表明了，大小和多元不是建造偉大國家的阻礙；甚至，和過去的帝國不同的是，享有自由權之餘，整個社會欣欣向榮。缺乏任何理論與系統基礎的不列顛帝國，從合眾國身上看見進步的道路。在古老的殖民體制之下，英格蘭曾視自己的殖民地為財產，為自己的利益加以利用，最終導致美國革命並失去美國殖民地。現在需要的，也是合眾國明確指出的，是新的帝國觀念，母國與殖民旁枝之間關係的新理解。

如果殖民地不是……英格蘭的財產，那麼他們必定是英格蘭的部分；而且我們必須嚴肅採納這個觀點。我們必須全體停止繼續說英格蘭是歐洲西北的一座島嶼（sic），停止繼續說這個島嶼面積有十二萬平方英里、人口略多於三千萬。我們必須停止認為，當移出者去到殖民地，就是離開英格蘭或將英格蘭置之度外。我們必須停止認為英格蘭的歷史是位於西敏寺的國會歷史，不在那裡討論的事物就不屬於英格蘭歷史。當我們習慣思考整個帝國並且稱之英格蘭，我們應該見到，這裡也是一個合眾國。這裡也是一個偉大同質的民族，血緣、語言、宗教、法律相同，但散布在無邊界的空間。（[1883] 1971: 126；亦見 134-35）[18]

西利的立場有個怪異之處，就是對他而言，不列顛帝國「完全不是一般帝國這個字的意思。不列顛帝國不是由蠻力維繫的民族集合組成，而是主要由一個民族組成，彷彿沒有帝國，只有一個普通的國家」。（[1883]

1971: 44；亦見233）這點並沒有阻止西利在辯論不列顛帝國的性格與命運時和其他人用同一個詞。理由其一是他堅信「更大的不列顛」這個概念，在公開場合更是熱烈倡導。他也強烈支持一個觀點，認為不列顛帝國應該轉為「帝國聯邦」，就像他永遠看齊的合眾國（[1883] 1971: 18, 62）。但是比起迪爾克，他也許更直言不諱地認為帝國是單一民族，即「廣大的英格蘭民族」。在蒸汽與電力的時代之前，帝國散布在全球遙遠的角落，令人難以生起維繫這個延伸的民族所憑藉的「強烈的、自然的種族與宗教羈絆」。但是「一旦距離被科學拉近……很快的，更大的不列顛不只會實現，而是實實在在地實現」。（[1883] 1971: 63; cf. Deudney 2001: 191）

所以「如果我們排除印度」，更大的不列顛，「就完全不是適當的帝國」（[1883] 1971: 63）。但是這就是問題。說到底，印度這顆「王冠上的寶石」，要怎麼嵌入整個計畫？對西利而言，印度在更大的不列顛沒有未來，相對的，更大的不列顛如果必須包含印度，也沒有未來。因為對他而言，根據傳統的理解，不列顛帝國是由兩個根本不同的部分組成。「殖民帝國」（Colonial Empire），也就是移民殖民地，與不列顛一起組成「更大的不列顛」。這些殖民地與祖國藉由血緣連結，而且就像所有國家，藉由種族、宗教、利益團結。第二部分由「印度帝國」組成，印度帝國的人民多數是「外來的種族與宗教，而且藉由征服與我們相連」。在帝國的未來，他們的地位非常可疑。因此，西利總結：「當我們詢問更大的不列顛的未來，我們應該多思考我們的殖民帝國，而非我們的印度帝國。」[4]（[1883] 1971: 14-15；亦見 Bell 2007: 8-10, 171-81）

但是，不列顛帝國少了印度，會是什麼樣的帝國？不列顛帝國說到底還是不出不列顛的延伸，是不列顛民族的擴散？換句話說，不列顛帝國不過是擴張的民族國家？西利的觀點似乎就是如此，才會有那樣的論述，即，如果我們離開印度，殖民帝國（「更大的不列顛」）完全不須被當成帝國。

許多思想家與政治家非常不喜歡這個結論，因為他們認為印度許多方面是不列顛帝國事業的核心。印度不僅是失去美洲殖民地的補償，還讓不列顛位居世界史的中心。亞歷山大企圖統一東西兩方，合為一個人類居住地，而跟隨亞歷山大足跡的正是不列顛。歷史學家愛德華・費里曼（Edward Freeman）其實同情更大的不列顛這個概念，但是他反對帝國聯邦運動的原因之一，就是多數倡導者找不到位置給印度。「印度，每個人在其他論述都會想到：印度，帝國最標緻的花朵，王冠上面最耀眼的寶石……似乎忽然就被遺忘了。」（Freeman 1886: 140）[19]對費里曼來說，少了印度（或者，如迪爾克主張，少了合眾國），更大的不列顛是不可能的。同時，就像西利，他發現印度和其他移民殖民地不同。因此印度與不列顛普遍口說英語的文明同化，看來問題重重。（Freeman 1886: 41-43）

大衛．杜德尼（David Deudney）說過：「更大的不列顛是民族理想主義的願景，也是情感的想像，與二十世紀物質的限制和機會格格不入。」（2001: 203）那樣似乎過度看輕「情感」的角色。帝國，包括不列顛帝國，相較物質的利益，情感的成分有過之而無不及。更大的不列顛，這個概念的威力恰恰就是訴諸不列顛遺產與文化的共同情感，也是即使越過海洋，不列顛公民共同身分的理想。因此，這個概念在社會各個階層，遍及移民殖民地，無不獲得廣大支持。產生的影響可見於在家與殖民地的公共政策措施。我們接著就會看到，移民與投資的方向顯示過去的趨勢逐漸改變。

但是無疑的，費里曼戳中這個概念最弱的一點。不只印度；隨著帝國在十九世紀後期擴張，廣泛覆蓋非洲，不列顛帝國若想生存，就得加強考慮非不列顛血統、非不列顛文化的數百萬臣民。到了最後，這個圓圈被套上另一個方形的帝國模式，而非同質、文化相似、更大的不列顛實體。羅馬帝國過去是一個偉大的多文化與多民族政體，能不能提供擴大的範例給「更大的不列顛」，容許不列顛廣袤混雜的帝國存在多元性？隨著帝國聯邦運動以限定的概念作為「更大的不列顛」基礎，然面對不列顛帝國的現實卻節節敗退，到了十九世紀後期，羅馬帝國的範例漸漸成為堅定的信念。[20]

❹ 譯注：在上一節的最後，作者區分帝國的第三部分為「殖民帝國」（Colonial Empire），指涉帝國非自治領、非印度的地區。但是這裡又以「殖民帝國」指涉移民殖民地，根據前文所述即自治領，似乎產生術語重複。在此譯者推測，後者的「殖民帝國」可能出自西利的著作，雖然與作者之前的指涉不同，但仍直接引用。

印度在不列顛帝國

西利不像許多當時的評論者，他並不貶低印度文明，而且他知道印度文明歷史悠久，饒富創造力。但那是過去，而且那就是問題。相較「沒有過去，未來無限」的移民殖民地，印度「充滿過去，而且我幾乎可以說，沒有未來」。印度深陷「迷信、宿命、一夫多妻、最原始的神職權術、最原始的暴政」。（[1883] 1971: 140-41）「少有兩個種族之間的差異會比英格蘭人與印度人更大……他們的傳統在任何方面都與我們的沒有交集。他們的宗教，距離我們甚至比穆罕默德信仰還要遙遠。」（[1883] 1971: 147）

西利承認，不列顛身負管理廣大印度帝國的責任。在《英格蘭的擴張》一書的第二部，針對不列顛治理印度，西利提供尖銳客觀的論述，現在仍然具有引用價值。[21]他清楚顯示，不列顛的治理依靠印度被動或主動的支持，而且印度確實與不列顛共同治理他們的國家，程度深及自給自足的賦稅、日常行政管理、法律執行、兵役等。[22]但是不列顛人發現印度處於「野蠻的無政府狀態」，而且為了可見的未來，不列顛人必須繼續待著，印度才能達到自治的狀態。「到了那個時候，也許就有必要把印度交還給她自己。但是此時，有必要治理印度，彷彿我們打算永遠治理。」（[1883] 1971: 154；亦見 241）

這種託管印度（以及其他非歐洲殖民地）的概念在「自由派的帝國主義者」之間相當常見，例如麥考利與彌爾。這個概念部分包含人類發展重要的「冰段」❺觀點，其中，那些發展階段較為「進步」的社會有權利，甚至有義務，治理其他社會。但是治理必須以那些其他社會的利益為前提，而且唯有以自治為最終目標才能得到證成，也就是那些社會在殖民強權的指導之下，達到適當程度的文明。這是歐洲「教化使命」的精髓。（Mehta 1999; Pitts 2005）

顯然西利認為，有必要將印度納入帝國，然而也許是累贅的必要，而非可喜可賀的事。他對大不列顛長遠的願景並不包括印度。就這一點，他不僅反映，也強力影響英國自由主義者之間某種帝國思維。知名的古典主義學者暨重要的知識分子吉爾伯特・莫瑞（Gilbert Murray）在一九〇〇年的著作響亮地呼應西利，主張「不列顛帝國」是誤導的詞語。「『帝國』是指一個民族統治其他民族。我們對印度、對蘇丹是帝國；我們對加拿大、對澳大利亞不是。比起所有英格蘭征服，並以外國專制君主自居的熱帶地區省分，自由的加拿大與自由的澳大利亞是更顯赫的證據，展現英格蘭的偉大與軍事力量。『帝國』一詞模糊了這個重大區分。」（Murray, Hirst, and Hammond 1900: xv）[23]對莫瑞而言，對多數自由主義者也是，更大的不列顛之安康，取決於不列顛卸下他們東方的帝國。

但是維多利亞英格蘭最著名的詩人——桂冠詩人阿佛烈・丁尼生（Alfred Lord Tennyson），恐怕難以苟同。他認為印度和東方的帝國是不列顛的光榮，也是最偉大的證詞與最強力的主張，代表不列顛是羅馬遺產的受贈人。他輕視那些希望丟掉殖民地的人，讓不列顛淪為「某種三級島嶼，失去大半海外領土」。他讚美道：「我們的海洋帝國，家園無疆／英格蘭與她的君權，永遠擴張／在我們廣大的東方」。（"To the Queen," *Idylls of the King*, 1872）為一八八六年印度與殖民地博覽會開幕所寫的頌詞之中，他向「來自不列顛每個地區的禮物」致敬，並且呼籲「不列顛不計其數的聲音」融合為「帝國單一整體」。如同維吉爾眼中的羅馬，丁尼生眼中的不列顛身負聯合所有教派的使命；身為「天堂底下最萬能的民族」，人類的導師、世界帝國的宗主國，就是不列顛的命運（Kiernan 1982）。不列顛再也不能忽視印度，更不能放棄，就像羅馬之於西班牙或敘利亞。

丁尼生瘋狂崇拜維吉爾。他認為維吉爾是最偉大的古典詩人，十九世紀後期，他也致力復興維吉爾。十八世紀與十九世紀初期，相較荷馬，維吉爾的聲望有些下滑，多數因為維吉爾與奧古斯都的元首制密切相關，以及某種奧古斯都消滅羅馬共和自由的觀感。浪漫主義者，如葉慈、雪萊、拜倫等，崇拜並稱讚的是希臘，而非羅馬。傑出的希臘歷史學家喬治・葛羅特（George Grote）、自由主義的領袖（與荷馬學者）威廉・格萊

❺ 譯注：冰段（stadial），或稱作副冰期、冰階，是指冰期內部一段低溫時期。這段時期的時長或溫度不足以認定為冰期。

斯頓，以及後來的自由主義者，例如W．E．福斯特（W. E. Forster）、約翰．莫萊（John Morley）、吉爾伯特．莫瑞、阿爾弗雷德．齊門等人無不繼續崇拜希臘。對他們而言，希臘式的殖民是更大的不列顛最好的模範：出身希臘、擁有希臘文化的民族建立自治的社群，同時與宗主國維持良好的親屬關係。（Kumar 2012b: 87-91; Vasunia 2013: 252-53, 302-16）

除了懼怕「凱撒主義」，也有人懼怕海外專制汙染國內自由，畢竟這種事情曾經發生在羅馬帝國。這些想法在不列顛的想像中作祟，貫穿整個十九世紀。（Betts 1971: 153-54; Taylor 1991: 13-14; Matikkala 2011）普遍來說，印度與東方的帝國在這方面的威脅似乎又是特別巨大。迪爾克警告：「在東方的英格蘭，不是我們所知的英格蘭。」「水性楊花的不列顛，帶著她的錨與船，變成神祕的東方專制主義，統治六分之一的人類種族。」（1869: 550）儘管如此，迪爾克見到許多不列顛留在印度的好理由，以及不列顛正在做的許多善事。

無論如何，十九世紀後半，在不列顛的想像與不列顛的政策當中，印度已經開始變得迫切醒目。緊接著，一八五七年印度民族起義，英國政府從東印度公司手中接管印度，並且著手建立更堅固、更系統化的治理基礎。一八七七年，帝國信念最堅定的不列顛政治家班傑明．迪斯雷利讓維多利亞女王宣布自己為印度女皇。雖然維多利亞本人從未造訪印度，以她之名舉辦的華麗慶典成為不列顛治理印度的家常便飯。一八七七年的帝國集會（Imperial Assemblage）宣布維多利亞是印度的皇帝（Kaiser-i-Hind）。奢華盛大的排場接連展現帝國之雄偉，儼然成為模範，也是印度親王表達效忠的機會（Cohn 1983）。女王加冕五十週年（一八八七）與六十週年（一八九七）紀念也提供舉行盛大儀式的場合。這一系列的慶典，高峰可能是一九一一年的德里杜爾巴（Durbar）[6]。這次集會的「規模與排場前所未見」，國王—皇帝喬治五世本人和王后親自出席，超過十萬名觀眾觀看盛裝的印度親王連番向他們的帝國統治者致上效忠之意。不列顛的報紙布滿這些場合的報導；一九一一年的杜爾巴甚至拍攝新聞短片，在不列顛家中的民眾藉此清楚見到生動的印度。（Cohn 1983: 208; James 1998: 320-21）

同樣大肆宣傳的還有一九一一年的首都搬遷，從加爾各答遷到前蒙兀兒帝國首都德里，以及埃德溫・魯琴斯（Edwin Lutyens）與赫伯特・貝克（Herbert Baker）聯手打造的「新德里」。兩人共同規劃這座城市，精心融合古典歐洲與印度傳統風格。現在，不列顛主張他們是蒙兀兒帝國的繼承人，已經再清楚不過，而且就像之前的統治者，深入印度生活的紋理。沒有印度的不列顛帝國越來越無法想像；新德里的建築物更是如此，不只代表印度的過去，也清楚呼應帝國其他地方的建設（南非尤為顯著），強調帝國是統一的整體。（Metcalf 2005; Vasunia 2013: 172-76）

印度新的重要性，象徵主義只是其中一個面向。一八七五年，迪斯雷利幫不列顛買下蘇伊士運河公司多數股分。他清楚表示，他憂心的是印度與東方屬地的安全，而且對他而言帝國不是殖民與東方兩個，而是一個，且不可分割。在下議院辯論購買議題時，他嚴厲聲明，「為了維繫帝國，購買實為必要」（in Koebner and Schmidt 1964: 116）。從此不列顛一舉拉近與印度的距離：蒸汽輪船現在只需三週就可抵達印度，再也不須耗時三個月繞過好望角。

印度的戰略地位現在大幅提升，成為「不列顛世界強權第二中心」。（Darwin 2009: 181）保護蘇伊士運河等於保護前往印度的人與貨物，也是英屬非洲與中東政策之關鍵。正是為了保護運河，一八八二年不列顛入侵埃及，而且儘管不甚情願，在接下來的半個世紀需要監管埃及。同樣的疑慮——維持好望角與印度之航線暢通——主宰不列顛十九世紀最後幾十年的南非政策（Robinson and Gallagher [1961] 1981; Darwin 2009: 241-42）。無論政治地理，或象徵意義，印度在帝國皆居核心要位。無論西利派的希望或擔憂是什麼，十九世紀末與二十世紀初，不列顛帝國越來越不能想像沒有印度的日子。

世紀交際之時，印度被排除在帝國聯邦與稅制改革之外，憤而起身抗議的前印度總督寇松侯爵（Lord

❻ 譯注：杜爾巴是英國統治印度期間舉辦的高規格宮廷社交盛會，曾於一八七七年、一九〇三年、一九一一年三度舉辦，當時帝國正值國力顛峰。

Curzon）只是諸多人士之一。特別激怒他的原因是，此舉等於忽視印度在波耳戰爭中的巨大貢獻，無論人力或物力。寇松認為，帝國少了印度，經濟上、軍事上、文化上將不堪一擊。一九〇九年，他在愛丁堡致詞，題名為〈印度於帝國之地位〉（The Place of India in the Empire）。他發出警告，近來有股趨勢，認為印度「位於構成帝國的國家與社群集團之外，可以說，視印度為掛在帝國頸上偌大的寶石項鍊，卻可以從脖子上拿下來，對於帝國的對稱或平衡也不會造成任何差異」。他引用大量例證，指出印度「是關鍵要素，影響不列顛在地中海東方與南方所有的大動作」，而且任何分離印度的意圖將會拆散帝國。「印度不見的時候，就是偉大的殖民地不見的時候，你認為我們可以就此收手嗎？你的港口和礦場……你的直轄殖民地與保護國也會不見。」（in Grainger 1986: 196；亦見 Thompson 2000: 33, 1997: 151-52; Moore 1999: 443）歷史事件似乎證明他是對的。一九四八年印度脫離帝國，預示帝國其他部分在接下來的二十年中陸續瓦解，難道純屬意外？放棄印度，似乎真的就是放棄帝國。（cf. Brown 1999: 421-22）

羅馬在不列顛帝國

羅伯特．庫斯特（Robert Cust）曾是印度文官體系（Indian Civil Service）的一員。一八九九年，高齡七十歲的他著作回憶錄，回想：「當我漸漸發現，雖然當時還不到三十歲，自己卻在協助治理數百萬人，遍布數百城市與數千鄉鎮。我的腦中想起維吉爾的話：『羅馬人，你懂得這些藝術，但你要記住！／用權威統治這些民族，施行和平與道德／寬恕你的臣屬，征服高傲的人。』」（in Vasunia 2013: 252）

庫斯特在印度的時候想起維吉爾《埃涅阿斯紀》第六冊的這些話，但他當然不是唯一一人（見第二章）。被派去治理數百萬印度人的高階官員、軍官、專業人士，也反覆引用這些話。這件事情提醒我們兩個重點：第一，古典文學之於帝國官員的背景與訓練非常重要；第二與第一有關，他們很自然而然地就會將不列顛帝國與羅馬帝國兩者相比較。[24]

不列顛與全歐洲的統治階級無不重視古典文學教育。一八五五年起，印度文官體系開放競爭激烈的筆試招募，古典文學的重要性從此大幅上升。受到古典文學提倡者的影響，如麥考利，以及牛津大學貝利奧爾學院（Balliol College）的院長班傑明・喬威特（Benjamin Jowett），希臘羅馬的知識成為考試重點。毫無意外，牛津與劍橋的學生領先群雄——在牛津研讀「大著」（Greats，希臘語拉丁經典）的學生最成功，貝利奧爾學院更是。當時認為，對於即將負責治理數百萬不列顛海外臣民的人，古典文學是品格與觀念最好的訓練——可能尤其適用於習俗和文化與不列顛當地南轅北轍的民族（Larson 1999: 197-207; Majeed 1999; Vasunia 2013: 203-35）。既然進入印度文官體制是不列顛菁英的夢想——薪水和聲望數一數二，遠勝家鄉多數職業——十九世紀後期，印度在英格蘭想像之中的形象也包括印度文官體制的光環。（Grainger 1986: 133; Moore 1999: 429-30）

隨著古典文學興起，維吉爾和羅馬的重要性再次刷新。荷馬與希臘沒有被拋棄，尤其在文學學者之間，但是對於國家官員和政治思想家而言，羅馬和羅馬帝國似乎才是最佳的思考對象。[25]印度的重要性漸增，此外，一八八〇與一八九〇年代「瓜分非洲」之後，不列顛帝國涵蓋的民族與文化多元程度前所未見，也從未如此需要關於管理多元實體的指導。而那正是羅馬曾經遭遇的挑戰。不列顛十九世紀的思想家，許多曾經接受古典文學教育，自然就會援引羅馬經驗作為教材，運用在不列顛帝國。如同拉瑪・曼特那（Rama Mantena）所言：「羅馬提供一個帝國架構，以資想像不同文化相遇在單一政治實體。」（2010: 60; cf. Hagerman 2013: 62）「更大的不列顛」與希臘的模型持續有人提倡，但是本身形式有限，只能運用在白人殖民地，無法幫助非歐洲元素逐年增加的帝國。

轉向，或說重回羅馬，可以回溯到世紀中期，也許從巴麥尊子爵（Lord Palmerston）著名的演講開始。當時他為自己在唐・帕西菲科事件（Don Pacifico affair）❼中的高壓手段辯護。他強調，關鍵在於「身為羅馬人，在過去，當他說出『我是羅馬公民』的時候，就應免於侮辱；不列顛的臣民亦同，無論身在何處，應該深信，英格蘭警戒的雙眼與強力的臂膀，將會保護他免於不公與冤枉」（in Vance 1997: 226）。[26]舉凡比較不列顛帝國與羅馬帝國，公民身分是不變的主題。克勞狄安論羅馬明智的政策——「召喚手下敗將共享公民身分，以情感羈絆吸引遙遠民族」——是最受喜愛的引言（見第二章，以及Kumar 2012b: 94）。不列顛的政治家以模仿皇帝卡拉卡拉為目標，欲令所有不列顛的臣民成為帝國的平等公民。諷刺的是，到了帝國終結前夕，不列顛才於《一九四八年英國國籍法令》（*British Nationality Act of 1948*）中幾乎實現這個承諾。但是，無論是因為太遲，或者這個法令實行得並不完美，共同帝國公民身分這個理想，以及隨之出現的尊嚴與保護，仍一直都是羅馬與不列顛帝國比較的核心重點（Brunt 1965: 270-74）。「羅馬治世、不列顛治世；羅馬公民、不列顛公民」這樣的類比經常提起。

一八六九年，前殖民地副秘書查爾斯·阿德利（Sir Charles Adderley）針對政府政策寫了一篇評論，其中區別不列顛帝國中的「古希臘元素」——不列顛後代自治程度越來越深的殖民地，以及「羅馬元素」——或多或少受到專制治理的非歐洲地區。他和許多自由派一樣，害怕「羅馬」影響國內政治，並主張帝國應該盡快只由自治的領土組成（Koebner and Schmidt 1964: 91-93; Betts 1971: 154）。許多「更大的不列顛」支持者採用這個帶有希臘—羅馬對照的觀點；吉爾伯特·莫瑞主張「英格蘭在家是希臘，在帝國是羅馬」的時候，更加曲解這個觀點。（in Jenkyns 1981: 337）

剛當上首相的約翰·羅素伯爵（Lord John Russell）也引用古典的類比回應阿德利的批評，但表達出完全不同的重點。他主張，現在不是思考擺脫任何不列顛帝國屬地，讓帝國變得更多「希臘」或更少「羅馬」的時候。世界即將成為強國與強權的世界。不列顛面對來自法蘭西、德意志、俄羅斯、合眾國的競爭，這些國家無不一心一意增加領土。

> 也許有過一段時間，我們僅僅以英格蘭、蘇格蘭、愛爾蘭聯合王國自居。那段時間已經過去。我們征

服並移居加拿大，我們拿下整個澳大利亞、范迪門斯地（Van Dieman's Land）[8]、紐西蘭。我們併吞印度。不可能回頭了。「*Tu regere imperio populos, Romane, memento.*」（in Koebner and Schmidt 1964: 94）

如同湯瑪斯・卡萊爾於一八四〇年代宣布，不列顛是新羅馬，不列顛人是新羅馬人。針對幾位激進分子與自由主義者表達的恐懼與焦慮，羅素為「羅馬原則」響亮地背書，並且引用維吉爾，正好符合十九世紀後期不列顛輿論越來越顯著的帝國主義個性（Parry 2001: 175; Matikkala 2011: 98-99, 109-18）。如同在羅馬，十九世紀後期出現一種感覺，彷彿帝國會導致腐敗與失去自由。為了平息，一八七九年十一月，班傑明・迪斯雷利在倫敦市政廳利用一個有名的誤引，出自塔西佗的《阿古利可拉傳》（*Agricola*），向聽眾保證不列顛治世將會代表和平與自由。「我知道（不列顛人）不會被欺騙，以為維持他們的帝國可能導致他們喪失自由。偉大的羅馬人被問到他的政見是什麼，他回答 *Imperium et Libertas*。那也不失為不列顛政府部門的計畫。」（in Vance 1997: 230-31；關於誤引，見 Cramb [1900] 1915: 13-14; Bradley 2010b: 139-40）

迪斯雷利可能又說，塔西佗在《阿古利可拉傳》——即使該書以指責帝國聞名——也展現羅馬賦予不列顛人莫大的益處。塔西佗也許讓叛軍首領表達反帝國的情緒（羅馬文學常見的修辭技巧），但他也強調羅馬對不列顛的教化影響，尤其在阿古利可拉的治理之下。《阿古利可拉傳》在維多利亞與愛德華時代是受人喜愛的讀物；而且阿古利可拉的雕像矗立在曼徹斯特市政廳與巴斯羅馬浴場。阿古利可拉受到讚揚，不僅因為他為不列顛引進教化的藝術——這件事情休謨在知名的著作《英格蘭歷史》（*History of England*, 1757-1762）中就曾鄭重說過；還因為就某方面來說，身為不列顛人，阿古利可拉是提拔不列顛邁向偉大帝國的父母與始祖，不列顛

[7] 譯注：該事件為英裔猶太人帕西菲科於希臘雅典遭到反猶攻擊，但希臘政府毫無作為，導致英國的時任外交大臣巴麥尊子爵派遣艦隊封鎖希臘主要港口，以迫使希臘政府賠償帕西菲科的損失。兩個月後，希臘政府屈服。

[8] 譯注：今澳大利亞塔司馬尼亞州。

背負的命運類似羅馬。如同羅馬教化不列顛與歐洲，不列顛教化印度與其他缺乏現代西方觀念與制度的地區。（Bradley 2010b: 131-57）

許多作家認為，羅馬追隨亞歷山大的模範，代表世界主義與合一運動（ecumenism）。查爾斯．迪爾克心裡想的就是這個，和丁尼生的思路相同，所以他力爭「擁有『殖民地』傾向解救我們免於小島國家的詛咒，狹窄的心胸反而會讓我們變成稍大的根西島（Guernsey）」（1869: 398; cf. Joseph Chamberlain in Grainger 1986: 216）。[27]帝國其中一項引人入勝之處，往往正是帝國可以對抗偏狹守舊的態度。迪爾克可能訴諸「更大的薩克遜王國」作為舞臺，展現這個更為廣大的意識，但是對其他人而言，這樣太多限制，而且無論如何不切實際。儘管「更大的不列顛」支持者發出各種聲明，但他們聽起來感覺總像英格蘭本土主義者。現實是，不列顛擁有的是幅員廣闊、全球的帝國，包括許多種族與民族歸屬的民族。這是挑戰，但對許多人而言，也是值得驕傲與讚頌的事情。世界最大帝國的統治者，許多方面如果不超越羅馬，也與羅馬匹敵。羅馬的繼承者，捨不列顛其誰。就像羅馬，不列顛也有「無盡的帝國」；就像羅馬，不列顛在世界也有教化使命。正是憑藉這個信念，一八九八年印度總督授銜儀式前夕，寇松可以宣布，他和他的同輩如何開始思考「羅馬帝國的盛世、威嚴、法律與依舊存在的影響」。（in Hagerman 2013: 36）

十九世紀最受歡迎的著作——麥考利的《古羅馬之詩》（*Lays of Ancient Rome*, 1842），重要的宗旨就是羅馬的美德，以及關於帝國——羅馬可能教導不列顛的事情。麥考利是印度老手，而且深信古典文學的教化作用。正因如此，如我們所見，他將古典文學置入文官體制的考試，而且準備在不列顛帝國看見羅馬的形象。[28]在《古羅馬之詩》的前言，他挑出幾項羅馬建立偉大帝國憑藉的美德——「毅力、節制、誠實、抵抗壓迫的精神、尊重立法權威、熱烈的愛國主義」。他認為，古典文學是教育的支柱，不僅形成英格蘭統治階級，也能賦予研讀與學習羅馬歷史的年輕人這些性格。理解羅馬帝國，並深受其文化影響的人，就是最適合治理不列顛帝國的人。一八五七年印度民族起義之後，加上普遍認為帝國的治理方式需要重組，《古羅馬之詩》的名聲水漲船高，成為如羅伯特・沙利文（Robert Sullivan）所謂「民族史詩的代理」（2009: 258；亦見 Edwards 1999c; Hagerman 2013: 44-45）。該書描述什麼樣的帝國特徵適合治理不同文化與習俗的民族，而且不只是那些與祖國有血緣和親屬關係的民族。

認為羅馬是正面的帝國範例，也會帶來正面效果的人，當然不總是如願以償。吉朋的遺產——害怕帝國的腐敗作用侵蝕自家自由，十九世紀持續強烈，即使帝國不可避免衰退的論調在某個程度上已經應對並克服。（Dowling 1985）我們在下一節會深入討論這點。這裡我們應該注意，二十世紀初期一群重要的學者與政治家進行一系列全面的比較，表達羅馬之於不列顛帝國的重要性，包括克羅默伯爵（Earl of Cromer）《古代與現代帝國主義》（*Ancient and Modern Imperialism*, 1910）、C・P・盧卡斯《更大的羅馬與更大的不列顛》（*Greater Rome and Greater Britain*, 1912）、詹姆斯・布賴斯《古代羅馬帝國與印度的不列顛帝國》（*The Ancient Roman Empire and the British Empire in India*, [1910] 1914）。我們應該強調，這些不只是重要的學者談論同領域專家的著作，也是政治界與學界的個人所寫的著作。第一代克羅默伯爵埃弗林・巴林（Evelyn Baring）曾經任職印度，並在埃及擔任國債專員，又在埃及擔任長達四分之一世紀的總督（一八八三—一九〇七），是該國實際的統治者。C・P・盧卡斯是牛津大學的古典學家，當過殖民地部的自治領部部長，後來成為牛津大學萬靈學院（All Souls College）院士。詹姆斯・布賴斯是知名的律師與歷史學家，後來晉升為子爵；他在自由黨的政府任職，經歷格雷斯通（Gladstone）、羅斯貝里（Roseberry）、甘貝爾—班納曼（Campbell-Bannerman）等三任首相，並於一九〇七年至一九一三年出任英國駐華盛頓大使。這幾個作家的著作廣受注意，引發討論。他們也參加公開辯論，許多辯論場合參加者的經典素養與階級和他們不相上下。[29]

這三個作家全都同意克羅默的信念，「如果歷史是以範例教導的哲學，就可以學到有用的教訓」，意思就是羅馬的帝國範例（1910: 14）。他們也普遍同意布賴斯對於羅馬與不列顛帝國於全球化與教化的影響觀點。「羅馬是較早之前（教化世界）主要的代理，英格蘭後來也從事這樣的工作。羅馬的法律與制度將某些種族塑造成新的形式，相較之下，英格蘭將語言、商業、法律、組織從自身送到更廣大、人口更多的地區。」（[1901] 1914: 4）另外讓這些思想家（例如，迪爾克和西利）感到震驚的是，由於鐵路、輪船、電報加速交通與通訊，英格蘭文明散播的速度與廣度遠勝羅馬。現代科學與技術統一不列顛帝國的方式，在某方面而言，羅馬遙不可及。（Lucas 1912: 35-48; Bryce [1901] 1914: 2-3. 亦見 Bell 2007: 63-91; Deudney 2001）

因此，英格蘭人或不列顛人就是羅馬人，程度只是更深。但是與羅馬比較，也顯示出驚人的差異。所有人都同意，不列顛帝國的大小與多元，比起羅馬可謂無限擴大。盧卡斯指出，「光一個不列顛的省分（加拿大）」大約就是「整個羅馬帝國的兩倍大」（1912: 61）。克羅默比較人口，不列顛帝國海涵四億一千萬的臣民——「約為全球五分之一的人口」，而羅馬帝國全盛時期的人口不到一億（1910: 18）。但是差異不只在數字，更在人口特性。克羅默估計，帝國總人口四億一千萬人之中，歐洲人（包括聯合王國本身的人口）總計不超過五千五百萬。剩下的三億零五百萬是印度人與其他亞洲人，以及四千八百萬的非洲人。克羅默認為，這是極大挑戰。「未來重大的帝國問題是，大約三億五千萬的不列顛臣民，他們的種族、宗教、語言、禮節、習俗異於我們，如何管理他們自己，或如何被我們管理。」（1910: 18）或者，如同盧卡斯所言，不列顛帝國和羅馬不同，實際上是「兩個帝國」，一個是白人的領土，一個以印度為中心（1912: 131-55）。如此截然不同的部分又該如何維持團結？

布賴斯認為這個問題設下羅馬與不列顛帝國的根本差異。羅馬同樣治理各式各樣的民族，但是隨著時間過去，帝國與這些民族相融，以致到了最後，遠至西班牙與敘利亞省分的個人也能在國內擔任高官，甚至皇帝。「到了最後，羅馬不再擁有任何自己的歷史，除了建築歷史。她徹底融入她的帝國。」（[1901] 1914: 70-71; cf. Cromer 1910: 73; Lucas 1912: 94）這般融合在不列顛的情況會有更多問題，尤其考量印度。「在英格蘭的情況，由於差異問題，她的民族與印度的民族不可能融合。」（[1901] 1914: 59; cf. Cromer 1910: 72-77; Lucas 1912: 77-78）

如我們所見，西利乾脆面對這個問題，而且宣布更大的不列顛最終不可能包括印度。布賴斯、克羅默、盧卡斯同意那個定論，無論白人的移民殖民地是否各奔前程，他們還是會因為種族與文化與不列顛相連。就這點而言，他們永遠是不列顛人，某個意義永遠屬於越來越常聽到的「國家聯邦」。但是不像西利，這三位思想家認為，缺少印度的不列顛帝國難以想像。印度對帝國太重要了，尤其在列強競爭越趨激烈的二十世紀初期，所有列強都在伺機從對方手中奪取領土。因此，鑑於其中所有困難，可見的未來裡，印度會是而且必須是帝國不可或缺的部分。這是為了印度人好，也是為了帝國的力量與安全。克羅默如同往常直接表達：「對英格蘭好，對印度更好，對整體文明進步的目標最好。如果起初就清楚理解，不管現在或未來任何時間做出什麼開明的讓步，我們絲毫沒有拋棄我們印度屬地的意圖，而且我們的後代絕不可能接受任何這樣的意圖。」（1910: 126-27; cf. Lucas 1912: 176-78; Bryce [1901] 1914: 73-78）

這個問題確實非常棘手，但是再一次的，就這個例子而言，如果羅馬不是真實範例，也能提供靈感。如同羅馬人，盧卡斯說：「英格蘭人已經展現他們顯著的創造才能」；應該相信「不列顛的直覺」可以延續帝國，作為世界進步、改善的力量（1912: 170）。在幅員廣闊的皇權過渡，羅馬一度是那個進步的利器；現在則是不列顛，而且接棒的規模遠遠更大。如同湯瑪斯．卡萊爾於一八四〇年所言：「世界歷史的河流已經改頭換面；羅馬下臺，英格蘭登場。」（[1840] 1971: 202）

定奪帝國

——衰亡且陷落？

一八九七年，英格蘭的帝國詩人魯德亞德．吉卜林創作〈退場〉（Recessional）一詩，透露警告與焦躁。「遠方傳來，我們的海軍散了／火焰沉入沙丘和海岬／看哪，我們昔日的盛況／將與尼尼微與泰爾同流！」[9]詩的題目暗示尾聲、撤退，如同禮拜結束，神職人員高唱退場聖歌。但是這裡其實並非斷絕帝國，而是呼籲繼續反省帝國的目的與理據，並且發出警告：忘記帝國究竟為何，可能帶來危險——「以免我們忘記！」吉卜林兩年之後的詩作清楚顯示他並沒有放棄帝國。就在美西戰爭之後，他呼籲美國從西班牙手中接受太平洋的帝國使命，並稱之為「白種人的負擔」。但是再次的，他要求帝國民族犧牲並堅守義務：「耐心容忍／掩飾恐懼／抑制驕傲……／為他人謀福利／為他人收穫……／填滿饑荒的嘴／祈求疾病停止」。毫無意外，臣屬民族可能感覺不到任何益處，但是承受這種不知感激並且持續的任務，正是白種人的負擔，因為「你的吼叫或細語／你的遺物或作為／沉默慍怒的民族／如此衡量你與你的諸神」。

關於不列顛帝國的現況與未來，一九〇〇年代初期見證了激烈且廣泛的辯論。[30]不列顛帝國無疑強大又耀眼，卻仍有擔憂其安康與安危的理由。一八五七年，印度民族起義震驚帝國，從此之後，出現一系列逆轉與危機，幾乎遍及帝國所有地區（Burroughs 1999: 172-96; MacKenzie 1999a: 280-82; Porter 2004a: 81-100）。一八六〇年，紐西蘭發生毛利人暴動，苦戰三年後才平息，而且接下來十年偶發不斷。一八六五年，牙買加出現莫蘭特貝（Morant's Bay）叛亂，血腥鎮壓的結果，造成不列顛國內意見分歧（可以稱為不列顛的「屈里弗斯事件」〔Dreyfus affair〕）[10]。不列顛害怕俄羅斯取道阿富汗圖謀印度，因而於一八七八年介入阿富汗，結果只是再次打了一場混戰。不列顛駐喀布爾的使館人員被殺；為了報復，數百名阿富汗人被絞死（重演一八三九年至一八四二年更慘重的入侵）。然而這次入侵完全不保證阿富汗的埃米爾在不列顛與俄羅斯的「大博奕」中會選對邊（不列顛那邊）。

要顧慮的不只是橫越中亞大肆擴張的俄羅斯。新興的勢力還有近期統一、正在尋找正當地位的德意志。儘管俾斯麥個性謹慎，德意志仍在非洲與其他地方積極為其帝國下注，更不用說十九世紀後期取代不列顛在鄂圖曼人心中的地位。一八七〇年後法蘭西也是；從一八七〇年至一八七一年普法戰爭的羞辱中恢復後，他們希望從非洲與東南亞的海外帝國彌補在歐洲的弱點。如同十八世紀，不列顛發現自己面對勢均力敵的帝國。接著又有美國，這個國家對某些人而言屬於更大的不列顛，並不直接威脅不列顛的海外屬地。但是無論哪方面，美國顯然是個可怕的對手，也是在全球市場威脅英國霸權的經濟強國。不列顛感覺腹背受敵，而且擔心能否持續穩坐世界領導地位，維繫自己的世界帝國。一九〇二年，約瑟夫．張伯倫（Joseph Chamberlain）說了一句常被引用的話——「承擔過大的天體是泰坦的命運，然而他已疲憊不堪、步履蹣跚」，表達四處瀰漫的不安。（Hyam 1999: 50；亦見 Thornton 1968 [1959]: 71-77; Porter 2004a: 124-37）

十九世紀末期，新的挑戰來自帝國臣屬的民族，勢力逐漸增長。從一八八〇年代的印度開始，隨著印度國會成立（一八八五），反殖民的民族主義壯大，雖然不平均，但也緩慢散布整個帝國。有段時間甚至影響白人自治領，刺激不列顛加強控制，以及例如波耳戰爭期間他們眼中的高壓行動（Eddy and Schreuder 1988）。愛爾蘭民族主義在某些方面來說，可以視為不列顛帝國內部反殖民的民族主義父母（愛爾蘭、印度、阿非利卡人〔Afrikaners〕[11]之間當然緊密聯繫），並在十九世紀後期再次復甦，接下來數十年更是成為不列顛政府最痛苦、最難對付的挑戰。反殖民的民族主義是歐洲民族主義的直接輸出，而且許多方面是歐洲帝國自己創造的產物。這樣的民族主義，光憑單打獨鬥，不會擊敗歐洲帝國。擊敗帝國要靠一次大戰與二次大戰帝國之間的大型戰爭（Kumar 2012b）。但是反殖民的民族主義與某些強大的歐洲潮流和鳴，為不列顛與其他帝國越來越多的問題再添一筆。

對不列顛而言，十九世紀最後二十年，不甚情願卻不可避免地被捲入的，正是非洲問題，而且明顯加重帝國的困境。不列顛民眾就是從非洲身上清楚發現，緊抓帝國不放需要付出代價並遭受懲罰。一八八五年，查理．戈登將軍（Charles Gordon）死於喀土穆（Khartoum）；這件事情把他變成帝國英雄，也把帝國的恐怖與危險

[9] 譯注：尼尼微（Nineveh）與泰爾（Tyre）分別為亞述帝國與腓尼基的大城，後來沒落。

[10] 譯注：這是一起法國的政治事件，猶太裔軍官屈里弗斯（Alfred Dreyfus）被誤判為叛國並因此入獄，引發法國社會爭議與衝突，後來得到平反。

[11] 譯注：阿非利卡人泛指十七至十九世紀移居南非的荷蘭人、法國人、德國人等歐洲白人，多數信仰基督教。

帶回家鄉。一八九八年蘇丹發生法紹達（Fashoda）危機，這起事件就是英法爭奪西北非統治權的縮影，而且幾乎引發不列顛與法蘭西交戰。往南還有與科薩人（Xhosa）和祖魯族（Zulus）漫長的戰爭，包括一八七九年祖魯部落大敗不列顛軍隊的伊散德爾瓦納戰役（Isandhlwana）。

其中最重大的就是不列顛人與阿非利卡人之間的波耳戰爭（一八九九—一九〇二）。沒有什麼比得上波耳戰爭更能質疑不列顛對其帝國究竟存什麼心，而且暴露帝國的缺點、威脅帝國的未來。不列顛的焦土政策——燒毀田地、集中營，以及後來在礦場利用中國苦力——全都鉅細靡遺地傳回家鄉，不僅引發討論，而且造成痛苦的分裂。自由黨的領袖羅斯貝里寫了封信致《泰晤士報》，表示戰爭支持者與反對者之間的差異「不只針對戰爭，而是針對帝國由衷的、根本的、無可救藥的原則對立」（in Thornton [1959] 1968: 124）。戰爭拖延的特性、使用的方法、不確定的結果，全都令人憂慮不安。「史上最有能力的帝國花了四年，損失數千人命，耗資數百萬英鎊，只為鎮壓『一個人數稀少但在田野身手矯健的渺小民族』——這個事實簡直驚人。」（Green 1999: 361）張伯倫、米爾納，以及其他帝國主義者，認為當務之急是打從根本重新思考並重新組織帝國。自由黨更加傾向認為戰爭顯示帝國不道德與不可取的面相。[31]

針對不列顛對付波耳共和國的方式，怒氣沸騰之中，聞名遐邇（不僅在不列顛，甚至全歐洲與之外）的社會學家赫伯特．史賓賽（Herbert Spencer）最後的著作譴責不列顛的「帝國主義」是「奴役」的形式。但是被奴役的不只是受害者，還有征服者。他希望表達，一個帝國的社會「所統治的社會少掉幾分自由，他自己的社會就隨著少掉幾分……奴役其他社會的社會也奴役自己」（1902: 159-60, 162）。整個十九世紀的激進分子都在宣揚這個概念：帝國腐化，而且不可避免地將專制主義傳染回家。這個概念也成為反對波耳戰爭的普遍論述，最甚者莫過於霍布森的《帝國主義》（一九〇二），該書在二十世紀初期狠狠針砭帝國主義。霍布森直接拿統治羅馬的「富裕寡頭」類比他認為該為現代帝國主義負責的統治者，並且對於類似的結果發出警告，也就是一國道德與物質的衰弱。（Hobson [1902, 1938] 1988: 366）

但是，在波耳戰爭高峰，而且只比霍布森提早兩年，古典學家暨歷史學家J・A・克拉姆（J. A. Cramb）已經出版影響力相當的《帝國不列顛之起源與命運》（*The Origins and Destiny of Imperial Britain*, 1900），這部著作在自治領與合眾國特別受到歡迎。（Grainger 1986: 188-91）克拉姆認為戰爭代表兩大原則衝突：「民族歸屬」的衝突（波耳人擁護的），以及「帝國」的衝突，也是不列顛奮戰的、「攸關未來生死的原則」（[1900] 1915: 100-101）。就像霍布森，克拉姆也指涉羅馬，但引用幾乎相反的教訓。羅馬在世界上是重要的教化力量，所以，他以狂想的語調寫下，不列顛「正在立下未出生的國家基礎、至今無法夢想的文明，如同羅馬在塔西佗的時代立下國家的基礎與未知的文明」。（[1900] 1915: 231）

克拉姆用來比較不列顛與羅馬帝國的論調後來變得普遍。他主張不是所有帝國都內建衰退的命運；不列顛可以避免羅馬與其他古代帝國的命運，而且從其治理的原則上確實也可能避免。他寫道，不列顛帝國的「基礎比較開明，程度甚至勝過雅典或安東尼的羅馬。不列顛征服世界，但根據所有在她的領土之內得到庇護的民族證實，她是為了人道而征服，較少為了自己。」（[1900] 1915: 100）因此愛國主義和帝國主義沒有衝突；因為，如同羅斯貝里所言，帝國主義是「更大的愛國主義」。（in Matikkala 2011: 95）

我們應該記得，這個時候，也是布賴斯、克羅默、盧卡斯各自比較不列顛與羅馬帝國的時候，而且如同克拉姆，他們從不列顛的例子看到可能超越羅馬的成就，如果沒有同時避免衰退，也能得到更長的國祚。我們已經習慣看見許多近期文獻唱衰二十世紀初期以來的不列顛帝國，到處尋找墮落的跡象與或多或少逼近的終結。倘若真是如此，不列顛帝國持續存在五十年，甚至更久，這件事情則會神祕難解，同時也會使人忽略，許多證據指出帝國持續活躍，而且支持帝國的信念有增無減。另外不被注意的還有，其實帝國不斷演化；一次大戰前後，許多人打從根本再探帝國的未來。有人主張，不列顛帝國可以，而且也會存活；但是為了存活，可能需要改變本身的形式。

二十世紀前幾十年，一群意志堅決的帝國主義者，展開「帝國教育」這個野心勃勃的政策，這些人是C・

P・盧卡斯、休・艾格頓（Hugh Egerton）、A・P・紐頓（A. P Newton）、L・S・阿莫瑞（L. S. Amery）、西德尼・洛（Sidney Low）、W・彭伯・里維斯（W. Pember Reeves）。其中多人在學術機構擔任要職：盧卡斯是牛津大學萬靈學院的院士；艾格頓是首位牛津大學殖民歷史的「貝特教授」（Beit Professor）[12]；紐頓是首位倫敦大學帝國歷史的「羅德教授」（Rhodes Professor）[13]；彭伯・里維斯是倫敦經濟學院首任院長。透過大量出版刊物，加上數個組織協助，例如皇家殖民研究所（Royal Colonial Institute）、維多利亞聯盟（Victoria League）、帝國聯盟（League of the Empire），這一群人希望在學校、大學、社區大學，甚至如艾伯特音樂廳（Albert Hall）那樣的公開場合促進世人認識帝國，以及帝國改善世界的重要角色。（Greenlee 1976, 1979; Grainger 1986: 190-92; Lee 2004）

特別重要的是，雖然他們多半承認受到西利啟發，卻拒絕接受將更大的不列顛限制在白人的移民殖民地。不列顛帝國比那樣更偉大，是「偉大且有益的有機體」，盧卡斯寫道：「種類與範圍都是獨一無二，發展與成長找不到同類。」（in Greenlee 1976: 274）在這樣的實體之中，盧卡斯也將之比作大家庭，團結之外，也有變化空間。帝國的每個部分，無論習俗文化與宗主國多麼不同，都有獨到之處可以貢獻。亞洲和非洲就如同加拿大與澳大利亞，都是帝國的部分。連結他們的是同一個帝國家庭。就像孩子，即使他們長大後各奔前程，他們仍會由於情感和忠誠與家庭保持聯繫。（Greenlee 1976: 276）

約翰・麥肯齊（John MacKenzie）發表數篇文章，相當有說服力地主張二十世紀前幾十年，帝國不僅沒有明顯的悲觀主義或幻滅，反而顯示帝國逐漸受到歡迎，至少自家人口是如此。[32]帝國的支持者現在擁有新的大眾通訊技術，例如大量流通的每日報章、電影、收音機，能夠與較傳統的宣傳手段並進。一九三二年起，皇室開始每年在聖誕節向整個帝國廣播，數百萬人收聽，獲得立即成功。同年，英國廣播公司帝國頻道開張，定期在帝國各地廣播，並且雇用來自整個帝國的播音員。更早之前，一九二四年至一九二五在溫布利（Wembley）舉辦的帝國博覽會吸引一千七百萬人。初生的英國廣播公司現場轉播展覽，從此建立國家之音的地位。在第一位董事長約翰・瑞斯（Lord Reith）堅定的領導之下，英國廣播公司以推廣帝國為重要使命，希望大眾理解並支持帝國。

一九〇四年五月二十四日首次出現「帝國日」（Empire Day），並於一九一六年訂為官方節日。到了一九二〇與一九三〇年代，帝國日成為固定且普遍慶祝的節日；除了公開的音樂會與電臺廣播，首相也會為此致詞。「帝國的電影」，例如《英烈傳》（*The Charge of the Light Brigade*, 1936）、《河之桑德斯》（*Sanders of the River*, 1935）、《四片羽毛》（*Four Feathers*, 1939）、《古廟戰茄聲》（*Gunga Din*, 1939），都是為了頌揚帝國。通常這些電影都以流行作家著作的故事為腳本，例如G・A・亨提（G. A. Henty）、埃德加・華萊士（Edgar Wallace）、約翰・布臣（John Buchan），以及「工兵」（Sapper）⑭，他們都以帝國為背景，鋪陳筆下英雄的冒險故事。（MacDonald 1994: 205–31）恩圖曼戰役（Omdurman, 1898）的英雄基奇納將軍（Kitchener）是一九二〇與一九三〇年代帝國光榮的象徵人物。同一時期還出現美化的一戰英雄T・E・勞倫斯（T. E. Lawrence），也就是「阿拉伯的勞倫斯」。他的形象是遭受虐待的知識分子，後來成為帝國的戰士。

此外，帝國行銷委員會（Empire Marketing Board）將帝國的產品推廣至英國家庭，包括暹邏的茶、黃金海岸的可可、紐西蘭的奶油。帝國不能比現在更實在了，更不用說有形有象。委員會覺得，唯有「活絡帝國」，才能成功轉變消費者的習慣，不買外國進口產品，諸如阿根廷牛肉、加州罐頭水果。「購買國貨」這個人人熟知的口號，和「購買帝國貨」可以交換使用；帝國的「不列顛」身分持續發揮影響，這就是最好的證明。帝國行銷委員會當中，約翰・格瑞爾森（John Grierson）領導的電影部，由於紀錄片的品質與影響，因而建立傳奇

---

⑫ 譯注：成立於一九〇五年，針對大英國協、不列顛帝國歷史、世界歷史領域，特選能力優異的學者組成教授群，其成員頭銜為「貝特教授」，擔任教學研究工作。

⑬ 譯注：成立於一九一九年，由羅德信託（Rhodes Trust）資助成立的研究職位。

⑭ 譯注：英國作家H・C・麥克尼爾（H. C. McNeile）的筆名。

名聲。許多電影都在推廣帝國不同地區的糧食生產。帝國行銷委員會不只關心不列顛的消費者購買帝國產品這個短期目標，還有傑出的公關與政治宣傳團隊，他們肩負宣傳帝國的任務，強調帝國廣袤的面積與相應的豐裕資源（威爾斯親王為帝國行銷委員會錄製廣播時表示「世界上四分之一的資源」）。透過書籍、手冊、海報、電影、課程、展覽，地點遍布學校、火車站、路口，帝國行銷委員會成功宣傳簡單且經常複誦的片語——「帝國的價值與美德」。（Constantine 1986: 215）

從這段時間直到二次大戰，對於帝國普遍與主動的情感，也許還可以加上童子軍和女童軍運動這個例子。波耳戰爭梅富根城之役（一八九九—一九〇〇）的英雄貝登堡（R.S.S. Baden-Powell）創立童子軍與女童軍，透過此舉回應波耳戰爭期間與之後，不列顛帝國與社會時好時壞的健康情形。貝登堡的手冊《童軍警探》（*Scouting for Boys*, 1908）取材源自流行的匿名書籍《不列顛帝國興衰史》（*The Decline and Fall of the British Empire*, 1905，作者是艾略特．米爾斯〔Elliott Mills〕），但另一方面也是為了解除該書當中的憂慮。此外，不像同時代的人多半聚焦在帝國的「家人親戚」，也就是帝國的白人自治領，貝登堡的成員與歸屬擴大到帝國所有區域，不只南非或加拿大，也包括印度。童軍法則第四條寫著：「童子軍就是其他人的兄弟，無論來自什麼國家、階級或宗教。」兩次大戰之間的世界童軍大露營可以見到來自帝國每個角落的童子軍。貝登堡認為，童子軍和女童軍不僅跨越國內階級與宗教的界線，「可以真正代表帝國，是融合國家聯邦有效且創新的接合劑，本身也是多元種族理想活生生的化身」（Warren 1986: 241）。到了一九三〇年代初期，整個帝國已經有一百五十萬個童子軍、五十萬個女童軍，光是印度就有三十二萬六千個童子軍。印度政府起初雖然猶豫，後來決定加入運動。（Warren 1986: 249）

對貝登堡而言，帝國強壯的關鍵在於品格，而且應以正確的方式形成並表現品格。他主張，形成品格最佳的地點不是城市，而是前線。這個觀點毫不意外大受自治領的人民喜愛，雖然當然不只在自治領（「前線生活」可以在南非草原找到，也可以在英格蘭鄉間找到）（MacDonald 1993）。因此二次大戰之後，世界的童軍活動不受帝國衰退牽連，依然由露營與戶外活動相繫（Warren 1986: 252-53）。二十世紀初期，品格確實是許多作家論述帝國鮮明的主題。對他們而言，帝國與品格存在「根本的象徵關係」，品格造就帝國，而反過來帝國鞏固品格（Cain 2007: 255, 263, 269; Bivona 1998: 99-130）。作家處理這個主題最喜歡的方式，就是檢視某些偉大帝國的建立者與帝國英雄的生平與行為，以資作為模範，例如旁遮普邦的勞倫斯兄弟（John and Henry Lawrence）、喀土穆的查理・戈登、弗雷德里克・史魯斯（Frederick Courtney Selous，他也是萊特・哈葛德〔Rider Haggard〕筆下的艾倫・夸特梅因〔Allan Quatermain〕原形[15]），以及在非洲的費德里克・盧吉（Sir Frederick Lugard）（Tidrick 1992）。對於腐敗與衰亡的恐懼當然是世紀末的特徵，更不用說那些受到徵召前往波耳戰爭，然而體格孱弱的男子（Pick 1989: 189-221）。但是，那場戰爭與一次大戰，以及許多重要的帝國資深執政官，包括在埃及與蘇丹的克拉姆與基奇納、在印度的寇松、在非洲的米爾納與盧吉，都足以作為帝國建造品格的案例，平衡對於這個種族已經失去統治能力的恐懼。（Grainger 1986: 134-39, 182-218; Cain 2007）

A・P・桑頓說，由於波耳戰爭，「帝國的概念慘遭收縮，失去道德內涵，從此再也沒有完全復原……不列顛帝國存活了，而且確實因為南非的戰爭變大；但是自信擴張的動力死了」（[1959] 1968: 125; cf. Porter 1982: 128）。他的話代表當時共同的觀點。然而，以上我們考慮的每一件事，以下亦同，全都違背這個觀點。證據指出，儘管波耳戰爭和一次大戰遭受創傷，帝國的信心與支持在根本上並未動搖。不列顛社會依舊以帝國的樣貌看待自己，並將自己的帝國化為教化的力量投射到世界上。

真要說起來，對不列顛人來說，經歷一次大戰與餘波，帝國的重要性不減反增（Lloyd 1996: 276-79; Holland 1999; Marshall 2001: 76-84; Porter 2004a: 227-39）。其中一項指標是「帝國主義者」再次展現權力與影響，例如寇松與米爾納在勞合喬治（Lloyd George）的內閣擔任要職。自治領也獲得在倫敦的代表席次，而且自治

[15] 譯注：此處指的是哈葛德的成名作，即一八八五年出版的小說 *King Solomon's Mines*，中譯《所羅門王的寶藏》。

領的首領受邀參加新機構——帝國戰爭內閣（Imperial War Cabinet）——的特殊會議。南非將軍揚・史末資在不列顛受到尊崇，不僅參與戰爭內閣，戰後還與其他自治領總理出席巴黎和會。整個戰爭期間，固定舉行帝國會議，一九一七年起加入印度，而在巴黎和會上，不列顛人的頭銜不是聯合王國，而是不列顛帝國（Zimmern 1927: 29-30; Darwin 1999: 68）。一九二一年，不列顛首相勞合喬治表示：「過去唐寧街控制帝國，現在帝國掌管唐寧街。」（in Marshall 2001: 83）這麼說是誇張了，但是表達一個事實：戰爭提高帝國的重要性。萊奧・阿莫瑞（Leo Amery）後來寫道，我們打仗，「是以帝國與聯邦結合的身分，過程之中帝國更實在地團結，這點政治家之前未曾想過，也未曾達到」。（in Grainger 1986: 323）

此外，不列顛的民眾沒有忘記帝國對戰爭的貢獻。眾人非常清楚，這不是民族的戰爭，而是帝國的戰爭——帝國團結一致奮戰的戰爭。帝國不只提供男丁，也提供重要的食物與物資補給（部分因為這點，不列顛不如德意志那樣耗盡糧食）。然而，最讓家鄉感到帝國團結奮戰的，卻是人力貢獻。整體而言，為帝國而戰的殖民地人口約有兩百五十萬人。加拿大派出六十三萬大軍；澳大利亞儘管拒絕徵召，仍有四十一萬五千名志願者；紐西蘭派出十三萬人，是將近百分之二十的成年男性人口。澳大利亞與紐西蘭的軍隊（合稱安薩克〔Anzac〕軍團）在一九一五年多舛的加里波利之戰英勇犧牲，在不列顛引發民眾廣大同情，不亞於澳大利亞與紐西蘭（即使同時激發澳大利亞民族主義與高漲的反不列顛情緒）。雖然阿非利卡人反對，南非仍然貢獻十九萬五千名士兵，包括四萬四千名南非黑人；英屬西非與東非共派出六萬兩千人，多數是黑人。（Holland 1999: 117; Marshall 2001: 78-79; Martin and Kline 2001: 270-71; Thompson 2003）

印度因其人口，加上位居帝國核心戰略地位，貢獻近一百五十萬人，而且幾乎全都派往主要戰場，從法蘭西到中東。甘地代表許多印度人宣布：「畢竟，我們是大不列顛帝國的不列顛公民。此時以不列顛人的身分參戰，是為了人類尊嚴與文明無上的光榮，是正義的作為……我們的義務很明顯：盡全力支持不列顛，拿出我們的生命財產奮戰。」（in Burbank and Cooper 2010: 375; cf. Albertini 1969: 19）[33]印度在一九一七年的《蒙太古宣言》（*Montagu Declaration*）中獲得報酬，其中提到：「逐漸發展自治政府，同時身為不列顛帝國不可缺少的部分，循序實現負責的印度政府。」（Porter 2004a: 233; Holland 1999: 122-24; Brown 1999: 430）某些印度民族主義者對於這個含糊不清的承諾感到失望；但是更值得注意的可能是，整個戰爭巨大的衝突中，印度或其他地方都沒有出現反對聲浪，抗拒以不列顛帝國為一個實體共同作戰。不像二次大戰，此時幾乎沒有任何趁不列顛危難發起的民族主義叛亂，或大規模的不合作運動。這個情況反而出現在愛爾蘭，即一九一六年的復活節起義（Easter Rising），因此更加證實那個感覺——愛爾蘭一直是帝國中的怪胎。

一次大戰不僅加強帝國團結，也擴張帝國的地理界線。巴黎和會之後，不列顛獲得新的帝國（名稱不是但事實上是），也就是以國際聯盟託管的形式獲得中東地區伊拉克、巴勒斯坦、外約旦（Trans-Jordan）（埃及在一九一四年已經正式宣布為不列顛的保護國，而且雖然於一九二二年聲明放棄，但不列顛的實質控制仍持續到二次大戰結束）。與伊朗的和約也確定不列顛支配伊朗。此次不列顛於中東大幅擴張，寇松以外交大臣的身分全程主持，想必感到心滿意足。他終於一償夙願，幫不列顛取得印度到地中海之間的領土控制權。不列顛也從德意志的殖民地大撈一筆，包括坦干伊加（Tanganyika）與德屬西南非，以及太平洋的島嶼新幾內亞和薩摩亞。新添東非之後，不列顛現在從開普（Cape）到開羅一路暢行無阻，而這也是羅德（Rhodes）⑯一直努力爭取的。一九二〇年，不列顛帝國享受疆域的全盛時期，占據地表四分之一土地，包含世界四分之一人口，成為世界有史以來最大的帝國。「不列顛帝國在一九二〇年似乎比一九〇〇年更穩固，絕對不是開始漫長的衰退。」[34]

另有其他同樣堅實的證據顯示，帝國不僅距離衰退遙遠，對於內部成員而言，帝國實際上變得更重要也更核心。其中一個領域是貿易與投資。十九世紀期間，雖然帝國之於不列顛的重要性比起其他歐洲帝國較高，

⑯ 譯注：塞西爾・羅德（Cecil John Rhodes, 1853-1902），英裔南非商人，礦業大亨與政治家。他也是帝國主義者，熱中教育，是知名的羅德獎學金的創辦人。

但是當時帝國並不是不列顛主要的貿易與投資對象。一八一四年至一九一四年，對帝國的出口相對穩定維持在百分之三十（一八一四）至三十五（一九一四），印度與白人的移民殖民地重要性逐漸升高，而西印度群島大幅下降。來自帝國的進口甚至更低，多半是食物與原料，從沒多於四分之一；一八五〇年至一次大戰之間，甚至占所有進口不到五分之一。海外投資也依循同樣形態。不列顛所有的對外投資中，近三分之二分布在帝國之外（一八六〇年代至一九一四年，帝國占據百分之三十八）。自由貿易的年代，無論貿易或投資，報酬率的保證主要都在西歐、美國、南美，而非不列顛的殖民地；重要的進口物品，不列顛也須依賴非帝國來源。[35]

人口移出的情況也差不了多遠，美國又是大宗。整個十九世紀，雖然有些起伏，美國是最受歡迎的移民地點，占據所有不列顛人口移出多於三分之二。剩下三分之一則被吸引到其他白人移民的社會，如加拿大、澳大拉西亞、南非。因此吸引移民者的主要是「盎格魯世界」；提供不列顛平民百姓最多機會的，反而是之前的殖民地，不是現存的殖民地（即使知名旅客，例如狄更斯，對美國的攻擊尖酸刻薄，也毫不影響）。[36]

一次大戰後，情況劇烈改變。不列顛對帝國的出口從一九〇九年至一九一三年的百分之三十五，到一九二〇年代後期的百分之三十七・二，一九三四年與一九三八年之間是百分之四十一・三。二次大戰之後數字上升更高，占全不列顛出口的百分之四十八。來自帝國的進口轉變更是顯著：一九〇九年至一九一三年平均百分之二十六・九，一九二〇年代後期上升到百分之三十二・九，一九三四年至一九三八年間甚至高達百分之四十一・二。二次大戰之後，進口方面也出現大幅增加：從帝國到不列顛的進口在一九四八年是百分之四十五，而一九五四年是百分之四十八・三（Fieldhouse 1999: 98-103）。從這些趨勢清楚可見帝國的經濟重要性增加，雖然一九三二年的渥太華協議通過帝國特惠制，無疑加速這個現象。一九一八年之後的國際氛圍，加上一九二九年大蕭條的壓力，對不列顛和其殖民地而言，帝國似乎越來越是穩健的天堂、亂世之中安全的飛地。現在不列顛全球的優越地位不復，不列顛的市場越來越不確定，帝國對於不列顛或多或少越來越重要，對其殖民地也是。（Kennedy 1983: 206, 211; Porter 2004a: 252-53）

不列顛海外投資趨勢的形態更加印證這點，同時反映徹底的轉變。一次大戰之前大約三分之二的海外投資放在帝國之外，兩次大戰之間這個形態完全反轉。到了一九二九年，超過三分之二的全新資本投入帝國之內；到了一九三八年，更是超過五分之四。如同海外貿易，二次大戰後，對不列顛的資本市場而言，帝國變得更加重要，至少直到一九六〇年代初期。（Fieldhouse 1999: 97, 105; Darwin 1999: 71-72）

人口移出也反映二十世紀前半帝國越來越突出的地位。（Murdoch 2004: 111-15）十九世紀末期，不列顛移民人口勉強只有三分之一移向帝國，到了一九四六年攀升到全部移民人口的五分之四，直到一九六〇年代初期都維持這個水準。這段期間總移民人口也未出現任何顯著下降（Constantine 1999: 167）。此外，這段期間的人口移動，不只是從宗主國到邊陲，逐漸也包括帝國各地區之間。人口組成除了無技術的工人，還有技工、辦事員、技術人員、專業人士。多倫多、墨爾本、約翰尼斯堡等都會中心不斷成長；學校、醫院、新的大學等提供各種需要技術資格的勞工機會。隨著印度文官體系漸趨印度化，大批從那裡撤退的牛津、劍橋畢業生，現在有了其他吸引他們的去處，就是新興的殖民地職位，尤其是非洲的殖民地。雖然不完全封閉，也不前後一致，但似乎可以合理主張，「在二十世紀，不列顛帝國—聯邦是一個整合的勞工市場，這個市場轉換勞動與技術，特別服務帝國宗主國的生產與消費需求」。（Constantine 1999: 181）

C．諾斯古德．帕金森（C. Northcote Parkinson）在他才華洋溢、享譽各地的著作《帕金森定理：追求進步》（*Parkinson's Law: The Pursuit of Progress*, 1961）中提出一個原則：整個社會，個別組織亦同，當他們正要開始走下坡的時候，傾向擬定最精密複雜的方案，而且企圖實現最野心勃勃的計畫。他主張：「完美的計畫就是腐敗的徵狀。完美就是結局，結局就是死亡。」許多例子中，他挑出新的印度首都新德里。喬治五世在一九一一年的德里杜爾巴宣布建造新都的意圖。「埃德溫．魯琴斯於是以不列顛凡爾賽宮為目標，著手繪出設計圖，概念雄偉，細節詳盡，設計傑出，規模超過一切。」但是建造的每個階段都伴隨一個或更多指標，象徵不列顛在印度的治理走向尾聲。一九二九年，艾文勳爵（The Lord Irwin）首先搬進剛落成的總督府，「那年印度國會要求獨立，那年圓桌會議[17]開幕，隔年公民不服從運動開始」。新德里建構的所有階段，接二連三出現類似的跡象，顯示印度的決心、不列顛的控制衰微，以及不列顛退出印度的意圖。「最終建造好的，不多不少，就是陵墓。」（Parkinson 1961: 96-99）

這個生動的論述有許多發揮空間，其中當然包括普遍事實。但是這個論述用在二十世紀初期的不列顛帝國，有高度誤導之虞。尤其對於印度，不列顛沒有退出的意圖；印度的民族主義者並不期待，甚至在許多情況下，也不希望不列顛退出。一般而言，儘管波耳戰爭和一次大戰造成巨大壓力，儘管愛爾蘭、印度、埃及與中東其他地區強烈的民族主義運動逼迫，儘管自家某些反帝國主義的情緒，不列顛帝國全都熬了過去，不僅如此，許多方面甚至可以說，經過這些試煉，帝國變得更為強大，帝國的成員關係更加緊密。他們之間的羈絆，在經濟、社會、文化方面更加堅固。在家鄉，帝國的曝光度更高，宣傳更廣泛，吸引不列顛史上最多的注意。（Marshall 2001: 81-82）

也許某個程度而言，而且主要是回頭檢討的時候，帝國此時在不列顛人的意識占據重要地位，而且這也是帝國領土的全盛時期，基於這兩個事實，帕金森的「定律」似乎頗有道理（而且正中黑格爾的觀察，密涅爾的貓頭鷹[18]只在黃昏的時候飛翔）。幾乎不可避免的，一個帝國在其顛峰時，至少於詩意上，應該暴露出那種可能預示崩潰、悲劇、轉折的傲慢。但是詩詞不是歷史；我們也不應該讓不列顛在二十世紀下半結束的事實，誤導我們理解二十世紀上半的情況與前景。

一次大戰之後，歐洲的海外帝國開始緩慢但無情地衰退——這種觀點不僅根深柢固而且廣為流傳。也許受到陸地帝國在那次的戰爭中紛紛崩潰的影響——鄂圖曼、哈布斯堡、羅曼諾夫帝國應聲瓦解——不知為何，帝國，而且是所有帝國，都注定在某天成為歷史。這樣的觀點，如我們所見（第一章），其實大錯特錯，但仍持續從許多評論者的口中說出，包括不列顛帝國的歷史學者（例如，Porter 2004a: 251-55, 346-47）。儘管從一次大戰恢復的證據，儘管貿易、投資、移民統計顯示帝國強化且團結，儘管帝國文化普遍傳播的現象歷歷可數，某些人還是認為帝國「一定」處於衰退狀態。帝國的腳本必定寫著衰退與陷落，而且既然不列顛帝國在二次大戰之後渾身是傷，瓦解的種子必定早已種下，最有可能就是一次大戰期間與之後，也許又更早，種在波耳戰爭中。

但是把帝國墜落的日期訂在實際發生的半個世紀之前，這樣考量帝國的歷史實在奇怪。我們是否應該把失去美洲殖民地的種子，也就是「不列顛第一帝國」，種在一七〇〇年代初期的趨勢與事件？也許可以，但那是毫無說服力的作法。如我們所見，鄂圖曼與哈布斯堡帝國的論述，也常出現類似的預料與捷徑。無論對於那兩個帝國，或是不列顛的第一與第二帝國，這種強加的目的論嚴重地扭曲這些帝國的實際歷史。所有活著的事物必定死亡，不代表我們必須在他們生命的每個階段都想著死亡。

約翰．蓋勒寫道：「有種普遍的說法，認為帝國興起、繁榮、衰退、滅亡，而滅亡的時候達到圓滿。但這是一種多愁善感的觀點，出自老套的目的論。事實上，朝向衰退的趨勢可以反轉，有時確實就會反轉。所以一九一五年到一九四五年並非顯示持續的反殖民化趨勢，反而可以描述為不列顛帝國的衰退與興起。」（1982: 86; cf. Darwin 1999: 66）[37]雖然衰退似乎是錯誤的形容，但是，一九一八年之後確實出現變化。一次大戰之前，長達好幾十年的時間，確實一直催促某種改變。左派和右派的思維中，無論是自由黨，或是費邊社（Fabians），以及張伯倫和他在保守黨內的追隨者，都深信帝國需要拉緊，需要在各個部分之間重新展開關係協商。一九〇七年的帝國會議開始以「國家聯邦」談論帝國，從此成為慣例；自治領和不列顛的首相在會議當中平起平坐。[38]雖然一九〇六年，全體選民轟動地否決帝國特惠制，但在一次大戰以及戰後紛亂時期再次浮上檯面，逐漸被不列顛與帝國視為必要且想要的制度。（Louis 1999a: 12）

⓱ 譯注：印度圓桌會議為一九二九年至一九三二年不列顛政府與印度國會針對印度憲政改革議題所召開的三次會議，然而雙方的齟齬無法藉由會議化解。

⓲ 譯注：密涅爾（Minerva）是羅馬的智慧女神。典故出自黑格爾《法哲學原理》（*Grundlinien der Philosophie des Rechts*）序言，以密涅爾的貓頭鷹比喻「哲學作為有關世界的思想，要直到現實結束其形成過程並完成其自身之後，才會出現」。

可能有人嘲諷地表示，這就叫作：改變所有事情，如此一來，所有事情就會維持原狀。當然，提出改變的目的是拯救並強化帝國。但改變不只是粉飾太平，也不只是安撫自治領和其他殖民地。改變是為了保全帝國，於是承認，不同成員看待彼此的方式，以及彼此之間的關係，必須進行根本上的改變。一九〇五年，張伯倫在伯明罕的演講呼應西利，他宣布：「不列顛帝國不再是以前這個詞語代表的帝國。不列顛的殖民地不再是這個詞語原來代表的殖民地……我們是姊妹國家，而我們的母國，憑著她的年歲，憑著過去的成就，可能宣稱第一，但只是同級當中的第一。」（in Green 1999: 356）如同人們老是說的，帝國確實是個家庭，但也像所有家庭，有時家庭成員必須釐清，甚至重新思考他們的關係。

一個「不列顛第三帝國」

一九一七年的帝國會議通過一項決議，要求「完全認可自治領是帝國國家聯邦的自主國家，而且完全認可印度同是帝國國家聯邦的重要部分」。決議更進一步宣布，這些國家「雖然完全保留自我治理全部的既存權力，並完全控制國內事務」，仍然擁有「於外交政策與外交關係適當發言」的權利，以及「於所有帝國共同的重大事務持續建議」的權利。（in Zimmern 1927: 30）

一九二六年，另一次帝國會議甚至更加堅定重申這個立場。該次會議的決議《貝爾福宣言》（*Balfour Report*）肯定大不列顛和自治領「都是不列顛帝國當中自治的行政區，地位平等，雖然由於對皇室共同的忠誠而統一，無論內政或外務絕無從屬關係，並自由連結為不列顛國家聯邦之成員」。宣言又清楚說明，不應僅以禁令與不干擾彼此事務的原則詮釋這個立場。「不列顛帝國並非建立於否定之上。不列顛帝國的精髓建立在肯定的理念。自由的組織是其血脈。自由的合作是其工具。和平、安全、進步是其宗旨。」這些目標是連結所有帝國成員的「共同動機」，而且為了這些目標，他們願意合作。（in Zimmern 1927: 41-42；亦見 Darwin 1999:

68-69）

對於古典學者暨政治家阿爾弗雷德・齊門而言，這兩個會議闡明他在一九二七年所稱的「不列顛第三帝國」中心原則。他承認，更早之前就有其他指標指向這些原則，例如《一七九一年加拿大憲法法令》（*1791 Constitutional Act for Canada*），而且，尤其是著名的《一八三九年達勒姆報告》（*Durham Report of 1839*）⑲。他也意識到，「國家聯邦」的概念在該世紀初已經有數位思想家與政治家提出。但是他覺得，直到一次大戰期間與之後，由於局勢的壓力與帝國內部發展，這些原則才能開花結果、完全實現；帝國已經進化為新的形式，相當於十八世紀從第一帝國到第二帝國的轉變。一九〇五年，張伯倫的演說質疑帝國這個傳統的術語。齊門熱烈呼應，主張「一九一四年的不列顛帝國已經變成不列顛協約（British Entente），也就是一個由數個國家組成的群體，各國獨立且完全控制其政策，然而彼此之間，藉由友好情誼與定期相互商議而相繫」。（1927: 44-45）不列顛第三帝國代表臣民轉為公民，從屬轉為平等。

這個主張當中清楚可見理想主義的元素：不列顛帝國期待國際聯盟（League of Nations）運作的方式與原則也是，尤其是託管的概念（Zimmern 1927: 87-90）。但是這個主張背後具有真實的實務經驗。齊門和同為「圓桌會議」（Round Table）成員的帝國主義者，包括萊昂內爾・柯蒂斯（Lionel Curtis）、菲力普・克爾（Philip Kerr）、愛德華・格里格（Edward Grigg）、雷金納德・科普蘭（Reginald Coupland），都是構思與計畫國際聯盟的核心人物；而且二次大戰期間，他們也積極提倡並規劃聯合國。在這些的努力之中，他們將自己與揚・史末資相連。史末資是兩屆南非總理，也是不列顛德高望重的資深政治家。他和他們一樣是不列顛國家聯邦熱情的信徒。他們相信國際共同體的觀點；這個共同體在所有重大方面將會延續不列顛帝國的工作，而且確實就會替代不列顛帝國。史末資說，國家聯邦已經包含「未來世界政府的元素」，而且可以指引前往的道路。

⑲ 譯注：又稱《英屬北美事務報告》（*Report on the Affairs of British North America*），作者為達勒姆伯爵（Earl of Durham）。

（Mazower 2009: 37；亦見 Morefield 2007: 360-61）

對於古典學家齊門，也是暢銷書籍《希臘國家聯邦》（*The Greek Commonwealth*, 1911）的作者，不列顛帝國就在這裡，提供世界高品質的文明與道德領導，如同雅典曾經提供古代世界。無論實際的不列顛帝國遭逢什麼，那個帝國的理想（黑格爾式的），將會以更高階的化身存在——國際聯盟和聯合國（Morefield 2005, 2007: 346-54; Mazower 2009: 66-103）。對許多不習慣黑格爾理想主義的人而言，這個理想無疑令人心醉神迷（儘管有T．H．格林〔T. H. Green〕強大的例子）。但是支持與宣傳這個概念和理想的，是一個具有強大影響力的團體，由二十世紀上半社會地位優越的知識分子與商業人士組成。（Rich 1990: 54-69; May 2001）

齊門很清楚，倡導不列顛第三帝國的時候，不能依循西利和多數更大的不列顛擁護者指出的途徑。也就是說，不能排除印度和帝國其他非歐洲的部分。菲力普．克爾於一九一二年主張：「如果我們成功在印度建立自治、負責的自治領，而且當印度是負責且自治的，他們仍投票決定留在不列顛帝國，我們應該就已解決今日世界最大的困難。」（in Rich 1990: 58-59）他這麼說的時候，是為圓桌會議的許多團體發言。當圓桌會議提到國家聯邦，他們指的是整個帝國，不只是白人自己治理的自治領。「對圓桌會議的創辦人而言，『國家聯邦』蘊含的是由許多國家組成的一個共同體，這些國家處於不同階段，以不同速度邁向自我治理，但在國際事務上，仍然維持一個單位。」（May 2001: 47）

齊門認為種族問題「是我們的時代最迫切的問題」，也是不列顛帝國必須面對的問題。「因為不列顛帝國，就多數選票的立場，並非白人的帝國，而是多色的帝國。迄今，白人生來掌權；但是若第三帝國將成為國家聯邦，基於平等夥伴關係，我們必須找出方法，將權威的關係轉向更平等的關係，為共同目標合作。」（1927: 91-92）齊門覺得，所有列強之中，不列顛憑藉他們的歷史與傳統，最適合應對多元種族國家的挑戰。不像歐洲大陸的國家，也不像世界其他地方的國家，不列顛尚未支持民族歸屬的信念，也尚未支持隨著這個信念而來的等式，也就是危險又狹隘地將國家等同於民族。他指出，不列顛自己不是民族的國家，而是多民族的國家，亦即在單一政府之下，由英格蘭、威爾斯、蘇格蘭、愛爾蘭組成的聯盟。不列顛國家聯邦是那個傳統的自然結果與延續。「所以不列顛完全不是結合又混淆治理和民族，而是認識到整個治理的藝術在於將不同種類的人民、不同民族、不同團體、不同宗教、不同文化，齊聚在單一法律之下，在我們所謂的『不列顛治世』之下。」（1927: 144）

齊門並不認同西利將不列顛帝國的論述取名為《英格蘭的擴張》。「不列顛帝國不是，也不曾被想成一個英格蘭帝國。從來沒人說過英格蘭帝國。」（1927: 148）不列顛帝國甚至不應被想成迪爾克心中「更大的不列顛」。齊門回頭談到《一七七四年魁北克法案》（*Quebec Act of 1774*），該法案承諾不列顛認可英屬北美法語人口的文化與組織。「該法案向我們徹底保證，在我們海外的帝國，不會有英格蘭帝國的政策。該法案也承諾容忍非英格蘭人，甚至非不列顛的組織，如同大眾當時對於不列顛一詞的認知。魁北克法案之後，不列顛帝國走向一條道路，然而不是通往英格蘭擴張，也不是更大的不列顛。」不列顛沒有，也不應有「以盎格魯為中心的帝國」。透過鼓勵每個社群中的「文化自決」，連結不列顛每個社群的羈絆將會增強，而非減弱。帝國不是英格蘭，英格蘭對英格蘭人自己純粹是文化的事情。帝國在政治上的意義是不列顛，也就是「無民族色彩」的意義，而這個意義在帝國擴張中逐漸發展而成（1927: 150-51, 155- 56; cf. Amery 1944: 10）。在共同的政治與經濟空間中的民族多樣性，將會綿延萬里，確保「懷抱共同任務與共同希望的國家聯邦，將持續合夥，常存於世」。（1927: 158）

與許多普遍的印象恰恰相反，齊門對帝國的信心當時並不顯得那麼奇怪。不列顛認為世界仍是帝國的世界，而且無論發生什麼變化，世界還是會由帝國統治。這樣的想法在一九二〇與一九三〇年代，絕不奇怪也不孤單。威爾遜提倡自決形式的民族主義，當時可能是官方意識形態，國際聯盟可能也努力維護那個原則。然而現實是，帝國依然是國際秩序（或失序）的主角，而且沒有帝國的參與者，還是想要得到帝國。一次大戰之後擴張的不只是不列顛帝國，法蘭西也強勢地涉入敘利亞、黎巴嫩、摩洛哥。「更大的法蘭西」持續擴大。荷蘭、比利時、葡萄牙紛紛勒緊他們對於帝國的控制，並且置入範圍廣大的行政改革。俄羅斯人以蘇維埃聯盟的形式重建他們的帝國，賦予帝國新的壽命。德意志於一九一九年喪失海外帝國，但在納粹的統治之下，於歐洲取得新帝國的決心顯而易見。墨索里尼統治的義大利，就從索馬利亞、利比亞、伊索比亞組成的非洲帝國著手重建羅馬帝國。在遠東，日本飛快建立巨大的亞洲帝國，不僅媲美歐洲帝國，更成為重大威脅（美國也是另一個規模相當於帝國的強國）。帝國不僅不會被丟進歷史的垃圾桶，反而來勢洶洶。

兩次大戰之間常見放棄帝國、對帝國的未來失去信心這樣的觀點。對此，約翰．達耳文說：「在這樣一個時代，殖民帝國看似就是自然的秩序；此時倘若不列顛已經磨刀霍霍，準備拆解世界最大且最富裕的帝國系統，將會出人意表。」（1980: 658; cf. Lloyd 1996: 282）常人往往認為一九二六年的《貝爾福宣言》是「刻意的去殖民化行動」，其實不然。該宣言反而將目標放在「提升自治領的地位，以資阻撓加拿大、南非、愛爾蘭的分裂主義趨勢」。政策制定者很有信心，「文化、經濟的力量與策略性的互相依賴，將會打倒威脅帝國團結的區域民族主義」。（Darwin 1980: 667；亦見 1999: 69）

達耳文在這方面追隨齊門，認為這樣的觀點絕非天真或不切實際。自治領想法可以形成「不列顛第三帝國」的基礎，因為這個想法「奠基在顯著的文化自信。雖然這個想法在兩次大戰之間受到戰爭與經濟蕭條的動搖，然而不列顛世界各地的社群，仍然普遍對於他們的制度、精神、文學、文明形式深具信心」（1999: 86）。後照鏡的視野，也就是從一九六〇年代的世界回顧一九三〇年代，再度扭曲二次大戰之前不列顛帝國的真實情況。在許多方面，相較這個世紀早期的焦慮，也許可以說，正是這個時期，不列顛帝國如果不是到達權力的顛峰，也登上信心的顛峰。帝國的文化包含世界極大部分，無論政治的未來為何，多數帝國人民期待不列顛文化繼續作為他們的文化。在不列顛本身，如我們所見，兩次大戰之間見證了帝國歷史上文化最深且最廣的發展。無論對於帝國的運作有什麼批判，任何人都很難想像沒有帝國的未來。

事實上，不列顛的政治家顯然毫無拆解帝國系統的意圖，而且不列顛存在清楚的共識——儘管改革可能必要，但對於不列顛的未來，帝國仍是核心且重要的部分，對於殖民地的未來也是。那樣的信念持續輸入殖民地多數人口的思維，同時，他們也了解，自我治理，無論正在追求或者已經達成，將是帝國成員的條件。就連愛爾蘭，儘管經歷痛苦的內戰，並於一九二一年脫離不列顛，他們仍是不列顛國家聯邦的自治領。普遍對自治領而言，一九一七年、一九二六年、一九三〇年帝國會議的宣言於《一九三一年西敏法令》（*Statute of Westminster of 1931*）中正式實現。該法令賦予自治領，包括愛爾蘭、澳大利亞、紐西蘭、加拿大、南非，可完全控制國內事務與對外關係，不受英國國會干擾之權力（Barker 1941: 97-100）。隔年渥太華協議實現優惠稅制，加上早在三十年前張伯倫就開始實施帝國自由貿易，在在顯示《西敏法令》不是走向帝國分裂。帝國需要改變，然而改變是為了強化帝國，不是為了準備瓦解。

從對印度的關係可以發現同樣的態度。一九一七年的帝國會議已經承認，印度雖然不是自治領，卻是「帝國國家聯邦的重要部分」。約翰．達耳文觀察：「在不列顛的督導之下，遼闊、穩定的印度具有政治地理的重要性。這個重要性在一九二〇與一九三〇年代仍在，程度如同一九一四年之前之高；更不用說，倘若印度離開不列顛，不列顛的帝國系統將無法以任何可辨認的形式存活。」（1980: 673）同時，越來越多印度人涉入該國治理，面對越來越大的壓力，不列顛非常清楚，他們必須讓步。

一九一七年的《蒙太古宣言》似乎承諾印度在不遠的未來獲得自治領的地位，而且接下來二十年間採取的措施都在暗示這個目標可能會實現。一九一九年與一九三五年的《印度政府法案》（*Government of India Acts*）擴大中央德里與地方省會的立法機關，選出印度人為多數，允許他們掌控財務並影響政策。從一九一九年起，在「兩頭政治」（dyarchy）的制度中，印度的大臣於許多面向直接治理省分；一九三五年，中央行政系統引進兩頭政治，而省分獲得完全的自主與自治。同時，印度文官體制，即帝國治理的鋼架，其中的印度人數量大幅上升。一九〇五年，印度人僅占印度文官體制的百分之五；到了一九二九年，比例提高到幾乎三分之一（印度人比歐洲人是三百六十七比八百九十四）（Brown 1999: 423-25, 430; Louis 1999a: 7）。[39]印度民族主義者當然持續要求更多讓步，而國民大會黨（Congress Party）正式否決一九三五年的法案。但是許多印度人，以及許多在倫敦的官員，都視法案為邁向完全自治領的進身之階。這樣的詮釋完全符合總督艾文勳爵於一九二九年驚人的言論，表示自治領的地位確實就是英屬印度的目標。（Brown 1999: 430; Gallagher and Seal 1981: 406-7; Darwin 1999: 79）

種種作為都不是為了演奏印度完全獨立的序曲。如同茱蒂絲・布朗（Judith Brown）所言：「儘管有個強大的迷思，認為《蒙太古宣言》理所當然的高潮是井然有序的政權轉移，然而，明顯的是，一九一九年與一九三五年的憲法改革不是慈善的帝國為拆除大隊而進行的預演，而是重建帝國的機制，讓帝國明確奠基在印度人的同盟上。」（1999: 437-38; cf. Darwin 1980: 677）類似的故事也能描述埃及。不列顛長久以來都將埃及視為帝國蘇伊士運河以東的戰略核心。一九二二年，在民族主義者的壓力下，不列顛廢除一九一四年成立的保護國。但這並非表示不列顛撤回控制。一八八〇年代起，克拉姆擔任總督期間，持續透過非正式但非常有效的方法重新控制埃及。一九五〇年代納瑟（Nasser）掌權，不列顛對埃及的直接控制才嚴重地受到打斷（Darwin 1980: 668-72）。因此，無論我們考慮各個自治領、印度或埃及，都會發現同樣的趨勢——修正而非結束。而修正的意圖不是清算帝國，而是建立新的、更明確的基礎。「自治領平等、埃及『獨立』、印度省分自治，都是為了打擊戰後某些反不列顛的民族主義支持者。同樣的，這些也是為了令不列顛具備高效的影響力。」（Darwin 1980: 678; cf. Gallagher 1982）

二次大戰帶來的壓力將會打斷「從帝國到聯邦」相對井然有序的演化模式。就印度的案例，茱蒂絲・布朗納悶，若沒有發生戰爭，會是什麼情況。「因為一九三八年至一九三九年，改革似乎進行順利，滿足印度的政治渴望，而且當然地推動不列顛與印度王侯之間更深的統一，邁向自治領的地位……戰爭改變了這些。」（1999: 435-36）同樣的事情也將在帝國其他地方發生。帝國熬過波耳戰爭與一次大戰的風暴。到了一九三一年，自治領都獲得帝國之內或多或少完全的獨立地位，作為支持這些戰爭的報酬，並持續表達忠誠。如果有誰希望離開，如同一九四九年的愛爾蘭，不列顛也束手無策。但是多數都沒有離開的欲望，而且在二次大戰時再次慷慨解囊，付出人力與物資（愛爾蘭再次是個例外）。帝國的其他地區——非洲與中東，殖民的民族主義偶而會製造動亂，打斷例行的管理。埃及和巴勒斯坦的衝突可能特別嚴重，但是到處都沒有出現嚴重威脅不列顛統治的情事（Kennedy 1983: 207–8）。約翰．達耳文書寫一九三〇年代不列顛的政策制定者，提到「他們最終的擔憂不是殖民地民眾的暴動，而是不列顛的帝國對手入侵他們防守欠佳的帝國」（1980: 679）。這將成為二次大戰的主要衝擊。二次大戰的全球影響甚於第一次，更精疲力竭，也更消耗資源。懷抱帝國野心的新強權也會竄上檯面。直到那個時候，不列顛才開始感覺對於帝國的掌控岌岌可危，而且可能再也無法證成為了保存帝國而付出的努力。

二次大戰——「帝國之極致」

關於帝國終結的連環小說《殖民統治四部曲》（*The Raj Quartet*）中，作者保羅．斯科特（Paul Scott）在最終卷讓主角蓋．裴榮（Guy Perron）反省英格蘭與印度的關係。「印度成為英格蘭自我概念的部分，至少也有一百年。」裴榮見到，那個世紀初期即將開始發生轉變，「絕對就從一九一八年」。從那個時間點開始算起，有個越來越強烈的意識——放開印度是不列顛的道德責任。「從那時開始，對於英格蘭心中的英格蘭屬性，印度扮演的角色，一直讓我們感到不太光榮。我們對自己的想法現在不會包含任何關於印度的想法，除了將印度歸還印度人，以資證明我們是英格蘭人，而且展現我們英格蘭的思維。」（Scott [1975] 1977: 105）這些反省在一九四五年大選工黨勝利翌日實現，承諾印度盡速獨立。

我們已經見到，無論對於印度人或不列顛人，把接受印度獨立的時間訂在這個時候其實過早。還需二次大戰才會加速這個過程，而且二次大戰令獨立看來像是預先設想的計畫，其實不然。一九四七年印度獨立的時候，是倉促、惡劣成形的計畫（其實根本沒有計畫），而且無論短期或長期的後果都非常可怕（斯科特在四部曲的最終卷《分贓》中生動地描述某些分裂暴動[20]）。裴榮反映斯科特的觀點至此，是回頭推理印度達成獨立的過程。這個觀點彷彿暗示經過很長一段時間，不列顛人逐漸覺得，繼續抓著印度不合乎道德，於是——受到「英格蘭的思維」所致——優雅地將權力交給印度人。事實上，二次大戰前夕，除了少數印度民族主義者，根本沒有人這麼想。那場戰爭，如同戰爭的傾向，不僅集中加速戰爭之前幾乎看不出來的發展，此外，戰爭也引進新的緊急情況與迫切需求，導致新的方向與結果，其中許多始料未及也不受歡迎。這點不僅對印度為真，對整個帝國都是。

事實上，二次大戰的目標很多，總之是為了保存帝國，不是為了放棄帝國。不列顛的戰爭領袖邱吉爾當然也是這麼想。一九四二年，他發表知名的宣言：「我不是為了主持不列顛帝國清算才成為國王的首相……國家聯邦浩瀚廣大，民族與社群以古老的不列顛皇室為中心聚集，身為其中一員，我非常驕傲。若是沒有不列顛皇室，良善的意圖可能就會消失在地球表面。」（in Amery 1944: 19）對邱吉爾而言，對抗法西斯主義等於保存帝國，因為帝國代表法西斯痛恨與希望壓迫的一切。一九四〇年，他在擔任首相的第一場演講中宣布，他的政府目標就是「勝利——不計代價的勝利……因為不勝利就不能存活」，而且不勝利也意謂「不列顛帝國不能存活；不列顛帝國代表的一切也不能存活；長久以來人類朝向目標前進的動力與衝勁也不復存在」。一九四〇年六月，敦克爾克的災難後，他宣布：「雖然我個人並不相信這座島嶼會被征服欺凌，然而即使如此，我們的海外帝國，在英國艦隊的守護之下，將會繼續奮鬥。」（in Clarke 2008: 5-6）[40]

三年後，一九四三年的演講，邱吉爾解釋為何他堅持相信帝國。他說，在敦克爾克，不列顛已經無路可退；如果殖民地希望的話，當時就是絕佳的時刻，他們大可與不列顛帝國斷絕關係，奔向「攻無不克的納粹與法西斯強權」。「但是怎麼了？結果證實，連結我們的羈絆，雖然柔軟多變，卻比密度最高的鋼鐵堅實……在黑暗、艱難卻又光榮的時刻，我們收到來自國王所有自治領的保證，從最大到最小，從最強到最弱，表示我們會一起墜落，或一起撐過。」（in Porter 2004a: 291）有人觀察，表達支持的不只是自主的自治領，還包括從屬的殖民地，而且一般認為從屬的殖民地更有理由抓住機會放棄帝國的船，轉向法西斯強權尋求保護。

邱吉爾不是唯一一人，認為戰爭不只為了對抗侵犯與法西斯主義，更為了帝國存亡；兩者是同一場戰爭的一體兩面。戰爭時期的政府中有數個重要人物，包括勞埃德爵士（Lord Lloyd）、布倫丹·布拉肯（Brendan Bracken）、揚·史末資將軍、萊奧·阿莫瑞，他們熱切相信帝國，如同那些年羅斯貝里經常引用的話，帝國是「人類已知最偉大的永恆世俗機構」（例如，Amery 1944: 18; Ashley Jackson 2006: 7-9）。他們認為，要是輸了，被打敗的不只是不列顛人民，還有全人類的希望。邱吉爾的印度事務大臣阿莫瑞於一九四四年表達堅定信念：「不列顛帝國與國家聯邦不只是其中成員保衛自身自由、利用資源、建立安定社會的最佳憑藉，也是貢獻世界和平繁榮的最佳工具……事實上，改述比特（Pitt）的話，這場大戰之後，如同大戰期間，不列顛國家聯邦將繼續努力拯救自己，也以自己為模範拯救世界。」（Amery 1944: v-vi；亦見 Louis 1992）

阿莫瑞已經接受「帝國」和「國家聯邦」可以互相交換，但是基於「『帝國』這個詞不只彰顯無限多元合而為一的想法，也彰顯和平與良好治理的責任，以資託管脆弱落後的國家」，阿莫瑞仍持續強調「帝國」（1944: 5）。阿莫瑞認為，「不列顛帝國傳統的精華」就是容忍——「所有關於宗教、語言、民族的容忍」。英格蘭人可能是那個傳統的創立者，一直以來也是那個傳統主要的承擔者，但他們絕不獨占那個傳統。「蘇格蘭人與愛爾蘭人、法裔加拿大人、阿非利卡人、穆斯林、印度人，都以各自的方式接下這個傳統，為不列顛帝國的強盛貢獻，繼而豐富這個傳統。」（1944: 10）軸心國信奉種族純粹與優越的原則，與多元迴異的帝國截然不同，當整個帝國都加入與軸心國的生死交戰，阿莫瑞的訊息出現得正是時候。

⑳ 譯注：分裂暴動指的是一九四七年印度和巴基斯坦分治發生的種種混亂與衝突。

戰爭初期，古典學家暨政治學家歐內斯特・百克（Ernest Barker）以一本小書《不列顛帝國的概念與理想》（*The Ideas and Ideals of the British Empire*, 1941）貢獻一己之力。對百克而言，不列顛帝國在帝國之間獨一無二，幾乎「是個矛盾、活弔詭」，因為不列顛帝國在截然不同的發展階段，試圖在許多不同文化的民族之間，推行自由與負責的政府。不列顛帝國是「沒有 *imperium* 的帝國，偏好與 *libertas* 相反原則的帝國」（1941: 8）。尤其對於殖民或「從屬帝國」，不列顛抱持「雙重信任」，或者知名的「間接治理」理論家盧吉所謂「雙重授權」。如同盧吉所言，大不列顛「身為受託人，她身負任務，一方面為了促進從屬種族進步，另一方面為了人類利益發展物質資源」（in Barker 1941: 146）。戰爭前幾個月，他目睹「人力與財力自動從整個帝國而來，幫助大不列顛奮鬥」，百克更加確信，不列顛充分釋出信任，並享受來自整個帝國人民的忠誠與投入（1941: 163）。就像邱吉爾和阿莫瑞，百克確定為不列顛帝國而戰，就是代表人類而戰。（Stapleton 1994: 186-97）

人們當然可以懷疑不列顛帝國這些高度理想化的形象。不可否認的是，如同百克發現，帝國確實全心回應不列顛帝國在二次大戰的呼籲。凱思・傑菲里（Keith Jeffery）談到「帝國上下對戰事非凡的接受度，甚至是熱情」（1999: 307; cf. Thornton [1959] 1968: 360-63），響應的程度可能更甚一次大戰。印度貢獻二百五十萬名大軍；加拿大超過一百萬，澳大利亞近一百萬，紐西蘭二十五萬。南非於一次大戰分裂，儘管如此，在史末資指揮之下，派出約五十萬名男丁為帝國奮戰。國家聯邦中只有愛爾蘭維持中立，但無礙於四萬三千名愛爾蘭人自願參戰。此外，三十七萬四千名非洲人被徵召入伍，超過六千四百名來自西印度群島（後備軍人更多）。整個殖民地的貢獻超過不列顛本身的六百五十萬大軍；相較一次大戰，比例顯著提升（Jeffery 1999: 308; Ashley Jackson 2006: 45-46）。更甚者，而且不像一次大戰，除了印度之外，所有自治領都自付戰爭費用。一次大戰關於某些殖民地分隊的抱怨或批評，這次也沒有出現。在二次大戰，對於殖民地軍隊的表現與英勇，出現響亮、由衷、一致的讚美。（Ashley Jackson 2006: 526）

帝國當然遭到某些嚴重的逆轉。最糟糕的是一九四一年至一九四二年日本攻陷亞洲。珍珠港事變後幾個月內，日本拿下香港。一九四〇年法蘭西陷落後，中南半島成立殷勤的維琪政權（Vichy regime），日本從此暢行東南亞。馬來亞敗給他們，接著，也是最難堪的，新加坡也落敗，後來是緬甸。印度似乎就是下一個。國會在「印度退出」（Quit India）的運動中停止支持抗戰，印度因而更加脆弱（雖然甘地如同一次大戰，表達對戰爭的支持，說他「以英格蘭的心」看待戰爭）。歐洲無敵的神話破滅，甚至比起這個世紀早期日本打敗俄羅斯的時候還要嚴重。各地的殖民地人口見到他們的歐洲主人，包括不列顛、法蘭西、荷蘭，在亞洲強權面前紛紛折腰。日本善盡從歐洲統治中「解放」亞洲人的角色，他們協助並煽動整個地區的民族主義運動，招募他們幫助對抗歐洲，許多未來的後殖民領袖都由日本扶植。這一點強調出打敗歐洲帝國的是其他帝國，而非民族主義。

但是不列顛帝國撐過來了，至少當時是。日軍進犯緬甸的行動在英帕爾戰役（Battle of Imphal, 1944.3-1944.6）中受阻，而且絕大部分就是印度軍隊。印度保住了。戰爭末期，不列顛收復所有失去的領土，甚至增加，至少暫時是。不列顛不僅收復敗給日本的殖民地，甚至在之前屬於義大利的索馬利蘭（Somaliland）、利比亞、馬達加斯加、西西里、敘利亞成立軍事機構。戰爭期間，為了預先阻止德意志侵略，不列顛也取下伊朗南部。阿什利．傑克遜（Ashley Jackson）提醒我們，「描述不列顛帝國最大的領土範圍，更正確來說，不是一次世界大戰之後的收穫，而是一九四五年」。（2006: 5）

如同凱思．傑菲里所言，二次大戰確實「見證不列顛帝國之極致」（1999: 326; cf. Thornton [1959] 1968: 362）。「大後方」與海外帝國史無前例地凝聚在一起。為了確保這點，免除任何懷疑與擔憂，出現官方支持、大規模的聯合政治宣傳計畫。如果「不列顛身分」是帝國其中一項統一特徵，二次大戰則見證不列顛屬性的表現達到最高與最強的程度（Kumar 2003: 233-38; Mandler 2006: 187-95）。被視為共同財產的不列顛屬性，透過英國廣播電臺的帝國頻道、殖民地電影部門（Colonial Film Unit）、皇室聖誕節廣播，廣泛地擴散到帝國所有地區與所有臣民。不列顛演員萊斯利．霍華德（Leslie Howard）就是不列顛屬性最佳的實質代表。他的電影與廣播就是最有魅力與最有效果的媒介，傳送不列顛價值到帝國所有角落。在不列顛播出的新聞短片可見澳大利亞、加拿大、紐西蘭、南非、印度、西印度的軍人在不列顛的城市休閒，也在戰場奮鬥。諸如《魔影襲人來》（*49th Parallel*, 1941）等電影展現多民族的帝國團結行動，對抗納粹「新世界秩序」的威脅。常見的主題包括帝國於存亡關頭之際聯手捍衛某種信念。而常見的形象是「一個大家庭」，也是喬治五世於一九四一年聖誕節廣播中所稱的「不列顛國家聯邦與帝國的家庭」。對於帝國的平民，無論田野或工廠，或者前線的男男女女，都有刻意的壓力施加在他們身上。由於整體「人民的帝國」，而使在自家「人民的戰爭」精神更臻完善。（Webster 2007: 19-54; Kumar 2012a: 316-17）

常有人表示，這種帝國團結只是做戲、假裝，用來掩飾致命的弱點（如同帝國「不可阻擋的衰退」寫在愛德華時代，或一九一八年，或一八六〇年代，或某些據說錯不了的日期，顯示衰退跡象）。但是如果這是做戲，還真是齣大戲！無論如何，沒有證據表示二次大戰之前的帝國，比起更早之前可以宣稱是帝國高點的時候，情況更差。《一九三一年西敏法令》建立不列顛與自治領前所未有的堅定關係。《一九三五年印度政府法案》除了印度，也承諾所有殖民地的自治領地位，並且很大程度滿足印度的輿論。巴勒斯坦還是有問題——但什麼時候沒有了？中東地區其他地方也有問題，但是嚴格的管制都可以處理。如同所有歐洲帝國，從屬國等的「殖民帝國」出現民族主義運動，但那些運動之於不列顛治理，其實毫無嚴重威脅。（Porter 2004a: 277）

另一個觀點認為，二次大戰「人為」且「不自然」地延長帝國的壽命，也不令人信服。那是假設帝國在戰爭之前瀕臨瓦解，但是這個假設並沒有證據。約翰．蓋勒說過，「一九四一年至一九四五年這段期間，與一九一六年至一九二二年的相似程度令人吃驚」，而且如同之前的衝突，二次大戰「大大增強帝國」（1982: 139）。那似乎符合我們已知的，無論在不列顛或海外，在戰爭期間對待帝國的態度。逆轉的情況，尤其在東南亞，無疑帶給帝國的敵人安慰（蘇巴斯．錢德拉．鮑斯〔Subhas Chandra Bose〕的印度國民軍〔Indian National Army〕是最有名的代表）。但是同樣的，逆轉也刺激奮戰的決心，而且儘管損失慘重，殖民地仍然與不列顛共同奮戰。一九四二年，克利浦斯特使團（Cripps Mission）提供印度自治領地位，卻遭到印度國會拒絕，此事再次確定不列顛有意將印度的憲政地位提升為其他自主的自治領，而且確實也是公開宣布的帝國目標。一九四三年，殖民地事務大臣奧利佛・史丹利（Oliver Stanley）告訴下議院，不列顛政府「保證指導殖民地的人民在不列顛帝國的架構下邁向自治」（in Jeffery 1999: 321）。雖然這要等待戰爭結束之後才會達成，但是戰爭期間已經開始付諸行動邁向那個方向。一九四三年，不列顛承諾錫蘭和馬爾他內部自治。一九四四年，牙買加獲得完全的內部自治，並透過成年人普選成立眾議院。千里達、英屬蓋亞那、黃金海岸、奈及利亞都有新的憲法與立法院，允許選舉的多數治理（Porter 2004a: 296）。不列顛帝國似乎確實再次動起來；戰爭之後，更堅持以「不列顛第三帝國」的原則為基礎，走在重建自我的路上。沒有放棄的意圖，也沒有放棄的言論。

帝國的終點

——或其他手段的帝國？

終點來得突然，甚至可謂粗暴，當然令人惶恐。「一九四五年，印度獨立當然是地平線上的事實，但是誰會想到，接下來二十年內，不列顛帝國就這麼瓦解。」（Louis 1999b: 331; cf. Hopkins 2008: 228）戰爭結束剛過兩年，印度完全獨立，同時被切割為兩個國家——印度與巴基斯坦。之前作為印度一部分來治理的緬甸，一九四八年獨立，依照選舉結果脫離國家聯邦。同年錫蘭（重新命名為斯里蘭卡）也獨立，而且不列顛退出巴勒斯坦，留下猶太人與阿拉伯人長久痛苦的分裂。

不列顛百般不願放棄在非洲、東南亞、地中海與中東的帝國，而且一開始真的無此意圖。馬來亞（一九四八—一九五八）、肯亞（一九五二—一九五六）、賽普勒斯（一九五四—一九五九）發生大型殖民地戰爭。但這些都不如法蘭西在阿爾及利亞與越南，或荷蘭在印尼，或比利時在剛果的戰爭來得慘烈。但是那些戰爭的混亂與醜態，足以向那些以為不列顛帝國是在無痛且輕易的狀態下結束的人證明。很多人覺得，對民族主義者的要求快速讓步是不負責任的作法，也違反不列顛的利益。發生在印度與巴基斯坦的事情也不是令人安心的先例。這樣的人包括邱吉爾和繼任的首相安東尼・艾登（Anthony Eden），他們準備為殘餘的帝國奮戰。

但是一九五六年，為了把持蘇伊士運河，不列顛與法蘭西聯手對抗賈邁勒・納瑟的埃及，然而不僅無功而返，甚至平添失敗與羞辱。這件事情說服許多人，不列顛再也沒有必要的力量或後援來維持帝國。最重要的是，蘇伊士運河事件一敗塗地之後失去美國的支持；該事件落幕，美國扮演關鍵角色。「蘇伊士清楚顯示，除非不列顛的行動與美國一致，否則身為殖民強權與世界強權，難逃一死。」（Louis 1999b: 342）丟了中東後，艾登的後任首相哈羅德・麥美倫（Harold Macmillan）和他的殖民地事務大臣伊安・麥克勞德（Iain Macleod）在短短幾年內，從一九五七年至一九六六年，迅速結束非洲與西印度群島的帝國。[41]一九六三年新加坡離開帝國，一九六七年亞丁也離開。一九六八年一月，工黨政府宣布在一九七一年之前完全撤回蘇伊士運河以東的軍隊（Darwin 1988: 293-96; Hyam 2006: 393-97）。無論策略意義或象徵意義，一般總是認為這是決定性的宣言。超過一個世紀，人們深深相信，對不列顛而言，少了蘇伊士運河以東的實質存在，就不是有意義的帝國。現在就是帝國的終點。發表此宣言時，首相哈羅德・威爾遜（Harold Wilson）在下議院引用吉卜林的詩作〈退場〉，認同蘇伊士運河的時代意義：「喧嘩與叫囂散去；船長與國王離開」（Hyam 2006: 397）。「想要確切指出不列顛帝國終結的日期，最合適的莫過於一九六八年一月十二日。」（Porter 2004a: 322）還有些未完成的事情——香港直到一九九七年才回歸中國，還有一兩場帝國戰爭要打（例如，一九八〇年代的福克蘭戰爭），但是就正式的帝國而言，一九六八年似乎是四百年故事的完結點。

這裡不是詳細討論帝國如何與為何終結的地方。如同所有這類的案例，物質與道德的力量，在複雜的互動之中，或多或少同等涉入。[42]現在我們考量的重點更是，儘管某些部分需要脫手，但不列顛究竟花了多長時間、到達什麼程度，持續維持帝國、延長帝國。學者的共識現在漸漸不將去殖民化視為滅亡，而是「藉由其他手段延續帝國」。（Darwin 1986: 42）戰後的危急時期——戰爭的疲憊、財政耗竭、來自美國的壓力、戰爭期間對民族主義團體的承諾——逼迫不列顛放棄帝國的重要部分，許多案例更是比預期快速。但那絕對不意謂不列顛對帝國失去期待，或單純卸下帝國的責任。他們反而希望，透過正式與非正式的帝國來並進，不列顛能夠維持世界強權的地位，即使殖民地已經正式獨立，仍會繼續依賴盟國的支持與不列顛對殖民地的影響（Darwin 1984; Louis and Robinson 1994）。然而結果竟是一場白日夢。不列顛只好接受在世界的地位降格，並把未來轉向自家附近的歐洲。然而，更驚人的是，不列顛深深相信自己可以繼續穩坐世界強權，甚至在戰後變化多端的環境之中持續這個信念。這個渴望的核心就是帝國，雖然如同過去，是個必須經過重大改變的帝國。

一九四五年接續邱吉爾聯合政府的工黨政府，和邱吉爾與保守黨人一樣，並不打算放棄帝國以及隨著帝國而來的權力地位。那是工黨政治家領袖共同的信念，諸如首相克萊門特·艾德禮（Clement Atlee）、外相歐內斯特·貝文（Ernest Bevin）、財政大臣斯塔福德·克里普斯（Stafford Cripps）與許多前座議員（Louis 1999b: 333）。貝文尤其有個不切實際的計畫——在冷戰的背景下，以不列顛帝國為關鍵成員，形成「西方聯盟」保衛西方文明；在美國與蘇聯面前，不列顛偉大的權力地位沒必要減縮。他在一九四八年宣布：「建立我們自己相當於美國與蘇聯的權力與影響。我們擁有殖民地帝國的物質資源，如果我們發展那些資源，而且現在擔任他們精神的領袖，就能執行我們的任務，而且清楚展現，我們並不屈從美國或蘇聯。」（in Hyam 2006: 137-38）

某些左派捍衛的反殖民主義——雖然工黨多數階級並不支持——戰爭期間並不受歡迎，戰爭之後也是（Howe 1993: 82-142）。但是對於帝國的價值以及持續帝國的必要，兩黨確實支持同一共識，至少在政治菁英之間（Porter 2004a: 297-98; Ashley Jackson 2006: 526-30; Hyam 2006: 94-95）。此外，不列顛的民眾雖然對於帝國的細節總是不甚清楚，卻把帝國當成不列顛在全世界的聲望基礎，持續以帝國為榮、支持帝國。戰爭期間「人民的帝國」這個論調，戰後持續出現在大眾文化中。在民間與官方言論中，較為人接受，也較「民主」的「國家聯邦」一詞，逐漸取代「帝國」。一九四七年《週日泰晤士報》甚至超越阿爾弗雷德．齊門，提出獨立民族自由聯盟的「不列顛第四帝國」，也就是人民後來理解的「不列顛國家聯邦」。一九五三年伊莉莎白二世的加冕典禮上，與會代表來自整個帝國，列隊規模之龐大，見證這個流行的帝國形象達到高峰。「加冕那年推廣『人民的帝國』，強調平等民族組成的多種族共同體，而透過轉變帝國的面向，這個理想增添現代特色，將會維持不列顛屬性這個全球的身分。」（Webster 2007: 8；亦見 55-56, 92-118）

對某些評論者而言，例如學者W．K．漢考克（W. K. Hancock），國家聯邦對於帝國而言，確實是亞里士多德式的目標（telos），也就是帝國為了生存，不管有無意識，一直朝向的目標。這是 *imperium* 和 *libertas* 最終的重新和解（Hyam 2006: 71）。一九四八年印度與巴基斯坦正式加入國家聯邦，雖然是以共和國的身分，然而對於國家聯邦的未來具有關鍵的重要性。最後一任印度總督表示，這是「帝國有史以來最好的機會」（Louis 1999b: 336）。為表示這件事情的重要性，「自治領」一詞不再使用，而「不列顛國家聯邦」也除掉「不列顛」，成為現在更簡單且平等的「國家聯邦」（McIntyre 1999: 696）。印度願意加入，形同為其他亞洲與非洲前殖民地鋪路。那些殖民地多數成為共和國，接下來二十年陸續加入聯邦。這個聯邦的成員多半是戰前的白人自治領，可能不是個舒適的俱樂部（聯邦到了一九九七年已有五十四個成員，比一九四五年的聯合國本身還大，很難舒適）。但是如同帝國為國家聯盟鋪路，國家聯邦也幫助聯合國推動一九四五年後的目標。舊的帝國產下新的聯邦；但是較早之前形成的羈絆應該還在，而且允許不列顛持續進行他們熱切相信的世界大同。資深的自由帝國主義者歐內斯特．百克寫信給此時安頓在大西洋彼端的友人阿爾弗雷德．齊門，他表達一個觀點：「對我來說……世界的希望就是，我們的聯邦身為世界偉大、清明的中庸之道（*via media*），延續下去。」（in Stapleton 1994: 192）

隨著聯邦重新形成與成員的關係，多種族共同體不僅是渴望，現在已經成真。對成員而言，經濟的重要性也逐漸增加，甚至超越兩次大戰之間貿易與投資顯著的增量。來自帝國的進口從戰爭前夕的百分之三十九，五，一九五〇年至一九五四年成長至百分之四十九，一九五五年至一九五九年仍有百分之四十七。出口至帝國從戰前的百分之四十九，一九四六年至一九四九年躍升到百分之五十七．五，一九五〇年至一九五九年維持超過百分之五十。資本出口如同以往，甚至更高，一九五〇年至一九五四年間有百分之六十五輸出到帝國，一九五八年至一九六〇年間維持在百分之六十（Porter 2004a: 306-7）。雖然這些數字可能反映不列顛的經濟漸弱，不列顛的產品被擠出廣大的全球經濟，但是也清楚顯示帝國的重要性漸增，無論身為必要進口的保護來源，或者不列顛產品與資本的出路。在競爭越來越激烈的環境之中，帝國之於不列顛，至少在經濟上，從未如此必要。同樣的，許多殖民地的經濟與宗主國的經濟更緊密連結（這也是為何不列顛加入歐洲共同市場，對他們而言形同背叛）。

對不列顛經濟特別重要的進口物品來自熱帶殖民地：金屬（銅、錫、鈷、金、鈾）、植物產品（橡膠、棕櫚油）與食物（可可、咖啡、花生）。因此，而且也是實現戰爭之前與期間的承諾，一九四五年後，不列顛如火如荼地啟動熱帶殖民地長期發展計畫，尤其在非洲。約翰．蓋勒說：「清算多數不列顛亞洲的同一個工黨政府，轉而發展不列顛非洲。非洲將會取代印度，但是更溫馴、更可塑、更忠實。」（1982: 146; cf. Hyam 2006: 95, 130- 36）非洲在戰爭之前一直遭到冷落；現在，加以適當地管理與發展，似乎能夠提供不列顛資源，以資在各方面延長帝國。

某些方面而言，戰後為拉緊帝國羈絆所採取的措施中，最激烈的就是《一九四八年英國國籍法案》（*British Nationality Act of 1948*）。二次大戰期間，不列顛官方政治宣傳與大眾文化共同的主題都是共同公民權，以此作為團結所有階級的紐帶。這也是對於帝國其他民族長期的承諾，雖然多數實現得緩慢。現在，部分為了肯定整個帝國對戰爭不遺餘力的付出，不列顛政府終於實現那個承諾。瞬間所有帝國的成員，包括所有自治領和從屬國的居民，以及加入國家聯邦的前殖民地，例如印度，都是君王平等的臣民，擁有在聯合王國居住與工作的權利。雖然每個自治領都能自由訂定自己的公民身分法律，然而，聯合王國，身為「母國」，清楚表示所有帝國臣民在她的眼中皆是地位平等的，而且是聚集所有成員的中心。如同檢察總長哈特利・蕭克洛斯（Sir Hartley Shawcross）強調《國籍法案》的「整個目的是維持共同地位，而且憑藉國籍法，維持宗主國傳統，即這個國家是國家聯邦的祖國」。戰爭期間經常見到的家庭形象，現在再次引用。大法官喬維特（Lord Chancellor Jowitt）曾說，「普遍的共同地位，或國籍」是「區別家人和朋友的差異」（in Paul 1997: 16-17）。對於該項法令的批評主要針對過度自由的移民，並對未來可能的問題發出警告。但是當時沒有人懷疑此舉代表的是對於不列顛帝國非凡的信心，以及帝國可以延續生命直至未來的希望與期待。

最後，那個希望不僅取決於帝國的人口願意加入重新改造的帝國，也取決於國際環境與主要角色的態度。在不列顛帝國的案例中，意思就是多數取決於美國。不列顛重度依賴美國的金援才能結束戰爭，而且之後數十年，發現自己於重大國防與外交政策上，均受大西洋對岸的夥伴牽制。美國傳統上就不喜歡帝國，無論不列顛或其他，而且羅斯福不只一次宣布戰爭之後清算帝國的決心。但是隨著冷戰開始，杜魯門繼任美國總統，美國的態度隨之轉變。「在美國心中，反共產主義的重要性永遠勝過反帝國主義，不列顛帝國因此延長生命。」（Louis 1999b: 330）現在部署歐洲帝國反而顯得有用，尤其幅員廣闊的不列顛和法蘭西帝國，擁有眾多位居戰略地位的海軍與空軍基地，正是對抗全世界共產主義影響與親蘇維埃反殖民運動的利器。歐洲帝國成為美國控制的「代理」；美國人「扮演不列顛與法蘭西帝國沉睡的夥伴」，在帷幕之後操作，讓歐洲人幹大部分的粗活。（Louis and Robinson 1994: 472）有些人視這種情況為某種「外包」，非正式的美國帝國騎在歐洲帝國的背上，幾乎完全控制他們的發展——全新運用不列顛於十九世紀的「非正式」原則。（Go 2011: 136-45）

無論我們怎麼看待，清楚的是，美國的支持是不列顛認為他們能夠延續帝國的另一個理由。他們甚至可以冷靜思考前殖民地獨立這件事，只要他們持續待在國家聯邦，只要可能在新的國家建立殷勤的民族主義領袖——如此一來，還是可以繼續發揮影響力，也能維持不列顛身為世界強權所需要的主要軍事基地（Darwin 1984: 199; Louis and Robinson 1994: 487）。這裡再次認同舊的原則，回到一九二〇年代的「第三帝國」，也就是為了保持所有事物的原狀，所有事物必須改變。

無論一切是否基於幻覺，無論把新成立的國家留在不列顛，或者至少留在盎格魯—美國的圈子，就連那些在國家聯邦內的國家，都逐漸證實將會非常困難。但是這不是我們在此的重點。重點是，二次大戰之後二十多年來，許多評論者與政策制定者深深相信，帝國的故事絕對沒有完結，某種形式的不列顛帝國將會、也應該存活。在戰後不祥的氣氛中，當民族主義和反殖民主義似乎攻無不克，這個信念見證一件事情：數個世紀之久的不列顛人——也許尤其是英格蘭人——相信他們是為帝國而生的民族，而且幾乎無法想像沒了帝國的自己。

保羅．甘迺迪（一九八三）在一篇有趣的文章中提問：「不列顛帝國為何持續這麼久？」他提出幾個理由，但他特別強調長久以來不列顛菁英的政治文化。他描述為「不喜愛極端，崇尚合理的論證，相信政治的理性與妥協的必要」（1983: 216）。這些似乎是謙遜的美德，而且可能遺漏某些重要且不太吸引人，但在獲得或維繫帝國上卻是必要的特徵。然而這些美德似乎確實包含某些真理，而且某方面可以解釋為何不列顛能夠維持他們的帝國長達這麼多世紀，甚至能夠幫助甘迺迪解釋，為何「衰退和陷落的過程稱得上溫和，偶而有點不光彩，也喪失一點顏面，但是同時避免其他帝國，例如羅馬帝國、德意志第三帝國、或者程度較輕微的葡萄牙帝國，結束時的劇變、混亂、內部裂縫」（1983: 217）。許多人也同意這個觀點，對照不列顛的情況，補充法蘭西、荷蘭、比利時帝國結束時的血腥案例。（例見，Spruyt 2005）

但是關於不列顛為何能夠建立世界最大的帝國，並且維持這麼久，似乎有必要針對這個論述補充。如同本書已經討論過的其他統治民族，例如鄂圖曼突厥人、俄羅斯人、奧地利人，其實不列顛人也相信帝國、投身帝國；他們覺得成為帝國強權是不列顛人在這個世界的命運，而且要憑藉那樣的強權從事良善偉大的事業。換句話說，如同我們已經討論過的案例，我們必須想到不列顛的使命感。引用知名傳教士大衛．李文斯頓（David Livingstone）等人崇敬的三位一體，不列顛將分別或共同承擔「基督宗教、商業、文明」。國祚綿長的帝國不可能脫離使命的事實，因為沒有使命就沒有帝國。

一九六〇年代末，帝國正式終結後，某些人開始流行主張，不列顛人根本沒有真正在乎過帝國，至少多數不列顛人沒有，而且帝國對他們幾乎沒有留下影響。特別令人震驚的例子是保守黨的政客以諾·鮑威爾（Enoch Powell）。他曾是熱情的帝國主義者，但是後來，隨著越來越多帝國的成員行使進入不列顛的權利，他開始瘋狂反對他曾經認為帝國代表的一切。就鮑威爾的情況來說，他的反應就是否認帝國實際存在。他表示：「不列顛帝國的神話是政治歷史最了不起的悖論。」「在整個想像不列顛建立自己的帝國的那段時間，不列顛不僅沒有意識到從事任何這類的事，而且正面肯定她就是沒有。」（Powell 1969: 247）這番對於西利的呼應——但是和西利的意義相反——力道沒那麼大，但是同樣沒有說服力，多半只停留在學術圈。（例如，Porter 2004b）

無論對於這些主張有何看法，這些主張似乎都明白地指向同一點，帝國沒有消逝，而且確實持續展現存在，只不過是藉由困擾人們的方式。否認帝國，本身就會透露出帝國活生生地存在。事實上，如同多數歐洲帝國，許多證據顯示不列顛帝國留下強而有力且無所不在的來生（例見，Ward 2001; Thompson 2012）。不列顛帝國可能死了；但其魂魄繼續縈繞不列顛人的想像，而且不只是不列顛人。

Chapter Seven

法蘭西帝國

「帝國的民族國家」

若是待在自家後院，不可能成為強國。

——茹．費理

（Jules Ferry, Le Tonkin et la mère patrie, 1890 [in Brunschwig 1966: 84]）

法蘭西幾乎是唯一差點解決管理外國種族問題的民族：她不毀滅他們，那是其他民族太常做的事；她比任何人都知道如何同化他們。

——阿爾夫雷德．蘭姆邦

（Alfred Ramboud, La France colonial, 1886 [in Baycroft 2004 : 150]）

根據地理位置、領土範圍、肥沃程度，法蘭西永遠是歐陸強權的翹楚。土地就是權力和光榮的國家劇院。海上貿易只是附屬她的存在；大海從來沒有激起，而且永遠也不會激起那些國內同情，以及那種航海或商業民族會萌生的子女尊敬。海洋事業永遠不會吸引法蘭西注意，也不會得到幫助、財富或人才。

——亞歷西斯．德．托克維爾〈論法蘭西取得優良殖民地之阻礙〉

（"Some Ideas about What Prevents the French from Having Good Colonies", [1833] 2001: 1）

帝國作爲民族

法蘭西曾經是最帝國主義，也是最不帝國主義的民族。他們是帝國主義的，因為他們相信他們應該駐紮全世界，法蘭西應該擁有世界帝國。同時，他們相信世界文明應該獨尊法蘭西，法蘭西民族應該在世界烙上他們的特色。那樣的想法一度與法蘭西是神所選的民族相連，肩負散播天主教與保皇主義的使命。後來，法國革命之後，法蘭西的帝國任務變成理性、共和主義與世俗主義。但是無論以什麼形式，相較其他帝國，法蘭西最接近帝國與民族的兩相融和，即帝國身為「放大的民族」（見第一章）。鄂圖曼、哈布斯堡與其他帝國民族接受帝國是不可化約的複數，具備多民族性格，但法蘭西不。對法蘭西人而言，法蘭西帝國首先且重要的是法蘭西人，特色就是法蘭西這個民族的性質。因此格里．威爾德（Gary Wilder）使用結合的詞「法蘭西帝國的民族國家」描述法蘭西和其帝國，似乎出奇適合。[1]

在民族主義的文獻中，常見法蘭西為典型民族國家的論點。一方面來說很荒謬，而且反映學者常見的傾向，就是深入一個領域，卻沒有抬頭看看籬笆另一邊其他領域同事的近況。法蘭西人的帝國資歷就和英格蘭人一樣長，尤其如果我們把法蘭西本身（六邊形）的建立過程視為帝國，便是如同看待英格蘭。到了二十世紀初期，法蘭西擁有世界第二大帝國，僅次不列顛。如果我們想到法蘭西，不如我們想到羅馬、俄羅斯、不列顛一樣立刻想到帝國，不是因為法蘭西人沒有帝國，而且就像不列顛，甚至多於一個。

儘管如此，想到法蘭西卻沒有立刻想到帝國，也是可以原諒的錯誤。他們本身一直非常堅持帝國最典型的法蘭西性格（民族的），以致不讓他人看見帝國治理相關的尋常特色。他們的非歐洲臣民不是沒有意識到這些，畢竟如我們所見，至少在某些地區，臣民以極端暴力推翻法蘭西的統治。但是對歐洲的觀察者與評論者來說，更明顯的似乎是法蘭西人專注在建設與維持可行的民族國家。由於十九與二十世紀一系列動搖國本的革命與週期性危機，不可避免的，許多思想與精力都投入國內事務，政治家忙於克服民族凝聚與國家團結的問題

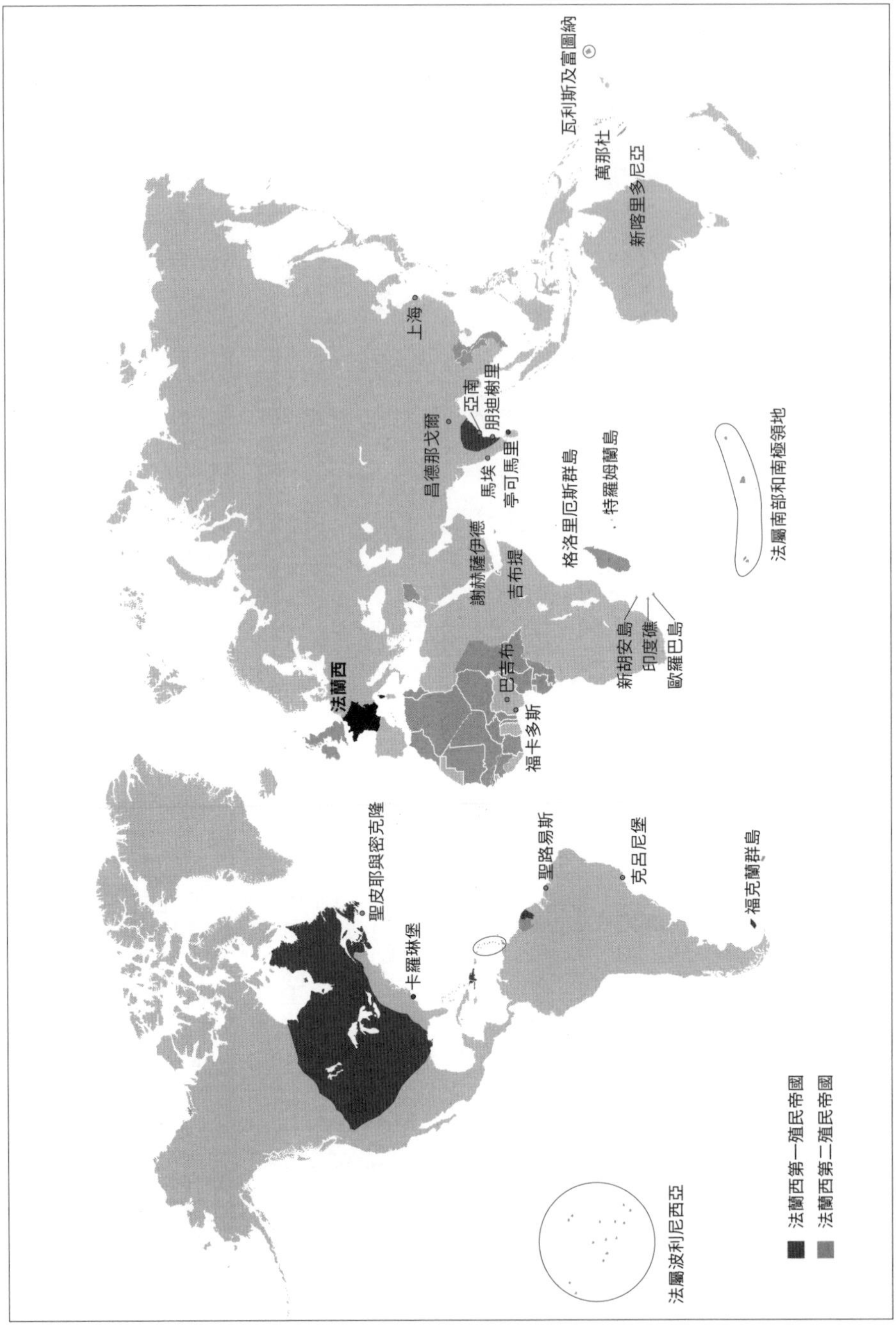

法蘭西帝國疆界全盛時期，約一九二〇年。

（十九世紀法蘭西社會思想首要關心的議題）。一七八九年以來，至少經歷四個重大革命、五個共和政體、三場嚴重的戰爭失利：法蘭西怎能不執著於民族存亡與民族驕傲？

我們必須在這樣民族化的觀點討論法蘭西帝國。當然帝國還有許多其他面向，而且我們也應該討論那些面向。關於帝國的一般論述不能忽略法蘭西的案例。但是，相較我們已經討論的帝國，法蘭西的差別在於，法蘭西多大程度力求帝國成為他們本身文化與身分的再擴大。帝國治理常見的形式——壓抑統治民族的民族主義與民族身分，在法蘭西的情況較不顯著。通常是相反的情況：主張強烈的民族主義，並且深信法蘭西文化有很多可以教導世界的地方，世界會因為身為法蘭西而更好。因此在法蘭西的案例，再次相較其他帝國，重要的是同化的概念。同化有許多變體，而且通常理想與實踐之間有巨大差異。但是根本上，法蘭西帝國歷史絕大部分以此為主導概念。當鄂圖曼、哈布斯堡，乃至不列顛都會接受、甚至鼓勵差異，對法蘭西而言，根本無法想像有人接觸了法蘭西文化，卻不希望最大程度加入那個文化，或不希望成為法蘭西人。

民族與帝國的距離在法蘭西的例子似乎沒那麼遙遠，至少在現代時期可以省略那個距離。何以如此，還有進一步的理由說明。法國大革命期間，法蘭西民族特別以普世的術語定義自己。在他們的《人權和公民權宣言》中，在他們擁護自由、平等、博愛，在他們推崇理性為所有判斷的最高原則，法蘭西描述自己的詞語完全適合描述帝國。法蘭西民族地位的普世性可以輕易變換為帝國的普世性。對法蘭西民族好的，完全就是對整體人類好的，也就是理性與自由的統治、法蘭西共和主義的形式與態度。法國革命期間對於法蘭西民族發起的教化使命，輕易就能擴大運用在全世界。這個教化使命可以成為證成法蘭西帝國的意識形態，對民族與帝國而言，也是同一個普世主義。法蘭西—— *la grande nation*，與大法蘭西—— *la plus grande France*，具有海洋帝國少見的重疊與延續。對於多數的海洋帝國，宗主國與殖民地之間所有方面的距離都非常遙遠。在這樣的意義下，法蘭西海外帝國更接近陸地帝國的模型，其中宗主國與殖民地在不知不覺中互相融合。但是這點也不能用來描述法蘭西的案例，部分因為法蘭西的人民不如不列顛人之於不列顛帝國，沒有大批居民定居在他們的帝國。法蘭西人和「當地人」（多半是非洲人和亞洲人）之間的差別明顯得無法忽略。然而，這也是法蘭西帝國與其他帝國眾多區別之一，無論陸地或是海洋帝國；意思就是，儘管如此，民族與帝國依然占據相同的意識形態空間。艾爾弗雷德·朗博（Alfred Rambaud）將此視為法蘭西獨特的成就，他於一八八六年寫道：「只有法蘭西，直到現在，有那個勇氣認為宗主國與殖民地形成單一家園，一個國家。」（in Baycroft 2004: 150）

法蘭西的許多帝國

如同英格蘭人與不列顛人，法蘭西人長久以來也創造多個帝國。就像英格蘭人，第一個帝國在中世紀與現代時期初期。這個帝國又和英格蘭一樣，是個陸地帝國，六邊形的「內部帝國」，由多個法蘭西國王歷經許多世紀建立。法蘭西民族國家，就像英格蘭／不列顛，具有所有「迷你帝國」的特徵，是個微型帝國。（見第一章）卡佩王朝的國王從他們在法蘭西島大區的基地不斷展開征服，於是取得國家地位。他們接連併吞布列塔尼、勃艮第、隆格多克、加斯科涅（Gascony）、亞奎丹（Aquitaine）、普羅旺斯，以及其他繼承西法蘭克、東法蘭克、洛林王國，以及數個卡洛林王朝一度驕傲獨立的王國。費時數百年，多次鎮壓內部叛亂，法蘭西國王才將迥然不同的領土焊接成他們的「內部帝國」。（Collins 1995）

即使經過法國革命高度集中化的影響，還是有許多地區沒有向心力，至少多數人居住的鄉村地區就是。根據歐根·韋伯的觀點（一九七六），直到十九世紀後期，才嚴正開始將口說各種方言與文化截然不同的農民變成法蘭西的男人和女人。羅傑斯·布魯貝克（Rogers Brubaker）指出，雖然「*la mission civilisatrice*」的概念通常用於證成法蘭西的海外帝國，但是這個概念起初是指法蘭西國家對自己國內居民的教化使命。這種「內部的 *mission civilisatrice*」由 *instituteurs* 執行，也就是學校教師，「他們的使命就是『建立』（institute）國家」。（Brubaker 1992: 11）誠如歐根·韋伯所言，「著名的六邊形（法蘭西現在的形狀）本身可以看成一個殖民帝國，經過數個世紀塑形：包括領土征服、併吞，接著整合為一個政治與行政的整體。許多領土早已發展出強烈的民族與區域性格，某些領土的傳統特別又有非法蘭西或反法蘭西的特徵。」（Weber 1976: 485；亦見 Kuzio 2002: 32; Quinn 2002: 109; Baycroft 2004: 149-51）[2]

十六與十七世紀，法蘭西建立第一個「帝國民族國家」的時候，同時也在北大西洋建立第一個海外帝國（Aldrich 1996: 10-19; Quinn 2002: 11-65; Hart 2004: 188-92）。和英格蘭人一樣，法蘭西人向西北尋找通往東方的路徑，儘管失敗，卻因此在聖勞倫斯河（St. Lawrence River）開墾定居，後來成為魁北克（一六〇八）與蒙特婁（一六四二）。這是「新法蘭西」，盛行鱈魚捕撈與皮草貿易，繼而成為法蘭西大西洋港口經濟繁榮的基礎，例如波爾多、聖馬洛（Saint-Malo）、盧昂（Rouen）、第厄普（Dieppe）、翁夫勒（Honfleur）。

法蘭西的貿易商和探險家從新法蘭西冒險穿過五大湖，往南沿著密西西比河，一路到達河的出口墨西哥灣。一七一八年發現紐奧良。法屬路易斯安那州包括密西西比河兩邊遼闊的土地，大約是歐陸法蘭西的五倍之大。

法蘭西的殖民事業也出現在加勒比海。他們在瓜德羅普群島（Guadeloupe, 1635）與馬提尼克島（Martinique, 1635）開墾；一六三〇年代，又加強控制聖多明哥（Saint-Domingue，西班牙島〔Hispaniola〕東方）。一六一二年，法蘭西人落腳法屬蓋亞那，使該地成為法蘭西最老、未曾中斷的海外屬地（現在仍是），雖然也因為一八五二年至一九三七年成為懲罰罪犯的殖民地——惡魔島——而惡名昭彰（其中大名鼎鼎的收容人正是軍官屈里弗斯）。蓋亞那從來不是成功的殖民地；但是其他西印度殖民地，由於發展糖業繁榮興盛，勞動來源多半是奴隸。到了一七〇〇年，法屬西印度群島上有超過四萬四千人（其中三萬人是奴隸）；而在新法蘭西（加拿大）只有一萬人。（Quinn 2002: 56）

法蘭西並不將自己受限於大西洋；他們的野心觸及亞洲。一六六四年，法國東印度公司成立，總部設在印度朋迪榭里（Pondicherry, 1674）和昌德那戈爾（Chandernagore, 1684）。法蘭西人也在印度洋的波旁島（Île de Bourbon，今留尼旺〔Réunion〕）與法蘭西島（Île de France，今模里西斯〔Mauritius〕）定居，這兩處成為通往亞洲的墊腳石。

十八世紀揭開序幕的時候，法蘭西在打造帝國的路上似乎已經站穩腳步，甚至更甚主要對手不列顛。「北美多數地區，包括幅員廣闊的新法蘭西，以及部分美國核心地區，在十八世紀都屬於法蘭西海外帝國，而且加拿大皮草帶來源源不絕的財富。在西印度群島，糖業迅速發展，因此需要非洲的奴隸。由於法蘭西印度在東亞短暫但實在的機會，法蘭西成為次大陸的主角。」（Quinn 2002: 67）然而，到了十八世紀的尾聲，這些多半都沒了。法蘭西丟了加拿大與印度。一度是整個加勒比海最富有的屬地聖多明哥在一七九一年爆發叛亂，並於一八〇四年成為獨立國家海地。一八〇三年，路易斯安那州的土地賣給新的合眾國。三個世紀的海外擴張之後，法蘭西的海外帝國大幅縮減，剩下幾個加勒比海的小島、幾個非洲和亞洲的貿易站。發生了什麼事？

答案幾乎只有一個詞：不列顛。在北大西洋與法蘭西競爭的就是英格蘭／不列顛，而且一七〇七年後在全球幾乎所有舞臺上勝過法蘭西的，正是剛剛聯合的大不列顛及愛爾蘭王國。整個十八世紀，不列顛和法蘭西都在對戰，而且多數戰爭都是不列顛勝出。最重要的七年戰爭（一七五六—一七六三），常被稱為「第一次世界大戰」。這個戰爭中，不列顛在北美、印度、加勒比海擊敗法蘭西。法蘭西第一個海外帝國或多或少全被不列顛囊括。《巴黎和約》（一七六三）中，法蘭西割讓新法蘭西（加拿大）和整個路易斯安那州密西西比河以東（一八〇三年之前，為補償西班牙割讓佛羅里達給英國，又把路易斯安那州剩下的地區讓給西班牙）。法蘭西也丟了部分加勒比海殖民地，但是努力保住馬提尼克、瓜德羅普群島、聖多明哥。美國獨立戰爭當中，法蘭西和殖民者共同對抗不列顛，因此成功重獲部分屬地，例如塞內加爾、多巴哥（Tobago）。但幾乎丟掉整個帝國之後，這些只是聊以安慰的碎屑。

十八與十九世紀法蘭西帝國野心的主要驅力，必定就是為了與不列顛競爭全球勢力與影響。十七世紀多數時候，建造海外帝國的同時，法蘭西也是支配歐洲的強權。回溯至十四世紀，早在英格蘭之前，法蘭西已經自稱他們是所有民族中神所「選定的民族」。教宗在不同時間分別批准這個概念（Strayer 1971: 313）。這種特別、聖旨般的使命感，支持法蘭西國王歷經十六世紀與十七世紀初期所有測試與考驗。十七世紀後半，在「太陽王」路易十四的統治之下，這個承諾似乎即將實現。法蘭西國家大幅擴展疆界，而且在他焦慮的鄰居眼中，準備取下整個歐洲大陸。法蘭西人在北美的腳步更加堅定，也在印度取得穩固的立足點。權力與光榮在新落成的凡爾賽宮大放光芒。（Goubert 1970; Hart 2008: 112-18）

儘管在西班牙王位繼承戰爭（一七〇二—一七一三）中遭到荷蘭與不列顛的挑戰，法蘭西仍在十八世紀重新競爭世界強權（Jones 2003）。法蘭西在許多人眼中，已經是耀眼的歐洲文明，並設下標準；若非全世界，也成為所有其他歐洲國家的模範。這個事實也幫助法蘭西重新與其他強權競爭。法語是大部分歐洲宮廷與貴族的語言（包括俄羅斯）。法蘭西的思想與啟蒙時期的法蘭西思想家到處受人追求與崇拜。確實就是法蘭西發明「文明」與「教化過程」的概念，而法蘭西文明當然就是明確的範例。（Febvre 1973）

因此，法蘭西的挫折與失敗，尤其敗給不列顛，更是特別傷害民族尊嚴。十八世紀後半，法蘭西出現強烈的「恐盎格魯」壓力，對此，不列顛也回以自己同樣的「恐法蘭西」（Acomb 1950; Newman 1987; Bell 2003: 78-106）。不列顛失去美國的殖民地，在法蘭西當然是大快人心的消息，他們熱切歡迎富蘭克林、傑佛遜、湯瑪斯・潘恩（Tom Paine）這幾個幫助美國實現目標的英國人。伏爾泰與孟德斯鳩可能會讚美不列顛的自由與憲政制度；但是絕大部分的法蘭西人把不列顛當作敵人，不時妨礙法蘭西的企圖。（Tombs and Tombs 2007）

莉亞・戈林菲爾德主張，民族主義在現代世界的原則是「怨恨」。如她所言，根據尼采的說法，怨恨是「羨慕與憎惡感受（關於存在的羨慕），被壓抑下來，而且不可能滿足這些感受」（1992: 15）。作為一般原則，戈林菲爾德顯然過分強調這個因素，但是她有十足的立場，認為這個原則可作用在法蘭西的案例（Greenfeld 1992: 177-84；亦見 Kumar 2003: 89-120）。法蘭西想要模仿的，不是那種模糊的「英格蘭民族主義」，啟發他們的也不是英格蘭的民族概念（可能的話，在民族主義的情況下，英格蘭的影響完全相反）。造成十八與十九世紀法蘭西「怨恨」的是不列顛「帝國主義」反覆地勝利，而且看似不可能阻擋或匹敵。一而再、再而三，無論何時何地，只要他們遇到不列顛——在北美、加勒比海、印度、非洲，法蘭西人發現自己老是敗給英格蘭的詭計。對於一個習慣把自己想成 *la grande nation*、歐洲文明中心與指引的民族，反覆被最近才剛來到世界舞臺的強權羞辱，又是格外討厭。法蘭西最後確實重建他們的海外帝國，成為世界第二大的帝國。但這就是問題；法蘭西不習慣當世界第二，尤其第一是他們對抗超過一百年，而且多半都沒成功的對手。

似乎就在英法百年戰爭期間（一三三七—一四五三），第一次在法蘭西出現一個想法（如果不是準確的片語）——「*a perfide Albion, Albion perfide, le perfide anglais*」❶。但到了十八與十九世紀，這個片語開始大為盛行。法蘭西人自己在十八世紀不同時期用過這個片語，而且也被其他氣惱不列顛行為的人借去使用，例如在七年之戰尾聲被不列顛拋棄的普魯士。這個片語在法國革命與拿破崙帝國期間獲得某種正式的民族地位。羅伯斯比爾和拿破崙正式掌權期間，兩人分別在反不列顛的政治宣傳上孜孜不倦地提倡這個表達方式。隨著拿破崙遍布歐洲，這個詞語也滲透歐洲。十九世紀任何討厭不列顛新興勢力的人信手拈來這個表達方式。但是整個十九世紀，最需要引用這個表達方式，來指責成功得令人灰心的對手，就是不列顛帝國主要的對手——法蘭西人。（Schmidt 1953）

法蘭西拿破崙帝國

喪失第一個海外帝國後，法蘭西人幾乎立刻開始建立第二個陸地帝國（如果把六邊形當成第一個陸地帝國）。那個帝國的名字永遠都和拿破崙．波拿巴連在一起。他先成為軍總司令（一七九五—一七九九），接著是執政府（Consulate）的第一執政（一七九九—一八〇四），而且終於，從一八〇四年開始，自行稱呼，並自行加冕為「法蘭西人的皇帝」（這個頭銜在拿破崙於一八〇六年廢除神聖羅馬帝國，並於一八一〇年迎娶哈布斯堡皇帝之女瑪麗・路易莎〔Maria-Louise〕後更有意義，也因此宣布拿破崙為神聖羅馬帝國的遺產受贈人）。因此，後來人稱的「第一帝國」（一八〇四—一八一五）就這麼建立；拿破崙的侄子路易・拿破崙・波拿巴（Louis Napoleon Bonaparte），即拿破崙三世，建立的「第二帝國」（一八五二—一八七〇）接續在後。

到了最後，拿破崙帝國幾乎完全是個歐陸帝國，但這不是因為拿破崙非常崇拜亞歷山大大帝，所以沒有超越歐洲的野心。法蘭西征服埃及（一七九八—一八〇一）雖然非常短暫，卻是在為大東方帝國鋪路，想把不列顛趕出印度，重建法蘭西在亞洲的影響與勢力。不列顛的海軍中將霍雷肖・納爾遜（Horatio Nelson）領導尼羅河戰役（Battle of the Nile，又名「阿布基爾灣海戰」〔Aboukir Bay, 1798〕）終結這個夢想，再次阻撓法國人的帝國大業。[3]但是法蘭西在埃及的興趣與影響相當長久，持續整個十九世紀，直到不列顛再次、而且終於，於一八八〇與一八九〇年代黯淡。拿破崙本身對埃及文化與宗教深感興趣；他身穿伊斯蘭服裝現身，展開大規模的埃及研究與記錄，並且運出許多埃及古董到巴黎。他非常清楚亞歷山大大帝就在和他同樣的年紀時征服埃及——二十九歲，而且渴望像亞歷山大一樣，在該地區建立自己的文化印記。征服失敗帶給他的沮喪既深又遠。（Englund 2004: 136; Jasanoff 2005: 117-48; Cole 2007）

拿破崙建立海外帝國的其他企圖一樣沒有成功。在東方受挫後，他想要在西方建立新的法蘭西帝國，復興法蘭西在北美和加勒比海的強權。剛剛收復的路易斯安那州原本會是帝國連結到聖多明哥和其他加勒比海殖民地的關鍵。但是一八〇三年和不列顛意外再戰，粉碎這些希望，同時導致一八〇三年以一千五百萬美元出售路易斯安那州給美國——簡直是跳樓大拍賣。同時，拿破崙在聖多明哥重新實施蓄奴，儘管逮捕杜桑—盧維杜爾（Toussaint L'Ouverture）❷，仍然引發黑人再次叛亂，最終造成一八〇四年海地獨立。法蘭西意圖重建大西

❶ 譯注：「*perfide*」為「背信的」之意，「*Albion*」是不列顛島的古稱，「*anglais*」是盎格魯人。
❷ 譯注：杜桑—盧維杜爾（一七四三—一八〇三）為海地革命領袖。

洋的帝國，反而促使西半球第一個獨立的黑人國家誕生，鼓勵其他國家在接下來幾年內紛紛獨立。對於這次損失，以及該地區其他失利，拿破崙的反應眾所皆知——「該死的糖，該死的咖啡，該死的殖民地！」（Quinn 2002: 77）

一八一五年拿破崙失敗後，法蘭西又失去許多剩下的海外屬地，包括法蘭西島（模里西斯）、塞席爾（Seychelles）與數個加勒比海小島。但是他們收復瓜德羅普群島與馬提尼克，而且繼續持有蓋亞那、留尼旺（革命後的名字是波旁島）、紐芬蘭海岸外盛產鱈魚的聖皮耶與密克隆群島（St. Pierre and Miquelon，迄今仍屬於法國）、五個印度的貿易站（*comtoirs*）——朋迪榭里、馬埃（Mahé）、昌德那戈爾、亞南（Yanaon）、卡來卡（Karikal），以及塞內加爾的格雷島（Gorée）、聖路易（Saint-Louis）（Aldrich 1996: 20）。這些地方後來稱為「*vieilles colonies*」，「老殖民地」之意，以資區別一八三〇年後取得的新殖民地。相較法蘭西一度輝煌的海洋帝國，實在只能算是碎屑。同時，儘管失去美國的殖民地，不列顛重整加拿大、加強控制印度，在澳大利亞、紐西蘭、南非發展新的殖民地。這番對比對法蘭西人來說不可能不感到痛苦，尤其敗給他們最大的對手領軍並資助的聯軍。

但是，如果拿破崙海外帝國競爭失利，他在建立歐洲帝國方面則可謂卓有成效。拿破崙的*Grand Empire*，就像多數帝國，是個以不同方式與皇帝個人相連的領土雜燴。但到了一八一二年，拿破崙的帝國實際上包含當代歐盟所有的土地，而且透過結盟，甚至包括俄羅斯。拿破崙的「歐陸系統」其實是不列顛封鎖法蘭西對外貿易的結果，然而卻是歐洲經濟共同體早期極為成功的實例。拿破崙帝國是查理曼以來最大的歐洲帝國，也常與查理曼的帝國比較。但是也常見拿破崙帝國與羅馬帝國比較，而拿破崙則與凱薩比較。拿破崙無法和亞歷山大連結東西的帝國相提並論，但他的成就比起羅馬的皇帝，若非超越，至少也是相當。（Englund 2004: 332-39）

理解拿破崙帝國最重要的遺產——法蘭西「教化使命」，也就是*la mission civilisatrice*——羅馬的類比可能別具啟發。這當然不是法蘭西人第一次把他們的帝國和教化使命相連。中世紀以來，先是對於法蘭西島大區比鄰的地區，也就是與「內部帝國」相連的領土，接著對於海外帝國，法蘭西的國王認為散播法蘭西文明到世界是他們的使命。這個時候，文明主要是意謂天主教，以及法蘭西的專制制度（Stanbridge 1997）。如同往常，這是一個普世觀點；就和羅馬或不列顛帝國一樣，法蘭西帝國的統治者認為他們已經找到對全世界最好的事物。

法國革命斷然終止這個意義的法蘭西帝國使命。教會、國王、司鐸、貴族——全都遭到殘酷否決。取而代之的是「人民」和「國家」。君主變成「共和」；臣民變成公民。理性取代宗教（或成為新的「公民宗教」）；平等與博愛取代特權與階級。法蘭西仍然是世界的老師，甚至比從前更甚。但是課程內容現在大不相同。「法蘭西文明」現在具有不同意義。教化使命必須隨之改變。

這就是拿破崙的成就。拿破崙的帝國在法蘭西帝國當中的重要性，便是代表法蘭西帝國的使命徹底轉變，從保皇主義與天主教，轉為共和主義與世俗主義。從那個時候起，而且從此以後，貶低拿破崙的人可能認為拿破崙敗壞、侵蝕法國革命的訊息——帝國、獨裁與「自由、平等、博愛」似乎毫無關係。但是以長期的眼光來看，許多方面而言，拿破崙其實鞏固革命的成就（Woolf 1992: 95-98；亦見 Woolf 1989）。拿破崙法典結合許多革命引進的法律與行政變革。許多拿破崙帝國的國家採用法典作為法律系統基礎，獨立之後依然持續。拿破崙的軍隊將革命的口號與革命的歌曲〈馬賽曲〉帶到歐洲大陸每個角落，刺激各地居民在自己的社會追求必要改變，而且雖諷刺但也不罕見的是，成為他們自己起身對抗法蘭西主人的意識形態彈藥。法蘭西的教化使命換上全新、徹底的現代性格。這個使命承諾世界的，不是宗教與君王，而是理性與共和主義——如果必要的話，透過革命手段達成。

瑪雅．賈莎諾夫的說明很清楚，這些新的發展深深改變的，不只是法蘭西對自己的認知，還有世紀以來，法蘭西與不列顛爭奪全球霸權的本質。

較早的衝突已經令不列顛的自由、不列顛的基督教、不列顛式的君主制度，與法蘭西專制主義和天主教的獨裁互相對立。然而，一七九三年起，衝突已經不再介於兩個不同形式的君主、教會、國家之間，而是兩個完全相反的社會願景。在不列顛眼中，他們是在捍衛熟悉的社會秩序，對抗無國王、無上帝、平等共和主義的恐怖統治。對法國革命者而言，這個衝突是理性、平等、自由與宗教、特權、暴政之間的競爭。這些意識形態的信念，令革命的拿破崙戰爭之於七年戰爭的關係，類似後來二次大戰之於一次大戰的關係。七年戰爭是為權利、土地、安全而戰；現在不列顛和法蘭西是為捍衛並擴大他們的生活方式而戰。（2005: 118-19）

法蘭西的使命，性格與內容可能改變，但是依舊存在更早之前帝國的延續，這個延續指出帝國後來的任何工作將會如何規劃與執行。新的教化使命與民族互相連結，將會比之前的帝國更加穩固，甚至遠勝英格蘭／不列顛的情況。畢竟法國革命最顯著的成就便是發明「民族」這個現代的概念，並於創造的過程形成民族主義的信念（Brubaker 1992: 35-49）。法蘭西是第一個現代民族；他們向全世界展現什麼叫作成為一個民族。如同其他許多民族國家，如果法蘭西也是帝國，幾乎無法避免的是，這個帝國比起其他帝國，帶著更大程度的民族印記。法國大革命的民族，透過公民軍隊，透過拿破崙征服，已經帶著對自己的想法到歐洲每個角落，甚至超越歐洲，到南美、加勒比海、中東。法蘭西以革命的術語定義自己為共和與自由。如同對於法蘭西的批評，如果這樣一個民族可以創造而且擁有帝國，實在顯得弔詭，甚至矛盾。儘管如此，這麼做的時候，帝國注定深深帶著法蘭西民族身分的記號。如同之前與未來的法蘭西帝國，*la Grande Empire* 依然是 *la Grande Nation* 的延伸，即放大的法蘭西民族國家。

還有其他特徵顯示法蘭西民族與帝國異常緊密的關聯。首先就是為了發展海外帝國而設立的私人特許公司多數都以失敗告終。柯爾貝爾（Colbert）於一六六四年創立的法蘭西西印度公司主管法屬加勒比海的殖民地，跛行十年後終究失敗，改由國家直接治理。法蘭西東印度公司也於一六六四年成立，稍微較好一些，但是也僅止於在印度建立幾個貿易站（相較不列顛東印度公司統治印度超過一世紀，或荷蘭東印度公司在東印度群島的成功）。其他公司，例如塞內加爾維德角公司（Compagnie de Cap Vert de Senegal）、中國公司（de la Chine）、印度公司（des Indes）、東印度公司（des Indes Orientales）、北角公司（du Cap Nord），無不短壽促命。他們的問題，部分在於法蘭西堅持緊密的政府控制，壓抑地方動作（Quinn 2002: 44）。無論理由為何，法蘭西海外帝國，從很早開始，就必定是國家贊助的事業，直接從巴黎管理（Stanbridge 1997）。一旦國家在法國革命之後成為民族國家，或多或少不可避免的是，任何新的帝國成立，都將會受制於同樣的中央控制形態，但現在反映的是新式民族的特色。

另有一個特徵在法蘭西殖民帝國留下長遠影響，就是說服法蘭西人自己飄洋過海、定居法蘭西殖民地，是一件非常困難的事。十七世紀末，新法蘭西勉強只有一萬名法蘭西移民，而相較南方美洲的殖民地，已有超過兩萬名不列顛人。這個形態持續進入十八世紀。到了十八世紀中期，美國東岸已經有超過兩百萬名不列顛移民。對照之下，從聖羅倫斯河（St. Lawrence River），經過五大湖，到密西西比谷地這片遼闊的大地，只有七萬名法蘭西人稀薄地散布。稱得上城市的，只有相隔一千五百英里的魁北克與紐奧良。（Quinn 2002: 52, 68）

儘管政府反覆施壓，以及執行許多國家贊助計畫，法蘭西人仍然不願移居外國，原因可以追溯十八與十九世紀法蘭西相對少數的人口、到處可得的土地，以及法蘭西農民較佳的處境（如同亞歷西斯·德·托克維爾在一八五六年的著作《舊制度與大革命》〔*L'Ancien Régime et la Révolution*〕中指出）。換句話說，來自母國的「推力」很少；讓人甘願賭上生命與財產，前往水土不服、怪病叢生的異地，這樣的動機很少（Aldrich 1996: 138-39）。十九世紀人口上升，加上工業化肆虐，不列顛人反而從不列顛的島嶼蜂擁而出，定居澳大拉西亞、南非；北美人口（加拿大與美國）也大幅增加。法國人口在十九世紀堅持不肯上升，令政治家與宣傳家大失所望。一八七〇年的人口是三千六百萬；到了一九一一年，只不過變成三千九百萬，一八七〇年以來只成長百分之八・六。同一時期，德意志的人口從四千一百萬上升至六千五百萬，增加百分之六十；而聯合王國儘管土地較法蘭西小得多，也從二千九百萬增加至近四千五百萬。法蘭西的年成長率是百分之〇・三，為全歐洲最低。（Conklin, Fishman, and Zaretsky 2015: 76; Livi-Baci 1992: 139; Quinn 2002: 110）

Pour sauver un petite France, il faut avoir une grande France ——「要救小法蘭西，必要有更大的法蘭西」。

這是一次大戰之前面對毀滅性的低出生率經常重複的呼籲。法蘭西女人特別常被敦促建立「海外的法蘭西」以拯救法蘭西種族。到了最後，十九世紀後期，某些北非殖民地總算建立還算可以的法蘭西族群，尤其是阿爾及利亞與摩洛哥。但是整體而言，海外法蘭西人的數量，整個帝國時期，從一八七〇至一九五〇年代，依然少得可憐。俾斯麥俏皮地說：「法蘭西有殖民地，但沒有殖民者。」

一次大戰前夕，只有七十萬人住在法蘭西海外的殖民地，光是阿爾及利亞就有五十萬人（在許多義大利人、西班牙人、馬爾他人之間，他們勉強算是主要的歐洲人口）。有時候法蘭西人在歐洲人之間甚至是少數：一九一一年在突尼西亞有八萬八千名義大利人，但只有四萬六千名法蘭西人（還有一萬一千名馬爾他人）。一九一四年在摩洛哥，法蘭西人勉強算是多數：四萬八千名歐洲人中占據百分之五十三，其他是西班牙人與義大利人。在法屬中南半島，當地人口是一千六百萬人，但只有兩萬四千名是法蘭西人。在撒哈拉以南的非洲殖民地，法蘭西社群占全體人口的比例甚至更小。高峰時期，一次大戰之後包括國際聯盟託管地，法蘭西的海外帝國涵蓋超過一千二百萬平方公里、六千五百萬名海外居民。法蘭西因此成為僅次不列顛的世界第二大帝國（是法蘭西本身的三倍面積、七倍人口）。但是海外的法蘭西人從不超過一百四十七萬五千人。（Aldrich 1996: 144-45; Quinn 2002: 114, 183, 210; Ferguson 2004: 240-41; Frémeaux 2007: 157）

不像「更大的不列顛」，很清楚的，「更大的法蘭西」偏重領土意義，而非來自祖國的人口。在更大的法蘭西，沒有等同不列顛「白人自治領」的地方，沒有上百萬個住在澳大利亞或加拿大的不列顛人。最接近的是阿爾及利亞或摩洛哥的移民者（colons），他們是少數人口，被遠遠占多數的當地人口包圍。那裡較像南非

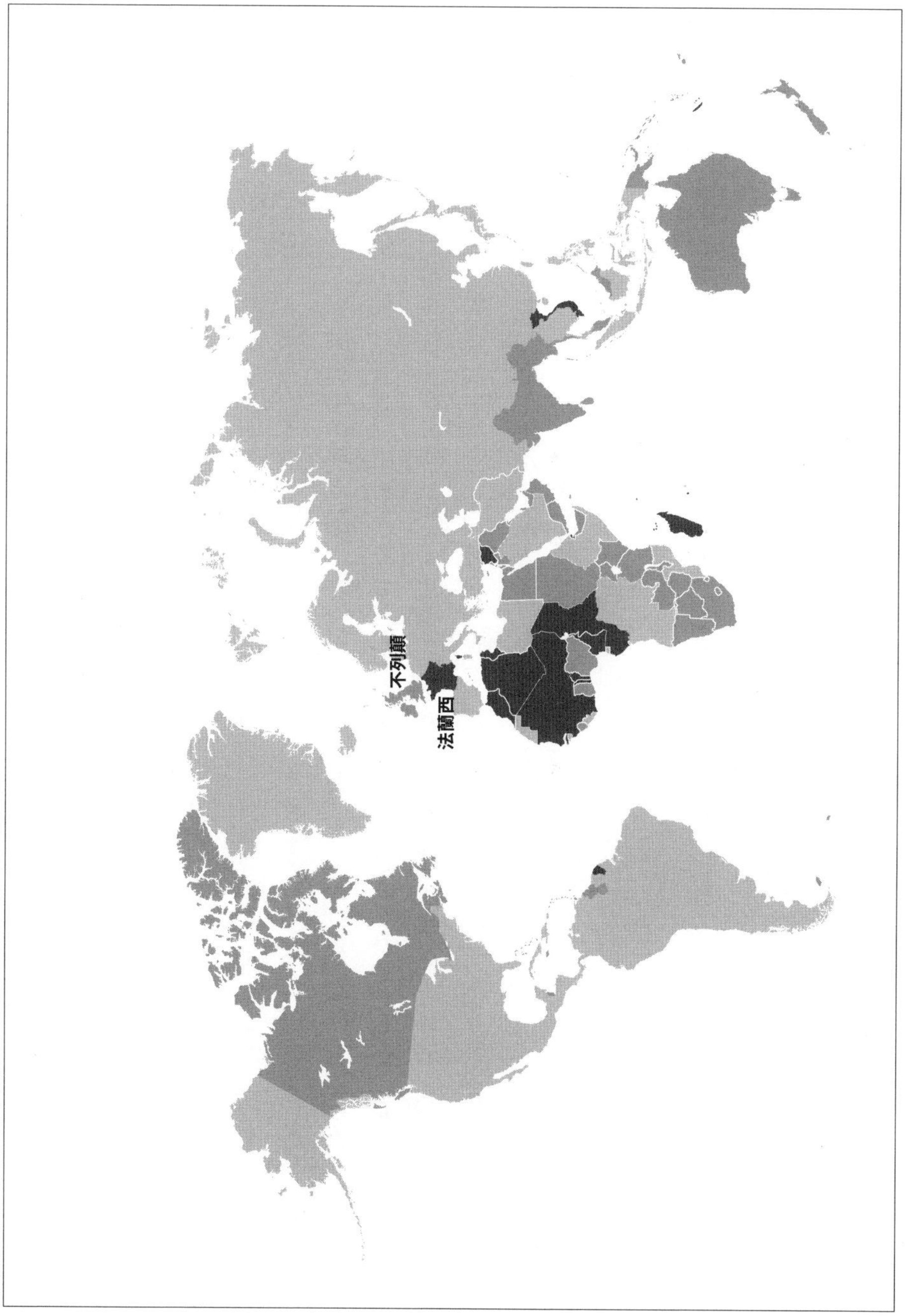

不列顛帝國與法蘭西帝國之比較，一九二〇年。

或肯亞的不列顛帝國，而且就像那些殖民地，少數人口對自家政府和對多數人口而言都是問題。

第二個海外帝國

瑪雅．賈莎諾夫與其他人相當有說服力地主張，第一個海外帝國，也就是舊政權的法蘭西海外帝國，與第二個從一八三〇年征服阿爾及爾算起的帝國，有很大的連續性。法蘭西在印度延續希望；他們尋求與各個反不列顛的印度親王結盟，最知名的是邁索爾王國的蒂普蘇丹（Tipu Sultan of Mysore）。與東方的戀情持續吸引法蘭西的政治家與學者。拿破崙退出後，法蘭西對於埃及依然情有獨鍾，例如伯納迪諾．德羅維蒂（Bernardino Drovetti）與尚—法蘭索瓦．商博良（Jean-François Champollion）在一八二〇年代收集埃及古董。一八〇五年，穆罕默德．阿里被鄂圖曼帝國指派為埃及帕夏，法蘭西也開始接觸並支持這位野心勃勃的統治者。不列顛反對法蘭西重新部署埃及，意謂政治上法蘭西人在那裡伸張權力無望，至少當時無法；但是無論如何穆罕默德．阿里密切接受法蘭西領事馬修．德．雷賽布（Mathieu de Lesseps）與德羅維蒂的建議，也是某種法蘭西的代理。但是還有阿爾及利亞；而且法蘭西攻擊阿爾及爾可以視為對埃及圖謀的延續，以及廣泛來說的北非與中東。「法蘭西在北非長久的歷史，由於他們轉向該地區而穩固，特別是在埃及。很有可能，法蘭西若不是早在埃及立足，不可能進一步征服阿爾及利亞。」（Jasanoff 2005: 286；大致內容亦見 211-306）

在法蘭西眼中，阿爾及利亞非常接近法蘭西的地中海海岸，總是占據某種特殊地位。法蘭西對該國的興趣可回溯至十六世紀，當時法蘭西在那裡建立貿易站法蘭西堡壘（Bastion de France），從此開啟貿易關係。堡壘是非洲與中東異國商品進口法蘭西的轉口港，例如黃金、香料、鴕鳥羽毛（Aldrich 1996: 24）。阿爾及利亞的異國情調與浪漫深植法蘭西人心中，常是創作主題，例如畫家歐仁．德拉克拉瓦（Eugène Delacroix）與作家古斯塔夫．福樓拜（Gustave Flaubert）。賈莎諾夫表示：「阿爾及利亞之於現代的法蘭西帝國，就像印度之於不列顛，是法蘭西關係最緊密的東方殖民地，最先取得，也最難割捨。」（2005: 286；亦見 Gildea 2009: 222-24）

儘管如此，征服阿爾及利亞是個冗長、殘忍、血腥的過程。阿爾及利亞人的英雄阿卜杜・卡迪爾（Abd el-Kader）奮力抵抗，法國元帥比若（General Bugeaud）報復鎮壓。據說阿爾及利亞百分之十的人口死於抗戰。直到一八四七年阿卜杜・卡迪爾被迫投降，而且要到一八七一年，法國才完全控制阿爾及利亞。即使如此，阿爾及利亞持續受到軍隊控制，如同一八三〇年以來的情況，直到一八七九年才設置文官政府。（Aldrich 1996: 25-28; Quinn 2002: 121-27; Kiser 2009）

但是長久以來，阿爾及利亞都是新法蘭西帝國孤單的偏遠地區。因此出現一個想法，認為雖然確實具有延續性，對法蘭西的許多方面而言，遭遇十八世紀北美與印度的重大損失後，阿爾及利亞象徵著新的開始，也就是重頭來過的帝國（Andrew and Kanya-Forstner 1988）。不列顛第一與第二帝國的連結似乎較為緊密，不列顛持續占據北美（加拿大），加上克萊武（Clive）與黑斯廷斯（Hastings）早期征服印度，正好重疊並補償美國殖民地的損失。十九世紀初期，拿破崙重建海外帝國失利後，法蘭西第一個海外帝國幾乎所剩無幾。蒂普蘇丹戰敗等於終結法蘭西恢復印度勢力的最後希望。出售路易斯安那州給美國，也就清算了北美的帝國。幾座西印度的島嶼，幾個印度洋的斑點——征服阿爾及利亞之前，法蘭西的海外帝國實際上就是這些。之後法蘭西不再指望印度或北美；新的法蘭西帝國會是非洲，從北非開始。新的法蘭西帝國也會是亞洲，但再也不是南亞；十九世紀，法蘭西人的眼光進一步轉往東南亞與東亞。

一八三〇到一八七〇年代這段時間，法蘭西絕對沒有失去帝國事業的希望。但是大致的原則是暫時不動，不往過去國王與皇帝偉大的帝國大業發展。經過一八一五年復辟與一八三〇年革命，新的政權出現，也就是路易—腓力的「布爾喬亞皇室」。法蘭西感覺這是投入內政的最好時機，其中最重要的是經濟與商業發展。路易—腓力的首相弗朗索瓦・基佐（François Guizot）對他的同胞宣布「Enrichissez-vous」（發財吧！）。這個目標永遠都比追求帝國更加可取。一八四二年基佐在國會演講，解釋為何他反對舊式的殖民主義，而且為何法蘭西需要的不是殖民地，單純只需要世界各地貿易的「支持站」（*points d'appui or points de reláche*）。

> 我傾向相信，普遍來說，試圖在距離我們領土遙遠的地區建立新的大型殖民地，以及，看在他們的份上，涉入長期的抗戰，無論是對抗那些國家當地的人民或其他強權，這些作為並不適合法蘭西的政策與天賦。適合法蘭西，同時不可或缺的是，在全球擁有據點，專門作為商業中心，以及穩固且強壯的海軍基地用以支持商業，船隊可以在那裡獲得補給，安全地停泊。（in Aldrich 1996: 94；亦見 Andrew and Kanya-Forstner 1988: 10, 15）

同一時間，不列顛強力反對殖民地的理查德．科姆登（Richard Cobden）會非常支持這樣的論點。雖然在不列顛，輿論很快就轉向，或至少接受帝國，但是基佐的論點代表關於海外帝國一股強大的思潮，迴盪整個十九世紀的法國。甚至在一八七一年後，因為多個理由，帝國又回歸議程之中，法蘭西依然有許多人堅信那是危險的外務，比起與海外屬地糾纏，法蘭西在家裡與歐洲有更重要的事情可做。法蘭西在十九世紀，甚至比不列顛更常被說是「不情願的帝國主義者」。

一八三〇年征服阿爾及利亞初期，以及一八七一年第三共和恢復帝國的時候，確實有某些類似帝國的事件。一八三八年，穆罕默德．阿里宣布從鄂圖曼帝國獨立，其實就是接受法蘭西的幫助，因為法蘭西認為這是在埃及取得立足點的機會。不列顛在外交大臣巴麥尊子爵的指揮之下，迅速果決地阻止這一切，強迫穆罕默德．阿里恢復鄂圖曼統治，並向法蘭西表示，他們任何的行動都將導致與不列顛的戰爭。不列顛曾經支持希臘獨立，但是並不打算放任鄂圖曼帝國更加衰弱，尤其如果得利的是法蘭西（Jasanoff 2005: 301-3; Gildea 2009: 221-22）。不列顛再次阻撓法蘭西的帝國企圖。

路易・拿破崙・波拿巴，也就是拿破崙三世（一八五二年至一八七〇年在位），在他的「第二帝國」期間，不意外的，也有與帝國相關的事件。這些事件不只與歐洲有關，還包括擴展法蘭西的疆界到萊茵河這個模糊的希望；支持波蘭獨立；幫助義大利對抗哈布斯堡，這些全都引發臆測，指向法蘭西的帝國意圖，尤其義大利戰爭導致法蘭西併吞尼斯與薩伏依（Savoy）。此外，也有重要的海外事業，其中最關鍵的是併吞交趾支那（Cochinchina）❸，並於一八六二年與一八六七年間於柬埔寨建立保護國。平定阿爾及利亞的計畫持續，拿破崙三世模仿他的叔叔，宣布「我是法蘭西的皇帝，也是阿拉伯的皇帝」（in Quinn 2002: 125）。在塞內加爾，法蘭西的工程軍官路易・費代爾布（Louis Faidherbe）於一八五四年與一八六五年間，不遺餘力拓展並加強法蘭西的控制。他在當地建立三層地方行政制度，成為整個法屬非洲的模型，並且成立著名的塞內加爾步兵（Tirailleurs Sénégalais），從法屬西非許多地區吸收軍隊，成為兩次世界大戰時法蘭西殖民地軍力的主要貢獻。（Cobban 1961: 174; Andrew and Kanya-Forstner 1988: 11; Quinn 2002: 155-56）

較不必然，而且帶有美夢成分的，是看似不太熱中的收復美國。利用一八六二年到墨西哥收取債務的盎格魯—法蘭西遠征，拿破崙三世派遣法蘭西軍隊到達該區，引誘墨西哥總統胡亞雷斯（Juárez）幫助斐迪南・馬克西米利安（Ferdinand Maximilian）大公即位為皇帝，也就是哈布斯堡皇帝法蘭茲・約瑟夫的弟弟。馬克西米利安當了幾年搖搖欲墜的墨西哥皇帝，之後被法蘭西拋棄，然後在一八六七年時被墨西哥的叛軍逮捕槍斃。（Cobban 1961: 180-82; Bérenger 1997: 273; Cunningham 2001）

歷史學家一直不解拿破崙三世的目標與野心。在歐洲各個首都流亡期間，他表示自己是「命運之子」，被召喚前來完成傑出的叔叔拿破崙一世肇始的任務。他的著作《拿破崙思想》（*Des Idées napoléoniennes*, 1839）列出模糊且廣泛的計畫，打造一個根據民族原則聯合的世界，過著和平與和諧的生活。他立志取消一八一五年

❸ 譯注：越南南部、柬埔寨之東南方的地區。

的《維也納條約》，他認為該條約將歐洲交給不列顛、俄羅斯、奧地利幾個保守主義強權，這麼做並不公平。如果歐洲列強認真看待這些想法，他們理所當然就會擔憂。

一旦身負權力，命運之子反而變得非常謹慎，和之前的姿態完全不同。他主張「L'Empire, c'est la Paix」❹，投入心力改善法蘭西的經濟與社會發展。在賽納省的省長、出身亞爾薩斯省的基督徒奧斯曼男爵（Baron Haussmann）的規劃下，巴黎徹底變身。整個國家鋪滿鐵路。設立重要的銀行；大幅擴張法蘭西的外貿。拿破崙經常與聖西門主義者往來，鼓勵革新者的遠大計畫，例如斐迪南・德・雷賽布（Ferdinand de Lesseps）於一八五九年開鑿的蘇伊士運河。拿破崙三世決心不要重蹈叔叔的覆轍，不與大不列顛為敵，在克里米亞戰爭中，他加入不列顛；不列顛與中國的第二次鴉片戰爭結束，一八六〇年，他也加入懲罰性的遠征。不顧法蘭西工業家反對，一八六〇年，拿破崙與英國簽訂《科布登—謝瓦利埃自由貿易條約》（*Cobden Free Trade treaty*），因此開啟兩國之間的自由貿易，大幅促進法蘭西的工業發展。（Cobban 1961: 175-77; Parry 2001: 149, 156-62）

同時，歐洲持續臆測他對波蘭、義大利與其他「受壓迫的民族」的政策內含何種意圖。長久以來，他對法蘭西「自然疆界」的想法深感興趣，為了追求那個目標，他也想要得到萊茵蘭。各界紛紛擔憂較早之前拿破崙的野心，尤其不列顛。巴麥尊子爵擔任總理期間，深深懷疑皇帝的意圖，害怕程度甚至高達擔心法蘭西侵略不列顛。就連蘇伊士運河可能重啟法蘭西對埃及的野心，這個想法也引起恐慌。（Parry 2001: 148-49）

最後，普法戰爭結束，拿破崙帝國垮臺，整個第二帝國因此蒙上陰影。法蘭西的政客與知識分子爭相貶低帝國與帝國的領袖。拿破崙常是惡毒諷刺畫的主角，被描繪為流氓、小丑。杜米埃（Daumier）的漫畫（〈瑞塔波利〉〔Ratapoil〕）、雨果的詩作《懲罰集》（*Châtiments*）、埃米爾・左拉（Émile Zola）的小說《盧貢—馬卡爾家族》（*Les Rougon-Macquart*）在當時極具影響力，將帝國描繪為粗俗、腐敗、貪婪的金融家與算計的娼妓手中的玩物。[4]與第二帝國聯想在一起的「帝國」，帶有輕視與負面的言外之意，不只在法蘭西避之唯恐不及，在不列顛和德意志也是。（Koebner and Schmidt 1964: 1-26; Parry 2001: 169-73）

事實上，徹底改變法蘭西對帝國的態度的，是一八七〇年至一八七一年的普法戰爭與戰爭的結果。一八三〇年征服阿爾及利亞，到一八七〇年建立第三共和，是其中一段斷斷續續的海外事業。某些海外事業後來非常重要，但沒有持續經營，而且第一個海外帝國失敗，拿破崙一世也失敗後，大眾對於復興帝國失去強烈興趣。一八三〇年革命、一八四八年革命、第二共和、第二帝國——法蘭西的國內問題似乎已經夠多，沒有時間與精力煩惱海外。法蘭西的歐洲鄰居無不緊密監視他們，觀察任何從前冒險主義的跡象，準備即時反應，如同一八四〇年的埃及危機。

一八七一年普法戰爭結束，法蘭西慘敗，不僅如此，強壯又統一的德意志就矗立在國土東側。這個情況之下，法蘭西比起從前似乎更無閒暇思考帝國，無論在歐洲或海外。戰爭挫敗重創國內，他們怎麼還能思考帝國？普法戰爭之後，隨即又是巴黎工人起義；一八七一年，巴黎公社（Paris Commune）成立。時任首相的阿道夫·梯也爾（Adolphe Thiers）血腥鎮壓公社；為了安全，政府也從巴黎遷往凡爾賽。大約兩萬到三萬名公社成員在鎮壓中被殺，許多被梯也爾的軍隊草率處決。這是十九世紀法蘭西工人階級最慘的失敗，甚至可謂史上最慘。第三共和建立在對抗外國軍隊慘烈的失敗，也建立在屠殺自己公民而流淌的鮮血。打從第三共和創立以來，法蘭西就飽受眾多痛苦的社會與意識形態分歧折磨，巴黎公社遭到擊潰帶來的只是其中之一，而這些分歧直到另一次血流成河才終止，至少某個程度終止，也就是第一次世界大戰。直到那次戰爭，這個國家自一八七一年來似乎才算真正統一。

國內秩序與安穩的問題，可能會被用來抑制帝國野心（雖然也不能忽略，帝國常被用來分散國內問題，這個方法同樣歷史悠久）。但是對當時的人而言，更大的阻礙是，普法戰爭失敗後，法蘭西發現自己陷入困難。

❹ 譯注：意指「帝國意謂和平」。

一八七一年的和談當中，法蘭西被迫割讓亞爾薩斯與洛林兩個繁榮的省分給德意志；五十億法郎的鉅額賠款形同雪上加霜，而且直到賠款付清前，德軍得以占領（這是法蘭西永遠不會忘記或原諒的事，一九一八年，就在一八七一年恥辱的現場，也就是凡爾賽，他們予以反擊）。這是碩大無朋的恥辱與損失。對許多人而言，沒有比反轉損失與報復羞辱更重要的事。所有其他問題，特別是追求海外帝國，都次於這個緊急且凌駕一切的目標。[5]

在這岌岌可危的時刻，追求帝國似乎極度沒有希望。然而，就在迅雷不及掩耳之際，大約從一八八〇至一九〇〇年代，法蘭西重建極大規模的海外帝國，結果成為世界第二大帝國。[6]帝國當然不會無中生有，而且那樣短時間的收穫要回溯至十六世紀某些聯繫與活動（例如，塞內加爾的格雷島與聖路易）。就像其他歐洲帝國，法蘭西的商人、探險家、傳教士披荊斬棘，高歌猛進。但是除了許多失敗與逆轉，他們斷續的邂逅和帝國征服不同。就連一八三〇年征服阿爾及利亞，也還需要多花四十年平定那個國家，成為穩定的屬地。法蘭西在一八七〇年之前立足的地方，大多都是如此，例如中南半島、太平洋、印度洋。大致上，帝國必須等待第三共和。

北非，也就是馬格里布，在許多方面而言，永遠是法蘭西帝國的心臟，核心地區是阿爾及利亞。一八四八年，法蘭西共和宣布阿爾及利亞為法國本土，一分為三，但是直到一八七九年文官制度出現才真正實現。阿爾及利亞成為向東與向西擴張的基地。一八八一年，法蘭西在突尼西亞建立保護國，成為法蘭西帝國的許多保護國之一。實際上，無論是否正式合併，保護國與殖民地的差異並不重要（敘利亞與黎巴嫩在一次大戰後由法蘭西帝國正式「託管」，也是相同）。

相較突尼西亞，摩洛哥就沒有那麼簡單。一九〇三年，法蘭西軍官路易・赫伯特・利奧泰（Louis Hubert Lyautey）帶頭入侵摩洛哥。利奧泰之後也會成為最有名的法蘭西殖民地官員。後來許多殖民地都會遵循利奧泰的模式，他無視巴黎發出的撤退命令。但是，不像突尼西亞，摩洛哥的問題複雜得可怕，不列顛、德意志、西班牙、義大利都在那裡插旗立樁。在利奧泰的壓力之下，法蘭西政府行動極為謹慎。兩次「摩洛哥危機」，分別在一九〇五年與一九一一年，幾乎導致歐洲列強廝殺。一九〇七年法蘭西軍隊洗劫卡薩布蘭卡（Casablanca），幾乎摧毀整個城市，又奪走超過一千條居民的生命。最後，用部分法屬剛果收買德意志，又向不列顛保證法蘭西接受不列顛在埃及的優越地位，法蘭西才能於一九一二年在摩洛哥建立保護國。利奧泰升為總駐紮官，權力無可限量。（Aldrich 1996: 31- 35; Quinn 2002: 129-31）

非洲撒哈拉以南也在一八八〇與一八九〇年代納入法蘭西的範圍。法蘭西較早的移民在海岸地區由塞內加爾、幾內亞、達荷美（Dahomey，貝寧〔Benin〕）與科特迪瓦（Côte d'Ivoire）所鞏固的法屬西非（Afrique Occidentale Française，簡稱 AOF）。接著持續在非洲中部探險征戰，又增加上沃爾特（Upper Volta，布基納法索〔Burkina Faso〕）、蘇丹（Soudan，馬利〔Mali〕——傳說中廷巴克圖〔Timbuktu〕被征服的地方）、尼日到法屬西非的領域。尼日雖然面積遼闊，但多半是乾燥的土地，作為戰略中心可以連結北非與中非，而且希望也能連結西非與東非。後者的夢想被一八九八年著名的法紹達事件粉碎。[7]法紹達位於蘇丹偏遠的一角，喀土穆以南四百英里。讓—巴普迪斯特．馬爾尚（Jean-Baptiste Marchand）帶領法蘭西遠征隊從法屬剛果進入蘇丹，遇到基奇納指揮、從北蘇丹往南的英國軍隊。不列顛身為鄂圖曼帝國在埃及的繼承人，已經取得北蘇丹。雙方在上尼羅州的法紹達相遇。不列顛決心把握蘇丹與上尼羅州，守護剛剛在埃及建立的保護國。法蘭西方面則受到屈里弗斯事件影響，法蘭西人馬上要求與英格蘭開戰。但是法蘭西政府不打算採取行動，而且下令馬爾尚撤退。一八九九年，法蘭西與不列顛協議，維持尼羅河以西的新屬地，但是放棄尼羅河谷地任何進一步的領土。法蘭西帝國原本希望在中非從西邊的達卡（Dakar）連續延伸到吉布提（Djibouti）與位於紅海的法屬索馬利蘭。結果後面兩個仍然只是法蘭西東方兩個零星的外哨。只有不列顛能以強勢的姿態追求他們連續的非洲帝國，從北到南，從開羅到好望角。再一次的，不列顛這個宿敵，不只阻擋法蘭西與他們的帝國野心，也展現不列顛強大的帝國動力。

茅利塔尼亞就像尼日，一望無際（宗主國法蘭西的兩倍），但是十分之九都是沙漠，法蘭西能夠獲得茅利塔尼亞，同樣出於戰略動機，希望連接法屬西非其他領土，阻止其他國家駐紮。茅利塔尼亞也能讓法蘭西通往北非摩洛哥與阿爾及利亞的領土。一次大戰之後，法蘭西的西非帝國新增原本屬於德國的託管地多哥（Togo）。

另一個同樣取自德國的託管地喀麥隆（Cameroon），則是加入法蘭西非洲帝國的另一個區域——法屬赤道非洲（Afrique Equatoriale Française，簡稱ＡＥＦ）。想到ＡＥＦ，不可能不想到探險家皮耶·薩沃尼昂·德·布拉扎（Pierre Savorgnan de Brazza）的名字。對法蘭西人來說，他就像不列顛人心中的史坦利（Stanley）[5]與李文斯頓（Brunschwig 1966: 43-49; Murphy [1948] 1968: 95-102; Aldrich 1996: 51-55）。布拉扎誤以為奧果韋河（Ogooué River）是剛果河的分支，他循河而上，到達接近剛果河的地方。一八八二年，他與當地巴特克人（Batéké）的首領馬寇寇（Makoko）協商，為法蘭西獲得該地區的大片土地。這個條約就連法蘭西也不敢相信，起初當然遭到歐洲列強否決，但在一八八四年的柏林會議中得到肯定，並成為法屬剛果（Moyen-Congo）殖民地的基礎（其主要城市由布拉扎建立，因此繼承他的名字，名為布拉扎維爾〔Brazzaville〕）。

一八八六年至一八九八年，布拉扎擔任法屬赤道非洲總督，這段期間陸續添加整個殖民地的其他部分，包括加彭（Gabon）、烏班吉沙立（Oubangui-Chari，今中非共和國）、查德（Chad）。如同尼日與茅利塔尼亞，查德面積遼闊，但乾燥貧瘠，也無經濟發展可能，一直都是軍事領土。二十世紀初期，只有二十個歐洲人住在那裡。一般來說，比起法屬西非，法屬赤道非洲較貧窮、缺乏開發、默默無名、風評欠佳，可以說是法蘭西非洲帝國的灰姑娘。某方面而言，至少直到一次大戰之後那段期間，這個地方象徵的，可能也是法蘭西帝國最驚人的特徵：經濟因素相對不重要，軍事、戰略、名聲比較重要。

非洲是法蘭西海外帝國的一部分，而且論領土是主要部分。在世界的另一邊，法蘭西人建立海外帝國第二個主要部分——東南亞。在東南亞，主要的對手也和在非洲一樣，是不列顛人。不列顛人把法蘭西人趕出印度。他們占領緬甸，而且鎖定暹羅。他們更往東取得馬來亞，並在新加坡建立策略港（一八一九）。兩次鴉片戰爭之後（一八三九—一八四二、一八五六—一八六〇），不列顛施加莫大壓力給中國，併吞香港，取得廣州、上海與其他重要的貿易租界。還有哪裡輪得到法蘭西人？東方還剩下什麼地區給他們占領（東印度群島還在荷蘭人手上）？

就像在非洲，法蘭西人首先進軍他們擁有歷史淵源的地方。法蘭西的傳教士自從一六〇〇年代起便在中南半島活動，而且十八世紀的法蘭西東印度公司利用法蘭西司鐸的人脈與越南皇帝斡旋，爭取到貿易特權。歷任的越南統治者對於天主教徒時而保護、時而迫害，但是司鐸總是足智多謀、隨機應變，而且一八三〇與一八四〇年代，在教宗的支持下，法蘭西的天主教徒成為東亞主要的傳教士。

導致法蘭西介入中南半島的，正是一八五〇年代對天主教司鐸的迫害。一八五九年，法蘭西占領西貢；一八六二年至一八六七年間，他們合併交趾支那，並在柬埔寨建立保護國。但是那段時間過後，尤其又在普法戰爭的餘波之中，沒有持續的進展。直到一八八三年，才在越南安南（Annam）、東京（Tonkin）❻兩個省分成立保護國。一八八七年，法屬中南半島成立，下設總督，合併交趾支那的殖民地與安南、東京、柬埔寨三個保護國。一八九七年，寮國也被併入中南半島成為保護國。如同北非，保護國與殖民地實際上似乎沒有差別，一概當成殖民地治理（Brunschwig 1966: 59-61; Aldrich 1996: 108）。雖然花上將近四十年，但法蘭西終於在東南亞建立人口眾多、面積廣大的帝國。

這個帝國，以及另一邊的非洲，對法蘭西人有何意義？有鑑於較早之前明顯的不情願，他們又是出於什麼動機，在十九世紀後期倉促取得中南半島？法蘭西治理帝國的觀念與理想是什麼？法蘭西與其他統治民族應

❺ 譯注：亨利・莫頓・史坦利（Henry Morton Stanley, 1841-1904），英籍非洲探險家。

❻ 譯注：越南北部的大部分地區。

威力與名望的帝國

一八八五年七月二十八日，剛被拉下臺的法國總理茹．費理在眾議院（Chamber of Deputies）演講，捍衛他的殖民地政策。這篇演講後來被視為一八七一年至一九一四年間法蘭西殖民地思想最重要的宣言。茹．費理於一八七九年至一八八一年擔任教育部長，督導法蘭西教育制度世俗化這個廣泛的計畫。

他與萊昂．甘必大（Léon Gambetta，一八八一年至一八八二年任總理）聯手，代表一八七一年第三共和成立之後數十年間，法蘭西政治派系中最頑強的共和主義。他受到保羅．利萊—博利厄（Paul Leroy-Beaulieu）備受討論的著作《論現代民族的殖民》（*De la colonisation chez les peuples moderns*, 1874）影響，儘管身處左派與右派強烈的反對聲浪中，仍捍衛法蘭西殖民主義。

一八八〇年至一八八一年初次任期，他不顧議員反對建立突尼西亞保護國。一八八三年至一八八五年二次任期，他更加積極於非洲與中南半島推動殖民政策。法蘭西在東京的事業一度受挫，導致他在眾議院飽受「東京事件」批評，更於一八八五年被迫辭職。辭職之後，隨即於七月二十八日的演講中，他不只為自己在中南半島的行動辯護，也提出法蘭西殖民主義的全盤理路。[8]

費理切入利萊—博利厄的論點，並預料霍布森在《帝國主義》（一九〇二）的分析，首先列舉擁有殖民地的經濟理由。「殖民地政策是工業政策的女兒。」像法蘭西這樣依賴出口的國家需要出路，而「建立殖民地就是提供出路」。如同其他先進的工業國家，法蘭西也需要在海外投資盈餘資本，而殖民地也是這個活動合適的地點。控制殖民地的經濟意謂控制政治：「只要母國，也就是製造國，與其成立的殖民地保持殖民連結，就會伴隨經濟支配，接著某個程度上，殖民地也會受到政治支配。」

費理對殖民地的第二個論證與「問題人道和教化的面向」有關，也就是「*mission civilisatrice*」。他的立場非常直接：「優越的種族有權利統治低下的種族……他們擁有這個權利，因為他們擁有義務。他們擁有教化低下種族的義務。」如同費理非常堅持權利，他也非常堅持義務，包括限制歐洲貿易商與殖民者的活動、對抗蓄奴與奴隸交易、對當地人口引進「物質與道德秩序」——西方政府、教育、醫藥、品性。沒有教化任務，西方人擁有殖民地就缺乏理據。

費理的第三個論點，這個論點徹底展現他的演說技巧，然而是個政治論點：法蘭西需要殖民地，如此才能在世界列強之間取得正當地位。某些議員認為「目前在歐洲，我們必須謹慎保守，因此殖民地在東方補償這一點」。費理駁斥這個觀點。那也太小看法蘭西蒙受的悲劇規模。「不可能補償！無論什麼都無法補償我們的苦難。」

費理說，面對這個災難，真正的問題是，災難會不會癱瘓法蘭西，導致這個國家無法以歐洲強國的身分謀取自己的最佳利益。法蘭西政府是否「要任憑自己沉浸在那個不可治癒的傷口，對周遭的一切束手無策？他們是否要繼續擔任觀眾，任憑其他民族占領突尼西亞，監視紅河河口……他們是否要把赤道非洲的主權留給其他民族爭執？他們是否要讓其他民族決定埃及的事務，但是從許多觀點來看，分明就是法國的事務」？

費理指出歐洲與世界不斷變化的局勢。新勢力興起，不僅與法蘭西競爭，也將威脅其繁榮，甚至其存活。

> 此刻在歐洲，在這片競爭激烈的大陸，我們可以看見許多在我們身邊茁壯的對手……在歐洲，或者說，在這樣一個世界裡，閉關自守或迴避閃躲的政策，無疑就是通往墮落的大道！在我們活著的這段期間，民族的偉大完全只憑他們發展的活動……只是發光而不採取行動，不參與世界事務，不加入全歐洲的聯合，認為擴張非洲與遠東是陷阱與魯莽的冒險——如果一個偉大的民族追求這樣的政策，我保證，在你措手不及之間就會退位。那將意謂我們不再是一級強國，而是淪為三級、四級。我自己，而且我也無法

> 想像在這裡的任何人，能夠設想這樣的命運降臨在我們國家。法蘭西必須定位自己，他人正在從事的事，我們也能做。所有歐洲列強都在進行殖民擴張，我們必須跟進。倘若不那麼做，我們即將面臨的命運……就是三個世紀前在世界舞臺扮演重要角色的民族遭受的命運，儘管過去他們強壯又偉大，現在卻淪為三級、四級的國家……
>
> 法蘭西不能只是自由的國家；她必須是偉大的國家，以自身所有的權力影響歐洲的命運。她必須在世界散布影響，把她的語言、她的習俗、她的國旗、她的臂膀、她的精神，帶到所有地方。[9]

在這段演講的五年之後出版的一本小書《東京與母國》（*Le Tonkin et la mère patrie*, 1890），費理又回到演講的主旨，重提「殖民政策是工業化的後代」。但是再一次的，政治論證中又加入經濟觀點。費理表示，「若是待在自家後院，不可能成為強國」。他稱讚近來法蘭西在海外獲得的領土，並捍衛大膽的擴張主義殖民政策。普遍的反對意見認為，殖民擴張會分散注意力，法蘭西人民應該專心報復一八七一年德國的羞辱。但是費理激烈否決這個觀點。處理德國的時機將會到來。現在迫切的是，不可輸掉世界影響與權力競爭。「我們要讓不受限制的沙文主義和短視的觀點帶領法蘭西的政策駛向末路？而且我們要沉溺在弗日（Vosges）的藍色山線❼，允許別人未經我們的同意決定我們的事務？」義大利在突尼西亞、德意志在交趾支那、英格蘭在越南東京，都已趁著法蘭西游移不定之際謀取利益。費理表達他對「另一個一七六三年和約」的恐懼，也就是結束七年戰爭的《巴黎和約》。根據該和約，法蘭西幾乎喪失所有北美與印度的屬地。（Brunschwig 1966: 82-85；亦見 Baumgart 1982: 40-41）

強調殖民地經濟價值的時候，費理反映的是當時相當普遍的觀點；這個觀點在霍布森的著作《殖民主義》（*Imperialism*）達到高峰，列寧與其他馬克思主義者接著加以發展。但是那個觀點不僅經常受到社會大眾批評——有人主張歐洲的殖民地無利可圖[10]——另外很明顯的是，在法國的案例又是特別薄弱，至少從那個時期起到一次大戰為止。不僅法國人沒有蜂擁遷入殖民地，事實上還明顯不願離開法蘭西；法蘭西的金融家、投資者、工業家，莫名其妙地似乎對自家的殖民地漠不關心，絕大多數的時間顯得更偏好於其他、非法蘭西的出路與機會。

數據清楚顯示這點。一八八二年至一八八六年，以及一九〇九年至一九一三年，在法蘭西整體對外貿易（進口與出口）中，與殖民地的貿易初期僅占百分之五．七一，後期百分之十．二一，兩者都如亨利．布朗希維格（Henri Brunschwig）所謂的「可忽略的量」，尤其考量法蘭西對外貿易僅占整體內外貿易少量的百分比。比較這段時期，不列顛的對外貿易，與殖民地的貿易占百分之三十。（見上章）比起在法蘭西自己的殖民地投資，在鄂圖曼帝國、東南歐、俄羅斯與南美的外國投資遠遠高出許多。一九〇〇年，法蘭西百分之七十一．一的外國資本投資在歐洲，光俄羅斯就占百分之二十五。只有百分之五．三投入法蘭西的殖民地。到了一九一四年，海外投資提高，歐洲的部分下降到百分之六十一．一，儘管如此，法蘭西的殖民地仍然只有百分之八．八。就像不列顛，恐怕遠甚於不列顛，絕大多數的時候，法蘭西貿易與投資不會跟著國家的領土擴張，更不會超前。唯獨在北非有顯著的貿易與投資程度，比例超過所有其他殖民地的總和。[11]

布朗希維格提到，儘管費理在一八八五年七月二十八日的演講極力強調帝國的經濟動機，「當他坐下的時候，為他贏得眾議院掌聲的，卻是他的政治結論」（1966: 81）。就這點而言，真正理解大眾對於帝國感受的，並非費理，而是眾議院，當然費理對於帝國的政治理由也是相當熱中。不管另有什麼其他動機，所有帝國說到底都是政治的，此言不假。若無政治意志來創造，也無政治技巧來維持，他們的信念不可能成真。但是某些帝國，從實際情況看來，比其他帝國更為政治。就這方面而言，法蘭西帝國的程度又是異常，幾乎完全都是政治，幾乎全都付出極大努力表達與推動民族目標的結果。

❼ 譯注：弗日的山線為一八七一年普法戰爭割讓土地後的天然國界。

邁向帝國的政治驅力，必須回溯至一八七〇年至一八七一年普法戰爭慘敗的往事。這件事情帶給法蘭西的民族創傷，怎麼誇大也不為過。一八七〇年九月二日色當會戰（Battle of Sedan）後，拿破崙三世投降被俘，俾斯麥要求割讓亞爾薩斯與洛林，以及相當於拿破崙一世在耶拿（Jena）擊敗普魯士時（一八〇六）要求的賠款。這個要求無論在精神上或物質上都是重大打擊。新共和的外交部長儒勒・法夫爾（Jules Favre）與冷血的俾斯麥開會時激動大喊：「你想毀了法蘭西！」一八七〇年九月十五日，傑出的學者歐內斯特・勒南（Ernest Renan）寫道：「虛弱且受辱的法蘭西無法存活。失去亞爾薩斯與洛林意謂法蘭西的末日。」（in Schivelbusch 2004: 110）法蘭西絕望地奮戰，但是一八七〇年十月二十八日，巴贊將軍（François Achille Bazaine）在梅茲（Metz）戰敗後，比賽結束。新成立的德意志帝國如願得到大片、繁榮的省分，而法蘭西必須面對後果。（Gildea 2009: 229-39）

民族戰爭失敗後，緊接著是撕裂社會的階級戰爭。一八七〇年至一八七一年，巴黎工人暴動，接著巴黎公社成立。這也是個燒灼的經驗；著名的血腥鎮壓在左派人士心中留下難以抹滅的傷痕。很少新的政體像第三共和一樣，才剛開始就前途渺茫。福樓拜寫道：「一半的人口想要掐死另一半，而且另一半也有同樣的欲望。」（in Gildea 2009: 244）幾年後，另一次大戰與另一次被德意志羞辱的前夕，夏爾・戴高樂（Charles de Gaulle）描述法蘭西於一八七〇年至一八七一年審判後的情況：

> 巨大的災難、絕望的和平、無法安撫的傷痛、飄搖的國家。沒有軍隊，只有從敵軍戰俘營回來的士兵。兩個省分被奪走，數十億的賠款。勝者占據四分之一國土，首都因內戰血流成河。歐洲對以冷淡或輕視。這就是戰敗的法蘭西重新振作走向命運的狀態。（in Ousby 2003: 113）[12]

最了不起的是，儘管如此，第三共和振作起來，持續至一九四〇年，是迄今五個法蘭西共和中最長的一個（雖然第五共和現在已經超過五十年，很可能會超越第三共和）（Ousby 2003: 128-35）。儘管期間經歷多次危機——最嚴重的是布朗熱主義（Boulangism）[8]以及屈里弗斯事件——全國斷斷續續重新取得並維繫共識。隨著一九〇六年達成政教分離，某個程度上也實現世俗化。左派與右派相當程度互相抵銷，均衡的共和得以執政多時。最重要的是，主要透過帝國擴張，法蘭西重新恢復強國身分，與不列顛競爭全球領土，並且得到其他歐洲強國的尊敬。

雖然法蘭西帝國的成長令人讚嘆，但是打從一開始就要與強烈的輿論競爭，認為殖民地是在浪費時間，分散所有法蘭西愛國人士都相信的主要任務——收復失去的亞爾薩斯與洛林，向德意志報復一八七〇年至一八七一年的恥辱。（Schivelbusch 2004: 128-39）過去兩百年來，絕大部分的時間，法蘭西主要的對手與通常的敵人是不列顛。與不列顛的對立依舊如昔，也是十九世紀後半驅動法蘭西帝國野心的動力。法蘭西與不列顛之間實際的戰爭也不可能完全結束——在不列顛眼中絕不可能，如同一八九八年法紹達危機。但是現在法蘭西的外交政策必須考量歐陸可怕的新對手：統一的德意志這個新興強國。從現在開始，法蘭西的政策，無論關於國內安全或國際地位，必須一隻眼睛看著西邊的舊恨不列顛，另一隻看著東邊的新仇、歐陸的鄰居德意志。法蘭西帝國還是「怨恨」，但這個「怨恨」不只對著不列顛，也對著德意志，甚至更多。

新的德意志帝國當然是個可怕的威脅。人口不僅遠勝法蘭西，出生率也較為健康。工業方面，德意志很快就超越法蘭西，並且挑戰大不列顛與美國這兩個工業強國。軍事方面，近年三個風光的勝利證明其優越地位：一八六四年戰勝丹麥、一八六六年戰勝哈布斯堡帝國，而最驚人的是一八七〇年至一八七一年戰勝法蘭西。德意志現在顯然已是歐陸的軍事強國，奪走法蘭西兩個人口眾多、發展繁榮的省分，甚至加諸其他羞辱。一九〇〇年代初期，德意志阻撓法蘭西對摩洛哥的企圖，兩國差點開戰，並且喚起數十年前的反德情緒。

[8] 譯注：法國將軍布朗熱（Georges Ernest Boulanger, 1837-1891），曾任戰爭部長，利用民眾反德情緒意圖推翻第三共和。

Revanche ——報復；法蘭西任何愛國政黨的口號必是報復德國。其他所有事務，包括追求海外帝國，都次於這個凌駕一切的目標。

殖民主義者，或者帝國的支持者，永遠不會忘記，而且永遠不准忘記，如果他們想要推動帝國的目標，就必須回應報復與收復的呼喚。他們必須直接或間接證明，建立法蘭西全球帝國、恢復法蘭西的尊嚴與實力，某方面可以抵銷損失。他們使用「安慰」與「補償」等詞的時候必須小心，我們已經看過費理激動地拒絕這些詞。這些似乎只是次級或次要的策略。議員保羅・戴魯萊德（Paul Déroulède）聽到非洲殖民地可能補償亞爾薩斯與洛林的損失，他尖酸地回答：「原本我有兩個姊妹，現在你要給我兩個家僕。」（Aldrich 1996: 100）另一個反殖民主義者對於「安慰」一說不屑地回應：「弗日的裂痕永遠不可能拿非洲沙漠的沙或亞洲的土填補。」（Schivelbusch 2004: 181）

儘管如此，有鑑於眼前對付德意志並無勝算，殖民主義者手中還是有某些王牌。如同費理所言，沒有什麼可以真正補償一八七一年的損失；這筆帳未來一定要算。但是同時還是可以做些什麼來恢復法蘭西的名望和世界地位。法蘭西可以再次建立帝國，與那些強國匹敵，藉此證明法蘭西依舊名列世界強權。此舉也能為全體同意的優先任務預做準備。如同內閣官員保羅・伯特（Paul Bert）於一八八五年所言，針對政府正以殖民帝國取代亞爾薩斯—洛林這項指控，「取代就像安慰一樣無法想像。但是如果殖民地不能取代亞爾薩斯—洛林，也可以是國家精力的支柱，如此一來，一旦時機成熟，我們就可以拿回兩個省分」。（in Schivelbusch 2004: 180；亦見 Gildea 2009: 410-19）

一八七四年，保羅・利萊—博利厄的《論現代民族的殖民》傳達的就是這個訊息，並且開啟殖民運動。如同拉奧爾・吉拉爾岱（Raoul Girardet）所言，這部著作完全意識到「*la grande meurtrissure*」，也就是一八七一年巨大的傷口，而且隨後提筆寫下。成功的殖民，建立偉大的帝國，可以幫助治療傷口。利萊—博利厄把殖民的重要性寫得熠熠發光，是一種允許一個民族在世界烙印其文明的方法。

> 殖民是一個民族擴張的動力、繁衍的力量，是該民族伸張與加乘至所有空間，是其語言、習俗、想法、律法散播到宇宙或極大部分的宇宙。殖民的民族是將其偉大與至高鋪陳在未來的民族……殖民最多的民族就是第一的民族，若非今日，則為明天。（in Girardet 1972: 55-56；亦見 Murphy [1948] 1968: 137-38）

「殖民最多的民族就是第一的民族」，這句話成為後來的殖民黨（parti colonial）或殖民遊說的靈感與號召口號。這些人和組織在一八八〇與一八九〇年代鼓吹殖民。[13]茹・費理完全被利萊—博利厄的殖民論證說服，如同他一八八五年演講的內容。卸任之後，他持續非正式活動，成為幾個倡導殖民擴張的人物心中資深的政治家。這些人物當中，很多身居要位。包括加布里埃爾・阿諾托（Gabriel Hanotaux）和泰奧菲勒・德爾卡塞（Théophile Delcassé），他們曾在不同時期擔任政府外交部長；也有知名的探險家，例如布拉扎、約瑟夫・加利埃尼（Joseph Gallieni）、讓—巴普迪斯特・馬爾尚；殖民理論家，如約瑟夫・夏耶—貝爾（Joseph Chailley-Bert）；聖西門派的空想主義者如斐迪南・德・雷賽布。許多人是巴黎地理學會（Paris Geographical Society）會議的常客。學會在普洛斯伯・夏斯盧—羅巴（Prosper Chasseloup-Laubat）的領導之下，影響力與重要性可見一斑，吸引公僕、軍人、職員、學者、探險家參與。殖民黨也包括重要的軍事人物，例如將軍阿希納（Archinard）和利奧泰；顯赫的商人阿倫伯格親王（Prince d'Arenberg），即蘇伊士運河公司與巴黎—里昂—地中海鐵路董事長，以及法國大西洋海運公司（Compagnie Générale Transatlantique）董事長夏爾・魯（Charles Roux）。還有數位金融家，例如法國貼現銀行（Comptoir national d'escompte）董事長埃米爾・梅塞特（Emile Mercet）；阿爾及利亞、馬達加斯加、敘利亞土地銀行董事長安德烈・勒鵬（André Lebon），勒鵬也在不同時期擔任眾議院議員與貿易工業部長。

普遍認為，殖民黨的領導人物是尤金・艾蒂安（Eugène Etienne）。艾蒂安於一八四四年生於阿爾及利亞的奧宏（Oran），他為法國政治圈注入法屬阿爾及利亞人的邊境心態，鼓勵他們熱情投入法蘭西帝國。他深受一八七〇年那場災難影響，誓言恢復法蘭西的榮譽與名聲。一八八一年起，他在眾議院擔任議員代表奧宏，強力倡議萊昂・甘必大和茹・費理支持的信念。這兩人都是他的摯友，他也視自己為他們的門徒（甘必大在一八八二年臨終之際，要求艾蒂安隨侍在側）。直到一九一九年，他都是奧宏的眾議員，之後當上法蘭西的參議員，直到一九二一年去世。但是他也數次擔任國家殖民地次長、內政部長、戰爭部長，而且擔任眾議院副院長長達二十年。他更是多產的作家，專門書寫殖民地事務，而且創立報紙《殖民地電報》（*La Dépêche colonial*）。但他不安於這些活動，另外投身商業，擔任巴黎公共汽車公司董事長，另也擔任殖民地大型建設公司董事長。憑著政治、新聞、商業關係，殖民地遊說的各種利害無不聚集在艾蒂安身上。（Andrew and Kanya-Forstner 1971: 114-15, 121, 127-28; Cooke 1973: passim; Aldrich 1996: 101-2）

艾蒂安在議院成立殖民地小組（groupe colonial），為殖民黨提供國會基礎。到了一九〇二年，眾議院幾乎三分之一的議員都屬於該小組，常與參議員組成的類似小組召開會議。他們團結一心，「為確保殖民地與法蘭西國外之力量與偉大」（par le désir d'assurer la force et la grandeur de la France coloniale et extérieure）。（Brunschwig 1966: 107）一八九四年至一八九九年間，七位殖民地部長有五位來自這個小組。這個小組是國會的壓力團體當中最有組織也最成功的。在埃及重建法蘭西的企圖，背後推動的力量就是這個小組，並在法紹達危機時達到高峰。那件事情失敗後，小組又改變策略，把埃及讓給不列顛，但讓不列顛同意法國在摩洛哥的優越地位。這個目標在《一九〇五年摯誠協定》（*Entente Cordiale of 1905*）達成，艾蒂安非常滿意。（Brunschwig 1966: 118-19；亦見 Andrew and Kanya-Forstner 1971: 108, 111-16, 122-25; Schivelbusch 2004: 186）

但是殖民黨從來不是正式的政黨，也從來不單憑國會或部長而壯大。這個團體包含各式各樣的組織與個人，遍及國會內外。凝聚他們的共同目標，就是宣揚法蘭西帝國，而且代表帝國進行政治宣傳，消除反對者與懷疑者的疑惑與敵意。探險家、地理家、軍官等非正式的團體與國會議員，定期且經常在宴席聚會，藉此商談策略。幾乎每個個別的殖民地都有委員會：法屬非洲委員會（阿倫伯格創立）、馬達加斯加委員會（主席是艾蒂安）、法屬亞洲委員會（艾蒂安創立）、法屬摩洛哥委員會、法屬大洋洲委員會。他們舉辦課程、發放獎金、贊助展覽。他們出版關於殖民地生活的期刊，強調管理者與殖民者的成就。他們遊說部長與商業組織。效果特別顯著的壓力團體是一八九三年成立的法蘭西殖民地聯盟（French Colonial Union），集合超過四百個「對殖民地有興趣」的法國公司。聯盟極具影響力的期刊《殖民雙週》（*Quinzaine Coloniale*），編輯就是重要的殖民理論家約瑟夫·夏耶—貝爾。期刊特別強調「*mise en valeur des colonies*」的觀念，意思就是為了母國與殖民地居民相互的利益，追求殖民地自然與人類資源理性發展。[14]

殖民黨真正的影響是什麼？他們影響多少政府政策？他們多大程度建立支持帝國的輿論？「*parti colonial* 有兩個特色領先群雄：規模小巧、影響巨大。」（Andrew and Kanya-Forstner 1971: 126; 1988: 26-28; cf. Brunschwig 1966: 117）一九一四年之前，殖民主義者的人數大約不到一萬。他們組織鬆散，任何議題都無法意見一致。雖然他們都同意帝國的重要性，卻分成非洲派和亞洲派。不僅民眾漠不關心，左派和右派的政黨也強烈反對他們，經常控訴他們背叛——背叛喪失的省分亞爾薩斯與洛林，背叛修理德意志的必要。那是他們必須回應的控訴。

但是他們的反對者，無論左派或右派，甚至比他們更加分裂虛弱。布朗熱將軍代表的右派對共和發出挑戰、屈里弗斯事件、世俗化導致的慘痛衝突，在在都令左派與右派互相掐著對方喉嚨。他們兩者都反對殖民地，卻永遠不可能形成共同原則凌駕於他們的根本差異。相反的，殖民主義者圍繞尤金·艾蒂安這座高塔形成團結力量。艾蒂安影響法蘭西的殖民政策逾二十年。「由於他的領導，*parti colonial* 是第三共和數一數二強大的壓力團體。」（Andrew and Kanya- Forstner 1971: 127）多虧殖民主義者堅持不懈的施壓與宣傳，到了一次大戰，法蘭西已經擁有廣袤的非洲帝國，這片或多或少連續的大陸連接所有北方與西方的土地。他們在東方也有廣大人多的帝國。憑著東南亞的帝國，面對那個地區強大的不列顛，法蘭西能夠抬頭，也從逼迫中國的過程中獲得大範圍的租界。

儘管殖民主義者為數不多，但他們更重要的成就，就是他們也能打出反對者丟給他們的同一張牌：民族主義。右派尤其控訴殖民主義者背叛國家，主張他們的心思在歐洲之外，不顧法蘭西在歐陸的利益，以及在德意志面前重建法蘭西威力的必要。帝國主義與民族主義在這裡代表不同的選項，而且很大程度是對立的策略。

殖民主義者反過來把這個論證指向右派，以及那些接受這個論證的左派。就一八七一年後的情況而言，法蘭西顯然不可能考慮對德意志開戰以收回失去的省分。此舉不僅會是整個歐洲的警鐘——法蘭西在耍過去的冒險詭計，而且面對德意志，法蘭西的軍隊根本毫無勝算。另外，儘管右派煽動，法蘭西當時根本沒有興致與不列顛作戰，何況只要想到法紹達，也許更加沒有。對不列顛或對德意志這兩個法蘭西主要的對手，透過直接的對決來伸張法蘭西的民族利益，當時都不太可行。

然而因為如此，對立於是跨出歐洲，到了整個世界。正是帝國的競爭，法蘭西能夠重建實力，再次證明自己是世界強國。「殖民最多的民族就是第一的民族。」這是法蘭西再次成為 *la grande nation* 的方法，也就是十八世紀那個定下世界都知道的標準的民族。從前法蘭西國王指示法蘭西人民的 *mission civilisatrice*，也是拿破崙一世指示歐洲同胞的使命，現在可以在整個世界更大的規模中實現。法蘭西會將文明帶到非洲、亞洲、太平洋。一個民族還會有什麼更高貴的目標？民族主義者怎麼能夠控訴殖民主義者背叛民族的目標？在法蘭西帝國，這個民族就會見到自己投射在最大可能的螢幕上。世界的模範就是法蘭西的語言、法蘭西的文化、法蘭西的制度。

沃夫岡・希維爾布奇（Wolfgang Schivelbusch）表示，到了大約一八九〇年，就會發現法蘭西的政治與文化當中，反殖民主義勢力決定性的衰弱。「出現某種角色反轉：民族使命已經從 *revanche* 轉為殖民主義。從前後者總是被當成前者的僕從，然而現在散發自信的光芒。殖民主義大膽宣布自己是民族回春不可或缺的成分。殖民主義並不需要證明自己的每個行動都是為了最終的 *revanche*，他們本身就是合法的。」（2004: 182；亦見

Andrew and Kanya-Forstner 1988: 23-24）

此外，不見得需要面對任何歐洲主要強國，或者發生武裝衝突，才能取得帝國。由此足見殖民主義者高明的技巧。一八七一年至一九一四年，儘管有許多國際危機，這段期間，每當戰爭可能成真，法蘭西政府就會撤退。和不列顛在法紹達的衝突就是如此，一九〇〇年代與德意志在摩洛哥的危機也是。法蘭西第二個海外帝國對非歐洲人而言，如阿拉伯人、非洲人、中南半島人，是以極度暴力建立的帝國，但對歐洲人而言幾乎不是。法蘭西人小心不要過度用力踩在他們歐洲主要對手的腳趾上。歐洲人多次在國際會議上瓜分非洲。任何歐洲大國都不認為法蘭西東南亞的帝國會造成特別威脅，而且一旦發生摩擦，如同暹邏，英法也會和平解決。對於中國這塊大餅，法蘭西加入不列顛、德意志、俄羅斯與美國，或多或少友善地劃分出獨立的勢力範圍（唯有日本人聽起來不太和諧，也是未來的警訊）。

一九一四年之前，法蘭西帝國的標誌不是利益和生產，是威力和名望。推動帝國主義的是民族主義。法蘭西從沒提到放棄殖民地，「殖民政策從不單純被當成經濟問題。帝國主義從民族主義而生，仍是民族主義」。（Brunschwig 1966: 89，亦見 182-83; cf. Schivelbusch 2004: 178; Andrew and Kanya-Forstner 1988: 19）對反對帝國的人而言，這當然是同樣的民族主義，而這個民族主義應該讓法蘭西只在後院活動，也就是歐洲大陸。但是「若是待在自家後院，不可能成為強國」，至少若能夠操作的空間如此有限就不能。殖民主義者帶著三色旗出門，讓旗幟在阿爾及爾、丹吉爾（Tangiers）、布拉扎維爾、西貢、河內飛揚。在萊茵河失去的，在尼日、剛果、湄公河、紅河重新取回。儘管無論一切，一九一四年，歐洲各國再次互相征戰，「帝國動員的百萬軍隊證明帝國就是國家能量的水庫」（Andrew and Kanya-Forstner 1971: 128）。塞內加爾步兵英勇作戰、壯烈犧牲，回過頭來助長法蘭西的民族驕傲。

法蘭西對帝國的動機，最後還有一個深層考量。帝國是軍人的產物，包括陸軍與海軍，影響高達異常的程度（Betts 1961: 109-20; Andrew and Kanya-Forstner 1988: 12-15）。一八七〇年至一八七一年的敗仗，承受最多恥辱的是軍人。所有人中，就是軍官感受最深，也遭受最多指責。在梅茲被敵軍包圍的巴贊將軍遭人公開誹謗，處以嚴重叛國，甚至宣判死罪（他成功逃過）。甘必大評論這個判決，表示「因為這個判決，法蘭西開始走向榮譽、正義與 *revanche* 之路」。（in Schivelbusch 2004: 120）

對軍人來說，至少此刻，不可能在歐洲戰場上重拾榮耀。然而，帝國提供另一個廣大舞臺，他們可以在上面重建身分與形象。在撒哈拉的沙礫與中南半島的叢林中，他們可以洗刷一八七〇年至一八七一年的恥辱。此外，他們強烈感受到，眾人之中，他們尤其該承擔這個任務，而且他們最有需要，也最有機會。他們經常擅自行動，不問或不理巴黎文官下的命令。比若將軍說：「把指令燒掉，免得想要去看。」在他的帶領之下，「軍事抗命提升為一種藝術」。他不只在阿爾及利亞我行我素；一八四四年，他直接違反命令侵略摩洛哥。路易・費代爾布在塞內加爾的作為也是類似，就像一八四三年海軍上將迪佩第—圖阿爾（Admiral Dupetit-Thouars）併吞大溪地；一八六二年，海軍上將波那（Admiral Bonard）強迫越南政府割讓三個交趾支那的東部省分給法蘭西；一八六七年海軍上將拉・岡迪爾（Admiral La Grandière）完成征服整個交趾支那。（Andrew and Kanya-Forstner 1988: 13-14）

如同不列顛帝國，商人和傳教士也是帝國活躍的代理。地理學家和探險家也促進帝國。但是比起不列顛的情況，法蘭西的軍人卻最為突出。隆納・羅賓森說：「相較於地理學家和知識分子，軍人更加覺得需要恢復民族榮耀；對他們而言這是一種職業需求；在殖民地的戰場上締造輝煌勝利，無論於門面、宣傳、面子，取得多數帝國的正是他們。而且在巴黎由來已久、混亂、迷濛的政治中，他們最有機會舉旗前進。法蘭西的上校一手拿著格林機關槍，另一手拿著下一本著作的證據，這種說法完全不是神話。他的不列顛對手，從東印度公司開始就沒這樣的機會。」（in Brunschwig 1966: x；亦見 16-17, 164-65）

不列顛當然有他們的軍事英雄，許多也和帝國有關：克萊武在印度、沃爾夫（Wolfe）在加拿大、納爾遜在尼羅河與特拉法加、戈登與基奇納在蘇丹。但是除了克萊武，他們的盛名都只來自於軍事勝利。在法蘭西的案例中，特別的是，軍人也是政府官員、探險家、理論家、帝國評論家。在阿爾及利亞的比若將軍、在塞內加爾的費代爾布、在蘇丹的阿希納、在中南半島與馬達加斯加的加利埃尼，以及最重要的，在摩洛哥的利奧泰，都以他們的管理作風與軍事成就著作聞名。曼金將軍的著作《黑人力量》（*la force noire*）談到法屬非洲的部隊會彌補法蘭西軍人的不足，並且傳播法蘭西文明到達非洲的心臟。雖然馬爾尚隊長無法把蘇丹納入法蘭西的口袋，但他隨即前往法紹達，而且在該事件後成為民族英雄。弗朗索瓦．加爾尼埃中尉（Lieutenant Francis Garnier）不只探索湄公河，並為法蘭西拿下東京鋪路；他將探險的歷程與法蘭西帝國在東方的前景寫成暢銷著作。[15]

一八一五年到一八八二年，法蘭西的殖民地都由海軍與殖民地部治理，只有阿爾及利亞例外。一八七〇年之前，阿爾及利亞本身由戰爭部治理。直到一八八二年才有殖民地次長的職位，而且直到一八九四年，殖民地才有專屬的殖民地部。殖民地的官員往往是海軍或陸軍軍官，受過軍事學校教育。直到一八八九年才成立訓練高階官員的殖民學校（Ecole Coloniale）（Brunschwig 1966: 194）。這段歷史恰當地反映出殖民地被取得、治理、認知的方式。軍人看待帝國，許多方面就像他們的帝國，當然是法蘭西的帝國，但也是託給他們特別照顧的帝國。在許多國家，軍人被當成民族代表、民族榮耀的守護者。儘管如此，那不總是意謂他們等同帝國。[16]至少在不列顛帝國的情況是，商人如塞西爾．羅德斯、喬治．戈爾迪（George Goldie）、威廉．渣甸（William Jardine）、詹姆士．馬地臣（James Matheson），傳教士如大衛．李文斯頓，空想主義者如阿拉伯的勞倫斯，他們都是比軍人更知名的帝國英雄。在法國，商人完全不在殖民英雄的萬神殿裡；軍人占了他們的位置。

一八七一年的餘波之中，軍人感覺他們受到召喚，接下重建民族的任務，恢復民族尊嚴，增強民族實力。同時也希望重振士氣。帝國就是達成這兩個目標的工具。可能可以說，一次大戰的時候，當許多將軍帶領法蘭西的軍隊與協約國共同擊敗他們的宿敵德意志，並且收復亞爾薩斯與洛林，代表這個策略奏效。殖民地軍隊在這件事情扮演的角色，尤其是著名的塞內加爾步兵，法蘭西人並沒有忘記。一次大戰的時候，帝國和民族像是兩條分支同屬一個法蘭西家族；而正是軍人締造兩者統一，而且代表兩者統一。

教化、同化、聯盟

一九一〇年三月，在法蘭西殖民地聯盟舉辦的宴會上，法屬赤道非洲的總督馬歇・馬蘭（Martial Merlin）完整且誠實地說明近期法蘭西殖民主義背後的動力，以及希望達成的目標。

> 一八七〇年的災難後，我們必須克制自我，而且有段時間，停止過問歐洲事務。但是，無論某些悲觀主義者的說法，我們身為一個種族還未結束，經過數年的自閉時間，我們感覺需要行動。由於我們在歐洲的自由有限，於是前往遙遠的國家；然後開啟不可思議的殖民紀元。幾年之後，我們就在世界每個角落與最優秀的殖民強國不列顛平起平坐，而且遠遠勝過一八七〇年擊敗我們的國家，他們在殖民場域遠遠落後我們。
>
> 我們去了新的領土。由於文明、完全發展的種族擁有的權利，我們去到那裡，占領殖民地。那些殖民地因為落後的民族長期休耕，所以陷入野蠻，而且無法開發他們土地的財富……但是，當我們執行這個權利，我們同時（對這些民族）負有義務，而這個義務我們一秒都不能忘記。（in Brunschwig 1966: 170-71）

本書討論的所有帝國當中，法蘭西帝國是最強調教化使命 *mission civilisatrice* 的帝國。其他帝國也普遍使用這個詞的法語，代表某方面來說，法蘭西擁有這個詞的專利。就這點而言，法蘭西人清楚延續數個世紀之前羅馬帝國開始的事情。如同羅馬教化了高盧，所以高盧的子孫帶著教化任務走遍世界。如同羅馬，教化的要素是語言、文化、制度、公民身分。而且如同羅馬帝國的教化任務實際上就是羅馬化，所以法蘭西帝國的教化使命也意謂法蘭西化——*francisation* 或 Gallicization：簡單來說，就是某個意義的「同化」。（Belmessous 2013）

一八八九年七月至八月的巴黎國際殖民地會議（Congrès Colonial Internationale de Paris），社會心理學家古斯塔夫・勒龐（Gustave Le Bon）激烈地攻擊「同化」政策，以及法蘭西教化「蠻邦」、「野蠻人」、「低下種族」的意圖。「我們所有同化或法蘭西化任何低下民族的概念，都應想成危險的喀邁拉（chimeras）⑨。不要干涉當地人的習俗、制度、律法。」（Betts 1961: 68）高等殖民委員會（Superior Colonial Council）的委員弗蘭克・普索（Frank Puaux）回應勒龐時，不著痕跡地提醒與會者有關羅馬的例子。

> 假設征服高盧後，當時某個學者表示應該讓高盧保持野蠻，而那位慈善家的話可能會被聽從。如果羅馬當時遵循這個建議，我們今天還會在這裡嗎？各位，別忘了，我們今天之所以這樣，是因為一個文明優越的民族傳遞他們的光芒、他們的藝術、他們的律法給我們的祖先。我們有權利把這個豐富的遺產留在身邊嗎？今天我們可以拒絕為他人做到近兩千年前羅馬人為我們做的事嗎？（in M. D. Lewis 1962: 140）

不列顛人經常引用相同類比，他們也希望出口他們的文明，而且或多或少完全並成功在多數是歐洲人的白人自治領實施。帝國非白人的地區，即亞洲與非洲，他們則較謹慎進行。他們植入政治與法律制度，英語或多或少成為殖民地的官方語言。但是，尤其在十九世紀後期，不列顛人漸漸不太相信，在與自己的文明與文化

⑨ 譯注：希臘神話中的怪物。

差異甚鉅，而且傳統深厚的人口（許多地區都是如此）中，可能或值得強加發展成熟的不列顛（英格蘭）文化。尤其這個觀點在印度特別為真，暴動之後更是。非洲的殖民地亦同，在那裡，「間接治理」的概念首次完全奏效，而且在那裡，治理方針大多時候就是尊重當地傳統與傳統權威。雖然說不列顛殖民政策沒有「同化」的傳統也是錯的——麥考利的「印度教育時程表」部分代表同化。然而，似乎可以公允地說，不列顛逐漸無意於讓世界變成某個意義的不列顛，也就是對於非歐洲出身的當地人，不再實施完全的盎格魯化。

認為法蘭西採取的政策和不列顛截然相反，這樣的觀點同樣也是錯的。在法蘭西，無論何種政治立場，永遠不會接受血統純正的同化政策，某些時候甚至激烈反對。但是貫穿其殖民歷史，相較其他策略選項，法蘭西傾向同化，這麼說似乎也對（cf. Belmessous 2013: 1–12）。再一次的，法蘭西人認為民族等於帝國。如果帝國是法蘭西民族直接的表現與延伸，如果帝國是為了頌揚法蘭西，那麼有什麼比法蘭西的文化與文明放大到全球的規模還要更合適的？而且既然法蘭西人認為自己的文明優越，除了把世界變成法蘭西，也就是讓帝國展示為法蘭西亮麗的文明，教化使命還有什麼其他意義？那當然也是羅馬帝國的啟示。羅馬帝國這個模範常駐在法蘭西殖民主義者心中，即使他們從不打算追上羅馬的世界主義。「更大的法蘭西」，好比「更大的不列顛」，就是放大的民族。但是不像擁有自治領的不列顛，或擁有省分的羅馬，非民族元素的添加物，在法蘭西帝國的情況會被極度稀釋。無論是羅馬或不列顛，都不會以巴黎支配法蘭西帝國的方式對待他們的帝國。

所有帝國某個程度都力圖複製自己。羅馬在高盧、西班牙、不列顛的外省城市，於其格局與建築都帶著羅馬的印記，顯現羅馬本身與義大利城市的主要特色。不列顛在帝國不同地區也創造「小英格蘭」，偶而也有「小蘇格蘭」與「小愛爾蘭」，雖然多數都在歐洲人為主的地區，如南非、加拿大、澳大利亞。但是常有人談到，法蘭西人更想在帝國複製自己，在熱帶地區的法蘭西帝國，如非洲與亞洲，這種情況更為顯著，而且那裡的歐洲人相對稀少。美國外交官費德里克·奎因（Frederick Quinn）曾被派遣到前法蘭西帝國各個地方，他記錄剛獨立的上沃爾特（布基納法索）。

行政階層、制服、裝飾、典禮等，無不複製法蘭西。*café au lait* 和 *croissant* 變成普遍的早餐，熱帶地區與撒哈拉以南的聖誕節出現 *sapins de Noël*，五月一日可見鈴蘭和勞工遊行，而全年的高峰就是一年一度的巴士底日。⑩

派駐其他地方也見到同樣的形態，「法蘭西試圖在海外帝國建立完全的儀表」。

> 文具、字型、信紙大小，到哪裡都相同，而建築物彷彿來自巴黎中央的設計部門，儘管略帶阿拉伯或亞洲色彩。最令我震驚的是法蘭西殖民城市的格局，就連最小、最偏遠的外站也反映帝國概念。*Cercle*⑪永遠在最好的土地，綠樹成蔭，四通八達，仿效殖民地的首都與法蘭西本土。賓格大道、史特拉斯堡街、福煦廣場、達喀爾大道——不知怎的，在一個全球規模的建築綱要計畫底下，帝國團結一致。（Quinn 2002: xv）[17]

如同北非與中南半島，殖民地的城市並沒有毀滅所有的古代建築與原本的都市傳統。在這裡，典型的形式是「二重城市」，如同赫伯特．利奧泰定義且改良的摩洛哥。雖然在當地建造現代的法國城市—— *ville nouvelle*，然而旁邊就是古老的「當地城市」，可見古代巷弄、市場、清真寺、廟宇等。歐洲人多半住在現代城市，而當地人住在古老城市。但是清楚可見權力和威嚴位在哪裡，未來即將發生的事也很清楚。「傳統」與

⑩ 譯注：引言的法文分別為拿鐵咖啡、可頌麵包、耶誕樹。
⑪ 譯注：意指「治理圈」。

「現代」明顯融合，掩蓋帝國「教化」居民的整體目標。「傳統形式被用來安撫抵抗，同時緩和現代化的衝突面向。傳統主義與現代主義因此成為整合的都會政策。」（Wright 1997: 339）只要帝國持續，殖民地的命運就是越來越法蘭西，無論行政、文化、經濟方面，雖然古老文化美麗的遺跡無疑會持續佇立，就像巴黎的孚日廣場（Place des Vosges）和蒙馬特（Montmartre）。

愛麗絲・康克林（Alice Conklin）說：「到了一八九五年，*mission civilisatrice* 已經成為第三共和廣大的帝國官方意識形態。」（1997: 11）地理學會、作家如利萊—博利厄、政客如費理與殖民黨這個混合的團體，全都在法蘭西人心中強力塑造這個概念（雖然不是沒有來自左派與右派的異議）。如同啟蒙運動的黃金年代，學校教科書持續宣傳法蘭西教育人類的權利與義務，並提升為法蘭西的教化使命。但是，教化是什麼意思？而且如果教化等於同化——依照法蘭西的形象打造世界，那麼同化精確來說又是什麼意思？同化包含什麼，而且如果有的話，限制又是什麼？

教化使命的基本用語取自法國革命（Betts 1961: 30-32; Miller 1994）。到了一八八〇年代，法國革命的共和傳統——剝去恐怖行動與暴民統治等負面聯想——成為第三共和的官方意識形態（Hobsbawm 1984: 269-73; Gildea 1994: 34-42; Hazareesingh 1994: 80-89）。七月十四日攻陷巴士底監獄這個日子從此成為國慶日；三色旗成為國旗；〈馬賽曲〉成為國歌。法蘭西偏遠城鎮與村莊的中央廣場都可找到瑪麗安娜的紀念碑，這位優雅的女性象徵共和。整個法蘭西的政府建築，凡是市政廳、博物館、學校，都裝飾革命的理想：自由、平等、博愛。

教化使命意謂將這些想法與理想帶到全球每個角落。一個面向反映啟蒙運動的想法：尊崇理性，以理性作為人類行為與社會組織的指導原則。另一個面向，則與十九世紀「進步」的概念較為相關，尤其是改善人類的物質與心理（特別以 *mise en valeur*〔增強〕的概念代表）。法蘭西的文明，也就是第三共和的文明，把這些面向奉為圭臬。

為強調第三共和所蘊含的法國革命遺產，教化使命必然優先重視物質主義、理性主義、世俗主義；較早的帝國目標，也就是散播宗教，尤其是天主教，反而位居次要。但這不代表傳教士與宗教組織在法蘭西的殖民地無關緊要。相反的，傳教士非常活躍，而且他們就是法蘭西搶先出現在中南半島的主要原因。如同在宗主國本身，在殖民地也是，縱貫整個第三共和，宗教派別與學說持續力爭權力與影響（Daughton 2006; White and Daughton 2012）。但是在屈里弗斯事件之外，教會與軍方高層接連發生喪失信譽的問題，世俗力量明顯躍升控制地位，一九〇五年教會與政府分離就是代表（Gildea 2009: 337-60）。教化使命的意義，從此之後更偏重世俗、反對法蘭西第一共和的教權傳統。

愛麗絲・康克林注意到，殖民地官員的思維與政策充斥這個第三共和的意識形態，於是她將 *mission civilisatrice* 的宗旨總括為「完全控制」：不盡然是控制其他民族（雖然這可能也有必要），更是「控制自然，包括人類身體，以及控制所謂『社會行為』……變得文明，就是免於特殊的暴虐形式：人類受苦、疾病侵蝕健康、理性滅絕、無知愚昧，以及不允許阻撓自由等種種暴虐。第三共和時期法蘭西的自我定義包含這些領域的完全控制」（1997: 5-6）。為母國公民提供的，在殖民地也同樣提供，並依當地情況調整速度與時機。但是如同帝國常見的現象，訂立這些目標，而且大膽執行計畫，在殖民地比在宗主國往往容易得多。教化使命，連同打擊舊的傳統與制度，對於法蘭西自家農民的效果不彰，對於中南半島的農民與蘇丹的牧民效果較好。

不同時間、不同地點，就會強調不同面向的使命；這裡是政治與文化，那裡是經濟與發展。把非洲人和亞洲人變成法蘭西男人和法蘭西女人，有多大程度可取，又多大程度可能，也是辯論的議題。而法蘭西殖民理論與政策中，辯論多半是在「同化」與「聯盟」（association）的標題底下進行。這些都與教化過程中多種可能的意義有關。同化，以及各式各樣的變體，假設針對法蘭西帝國中非歐洲的當地人，教化他們的方法，就是使他們盡可能像宗主國的法蘭西人。教化就是法蘭西化。有人主張，這就是法蘭西殖民主義最初的想法（Betts 1961: 8）。[18]到了較後來的階段，又有人認為，這個想法讓路給聯盟。如同這個說法的權威指標——雷蒙・比茨（Raymond Betts）所言，這個轉變意謂，「不是想從行政或文化方面吸收當地社會進入法蘭西民族，而是追求更靈活的政策，能夠強調保留地方制度，也能讓當地人成為殖民事業的夥伴」（1961: vii）。如同許多人指出，聯盟概念至少有一種解釋接近模仿自盧吉和其他人在不列顛帝國脈絡中倡議的「間接治理」政策。（例如，Deschamps [1963] 1994）

許多人合理爭論帝國治理「連續」的模式（例如，Conklin 1997: 75-211, 305n2; Lebovics 1994: 69n26; Belmessous 2013: 119-204）。部分因為「同化」和「聯盟」有許多面向，也有許多含意，以致不同時間、不同地點，可能見到重視一個勝過另一個，但少見一個取代另一個（Lewis 1962; Lebovics 1994: 80-81n40）。「同化」可能主要意謂政治和行政的結合：從殖民地選出的部長坐在法國議會；公民身分逐漸擴大到所有法蘭西帝國臣民；法蘭西的法律平等均勻地在宗主國與殖民地實施。這麼一來，就會實現第一共和其中的一個目標，在督政府的統治下，宣布「法蘭西共和為整體不可分割……殖民地是不可或缺的部分，適用同樣法律」。（in Deschamps 1994: 169）

同化也意謂文化與心理更密集的結合，試圖製造盡可能接近歐洲原型的黑色與棕色法蘭西男人與女人。官方聲明很少出現關於這個目標的直接陳述，但是從法蘭西理論家與帝國臣民的文章中可以找到很多材料，指出這個經常不明說的目標。而且這也能視為第一共和的遺產，當時甚至嘗試實踐，例如「將猶太人變成法蘭西人」（Kates 1989; Miller 1994; Hazareesingh 1994: 73）。這個方向的事業一舉成功，也就是完全適應文化，主觀上浸淫在征服者的文化中，然而，也造就法蘭茲．法農（Frantz Fanon）激動抗議的著作——《大地上的不幸者》（*The Wretched of the Earth*, 1961）。法農出身於馬提尼克，是阿爾及利亞的精神科執業醫師。他感到非常震驚，法蘭西殖民主義創造這個系統願意合作的幫凶，而且感覺唯有肅清的暴力行動能夠洗滌受害者所中的殖民心態之毒。

輪到了聯盟，其實聯盟從來就不真的想以不列顛「間接治理」的模型重建法蘭西殖民政策，儘管官方同意那個方向。盧吉這位優秀的間接治理理論家確信這點。他宣稱，「法蘭西系統的推動建立在一個假說之上——殖民地是法蘭西不可或缺的部分，他們的居民是法蘭西人」（1965: 228）。法蘭西人絕不允許地方首領或傳統權威得到如同不列顛賦予的裁量與自治程度。沒有什麼比法屬西非總督若斯特・沃倫霍文（Joost van Vollenhoven）的宣言更直截了當，他是公認的聯盟主義主要倡議者。「治理圈沒有法蘭西政府和當地政府兩個權威；只有一個。只有治理圈的 *commandant*（指揮官）發號施令，他一人負責……當地首領只是工具，是輔助……當地首領不能以自己的姓名發言，永遠只能透過治理圈的指揮官之名，以及書信正式或默認的授權。」（in Conklin 1997: 182-83）

麥克・克勞德爾（Michael Crowder）書寫二十世紀早期兩個法屬非洲聯邦時說道：「一般而言，法蘭西的行政系統為了行政系統的統一，刻意削弱傳統的首領權力。」在法蘭西的殖民政策中，同化這個整體目標，「儘管官方為了 *politique d'association*（聯盟政策）而拋棄」，還是存活下來。從當地人之中創造法蘭西公民的目標從來沒有被拋棄；只不過相較過去的認知，現在過程可能需要延長。高度的行政集中持續，與聯盟當地首領與殖民統治所宣稱的政策兩相衝突。*mission civilisatrice* 快速持續，尤其反映在教育的政策與實踐。「孩童上學第一天就說法語。」（Crowder [1964] 1994: 187）不像不列顛，這裡不准教授地方語言。

管理方面幾乎不去考慮不同殖民領土的差異與特性（相較於不列顛在非洲），所有領土皆設置同一個管理組織。如此的結果就是毫無誘因促使官員學習當地語言，或者了解地方文化，再次相較於不列顛，就會看出這方面明顯的對比。同樣的，這意謂比起不列顛的系統，受教育的當地人能晉升到更高的行政階層。法蘭西人執行殖民主義的方式，相較於不列顛，至少在非洲，意謂在當地的領土生產高度法蘭西化的當地菁英，如同在自家巴黎。英國人類學家露西・梅爾（Lucy Mair）於一九三六年書寫法屬非洲時，深為「*évolués*」——也就是受教育的當地人，相對於不列顛的差異倍感震驚。

> 主宰法蘭西對於當地發展的態度是，法蘭西文明必定是最好的，而且只須呈現在聰明的非洲人面前供他採納。一旦他這麼做，眼前盡是康莊大道。如果他證明自己能夠與法蘭西教育同化，他可以進入各行各業，可能晉升為殖民地次長，而且會被法蘭西社會視為平等而接納。這種對待受教育的當地人的態度，引起隔壁不列顛殖民地不滿的羨慕。（in Crowder [1964] 1994: 186；亦見 Wilder 2005: 149-200）

對一九三〇年代法屬象牙海岸的總督休伯特・德尚（Hubert Deschamps）來說，「聯盟」這個術語是「虛偽的表達」。「『聯盟』這個詞似乎肯定統治權力與其臣民之間存在契約，不禁讓人想起一個人和他的馬之間存在的聯盟。」（[1963] 1994: 170）聯盟，換句話說，是同化的偽裝。德尚是個堅定的同化主義者，他相信啟蒙與法國革命這兩個普世的概念。對他來說，唯一的問題是官方說法和半調子的聯盟政策使人分心，沒把殖民地轉變為完全複製母國的規模。到了最後，終於有意識並全面執行已是二次大戰之後，然而為時已晚，沒有成果。

儒勒・賀蒙（Jules Harmand）的著作《統治與殖民》（*Domination et colonization*, 1910），將聯盟的概念發展得最為完全。賀蒙否決同化，認為是「烏托邦」的概念，「建立在先入為主的信念，認為所有人類與他們的可完善性都是平等的」。但是就連依照賀蒙的說法，很清楚的，聯盟看似類似於不列顛間接治理的概念，然而理解上其實不同。聯盟「堅決保留所有統治權利……聯盟的目的不是為了準備實現不可能的平等，而是建立某種相當或補償的互惠服務」。「殖民地是為了宗主國而創造，因為殖民地可以幫宗主國得到許多不同利益——這點毫無疑問。當他主張，「安南人、黑人、阿拉伯人」不可能因為「採納某些歐洲的習慣、征服者的語言與文學知識」就成為法蘭西人，他發出這般警告，主要因為他害怕文化同化只會讓當地人變成「帶著更優良的武器來對抗我們的敵人。智慧告訴我們勿忘聖多明哥的教訓」。（in Lewis 1962: 148-49；亦見 Betts 1961: 122, 144-45）

似乎很清楚，賀蒙認為同化不是不可能，但是不值得，因為同化可能的結果，就是已同化的菁英發動叛亂，將法蘭西的自由共和思想拿來對抗殖民地的統治者，就像杜桑—盧維杜爾在聖多明哥的作為。無論理論如何，實踐上，同化和聯盟的區別在二十世紀初期無疑非常模糊。例如一九一七年，聯盟主義高峰期間，法國眾議院通過決議，確定法蘭西決心「對殖民地民族加強推動聯盟政策，此政策將持續確保他們逐漸併入民族一統，而且將加強所有飛揚法蘭西旗幟的領土之團結」。這個觀點在精神上和一八八九年十二月於全國殖民地會議（Congrès Colonial National）的決議所顯然呈現的同化主義目的，並無太大差異。該決議宣布「在法蘭西權威之下的所有海外土地上，殖民的工作應該對當地人宣傳法蘭西之語言、行事方法，而且逐漸導入法蘭西之精神與文明」。在兩個情況下，如馬丁．路易斯（Martin Lewis）所言，「允許法蘭西化作為終極目標」。（Lewis 1962: 143, 150；亦見 Lorcin 1995: 7-8; Conklin 1997: 248; Belmessous 2013: 119-204）

所有的歐洲帝國當中，法蘭西最迷戀同化目標。至少相較於本書的其他帝國，這麼說似乎還算公平。邏輯上，這點或多或少來自一個法蘭西信念，這個信念在十八世紀表達得最清楚，而且透過法國革命的普世主義確立，就是首先發現文明之秘密的是法蘭西人，而且將他們發現的果實提供給其他人類是他們應盡的義務。成為法蘭西人、像個法蘭西人，對他們而言不是強迫，而是解放。殖民世界就是教化世界，也就是說，把世界變成法蘭西。克里斯多福．米勒（Christopher Miller）說過：「同化可以總括為法蘭西文明是最好的文明這個想法，但法蘭西文明並不專屬任何種族，甚至民族。法蘭西屬性可以教導並學習；通往文明的忠實道路是法蘭西的語言，而這個語言的實質化身是價值與技術。同化潛在的訊息是：你和我可以平等，只要你和我完全相同。」（1994: 115-16）休伯特．德尚認為，同化是法蘭西民族在家與國外長期的傾向，「一七八九年的革命很晚才躡手躡腳地偷溜進非洲」。（[1963] 1994: 172）

同化是目標，那麼工具是什麼？在這裡，文化與傳統的差異，意謂同化實際上必然是個斷斷續續、游移不定而且根本不完整的計畫。路易斯說過，「『同化』的問題不是因為同化不合邏輯、不切實際或不可能，而是沒有認真努力實現」（1962: 153）。休伯特・德尚承認努力來得太晚，而且部分歸咎誤導的聯盟政策。一九六三年，他在布魯塞爾的盧吉學程（Lugard Lecture）⑫演說時，引用自己一九三〇年代的著作，當時身為官員，他反對聯盟主義，請求「我們不應浪費力氣維持過時的模式，反而要……透過教育，自己著手為未來奠定基礎」。他說：「我們直到一九四五年才實現這件事情，而且僅僅十五年的形成時間並不足夠。不是非洲人的錯，而是我們的錯，因為我們終極的政策目標發展得太晚。」（[1963] 1994: 178）到了一九四五年，本土民族主義的力量已經太過強大而難以抵抗，而且這股力量多半是帝國自己創造的。

原來困難主要在於公民身分的問題。法蘭西的行政與法律可以隨時傳播到殖民地。那方面的同化——政治與法律的整合——相當容易達成，至少對於歐洲的臣民來說（Saada 2013: 329）。問題是，誰有權利參與一個旨在反映平等、共和的宗主國政體？一八四八年，第二共和男性投票權普及，第三共和也比照實施。而此舉多大程度能夠延伸到殖民地？公民身分多大程度能夠普及——而且如果無法普及，又是為什麼？一個一七八九年開始具有普世形象的共和，基於什麼立場，拒絕其非歐洲的臣民獲得宗主國居民被賦予的權利？就拿殖民主義者喜歡比較的羅馬帝國來說，如果皇帝卡拉卡拉於公元二一二年頒布《安東尼努斯敕令》（*Constitutio Antoniana*），能擴展公民身分到所有臣民，那麼羅馬帝國偉大的後繼法蘭西人，為何不能？

「舊的殖民地」，包括瓜德羅普群島、馬提尼克、蓋亞那、留尼旺、模里西斯、朋迪榭里，和「法蘭西第二海外帝國」，即一八三〇年征服阿爾及利亞之後較新的殖民地，兩者有所差異。在較舊的殖民地，除了印度等例外，當地居民幾乎都被征服或被歐洲疾病殲滅，因此殖民國家事實上有一塊乾淨的石板可以作畫，於是他們引進奴隸、契約勞工（印度、中國等）和歐洲人。在那些地方實施同化政策的反彈很小，當地傳統或制度鮮少擋路。一八四八年，第二共和確定廢除奴隸制度，舊殖民地便可以開始將臣民轉為公民的工作。那是緩慢且不均的過程，但是最後在一九四六年，多數舊的殖民地都變成海外部門（*départements d'outre-mer*）。對於太平洋的殖民地也實施類似的政策，包括新喀里多尼亞（New Caledonia）、法屬波利尼西亞（French Polynesia）、科摩羅群島（Commores Islands）等，後來也宣布他們成為海外領土（*territoires d'outre-mer*），這個形式與宗主國法蘭西的關聯稍微較鬆。雖然部分殖民地在十九世紀取得，所以較新，但他們和舊殖民地的相同之處在於當地人口缺乏，或非常稀少，因此較容易同化。正是因為沒有當地人口與制度抵抗這些兼併與同化政策，這些殖民地直到今天還是屬於法蘭西。

形式上，法蘭西帝國就和不列顛一樣異質，他們將屬地區分為部門、殖民地、保護國等行政形式。也常見移民殖民地（*colonies de peuplement*）與「利用殖民地」（*colonies d'exploitation*）的區別，後者主要從經濟的觀點出發，作為自然資源來源或法蘭西產品的市場。以上，意謂屬地之間的法律形式與行政機構差異極大。如同不列顛的情況，缺乏單一政府部門監督所有殖民地。例如，阿爾及利亞被視為法蘭西宗主國的部分，由內政部管理。非洲南撒哈拉、亞洲、太平洋的屬地由一八九四年新成立的殖民地部（Ministry of the Colonies）管理。從前的保護國，如突尼西亞與摩洛哥，以及東京、安曼（Amman）、寮國（但交趾支那是殖民地）則由外交部管理。一次大戰後的法國託管地也是，包括敘利亞、黎巴嫩、多哥、喀麥隆。

實際上，普遍同意這些分別對法蘭西的重要性不如不列顛。同化與聯盟之道，雖然源於帝國特定地區，但是或多或少傾向普遍實施。國家的不同部門很少只在正式責任範圍之內活動；例如外交部，身為最資深與最受尊敬的部門，經常干預較新且資淺的殖民地部。雖然，如同不列顛的情況，歸納整個帝國是危險的，但是歸納也不完全是誤導，甚至可以釐清某些普遍趨勢。尤其法蘭西的情況，他們就像西班牙，實施高度集中化，特別尊崇宗主國發射的想法與政策。

法蘭西人當然發現他們帝國裡面的差異（帝國這個術語從整體的意義來看，約在二十世紀初期，相對晚近才在法蘭西盛行，尤其受到兩次大戰帝國臣民英勇的表現影響）。演化社會學於十九世紀後期橫掃西歐，透

⑫ 譯注：為國際非洲學會（International African Institute）舉辦的學程，以當代非洲研究為主，因創辦人而名為「盧吉學程」。

過古斯塔夫・勒龐、呂西安・列維—布留爾（Lucien Lévy-Bruhl）等人的著作，更是傳遍法國（Betts 1961: 59-89）。從法蘭西帝國的角度來看，這意謂承認「文明階層」，其中歐洲人在頂端，其次是越南人（因為他們的古代文明受到中國啟發），接著是阿爾及利亞人（柏柏人〔Berbers〕和阿拉伯人），南撒哈拉非洲人又在底下，而最底層是「蠻族」新喀里多尼亞的卡納克人（Kanaks）與其他玻利尼西亞和美拉尼西亞（Melanesian）的民族。不同的當地人口可以依據他們在階層中的位置，獲得較多或較少的管理自主。（Saada 2013: 326-27）

相同或類似的觀念影響公民身分的散播。雖然公民身分的最終目標是擴展到整個帝國所有的居民，但是大部分的時候，「公民」和「臣民」存在清楚可見的區別（Saada 2012: 95-115; Cooper 2014: 6-7, 13- 18）。雖然所有的帝國臣民都是法蘭西「國人」——依法屬於法蘭西國家，服從其主權，但不是所有「國人」都是「公民」，享有「公民」這個地位賦予的政治與法律權利。縱貫十九世紀，在宗主國本身，隨著民族歸屬賦予全部或多數的公民權利，「國人」和「公民」的區別逐漸模糊。（Saada 2012: 98-99）

但是如此的融合在殖民地發展得相當緩慢。多數歐洲人是公民，而非歐洲人基於某些條件與資格也可以獲得公民身分。但是，非歐洲人的公民，直到二次大戰，人數還是相對稀少。[19]結果之一就是，殖民地大多數的人口都要遵守特殊的「*code de l'indigénat*」（當地刑法規定），這個規定是專為非公民設置的司法系統，輔助習慣法，同時就近控制（管教）當地人口。*indigénat*（當地的）就是那片區別臣民與公民的海灣，而且似乎就是「所有法蘭西國人皆平等」這個共和原則最醒目的冒犯。（Aldrich 1996: 213-14; Belmessous 2013: 148-49）

我們必須認清，雖然某些人視之為矛盾與邪惡，但是公民與臣民的區別之所以存在，與最重要的同化目標關係密切（Shepard 2008: 20-39）。例如首先發展 *indigénat* 制度的阿爾及利亞，這個獨立的規定之所以合理，是因為此規定以習慣法為基礎，而且多數案例由當地政府裁定，所以根據一八三〇年投降和約中「當地人的要求」，這個制度的用意是尊崇當地的「宗教、風俗、婚姻慣例與家庭組織」。（Saada 2012: 100）

換句話說，*indigénat* 反映早期的聯盟原則，而且亞歷西斯・德・托克維爾非常支持這個論點，他在一八四七年寫道：「他們（阿爾及利亞當地人）此刻不應被推往我們歐洲文明的道路，而是推往適合他們的方向。」（2001: 142）

分離的法律與裁定制度，看來只是「暫時」、臨時的手段，允許「教化過程」發生作用，直到當地人口準備完全實現公民身分，且不只享有公民的權利，同時要負擔義務與責任。熱情支持同化主義的茹・費理主張，「當然，絕對意義的同化是世紀的工作，但是提升當地人、對他們伸出援手等等的教化，是偉大民族每日的工作」（in Belmessous 2013: 149；亦見 Baycroft 2008: 157）。同化是逐漸的過程，需要每天努力，持續實施達成目標的措施。同化是終極目標；同時，若不為其他理由，就務實面向而言，至少於個人、家庭等相關事務上，需要尊重並認同當地的法律與習俗。

這點完全秉承法蘭西「教化使命」的理解，而且與不列顛自由主義者如約翰・史都華・彌爾所發展的殖民地「受託人職位」並無太大不同。與十九世紀多數法律判斷與宣言也一致，認為在過渡時期，基於不應凌駕當地人口的傳統習俗與信仰，當時實施分離的法律原則甚為合理。「為何對安南人而言，效法中國文明的《嘉隆法典》⑬不應像民法對法蘭西人而言那樣好呢？」（in Saada 2012: 107）

原則上，任何帝國臣民永遠都有可能變成公民。一八六五年參議院頒布法令，一八八〇年後更擴展到其他殖民地。法令針對與阿爾及利亞的關係，明訂任何當地人具有「依請求獲得公民身分之權利，即遵守法蘭西民法與政治法律」（in Saada 2012: 100-101）。如同所有地方的歸化法律，達成某些要求是獲得公民身分的條件。其中包括知曉法語，接受法蘭西文明的基本規範與習俗，例如結婚與離婚相關的制度。如此一來，公民身分與某些「禮儀」的想法連結，而且顯然來自歐洲，尤其是法蘭西慣例的禮儀。（Saada 2012: 111-15）

⑬ 譯注：《嘉隆法典》為一八一五年越南阮朝嘉隆帝阮福映（阮世祖）編成及頒行的法典。

並非所有當地人都希望得到公民身分，或視為必然有益。接受公民身分意謂放棄傳統習俗，例如多配偶制，而且需要服從法蘭西的法律與法庭，而非地方法律與傳統權威。這點如同法蘭西的偏見與不情願，也部分解釋了為何公民身分在殖民地發展緩慢（Aldrich 1996: 212-13; Belmessous 2013: 139-40）。但是當地人的文化涵受與同化不是完全不可能，而且確實有相當人口這麼做。許多方面而言，當地人變成法蘭西人，比在不列顛帝國變成英格蘭人容易得多。兩個帝國都有種族主義，整個歐洲世界都有；但顯然比起英格蘭，在法蘭西的程度較為輕微。[20]

因此，沒有二十世紀南非白人政權認為的那種永久合法種族隔離，而且有時這樣的制度會被當成法蘭西帝國種族主義意識形態的例子（例如，Saada 2013: 335）。儘管只是權宜之計，當時的作法符合一個觀念，即當地存在強大、由來已久的文明，而且需要尊重這些文明的影響與要求，尤其對於阿拉伯與越南的民族。時間到的時候，而且有了背後的法蘭西國家權力與法蘭西教育制度，法蘭西優越的文化與文明會在當地人心中發揚光大，而且他們會準備接受法蘭西完全的公民身分。一八八〇年代再次辯論公民身分的時候，有人主張這樣的過程實際上在法蘭西本身已經發生，尤其透過學校與軍隊為仲介。屬地主義公民身分的傳統之所以成功辯護，便是基於一個觀點，認為外國人完全可能同化，如同法蘭西農民為了成為完全的共和國公民，從以前到現在持續進行「教化」。「內部同化與外部同化，社會學上是相同的：如果學校與軍隊能夠『把農民變成法蘭西人』，他們也能以同樣的方式把當地出生的外國人變成法蘭西人」（Brubaker 1992: 108-9；亦見 Weber 1976; Weil 2008: 30-53; Shepard 2008: 13）。對於國外的外國人，也就是帝國的當地人，也是同樣的道理。經過漫長的時間，一九四六年《拉明蓋依法》（*Lamine-Guèye law*）將法蘭西公民身分擴展到帝國的所有臣民，這樣的觀點總算勝利。（Aldrich 1996: 281; Cooper 2014: 26-60）

阿爾及利亞在帝國

年輕的亞歷西斯・德・托克維爾剛結束他的美國行，而且著作《民主在美國》（*Democracy in America*, 1835）大受歡迎，他將注意力轉向法蘭西於一八三〇年征服阿爾及爾後取得的阿爾及利亞。許多他的同胞對於帝國半信半疑，例如我們之前看過基佐的論述，但是托克維爾現在深信，唯有透過殖民事業，法蘭西才能統一破碎的國家，並且再次於歐洲人眼中得到應得的榮譽與尊重（Tocqueville 2001: xiv; Pitts 2005: 204-39; Veugelers 2010: 351）。阿爾及利亞是個開始。他在一八三七年宣布，「我毫不懷疑，我們能夠在非洲海岸豎立偉大的紀念碑，象徵我們國家的光榮」。（Tocqueville 2001: 24）

托克維爾同樣相信阿爾及利亞不應如英屬印度那般只是「利用殖民地」，而是「移民殖民地」，應盡可能全面歐洲化。不應有「缺乏殖民的統治」：「法蘭西必須為自己設定更偉大的目標，這個目標就是在非洲建立歐洲社會。」（2001: 61-63, 122）如同古希臘人在地中海的殖民地，或像羅馬帝國的自治區，那個目標應該是讓法蘭西的男人女人住在阿爾及利亞，而且把阿爾及利亞變成「祖國完美的形象」。（2001:110）最終目標應該是密集殖民阿爾及利亞，以致塗銷區分宗主國與邊陲的界線。「我們在阿爾及利亞應該創造的，適當來說不是殖民地，而是跨越地中海，擴展法蘭西本土。」（2001: 161）

某些人認為托克維爾的帝國主義有很多問題，對這些人來說，他的理論和《民主在美國》的作者所代表的自由主義情緒不同（例見，Richter 1963）。但是彌爾與其他自由主義者，例如托克維爾，他們所主張的「自由的帝國主義」，在十九世紀的歐洲，世人相當熟悉（Mehta 1999; Pitts 2005）。儘管托克維爾對征服的方法有所保留，他仍接受歐洲社會的教化使命。法蘭西憑藉法國革命的普世主義，比起其他國家能夠提供更多，而阿爾及利亞會是新法蘭西帝國的實驗室。

托克維爾早期就發現的還有，阿爾及利亞會是法蘭西帝國非常特別的部分，占據獨特地位。阿爾及利亞鄰近法蘭西；此外，這裡是新海外帝國的第一個殖民地，法蘭西成功的帝國新事業就從這裡開始。這些事實令阿爾及利亞在法蘭西人眼中越來越重要：一八四八年阿爾及利亞併入宗主國的行政系統，分為三個部，其公民（多數歐洲人）享有完全的政治權利，這點顯示阿爾及利亞的優越地位；一九四六年之前，沒有其他殖民地是宗主國法蘭西正式的國土。

一八七一年戰敗後，失去亞爾薩斯—洛林，阿爾及利亞的重要性又添一筆。許多為逃避德意志統治而移出法蘭西到阿爾及利亞的人，就是來自失去的省分。一八七一年，阿爾及利亞的主教查理斯·拉維日里（Charles Lavigerie）直接接見他們，提供他們「非洲的法國」，「相對於你們失去的家園，這個家就和法蘭西一樣，等待你們，而且你們的不幸多深，這裡的愛就多深」（in Schivelbusch 2004: 183）。筆名為G·布魯諾（G. Bruno）的烏古斯丁·傅葉（Augustine Fouillée）出版大受歡迎的童書《兩個孩子的法國遊記》（*Le Tour de La France par deux enfants*, 1877），之後又出版另一部以亞爾薩斯—洛林移民為題的小說《奇蹟的孩子》（*Les Enfants de Marcel*, 1877）。第一本童書深植國小學童心中，而第二本關於亞爾薩斯家庭在阿爾及利亞重新生活並成功的小說也不遑多讓。書中的祖母稱呼這片「受到庇佑的土地」會加上引號：「對我而言，你就像祖國一樣珍貴。經過諸多試煉與苦難，因為有你，我的孩子得以安全、幸福、健康。在我臨終之際，我將了無遺憾，在你的土地安息。我的新亞爾薩斯。」（譯自 Girardet 1972: 183-84）

事實上，一八七一年的恥辱之後，阿爾及利亞被抓進整個民族復興的大業之中。第三共和發起殖民擴張的新計畫，而阿爾及利亞是關鍵。利萊—博利厄重要的著作《論現代民族的殖民》很大一部分都在談論阿爾及利亞。他表示「對法蘭西來說，阿爾及利亞具有與其過去相稱的至高地位」（in Murphy [1948] 1968: 144; cf. Conklin 1997: 19-22）。希維爾布奇說：「因其心理與地理的鄰近，阿爾及利亞會成為主要的鑄造工廠，生產整個帝國事業的神話。反殖民主義者輕視、否定的『非洲沙漠的沙礫』，在一八九〇年代的復興說詞中，代表保存、更新、紀律、雄性（*virilisation*）。」（Schivelbusch 2004: 183）

如我們所見，對照印度之於不列顛帝國，阿爾及利亞有時被類比為法蘭西帝國王冠的寶石（例如，Jasanoff 2005: 286）。如果我們閱讀整個十九世紀許多法蘭西作者與政治家的文章，從他們對於阿爾及利亞由衷且熱情的讚嘆，阿爾及利亞當然是王冠上的寶石。無論是詛咒或是庇佑，阿爾及利亞在法蘭西人的集體記憶中依然發燙（Lorcin 2006）。但是至少在某些方面來說，與印度之於不列顛帝國的比較可能有誤導之虞。印度在不列顛「想像的」帝國之中，當然占據特別地位。但是那裡從來沒有龐大的歐洲移民社群。許多人在那裡出生，印度對他們而言也就像家。他們是軍人、公僕、工程師、教師、傳教士、商人。一九四八年後離開印度甚至是種個人傷痛，因此出現大量回憶錄與小說。但是那樣的傷痛從來不像一九六二年阿爾及利亞與法蘭西正式切斷的時候，阿爾及利亞的歐洲人所遭受到的創傷。若要與不列顛帝國比較，我們要看的不是印度，而是不列顛社群強壯的南非與東非。[21]對那些社群而言，與不列顛斷絕的痛苦就如同阿爾及利亞歐洲人與法蘭西斷絕時的感受一樣。

到了一九〇〇年代初期，阿爾及利亞的歐洲人超過一百萬，包括法蘭西人、義大利人、西班牙人、馬爾他人、猶太人，占據法屬阿爾及利亞十分之一人口（比例略少於同時期美國的黑人人口）。對他們而言，他們是法蘭西人，阿爾及利亞是法蘭西的，也是法蘭西不可或缺的部分，這些想法是他們定義身分的核心信念。直到一九五〇年代末期，法國各種言論都同意這個觀點。[22]第四共和的危機之中，為求拯救共和，避免演變為內戰，戴高樂受到法國軍隊與阿爾及利亞移民者（*colons*）支持，於一九五八年東山再起。他似乎極為支持法屬阿爾及利亞（*l'Algérie française*）的目標。但在移民者一片的驚愕中，他拋棄他們，而且在一九五八年與一九六二年之間飛快轉向，同意阿爾及利亞獨立。

在移民者眼中，拋棄的行為形同叛國。他們經常提醒在宗主國的同胞，法蘭西最黑暗的時刻，也就是德國占領與維琪政權期間，戴高樂領導的自由法國（free French）之所以能夠拯救宗主國法蘭西，正是從一九四二年同盟國解放的阿爾及利亞發動。駐守在阿爾及利亞的非洲軍團成員多數是穆斯林。一九六二年，反對阿爾及利亞獨立的阿爾及利亞人高唱「我們是非洲人／我們從遠處歸來／拯救祖國」，訴諸的就是所有阿爾及利亞人，包括「歐洲人」與「穆斯林」，團結保衛法蘭西，而且透過他們的行動，表現阿爾及利亞與法蘭西緊密的連結。（Shepard 2008: 118；亦見 Frémeaux 2007: 169）

阿爾及利亞歐洲人的情感與行動，也常單純被當成信奉法西斯主義與種族主義、憤恨且狂熱的右翼言論。某些移民者的暴力與蠻橫當然無法否認或推托，例如準軍事的秘密軍隊組織（Organisation de l'armée secrète）（雖然平心而論，他們的對手，即多數為阿拉伯人的民族解放陣線〔Front de Libération Nationale，簡稱FLN〕也以牙還牙）。但是如同托德．舍帕爾德（Todd Shepard）已經清楚展現，這個觀點與整個故事差距甚大。阿爾及利亞的歐洲人抗議他們眼中宗主國的出賣行為時，可以，而且確實指向共和思想的整個歷史，以及法蘭西曾經承諾阿爾及利亞，把阿爾及利亞當成「單一且不可分割」、不可或缺的部分。阿爾及利亞作為獨立國家與法蘭西切割，確實是法蘭西歷史上唯一一次自願放棄不可否認的組成領土（其他殖民地並未擁有如同阿爾及利亞的獨特憲政地位）。戴高樂和盟友得從憲法大作文章才能達成目的。在那個過程中，他們成功把殖民者呈現為共和的敵人，美其名是為了保存宗主國法蘭西這個更高的利益，實際上是在肢解共和。代價就是一個賦予總統前所未有的權力，並且嚴重削弱立法機關的政治制度——第五共和。（Shepard 2008: 101-35）

一九五七年的諾貝爾文學獎得主、阿爾及利亞出生的小說家卡謬，就是一個震撼且辛酸的例子，代表移民者的感受。沒人可以控訴他保守或者種族歧視。當時的他，現在亦同，是獨立的燈塔，象徵正直與知識。在阿爾及利亞的獨立戰爭期間，從一九五四年起到一九六〇年去世為止，他都被困在法屬阿爾及利亞的支持者與反對者——FLN與其在宗主國法蘭西的左翼盟友——之間。他不遺餘力地譴責兩邊的暴力行徑，反覆呼籲停戰，並且宣揚一個包括所有種族與宗教的阿爾及利亞，要求「一個未來，這個未來之中，法蘭西全心信奉自由傳統，公正、無歧視地對待阿爾及利亞所有社群，不偏頗其一或其他」。（in Messud 2013: 56；亦見 Judt 1998: 116-21）

但是，儘管隨著衝突加劇，來自左派朋友的壓力越來越大，他還是不能拋棄阿爾及利亞，不能拋棄出生地的人們和滋養他成為作家的土地。在他身後才出版的自傳小說《第一人》（*The First Man*, 1994），他生動地呈現在阿爾及利亞的早年生活之於作家養成的重要；不只家庭與學校，還有那個國家的物理特徵、地貌氣候對他的影響。於此，他提出獨特的阿爾及利亞身分，儘管其中包含法蘭西文化深厚的影響。隨著雙方惡行越演越烈，許多人開始覺得獨立是唯一的解決方法，然而，卡謬堅持，法蘭西不能只是拍拍屁股離去，任憑主要的穆斯林人口左右阿爾及利亞的命運。「她無法，因為她永遠不會同意把一百二十萬名法國人丟進海中。」（in Messud 2013: 56）他反對這樣的觀點——阿爾及利亞的法蘭西人在某個意義上是外來的闖入者，應該歸還土地給當地居民，也就是阿拉伯人。他指出多數阿爾及利亞的法蘭西人，像他自己，都在阿爾及利亞出生。他們應該也被當成當地人—— *originaires*。「此時阿拉伯人不是阿爾及利亞唯一的人口。法蘭西移民的規模與年資，足夠創造歷史上無法比較的問題。阿爾及利亞的法蘭西人也是當地人，而且就是當地人一詞代表的意義。」（in Prochaska 1990: xvii）

一九五七年，受獎之後，在斯德哥爾摩的記者會上，阿爾及利亞戰爭高峰之際，一位阿爾及利亞的學生問卡謬對於戰爭的態度。他的回答經常被引用（也經常被誤用）：「人們正在阿爾及爾的電車軌道埋下炸彈。我的母親也許就在那些電車上。如果那是正義，那麼我選擇我的母親。」（in Messud 2013: 58; 另一版本見 Judt 1998: 131）大衛・普羅哈斯卡（David Prochaska）引用的版本是：「如果我必須選擇正義與我的母親，我會選擇我的母親。」正義代表獨立的阿爾及利亞，而母親代表法屬阿爾及利亞。（Prochaska 1990: xvii）引言是誤導的。對卡謬而言，承認阿拉伯人與歐洲人這兩個團體正當的主張，不排除其一，就是伸張真正的正義。但是承認法屬阿爾及利亞在卡謬的成長中扮演幫助的角色，至少這是對的。如同本身也生於阿爾及利亞的小說家克萊爾・墨蘇德（Claire Messud）說過：「如果法蘭西是卡謬的父親，那麼阿爾及利亞是他的母親；他們愛慕的兒子不可能答應離婚。」（Messud 2013: 58）

卡謬的希望和渴望就這麼不切實際嗎？阿爾及利亞注定獨立，由多數的穆斯林統治，而且容不下非穆斯林？阿爾及利亞的戰爭到了末期，許多在法蘭西的人逐漸如此相信，認為「歷史的趨勢」（不列顛人的版本是「改變的風」）無情地轉向去殖民化，而且法蘭西人與阿拉伯人不可能混合。於是，阿爾及利亞必須留在法蘭西——這個直到當時仍然強烈的信念也被他們推翻（Shepard 2008: 55-81）。其他國家同樣從法蘭西的例子中得到普遍教訓，認為不可能存在卡謬想像的那種多元文化國家。（例如，Thody 1985: 13）

事實是，不只阿爾及利亞的歐洲人抱持這種希望，認為即使發展的確不平等，文化與習俗許多方面也不同，這樣迥然不同的人口還是能夠共存，甚至可能匯聚。兩次大戰之間，重要的阿拉伯知識分子團體——多為 *évolués* 和 *assimilés* [14]——也相信這樣的前景。特別著名的團體為阿爾及利亞青年團（Jeunes Algériens），他們受到突尼西亞青年團現代化的意識形態啟發，而突尼西亞青年團又受到突厥青年團影響。對這些思想家而言，阿爾及利亞的未來只能是「更大的法蘭西」，因為法蘭西的想法與組織創立的現代文化是當時在世界生存與進步的條件。如同他們的一員L．塔拉特（L. Tahrat）於一九二七年所言，他們的目標是建立兩個民族的新共同體，這個共同體是一個獨特的民族，「是特別的阿爾及利亞人，但是具有法蘭西文化」。（in Belmessous 2013: 161; generally, 160-200；亦見 Shepard 2008: 28-38）

薩里哈．貝美蘇斯（Saliha Belmessous）對這個團體進行詳盡研究，表示「在十九世紀，同化是法蘭西在阿爾及利亞的主要目標，一個世紀後，尤其在兩次大戰之間，卻成為絕大多數土生土長的知識階層主張的政治計畫」（2013: 167）。阿爾及利亞當然不是整個法蘭西帝國，而且許多方面不能代表殖民地。在法蘭西人的眼中，阿爾及利亞總有某些特別之處。但部分正是因為這個特別之處，賦予土生土長的人民希望，認為也許這個實驗會得到某種新的結果，而他們可以共享這個結果。這個希望絕不僅限於阿爾及利亞或馬格里布。土生土長的菁英，也就是非洲南撒哈拉、中南半島、加勒比海、太平洋等殖民地的 *évolués*，在不同時期也表示他們相信更大的法蘭西可以平等容納所有民族。（Wilder 2005）

二次大戰的經驗，特別是維琪政權的政策，嚴厲地考驗這個信念。到了一九四三年，前阿爾及利亞青年團的主要人物，也是強烈的同化主義者費爾哈特・阿巴斯（Ferhat Abbas）宣布同化失敗，並且呼籲阿爾及利亞獨立，雖然尚不離開法蘭西聯邦（Belmessous 2013: 195-96）。日本戰勝歐洲帝國，大大提升整個亞洲的民族主義運動。顯然法蘭西帝國就像不列顛，如果還想存活，就要改變方式。

最大的法蘭西
——極致典範

如同不列顛帝國的情況，而且再次與一次大戰後對於歐洲帝國標準的意見相反，兩次大戰之間可以視為法蘭西帝國達到高峰，而且獲得全新程度自信的其中一段時間。幾乎沒有任何地方要求終結帝國（相對於改革），而且幾乎沒有帝國已經耗盡潛能的跡象。但是就像不列顛，到了一九六〇年代初期，法蘭西帝國竟然幾乎完全消失。一九二〇與一九三〇年代的法蘭西評論家對於這件事情將會非常震驚，程度更勝不列顛。羅伯・阿德力區（Robert Aldrich）說：「一九一八年到一九四〇年這段期間，是法蘭西殖民帝國的『黃金年代』。」（1996: 114）拉奧爾・吉拉爾岱認為這個時期的帝國代表「最大的法蘭西的典範」：「殖民的想法在民眾之間從未引起更大的興趣、更多的熱忱，更強的激情。」（1972: 176; and generally 175-99；亦見 Wilder 2005: 24-40）

如同不列顛，在一次大戰浩浩蕩蕩的抗戰中，帝國的角色再明顯不過，而法蘭西民眾也沒有忘記這件事

⑭ 譯注：「*évolués*」（進化者、受教育的當地人）與「*assimilés*」（同化者），指的是殖民年代的非洲人或亞洲人經過歐洲化，能口說法語，遵守歐洲法律，多半為白領階級。

情。非洲人，即塞內加爾步兵，讓他們留下特別深刻的印象：十七萬一千名非洲人參戰，超過三萬人犧牲，占殖民地徵兵當中最多的傷亡。「戰爭期間塞內加爾步兵的英勇表現，幫助改變對於非洲人的刻板印象；微笑、勇敢、願意為法蘭西奉獻生命的形象取代了叢林的野蠻。」（Aldrich 1996: 223；亦見 Andrew and Kanya-Forstner 1971: 128; Betts 1978: 90-91）來自帝國不同地區總計超過八十萬名徵兵參戰；其中七萬八千名傷亡，占據法蘭西一百四十萬損失中的百分之十五（Quinn 2002: 186-87）。沒有什麼比戰爭更能號召民族精神，並且意識到自己的優缺點，尤其是一次大戰這樣規模的戰爭。對法蘭西的偉大與安全而言，帝國確實顯得不可或缺。

而且再次如同不列顛，戰爭結束後，法蘭西帝國大幅擴張。法蘭西從鄂圖曼帝國的殘骸收到敘利亞與黎巴嫩兩個國際聯盟託管地；從德國收到多哥與喀麥隆，也是託管地。最重要的也許是從德國收回失去的亞爾薩斯與洛林，為國家收回一百七十萬名男女。對一個人口成長不只停滯，同時在戰爭中失去一百萬名軍人的社會，確實非常需要這樣的提升（Jones 1999: 248）。殖民部部長阿爾貝特・薩羅（Albert Sarraut）於一九二三年說道：「更大的法蘭西，不再依賴四千萬人民謀得安全，而是一億，而且能夠從比母國大上二十倍的統一領土中取得所有基本物資。」（in Frémeaux 2007: 168-69；亦見 Wilder 2005: 30-31）法蘭西領土涵蓋一千一百萬平方公里，是世界第二大的殖民帝國，如同不列顛的殖民帝國遍及全球，其語言與文化也影響數百萬人。

戰爭與其餘波大幅增加帝國在大眾心中的重要性。雷蒙・比茨說：「確實，正是兩次大戰之間，『帝國』與『海外法蘭西』這兩個術語成為流行詞彙，代表海外屬地已經稍微以實際樣貌植入法蘭西人的內心。」（1978: 90）一而再、再而三，人們不斷聽到如同雷昂・阿尚布（Leon Archimbaud）在著作《最大的法蘭西》（*La plus grande France*, 1928）中所謂的：「我們的殖民地是不可缺少的……沒了他們，法蘭西將不再是法蘭西。」（in Wilder 2005: 32）法蘭西的學童正是這段期間學到皮耶・薩沃尼昂・德・布拉扎、約瑟夫・加利埃尼、赫伯特・利奧泰元帥等人的英勇事蹟與卓越成就。新聞與廣告大肆刊登來自殖民地區的異國服裝、色彩、產品。其中極為知名的廣告是巴納尼亞牌（Banania）的巧克力飲料，圖案是一名笑容滿面的塞內加爾士兵；另一個是非洲女人廣告的薩提咖啡（Sati）。另又發展「帝國電影」，找來具有異國風情的當地人演出，並且強調帝國的浪漫情懷。講師帶著帝國的故事行走各省（Frémeaux 2007: 169; Goerg 2002: 92- 97）。由於法蘭西自己將帝國通俗化，這段期間與不列顛的相似之處又特別強烈。

最強烈的也許是一九三一年在巴黎舉辦的殖民地博覽會，盛況勝過一九二四年英國溫布利。誠如羅伯・阿德力區所言，這個博覽會舉辦的時間「正值法蘭西殖民主義達到最遠點」，而且「前所未見，歌頌更大的法蘭西與法蘭西教化使命」（1996: 261）。巴黎的博覽會由傑出的帝國主義者利奧泰將軍主辦，吸引來自法蘭西與海外超過八百萬人參觀。他們可以在博覽會上看見原始尺寸、忠實複製的吳哥窟、西非傑內（Djenné）的泥磚堡壘、馬達加斯加的牛顱塔、摩洛哥宮殿的噴泉、蘇丹清真寺、突尼西亞市場、中南半島的絲綢師傅。[23]展覽意在展現法蘭西治理殖民地的好處。訪客導覽說明：「我們保護……數百萬名男人、女人、孩童，免於奴役與死亡的惡夢。」利奧泰介紹展覽時叮嚀：「在這個展覽中，除了過去的教訓，你必須要找到現在的教訓，而且最重要的是未來的教訓。離開展覽時，你必須下定決心，為了更偉大的法蘭西，永遠要成就更好、更偉大、更寬廣、更多元的事業。」（in Aldrich 1996: 261）利奧泰在某次訪問中，強調展覽的教育意義：「法蘭西人必須打從骨子裡相信，整個民族必須排列在殖民地之後，而且我們的未來取決於海外。」（in Lebovics 1994: 53）殖民地部部長保羅・雷諾（Paul Reynaud）在展覽開幕典禮上也希望強調「帝國是法蘭西整個歷史部分的觀點與政策……殖民是文明的重要推手」──指的當然是法蘭西文明。（in Quinn 2002: 205）

兩次大戰之間，許多論述殖民地的出版物反映出愉悅積極的情緒。加布里埃爾・阿諾托本身是一部六冊歷史書籍的作者，他在殖民地歷史權威套書的前言（一九二九）中寫道：「法蘭西的歷史若不包括法蘭西殖民與世界擴張，就不是真正完整。從無法追憶的年代開始，法蘭西永遠嘗試向外擴大自己，不是為了回應自我中心的本能，更不是為了征服的興致，而是單純需要認識人類與世界，需要繁殖、創造、建立。」（in Aldrich 1996: 4）這幾年間，「殖民文學」蓬勃發展，許多作者就是軍官，他們通俗地書寫在阿爾及利亞、摩洛哥、撒哈拉沙漠以南、中南半島的生活。如同不列顛也有類似的文體，小說作家也發現帶有異國風情的殖民地是英雄與冒險故事適合的場景（Girardet 1972: 238-46; Baycroft 2008: 160-61）。對法蘭西的大眾而言，「殖民的事實不再只是模糊的存在，而是熟悉的事實。民族意識從內在對於殖民地越來越有感。當時法蘭西的整個精神生活也逐漸併入殖民地這一塊」。（Girardet 1972: 185）

平心而論，反省這件事——帝國趨於平常，社會大眾接受度漸增——其實代表這個時期的法蘭西宗主國反殖民運動漸弱。當然還是有異議，尤其藝術家與作家，例如紀德（André Gide），以及社會主義者，尤其是新興的共產黨，帶頭反對殖民地各式各樣的虐待與剝削。然而重要的是，這些人鮮少支持殖民地的反殖民運動，或者呼籲法蘭西放棄帝國。即使是共產主義者，儘管一九二〇年代與一九三〇年代初期是最一貫的硬派，當一九三六年共產國際採取人民陣線（Popular Front）政策的時候，他們也轉變態度。現在的口號是與社會主義者合作，而社會主義者致力保存帝國，且確實相信法蘭西的教化使命。

即使從前的帝國批評者也是如此，例如喬治・克里蒙梭（Georges Clemenceau）與萊昂・布魯姆（Léon Blum）。一九二五年，剛當上社會黨領袖的布魯姆宣布：「我們太過沉浸在對我們國家的愛，以致不能否認法蘭西思想與法蘭西文明的擴張……我們發現高等種族的權利，甚至義務，就是拉拔那些還沒達到同等級文化的種族。」這是經典的 *mission civilisatrice* 論述（in Aldrich 1996: 115；亦見 Derrick 2002: 54-64）。一九三六年，布魯姆擔任人民陣線政府領袖，他支持莫里斯・維奧萊特（Maurice Viollette）的提案，擴大投票權給大約兩萬五千名阿爾及利亞的 *évolués*，而且宣布改革法蘭西殖民體制這個大膽的計畫，以改善當地人口環境為目標。但是維奧萊特的提案失敗，而其他改革的希望也隨著一九三七年布魯姆的政府失勢而告終。如果帝國改革未來發生——而且真的發生——將會需要社會主義的善意以外的手段。

這段期間，帝國對法蘭西而言越來越重要的另一項指標是經濟。我們已經看過，一九一四年之前，殖民地對法蘭西的經濟相對無關緊要。一次大戰之後，而且和兩次大戰之間，類似不列顛與殖民地更大的經濟整合理由，也就是由於戰爭造成的經濟中斷、一九二九年大蕭條、國際之間漸增的不安氣氛，同樣使法蘭西和殖民地在經濟上靠得更近。一九一三年，殖民地只占法蘭西外貿的百分之十，而法蘭西的海外投資，殖民地也遠落後俄羅斯、拉丁美洲。到了一九三三年，殖民地占法蘭西外貿的百分之二十七（百分之二十三進口，百分之三十三出口），帝國成為法蘭西最重要的貿易夥伴；而且這樣的情況會持續到一九六〇年。（Girardet 1972: 180）

大蕭條期間，法蘭西對帝國的依賴加深，尤其針對部分地區的某些重要資源。光是阿爾及利亞就占據法蘭西出口的百分之四十五，而且一九三〇年代提供法蘭西百分之四十的進口。幾乎所有法蘭西農產品都來自帝國進口，許多來自中南半島，例如茶葉、米、玉米。中南半島也是橡膠的主要來源，而法蘭西對橡膠的需求越來越高，對其他原料也是，例如煤與錫。到了一九三八年，中南半島百分之五十三的出口都朝向法蘭西，而百分之五十七的進口來自法蘭西（相較一九一一年至一九三〇年分別是百分之二十與三十）。投資形態也出現類似變化。一九一八年後，帝國成為法蘭西投資的主要地點，到了一九二〇年代後期，占據所有海外投資高達百分之三十與四十之間。大型的法蘭西銀行，例如西非銀行（Banque d'Afrique Occidentale），以及大型的商業公司，例如西非法國公司（Compagnie française de l'Afrique occidentale），主宰殖民地的經濟命脈（Aldrich 1996: 118, 188- 98; Wilder 2005: 26-27）。法蘭西的未來開始向不列顛一九三〇年代的「第三帝國」看齊，朝向帝國經濟與國家聯邦的想法。

兩次大戰之間，法蘭西也開始放送帝國聯邦的想法。然而，不像不列顛的情況，最主要的提議並非來自宗主國內部，或者至少不是來自出生在法蘭西的人，而是來自一群 *évolués*，他們或在自己的家鄉，或在巴黎，熱烈討論法蘭西帝國的未來，以及他們在這之中的地位。其中的領導人物有來自格雷島的塞內加爾人布萊斯・迪亞涅（Blaise Diagne）。他於一九一四年經由選舉成為第一位法國國會黑人議員，也是史上第一位於一九三一年被指派為殖民地次長的黑人；同為塞內加爾人的利奧波德・塞達爾・桑戈爾（Léopold Sédar

Senghor）也是法國國會議員（塞內加爾獨立後的首任總統）；來自馬提尼克的艾梅．塞澤爾（Aimé Césaire）和桑戈爾一樣身兼議員、詩人，也是 *négritude* [15] 主要的理論家；出身蓋亞那的列昂—共特朗．達馬斯（Léon-Gontran Damas）和桑戈爾、塞澤爾三人，普遍公認是最有成就的 *négritude* 詩人。（Atlan and Jézéquel 2002; Wilder 2005: 149-294; 2009）

這些非洲與加勒比海的知識分子抱持的政治前景迥然不同；迪亞涅較為保守，桑戈爾與塞澤爾較為激進。然而，串連他們的是「不需國家獨立而達成殖民地解放」這個信念（Wilder 2009: 104）。說起非洲文化的獨特之處，他們各個口若懸河，原生文化的形象、聲音、韻律栩栩如生地出現在他們的作品中。同化不應意謂均化，或者減少為單一個法蘭西文化。儘管如此，他們就和費爾哈特．阿巴斯一樣，還是認同法蘭西教育，同意分享法蘭西共和文化的遺產會帶來益處。畢竟他們本身就是那個過程的產物；而且他們得以發展 *négritude* 的概念，正是憑藉法蘭西知識文化的工具（Wilder 2005: 149-57）。他們並不否決法蘭西文化與法蘭西文明。他們確實信奉這些，當作形成新式文化的鷹架，以利融入法蘭西帝國。

一九五〇年十月三日，桑戈爾以聯合國法國代表的身分發表一篇著名演說，而這就是演說的宗旨。針對聯合國託管地多哥與喀麥隆，以及普遍而言的非洲大陸，他辯護法蘭西的政策時，提到自己非洲農民的出身，以及在不否認那個出身的力量下，他能夠透過法蘭西的教育與經歷大幅提升自我。未來有賴同時汲取農民（非洲）與知識分子（法蘭西）兩者的觀點，製造 *négritude* 和古典法蘭西人文主義兩者的 *métissage*（文化互融）（Atlan and Jézéquel 2002: 109-13）。如同他之前於一九四五年的文章說過，終極目標必須是「道德與知識的結合，也就是精神的嫁接。換句話說，允許聯盟的同化，但是同化須由當地人執行」。（in Belmessous 2013: 199）

這與過去某些針對同化的詮釋相去不遠。同化可以意謂政治整合但非文化均質；帝國的整體包羅萬象，內部具有多元性質。強調這一點，正好符合二十世紀普遍的文化趨勢，包括重新探討「原始」意義的二十世紀藝術。無論如何，桑戈爾、塞澤爾和其他 *évolués* 的渴望，與某些法蘭西思想家與政治家並無基本衝突，例如阿爾貝特・薩羅、烏克塔夫・洪堡（Octave Homberg）在兩次大戰之間主張更開明、「人道主義」的帝國。（Wilder 2005: 76-117）現在的重點是 *la mise en valeur*，意思就是不僅為宗主國，也為當地人口的利益而發展殖民地。如果做到這點，就沒理由害怕帝國的未來。身為銀行家與商人的洪堡，在讀者無數的著作《來自五個世界的法蘭西》（*La France des cinq parties du monde*, 1927）中闡述「全法蘭西」的概念，也就是更大的法蘭西，允許多元性，同時圍繞單一原則規劃。

> 目標……是盡可能將殖民地與宗主國緊密相連，鞏固全法蘭西的統一。如同從前我們的君王結合不同省分為一個法蘭西的整體政策，今日的共和應該在尊重遙遠殖民地之多元性的同時，完全將他們整合進入我們的民族生活，直到這個「所有大洲的法蘭西」流著相同的血，在相同的心臟中跳動同樣的韻律。（in Wilder 2005: 32）

離開之劇痛

人們常把法蘭西描繪為不情願的帝國主義者，甚至比約翰・西利和貝爾納・波特描繪的英國更不情願。[24] 除了馬格里布某些部分地區以外，不像不列顛人，很少法蘭西人願意移民且定居殖民地。一九四五年首次舉行針對帝國的樣本調查顯示，法蘭西人對帝國不感興趣，甚至厭惡帝國（de Gantes 2002: 15）。相較當時的不列顛人，儘管對帝國無知，他們似乎仍然以帝國為榮，令人不禁認為法蘭西人似乎準備跟帝國說再見，而且慶幸終於擺脫。

⑮ 譯注：「*négritude*」是法語非洲與加勒比海的作家在巴黎發起的文學運動，藉由寫實主義檢視西方價值，並重新評價非洲文化。

民調常常誤導。民調顯示的可能也是瞬息萬變的態度、稍縱即逝的公眾反應或當下的壓力。稍後於一九四九年舉行的民調，顯示百分之八十四的人口，其中的百分之七十七「強烈」認為擁有殖民地是國家的最佳利益（Lebovics 1994: 93; Aldrich 1996: 283; Frémeaux 2007: 169）。當然就受過教育的法蘭西人而言，包括政客、公關、公僕、作家、知識分子、軍官，隨著二十世紀進行，帝國變得更重要，而非相反。一九四五年後，出現更堅決的帝國改革計畫，為將帝國奠定在更穩固的基礎上，以求千秋萬世。

到了最後，這些努力失敗了。但是法蘭西為了抓住他們的帝國，幾乎到了最後還是竭力奮鬥。然而，這麼做並非為了阿爾及利亞、中南半島或其他地方的法蘭西移民。不像不列顛的情況，法蘭西的殖民主義並不真的在於移民或深根殖民地，反而偏向古典帝國主義的情況，為了威力和名望而擴張法蘭西國家與法蘭西民族。如果不列顛的殖民主義有時可以與希臘殖民對照，那麼法蘭西的殖民主義似乎較接近羅馬的模型，其中法蘭西文化與文明應該透過「教化」當地人散播，而非讓法蘭西的男人和女人定居在當地人之間。到了一九四五年，阿爾及利亞的歐洲移民超過一百萬人，中南半島大約四萬人。這個差距確實重要，但不如人們以為得要緊。阿爾及利亞和中南半島是帝國王冠上的兩顆寶石。失去這兩個地方將嚴重打擊法蘭西在世界的名望與威力。那也是他們如此奮力守護的原因。

但是再次的，我們應該慎防縮短這個過程，假定一九四五年後帝國就完全結束。如同不列顛，雖然理由有些不同，二次大戰加速某些在戰爭之前已經提出的計畫付諸實現。那些計畫的用意是鞏固並延長帝國，不是放棄帝國。如同一九一四年至一九一八年，沒人可以無視帝國對戰事的巨大貢獻，這個事實有助推動計畫。一九四〇年，殖民地的軍隊約占整個法蘭西戰力的百分之十。法蘭西戰敗後，在戴高樂領導的自由法國中，殖民地的軍隊甚至占據更高比例。一九四二年同盟國解放阿爾及利亞和摩洛哥，自由法國因此獲得攻打德意志與維琪政權的橋頭堡。一九四四年，六十三萬三千名自由法國的士兵中，大約百分之六十是殖民地的「原住民」，剩下百分之四十的多數又是來自阿爾及利亞的法蘭西 *pied noirs* [16]（Frémeaux 2007: 169）。「法蘭西的帝國保住法蘭西的顏面。」（Cooper 2014: 8）一九四五年五月二十五日，德意志投降前幾天，出身蓋亞那的議員加斯通．蒙納維爾（Gaston Monnerville）在諮商議會中宣布：「沒有帝國，今天法蘭西只會是個被解放的國家。感謝帝國，法蘭西是個勝利的國家（*un pays vainqueur*）。」（in Girardet 1972: 281；亦見 Marshall 1973: 208-9）

儘管如此，帝國因為戰爭受到嚴重創傷。一九四〇年德意志大敗法蘭西，這是不到一個世紀的二次羞辱，玷汙法蘭西在其殖民地臣民眼中的無敵形象。更嚴重的可能是在東方的逆轉。日本占領中南半島，向世界大聲宣布歐洲帝國會被亞洲強權征服。各方反殖民的勢力全都因日本的成功而急遽增強，更不用說精神鼓勵與物質支援（Albertini 1969: 26-29）。不容異己的維琪政權宣揚種族主義，更進一步破壞法蘭西的名聲。人們開始懷疑一八七一年以來法蘭西政治認同核心的共和價值，以及此價值在帝國衍生的教化使命。

維琪政權的對手意識到，法蘭西的帝國若要平安存活，必須採取緊急措施，甚至戰爭結束之前就要開始行動。一九四三年，戴高樂在當時已經解放的阿爾及爾設立臨時政府，並於一九四四年邀請所有非洲殖民地的官員在布拉扎維爾舉行會議，會議由法屬赤道非洲的黑人總督費利克斯．埃布埃（Félix Eboué）主持。會議預計討論帝國憲法必要的變更。會議最終的宣言無疑同意，當下的目標是改革帝國，不是廢除帝國。「法蘭西於殖民地完成的教化事業，應排除任何自主想法，也排除法蘭西帝國聯盟之外所有可能的發展；拒絕最終『自治』的憲法，即使那會在遙遠的未來。」（in Smith 1978: 73；亦見 Aldrich 1996: 280; Marshall 1973: 102-15）

但是布拉扎維爾會議同時清楚表示，為求殖民地本身與宗主國的利益，殖民地的發展是最重要的考量。「法蘭西意欲殖民地繁榮興盛，不只為了她的榮譽，也為了她的利益。而且能夠取得所有背負法蘭西之名的財富，是我們的國家重回偉大最必然的手段。」（in Marshall 1973: 110）會議也承認，殖民地的當地人必須能夠更大程度地治理他們的社會，而且有必要實施某個程度的去集中化。會中提出公民身分這個燙手山芋，但是沒

⑯ 譯注：又稱「黑腳」，在法屬阿爾及利亞時期移居此地的歐洲移民。

有得到回答，而沒有受邀參加會議的各地領袖當然不會滿意。他們持續施壓，而局勢也往他們靠攏。中南半島突然發生更激進的行動。一九四五年日本占領中南半島，暗中支持胡志明的越南獨立同盟會，該組織要求從法國完全獨立。戴高樂政府的回應是發布宣言，而這個宣言實際上成為新的法蘭西帝國的模版，現在稱為「法蘭西聯盟」（French Union）。

> 中南半島的聯邦與法蘭西以及共同體的其他地區形成「法蘭西聯盟」，由法蘭西代表聯盟的對外利益。中南半島會在這個聯盟裡頭享有自己的自由權利。中南半島聯邦的居民會是中南半島的公民以及法蘭西聯盟的公民。根據這些條款，而且無論種族、宗教、出生地，基於平等功績，他們在中南半島與聯盟可以取得所有聯邦的職位與就業管道。（in Cooper 2014: 30）

這裡也出現歧義，尤其對於公民身分這個老問題。但是儘管如此，大方向相當明確。一九四六年，戴高樂表示「生活在我們的旗幟之下，一億一千萬名男男女女的未來，就是聯邦形式的組織」（in Cooper 2014: 1；亦見 44-45）。如同當時不列顛帝國即將成為不列顛國家聯邦，法蘭西帝國也以帝國聯邦的形式展望自己的未來，而且賦予聯邦成員相對高程度的內部自主權。現在本土的聲音也不能被排除在外。一九四五年至一九四六年召開的國民制憲會議，用意是擬定新的第四共和憲法，議員包括某些最知名的與最能言善道的 *évolués*。桑戈爾、塞澤爾、阿巴斯都在；科特迪瓦的費利克斯．烏弗埃—博瓦尼（Félix Houphouët-Boigny）也在，他和桑戈爾、阿巴斯一樣，未來是獨立國家的總統。塞內加爾的拉明蓋依也到場。一九四六年五月七日將所有法蘭西帝國的「臣民」變成法蘭西「公民」的法律，正是以拉明蓋依命名。如同不列顛一九四八年的國籍法，法蘭西終於宣布，承諾將長期致力使所有帝國成員成為法蘭西公民。讓一個塞內加爾人來引進這個法律實在再適合不過，因為那正是一九一六年《拉明蓋依法》採取的「塞內加爾模式」——不要求個人放棄「個人地位」而得到完全的公民身分（Cooper 2014: 8）。費爾哈特・阿巴斯以及許多人在這些年不斷爭取的，不以放棄祖先宗教或其他個人與家庭生活面向為條件的公民身分，在戰後的此刻終於實現。

殖民地部的官員羅勃・德拉維涅特（Robert Delavignette）思考這些年討論的變化，在一九四五年寫道：「帝國、法蘭西聯邦、帝國共同體、法蘭西聯盟——我們看到的詞彙變化，只是我們在黑暗中摸索的一步。我們試著捕捉並修補需要在精神上共同呈現的新關係。再也沒有古老意義的殖民地，甚至沒有之於宗主國的殖民帝國，也沒有不同於宗主國的對象……法蘭西不再擁有帝國，她就是帝國。」（in Cooper 2014: 38, 54）不只一位國民制憲會議的議員針對公民法律投票時引用這段話。這裡是——如果真是——「更大的法蘭西」之夢實現的時刻：帝國一億一千萬個居民，包括歐洲人、非洲人、亞洲人，都是同一家族的平等成員。這個家族就是法蘭西聯盟，也是「單一且不可分割的共和」。

一九四六年十月實施的第四共和憲法建立法蘭西聯盟，前言似乎就是蘊含這個意思。憲法明訂法蘭西「與海外民族，無論種族或宗教，基於平等之權利義務形成法蘭西聯盟」。（in Aldrich 1996: 281；亦見 Smith 1978: 74）然而，一九四六年到一九五八年的公民身分法存在歧異與矛盾，在民族主義者的施壓之下，法蘭西政府試圖解決（Marshall 1973: 215-72; Cooper 2014）。一九五八年，新的第五共和憲法明確賦予新的「法蘭西共同體」所有成年男女公民身分，此舉更是為了安撫阿爾及利亞的感受。

希望宗主國與殖民地未來更緊密聯盟的，不只是政治轉變，經濟轉變也是。戰前就出現持續的發展，指向相同趨勢。西非法國公司支配撒哈拉以南非洲地區的經濟命脈更甚於戰前。儘管中南半島內戰激烈，東方匯理銀行（Banque de l'Indochine）持續在該區營運，直到一九七五年共產主義勝利。法蘭西與殖民地的貿易關係也不斷增強：一九五二年，法蘭西百分之四十二的出口流向自己的帝國，是史上最高的數據（Aldrich 1996: 197; Thomas, Moore, and Butler 2008: 159-61）。與不列顛的相似之處再次令人震驚。二次大戰之後，帝國對於維持宗主國的經濟安穩，似乎只有越來越必要，而非相反。

帝國之於法蘭西是重要的。這也是他們奮力抓緊的原因，尤其是阿爾及利亞與中南半島，他們認為這兩個地區之於帝國命脈非常重要。和平遞交政權給民族主義者，這點沒有疑問，畢竟他們大概是法蘭西合法的權力受贈人。兩場冗長耗竭的內戰之後——一場一九四六年到一九五四年在越南，另一場一九五四年到一九六二年在阿爾及利亞——法蘭西終於承認他們再也無法抓住他們的帝國。一九五四年在越南奠邊府（Dien Bien Phu），法蘭西戰敗投降，就此結束他們在整個中南半島的統治。同年阿爾及利亞暴動，內戰的雙方都犯下殘忍暴行。第四共和由於無法平息內戰而垮臺。一九五八年，戴高樂受到軍人擁護，並且公開同意第五共和憲法中的「法蘭西共同體」取代法蘭西聯盟。一九六一年，他更宣布帝國的時代已經過去，法蘭西必須在歐洲指望其未來。阿爾及利亞必須走出自己的路。（Shepard 2008: 73-77; Evans 2012）

失去兩個主要的殖民地後，也失去拚命抓住帝國其他部分的熱情。印度的貿易站在一九五四年承諾歸還，並在一九六一年正式生效。一九五六年，突尼西亞與摩洛哥獨立。一九五八年後，輪到撒哈拉以南的非洲。新的法蘭西共同體憲法提供海外領土多個選項，包括完全獨立。一九五八年，只有幾內亞選擇那個選項；到了一九六〇年，撒哈拉以南所有其他的領土都如此，也獲准如此。某些國家，例如突尼西亞與摩洛哥，獨立的理由部分是法蘭西將與獨立國家維持緊密聯盟，而且似乎在哈比卜・布爾吉巴（Habib Bourguiba）、桑戈爾、烏弗埃—博瓦尼等人的領導下會是如此。一個相當於不列顛國家聯邦，新的「說法語的共同體」，似乎是可能的結果，同時允許法蘭西不須正式統治但持續影響許多地區。[25]

帝國的終點不可避免嗎？如同戴高樂與其他人在一九五八年後說的，寫在「歷史的趨勢」中？如同不列顛，法蘭西的情況也難以找到答案。歸功日本與中國的鼓吹，加上美國與蘇維埃政府反殖民的態度，戰前相對弱勢的反殖民民族主義於二次大戰期間與之後急速竄升（Smith 1978: 70-71）。但如同不列顛的情況，假定法蘭西帝國滅亡不可避免也是錯的。二次大戰之後幾年，法蘭西帝國幾乎沒有民族主義者要求結束法蘭西帝國與當地人民完全獨立（胡志明是個例外）。他們一直認為，對殖民地而言，最好的情況就是成為改革過的帝國成員，而這個帝國在平等公民身分的架構中，提供每個人平等的地位與機會。唯有那個選項過分延誤，而且特別又在雙方態度因武裝衝突而強硬的時候，他們才會開始覺得獨立可能較好，而且也許是唯一選擇。只有回頭追溯，而且在某種歷史決定論的教義指導之下，才有可能出現一種「邏輯」，主張所有歐洲帝國都須走向某種注定滅亡、去殖民化的過程。

單就法蘭西的治理者，而且更廣泛來說，到了二次大戰，法蘭西的政治階級比起從前任何時候都還要更加全面接受帝國。針對這點，一九二〇與一九三〇年代的教育運動功不可沒。當時的左派與右派，如同東尼・史密斯（Tony Smith）所言，都有一種「頑固的殖民地共識」，在維琪政權之後，需要利用帝國恢復法蘭西在世界的榮耀與地位（Smith 1978: 80）。不僅如此，整個世代的法蘭西男人與法蘭西女人都相信更大的法蘭西不只為了法蘭西的利益存在，也為了世界的利益存在。如此並未阻絕批評，尤其越戰與阿爾及利亞獨立戰爭期間，批評變得特別明顯。但是多數政治家與知識分子，包括當中多數左派，都認為修復帝國才是正確的前進之路，而非終結帝國。他們和許多原生社群的知識與藝術領袖抱持共同目標。對兩者來說，如同啟蒙時期，如同一七八九年，法蘭西文明還是擁有啟發世界的能力。到了一九六〇年，帝國無法團結的趨勢已經非常清楚，至少沒有蠻力已經無法，但仍期待文明在後繼的國家可能發揮影響。

至少從正式的意義來說，歐洲帝國已成往事。那是否意謂帝國的盛世已畢？帝國後來的影響、遺產，可能是什麼？帝國新的形式又可能是什麼？簡短思考這些問題，似乎是為了讓帝國統治圓滿地劃上句點。

Epilogue

尾聲

帝國後的國家

這裡有個範圍涉及世界的系統，幾年之前還可見到團結與長久，而且命令或擾亂人類極大部分的事物。哪裡還有其他這種事情——遍布全球、居高臨下的制度，瞬間就被徹底消除？

——魯伯特・愛默生（Rupert Emerson, 1969: 3）

帝國主義的年代死了，而且已埋了。

——沃爾夫岡・蒙森（1982: 113）

我們時代的帝國都很短命，但他們永遠改變了世界；消逝是他們最不重要的特徵。

——奈波爾《模仿者》（[1967] 1985: 32）

相較那些古代世界的帝國，現代世界的帝國國祚相對短促。埃及帝國延續超過三千年，中國帝國超過兩千年。美索不達米亞的阿卡德帝國、巴比倫帝國、亞述帝國接連延續兩千年。涵蓋兩百年共和，加上西半部傾覆後大約一千年的羅馬帝國，可說將近延續兩千年。

現代帝國中，持續存在的時間以鄂圖曼帝國為最，從十五世紀到二十世紀初，超過五百年。俄羅斯帝國包括其蘇維埃延伸，從十六世紀綿延到二十世紀後期，幾乎和鄂圖曼一樣長，只是出現中斷。哈布斯堡家族統治兩個帝國——西班牙與奧地利，相加起來約等於俄羅斯帝國，儘管兩者之間的連續不同於沙皇帝國和蘇維埃帝國。不列顛帝國始於十六世紀後期，終於二十世紀中，但也在十八世紀後期經歷某種中斷。法蘭西帝國開始的時間當然就和其他帝國一樣在十六世紀，但是十八世紀幾乎全盤失去第一帝國，意謂法蘭西實際上必須在十九世紀捲土重來，不到一個世紀又再次失去。

無論如何，清楚的是，現代帝國的壽命必須以世紀為度，多數都有五百年，但不像數個古代帝國以千年計算。這重要嗎？現代帝國對世界的影響難道不如古代帝國？顯然不是。羅馬帝國也許曾經認為自己是 *orbis terrarum*，也就是世界；中國帝國也許曾經認為自己是中央的王國，世界的中心。但是兩者的範圍都不真的遍及全球（雖然亞歷山大短命的帝國幾乎是了）。這就是歐洲帝國的特立之處，至少那些海外帝國，包括西班牙、葡萄牙、荷蘭、不列顛與法蘭西。就連鄂圖曼、俄羅斯、哈布斯堡等陸地帝國也在他們歐洲對手創造的全球化世界當中運作。他們的想法、他們的策略都必須考量海外帝國釋放的全球動力。例如在鄂圖曼、俄羅斯、不列顛、法蘭西爭鬥的克里米亞戰爭中，陸地與海洋的利益與前景錯綜複雜，後來的兩次大戰才能相當，只不過大戰真的是以世界為規模。

除了歐洲帝國的思維與行動需要放眼全球，新的組織與技術也賦予他們世界至高的地位。他們將此力量散播世界。歐洲的陸軍與海軍、歐洲的武器與軍隊組織、歐洲的工業與交通通訊形式（鐵路、輪船、電報、電纜），全都賦予歐洲領導其他文化的地位；某些其他文化，例如中國，一度是這些領域的龍頭。當挑戰出現，是該適應並採用歐洲方式，或者面對無能與落後？多數選擇西化，即使他們找到自己的西化方式，同時汲取本身的文化資源，例如日本與中國。

但是，如果過去約略兩個世紀的時間，歐洲帝國重建世界，他們滅亡又會造成什麼影響？再也沒有歐洲帝國，至少形式上沒有，又會如何？世界也許因為他們實質上歐洲化或西化了，但是歐洲社會如何面對他們不再統治世界或大多數的世界這個事實？對他們的自我認識造成什麼衝擊？當帝國終於，而且比普遍承認晚了很久，變成民族國家後，又會如何？

「去殖民化」——失去或放棄殖民地——是相對於海洋帝國創造的術語，而且通常不適用陸地帝國，但是對於兩者仍是有用的術語。不論何種情況，無論海洋與陸地帝國有何明顯差別，都是痛苦，甚至是創傷的過程。[1]首先對於帝國非宗主國的臣民是痛苦的，即使他們將從獨立的民族國家受益。他們和宗主國的人口斷絕的程度不亞於和帝國斷絕。從帝國非歐洲臣民這個觀點出發的論述，有法蘭茲．法農《大地上的不幸者》（1961）沉痛的譴責，也有尼拉德．喬杜里（Nirad Chaudhuri）《印度無名小卒的自傳》（*Autobiography of an Unknown Indian*, 1951）哀傷的緬懷。其中共同的觀察就是，在新的當地菁英統治之下，比起過去帝國統治，新的獨立國家臣民生活不必然較佳。另一方面，過去的帝國統治者持續對新的國家施展相當權力，只是現在透過非正式的方式（「新殖民主義」）。

這裡我們關心的是，帝國以及失去帝國，對統治民族的影響。陸地帝國多數都在一次大戰的戰爭與革命中垮臺。鄂圖曼帝國除去希臘與亞美尼亞人口，變成新的民族國家土耳其。在凱末爾，也就是「突厥人之父」（Atatürk）的統治之下，開始激烈的現代化與西化。土耳其人想要成為現代西方世界的人：世俗、科學、工業。這個雄心壯志的結果還不明確，但是已經產生以復興伊斯蘭為形式的反彈，這也是「帝國大反擊」眾多的案例之一。與此同時，還有某種「鄂圖曼尼亞」（Ottomania），也就是官方忽視數十年，但在土耳其學者與知識分子之間發起的運動，旨在復興代表鄂圖曼帝國以及帝國隕落之後喪失的事物。土耳其在該地區的重要性，以及邊界地區（許多來自前蘇聯）多元的土耳其文化，同樣導致某些人夢想更大的土耳其，涵蓋不只土耳其民族國家的居民。當局的長期目標是加入歐盟，儘管這點可能阻礙這個目標，他們倒是沉著以對。

奧匈帝國之後，不僅許多臣屬民族成立獨立國家，前統治民族也成立獨立國家，即奧地利與匈牙利。這兩個國家等同從前的帝國大幅縮水，兩者處理他們完全消失的威力與名望也都感到極度困難。奧地利人有段時間加入方才成立、更大的德意志，直到這個選擇帶來可怕的災難，他們被迫重新思考自己的身分與未來。一九四五年後，他們似乎安於認定自己為中歐小國，冷戰期間甚至扮演東西之間的橋梁。懷念哈布斯堡並非公認贊同的事，但是歐盟某些方面可以視為哈布斯堡帝國復活，這樣的暗示又會帶來某些驕傲。

匈牙利在兩次大戰之間也吃足苦頭，他們屈服於法西斯主義，並在二次大戰期間加入納粹陣營。戰後匈牙利變成共產主義國家，也是蘇聯集團的成員。一九八九年舉國歡慶共產主義結束，迎接解放，但是從那個時候開始，即使身為歐盟成員，匈牙利的發展仍令人憂慮。過去的陰魂化身反猶主義與集權主義，繼續糾纏這個國家。奧地利似乎在歐洲的民族共同體中找到合理舒適的利基，然而匈牙利不像奧地利，他們似乎仍在尋找一個身分，能夠忘卻過去身為帝國共同治理者的偉大地位。

所有陸地帝國之中，帝國的過去，若隱若現的程度，在俄羅斯似乎最強。也許這是因為帝國經驗在那裡持續之久，勝過其他陸地帝國。俄羅斯人基於新的原則，從沙皇帝國的殘骸重建新的帝國，也就是蘇聯。蘇聯持續超過七十年，最終於一九九一年瓦解。從那時開始，儘管身為世界最大的國家，擁有豐富的資源，俄羅斯卻一直努力尋找新的角色與新的身分。有時他們強調俄羅斯民族主義，但是其他時候，又對他們受限的地位表達不滿，因為那暗示俄羅斯只是許多國家的其中之一。俄羅斯的彌賽亞主義，即深信俄羅斯在世界上擁有特殊使命，這個信念受到俄羅斯東正教復興加持，持續浮出水面。歐亞大陸的意識形態開始復興，詮釋為從俄羅斯到遠東的這片浩瀚大地，俄羅斯是核心，也是統治之精神（Chamberlain 2015）。俄羅斯與前蘇聯國家發生種種衝突，最嚴重的是烏克蘭，顯示俄羅斯尚未放棄重組某種新俄羅斯帝國的希望。在普亭漫長的統治之下，這些趨勢在不同時期全都得到官方應允。

海洋帝國多半都在一九五〇與一九六〇年代結束。不像陸地帝國的遭遇，一次大戰對他們而言有如神助；儘管某些地區的臣屬民族仍有不滿的聲音，一九二〇與一九三〇年代反而享受歌舞昇平。二次大戰讓這些帝國的統治者明白帝國持續的重要，同時，臣屬民族也發現他們的脆弱。儘管各個帝國不遺餘力地發展殖民地，政治上也廣泛讓步，但戰爭之後，於一九四〇與一九五〇年代後期終究一一解散。

多數學者都同意，不列顛放手的方式最不暴力且最少痛苦（例如，Smith 1978: 100）。如我們已經提過，帝國結束造成印度分裂，數百萬人流離失所，雙方慘重傷亡，不列顛當然責無旁貸。此外，不列顛的東非移民在當地無情掠奪，導致暴力衝突，並犯下數起滔天罪行，絕大多數都是當地白人所為。因此絕對不能認為不列顛是和平退出帝國，更不可能如某些在不列顛的人所謂的「優雅」。但是相較法蘭西、荷蘭、葡萄牙、比利時，說不列顛退出帝國的暴力與血腥比起其他帝國較少，也算公允。

但是那不代表比起其他更漫長、更痛苦的過程，失去帝國對不列顛人民的影響較小。其實甚至是，相對輕鬆退出的社會反而留下更加深層的衝擊；退出帝國經歷重重困難的社會，憤怒與怨恨滋養慘重的殖民地戰爭，導致掩埋帝國，甚至從集體記憶刪除帝國的欲望。至少荷蘭、比利時、葡萄牙，他們和西班牙的帝國結束得較早，今日似乎較不在意他們的帝國，或者不在意帝國曾經帶給他們的榮耀。

對不列顛來說，過去帝國一直是他們集體身分很大的部分，因此失去帝國影響注定深刻。好一陣子他們假裝滿不在乎，或者甚至選擇排斥帝國的過去，視之為國家歷史當中可恥且敗壞名譽的事件。一九六〇與一九七〇年代，帝國歷史在大學學生與教師之間都不是流行的學科。從前外派到不列顛帝國的人回到家鄉，發現自己成為幽默與諷刺的主角，而且不盡然友善。

近年來，這種現象明顯改變。關於帝國的書籍與電視節目迅速繁殖。帝國歷史正在復興，全套五冊的《牛津不列顛帝國歷史》（*Oxford History of the British Empire*, 1998-1999）就是這個現象的指標。社會學家與文學學者也將熱情轉向帝國，從中尋找許多當前態度與關懷的源頭。（例見，Ward 2001; Kwarteng 2012; Bailkin 2012）

最顯著的也許就是，不列顛人苦惱民族身分問題時，每每注意到帝國。這個問題對英格蘭人又是特別嚴重。他們是帝國的建築師、指導動力。聯合王國的其他民族當然扮演重要角色，但是當帝國消失的時候，他們能夠退回發展合宜的民族身分——蘇格蘭人、威爾斯人、愛爾蘭人。英格蘭人不需要這樣的身分；為了發展廣大的帝國事業，他們壓抑這樣的身分度過多數歷史。然而此時他們沒有這樣的資源可以汲取（Kumar 2003）。因此，失去海外帝國為他們帶來的挑戰特別嚴重，而當聯合王國的「內部帝國」也瀕臨瓦解時更是如此，他們再也不能安逸地待在廣大的不列顛身分中。（Kumar 2015）

法蘭西人就像不列顛人，一九六二年之後有段時間不願想起他們的帝國。阿爾及利亞獨立戰爭更是他們急著掩蓋的傷痕。最佳策略似乎就是遺忘。「一九六二年，法蘭西多數組織與人民選擇肅清有關帝國過去與現在的標記。」（Shepard 2008: 272）法蘭西人反而就像不列顛的以諾．鮑威爾，開始說他們的帝國一直不合常理，一直是個錯誤；法蘭西身為歐洲強國，合適的經營舞臺就是歐洲，帝國拖累他們這個歷史角色。尤其在戴高樂的統治之下，法蘭西以歐洲共同體之驅力的姿態展現自我，拉攏德意志（並排擠不列顛）確保法—德關係將是歐洲整體進步的核心。

在這樣的脈絡下，帝國的記憶只會令人尷尬，甚至更糟。一九九〇年代，負責建立殖民歷史博物館的馬賽歷史學家尚—亞克．喬爾迪（Jean-Jacques Jordi）回憶，宣傳帝國數十年後，從一九六二年起，「每件提醒殖民地文化與法蘭西存在的事物都被遺忘，待之以羞恥，有時是憎惡，而且列為禁忌……一九三〇年代在法蘭西歷史上不可一世的殖民再也沒有任何地位」（in Aldrich 2005: 329）。羞恥的訊息在吉洛．彭特克沃（Gillo Pontecorvo）著名的電影《阿爾及爾之戰》（*The Battle of Algiers*, 1965）衝擊自家。電影透過影像描述法蘭西軍隊施虐的場景。該片起初在法國不得發行，一九七一年起，法國人也能在電影中看見定義他們帝國的畫面，於是加入譴責。

一九九〇年代開始考慮設置殖民歷史博物館，這個事實顯示到了那個時候情況已經改變。一九六〇年代，作為遺忘過程的一部分，巴黎的殖民地博物館轉變為非洲海洋藝術博物館。現在，二〇〇七年，法國海外國家紀念館（Mémorial national de la France Outre-Mer）在一九〇六年馬賽殖民地博覽會的位址熱鬧開幕。這段期間還有數個博物館開幕，例如新世界博物館（Musée du Nouveau Monde）與東印度公司博物館（Musée de la Compagnie des Indes），一同見證法蘭西早期帝國的興趣重燃。二〇〇七年二月，尼古拉・薩科吉（Nicolas Sarkozy）競選總統時宣布，「法蘭西應該以過去為榮，而且停止這種無意義的懊悔」（*New York Times*, October 17, 2007）。他在總統任內推動義務教育納入法蘭西的殖民歷史，並將那段歷史描繪為法蘭西對於世界文明的正面貢獻。

也是在二〇〇七年，而且再次暗示冷漠的趨勢扭轉，國家移民歷史中心（Cité nationale de l'histoire de l'immigration）在一九三一年殖民地博覽會舉辦的文森森林（Bois de Vincennes）開幕。一九六〇年代之後數十年，許多北非穆斯林遷移法國。法國不只需要面對新的整合問題，也和英國一樣，龐大的移民在在提醒他們過去的帝國。這裡確實就是「帝國大反擊」，但也促使人們反省帝國的意義以及帝國經驗的重要性。

這些當然都不意謂著重新推崇帝國，反而比較像是一種認同，不僅認同帝國在法國歷史的重要性，以及即使帝國結束後，仍然持續發揮影響。例如談到阿爾及利亞，法國社會學家伊錢・巴里巴爾（Etienne Balibar）於一九九七年宣布：「今日的法國在阿爾及利亞製造（而且無疑持續製造），支持阿爾及利亞也反對阿爾及利亞。」他主張，法蘭西民族「是為了成為帝國的一部分而形成」而且「地理與法律分離後，很長一段時間帝國仍是民族的一部分」。他斷言，法國和阿爾及利亞是彼此的部分，兩者形成「法國—阿爾及利亞整體」，其中無法維持任何不容改變的「邊界」。巴里巴爾認為，這就是所有前歐洲帝國共同的情況，也是對於前殖民地與前帝國的詮釋。（Balibar 1999: 162, 166-67）

對法國和英國而言，帝國明顯再度列入國家議程。想要埋藏，常見的壓抑結果就會出現，也就是以麻煩的方式回歸。但是至少現在承認法國身為國家，某方面與曾經身為帝國的事實密不可分，而且這個身分融合在「帝國的民族國家」之中。要理解法國現在的情況，也許也包括其未來，就有必要面對帝國的過去。

帝國結束對宗主國人民造成的影響，包括土耳其人、奧地利人、俄羅斯人、不列顛人、法蘭西人，完整的故事需要另闢專著討論。但是，作為結論，可能有人會問：帝國真的結束了？世界史上整個年代——「帝國時代」，已經走到尾聲？民族國家終於真正誕生，不只是理想，而是集體的歸屬與認同真的化為真實形式？過去五十年，我們是否能夠驕傲地宣布，我們終於「從帝國轉型為民族國家」？

沃爾夫岡．蒙森寫道：「西方強權正式的殖民統治已然終止，幾乎沒有零星的前殖民屬地依然完整，這件事情毫無疑問是人類歷史重要的休止。」但他立刻修飾這段話，補上：「就近觀察……這個休止某個程度已經蒸發。」（1986: 333）魯伯特．愛默生也是，他是早期「帝國到國家」（[1960] 1962）這個劃時代轉變知名的評論者。儘管如此，後來他還是覺得需要提出那個問題：「我們現在是否來到歷史的轉折點，或者下次全球的骰子丟擲時，將會帶來新的帝國主義和新的殖民主義？」（1969: 16）

這兩位作者與其他許多評論者引起注意的是某些後殖民世界的明顯特徵。首先是所謂西方強權的「新殖民主義」，他們希望透過非正式的經濟、政治、文化權力，讓他們的前殖民地保持「從屬」的地位，而且多數情況也都成功保持。殖民地可能正式成為獨立國家，聯合國可能反覆通過宣言，反對重新施加任何形式的殖民主義。然而事實就是，殖民主義以蓋勒和羅賓森（一九五三）早期重要分析表示的「非正式帝國」形式延續，以及西方於諸多方面支配由新獨立國家組成的「第三世界」。[2]

西方國家和二十世紀新興的強權蘇聯在第三世界共同爭奪影響力與控制權。既然西方國家主要的代表是美國，這裡也出現一個現象，似乎嚴厲質疑勝利的民族國家這個概念。無論蘇聯或美國是什麼，似乎都不符合民族國家的傳統模型。蘇聯顯然是俄羅斯沙皇帝國的繼承人，正如蘇聯在一九九一年瓦解的時候俄羅斯人立刻如此表示。「蘇維埃帝國」已是老生常談。關於美國是不是帝國，或應該想成帝國，這個辯論已經延燒數十年，但是多數人傾向同意美國的作為經常非常「帝國」，而且二次大戰之後，美國成為世界霸權，無論願不願意，也獲得帝國的地位。[3]

蘇聯已經沒了，但是如我們所見，俄羅斯也展現新的帝國趨勢。儘管美國面對可怕的挑戰，卻持續支配世界的經濟與政治，而且其軍事力量目前仍然不可超越。此時在二十一世紀初期，新興大國中國崛起。中國就像美國，在民族國家的範疇中也顯得彆扭。過去兩千年的歷史，中國絕對是帝國。事實上中國可以宣稱自己是所有國家當中連續存在最久的帝國。現在中國以世界最大經濟體之姿開始將觸角伸及世界，挑戰東亞與東南亞的鄰居，並在澳大拉西亞、非洲、南美強勢駐紮。中國和美國、蘇聯一樣，不會宣布自己是帝國；中國就和他們一樣，如同此時的形式（共產主義），建立在反對帝國主義與反對殖民的原則上。但是中國也和他們一樣，事實上看來比其他相似的國家更像帝國，至少在外表上。經過數十年無視與直接拒絕，近期中國又重談他們的歷史，壓抑馬克思主義與毛澤東主義，復興儒家與其他傳統思想，顯然全都朝著連結中國帝國傳統的方向，而非避免。

儘管長久以來民族國家一直是主流言論，當代世界卻有其他指標表示民族國家尚未站上舞臺中央，而且可能永遠不會。歐盟是個重大的超越國家實驗：當然不是傳統的帝國，但至少一個觀察者觀察其特徵而想起神聖羅馬帝國（Lieven 2001: 86），而且另一個觀察者說：「不借用帝國模型，就無法發展歐洲的未來。」（Münkler 2007: 167；亦見 Zielonka 2006; Foster 2015）聯合國和底下所有機構一直提醒人們，世界上的國家已經同意一種國際規範與監督形式，這個形式至少原則上限制國家主權與國家獨立。琳琅滿目的國際非政府組織，包括人道團體如無國界醫生組織（Médecins Sans Frontières）、環保團體如綠色和平組織，組成某種「全球公民社會」（Keane 2003），為民族國家的公民社會組織增色，也與其重疊。這些組織也代為注意民族國家，而且當民族國家無視其責任或違反國際規範時，這些組織可以訴諸國際輿論。某些例外的情況之下（但越來越多），一國的政治家可以訴諸海牙的國際法庭，或特別組成國際形式法庭，如前南斯拉夫的問題❶。從這些方面看來，古典的民族國家越來越不像未來的主導形式。

還有進一步的要素，尤其影響曾經擁有廣大海外帝國的歐洲國家（但不限於此）。就是大量前殖民地的人民移入宗主國，尤其來自亞洲、非洲、加勒比海。薩爾曼．魯西迪（Salman Rushdie）論述不列顛時，就提到不列顛內部的「新帝國」，也是不列顛「最後的殖民地」（1992: 130）。歐洲人和主要為非歐洲人的新到者，兩邊心中的態度與帝國經驗息息相關。民族國家再次努力規範並控制人口與邊界，鞏固民族身分，可能的話刪去帝國的記憶。但是再次證明此舉徒勞無功，因為帝國不斷侵入並擾亂民族國家的秩序，逼著民族國家面對過去，處理現在回到歐洲核心地區這個家中的帝國。

珍．波本克與弗雷德里克．庫伯的《世界帝國二千年》是一部範圍廣闊、深具啟發的著作。他們比較帝國與晚近的民族國家，評論帝國的壽命。「民族國家似乎像是歷史地平線上的記號，近期才剛標在帝國的天空底下，而且他們對世界政治的想像終究可能只是片面且短暫。」他們問：「帝國的常態結束了嗎？為了成就同質社群而擁有施暴能力的民族國家是唯一的其他選項？或者還有其他，能夠承認多元的政治聯盟，而不須堅持同一與階層的形式？仔細閱讀帝國歷史，儘管直接面對暴力與傲慢的極端，卻同時提醒我們，主權可以分享、分層、轉型。過去不必然通往已經決定的未來。」（2010: 3, 22；亦見 413-15, 458- 59）這似乎是個明智且切合的觀察，近年來數個學者也呼應這點（例如，Kappeler 2001: 3）。帝國就歷史形式而言，也許已經過了不可一世的時候；但是今日兩百多個全都伸張主權並且趨向道德統一的民族國家，是否就是其他可取的選項，這點並不非常明顯。那個選項似乎製造無止盡的衝突，無論國家之內或國家之間。帝國儘管不完美，卻向我們展現另一種管理多元與差異的方式，尤其事實上對於所有所謂的民族國家，多元與差異更是不可逃脫的命運。這點本身似乎足以成為持續研究帝國的理由，並且反省帝國可能可以教導我們的事。

---

❶ 譯注：此處指審理起訴一九九一年起導致前南斯拉夫地區嚴重違反國際人道法罪行的人物。

印度的案例，這個理論包含阿爾及利亞（以及前殖民地如肯亞、羅德西亞、南非）。

22. 不可能同床共枕的沙特與雷蒙·阿隆（Raymond Aron）是這個共識主要的例外；直到阿爾及利亞戰爭最後幾年，很少人同意他們的觀點。（Shepard 2008: 63-73）亦見 Girardet (1972: 335-65)。
23. 一九三一年博覽會完整的描述見 Hodeir and Pierre (1991)，亦見 Girardet (1972: 175-76); Lebovics (1994: 51-97); Aldrich (1996: 261-64); Wilder (2005: 37-38); Jennings (2005: 702-5)。
24. 見 Betts (1961: 1-2); Goerg (2002: 82); Chafer and Sackur (2002: 1-9); Evans (2004: 2)。Baycroft (2004: 153, 2008: 147-48, 161-62)。但是 Baycroft 也主張更深層次的帝國在法蘭西文化無所不在。整個討論和不列顛的案例驚人的相似，見第六章。
25. 關於一九四〇與一九五〇年代去殖民化的過程，見 Betts (1991); Ross (1995); Aldrich (1996: 266-306)。許多新領導者的態度都總結在一九五九年弗朗索瓦·托姆巴巴耶（François Tombalbaye）的演講，他隨即就會成為查德共和國的第一任總統。他當時宣布他「深深相信法蘭西教導我們的民主原則」。（Betts 1991: 126；亦見 Howe 2005: 596-97）

尾聲｜帝國後的國家

1. 「去殖民化」一詞，如同其連結的 *Tiers Mondisme*，也就是「第三世界主義」，在一九五〇年代法蘭西的辯論逐漸普遍，但似乎是德國經濟學家莫里茲·波恩（Moritz Bonn）在一九三〇年代創造的，而且從此之後流傳成為法蘭西與英格蘭的學術用語。（Shepard 2008: 5, 56, 72; Thomas, Moore, and Butler 2008: 2-3）關於二十世紀歐洲去殖民化的優秀論述，見 Albertini (1969); Betts (2004); Chamberlain (1999); Holland (1985); Thomas, Moore, and Butler (2008)。Duara (2004) 的著作包括反殖民領袖本身重要的宣言。關於理論與比較的取向，見 Smith (1978); Morris-Jones and Fischer (1980); Kahler (1984); Spruyt (2005); Shipway (2008)。亦見 Howe (2005) 重要的評論文章。Strang (1991) 則提供長期的觀點（一五〇〇年至一九八七年）。
2. 「新殖民主義」與「依賴」理論優秀的討論，包括主要作家的參考文獻，見 Mommsen (1982: 113-41, 1986: 344-50)。
3. 關於美國作為帝國，見 Mommsen and Osterhammel (1986), Calhoun, Cooper, and Moore (2006), and Steinmetz (2013) 等有益的章節，這些文章全都包括該主題廣泛的文獻。亦見 Steinmetz (2005)。

9. 關於費理於一八八五年七月二十八日完整的演說，見 Brunschwig (1966: 75-81)；法文原文，見 Girardet (1972: 82-86)。亦見 Aldrich (1996: 97-100)。

10. 關於帝國主義的經濟理論，優秀的討論見 Baumgart (1982: 91-135); Etherington (1984); Wolfe (1997)。

11. 關於這裡的內容，見 Betts (1961: 134-35); Brunschwig (1966: viii-ix, 87-96); Baumgart (1982: 114-19, 127-29) ; Andrew and Kanya-Forstner (1988: 28); Aldrich (1996: 195-98)。亦見 Kanya-Forstner (1972)。

12. 亦見 Gildea (2009: 244-45) 非常類似的術語。近年來 Schivelbusch (2004: 103-87) 描述的「民族創傷」（national trauma）與「戰敗文化」（culture of defeat）非常生動，他也顯示如何從戰敗這個事實擰出邁向民族再生的啟發與決心。亦見 Ousby (2003: 113-35)。

13. 關 於 *parti colonial*， 見 Brunschwig (1966: 105-34); Andrew and Kanya-Forstner (1971); Cooke (1973: 52-68); Persell (1974); Baumgart (1982: 78-80); Aldrich (1996: 100- 106)。 艾格尼絲．墨菲（Agnes Murphy）關於一八七一年至一八八一這十年重要的研究，（[1948] 1968）回溯地理學會、探險家、主要的理論家如利萊—博利厄、加布里埃爾．查姆斯（Gabriel Charmes）與拉博森神父（abbé Raboisson）如何為一八八〇與一八九〇年代的殖民運動鋪路。關於地理學會一九〇〇年在省分重要的角色（主要創立於一八七〇與一八八〇年代），他們的會員大約是巴黎的七倍多，見 Goerg (2002: 83-86)。

14. 關於這些行動，見 Brunschwig (1966: 120-34, 146-49); Betts (1961: 147-52); Persell (1974); Aldrich (1996: 171-77); Conklin (1997: 6-7)。

15. 關於最有名的軍人管理者，赫伯特．利奧泰將軍生動的描繪，見 Singer (1991)。關於費代爾布、加利埃尼、利奧泰，見 Betts (1961: 109-20)。關於加爾尼埃和其他軍人探險家，見 Murphy ([1948] 1968: 41-102)；關於曼金和《黑人力量》，見 Girardet (1972: 152-53)。

16. 如我們所見，軍隊密切等同哈布斯堡帝國，同樣的情況也可適用羅馬帝國。兩者的情況，我們都會見到軍隊就和他們保護的帝國一樣多民族。法蘭西的情況奇特在於，他們的軍隊幾乎是由「民族軍隊」自己承擔帝國使命。軍隊把軍隊當成民族榮譽，以及在法蘭西民族眼中一種重新取回榮譽的方式。這裡我們再次看到民族和帝國不尋常的親密關係。

17. 亦見 Ross and Telkamp (1985: 171-206); Prochaska (1990: 206-29); Wright (1991, 1997); Aldrich (1996: 232-33)。

18. 關於同化概念的歷史，雷蒙．比茨追溯到黎胥留（Richelieu）與宗教改信的教條，見 Betts (1961: 12-21)；亦見 Belmessous (2013: esp. 1-12)，他將同化理解為在教化使命的旗幟下，「外國社會結合進入歐洲文化」。

19. 一八四八年廢除整個帝國的奴隸制度後，「舊殖民地」的民族獲得公民身分的權利，包括瓜德羅普、馬提尼克、法屬蓋亞那。同年塞內加爾居民和法蘭西印度領土都得到投票權；一九一六年塞內加爾人獲得完全的公民身分。（Aldrich 1996: 212; Saada 2013: 333）「塞內加爾模式」，即可以獲得公民身分，但不要求放棄「個人身分」，在一九四五年擴大所有法蘭西殖民地的公民身分的措施中非常重要。（Cooper 2014: x-xi, 8, 29）

20. 這當然是個正義的議題；法蘭西思想與實踐中的種族討論，見 Hargreaves (2007)；與不列顛的比較，見 Favell (2001) and Bleich (2003)。

21. 「移民殖民理論」作為殖民理論特別的形式，有益的見解見 Prochaska (1990: 1-28)。如同顯然排除倫在開普敦的演講中說出著名的「改變的風」一詞。

42. 關於在不列顛的去殖民化，優秀的說明見 Darwin (1984, 1988, 1991); Louis and Robinson (1994); Louis (1999b); Hyam (2006); Hopkins (2008)。較短的說明見 Lloyd (1996: 320-80); Chamberlain (1999: 15-69); Porter (2004a: 297-325); Stockwell (2006); Stockwell (2008b)。第一階段直到一九四八年，見 Clarke (2008) 生動的說明。在肯亞令人難過的故事，見 Anderson (2005) and Elkins (2005)。一如往常，Morris ([1978] 1980b) 提供觀察細微且通順的論述。

Chapter Seven ｜法蘭西帝國——「帝國的民族國家」

1. 我應該說明，雖然「帝國的民族國家」這個詞來自威爾德，但是我的用法和他有些不同。對他而言，這個詞表達法蘭西民族與其帝國原則，以及原則本身「矛盾」的統一；對我而言，這個詞的意思偏向帝國作為民族的延伸。儘管如此，我們都同意法蘭西的情況中，帝國與民族不尋常的結合。見 Wilder (2005: esp. 3-23)；關於類似的概念，認為法蘭西不太像個民族國家，反而更像「帝國國家」，亦見 Cooper (2007: 358)。
2. 歐內斯特・勒南認為法蘭西是個透過征服形成的民族。他提醒我們在他著名的觀察脈絡中令人不快的事實，也就是「健忘，而且我甚至應該說歷史的錯誤，形成建立民族的必要因素」。法蘭西人就像其他民族，忘記，而且必須忘記「統一一向透過殘暴實現。法蘭西北方與南方的統一就是滅絕的結果，而且是長達幾乎一百年的恐怖統治」。（Renan [1882] 2001: 166）
3. 與此同時，不列顛擊敗法蘭西在印度主要的盟軍，即邁索爾王國的蒂普蘇丹，並於一七九九年占領他的首都斯里朗格帕特納（Seringapatam），終結法蘭西在印度洋另一端建立印度帝國的希望。拿破崙在埃及戰敗後，希望行軍到紅海，與蒂普蘇丹的使節聯絡，一起在印度發動戰爭對抗不列顛。但是拿破崙在以色列阿卡（Acre）敗給鄂圖曼和不列顛聯軍，這些計畫因而告終。（Jasanoff 2005: 123, 149-76）
4. 拿破崙三世與第二帝國的評價，見 Farmer (1960); Cobban (1961: 156-210); Zeldin (1973: 504-60); Smith (1991); Gildea (1994: 67-72, 117-18)。事實證明，要洗刷杜米埃、雨果、左拉精湛打造的可恥形象非常困難。
5. 關於普法戰爭與一八七〇年至一八七一年巴黎公社的論述眾多，較簡短且有益的，見 Cobban (1961: 196-210); Schivelbusch (2004: 111-18); Ousby (2003: 113-22); Gildea (2009: 229-45)。Horne (1965) 對公社的論述特別優異。
6. 關於細節，見 Betts (1978); Andrew and Kanya-Forstner (1988: 16-28); Aldrich (1996); Quinn (2002); Frémeaux (2007)。
7. 關於法紹達事件，見 Taylor (1954: 381-83); Brown (1970); Cooke (1973: 81-97); Baumgart (1982: 63-68); Quinn (2002: 164-65)。
8. 關於茹・費理的思想和行動，見 Cobban (1961: 220-22); Brunschwig (1966: 75-81); Girardet (1972: 80-88); Cooke (1973: 23-27); Baumgart (1982: 40-41, 70-71); Ozouf (2015)。關於利萊—博利厄和他的影響，見 Murphy ([1948] 1968: 103-75); Brunschwig (1966: 27- 28); Girardet (1972: 53-57)。儘管他個人希望，但在眾議院非常不受歡迎的費理於一八八五年後再也沒有重新執政。

現在都是爭議的議題。多個立場的優秀討論，見 Hagerman (2013: 1-36)；亦見 Larson (1999: 189); Adler (2008: 210)。

29. 這些與相關作者的討論，見 Freeman (1996); Larson (1999: 218- 21); Majeed (1999); Reid (1996: 7); Owen (2005: esp. 25-26, 378-79); Adler (2008: 194-205); Reisz (2010); Kumar (2012b: 96-100); Vasunia (2005, 2013: 140-55)。

30. 關於這個辯論，見 Thornton ([1959] 1968: 57-122); Porter (1982); Darwin (1986); Hyam (1999: 49-53); Marshall (2001: 52-77)。

31. 關於波耳戰爭引發的辯論與分歧，見 Thornton ([1959] 1968: 121-73); Porter (1968, 1982); Greenlee (1976: 271-72); Green (1999: 361-62); Matikkala (2011: 50-52, 87-89)。當代許多相關著作貢獻，見 Burton (2001: 285-329); Harlow and Carter (2003b: 629-708)。羅納德．海姆（Ronald Hyam）稱波耳戰爭是「自從失去美國殖民地以來，帝國最重要且決定性的戰爭」。（1999: 50）

32. 見 MacKenzie (1984, 1986, 1999a, 1999b, 2011: 57-89)。其他「曼徹斯特學派」的出版品，見以上注釋八。關於這個帝國政治宣傳效果的懷疑，尤其在工人之間，見 Porter (2004a: 273)。

33. 印度人非常在意這個請求：殖民地軍隊間，他們的死亡最慘重，共六萬二千零五十六人。接下來是澳大利亞（59,330）、加拿大（56,639）、紐西蘭（167,111）、南非（7,121 白人與約 2,000 黑人）。(Porter 2004a: 229; Marshall 2001: 79 所有類別的數據均稍高）。

34. Marshall (2001: 84)。亦見 Kennedy (1983: 199); Lloyd (1996: 279-81); Porter (2004a: 239-42); Pedersen (2015: xv-xvii)。

35. 關於這些數據，見 Cain (1999); Offer (1993, 1999); Fieldhouse (1999: 98-100); Dilley (2008: 102-3).

36. 關於不列顛移民美國的人數與十九世紀的不列顛帝國，見 Cain (1999: 37); Louis (1999a: 14); Constantine (1999: 167); Martin and Kline (2001: 255); Murdoch (2004: 107); Fedorowich (2008: 71)。

37. 如同約翰．達耳文提到：「衰敗在帝國的歷史是帶有背叛意義的曖昧用語。」（1984: 187；亦見 1986: 27）關於一大堆宣稱不列顛帝國開始衰敗的日期——一九二一年、一八九七年、一八六〇年代，甚至十九世紀初期，見 Kennedy (1983: 202)。Kennedy 把這些「衰敗主義」的文獻視為「輝格黨的歷史詮釋」、「帝國的相反」：不是逐漸但不可避免的進步，而是逐漸但同樣不可避免的衰敗。

38. 首先公開說出「國家聯邦」這個詞的人是羅斯貝里，他在一八八四年於澳大利亞指涉不列顛帝國。 到了一九〇〇年代初期，這個詞在自由主義者與費邊派之間變得普遍，一次大戰之前的帝國會議也是。大約從一九一〇年起，萊昂內爾．柯蒂斯領導的帝國圓桌會議團體把這個詞變得普遍。（Morefield 2007: 329）關於這個原則特別重要的論述是一九一七年五月史末資將軍的演說，他提到不列顛帝國是個「動態且演化的系統」，現在變形為「國家聯邦」。（in Kennedy 1983: 209）

39. 到了一九四七年，印度人已經超過歐洲人。當年印度文官體制的官員有四百二十九個歐洲人與五百一十個印度人。（Brown 1999: 439）這點部分反映前往印度就職對不列顛大學畢業生的吸引力降低，他們越來越轉向殖民地部（Colonial Service）。(Porter 2004a: 281).

40. 一九五五年邱吉爾結束首相生涯，他最後的話記錄在內閣會議紀錄，提到他希望「更緊密編織國家聯邦之間的羈絆，或者，如他仍然偏好稱之為帝國」。（in Clarke 2008: 5）

41. 關於一九五七年至一九六六年之間這個「殖民地事務的革命」，細節見 Darwin (1988: 244-78); Louis (1999b: 351-54); Porter (2004a: 320-21); Hyam (2006: 411-12)。正是這個時候，一九六〇年麥美

16. 見 Koditschek (2011: 90-97, 263-313)。關於我們的時代對於這個觀點熱切的重述，見 Nirad C. Chaudhuri 的著作 (例如，1990：尤其是 773-80)。

17. 關於由於叛亂造成心情改變，見 Metcalf (1997: 43-44, 160-65); MacKenzie (1999a: 280-81); Burroughs (1999: 174-75); Baucom (1999: 100-134)。

18. 關於合眾國在更大的不列顛這個概念當中的地位，甚至於帝國聯邦當中，見 Deudney (2001: 195-99); Bell (2007: 231-59)。帝國聯邦概念的影響之一，就是亞當．斯密根據這些思路的提議再度興起。(Palen 2014；亦見 Benians 1925: 282-83)

19. 約翰．莫萊也指出，那些「吹奏帝國小號比其他更大聲的人……將會把印度這個帝國最巨大的地區，也是我們在眾多無價值事物中的最佳顧客，趕到帝國後面的廚房去」。（in Green 1999: 365）亦見 Matikkala (2011: 153-55)。

20. 關於帝國聯邦的概念，以及帝國聯邦運動，見 Bodelson ([1924] 1960: 205-14); Kendle (1997: 37-57); Bell (2007: 92-119); Matikkala (2011: 150-58)。如同帝國聯邦的聯盟指出，帝國正式統一為一個聯邦的運動相對短暫（一八八四——一八九三），並且帝國主義者因此分歧；但是總的概念回溯到亞當．斯密，而且聯盟的終結不代表幾個統一帝國的計畫終結，無論是政治上或商業上（其中帝國特惠制是最著名且最成功的）。關於當時所謂「建構的帝國主義」，見 Green (1999), Porter (2004a: 186-91)。

21. A．P．桑頓（A. P. Thornton）表示：「西利的著作許多最佳的部分包括他對印度未來的想法。」([1959] 1968: 59) 就那個意義而言，沒什麼比艾麗加．古爾德（Eliga Gould）輕率的批評更誤導且無益：「西利的《英格蘭的擴張》帶有族群大話與自滿信念，推崇不列顛的帝國計畫，也是當時完全不能稱上重要文章的著作。」（1999: 486）

22. 正是這個事實形成批評的基礎，來自不列顛也來自印度，表示不列顛「壓榨」印度，強迫印度不只負擔維護自己的費用，也要負擔帝國其他地區，例如阿富汗和埃及的事業花費。（Matikkala 2011: 54-74）

23. 另一個表達差異的方式是區分「帝國」與「帝國主義」。帝國，如同加拿大與澳大利亞殖民地代表的，可以是好的力量；帝國主義包含蠻力與征服他人，通常是非歐洲民族，例如印度，而且是不公正與壓迫的。關於「沒有帝國主義的帝國」，見 Matikkala (2011: 11-18, 145-58)。

24. 關於古典文學在不列顛帝國的角色有廣泛多元的研究，見 Webster and Cooper (1996); Goff (2005); Bradley (2010a)。亦見 Dowling (1985); Reid (1996); Freeman (1996); Larson (1999); Hingley (2000, 2001, 2008); Bell (2007: 207-30); Kumar (2012b)。尤其關於古典文學與印度帝國，見 Hutchins (1967: 144-52); Majeed (1999); R. Mantena (2010); Vasunia (2013); Hagerman (2009, 2013)。

25. 關於轉向維吉爾與羅馬，見 Faber (1966: 22-26); Jenkyns (1981: 333-37); Reid (1996: 3-4); Vance (1997: 141-43); Kumar (2012b: 91-96); Vasunia (2013: 252-78)。

26. A．P．桑頓稱呼這個論述「是第一個，而且依然是最著名的信念主張，兩個世代後，世人就會接受這個主張是完整發展的帝國概念當中的奧秘」。([1959]1968: 4-5)

27. 參照 W．E．H．雷奇（W.E.H. Lecky）在一八九三年說的：「一個英格蘭，若是縮減到曼徹斯特學派指派給他的限制，世界上將不會有莊嚴的英格蘭。」(in Matikkala 2011: 110)

28. 古典文學實際上有多麼「文明」，而且一般來說，古典文學形成個人與民族性格的角色，從前和

8. 除了批評「薩伊德主義者」，波特也指涉「麥肯齊學派」，承認探索帝國對不列顛社會之影響，約翰．麥肯齊的著作具有相當影響的作用。麥肯齊為曼徹斯特大學出版社編輯的帝國主義研究叢書目前出版超過一百種，幾乎所有都聲稱以不同方式，於不同領域展現不列顛帝國對不列顛本身，以及海外領土的影響。關於這些叢書完整的書單，以及貢獻之評價，見 Thompson (2014)。帝國影響不列顛身分、文化、社會等各種方式之說明，亦見 Burton (2003: 1-23, 2011); Hall (2000, 2002); Hall and Rose (2006); Wilson (1998, 2003, 2004); Kumar (2000, 2003, 2012a); ftompson (2005, 2012); Gilroy (2004); Buettner (2004); Schwarz (2013)。這個領域依然具有爭議，但是無人可以否認能夠思考的材料非常豐富，而且不斷增加。
9. 丹尼斯．賈德（Denis Judd）評達耳文《帝國計畫》一書時指出：「同理，我們可以討論『羅馬帝國計畫』或『鄂圖曼計畫』、『蘇維埃計畫』，甚至『第三帝國計畫』（Third Reich project）。」（2010: 22）
10. 主修不列顛帝國的學生著作某些頗具啟示的「世界歷史」，例如 Bayly (2004), Darwin (2008)，但是他們沒有特別以比較的方式思考不列顛帝國。那些極少數這麼做的人傾向成為學者，但他們的主要專長不是不列顛帝國。例如 Lieven (2001), Go (2011)。
11. 亦見蓋勒與羅賓森 ([1961] 1981) 的重大貢獻。關於非正式帝國運作方式的優秀研究，以烏拉圭為例，見 Winn (1976)。約翰．達耳文的著作也承認受到蓋勒與羅賓森 (2009: xii, 2012: 11-12) 極大幫助。亦見 Cain and Hopkins (2002: 26-30)。Louis (1976) 對蓋勒與羅賓森的取向有重要討論。
12. 詹姆斯．貝利奇（James Belich）對於「盎格魯世界」的說明非常有趣，雖然他接受某些「非正式帝國」的面相，但他清楚顯示阿根廷的例子中出現的限制。阿根廷的經濟衰退部分歸因於來自不列顛帝國自治領的競爭，以及不列顛消費者偏好「不列顛」的肉品與小麥。不列顛帝國的成員賦予的不列顛屬性，畢竟還是重要的。（Belich 2009: 536-40）關於非正式帝國概念的批判評論，亦見 Porter (1999: 8-9); Lynn (1999: 115-20); Marshall (2001: 11-12)。
13. 關於這些區分，見 Ashley Jackson (2006: xi-xiii); Marshall (2001: 34-51); Darwin (2009: 9-12)。這三個區分早期出自 Barker (1941: 8, 47-48)。所有想要以這種方式區分帝國的意圖，都指出許多異常，例如南羅德西亞的地位，技術上是直轄殖民地，但運作起來像自治領；或者蘇丹，官方而言是不列顛與埃及政府的「共管地」，但實際上是不列顛殖民地，雖然不是殖民地部管理，而是外交部。埃及本身也是一種異常。埃及從來不是正式的殖民地，但治理起來就像（因此不像非正式帝國）。達耳文在他的區分中加入「非正式帝國」，因此整個情況更加複雜。
14. 許多針對自治領「不列顛屬性」的討論都以「不列顛世界」（the British world）為標題。尤其見 Bridge and Fedorowich (2003); Buckner and Francis (2003); Darian-Smith, Grmshaw, and Macintyre (2007); Ward (2008); Darwin (2009: 144- 79); Belich (2009); Bickers (2010); Magee and ftompson (2010); Fedorowich and Thompson (2013a, 2013b)。「不列顛世界」這個當代的概念，與維多利亞時代「更大的不列顛」有相當多重複，雖然不列顛世界的概念更加強硬拒絕包含不列顛帝國在亞洲與非洲的非歐洲地區。但是，兩者都像迪爾克所言，經常包括美國，例如 Belich (2009)。
15. 關於更大的不列顛相關討論，見 Doyle (1986: 257-305); Gould (1999: esp. 485- 89); Deudney (2001); Lee (2004); Bell (2007: esp. 6-12, 93-119); Belich (2009: 456-73); Koditschek (2011); Vasunia (2013: 119-55)。

1986); Rasiak (1980: 163-66); Dunlop (1983, 1993); Carter (1993); Dixon (1996: 56-60); Flenley (1996: 235-41); Rowley (1997: 321-23); Szporluk (1990: 12-14, 1998: 302-4); Prizel (1998: 201-11); Duncan (2000: 62-109); Hosking (2006: 338-71)。所有的論述都強調，這主要是知識階層團體之間的運動；只有後來戈巴契夫的年代才有大眾迴響，而這主要是回應非俄羅斯共和國的民族主義運動。(例如，Flenley 1996: 235-66, 238; Dixon 1996: 58)

43. Beissinger (1995: 167; cf. 2008: 6-7)。亦見 Suny (1995: 193); Brubaker (1996: 47-48); Flenley (1996: 245-46); Dixon (1996: 60-62); Dunlop (1997: 50, 55-56); Khazanov (2003)。

Chapter Six | 不列顛帝國

1. 中國是另一個說明陸地帝國限制的好例子。明朝實施海禁並放棄海外領土，意謂即使儒家思想與普遍中國文明具有高度影響，仍只能維持在東亞地區。
2. 參照 Canny (1973: 596-98); Kenny (2006a: 7); Ohlmeyer (2006: 57); Nasson (2006: 25, 36)。
3. 關於廣泛的殖民主義觀點，包含愛爾蘭特異性的適當說明，見 Canny (1973, 2003); Ohlmeyer (2006); Alvin Jackson (2006); Cleary (2006); Gibney (2008)。關於愛爾蘭這個先例與原型之於其他不列顛殖民地，亦見 Cannadine (2001: 15, 45; McMahon 2006: 185)。關於殖民主義模式長久的批評，見 Howe (2002b, 2006)；其他批判性討論亦見 Armitage (2000: 148-69); McDonough (2005); McMahon (2006: 185-89); Cleary (2007)。有趣的是，無論是以加拿大為模型的自治派（home-rulers），或是以印度為模型的統一派（unionists），在一八八〇年代愛爾蘭自治運動（Irish Home Rule）激烈的辯論中，愛爾蘭作為殖民地的想法是再平常不過的事。（Dunne 1982: 154-73）殖民主義的理解顯然不是激進分子的專利。
4. 確實可能將定居在不列顛城市數十萬的亞洲人與西印度人，也就是前不列顛殖民地的居民，視為某種「反殖民」，或者視為帝國的「反擊」。但相對數百年前愛爾蘭人定居不列顛，這是近期的現象。考量「規劃」程度，時間確實重要。確實可以想像，數年之後，經歷起初的抗拒與敵意，黑皮膚與棕皮膚的不列顛人也將如同愛爾蘭人（以及猶太人、胡格諾派）一樣被當成不列顛國民。
5. 全部請見 Morgan (1994); Jeffery (1996); Kumar (2003: 140-45); Bartlett (2006: 88); Kenny (2006b: 93-95, 102); Alvin Jackson (2006: 135)。
6. 關於不列顛帝國的異質性，亦見 Martin (1972: 562); Thompson (1997: 150); Burroughs (1999: 171); Ashley Jackson (2006: xi-xii); Cleary (2006: 253)。
7. 對於抱怨「應受譴責的無知」（不列顛國協日〔Empire Day〕發起人米斯伯爵〔Earl of Meath〕），以及不列顛人民對於帝國「忽略、冷漠、偏見」（BBC國際臺助理總監R．A．倫德爾〔R. A. Rendell〕），連同國會議員對於帝國事務的冷漠，見 Bodelson ([1924] 1960: 41-2); MacKenzie (1986: 231); Kendle (1997: 57); Nicholas (2003: 225-26); Gallagher (1982: 79); Darwin (1988: 229), Bell (2007: 31-32)。H．G．威爾斯表達一個普遍觀點。一次大戰的時候，他表示：「低下階級與中產階級，二十個人中的十九個人對帝國的了解不比對阿根廷共和國或義大利文藝復興多。他們並不關心。」（in Porter 2004a: 273）一九四〇與一九五〇年代的調查顯示，不列顛民眾持續忽視帝國：MacKenzie (2001: 28); Thompson (2005: 207-9); Kumar (2012a: 298-99)。

31. 關於這個發展，亦見 Cohen (1996: 67-116, 151-66); Suny (2001: 27); Lieven (2001: 288-90); Hirsch (2005: 1-4); Beissinger (2006: 294-95); Khalid (2007: 113); Turoma and Waldstein (2013)。

32. 或者即使帝國依舊是有用的分析範疇，思考「蘇維埃帝國」與沙皇帝國和歐洲海外帝國的差別，還是相當重要。關於這點的各種看法，見 Geyer (1986); Beissinger (1995, 2008); Parrott (1997: 11-12); Szporluk (1997: 76-77); Kotkin (2001: 151-56); Suny (1995, 2001); Slezkine (2000); Lieven (2001: 293-309); Martin (2001: 15-20, 2002); Hirsch (2005: 164, 188)。Martin (2001: 20) 愉悅地表示「蘇聯是最高階段的帝國主義」，而 Slezkine (2000) 表示「帝國主義是最高階段的社會主義」。

33. 例見 Berdyaev ([1937] 1960); Szporluk (1997: 76); Prizel (1998: 186-88); Hosking (2006: 83-85)。

34. 關於列寧和史達林對於民族歸屬問題，見 Lenin (1962), Stalin ([1934] 1975)。有用的評論如下：Pipes (1964: 1-49); Kohn (1971: 43-54); Connor (1984: 28-66); Carrère d'Encausse (1992: 26-98); Slezkine ([1994] 1996: 204-10); Smith (1999: 7-28); Martin (2001: 1-27); Hirsch (2005: 24-61)。

35. 關於 *korenizatsiia* 政策深遠長久的影響，見 Simon (1991: 20-70); Kaiser (1994: 124-47); Slezkine ([1994] 1996: 214-16, 219-22); Brubaker (1996: 29-32); Martin (2001: 9-15, 75-207, 379-87); Payne (2001); Khalid (2006, 2007: 124-25)。羅傑斯．布魯貝克（1996: 29）說：「沒有其他國家，在次國家的層次贊助、編纂、組織，甚至（某些案例）創造民族身分與民族歸屬，付出如此努力，同時在國家整體的層次上，卻又毫無作為使之成為制度。」

36. 關於一九三〇年代越來越明顯的俄羅斯化，見 Martin (2001: 269-72, 394-431, 451-60；亦見 Simon 1991: 150-52)。關於相反的論點，強調基本目標與政策性的持續性，見 Seton-Watson (1986: 28); Slezkine ([1994] 1996: 222-25); Blitstein (2001, 2006); Hirsch (2005: 8-9, 103, 267-68, 273-308)。

37. 這點明顯與約瑟夫二世想以德語為哈布斯堡的官方語言相似，不是為了提升德意志民族的地位，而是因為德語是最「進步」而且行政上最有效率的語言（見第四章）。

38. 關於這點，見 Kaiser (1994: 125, 147); Slezkine ([1994] 1996: 227-28); Martin (2001: 27, 372-93); Blitstein (2006: 290-91)。

39. Martin (2001: 449)；亦見 Kaiser (1994: 247-48); Suny (1995: 190); Slezkine ([1994] 1996: 224-29); Brubaker (1996: 31); Hirsch (2005: 106, 146, 293-302, 324)。

40. 關於他回到俄羅斯之前，以及蘇聯瓦解之前，相同方向較早的努力，見 Solzhenitsyn ([1990] 1991)。這些與一九七〇年代較早的文章，以及索忍尼辛的俄羅斯民族主義的特徵概論，見 Barghoorn (1980: 61-63, 1986: 50-59; Rowley (1997); Dunlop (1983, 1997: 40-41)。

41. 見 Fedyshyn (1980: 155); Guroff and Guroff (1994: 86-87); Brubaker (1996: 49, 51); Slezkine (2000: 233); Martin (2001: 457)。長久以來一直很清楚的是，不像其他聯邦共和國名義的民族，俄羅斯人不認為 RSFSR 是「他們的」共和國，而且不特別與之認同。對他們而言，整個蘇聯都是他們的領土。一九八七年在莫斯科針對俄羅斯人調查，百分之七十認為整個蘇聯都是他們的「母國」，只有百分之十四認為是 RSFSR。甚至晚至一九九四年，蘇聯瓦解後，只有一半的俄羅斯人（百分之五十四．一）認為自己單純是俄羅斯公民；百分之十持續認為自己是 USSR 的公民。（Flenley 1996: 234; Brubaker 1996: 50; Dunlop 1997: 55）這個現象可以解釋為大俄羅斯沙文主義或蘇維埃愛國主義：然而，重點是俄羅斯與蘇維埃身分的合併與混淆。

42. 關於一九七〇與一九八〇年代刺激俄羅斯民族意識的意圖，見 Wimbush (1978); Barghoorn (1980,

19. 見 Rogger (1983: 184-87); Rodkiewicz (1998); Prizel (1998: 166); Kappeler (2001: 224-28, 255-56)。

20. 關於拉脫維亞人與愛沙尼亞人的這些發展，見 Raun (1977: 132-43); Haltzel (1977: 150-56); Rogger (1983: 191-93); ftaden (1990d: 228); Kappeler (2001: 257-60)。

21. 關於這樣的主張，見以下著作的例子：Walicki (1979: 298); Rodkiewicz (1998); Wortman (2006: 283-84); Kaspe (2007: 470-76); Carter (2010: 72)。

22. 見 Wortman (2006: 284-85, 2011: 276-77); Riasanovsky (2005: 185); Kaspe (2007: 483-85)。

23. 關於整個十九世紀阻擋民族主義的身分制度，尤其見 Burbank (2007a: 83-84)。亦見 Burbank (2006, 2007b); Steinwedel (2000: 69-70); Dixon (1998: 155); Löwe (2000: 77)。

24. 邁克．切爾尼亞夫斯基察覺俄羅斯政治文化與俄羅斯民族意識中持續的「活潑」，也就是開放多重選擇——莫斯科人、羅馬人、拜占庭人、蒙古人。他補充：「義大利的建築師設計克林姆的宮廷與教堂；希臘—拜占庭的外交官；義大利與德意志的槍手；德意志的醫生；波斯花園、醫藥、占星；匈牙利的時尚、同性戀與花花公子都是構成意識的選項。」（Cherniavsky 1975: 124）

25. 如同保羅．布什科維奇（Paul Bushkovitch）觀察，多數評論者都將斐洛菲斯的主張詮釋為「樂觀」的，宣告俄羅斯是最後一個偉大的世界帝國，賦予俄羅斯身為救世主的世界使命，保存並擴張東正教信仰。此外也有「悲觀」的詮釋：如果俄羅斯違背真實信仰，而且斐洛菲斯當時正為這樣的跡象所苦，因此提出警告。他認為那將意味最後一個帝國即將崩潰，而且是世界末日。（Bushkovitch 1986: 358-60）樂觀的意思似乎勝出，至少在俄羅斯的主要思潮，但是另一邊的意義對那些警覺到俄羅斯教會變化的人，如舊禮儀派，則永遠存在。（Stremooukhoff 1970: 119）

26. 關於斯拉夫派，以及他們的對手西化派，尤其見 Riasanovsky (1965); Berdyaev ([1937] 1960: 19-36); Walicki (1975; 1979: 92-114)。精選的文本見 Kohn (1962: 104-115, 191-211); Raeff (1966: 174-301); Leatherbarrow and Offord (1987: 61-107)。有幫助的討論見 Carr (1956: 366-77); Hunczak (1974); Berlin (1979); Becker (1991: 53-58); Pipes ([1974] 1995: 265-69); Hellberg-Hirn (1998: 197-208); Hosking (1998a: 270-75, 368-74, 2012: 274-77); Prizel 1998: (160-66); Tolz (2001: 81-99); Figes (2002: 310-18)。如同意識形態論述常見（cf. Whigs and Tories），「斯拉夫主義」（*slavianofilstvo*）和「西化主義」（*zpadnichestvo*）兩者都是彼此的對手創造的毀謗，直到後來才被接受為兩個陣營的識別標記。（Carr 1956: 368; Walicki 1979: 92）

27. *narodnost* 這個意義，現在在「官方民族歸屬」倡議者方面出現相當大的共識。見 Riasanovsky (1959: 124-66, 2005: 133-34, 141-43); Saunders (1982: 58-62); Bassin (1999: 38-40); Tolz (2001: 78); Stone, Podbolotov, and Yasar (2004: 32); Miller (2008: 142-46)。

28. Hosking (1998a: xix-xx；亦見 1998b); and cf.Szporluk (1997: 65-66); Dixon (1998: 159); Prizel (1998: 180-238, esp. 154-55, 178-79); Becker (2000); Rowley (2000: 32-33).

29. 尼古拉斯．雷薩諾維斯基（Nicholas Riasanovsky）不悅的評論似乎非常適切：「要為帝國的俄羅斯找到成為現代民族國家的最佳方法，似乎非常突然。德意志做到了，又快又好，結果出了希特勒。」（2005: 210）對於那些認為「拯救帝國最確定的方式就是盡可能變成國家」的人，例如多米尼克．李文，以及沙皇統治最後幾年想要這麼做的俄羅斯菁英（但是沒有成功），這似乎是個公允的回應。（2001: 281-84）

30. 例見，Rudolph and Good (1992); Motyl (1992); Barkey and von Hagen (1997); Dawisha and Parrot (1997)。

見 Pipes [1974] 1995: 74-76; Kivelson 1997: 643; Lieven 2001: 216; Figes 2002: 369; Riasanovsky 2005: 62-67）

4. 「混亂時期」這個術語是相對一段特別失調的時期（一五九八——六一三）而創造，從費奧多爾一世（Feodor I）死後到選出第一位羅曼諾夫王朝的沙皇。但是這個術語也普遍而且合理地運用在十七世紀，直到彼得大帝鞏固政權。
5. 歐洲到俄羅斯的遊客首先使用這個片語，作家約瑟夫．布羅茨基（Joseph Brodsky）評論，彼得「不想模仿歐洲：他要俄羅斯『就是』歐洲，就和他自己一樣，至少他自己部分就是歐洲人」。（Brodsky 1987: 72）尤其關於荷蘭是歐洲現代化的模型，亦見 Etkind (2011: 97-101)。
6. 針對這點，作曲家巴拉基列夫（Balakirev）後來諷刺地回覆：「彼得大帝殺了我們的本土俄羅斯生活。」對於彼得的評價總是分歧。關於文化轉變，見 Figes (2002: 4-13); Cracraft (2004)；彼得改革的綜論，見 Anisimov (1993); Tolz (2001: 23-66); Hosking (2012: 175-209)。關於彼得最佳且最生動的描繪，依舊是十九世紀的歷史學家瓦西里．克柳切夫斯基。（Klyuchevsky 1958）
7. 關於俄羅斯人與烏克蘭人，見 Seton-Watson (1986: 16-17); Horak (1988: 106-8); Prizel (1998: 158); Kappeler (2001: 61-69); Lieven (2001: 259-61)。
8. 關於俄羅斯在高加索地區的經歷，見 Atkin (1988: 141-63); Kappeler (2001: 179- 85); Tolz (2001: 137-40); Figes (2002: 384-90); Longworth (2006: 200-203)。
9. Kappeler (2001: 193)；亦見 Sarkisyanz (1974: 48-49, 60-61); MacKenzie (1988: 225-31); Yapp (1987)。
10. 關於俄羅斯對於遠東的態度與政策，見 Chang (1974); Sarkisyanz (1974: 66-68); Becker (1986, 1991); LeDonne (1997: 178-215); Bassin (1999: 52-55, 278); Figes (2002: 414-15, 423-29)。關於歐亞主義，見 Lieven (2001: 219-20); Laruelle (2008)。
11. 成吉思汗的蒙古帝國的確是最大的陸地帝國，也是有史以來第二大的帝國，但是持續時間短暫。不考慮蒙古帝國的話，不列顛帝國是世界最大的帝國，俄羅斯次之。（Taagepera 1978a: 126）
12. 關於索洛維耶夫與克柳切夫斯基的論述，我主要參考 Etkind (2011: 61-71)；亦見 Becker (1986); Bassin (1993), Breyfogle, Schrader, and Sunderland (2007: 2-6)。
13. 這裡有個有趣的類比，而且當然不是俄羅斯和英格蘭之間唯一的類比，就是約翰．西利認為英格蘭是一個透過殖民擴張形成的民族，雖然這個案例中，擴張多半是海外。見本書第六章。
14. 艾特金（Etkind 2011: 6-8）有用的調查表示，十九世紀數個俄羅斯作家都使用這個詞，例如阿法納西．夏波夫（Afanasi Schapov）以及較近期的作家漢娜．鄂蘭（Hannah Arendt）。
15. 伊莎貝爾．克雷德勒（Isabelle Kreindler）有說服力地主張，曾與列寧父親在喀山共事的伊明斯基對列寧的民族歸屬政策具有深刻影響。「早在蘇維埃的公式『民族主義為形式，社會主義為內容』創造之前，伊明斯基以本土語言為核心的方式，強調『東正教內容』，而非『民族主義形式』，雖然遭到俄羅斯民族主義攻擊，卻有人出來捍衛。」（Kreindler 1977: 87）
16. 如同以下著作強調：Geraci (2001: 80-81); Thaden (1990c: 216); Löwe (2000: 73-74); Kaspe (2007: 475-76); Campbell (2007: 332)。
17. 「俄羅斯化」（obrusenie）的諸多意義，見 Becker (1986); Pearson (1989: 88-94); Thaden (1990c: 211); Rodkiewicz (1998: 7-12); Miller (2008: 45-65)。
18. Kappeler (2001: 213, 247); Hosking (1998a: 367); Jersild (2000: 542); Kaspe (2007: 465-86).

27. 關於哈布斯堡帝國的猶太人，見 Janik and Toulmin (1973: 58-61); Johnston ([1972] 1983: 23-29, 357-61); Beller (1989, 2011: passim); Stourzh (1992: 7-9); Gellner (1998b: 30-66, 46-58, 100-106); Rozenblit (2005); Kuzmics and Axtmann (2007: 319-21)。
28. 關於約瑟夫・羅特對哈布斯堡人與哈布斯堡帝國的態度，尤其見 Roth (2012) 中的信件。亦見 Manger (1985); Le Rider (1994: 127); Coetzee (2002); Kuzmics and Axtmann (2007: 314-22); Hoffmann (2012); Raphael (2012)。
29. 這點最佳的說明，包括完整的參考資料與近期研究，見 Cohen (2007)。參照 Bérenger (1997: 288, 296); Unowsky (2011: 237-38); Deak (2014: 365-67, 373-80); Judson (2016: 387-407)。Sked 堅決聲稱：「一九一八年之前，對於其完整，可以說沒有國內、甚至國外的威脅。」一次大戰與二次大戰之後，拉下帝國的是帝國之間的衝突，而非民族主義的挑戰，關於這個論點，見 Kumar (2010)。
30. 較早的論述常以一九一八年後繼承國家的民族主義史學史的觀點書寫，但現在相反，明顯同意戰爭期間支持帝國的觀點。見 Déak (1990: 199); Mann (1993: 347-50); Cornwall (2000: 16-39, 2002: 2-3); Sked (2001: 235-36, 301); Cohen (207: 242-43); Zückert (2011: 501)。大批捷克人「棄守」的觀點對德意志和捷克的民族主義者是個方便的故事，因此迷思持續下去。（Judson 2016: 406-7）
31. 亦見 Good (1984); Bérenger (1997: 225-35, 257-59); Schulze (1997); Sked (2001: 202-6, 301, 310-12)。從一八二〇年代末期起到一次大戰，奧地利工業部門以每年約百分之二・五的比例成長，與所有的歐洲經濟強國相當。（Schulze 1997: 296）
32. 這個觀點的強力論述，見一九一八年十一月三日維也納《工人新聞》（*Arbeiter-Zeitung*）的文章〈軍人君主終結〉（The End of the Military Monarchy），其中嘲笑奧地利的「國家概念」（*Staatsidee*）與「所有民族歸屬都忠誠的傳說」。（in Namier 1962: 200-201）

Chapter Five | 俄羅斯與蘇維埃帝國

1. 留里克王朝和其人民首次出現在後來的《古史紀年》（*Primary Chronicle*，十七世紀後期），世紀以來一直是俄羅斯歷史學家和宣傳人員熱烈辯論與爭論的主題。見 Etkind (2011: 45-60) 的調查。關於當前的學術意見，見 Kivelson (1997: 636-39)。
2. 「莫斯科是第三羅馬」這個概念的源頭來自《白色頭罩的傳奇》（*The Legend of the White Cowl*）的內文。這本書據說由俄羅斯教會使者德米特里・格拉西莫夫（Dmitrii Gerasimov）在梵蒂岡檔案中尋獲，約於一四九〇年帶回莫斯科。那段文字如下：「古代城市羅馬由於驕傲與野心，已經與基督的榮耀與信仰分道揚鑣，基督宗教的信仰將會因為夏甲（即穆斯林）之子的暴力而滅亡。在第三羅馬，也將是羅斯的領土，聖靈的恩典將會由此閃爍……所有的基督宗教徒最終將會因為東正教統一為一個俄羅斯王國。」（in Hosking 2012: 103；亦見 Stremooukhoff 1970: 113, 122n46）有些人認為那段文字是格拉西莫夫自已寫的，目的是增強教會的主張，對抗沙皇漸增的權力。
3. 「沙皇」這個頭銜，傳統上俄羅斯人用來稱呼欽察汗國的可汗，而且有些人認為，伊凡四世由於被稱為「沙皇」，因此宣稱莫斯科王朝是成吉思汗王朝的帝國繼承人。這當然頗有說服力，但是主張這個論點的邁克・切爾尼亞夫斯基也認為，這不排除繼承拜占庭帝國，如同第三羅馬學說的主張。俄羅斯的身分一直是「活潑的」，可以同時採取多種形式。（Cherniavsky 1975: 133；亦

18. 貝勒提到卡爾・克勞斯對於一九〇八年週年紀念典型的尖酸諷刺，但是就連克勞斯也必須承認那是成功的典禮，「亂七八糟到不行，所以典禮真的發揮功用」。（Beller 2001: 59）
19. 這點提供羅特《拉德茨基進行曲》重要的情結，其中猶太人的德曼醫生（Dr. Demant），是 *Regimentsarzt*，也就是軍官團的醫官，因為被貴族的同袍軍官的反猶言論侮辱，毫不猶豫與他進行決鬥。（Roth [1932] 1995: 107-11）「懺悔容忍的君主和君主最忠誠的猶太公民之間，確實存在特殊關係。」（Deák 1990: 172; cf. Stone 1966: 99; Urbanitsch 2004: 114-15; Judson 2016: 235）
20. 這些例子的來源尤其在 Evans (2006) 多個章節可見。亦見 Wandruszka (1964: 2-3); Wangermann (1973: 61-63); Kann ([1957] 1973: 168-95); Bérenger (1994, 1997: passim); Okey (2002: 30-33)。
21. 儘管十九世紀德意志民族主義者試圖宣稱約瑟夫二世擁護他們，約瑟夫和後繼推崇德語之舉與族群卻完全無關，而是為了效率。德語單純被視為帝國「高端語言」最適合的語言，如同拉丁與在中世紀「普遍」的地位。捷克語和匈牙利語是「民族」語言。德語不是，單純就是教育、通訊、行政的最佳語言。一八七五年，布科維納的車尼夫契（Czernowitz）成立一所大學，授課語言是德語的原因是「只有德語的學術能宣稱普遍」，以及如此「對非德意志的布科維納之子」就會具有「普遍的意義」。（Judson 2016: 79, 297-98, 322）
22. 哈布斯堡兵役的民族歸屬名單當然沒有就此終止。關於其他團體，見 Evans (1991: 308)。汪德魯斯卡亞 (1964: 2) 提到：「沒有其他統治家族，整個世紀直到權力終止，有這麼多不同歐洲國家的男人為他們效力。」
23. 這個想法的恢復，如同梅特涅知名的嘲諷「亞洲從蘭德斯特拉塞（Landstrasse）開始」，也就是從維也納往匈牙利的路。（Evans 2006: 129）
24. 路易斯・艾曾曼在一九一〇年描繪皇帝的驚人之語中寫道：「君主政體一定不只憑他而存在；但是他的好人品和他的不幸無疑加強王朝奧地利的傳統忠誠。這個男人，不是因為任何明顯的天賦，而是他的努力、仁慈、勤奮，因此一八五九年起，他的統治時期構成一個整體，而他也將賦予那個時代他的姓名。」（Eisenmann 1910: 175）艾曾曼指的不幸包括皇帝的弟弟馬克西米利安大公於一八六七年被墨西哥軍隊槍斃；他的兒子魯道夫和情婦瑪麗・薇翠莎（Marie Vetsera）於一八八九年在梅耶林自殺；他的弟弟於一八九六年在聖地（Holy Land）喝下汙染的水而死；妻子於一八九八年死於義大利無政府主義者（就在他即位五十週年那一年）。之後他的侄子法蘭茲・斐迪南大公和妻子蘇菲會在一九一四年於塞拉耶佛遭人暗殺。法蘭茲・約瑟夫一定需要憑藉他著名的堅忍性格。當塞拉耶佛的暗殺事件傳到他耳裡，他「立刻詢問最近完成的軍事演習」。（Wandruszka 1964: 180；亦見 Morton 1980; Johnston [1972] 1983: 33- 39）關於法蘭茲・約瑟夫晚年的性格，Werfel (1937: 18-33) 的描繪令人難以忘懷。
25. 關於奧地利的馬克思主義者，見 Kann ([1950] 1970: 2:154-78); Johnston ([1972] 1983: 99-111); Nimni (2000); Sandner (2005); Munck (2010)。
26. *Fortwursteln* 是維也納的俚語，有多種翻譯，如「勉強過活」、「艱難行進」、「應付過去」、「漫無目的」。對許多人而言，這個詞後來象徵典型的奧地利性格，尤其相對於普魯士的作風。奧地利作家法蘭茲・韋費爾認為奧地利的德語是德語的變化，而「複雜的德語正好用來遮掩情緒、隱藏意圖、偽裝詭計。冷靜的風格，引人入勝又虛情假意，非常適合於公於私加速由來已久的『*fortwursteln*』」。（Werfel 1937: 34）

瑟夫主義」（Josephinism）的各種用法——自由的、激進的、保守的、德意志民族主義的，見 Wingfield (2007)。

12. 這裡也許適合提到，透過某些絕妙的文學作品，也是理解後來哈布斯堡帝國極佳的方式，尤其 Jaroslav Hašek 的 *The Good Soldier Švejk* (1921)、羅伯特・穆齊爾《沒有個性的人》(1930)、約瑟夫・羅特《拉德茨基進行曲》(1932)。弗朗茨・格里帕澤的戲劇也饒富啟示。（關於這點，見 Kuzmics and Axtmann 2007: 265-84）卡夫卡的小說當然也是，例如《審判》(1925)、《城堡》(1926)，雖然多數他的作品都是身後出版，而且只是間接處理帝國。
13. 關於哈布斯堡早期的歷史與哈布斯堡領土主要的區分，見 Wandruszka (1964: 1-77); Kann (1980: 1-24); Evans (1991: 157-308); Wheatcroft (1996: 1-68); Mametey (1995: 1-27); Fichtner (2003: 1-30); Beller (2011: 10-35)。
14. 關於哈布斯堡帝國的民族歸屬，見 Kohn (1961: 141-43); Kann ([1950] 1970, 1:29-332); Taylor ([1948] 1990: 25-38, 283-91); Deák (1990: 11-14); John (1999); Okey (2002: 12-25), Sked (2001: 334-35); Cornwall (2009)。數據主要來自一九一〇年最後一次普查。關於針對非德意志團體的討論，也就是「東哈布斯堡領土的民族」，見 Kann and David (1984)。
15. 一八六七年的《折衷方案》將帝國分成「奧地利—匈牙利」或「奧匈帝國」。「匈牙利」是自從十六世紀就存在的「較大的匈牙利」，加入現在的外西凡尼亞；但是「奧地利」那半邊沒有官方名稱，只是「代表上議院的王國和省分」，或者有時候稱為內萊塔尼亞（Cisleithania），意思是區分兩國的萊塔河（Leitha）「這邊」的土地。「奧地利」有時也稱為「憲法規定的奧地利」，實際上就是除了匈牙利以外的所有地區，因此不只是奧地利（上奧地利或下奧地利），還包括波西米亞、摩拉維亞、西利西亞、加利西亞、達爾馬提亞、布科維納與三個「沿海省分」戈里齊亞、伊斯特拉（Istria）與自由城市第里雅斯特港。一九〇八年後，還有波士尼亞與赫塞哥維納（雖然這兩個地區是「二元君主國」共同的屬地，不是奧地利的省分，而且事實上形成帝國的「第三部分」）。直到一九一七年，哈布斯堡帝國於一九一八年解散前夕，這些土地全體才被當成「奧地利」。（Okey 2002: 193）

    一如以往，羅伯特・穆齊爾對於「奧—匈」的安排之後，哈布斯堡典型的複雜程度，做出最佳的評論：「帝國不是如人想像，包含一個奧地利和一個匈牙利，形成一個整體，而是一個整體、一個部分，也就是匈牙利和奧匈意義的國家身分；而且後者就在奧地利家裡，因此奧地利的國家身分意識實際上變成無家可歸。奧地利自己本身只能在匈牙利找到，而且在那裡作為不受歡迎的對象；在家他稱自己是奧匈君主政體的王國與領土，如同帝國議會中所代表，意思和一個匈牙利人加上一個奧地利人減掉這個匈牙利人一樣……結果，許多人乾脆稱自己是捷克人、波蘭人、斯洛維尼亞人、德意志人，而這就是進一步衰敗的開始。」（Musil [1930-32] 1979, 1:198-99；亦見 Stourzh 1992: 10-20）
16. 許多宗教與公家建築都會發現這個格言，在腓特烈三世興建的格拉茲（Graz）主教座堂西側大門上又是特別驚人。腓特烈三世位於維也納聖斯德望主教座堂（St. Stephen's Cathedral）的陵墓上也可以見到。必須要說，其縮寫「A. E. I. O. U.」出現數個詮釋，而這裡的意思是腓特烈三世曾經說的。
17. 雖然法蘭茲・約瑟夫個人持續而且堅定投身包容帝國內其他信仰，包括基督教、伊斯蘭、猶太教、東正教、希臘天主教，而且反對任何限制宗教的意圖。（Unowsky 2001: 26; Judson 2016: 235-36）

1. 這是斯彼爾（Spiel, 1987）非常優秀的概論書名。其他對於這段時間的文化類似的探討持續不斷，有些興高采烈，但幾乎所有都帶著懷舊的氣氛。較學術的研究見 Janik and Toulmin (1973); Schorske (1980); Johnston ([1972] 1983); Gellner (1998b)。關於維也納這個「二十世紀的首都」，亦見 Francis (1985); Stourzh (1992: 4-9); Beller (2011: 169-77)。
2. 至於什麼程度，西班牙的歐洲屬地可以稱為帝國，亦見 Elliott (1970: 166-67, 2006: 120-22); Lynch (1991: 67-68); Kamen (2005: 243)。「複合」或者「多重」的君主政權是目前最受歡迎的，關於這點見 Elliott (1992)。
3. 衰弱的古典論述見 Hamilton ([1938] 1954)。關於批判的討論，見 Elliott (1989c, 1989d, 1989e); Kamen (1978); Parry ([1966] 1990: 229-50); Thompson (1998: 135-88)。
4. 見 Pagden (1987: 65-70, 1990: 91-132); Lupher (2006: 325); Elliott (2006: 241)。
5. 關於 *limpieza de sangre*，見 Elliott (1970: 220-24, 2006: 171); Lynch (1991: 36-38); Wheatcroft (1996: 161-64)。
6. 有關這些辯論，見 Parry (1940, [1966] 1990: 137-51); Pagden (1990: 13-36, 1995: 47-61, 91-102); MacLachlan (1991: 47-66); Lupher (2006); Elliott (2006: 69-78)。德拉斯．卡薩斯對西班牙殖民者強烈的攻擊，尤其見於他的著作 *The Devastation of the Indies* (1552)，成為歐洲基督教社會歷久不衰的「黑暗傳說」（Black Legend），代表西班牙的殘忍與獨裁。
7. 事實上，薩伏依公爵獲得西西里後，又在一七一八年拿西西里交換薩丁尼亞。（Bérenger 1997: 29）
8. 關於巴洛克作為一種宮廷風格，見 Evans (1991: 443)；亦見 Wandruszka (1964: 125-37); Wangermann (1973: 28-45); Ingrao (1994: 95-101, 120-26); Kuzmics and Axtmann (2007: 123-24)。
9. 然而，哈布斯堡沒有放棄海外貿易與「非正式帝國」，他們在十九世紀逐漸在第里雅斯特港建立海港城市，以此為基地，與鄂圖曼帝國，以及更遠的亞洲、拉丁美洲展開興盛的貿易。這件事情的主要人物是皇帝法蘭茲．約瑟夫的弟弟馬克西米利安，但是他後來短暫擔任墨西哥皇帝的不幸命運，和他對哈布斯堡海外的帝國野心密切相關。認為哈布斯堡帝國典型上是陸地帝國，迴避殖民地與海外事業，這樣的傳統觀點也許需要修正。尤其見 Frank (2011); and see also Sauer (2007: 214-18); Judson (2016: 32, 113-15, 172)。
10. 如同普遍用法，除非特定說明，否則我用「奧地利」代表所有哈布斯堡的土地，也方便作為哈布斯堡帝國的同義詞。（cf. Evans 1991: 157）我將此與哈布斯堡為首的神聖羅馬帝國區別，該帝國包括不屬於哈布斯堡德意志土地上的權利與責任。此外，雖然嚴格說來，「奧地利帝國」這個詞直到一八〇四年的宣言以及一八〇六年神聖羅馬帝國解體後才出現，談到前幾世紀的奧地利或哈布斯堡帝國，我遵循羅伯特．卡恩和其他人，範圍至少追溯到哈布斯堡世襲土地統一和一五二六年至一五二七年統治波西米亞、匈牙利、克羅埃西亞。（Kann 1980: xi and passim；關於異議，見 Evans 1991: xiii）如同西班牙王國，依照對「奧地利王國」（其正式頭銜）這個術語的一般認知，即使是一八〇四年之前，顯然統治一個帝國。我在以下討論該帝國多個不同要素。
11. 關於約瑟夫二世的成就，最完整的說明與評價，現在是 Beales (1987, 2009)。關於十九世紀「約

33. 關於勒班陀戰役和北非抗爭的解釋，尤其見 Hess (1972, 1978)；亦見 Shaw (1976: 178-79); Itzkowitz (1980: 63-68); Lewis ([1982] 2001: 43- 44); Goffman (2002: 158-61); Biceno (2003)。關於希俄斯與賽普勒斯，見 Goffman (2002: 151-58); Biceno (2003: 182-202)。現在普遍貶低勒班陀戰役的重要性，至少從鄂圖曼的觀點來看。Colin Imber (2002: 63) 說：「缺乏戰略意義的一戰」；參照 Mantran (1980: 232); Goffman (2002: 189); Faroqhi (2006: 38)。基督宗教國家大肆讚揚勒班陀戰役，但似乎是伏爾泰首先質疑勝利的重要性，指出「土耳其人」於一五七四年重新取回突尼斯的時候「沒有遇到抵抗」，因此「勒班陀戰役似乎反而對土耳其人有利」。（1901: 270-71）費爾南．布勞岱爾（Fernand Braudel）提到「人們總是很驚訝，這個非預期的勝利應該沒什麼影響」，但又主張這場戰役「打破土耳其崇高的魔咒」，結束基督教界「深刻憂鬱的時期……真正的自卑」。（1975, 2:1088, 1103-4）

34. 丹尼爾．戈夫曼對於衰退爭議的見解似乎非常恰當：「認為現代時期初期的鄂圖曼世界廣泛來說是個多面相的實體，而非狹隘地當成踏上漫長死亡之路的國家，這個想法很有道理。堅持其中某些部分腐爛，並不代表衰退會腐蝕，衰退甚至可能反映那個國家社會其他出色的特徵。」（2002: 127）

35. 關於坦志麥特，見 Lewis (1968: 106-28); Welker (1968); Karpat (1972); Inalcik (1973); Zürcher (1997: 52-74); Quataert (2000: 61-68); Hanioglu (2008: 72-108); Findley (2010: 76-132)。

36. 關於馬哈茂德二世的改革，見 Lewis (1968: 76-106); Zürcher (1997: 41-51); Hanioglu (2008: 60-71); Findley (2010: 39-44, 88-90)。

37. 關於鄂圖曼青年團，見 Mardin (1962); Lewis (1968: 154-74); Deringil (1993): Zürcher (1997: 71-74); Hanioglu (2008: 103-4); Findley (2010: 104-6, 123-32)。

38. 關於阿卜杜勒哈米德二世的統治與重新評價，見 Lewis (1968: 175-209); Zürcher (1997: 80-94); Hanioglu (2008: 109-49); Fortna (2008); Findley (2010: 133-91)。

39. 有些學者對於坦志麥特這樣的詮釋開始產生疑惑，而且開始發現其伊斯蘭的特徵。例見 Manneh (1994)。

40. 關於這點，見 Lewis (1968: 184-94); Deringil (1999: 46-50, 60-63); Zürcher (1997:83); Quataert (2000: 82-83); Finkel (2007: 491-99); Hanioglu (2008: 142); Findley (2010: 139, 150, 168)。

41. 關於類似的評價，見 Quataert (1994: 766); Zürcher (1997: 81); Hanioglu (2008: 125); Fortna (2008: 38); Findley (2010: 150)。

42. 關於這些辯論，見 Lewis (1968: 230-37, 323-61); Aksin (2007: 82-88); Hanioglu (2008: 138-49, 183-88, 210-11; 2011: 48-67, 130-59); Findley (2010: 194-206), Zürcher (2010: 95-123, 147-50, 213-35)。

43. 關於格卡爾普的想法簡短的說明，見 Niyazi Berkes's "Translator's Introduction," in Gökalp (1959: 13-31)；亦見 Lewis (1968: 350-51); Findley (2010: 236-38)。關於他對凱末爾的影響，以及兩者的差異，見 Hanioglu (2011: 64-65, 174-75); Zürcher (2010: 149-50)。對格卡爾普完整的研究，見 Parla (1985)。

44. 關於一次大戰期間伊斯蘭教持續的影響與接續的反抗運動，尤其見 Zürcher (2010: 221-28, 271-84)；亦見 Kayali (2008: 118, 122, 129).

45. 二〇一六年七月殘破的軍事政變是另一個例子，代表土耳其社會持續的裂痕。隨之而來殘暴的鎮壓，不太可能解決這些裂痕。

25. 伍得海德（Woodhead）指出，「儘管文獻上與外交上強調鄂圖曼帝國聖地守護者的身分，沒有人知道哪個蘇丹曾經嚴格遵守到麥加朝聖的宗教義務」——如同唐納德．奎塔特觀察，這是個驚人的事實。（Woodhead 1987: 27n18; Quataert 2000: 97）關於世俗與宗教菁英的衝突，見 Naff (1977a: 6-7); Aksan (1999: 124); Cirakman (2001: 62)。

26. 關於衰退的討論與文獻，見 Lewis (1962); Itzkowitz (1980: 87-109); Woodhead (1987); Howard (1988); Hathaway (1996); Goffman (2002: 112- 27); Finkel (2007: 188-90)。Howard 正確地指出「衰退」文獻，這裡就和其他地方一樣，是個文體（genre），而且應該被當成文體閱讀。

27. 見 Inalcik and Kafadar (1993); Kunt and Woodhead (1995)。對於蘇萊曼「黃金時代」的概念討論，亦見 Itzkowitz (1980: 79); Woodhead (1987: 25-26), Howard (1988: 52-53, 64); Goffman (2002: 112-13, 229-30)。Hathaway 提出這個論點直截了當的反例，認為「一個持續六個世紀的巨大帝國不能有一個理想的時刻與理想的排列，而整個帝國的時間先後與地理幅員就依此判斷」。（1996: 26）

28. 關於「妻妾權術」、宮廷派系、「女人的蘇丹國」，見 Shaw (1976: 170); Itzkowitz (1980: 75); Inalcik ([1973] 2000: 60); Kafadar (1993: 46); Imber (2002: 87-96, 323); Goffman (2002: 124, 214); Finkel (2007: 196)。關於迷思與現實的解答，見 Peirce (1993)；亦見 Goffman (2002: 124-25)。

29. 關於這些發展，見 Naff (1977a: 8-9); Itzkowitz (1977: 22, 25-26); Inalcik (1977); Karpat (1982: 152-54); McGowan (1994); Göçek (1996: 60-65); Aksan (1999: 116, 124, 132-34); Barkey (2008: 197-263); Findley (2010: 28-31)。艾托可維茨說，「聯盟章程」（*sened-i ittifak*）是一種政治文件，代表蘇丹認可外省貴族新的地位與權利。而這也是憲政奮鬥的起步槍，在十九世紀將會緊抓鄂圖曼帝國，直到凱末爾摧毀帝國，土耳其共和國誕生後，才會解決。（1977: 26；亦見 Zürcher 1997: 31）其他人也指出「協議契約」（Deed of Agreement）是外省貴族和國家之間的協議，不是和蘇丹的。馬哈茂德二世自己沒有簽署，因此蘇丹可以拒絕否認協定，實際上後來的蘇丹也這麼做。（Findley 2010: 35-36）

30. 關於這點，見 Itzkowitz (1962: 73-83); Naff (1977a: 3-4); Howard (1988: 73-77)。傳達鄂圖曼「衰敗」觀點給西方學者的主要文獻似乎是 Paul Rycaut, *The History of the Present State of the Ottoman Empire* (1688); Dimitrie Cantemir, *History of the Growth and Decay of the Othman Empire*, trans.N. Tindal (1734-35); Muradgea D'Ohsson, *Tableau générale de L'Empire othoman* (1787-1820); Josef von Hammer-Purgstall, *Geschichte des osmanischen Reichs* (1835)。

31. 以下文獻包含強烈的衰退論點：Gibb and Bowen (1950-57, vol. 1, pt. 1: esp. 215-16); Lewis (1958, 1968: 21-36); Toynbee (1962-63, 3:47); Shaw (1976: 169-216); Inalcik ([1973] 2000: 41-52); Kitsikis (1994: 85-101)。更合適的論述，見 Naff (1977a); Itzkowitz (1980: 87-108); McGowan (1994: esp. 639-45); Lieven (2001: 138-57, 包含與俄羅斯有趣的比較)。這個論點優秀的批判討論，見 Owen (1975, 1977); Faroqhi (1994: esp. 552-73, 1995, 2006: 96-7, 213); Howard (1988); Goffman (2002: 112- 27); Barkey (2008: 22-23, 197-204)。

32. 關於這點，見 Owen (1975: 107-8, 111); Naff (1977a: 9); Salzman (1993, 2004); Faroqhi (1994, 1995); Goffman (2002: 125); Quataert (2000: 46-50); Barkey (2008: 226-63)。所有作者都指出，「去集中化」不能自動等同衰退，而且事實上依照去集中化的情況，可以視為創意的作為，以適應複雜的政經環境。

146）

15. 猶太人經常表達一個觀點：上天派來鄂圖曼人，從基督宗教徒手中拯救他們。十五世紀一位伊斯坦堡的猶太人寫道：「土耳其人又稱為基督宗教的毀滅者、猶太信仰的守護者。」（Armstrong 1976: 398）

16. 理論上非穆斯林不能進入 *askeri*，也就是帝國的統治階級；實際上，打從一開始，這個規則就被破壞，非穆斯林能夠購買包稅人與其他官職。透過這個方式，猶太人後來支配鄂圖曼的關稅收取。就連外國人有時候也購買鄂圖曼的職位：例如十七世紀初期，英格蘭駐摩里亞的領事亨利．海德（Henry Hyde）變成 *voyvodalik*（地區指揮官），以及帕特雷（Patras）的 *bacdarkik*（海關）。（Goffman 1994: 147, 151-52）

17. 關於亞美尼亞的宗教社群，以及普遍來說亞美尼亞在帝國的角色，見 Braude and Lewis (1982a: 89-100, 171-84) 中 Kevork Badarijan and Hagop Barsouminan 的文章。亦見 Barkey (2008: 140-42)。一九一五年亞美尼亞的屠殺——某些人認為是「種族屠殺」，當然是史學史和政治激烈辯論的主題。這裡可能有人注意到，戰爭的背景非常重要；土耳其民族主義這段期間的發展也是，許多方面反轉鄂圖曼人對非穆斯林社群的傳統態度。關於這個主題有兩個近期的著作，見 Göçek (2015) and Suny (2015)。

18. 卡羅琳．芬克爾說：「說到離開家人，男童和家人兩邊當然都很傷心，但是奴隸傭兵制度看似沒有引起基督宗教徒太多反抗——幾乎像是，這件事情被當成對於合法君主政權的法律義務，而非暴政壓迫。」（Finkel 2007: 233）

19. 參照 Inalcik，他認為在蘇萊曼的統治下，「鄂圖曼拋棄邊境國家長久以來發展的自我中心性格，於政策、機構、文化方面，成為對於古典伊斯蘭哈里發國相當值得尊敬的繼承人」。(1993: 72) 同樣的論點見 Barkey (2008: 70-71, 85-86)。

20. 關於奇茲爾巴什叛亂，見 Inalcik ([1973] 2000: 194-97); Finkel (2007: 98-100); Barkey (2008: 175-78)。關於東安納托利亞游牧民族對鄂圖曼的不滿，以及他們轉向什葉派的伊朗，見 Lindner (1983: 105-12)。至少直至十九世紀，帝國更怕他們穆斯林的異端，而非「不信伊斯蘭教」的基督宗教臣民。這點一直都是真的。

21. 關於由於征服阿拉伯地區，以及／或者與薩法維伊朗的對立，導致「較保守的、伊斯蘭法傾向的（Sharia-minded）鄂圖曼帝國」這個觀點，見 Inalcik (1993: 70-72, [1973] 2000: 34, 179-85)；亦見 Finkel (2007: 110); Sugar ([1977] 1993: 252); Kafadar (1993: 42-44); Kunt (1982: 63-64); Imber (1995: 148, 2002: 121); Lieven (2001: 143-44); Barkey (2008: 70-71, 85-86, 102-4, 177-78)。雖然程度不一，他們全都強調這個時期 Barkey 所謂「遜尼伊斯蘭身分」的團結。

22. 關於這些發展，見 Naff (1977b); Quataert (2000: 75-81); Goffman (2002: 192- 225); Finkel (2007: 369-71)。

23. 如同珍妮弗．皮得（2016）提到，到了十九世紀宗教差異再也不被當成國際關係的重點；因此在西方人眼中，鄂圖曼帝國與西方之間關係的阻礙不是伊斯蘭教（「不信基督宗教」的「土耳其人」），而是，至少可能是，「東方專制主義」的政治系統。

24. 關於鄂圖曼菁英之間西式教育漸增，以及普遍世俗化的趨勢，亦見 Göçek (1996: 80-85); Lewis (1968: 53-73, 117-18)。

44）的著作也對奴隸傭兵制度有生動、詳細的描述。

6. 「在君士坦丁堡的第一位蘇丹統治下，東正教教會保存大批土地，宗主教擁有和大維齊爾相同的軍階章，也就是三束馬尾。」（Stone, Podbolotov, and Yasar 2004: 29）Sugar 表示：「為了所有實際的目的，梅赫麥德二世賦予教會的新權力使教會成為國家中的國家。」（Sugar [1977] 1993: 47）亦見 Clogg (1982: 185-87); Karpat (1982: 145).
7. 鄂圖曼人可能曾經拯救東正教的希臘人，但是由於他們亟欲與羅馬帝國有關，他們也宣稱自己是特洛伊人的後代（"*Teucri*—Trojans" 等於 "*Turci*"—Turks），而特洛伊人是羅馬人傳說中的祖先，也是希臘人的宿敵。因此某方面而言，鄂圖曼人征服拜占庭，可以視為特洛伊人—羅馬人報復希臘人。見 Spencer (1952); Kafadar (1995: 9)。羅馬人選擇特洛伊人為祖先，而非希臘人，見 Gruen (1992: 6-51)。當然也該記得，雖然拜占庭文化上是希臘，他們視自己為 *Romaioi*，也就是羅馬人、羅馬帝國的延續。
8. 來自許多確實的論述，例見 Seton-Watson (1964: 10); Lieven (2001: 133); Goffman and Stroop (2004: 144n26); Stone, Podbolotov, and Yasar (2004: 33); Findley (2005: 20)。謝里夫・馬爾丁（Serif Mardin）將鄂圖曼人與突厥人的區別視為羅伯特・雷菲爾德（Robert Redfield）「大」文化與「小」文化的區分。突厥人的「小文化」以氏族和農民社群為基礎，永遠不足以與受過教育、都市化、國際化的鄂圖曼人那種「大文化」整合。直到十九世紀，突厥人都是「鄉巴佬」，相對於「優雅、趨向巴黎」的鄂圖曼人。（Mardin 1969: 270-74）
9. 「突厥」作為民族範疇是一九〇八年革命的產物。鄂圖曼人會抗拒「土耳其人」這個稱呼，即使歐洲都這麼稱呼他們。（Aksan 1999: 121n54；亦見 Lewis 1968: 333）
10. 關於帝國基本的社會結構與行政組織，見 Inalcik ([1973] 2000: 65-69, 89-118)；亦見 Inalcik (1993: 59-67, 1954: 112); Sugar ([1977] 1993: 31- 44); Woodhead (1987: 27-37); Göçek (1993: 103-5)。有趣的是，為表示歐洲屬地對鄂圖曼人的重要性，在魯米利亞的職位階級和名望都比安納托利亞的更高，非洲第三。（Inalcik [1973] 2000: 106）
11. 穆斯林帝國優秀的比較史見 Dale (2010)。
12. Braude and Lewis (1982b: 1-2)。引言來自 J. S. Furnivall, *Colonial Policy and Practice* (1957)。關於鄂圖曼社會，類似的觀點見 Mazower (2005: 304); Quataert (2000: 181 and generally 172-83); Findley (2010: 64)。
13. 凱倫・巴基比較鄂圖曼與哈布斯堡、俄羅斯帝國，贊同鄂圖曼在帝國中容忍多元的程度。這是因為伊斯蘭教與基督宗教對於不信者的態度不同：「關於如何應對猶太人與基督宗教徒，伊斯蘭有本經文，但是基督宗教認為自己是特別的宗教，理想上是宗教與公共權威統一的組織體。」（Barkey 2008: 153; cf. Goffman 2002: 9, 111-12）關於從相對的國家形成，而非意識形態或文化方面，解釋兩者差異的論述，見 Salzmann (2010)。
14. 關於這點，見以下文章：Kevork Bardakjian, Mark Epstein, Joseph Hacker, Kemal Karpat, and Richard Clogg in Braude and Lewis (1982a, 1:89-126, 141-69, 185-207)。亦見 Gibb and Bowen (1950-57, vol. 1, pt. 2: 207-261) 對於宗教社群制度的經典說明。但要注意 Braude (1982) and Owen (1975) 對於 Gibb and Bowen 觀點的警告。亦見 Sugar ([1977] 1993: 44-49); Goffman (1994, 2002: 47, 170-72); 以及 Barkey (2008: 130-50) 的結論——「鄂圖曼治世的世紀相對來說平靜，沒有族群或宗教爭執」。（2008:

21. 針對這點，亦見 Syme (1958: 3-9); Hopkins (1965: 13, 23); Brunt (1990b: 273-74); Sherwin-White (1973: 259-61); Edwards and Woolf (2003: 11)。

22. 正是第三世紀的非洲教會之父特土良（約一六〇—二二五），相對基督宗教的美德，提出十分尖銳且極具影響力的論述，認為羅馬傷風敗俗、崇拜偶像，並且敦促基督宗教與異教社會分離。隨著第三世紀的僧侶運動，更加深與羅馬斷絕關係的想法。見 Rayner (1942: 118-19 and passim).

23. 在《羅馬帝國衰亡史》的最後，吉朋說：「在這個歷史之前的幾卷，我已經描述野蠻與宗教的勝利」，（Gibbon[1776-88] 1995: 3:1068）這段話更有名也更常被引用。對於這段話常見的詮釋，顯示類似對於脈絡與整體目的的忽略。是哪個野蠻人，以及誰的宗教？普遍認為吉朋指的是日耳曼人和基督宗教，但是約翰．波考克（John Pocock [1977: 118]）有力地主張，以《羅馬帝國衰亡史》該書整個脈絡而言，且有鑑於最後一卷處理的是拜占庭帝國與該帝國被伊斯蘭推翻的這個事實，吉朋指的可能是阿拉伯人和伊斯蘭教。

24. 如同早期第五世紀基督宗教的歷史學者奧羅修斯寫道：「當耶路撒冷被攻陷……而且猶太人被清洗，由天主指定為耶穌基督之血報復的提圖斯，在他的父親維斯巴西安（Vespasian）的陪伴下，以勝利者之姿，在凱旋遊行中關閉雅努斯（Janus）的神殿。」（in Lupher 2006: 38）大衛．勞弗稱此為「這個概念常被引證的章句」，雖然更早之前奧古斯丁就說過了。（[413-27 CE] 1984: 211-12）

25. 麥考利表示：「當某些來自紐西蘭的遊客，在巨大的孤獨之中，站在倫敦橋殘破的拱頂上描繪聖保祿教堂的殘骸，這個時候，天主教教會可能依然存在，而且精力未減。」（[1840] 1907: 39）麥考利對天主教複雜的態度，見 Sullivan (2009: 206-29)。

Chapter Three｜鄂圖曼帝國

1. 兩個近期的研究顯然強調這一點：Goffman (2002)、Faroqhi (2006)。當前對於早期鄂圖曼帝國的特徵與帝國起源的重新思考，許多也暗示這一點。

2. 依序見 Gibbons (1916); Köprülü ([1935] 1992); Wittek (1938)。優秀的史學史論述，見 Kafadar (1995: 9-59); Darling (2000: 133-38); Goffman (2002: 29-34); Lowry (2003: 5-31)。關於鄂圖曼統治的前線戰士傳統，一般論述亦見 Imber (2002: 120-22)，而且如同他顯示，到了十九世紀又恢復。

3. 這一節我主要取自以下對鄂圖曼人早期的論述：Köprülü ([1935] 1992); Wittek (1938); Itzkowitz (1980: 3-36); Inalcik ([1973] 2000: 3-52); Kafadar (1995: 1-9, 122-50); Imber (2002: 1-30); Lowry (2003); Finkel (2007: 1-80)。我也應該說阿諾爾得．湯恩比（1962-63, 2:150-54）對早期鄂圖曼人精采的描述，他們作為受到「壓力刺激」的行軍民族，這個觀點在更近期的著作依然顯著。

4. 東正教的基督宗教徒完全有理由認為，鄂圖曼人比起衰弱的拜占庭人能更即時且更有把握地保護他們對抗拉丁人。拜占庭帝國末期，一個東正教教會的高階官員表示，他寧願看到突厥人的頭巾統治君士坦丁堡，也不願看到拉丁人的主教冠。（Nicol 1967: 335；亦見 Clogg 1982: 191; Shaw 1976: 58-59）

5. 關於奴隸傭兵制度的起源與發展，見 Inalcik ([1973] 2000: 77- 80); Sugar ([1977] 1993: 55-59); Imber (2002: 134-42); Goffman (2002: 67-68); Finkel (2007: 28); Barkey (2008: 123-28)。湯恩比（1962-63, 3:32-

列顛叛亂領袖卡加克斯（Calgacus）說的：「他們掠奪，他們屠殺，他們偷竊，他們竟然稱此為帝國。他們掠奪殆盡之後，稱之為和平。」（*Agricola*, 30）同一著作中，描述不列顛採用羅馬制度的時候，塔西佗嘲諷「天真的當地人稱呼這種奴役為『文明』」。（*Agricola*, 21）（兩段都出自 Champion, 2004: 264, 276。關於這點，進一步見本書第六章）當代學者對於羅馬化與教化任務相同的評論與批評，例如 Hingley (2005)，較溫和的批評，見 Brunt (1978)。

13. 關於希臘獨立自主的概念，以及種類純淨的重要性，尤其是雅典人之間，見 Isaac (2006: 109-33)。
14. 參照吉朋：「狹隘的保存政策、沒有任何外國混血、古代公民的純正血統，對雅典與斯巴達而言，在在阻撓繁榮，加速毀壞。志向遠大的羅馬天才，為了追求抱負而放棄虛榮，而且認為如此才是明智，也是光榮，無論他們在哪裡，在奴隸、陌生人、敵人、野蠻人之間，為自己選擇美德與功績。」（[1776-88] 1995, 1:61）
15. 羅馬化原始且最有力的論述是 Mommsen [1909] 1974。較近期的論述，見 Sherwin-White (1973: 399-437); Brunt (1990b); Laurence and Berry (1998); Macmullen (2000); Brown (2003: 45-58); Champion (2004: 214- 77); Hingley (2005), Heather (2006: 32-45); Woolf (2012: 222-29)。關於特定研究：非洲 —— Barton (1972)；高盧 —— Ebel (1976) and Woolf (1998)；西班牙 —— Syme (1958: 1-23) and Knapp (1977)；小亞細亞 —— Price (1984) and Sartre (2006)；不列顛 —— Hingley (2000, 2008), Mattingly (2006), and Creighton (2006)。關於當代作者所見羅馬身分多元性的廣泛研究，見 Dench (2005)。關於帝國創造、在帝國之中的「共識」以及羅馬後來被認為是所有居民、公民、非公民等的 *communis patria*，細微精巧的論述，見 Ando (2000)。
16. 見 Walbank (1972: 155); Miles (1990: 653); Laurence and Berry (1998); Woolf (1998: 208); Sartre (2006); Burns (2009: 55-58)。
17. 要記得的是，整個帝國多數的歷史，希臘文一直是東半部的書寫語言，也是共通語言，尤其當然是在第五世紀西羅馬帝國傾覆後。但是，如同布朗特評論：「到最後，（希臘人）都稱呼自己 *Rhomaioi*。情感上的羅馬化最後還是獲勝。」（1990b: 269）亦見 Woolf (1994); Dench (2005: 314-15); Gruen (1992: 31, 50-51)。
18. 瑪莉．比爾德（Mary Beard）在近期的羅馬歷史著作中稱呼卡拉卡拉的法令是「革命性的決定……一個已經進行將近千年的過程達到頂點……卡拉卡拉在公元二一二年完成的過程，在羅馬神話中，羅慕勒斯一千年前已經開始」。（2015: 527）不妨記得卡拉卡拉也極度崇拜亞歷山大，而且在這個行動中，他可能也認為自己承擔亞歷山大統一世界民族的使命。
19. 例見 Syme (1958: 17); Brunt (1965: 270-78); Sherwin-White (1967); Walbank (1972); Jenkyns (1992a: 6-7); Woolf (1998: 238-41); Miles (1990); Geary (2002: 49-50); Dench (2005: 222-97)。這個觀點主要的例外是 Isaac (2006)，他主張在古代存在他所謂「原型種族主義」（proto-racism）。但他自己說，這個古老的原型種族主義與十九、二十世紀的「科學種族主義」非常不同。此外，他承認，不像希臘人，羅馬人多半對種族概念漠不關心，而且明白接受其他團體可以被徹底羅馬化，因此征服者與被征服者就會合併。（2006: 192-93）
20. 聖奧古斯丁將羅慕勒斯這項舉動視為創造天堂城市的預兆：「減輕罪孽，也就是承諾召募永恆國度的公民，在羅慕勒斯的避難所中找到朦朧的相似之處，在那裡各種犯罪都不受懲罰，吸引大量人群，因而奠定羅馬之城的基礎。」（Augustine [413-27 CE] 1984: 207）

5. 有些人認為，根據這點，塔恩過度受到他的希望影響，先是希望成立國際聯盟，後來是聯合國，而且想要把亞歷山大呈現為兩者的祖先。關於亞歷山大這個觀點懷疑的說法，見 Badian (1958) and Bosworth (1993: 160-61)；關於較同情塔恩的觀點，見 Lane Fox (1986: 417-29)。值得注意的是，希特勒原本對亞歷山大非常崇拜，卻因後者鼓勵國內希臘人與亞洲人聯姻，引進「種族大亂」，而削減那份崇拜。（Scobie 1990: 20）
6. 關於這兩人演說的影響，見 Oliver (1953: 981-82); Claudian ([c. 370- 404 CE] 1922: 1:xix-xxiv); Cameron (1970: 349-89)。吉朋非常熟悉艾瑞斯提德斯，也在《羅馬帝國衰亡史》第一冊前三章多次引用。例如，Gibbon (1776-88) 1995: 1:64, 82；亦見 Schiavone (2000: 16-19)。關於十九世紀引用克勞狄安的情況，見 Lewis ([1841] 1891: 128n2, 129n1)；另一個例子，見 Cameron (1970: 448-50); Vance (1997: 233-34, 254); Koebner (1961: 15)。
7. 我對艾瑞斯提德斯的論述是基於 Oliver (1953); Bowie (1970); Sherwin-White (1973: 425-44); Nutton (1978); Schiavone (2000: 3-15)。亦見 Ando (2000: 54-69 and passim); Edwards and Woolf (2003: 2-5)。Oliver 的研究包括艾瑞斯提德斯羅馬演說完整的希臘文與英文全文。
8. 關於這個文學與藝術傳統的討論，亦有一些維多利亞英格蘭為代表例子，見 Vance (1997: 197-268)。亦見 Edwards (1999b: chaps. 6-10)。對於歐洲知識傳統中一般的衰退概念，其中羅馬當然是重要的角色，見 Burke (1977)。
9. 關於羅馬帝國意識形態的詳細說明，論來自帝國東邊的省分、希臘受過教育的「辯士、修辭家、文人」普遍的重要性，見 Nutton (1978: 210); Sherwin-White (1973: 465-67, on Claudian)。受過教育的希臘人後來視羅馬為東方古希臘王國的合法繼承人，並將「古希臘」與「羅馬」連結，Sherwin-White 表示，這個發展對於「完成羅馬世界統一非常重要」。（1973: 428；亦見 Brunt 1990b: 269）
10. 關於克勞狄安的概論，見 Cameron (1970)，尤其頁三四八至頁三八九談到他對羅馬的態度。吉朋正經地觀察道：「既然克勞狄安似乎享有詩人與昔日朝臣相當充足的特權，就需要一些批判來翻譯虛構文學，或說誇大的語言，將之轉為真實與簡潔的歷史散文。」（Gibbon [1776-88] 1995: 2:106）但他還是展現他對這位詩人的崇拜，並在論述斯提里科和這個時期的帝國時大量引用克勞狄安。（2:106-64）他寫道：「對於每個保留、取得拉丁語言的國家，閱讀克勞狄安是件樂事。」特別提到他在文藝復興作家之間的名望，例如朝臣巴爾達薩雷．卡斯蒂利奧內（Balthazar Castiglione）。（2:163-64）
11. 正是奧古斯丁在事件餘波之後立刻寫下，首先談到洗劫羅馬的野蠻人「仁慈」又「和善」，並將此歸因於他們的基督宗教，將之與異教的希臘人與羅馬人遠較野蠻的行為進行比較。（Augustine [413-27 CE] 1984: 10, 12）Peter Heather（2006: 227-29）稱呼阿拉里克洗劫羅馬是「眼睛見過最文明的城市洗劫」。阿拉里克的西哥德人是基督宗教徒（除了亞利安人），而且保存所有羅馬主要的基督宗教遺跡，包括聖彼得與聖保祿的聖殿。關於阿拉里克所謂「充滿藝術的節制」，以及他在洗劫羅馬當中對基督宗教展現的敬意，亦見 Gibbon ([1776-88] 1995: 2:167, 200-209)。認為洗劫羅馬在羅馬歷史上是相對次要的事件，預示的不是帝國終結，反而是阿拉里克的衰弱與失敗，關於這個觀點，見 Goffart (2008: 879n65)；關於在羅馬歷史上廣大的重要性，見 Ward-Perkins (2005: 16-17); Kelly (2009: 56-57)。
12. 當然，某些人認為「帝國」與「文明」只是掩飾羅馬對其他民族的剝削與奴役。如同塔西佗藉不

透過武力」。因此就「殖民」而言，必定存在對宗主國之依賴，如同芬利所謂的「殖民主義」，即使看不出來弗格森追隨芬利區別殖民主義與帝國主義的傾向。因此我們似乎可以得到，沒有殖民主義的殖民地與沒有殖民地或殖民主義的帝國；但是殖民主義本身，由於宗主國與殖民地之間的依賴關係，根據最普遍的定義，必定要被稱為帝國的某個物種。

28. 類似芬利的區別，包括例如不願視印度為殖民地，可見 Seely ([1883]1971) and Hobson ([1902, 1938] 1988: 6-7)。但是也有重要差異。見後面第六章。

29. 然不總是如此：二〇一四年俄羅斯從顯然獨立的國家烏克蘭併吞克里米亞，暗示舊式的帝國主義也許仍有未來，雖然克里米亞眾多的俄羅斯人口為此提供藉口。

30. 這點和之後的內容多半引用我的文章 “Nation- States as Empires, Empires as Nation-States” (Kumar 2010)。在這些小節，我利用傳統的「民族」速記代表多數應該是「民族國家」的情況（例如，「聯合國」是眾多民族國家的組織），指出可能重要的區別。

31. 對這個討論，我在 Gorski (2000) 有類似的反對，相當於馬克思，而且馬克思也引用。見 Kumar (2005)；關於「宗教民族主義」這個概念的強烈反對，見 Brubaker (2015: 102-18)。

32. 參照馬克斯·韋伯，他將強國的「名聲利益」（通常採取驅力的形式朝向帝國擴張）與「巧合的『使命』傳說」（他視為『民族概念』的表現）兩者相連。如同帝國，「認為那個（民族的）概念的表現狂熱出現的人，應該肩負這個使命」。（Weber 1978: 925）

33. 關於這些例子，見 Kumar (2000) 以及裡頭的參考文獻。關於西班牙人與不列顛人在美洲基督宗教化的使命，優秀的討論但不同的認知，見 Elliott (2006: 57-87, 184-218)。

34. 英格蘭本土主義者典型的代表是威廉·科伯特（William Cobbett）：「照顧英格蘭，而且只有英格蘭，是我的事，也是每個英格蘭人的事……跑到世界各地去照顧其他自由的人不是我們的事；我們的事是照顧自己。」（in Gott 1989: 94）

Chapter Two ｜羅馬帝國——帝國之父母

1. 愛德華·吉朋認為，拜占庭帝國「以早產與不斷腐爛的狀態」存在一千年（Gibbon [1776-88] 1995: 2:237）；這個觀點影響好幾世代的學者，直到今日某些評論者與大眾仍廣為流傳。（參照 Lewis Mumford 的評論，拜占庭帝國「一千年來……發展停滯」。[Mumford 1961: 241]）但是研究拜占庭帝國的歷史學者已經不再抱持這個觀點，他們反而強調拜占庭的活力與創造力，尤其是藝術與知識，以及在該地區盛大的政治成功，直到帝國的最後。尤其見 Herrin (2008)；關於近期的綜合研究，見 Treadgold (1997); Cameron (2006)。

2. 鄂圖曼人征服君士坦丁堡後，採用星星與新月作為標誌，就是取自為紀念公元前三四〇年至三三九年從馬其頓的腓力手中拯救拜占庭而鑄造錢幣，雖然也有人相信那是女神黑卡蒂（Hecate）求情的符號。

3. 見 Lane Fox (1986: 372); Burn (1962: 204); Ray and Potts (2008); Hagerman (2009); Vasunia (2013: 33-115)。

4. 關於亞歷山大，確信的事蹟幾乎沒有。關於近期的學術研究，以及對於他與他的目標持續的爭議與論戰，見 Lane Fox (1986); Bosworth (1993); Bosworth and Baynham (2000); Thomas (2007)。

19. 論神聖羅馬帝國，以及普遍而言中世紀的帝國概念，見 Koebner (1961: 18-43); Bloch (1967); Folz ([1953]1969); Ullmann (1979); Benson (1982: esp. 370-84); Muldoon (1999: 21-100); Moreland (2001); Heer (2002); Wilson (2016)。論較後來的歷史至一八〇六年，見 Wilson (1999); Evans, Schaich, and Wilson (2011); Whaley (2012)。
20. 雖然對許多中世紀作家而言，帝國意味「那個」帝國，也就是唯一的（神聖）羅馬帝國（東或西），許多中世紀的統治者仍然使用 *imperium* 一詞，例如那群被稱為不列顛統治者（*bretwaldas*）的盎格魯—薩克遜國王，以及後來的盎格魯—薩克遜統治者，例如艾塞斯坦（Athelstan）和克努特（Canute）。十一、十二、十三世紀數個卡斯提爾—雷昂的西班牙國王也自稱 *imperator*（其中教宗在一二四五年罷黜腓特烈二世時，卡斯提爾的阿方索十世〔Alfonso X〕甚至想要自稱神聖羅馬皇帝）。這些案例中，國王顯然以為自己是「國王中的國王」，也就是他們對於本身就是王國的數個領土要求大領主的權位。（Folz [1953] 1969: 40-44, 53-58; Muldoon 1999: 53-58；亦見 Fanning 1991）如此一來，他們也強調帝國作為統治多種民族的概念。甚至可以說，許多中世紀的王國都是帝國，例如英格蘭的安茹（Angevins），即使他們並沒有如此自稱。畢竟亨利二世（Henry II）並不只是英格蘭的國王；他也是安茹伯爵、阿基坦公爵、蘇格蘭國王與愛爾蘭高王（high king）封建大領主。馬爾登（Muldoon）說：「如果我們接受帝國的定義，是以武力統治數個不同民族，就能清楚看出，直覺來說中世紀歐洲這段期間，所有大型政府的意圖本質上都是帝國……幾乎從任何標準來看，中世紀王國都是帝國，如同現代時期初期取得領土的歐洲王朝事實上都是帝國，即使並沒有使用帝國一詞描述他們。（Muldoon 1999: 63）關於中世紀國家「帝國」的本質——當然牽涉征服與殖民，見 Bartlett (1994)。
21. 進一步見第二章羅馬的教化使命。
22. 關於羅馬帝國的普世主義，無論其古典的形式，或是如神聖羅馬帝國後來的形式，見 Folz ([1953] 1969: 4-5, 108-11, 171-77); Bloch (1967: 31-32); Brunt (1978: 168-72); Veyne (1980); Pagden (1995: 19-28)。維吉爾《埃涅阿斯紀》（bk. 6, 847-53）有個著名論述說明羅馬使命的宗旨：「羅馬人，你懂得這些藝術，但你要記住！／用權威統治這些民族，施行和平與道德／寬恕你的臣屬，征服高傲的人。」關於波利比烏斯「世界歷史」的觀念，以及羅馬締造如此必然歷史的「世界帝國」，見 Polybius (1979: 41-45)。
23. 伊斯坦堡地名的緣由是個經常討論的主題。見本書第三章。
24. 追隨道爾的思想家包括：Howe (2002a: 30); M. Smith (2001: 129-32); Münkler (2007)。
25. 芬利指出，「混淆帝國與領土廣大的國家」這個趨勢，寇勃納（1961）與艾森斯塔特（[1963] 1993）就是重要的例子。就寇勃納的情況，這麼說似乎不太公允。寇勃納清楚展現帝國概念如何演化為統治多個民族。艾森斯塔特可能就是這個趨勢較明顯的例子，包括他將「專制歐洲」國家放在「集權的歷史官僚帝國或國家」的一般分類下。（Eisenstadt [1963] 1993: 11）
26. 帝國主義經濟理論的文獻龐大，尤其關於霍布森與列寧。優秀的研究見 Owen and Sutcliffe (1972)；亦見 Kiernan (1974); Etherington (1984)。關於批評，例見 Fieldhouse (1961); Landes (1961); Lichtheim (1974: 110-21); Mommsen (1982: 66-69)。
27. 弗格森（2005: 169）同樣提到「殖民」——「大批有組織的移民團體建立新的定居地」是「在歷史記錄之前就開始的過程」，而且應與帝國區別，帝國是「一國文明延伸至被統治的民族，通常

沒有討論我們現在普遍認知中廣大領土的帝國。即使當他在另一篇文章〈論邦國真正偉大之處〉（"Of the True Greatness of Kingdoms and Estates", [1625] 1906: 115-27）談到海上權力的重要性，而且宣布「亞克興之戰（battle of Actium）決定世界的帝國」，他使用的「帝國」還是「統治」的意義；海上權力不是海上帝國的基礎。「海洋帝國」這個詞來自維吉爾的《埃涅阿斯紀》，當時是很普遍的詞；莎士比亞也用這個詞（「塞克斯圖斯・龐培……控制海洋帝國」，摘錄於 *Antony and Cleopatra*, 1.2）。但是這個指涉通常如同培根，用於地位，賦予統治或支配權力，而非建立海外帝國的跳板。後來的用法，當這個詞明確連結到不列顛海外帝國，見 Koebner (1961: 77-105); Armitage (2000: 170-98)。

15. 數個較近期的學者傾向強調帝國期間的動態與擴張，同時延續共和統治開始的形態。（例如，Brunt 1978, Lintott 1981）但是如同安東尼・帕格登（2003: 21）指出，無論如何羅馬很早就顯示帝國雖然多數是君主政權，但也可以是共和，甚至民主。甚至更早之前第五世紀雅典帝國的民主城邦就示範了。在現代時期，法蘭西第三共和的帝國也是一個好的例子；美國也許也是另一個。關於這點，見 Lichtheim (1974: 87-88)。

16. 安德魯・蘭托特（Andrew Lintott）說過：「對奧古斯都而言，羅馬帝國不只是羅馬控制的整個世界：羅馬帝國相當於世界本身……就事實而言，羅馬打從根本要求其他民族遵從她的意志—— *imperium* 這個字背後的根本概念……朱庇特在《埃涅阿斯紀》1.279 表示『imperium sine fine dedi』，總結羅馬對於帝國的態度。」（Lintott 1981: 53-54, 64；亦見 Brunt 1978: 161, 168-70; Veyne 1980: 121-22; Pagden 1995: 23; Woolf 2001: 317-18）安東尼・帕格登引述特奧多爾・蒙森：「羅馬人熟悉這個概念，他們不只是世界上第一強國，某個意義，他們也是唯一強國。」蘭托特和伍爾夫表示，數個較早的學者，例如波利比烏斯和撒路斯，都抱持這個全世界、多民族的羅馬帝國概念，也就是「帝國作為一個民族統治其他民族的權力」；西塞羅和凱撒類似的觀點，見 P・A・布朗特。（1978: 162-68）早期基督宗教作家普遍也都如此看待羅馬帝國，例如俄利根、奧羅修斯（Orosius）、耶柔米（Jerome）和奧古斯丁。這個想法連結的宗旨是，神已經為基督準備各民族的世界，把各民族集合在一個統治者之下，也就是羅馬皇帝。見 Fanning (1991: 10-14); Muldoon (1999: 101-4); Swain (1940: 18-21)。

17. 見寇勃納（1961: 60）。較早的意義開始被較晚的意義取代（雖然從未完全取代），這個論點很難固定下來，但是後來的十七世紀是個好的候選人。寇勃納除了引述法蘭西的作者（Gabriel Gérard，寫於一七一八年），也引用坦普爾爵士（Sir William Temple）著於一六七二年的文章：「一個領土遼闊、人數眾多的民族，在古代的時候稱為王國，現代稱為帝國。」（Koebner 1961: 59）坦普爾或許在回應「帝國」一詞的「古代」用法，而這個用法最近期能在法蘭西斯・培根與詹姆斯・哈靈頓（James Harrington）的著作中找到；某個程度他在表示他自覺「現代」（十七世紀後期知名的「古代與現代」之爭，坦普爾是現代的一方）。但他似乎沒有意識到，這個帝國的意義羅馬人已經很熟悉，而且至少以某個形式來說，整個中世紀與之後都由神聖羅馬帝國保存。（例如，Benson 1982: 383-84）

18. 原始意義最常來自「帝國」的隱喻用法，如同「海洋帝國」、「書信帝國」、「心靈帝國」。這些案例意味某種支配的影響或權威，而非真正擁有，而任何人或國家顯然不可擁有相關的實體本身（如同格勞秀斯在《海洋自由論》〔*Mare Liberum*, 1609〕一書主張的世界海洋）。

2006; Foster 2015）查爾斯・麥爾認為，帝國的吸引力來自近期他所謂「治外法權」的興起——失去「決定空間與身分空間之間假定的身分」。（Maier 2000: 820）

7. 這裡令人想起阿克頓男爵（Lord Acton）辯護不列顛和奧匈帝國是自由的堡壘，抵禦壓迫與排外的民族性原則，該原則「將民族與國家於理論上相等……實際上將可能在界線內的所有其他民族歸屬簡化為主觀的情況」。（Acton [1862] 1996: 36）
8. 例見 Barkey and von Hagen (1997); Beissinger (2006); Dawisha and Parrott (1997); Hirsch (2005); Lieven (2001); Lundestad (1994); Martin (2001); Miller and Rieber (2004); Motyl (2001); Rudolf and Good (1992); Suny and Martin (2001)。這條脈絡延續的討論，俄羅斯的期刊 *Ab Imperio* 是很好的材料。
9. 生動的討論見 Bacevich (2003); Calhoun, Cooper, and Moore (2006); Ferguson (2005); Gaddis (2004); Go (2008, 2011); Kagan (2004); Maier (2006); Mann (2003); Münkler (2007); Porter (2006); Roy (2004); Steinmetz (2005, 2013); Todd (2003); Wood (2005)。所有的論述都強調美國作為帝國的想法其實不堪一擊，無論是美國跨出美洲的內部擴張，或對其他國家的政策。約翰・波考克（John Pocock）指出：「對抗帝國的暴動產生的新共和，反過來又深信帝國以及殖民的帝國，這個弔詭建立在新共和的結構內部，而母系統從未如此。」（Pocock 1985: 86; cf. Lichtheim 1974: 59-61; Muldoon 1999: 140-41）這點相當程度地連結到美國的「例外主義」，關於這點見 Tyrell (1991)。關於其實不能把美國想成帝國，見 Walzer (2003), Pagden (2004), and King (2006)，雖然 Walzer 也小心地為「虛擬帝國」背書。
10. 「孤單的超級大國」是山繆・杭亭頓（Samuel Huntington）的片語（1999）；「新的世界紛擾」見 Kenneth Jowitt's (1992)。
11. 關於這點，初步的想法見 Kumar (2012a)。
12. Richardson（1991: 3）提到，原來而且嚴格的意義中，*imperium* 不只是、也不必要由人民賦予，還需要由神賦予：*imperium* 有宗教的源頭，可由以下事實顯示——一個未經選舉產生的官員，例如獨裁者，由執政官提名後，接受支持而得到他的 *imperium*，就此證實眾神之王朱庇特接受他。Richardson 主張，正是這個神聖授予的、類似帝王的權力附加在個人身上，使得 *imperium* 後來等同於單一絕對的 *princeps* 或 *imperator* 對於他的國土的治理，也就是 *imperium Romanum*。
13. *imperium* 一詞中世紀與文藝復興時期的歷史，見 Folz ([1953] 1969); Koebner (1961: 18-60); Muldoon (1999: 21-113)。寇勃納強調，義大利人文主義學者復興了這個詞原來的羅馬意義——「合法權威」，因此允許這些神聖羅馬帝國之外的國家（或多或少在中世紀獨占 *imperium* 的概念）宣布自己為帝國。但是這點也說明帝國持續等同神聖羅馬帝國，其中治理廣大海外領土的查理五世只有身為神聖羅馬帝國的皇帝才是皇帝；對於他的西班牙屬地，他只是君王，如同繼承他的西班牙王位，治理超過二十個王國的腓力二世（他不是神聖羅馬帝國的皇帝）。沒有「西班牙帝國」，只有西班牙「普遍君王」；同理，適當來說，十九世紀之前沒有「不列顛帝國」。（Koebner 1961: 56；亦見 Muldoon 1999: 9, 114, 137）「普遍君王」確實是常見（而且不總是貶低）的詞語，用來指涉現代時期早期統治者的帝國野心，例如西班牙的腓力二世和法蘭西的路易十四。「到了十六世紀末期……*monarchia universalis*，即普遍君王，事實上已經取代 *imperium*，代表對於超越國家權威持續的追求。」（Pagden 1995: 43）
14. 法蘭西斯・培根的文章〈論帝國〉（"Of Empire", [1625] 1906: 73-79）特別處理王權的問題，但是

注釋

Chapter One ｜帝國的概念

1. 這些研究，見 Hobson ([1902, 1938] 1988); Lenin ([1917] 1939); Schumpeter ([1919] 1974); Burnham ([1941] 1962); Neumann ([1944] 1966)。Mommsen (1982) 也做了優秀的調查。
2. 關於之前全球資本主義作為非常不定形的「帝國」，Hardt and Negri's Empire (2001) 是這個討論較後來的版本，但與歷史的帝國幾乎沒有關係。
3. 除了本段提到的著作，過去二十年的帝國重要著作精選包括：Alcock et al.(2001); Aldrich (2007); Burbank and Cooper (2010); Calhoun, Cooper, and Moore (2006); Cooper and Stoler (1997); Duverger (1980); Ferro (1997); Hobsbawm (1987); Kupchan (1994); Lustick (1993); Maier (2006); Miller and Rieber (2004); Motyl (2001); Muldoon (1999); Münkler (2007); Osterhammel ([1995] 2005); Pagden (1995, 2003, 2015); Parsons (2010); Snyder (1991), Steinmetz (2013)。針對帝國的核心見解，見 Mann (1984) 以及尤其 Finer (1999) 這兩部範圍較廣的著作。

   關於帝國研究再興，也應注意過去二、三個世紀偉大的政治與社會理論家的見解，包括洛克、孟德斯鳩、伯克、狄德羅、赫爾德、托克維爾、彌爾。這裡著名的例子是 Mehta (1999), Muthu (2003, 2014), Pitts (2005), and K. Mantena (2010)。

   以帝國為主題的流行大眾文化包括：尼爾．弗格森六季的電視影集《帝國》（*Empire*），二〇〇三年一月於英國第四頻道（Channel 4）播映；傑瑞米．派克斯曼（Jeremy Paxman）二〇一一年在英國廣播公司的影集《帝國》（*Empire*，二〇一二年播映）。讀者也許也注意到數部以帝國為主題的電影，例如《特洛伊：木馬屠城》（*Troy*, 2004）、《亞歷山大大帝》（*Alexander*, 2004）、《英雄》（2002）。HBO 大受歡迎的史詩影集《權力遊戲》（*Game of Thrones*）也有大量帝國的指涉。
4. 「帝國」與「帝國主義」兩個概念必須區分，一個是舊的，另一個相對近期的。「帝國主義」於十九世紀下半出現，描述拿破崙三世的第二帝國，而且在此過程中，意思不太正面。相反的，帝國可能含有高貴的志願與意圖。後來帝國與帝國主義都衍生出貶義。關於這點見 Koebner and Schmidt (1964)。一九一九年約瑟夫．熊彼得 ([1919] 1974: 71) 就說過：「今天，『帝國主義』這個詞，只用來形容敵人，帶有譴責之意。」關於帝國今日是「濫用的術語」，例見 Pagden (2003: xxi); Howe (2002a: 9, 22, 126)。也許只有紐約的「帝國大廈」是今日政治意義當中的唯一正面，或至少是中性地使用「帝國」，而且有鑑於美國反帝國的起源，也交雜著諷刺。
5. 其中一個例子是約翰．蓋迪斯（John Gaddis 2004），他表示帝國「和蘋果派一樣美國」，主張美國建國以來，思想和行動都採取帝國的方式，而且毫無選擇只能繼續如此。另一個類似的論證是尼爾．弗格森稱美國為「否認的帝國」（2005: 6），而且敦促美國更自信勇猛地承擔其帝國使命。
6. 「歐洲作為帝國」，或至少歐盟，也是近年來某些人覺得相當具有啟示的類比。（例如，Zielonka

Woolf, Greg. 1994. "Becoming Roman, Staying Greek: Culture, Identity and the Civilizing Process in the Roman East." *Proceedings of the Cambridge Philological Society* 40: 116–43.

———. 1998. *Becoming Roman: The Origins of Provincial Civilization in Gaul*. Cambridge: Cambridge University Press.

———. 2001. "Inventing Empire in Ancient Rome." In Alcock et al. 2001: 311–22.

———. 2012. *Rome: An Empire's Story*. Oxford: Oxford University Press.

Woolf, Stuart. 1989. "French Civilisation and Ethnicity in the Napoleonic Empire." *Past and Present* 124: 96–120.

———. 1992. "The Construction of a European World-View in the Revolutionary Napoleonic Years." *Past and Present* 137: 72–101.

Wortman, Richard S. 2006. *Scenarios of Power: Myth and Ceremony in Russian Monarchy, from Peter the Great to the Abdication of Nicholas II*. Princeton, NJ: Princeton University Press.

———. 2011. "The Tsar and the Empire: Representation of the Monarchy and Symbolic Integration in Imperial Russia." In Leonhard and von Hirschhausen 2011: 266–86.

Wright, Gwendolyn. 1991. *The Politics of Design in French Colonial Urbanism*. Chicago: University of Chicago Press.

———. 1997. "Tradition in the Service of Modernity: Architecture and Urbanism in French Colonial Policy, 1900–1930." In Cooper and Stoler 1997: 322–45.

Wyke, Maria. 1999. "Screening Ancient Rome in the New Italy." In Edwards 1999b: 188–204.

Yapp, M. E. 1987. "British Perceptions of the Russian Threat to India." *Modern Asian Studies* 21: 647–65.

———. 1992. "Europe in the Turkish Mirror." *Past and Present*, no. 137: 134–55.

Yaroshevski, Dov. 1997. "Empire and Citizenship." In Brower and Lazzerini 1997: 58–79.

Yates, Frances A. 1975. "Charles V and the Idea of Empire." in *Astraea: The Imperial Theme in the Sixteenth Century*, 1–28. London: Routledge and Kegan Paul.

Young, Robert J. C. 2001. *Postcolonialism: An Historical Introduction*. Oxford: Blackwell.

———. 2008. *The Idea of English Ethnicity*. Oxford: Blackwell Publishing.

Zeldin, Theodore. 1973. *France 1848–1945*. Vol. 1, *Ambition, Love, Politics*. Oxford: Oxford University Press.

Zielonka, Jan. 2006. *Europe as Empire: The Nature of the Enlarged European Union*. Oxford: Oxford University Press.

Zimmer, Oliver. 2003. *Nationalism in Europe, 1890–1940*. Houndmills, Basingstoke: Palgrave Macmillan.

Zimmern, Alfred. 1927. *The Third British Empire*. 2nd ed. London: Oxford University Press.

Zückert, Martin. 2011. "Imperial War in the Age of Nationalism: The Habsburg Monarchy and the First World War." In Leonhard and von Hirschhausen 2011: 500–517.

Zürcher, Erik J. 1997. *Turkey: A Modern History*. Rev. ed. London: I. B. Tauris.

———. 2010. *The Young Turk Legacy and Nation Building: From the Ottoman Empire to Atatürk's Turkey*. London: I. B. Tauris.

———. 2001. "Russification and the Lithuanians, 1863–1905." *Slavic Review* 60 (1): 96–114.
Weil, Patrick. 2008. *How to Be French: Nationality in the Making since 1789*. Translated by Catherine Porter. Durham, NC: Duke University Press.
Welker, Walter F. 1968. "The Ottoman Bureaucracy: Modernization and Reform." *Administrative Science Quarterly* 13 (3): 451–70.
Wells, H. G. 1937. *The Outline of History*. 8th rev. London: Cassell and Company.
Werfel, Franz. 1937. "An Essay upon the Meaning of Imperial Austria." In *Twilight of a World*, translated by H. T. Lowe-Porter, 3–39. New York: The Viking Press.
Wessel, Martin Schulze. 2011. "Religion, Politics and the Limits of Imperial Integration: Comparing the Habsburg Monarchy and the Russian Empire." In Leonhard and von Hirschhausen 2011: 337–58.
Whaley, Joachim. 1994. "Austria, 'Germany', and the Dissolution of the Holy Roman Empire." In Robertson and Timms 1994: 3–12.
———. 2012. *Germany and the Holy Roman Empire*. 2 vols. Oxford: Oxford University Press.
Wheatcroft, Andrew. 1996. *The Habsburgs: Embodying Empire*. London: Penguin Books.
White, Mary E. 1961. "Greek Colonization." *Journal of Economic History* 21 (4): 443–54.
White, Owen, and J. P. Daughton, eds. 2012. *In God's Empire: French Missionaries and the Modern World*. Oxford: Oxford University Press.
Wilder, Gary. 2005. *The French Imperial Nation-State: Negritude and Colonial Humanism between the Two World Wars*. Chicago: University of Chicago Press.
———. 2009. "Untimely Vision: Aimé Césaire, Decolonization, Utopia." *Public Culture* 21 (1): 101–40.
Wilson, Kathleen. 1998. *The Sense of the People: Politics, Culture and Imperialism in England, 1715–1785*. Cambridge: Cambridge University Press.
———. 2003. *The Island Race: Englishness, Empire and Gender in the Eighteenth Century*. London: Routledge.
———, ed. 2004. *A New Imperial History: Culture, Identity and Modernity in Britain and the Empire, 1660–1840*. Cambridge: Cambridge University Press.
Wilson, Peter H. 1999. *The Holy Roman Empire 1495–1806*. Houndmills, Basingstoke: Macmillan.
———. 2016. *Heart of Europe: A History of the Holy Roman Empire*. Cambridge, MA: Harvard University Press.
Wimbush, S. Enders. 1978. "The Great Russians and the Soviet State: The Dilemmas of Ethnic Dominance." In Azrael 1978: 349–60.
Wingfield, Nancy M. 2007. "Emperor Joseph II in the Austrian Imagination up to 1914." In Cole and Unowsky 2007: 62–85.
Winn, Peter. 1976. "British Informal Empire in Uruguay in the Nineteenth Century." *Past and Present* 73: 100–126.
Wittek, Paul. 1938. *The Rise of the Ottoman Empire*. London: The Royal Asiatic Society of Great Britain and Ireland.
Wood, Ellen Meiksins. 2005. *Empire of Capital*. Paperback ed. London: Verso.
Woodhead, Christine. 1987. "'The Present Terrour of the World'? Contemporary Views of the Ottoman Empire c1600." *History* 72: 20–37.
———. 1995. "Perspectives on Suleyman." In Kunt and Woodhead 1995: 164–90.
Wolfe, Patrick. 1997. "History and Imperialism: A Century of Theory, from Marx to Postcolonialism." *American Historical Review* 102 (2): 388–420.

Veugelers, John W. P. 2010. "Tocqueville on the Conquest and Colonization of Algeria." *Journal of Classical Sociology* 10 (4): 339–55.

Veyne, Paul. 1980. "L'Empire romain." In Duverger 1980: 121–30.

Vidal-Naquet, Pierre. 1995. *Politics Ancient and Modern*. Translated by Janet Lloyd. Cambridge: Polity Press.

Vinkovetsky, Ilya. 2011. *Russian America: An Overseas Colony of a Continental Empire, 1804–1867*. Oxford: Oxford University Press.

Visser, Romke. 1992. "Fascist Doctrine and the Cult of the *Romanità*." *Journal of Contemporary History* 27: 5–22.

Voltaire. [1763] 1912. "On Toleration, In Connection with the Death of Jean Calas." In *Toleration and Other Essays*, translated by Joseph McCabe, 1–87. New York: G. P. Putnam's Sons.

———. 1901. *Ancient and Modern History*. Vol. 30 of *The Works of Voltaire*. Edited by John Morley. Translated by William F. Fleming. 42 vols. Paris and London: E. R. Dumont.

Walbank, F. W. 1972. "Nationality as a Factor in Roman History." *Harvard Studies in Classical Philology* 76 (1): 145–68.

Walicki, Andrzej. 1975. *The Slavophile Controversy: History of a Conservative Utopia in Nineteenth-Century Russian Thought*. Oxford: Oxford University Press.

———. 1979. *A History of Russian Thought: From the Enlightenment to Marxism*. Stanford, CA: Stanford University Press.

Walzer, Michael. 1997. *On Toleration*. New Haven, CT: Yale University Press.

———. 2003. "Is There an American Empire?" *Dissent*, Fall, 3–8.

Wandruszka, Adam. 1964. *The House of Habsburg: Six Hundred Years of a European Dynasty*. Translated by Cathleen and Hans Epstein. London: Sidgwick and Jackson.

Wangermann, Ernst. 1973. *The Austrian Achievement 1700–1800*. New York: Harcourt Brace Jovanovich.

Wank, Solomon. 1997a. "The Habsburg Empire." In Barkey and von Hagen 1997: 45–57.

———. 1997b. "Some Reflections on the Habsburg Empire and Its Legacy in the Nationalities Question." *Austrian History Yearbook* 28: 131–46.

Ward, Stuart, ed. 2001. *British Culture and the End of Empire*. Manchester: Manchester University Press.

———. 2008. "Imperial Identities Abroad." In Stockwell 2008a: 219–43.

Ward-Perkins, Bryan. 2005. *The Fall of Rome and the End of Civilization*. Oxford: Oxford University Press.

Warren, Allen. 1986. "Citizens of the Empire: Baden-Powell, Scouts and Guides, and an Imperial Ideal." In MacKenzie 1986: 232–56.

Weber, Eugen. 1976. *Peasants into Frenchmen: The Modernization of Rural France, 1870–1914*. Stanford, CA: Stanford University Press.

Weber, Max. 1963. *The Sociology of Religion*. Boston: Beacon Press.

———. 1978. *Economy and Society*. Edited by Guenther Roth and Claus Wittich. 2 vols. Berkeley: University of California Press.

Webster, Jane, and Nicholas J. Cooper, eds. 1996. *Roman Imperialism: Post-Colonial Perspectives*. Leicester: Leicester School of Archaeological Studies.

Webster, Wendy. 2007. *Englishness and Empire 1939–1965*. Oxford: Oxford University Press.

Weeks, Theodore R. 1996. *Nation and State in Late Imperial Russia: Nationalism and Russification in the Western Frontier, 1863–1914*. DeKalb: University of Northern Illinois Press.

Tidrick, Kathryn. 1992. *Empire and the English Character*. London: I. B. Tauris.
Timms, Edward. 1991. "National Memory and the 'Austrian Idea' from Metternich to Waldheim." *Modern Language Review* 86 (4): 898–910.
Toal, Gerard, and John O'Loughlin. 2014. "How People in South Ossetia, Abkhazia and Transnistria Feel about Annexation by Russia." *Washington Post*, March 20.
Tocqueville, Alexis de 2001. *Writings on Empire and Slavery*. Edited and translated by Jennifer Pitts. Baltimore: Johns Hopkins University Press.
Todd, Emmanuel. 2003. *After the Empire: The Breakdown of the American Order*. Translated by C. Jon Delogu. New York: Columbia University Press.
Tolz, Vera. 2001. *Russia*. London: Arnold.
———. 2005. "Orientalism, Nationalism, and Ethnic Diversity in Late Imperial Russia." *Historical Journal* 48 (1): 127–50.
Tombs, Robert, and Isabelle Tombs. 2007. *That Sweet Enemy: The French and the British from the Sun King to the Present*. London: Pimlico.
Torke, Hans-Joachim. 2003. "Moscow and Its West: On the 'Ruthenization' of Russian Culture in the Seventeenth Century." In Kappeler et al. 2003: 87–107.
Toynbee, Arnold. 1962–63. *A Study of History*. Paperback ed. 12 vols. London: Oxford University Press.
Treadgold, Warren T. 1997. *A History of the Byzantine State and Society*. Stanford, CA: Stanford University Press.
Trevor-Roper, Hugh. [1976] 1991. *Princes and Artists: Patronage and Ideology at Four Habsburg Courts 1517–1633*. New York: Thames and Hudson.
Turner, Frank M. 1999. "Christians and Pagans in Victorian Novels." In Edwards 1999b: 173–87.
Turner, Frederick Jackson. 1920. *The Frontier in American History*. New York: Holt.
Turoma, Sanna, and Maxim Waldstein, eds. 2013. *Empire De-Centered: New Spatial Histories of Russia and the Soviet Union*. Farnham, UK: Ashgate.
Tyrell, Ian. 1991. "American Exceptionalism in an Age of International History." *American Historical Review* 96 (4): 1031–55.
Ullmann, Walter. 1979. "'This Realm of England Is an Empire.'" *Journal of Ecclesiastical History* 30 (2): 175–203.
Unowsky, Daniel. 2001. "Reasserting Empire: Habsburg Imperial Celebrations after the Revolutions of 1848–1849." In Bucur and Wingfield 2001: 13–45.
———. 2005. *The Pomp and Politics of Patriotism: Imperial Celebrations in Habsburg Austria, 1848–1916*. West Lafayette, IN: Purdue University Press.
———. 2011. "Dynastic Symbolism and Popular Patriotism: Monarchy and Dynasty in Late Imperial Austria." In Leonhard and von Hirschhausen 2011: 237–86.
Urbanitsch, Peter. 2004. "Pluralist Myth and Nationalist Realities: The Dynastic Myth of the Habsburg Monarchy—a Futile Exercise in the Creation of Identity?" *Austrian History Yearbook* 35: 101–41.
Vance, Norman. 1997. *The Victorians and Ancient Rome*. Oxford: Blackwell.
———. 1999. "Decadence and the Subversion of Empire." In Edwards 1999b: 110–24.
———. 2000. "Imperial Rome and Britain's Language of Empire 1600–1837." *History of European Ideas* 26: 211–24.
Vasunia, Phiroze. 2005. "Greater Rome and Greater Britain." In Goff 2005: 38–64.
———. 2013. *The Classics and Colonial India*. Oxford: Oxford University Press.

———. 1998. "Nationalism after Communism: Reflections on Russia, Ukraine, Belarus and Poland." *Nations and Nationalism* 4 (3): 301–20.

Taagepera, Rein. 1978a. "Size and Duration of Empires: Systematics of Size." *Social Science Research* 7 (2): 108–27.

———. 1978b. "Size and Duration of Empires: Growth-Decline Curves, 3000–600 BC." *Social Science Research* 7 (2): 180–96.

———. 1979. "Size and Duration of Empires: Growth-Decline Curves, 600 BC to 600 AD." *Social Science History* 3 (3/4): 115–38.

———. 1988. "An Overview of the Growth of the Russian Empire." In Rywkin 1988: 1–7.

Tacitus. 1996. *The Annals of Imperial Rome*. Translated by Michael Grant. London: Penguin Books.

Taddia, Irma. 2007. "Italy: The Last Empire." In Aldrich 2007: 254–77.

Tarn, W. W. 1948. *Alexander the Great*. 2 vols.. Cambridge: Cambridge University Press.

Taylor, A.J.P. 1954. *The Struggle for Mastery in Europe 1848–1918*. Oxford: Oxford University Press.

———. 1967. "The Failure of the Habsburg Monarchy." In *Europe: Grandeur and Decline*, 127–32. Harmondsworth: Penguin Books.

———. [1948] 1990. *The Habsburg Monarchy 1809–1918: A History of the Austrian Empire and Austria-Hungary*. London: Penguin Books.

Taylor, Miles. 1991. "Imperium et Libertas? Rethinking the Radical Critique of Imperialism during the Nineteenth Century." *Journal of Imperial and Commonwealth History* 19 (1): 1–23.

Teich, Mikulas, and Roy Porter, eds. 1993. *The National Question in Historical Context*. Cambridge: Cambridge University Press.

Teschke, Benno. 2006. "Imperial Doxa from the Berlin Republic." *New Left Review* 39 (May–June): 128–40.

Thaden, Edward C. 1990a. *Interpreting History: Collective Essays on Russia's Relations with Europe*. New York: Columbia University Press.

———. 1990b. "The Beginnings of Romantic Nationalism in Russia." In Thaden 1990a: 179–201.

———. 1990c. "Russification in Tsarist Russia." In Thaden 1990a: 211–20.

———. 1990d. ""Russian Nationality Policy, 1881–1914." In Thaden 1990a: 221–36.

Thody, Philip. 1985. "Adieu to the Colonies." *Times Higher Education Supplement*, October 5, 13.

Thomas, Carol G. 2007. *Alexander the Great and His World*. Malden, MA: Blackwell.

Thomas, Martin, Bob Moore, and L. J. Butler. 2008. *Crises of Empire: Decolonization and Europe's Imperial States, 1918–1975*. London: Hodder Education.

Thompson, Andrew S. 1997. "The Language of Imperialism and the Meanings of Empire: Imperial Discourse in British Politics, 1895–1914." *Journal of British Studies* 36 (2): 147–77.

———. 2000. *Imperial Britain: The Empire in British Politics, c. 1880–1932*. Harlow, UK: Longman.

———. 2003. "The Languages of Loyalism in Southern Africa, c. 1870–1939." *English Historical Review* 118 (477): 617–50.

———. 2005. *The Empire Strikes Back? The Impact of Imperialism on Britain from the Mid-Nineteenth Century*. Harlow, UK: Pearson-Longman.

———, ed. 2012. *Britain's Experience of Empire in the Twentieth Century*. Oxford: Oxford University Press.

———, ed. 2014. *Writing Imperial Histories*. Manchester: Manchester University Press.

Thomson, J.K.J. 1998. *Decline in History: The European Experience*. Cambridge: Polity Press.

Thornton, A. P. [1959] 1968. *The Imperial Idea and Its Enemies: A Study in British Power*. New York: Anchor Books.

Stone, Marla. 1999. "A Flexible Rome: Fascism and the Cult of Romanità." In Edwards 1999b: 205–20.
Stone, Norman. 1966. "Army and Society in the Habsburg Monarchy, 1900–1914." *Past and Present* 33: 95–111.
Stone, Norman, Sergei Podbolotov, and Murat Yasar. 2004. "The Russians and the Turks: Imperialism and Nationalism in the Era of Empires." In Miller and Rieber 2004: 27–45.
Stourzh, Gerald. 1992. "The Multinational Empire Revisited: Reflections on Late Imperial Austria." *Austrian History Yearbook* 23: 1–22.
Strang, David. 1991. "Global Patterns of Decolonization, 1500–1987." *International Studies Quarterly* 35 (4): 429–54.
Strayer, Joseph R. 1971. "France: The Holy Land, the Chosen People, and the Most Christian King." In *Medieval Statecraft and the Perspectives of History*, 300–314. Princeton, NJ: Princeton University Press.
Stremooukhoff, Dimitri. 1970. "Moscow the Third Rome: Sources of the Doctrine." In Cherniavsky 1970a: 108–25.
Struck, Manuela. 2001. "The *Heilige Römische Reich Deutscher Nation* and Hermann the German." In Hingley 2001: 91–112.
Sugar, Peter F. [1977] 1993. *Southeastern Europe under Ottoman Rule, 1354–1804*. Seattle: University of Washington Press.
Sullivan, Robert E. 2009. *Macaulay: The Tragedy of Power*. Cambridge, MA: Harvard University Press.
Sunderland, Willard. 2005. *Taming the Wild Fields: Colonization and Empire on the Russian Steppe*. Ithaca, NY: Cornell University Press.
Suny, Ronald Grigor. 1989. *The Making of the Georgian Nation*. Bloomington: Indiana University Press.
———. 1993. *The Revenge of the Past: Nationalism, Revolution, and the Collapse of the Soviet Union*. Stanford, CA: Stanford University Press.
———. 1995. "Ambiguous Categories: States, Empires and Nations." *Post-Soviet Affairs* 11 (2): 185–96.
———. 2001. "The Empire Strikes Out: Imperial Russia, 'National' Identity, and Theories of Empire." In Suny and Martin 2001: 23–66.
———. 2015. *"They Can Live in the Desert but Nowhere Else": A History of the Armenian Genocide*. Princeton, NJ: Princeton University Press.
Suny, Ronald Grigor, and Terry Martin, eds. 2001. *A State of Nations: Empire and Nation-Making in the Age of Lenin and Stalin*. Oxford: Oxford University Press.
Swain, Joseph Ward. 1940. "The Theory of the Four Monarchies: Opposition History under the Roman Empire." *Classical Philology* 35 (1): 1–21.
Syme, Ronald. 1958. *Colonial Élites: Rome, Spain and the Americas*. London: Oxford University Press.
Szporluk, Roman. 1990. "The Imperial Legacy and the Soviet Nationalities Problem." In *The Nationalities Factor in Soviet Politics and Society*, edited by Lubomyr Hajda and Mark Beissinger, 1–23. Boulder, CO: Westview Press.
———. 1997. "The Fall of the Tsarist Empire and the USSR: The Russian Question and Imperial Overextension." In Dawisha and Parrott 1997: 65–93.

Smith, Robert O. 2007. "Luther, the Turks, and Islam." *Currents in Theology and Mission* 34 (5): 351–65.

Smith, Tony. 1978. "A Comparative Study of French and British Decolonization." *Comparative Studies in Society and History* 20 (1): 70–102.

Smith, William H. C. 1991. *Napoleon III: The Pursuit of Prestige*. London: Wayland Publishers.

Snyder, Jack. 1991. *Myths of Empire*. Ithaca, NY: Cornell University Press.

Solzhenitsyn, Alexander. [1990] 1991. *Rebuilding Russia: Reflections and Tentative Proposals*. Translated by Alexis Klimoff. London: The Harvill Press.

———. [1994] 1995. *The Russian Question at the End of the Twentieth Century*. Translated by Yermolai Solzhenitsyn. London: The Harvill Press.

Spencer, Diana. 2009. "Roman Alexanders: Epistemology and Identity." In Heckel and Tritle 2009: 251–74.

Spencer, Herbert. 1902. "Imperialism and Slavery." In *Facts and Comments: Selected Works of Herbert Spencer*, 157–71. New York: D. Appleton and Company.

Spencer, Terence. 1952. "Turks and Trojans in the Renaissance." *Modern Language Review* 47 (3): 330–33.

Spiel, Hilde. 1987. *Vienna's Golden Autumn 1866–1938*. London: Weidenfeld and Nicolson.

Spruyt, Hendrik. 2005. *Ending Empire: Contested Sovereignty and Territorial Partition*. Ithaca, NY: Cornell University Press.

Stalin, Joseph. [1934] 1975. *Marxism and the National-Colonial Question: A Collection of Articles and Speeches*. San Francisco: Proletarian Publishers.

Stanbridge, K. A. 1997. "England, France and Their North American Colonies: An Analysis of Absolutist State Power in Europe and the New World." *Journal of Historical Sociology* 10 (1): 27–55.

Stapleton, Julia. 1994. *Englishness and the Study of Politics: The Social and Political Thought of Ernest Barker*. Cambridge: Cambridge University Press.

Starr, S. Frederick. 1978. "Tsarist Government: The Imperial Dimension." In Azrael 1978: 3–38.

Steinmetz, George. 2005. "Return to Empire: The New U.S. Imperialism in Comparative Historical Perspective." *Sociological Theory* 23 (4): 339–67.

———, ed. 2013. *Sociology and Empire: The Imperial Entanglements of a Discipline*. Durham, NC: Duke University Press.

Steinwedel, Charles. 2000. "To Make a Difference: the Category of Ethnicity in Late Imperial Russian Politics, 1861–1917." In Hoffmann and Kotsonis 2000: 67–86.

———. 2007. "How Bashkiria Became Part of European Russia, 1762–1881." In Burbank, von Hagen, and Remnev 2007: 94–124.

Stockwell, A. J. 2006. "British Decolonisation: The Record and the Records." *Contemporary European History* 15 (4): 573–83.

Stockwell, Sarah, ed. 2008a. *The British Empire: Themes and Perspectives*. Oxford: Blackwell Publishing.

———. 2008b. "Ends of Empire." In Stockwell 2008a: 269–93.

Stoler, Ann Laura, and Frederick Cooper. 1997. "Between Metropole and Colony: Rethinking a Research Agenda." In Cooper and Stoler 1997: 1–56.

Stoler, Ann Laura, Carole McGranahan, and Peter C. Perdue, eds. 2007. *Imperial Formations*. Santa Fe, NM: School for Advanced Research Press.

Shaw, Stanford J., and Ezel Kural Shaw. 1977. *History of the Ottoman Empire and Modern Turkey*. Vol. 2, *Reform, Revolution, and Republic: The Rise of Modern Turkey, 1808–1975*. Cambridge: Cambridge University Press.

Shepard, Todd. 2008. *The Invention of Decolonization: The Algerian War and the Remaking of France*. Ithaca, NY: Cornell University Press.

Sherwin-White, A. N. 1967. *Racial Prejudice in Ancient Rome*. Cambridge: Cambridge University Press.

———. 1973. *The Roman Citizenship*. 2nd ed. Oxford: Clarendon Press.

Shipway, Martin. 2008. *Decolonization and Its Impact: A Comparative Approach to the End of Colonial Empires*. Malden, MA: Blackwell Publishing.

Shumate, Nancy. 2006. *Nation, Empire, Decline: Studies in Rhetorical Continuity from the Romans to the Modern Era*. London: Duckworth.

Simon, Gerhard. 1991. *Nationalism and Policy toward the Nationalities in the Soviet Union: From Totalitarian Dictatorship to Post-Stalinist Society*. Translated by Karen Forster and Oswald Forster. Boulder, CO: Westview Press.

Singer, Barnett. 1991. "Lyautey: An Interpretation of the Man and French Imperialism." *Journal of Contemporary History* 26 (1): 131–57.

Sinha, Mrinalini. 2014. "Whatever Happened to the Third British Empire? Empire, Nation Redux." In Thompson 2014: 168–87.

Sked, Alan. 1981. "Historians, the Nationality Question, and the Downfall of the Habsburg Empire." *Transactions of the Royal Historical Society*, 5th ser., 31: 175–93.

———. 2001. *The Decline and Fall of the Habsburg Empire 1815–1918*. 2nd ed. Harlow: Pearson Education.

Slezkine, Yuri. 1994. *Arctic Mirrors: Russia and the Small Peoples of the North*. Ithaca, NY: Cornell University Press.

———. [1994] 1996. "The USSR as a Communal Apartment, or How a Socialist State Promoted Ethnic Particularism." In Eley and Suny 1996: 203–38.

———. 1997. "Naturalists versus Nations: Eighteenth-Century Russian Scholars Confront Ethnic Diversity." In Brower and Lazzerini 1997: 27–57.

———. 2000. "Imperialism as the Highest Stage of Socialism." *Russian Review* 59 (2): 227–34.

———. 2004. *The Jewish Century*. Princeton, NJ: Princeton University Press.

Slocum, John W. 1998. "Who, and When, Were the *Inorodtsy*? The Evolution of the Category of 'Aliens' in Imperial Russia." *Russian Review* 57 (2): 173–90.

Smith, Adam. [1776] 1910. *The Wealth of Nations*. Edited by Edwin R. A. Seligman. 2 vols. London: Dent and Sons.

Smith, Anthony D. 1986. *The Ethnic Origins of Nations*. Oxford: Blackwell.

———. 1991. *National Identity*. London: Penguin Books.

———. 2003. *Chosen People: Sacred Sources of National Identity*. Oxford: Oxford University Press.

———. 2004. "Ethnic Cores and Dominant Ethnies." In Kaufmann 2004: 17–30.

Smith, Graham, ed. 1996. *The Nationalities Question in the Post-Soviet States*. 2nd ed. London: Longman.

Smith, Jeremy. 1999. *The Bolsheviks and the National Question, 1917–1923*. New York: St. Martin's Press.

Smith, Michael E. 2001. "The Aztec Empire and the Mesoamerican World System." In Alcock et al. 2001: 128–54.

Samman, Khaldoun. 2007 *Cities of God and Nationalism: Mecca, Jerusalem, and Rome as Contested World Cities*. Boulder, CO: Paradigm Publishers.

Sandner, Günther. 2005. "Nations without Nationalism: The Austro-Marxist Discourse on Multiculturalism." *Journal of Language and Politics* 4 (2): 273–91.

Sarkisyanz, Emanuel. 1974. "Russian Imperialism Reconsidered." In Hunczak 1974: 45–81.

Sartre, Maurice. 2006. *The Middle East under Rome*. Translated from the French by Catherine Porter and Elizabeth Rawlings. Cambridge, MA: Harvard University Press.

Sauer, Walter. 2007. "Austria-Hungary: The Making of Central Europe." In Aldrich 2007: 196–219.

Saunders, David. 1982. "Historians and Concepts of Nationality in Early Nineteenth-Century Russia." *Slavonic and East European Review* 60 (1): 44–62.

———. 1992. *Russia in the Age of Reaction and Reform 1801–1881*. London: Longman.

Schiavone, Aldo. 2000. *The End of the Past: Ancient Rome and the Modern West*. Translated by Margery J. Schneider. Cambridge, MA: Harvard University Press.

Schivelbusch, Wolfgang. 2004. *The Culture of Defeat: On National Trauma, Mourning, and Recovery*. Translated by Jefferson Chase. London: Granta Books.

Schmidt, H. D. 1953. "The Idea and Slogan of 'Perfidious Albion.'" *Journal of the History of Ideas* 14 (4): 604–16.

Schorske, Carl E. 1980. *Fin-de-Siècle Vienna: Politics and Culture*. New York: Alfred A. Knopf.

———. 1991. "Freud: The Psychoarchaeology of Civilisations." In *The Cambridge Companion to Freud*, edited by J. Neu, 8–24. Cambridge: Cambridge University Press.

Schreuder, D. M. 1976. "The Cultural Factor in Victorian Imperialism: A Case Study of the British 'Civilising Mission.'" *Journal of Imperial and Commonwealth History* 4 (3): 283–317.

Schulze, Max-Stephan. 1997. "Economic Development in the Nineteenth Century Habsburg Empire." *Austrian History Yearbook* 38: 293–307.

Schumpeter, Joseph. [1919] 1974. "Imperialism." In *Imperialism and Social Classes: Two Essays*, translated by Heinz Norden. New York: New American Library.

Schwarz, Bill. 2013. *The White Man's World*. Vol. 1, *Memories of Empire*. Oxford: Oxford University Press.

Scobie, Alex. 1990. *Hitler's State Architecture: The Impact of Classical Antiquity*. University Park: Pennsylvania State University Press.

Scott, Paul. [1975] 1977. *A Division of the Spoils*. London: Granada.

Seeley, J. R. 1869. "Roman Imperialism." Three Lectures. *Macmillan's Magazine*, July (185–97), August (281–91), October (473–84).

———. [1883] 1971. *The Expansion of England*. Chicago: University of Chicago Press.

Semyonov, Alexander, Marina Mogilner, and Ilya Gerasimov. 2013. "Russian Sociology in Imperial Context." In Steinmetz 2013: 53–82.

Sergeev, Evgeny. 2013. *The Great Game, 1856–1907*. Baltimore: Johns Hopkins University Press.

Seton-Watson, Hugh. 1964. "Nationalism and Multi-national Empires." In *Nationalism and Communism: Essays 1946–1963*, 3–35. New York: Praeger.

———. 1986. "Russian Nationalism in Historical Perspective." In Conquest 1986: 14–29.

Shaw, Stanford. 1976. *History of the Ottoman Empire and Modern Turkey*. Vol. 1, *Empire of the Gazis: The Rise and Decline of the Ottoman Empire, 1280–1808*. Cambridge: Cambridge University Press.

———. 1991. *The Jews of the Ottoman Empire and the Turkish Republic*. New York: New York University Press.

Ross, Robert J., and Gerald J. Telkamp, eds. 1985. *Colonial Cities: Essays on Urbanism in a Colonial Context*. Dordrecht: Martinus Nijhoff Publishers.

Roth, Joseph. [1932] 1995. *The Radetzky March*. Translated by Joachim Neugroschel. New York: The Overlook Press.

———. [1938]. 2002. *The Emperor's Tomb*. Translated by John Hoare. New York: The Overlook Press.

———. 2012. *A Life in Letters*. Translated and edited by Michael Hofmann. New York: W. W. Norton and Company.

Rowley, David G. 1997. "Aleksandr Solzhenitsyn and Russian Nationalism." *Journal of Contemporary History* 32 (3): 321–37.

———. 2000. "Imperial versus National Discourse: The Case of Russia." *Nations and Nationalism* 6 (1): 23–42.

Rowney, Don Karl, and G. Edward Orchard, eds. 1977. *Russian and Slavic History*. Columbus, OH: Slavica Publishers.

Roy, Arundhati. 2004. "People vs. Empire." *In These Times*, December 14. http://www.alternet.org/story/20734. Accessed November 11, 2004.

Rozenblit, Marsha L. 2005. "On the Cult of Franz Joseph: Jews and the Habsburg Monarchy in the Nineteenth Century." Paper delivered at the conference "Religion, Identity, and Empire," Yale University, April 16–17, 2005.

Rudolph, Richard L., and David F. Good, eds. 1992. *Nationalism and Empire: The Habsburg Monarchy and the Soviet Empire*. New York: St. Martin's Press.

Rushdie, Salman. 1992. *Imaginary Homelands: Essays and Criticism 1981–1991*. London: Granta Books.

Russell, Conrad. 1995. "Composite Monarchies in Early Modern Europe: The British and Irish Example." In *Uniting the Kingdom? The Making of British History*, edited by Alexander Grant and Keith J. Stringer, 133–46. London and New York: Routledge.

Rywkin, Michael. 1980. "The Russia-Wide Soviet Federated Socialist Republic (RSFSR): Privileged or Underprivileged?" In Allworth 1980b: 179–87.

———, ed. 1988. *Russian Colonial Expansion to 1917*. London: Mansell.

Saada, Emmanuelle. 2012. *Empire's Children: Race, Filiation, and Citizenship in the French Colonies*. Translated by Arthur Goldhammer. Chicago: University of Chicago Press.

———. 2013. "Nation and Empire in the French Context." In Steinmetz 2013: 321–339.

Sabine, George H. 1960. *A History of Political Theory*. 3rd ed. London: George Harrap.

Şahin, Kaya. 2015. *Empire and Power in the Reign of Süleyman*. Cambridge: Cambridge University Press.

Said, Edward W. 1979. *Orientalism*. New York: Vintage.

Sakharov, A. N. 1998. "The Main Phases and Distinctive Features of Russian Nationalism." In Hosking and Service 1998: 7–18.

Salzman, Ariel. 1993. "An Ancien Regime Revisited: 'Privatization' and Political Economy in the Eighteenth-Century Ottoman Empire." *Politics and Society* 21 (4): 393–423.

———. 2004. *Tocqueville in the Ottoman Empire: Rival Paths to the Modern State. The Ottoman Empire and Its Heritage*. Leiden: E. J. Brill.

———. 2010. "Is There a Moral Economy of State Formation? Religious Minorities and Repertoires of Regime Integration in the Middle East and Western Europe, 600–1614." *Theory and Society* 39 (3): 299–313.

Raphael, Frederick. 2012. "Double Vision." *Times Literary Supplement*, February 17, 3–5.

Rasiak, Ruslan O. 1980. "'The Soviet People': Multiethnic Alternative or Ruse?" In Allworth 1980b: 159–71.

Raun, Toivo U. 1977. "National Elites and Russification in the Baltic Provinces of the Russian Empire, 1861–1914: The Case of the Estonians." In Rowney and Orchard 1977: 123–47.

Ray, Himanshu Prabha, and Daniel T. Potts, eds. 2008. *Memory as History: The Legacy of Alexander in Asia*. Delhi: Eastern Book Corporation.

Rayner, A. J. 1942. "Christian Society in the Roman Empire." *Greece and Rome* 11 (33): 113–23.

Rees, E. A. 1998. "Stalin and Russian Nationalism." In Hosking and Service 1998: 77–106.

Reid, Donald M. 1996. "Cromer and the Classics: Imperialism, Nationalism and the Greco-Roman Past in Modern Egypt." *Middle Eastern Studies* 32 (1): 1–29.

Reinkowski, Maurus. 2011. "The Imperial Idea and *Realpolitik*: Reform Policy and Nationalism in the Ottoman Empire." In Leonhard and von Hirschhausen 2011: 453–71.

Reisz, Emma. 2010. "Classics, Race, and Edwardian Anxieties about Empire." In Bradley 2010a: 210–28.

Renan, Ernest. [1882] 2001. "What Is a Nation?" In *Nations and Identities: Classic Readings*, edited by Vincent P. Pecora, 162–76. Malden, MA: Blackwell.

Riasanovsky, Nicholas V. 1959. *Nicholas I and Official Nationality in Russia, 1825–1855*. Berkeley: University of California Press.

———. 1965. *Russia and the West in the Teaching of the Slavophiles: A Study of Romantic Ideology*. Gloucester, MA: Peter Smith.

———. 2005. *Russian Identities: A Historical Survey*. Oxford: Oxford University Press.

Rich, Paul B. 1990. *Race and Empire in British Politics*. 2nd ed. Cambridge: Cambridge University Press.

Richards, Jeffrey. 2001. *Imperialism and Music: Britain 1876–1953*. Manchester: Manchester University Press.

Richardson, J. S. 1991. "*Imperium Romanum*: Empire and the Language of Power." *Journal of Roman Studies* 81 (1): 1–9.

Richter, Melvin. 1963. "Tocqueville on Algeria." *Review of Politics* 25: 362–98.

Robertson, Ritchie, and Edward Timms, eds. 1994. *The Habsburg Legacy: National Identity in Historical Legacy*. Edinburgh: Edinburgh University Press.

Robinson, Ronald, and John Gallagher, with Alice Denny. [1961] 1981. *Africa and the Victorians: The Climax of Imperialism*. 2nd ed. London: Macmillan.

Rodkiewicz, Witold. 1998. *Russian Nationality Policy in the Western Provinces of the Empire (1863–1905)*. Lublin: Scientific Society of Lublin.

Rodrigue, Aron. 1995. "Difference and Tolerance in the Ottoman Empire." *Stanford Humanities Review* 5 (1): 81–90.

Rogers, Adam, and Richard Hingley. 2010. "Edward Gibbon and Francis Haverfield: The Traditions of Imperial Decline." In Bradley 2010a: 189–209.

Rogger, Hans. 1962. "Nationalism and the State: A Russian Dilemma." *Comparative Studies in Society and History* 4 (3): 253–64.

———. 1983. *Russia in the Age of Modernisation and Revolution 1881–1917*. London: Longman.

Ross, Kristen. 1995. *Fast Cars, Clean Bodies: Decolonisation and the Reordering of French Culture*. Cambridge, MA: MIT Press.

———. 2016. "Oriental Despotism and the Ottoman Empire." Paper presented at the University of Virginia, March 18, 2016.

Plutarch. 1871. "The Fortune or Virtue of Alexander the Great." In *Plutarch's Morals*, edited by William W. Goodwin, 5 vols., 1:475–516. Boston: Little, Brown, and Company.

Pocock, J.G.A. 1977. "Between Machiavelli and Hume: Gibbon as Civic Humanist and Philosophical Historian." In Bowersock, Clive, and Graubard 1977: 103–19.

———. 1985. *Virtue, Commerce and History*. Cambridge: Cambridge University Press.

———. 2005. "Empire, State and Confederation: The War of American Independence as a Crisis in Multiple Monarchy." In *The Discovery of Islands: Essays in British History*, 134–63. Cambridge: Cambridge University Press.

Polybius. 1979. *The Rise of the Roman Empire*. Translated by Ian Scott-Kilvert. London: Penguin Books.

Porter, Andrew, ed. 1999. *The Oxford History of the British Empire*. Vol. 3, *The Nineteenth Century*. Oxford: Oxford University Press.

Porter, Bernard. 1968. *Critics of Empire: British Radical Attitudes to Colonialism in Africa, 1895–1914*. London: Macmillan.

———. 1982. "The Edwardians and Their Empire." In *Edwardian England*, edited by Donald Read, 128–44. London: Croom Helm.

———. 2004a. *The Lion's Share: A Short History of British Imperialism 1850–2004*. 4th ed. Harlow, UK: Pearson-Longman.

———. 2004b. *The Absent-Minded Imperialists: Empire, Society, and Culture in Britain*. Oxford: Oxford University Press.

———. 2006. *Empire and Superempire: Britain, America and the World*. New Haven, CT: Yale University Press.

———. 2008. "Further Thoughts on Imperial Absent-Mindedness." *Journal of Imperial and Commonwealth History* 36 (1): 101–17.

Powell, J. Enoch. 1969. *Freedom and Reality*. London: B. T. Batsford.

Price, Richard. 2008. *Making Empire: Colonial Encounters and the Creation of Imperial Rule in Nineteenth-Century Africa*. Cambridge: Cambridge University Press.

Price, S.R.F. 1984. *Rituals and Power: The Roman Imperial Cult in Asia Minor*. Cambridge: Cambridge University Press.

Prizel, Ilya. 1998. *National Identity and Foreign Policy: Nationalism and Leadership in Poland, Russia, and Ukraine*. Cambridge: Cambridge University Press.

Prochaska, David. 1990. *Making Algeria French: Colonialism in Bône, 1870–1920*. Cambridge: Cambridge University Press.

Quataert, Donald. 1994. "The Age of Reforms, 1812–1914." In Inalcik with Quataert 1994: 761–943.

———. 2000. *The Ottoman Empire 1700–1922*. Cambridge: Cambridge University Press.

Quinn, Frederick. 2002. *The French Overseas Empire*. Westport, CT: Praeger.

Raeff, Marc, ed. 1966. *Russian Intellectual History: An Anthology*. New York: Harcourt, Brace and World.

———. 1971. "Patterns of Russian Imperial Policy toward the Nationalities." In Allworth 1971: 22–42.

Rajan, Balchandra, and Elizabeth Sauer, eds. 2004. *Imperialisms: Historical and Literary Investigations, 1500–1900*. New York: Palgrave.

———. 2003. *Peoples and Empires: A Short History of European Migration, Exploration, and Conquest, from Greece to the Present*. New York: The Modern Library.
———. 2004. "Bush Is No Emperor." *Los Angeles Times*, November 14.
———. 2008. *Worlds at War: The 2,500-Year Struggle between East and West*. New York: Random House.
———. 2015. *The Burdens of Empire: 1539 to the Present*. Cambridge: Cambridge University Press.
Palen, Marc-William. 2014. "Adam Smith as Advocate of Empire, c. 1870–1932." *Historical Journal* 57 (1): 179–98.
Pares, Richard. [1937] 1954. "The Economic Factors in the History of the Empire." In *Essays in Economic History*, edited by E. M. Carus Wilson, 1:416–38. London: Edward Arnold.
Parkinson, C. Northcote. 1961. *Parkinson's Law, or the Pursuit of Progress*. London: John Murray.
Parla, Taha. 1985. *The Social and Political Thought of Ziya Gökalp*. Leiden: Brill.
Parrot, Bruce. 1997. "Analyzing the Transformation of the Soviet Union in Comparative Perspective." In Dawisha and Parrott 1997: 3–29.
Parry, J. H. 1940. *The Spanish Theory of Empire in the Sixteenth Century*. Cambridge: Cambridge University Press.
———. [1966] 1990. *The Spanish Seaborne Empire*. Berkeley: University of California Press.
Parry, J. P. 2001. "The Impact of Napoleon III on British Politics, 1851–1880." *Transactions of the Royal Historical Society*, 6th ser., 11: 147–75.
Parsons, Timothy H. 2010. *The Rule of Empires: Those Who Built Them, Those Who Endured Them, and Why They Always Fall*. Oxford: Oxford University Press.
Paul, Kathleen. 1997. *Whitewashing Britain: Race and Citizenship in the Postwar Era*. Ithaca, NY: Cornell University Press.
Paxman, Jeremy. 2012. *Empire*. London: Penguin Books.
Payne, Matt. 2001. "The Forge of the Kazakh Proletariat? The Turksib, Nativization, and Industrialization during Stalin's First Five-Year Plan." In Suny and Martin 2001: 223–52.
Pearson, Raymond. 1989. "Privileges, Rights, and Russification." In Crisp and Edmondson 1989: 85–102.
Pedersen, Susan. 2015. *The Guardians: The League of Nations and the Crisis of Empire*. Oxford: Oxford University Press.
Peirce, Leslie P. 1993. *The Imperial Harem: Women and Sovereignty in the Ottoman Empire*. Oxford: Oxford University Press.
Perdue, Peter C. 2005. *China Marches West: The Qing Conquest of Central Eurasia*. Cambridge, MA: Belknap Press of Harvard University Press.
Persell, Stuart M. 1974. "Joseph Chailley-Bert and the Importance of the *Union Coloniale Française*." *Historical Journal* 17 (1): 176–84.
Pick, Daniel. 1989. *Faces of Degeneration: A European Disorder, c.1848–c.1918*. Cambridge: Cambridge University Press.
Pipes, Richard. 1964. *The Formation of the Soviet Union: Communism and Nationalism: 1917–1923*. Rev. ed. Cambridge, MA: Harvard University Press.
———. [1974] 1995. *Russia under the Old Regime*. 2nd ed. London: Penguin Books.
Pirenne, Henri. 1939. *Mohammed and Charlemagne*. London: Allen and Unwin.
Pitts, Jennifer. 2005. *A Turn to Empire: The Rise of Imperial Liberalism in Britain and France*. Princeton, NJ: Princeton University Press.

Newman, John Henry. [1853] 1894. "Lectures on the History of the Turks, in their relation to Europe." In *Historical Sketches*, 3 vols., 1:1–238. New York: Longmans, Green and Co.
Nicholas, Sian. 2003. "'Brushing Up Your Empire': Dominion and Colonial Propaganda on the BBC's Home Services, 1939–45." In Bridge and Fedorowich 2003: 207–30.
Nicol, Donald M. 1967. "The Byzantine View of Western Europe." *Greek, Roman and Byzantine Studies* 8 (4): 315–39.
Nimni, Ephraim J. 2000. "Introduction for the English-Reading Audience." In Bauer [1907, 1924] 2000: xv–xlv.
Nutton, V. 1978. "The Beneficial Ideology." In Garnsey and Whittaker 1978a: 209–21.
OED 1989. *Oxford English Dictionary*. 2nd ed. Oxford: Oxford University Press.
Offer, Avner. 1993. "The British Empire, 1870–1914: A Waste of Money?" *Economic History Review* 46 (2): 215–38.
———. 1999. "Costs and Benefits, Prosperity and Security, 1870–1914." In Porter 1999: 690–711.
Ohlmeyer, Jane H. 2006. "A Laboratory for Empire? Early Modern Ireland and English Imperialism." In Kenny 2006c: 26–60.
Okey, Robin. 2002. *The Habsburg Monarchy c.1765–1918*. New York: Palgrave Macmillan.
O'Leary, Brendan. 2002. "In Praise of Empires Past: Myths and Method of Kedourie's *Nationalism*." *New Left Review* 18: 106–30.
Oliver, James H. 1953. *The Ruling Power: A Study of the Roman Empire in the Second Century after Christ through the Roman Oration of Aelius Aristides*. Philadelphia: American Philosophical Society.
Olson, Robert W. 1979. "Jews in the Ottoman Empire in Light of New Documents." *Jewish Social Studies* 41 (1): 75–88.
Osterhammel, Jürgen. 1986. "Semi-Colonialism and Informal Empire in Twentieth-Century China: Towards a Framework of Analysis." In Mommsen and Osterhammel 1986: 290–314.
———. [1995] 2005. *Colonialism*. Updated and expanded ed. Translated by Shelley Frisch. Princeton, NJ: Markus Wiener Publishers.
Ousby, Ian. 2003. *The Road to Verdun: France, Nationalism and the First World War*. London: Pimlico.
Owen, Roger. 1975. "The Middle East in the Eighteenth Century—an 'Islamic' Society in Decline?" *Review of Middle East Studies* 1: 101–11.
———. 1977. "Introduction to Part II." In Naff and Owen 1977: 133–51.
———. 2005. *Lord Cromer: Victorian Imperialist, Edwardian Proconsul*. Oxford: Oxford University Press.
Owen, Roger, and Bob Sutcliffe, eds. 1972. *Studies in the Theory of Imperialism*. London: Longman.
Ozouf, Mona. 2015. *Jules Ferry: La Liberté et la tradition*. Paris: Gallimard.
Pagden, Anthony. 1987. "Identity Formation in Spanish America." In Canny and Pagden 1987: 51–93.
———. 1990. *Spanish Imperialism and the Political Imagination: Studies in European and Spanish-American Social and Political Theory 1513–1830*. New Haven, CT: Yale University Press.
———. 1994. *European Encounters with the New World: From Renaissance to Romanticism*. New Haven, CT: Yale University Press.
———. 1995. *Lords of All the World: Ideologies of Empire in Spain, Britain and France, c. 1500–c. 1800*. New Haven, CT: Yale University Press.

Morrison, Alexander. 2012. "Metropole, Colony, and Imperial Citizenship in the Russian Empire." *Kritika* 13 (2): 327–64.

Morrison, Kathleen D. 2001. "Sources, Approaches, Definitions." In Alcock et al. 2001: 1–9.

Morton, Frederic. 1980. *A Nervous Splendor: Vienna 1888/1889*. New York: Penguin Books.

Motyl, Alexander J. 1992. "From Imperial Decay to Imperial Collapse: The Fall of the Soviet Empire in Comparative Perspective." In Rudolph and Good 1992: 15–43.

———. 2001. *Imperial Ends: The Decay, Collapse, and Revival of Empires*. New York: Columbia University Press.

Muldoon, James. 1999. *Empire and Order: The Concept of Empire, 800–1800*. Houndmills, Basingstoke: Macmillan.

Müller, Max. [1876] 2003. "The Aryan Section." In Harlow and Carter 2003a: 239–45.

Mumford, Lewis. 1961. *The City in History: Its Origins, Its Transformations, and Its Prospects*. New York: Harcourt Brace Jovanovich.

Munck, Ronaldo. 2010. "Marxism and Nationalism in the Era of Globalization." *Capital and Class* 34 (1): 45–53.

Münkler, Herfried. 2007. *Empires: The Logic of World Domination from Ancient Rome to the United States*. Translated by Patrick Camiller. Cambridge: Polity Press.

Murdoch, Alexander. 2004. *British Emigration, 1603–1914*. Houndmills: Palgrave Macmillan.

Murphy, Agnes. [1948] 1968. *The Ideology of French Imperialism 1871–1881*. New York: Howard Fertig.

Murray, Gilbert, Francis W. Hirst, and John Laurence Hammond. 1900. *Liberalism and the Empire: Three Essays*. London: R. B. Johnson.

Musil, Robert. [1930–32] 1979. *The Man without Qualities*. Translated by Eithne Wilkins and Ernst Kaiser. 3 vols. London: Pan Books.

Muthu, Sankar. 2003. *Enlightenment against Empire*. Princeton, NJ: Princeton University Press.

———, ed. 2014. *Empire and Modern Political Thought*. Cambridge: Cambridge University Press.

Naff, Thomas. 1977a. "Introduction to Part I." In Naff and Owen 1977: 3–14.

———. 1977b. "Ottoman Diplomatic Relations with Europe in the Eighteenth Century: Patterns and Trends." In Naff and Owen 1977: 88–107.

Naff, Thomas, and Roger Owen, eds. 1977. *Studies in Eighteenth Century Islamic History*. Carbondale: Southern Illinois University Press.

Naipaul, V. S. [1967] 1985. *The Mimic Men*. New York: Vintage.

Namier, Sir Lewis. 1946. *1848: The Revolution of the Intellectuals*. London: Oxford University Press.

———. 1962. "The Downfall of the Habsburg Monarchy." In *Vanished Supremacies: Essays on European History 1812–1908*, 139–202. Harmondsworth: Penguin Books.

Nasson, Bill. 2006. *Britannia's Empire: A Short History of the British Empire*. Stroud, UK: Tempus.

Nathans, Benjamin. 2002. *Beyond the Pale: The Jewish Encounter with Late Imperial Russia*. Berkeley: University of California Press.

Nelis, Jan. 2007. "Constructing Fascist Identity: Benito Mussolini and the Myth of *Romanità*." *Classical World* 100 (4): 391–415.

Neumann, Franz. [1944] 1966. *Behemoth: The Structure and Practice of National Socialism, 1933–1944*. 2nd ed. New York: Harper.

Newman, Gerard. 1987. *The Rise of English Nationalism: A Cultural History 1740–1830*. London: Weidenfeld and Nicolson.

Miles, Gary B. 1990. "Roman and Modern Imperialism: A Reassessment." *Comparative Studies in Society and History* 32 (4): 629–59.

Miller, Alexei. 2008. *The Romanov Empire and Nationalism: Essays in the Methodology of Historical Research*. Budapest: Central European University Press.

Miller, Alexei, and Mikhail Dobilov. 2011. "'The Damned Polish Question': The Romanov Empire and the Polish Uprisings of 1830–1831 and 1863–1864." In Leonhard and von Hirschhausen 2011: 425–52.

Miller, Alexei, and Alfred J. Rieber, eds. 2004. *Imperial Rule*. Budapest: Central European University Press.

Miller, Christopher L. 1994. "Unfinished Business: Colonialism in Sub-Saharan Africa and the Ideals of the French Revolution." In *The Global Ramifications of the French Revolution*, edited by Joseph Klaits and Michael H. Haltzel, 105–26. Cambridge: Cambridge University Press.

Milner-Gulland, Robin. 1999. *The Russians*. Oxford: Blackwell Publishers.

Mommsen, Theodor. [1909] 1974. *The Provinces of the Roman Empire from Caesar to Diocletian*. 2 vols. Translated by William P. Dickson. Chicago: Ares Publishers.

Mommsen, Wolfgang J. 1978. "Power Politics, Imperialism and National Emancipation." In *Nationality and the Pursuit of National Independence*, edited by T. W. Moody, 121–40. Belfast: The Appletree Press.

———. 1982. *Theories of Imperialism*. Translated by P. S. Falla. Chicago: University of Chicago Press.

———. 1986. "The End of Empire and the Continuity of Imperialism." In Mommsen and Osterhammel 1986: 333–58.

———. 1990. "The Varieties of the Nation State in Modern History: Liberal, Imperialist, Fascist and Contemporary Notions of Nation and Nationality." In *The Rise and Decline of the Nation State*, edited by Michael Mann, 210–26. Oxford: Basil Blackwell.

Mommsen, Wolfgang J., and Jürgen Osterhammel, eds. 1986. *Imperialism and After: Continuities and Discontinuities*. London: Allen and Unwin.

Montaigne, Michel de. [1580] 1958. "On Vehicles." In *Essays*, translated by J. M. Cohen, 264–85. London: Penguin Books.

Moore, Robin J. 1999. "Imperial India, 1858–1914." In Porter 1999: 427–46.

Morefield, Jeanne. 2005. *Covenants without Swords: Idealist Liberalism and the Spirit of Empire*. Princeton, NJ: Princeton University Press.

———. 2007. "'An Education to Greece': The Round Table, Imperial Theory and the Uses of History." *History of Political Thought* 28 (2): 328–61.

Moreland, John. 2001. "The Carolingian Empire: Rome Reborn?" In Alcock et al. 2001: 392–418.

Morgan, Hiram. 1994. "An Unwelcome Heritage: Ireland's Role in British Empire-Building." *History of European Ideas* 19 (4/6): 619–25.

Morris, James. [1968] 1980a. *Pax Britannica: The Climax of an Empire*. San Diego, CA: Harcourt, Brace, Jovanovich.

———. [1978] 1980b. *Farewell the Trumpets: An Imperial Retreat*. San Diego, CA: Harcourt, Brace, Jovanovich.

Morris-Jones, W. H., and Georges Fischer, eds. 1980. *Decolonisation and After: The British and French Experience*. London: Frank Cass.

Martin, Ged, and Benjamin E. Kline. 2001. "British Emigration and New Identities." In Marshall 2001: 254–79.
Martin, Janet. 1988. "Russian Expansion in the Far North: X to mid-XVI Century." In Rywkin 1988: 23–43.
Martin, Terry. 2001. *The Affirmative Action Empire: Nations and Nationalism in the Soviet Union, 1923–1939*. Ithaca, NY: Cornell University Press.
———. 2002. "The Soviet Union as Empire: Salvaging a Dubious Analytical Category." *Ab Imperio*, no. 2: 98–108.
Marx, Anthony. 2003. *Faith in Nation: Exclusionary Origins of Nationalism*. New York: Oxford University Press.
Marx, Karl. [1851–52] 1962. "The Eighteenth Brumaire of Louis Bonaparte." In Karl Marx and Frederick Engels, *Selected Works in Two Volumes*, 1:243–344. Moscow: Foreign Languages Publishing House.
Marx, Karl, and Frederick Engels. 1972. *Ireland and the Irish Question: A Collection of Writings*. New York: International Publishers.
Matikkala, Mira. 2011. *Empire and Imperial Ambition: Liberty, Englishness and Anti-Imperialism in Late-Victorian Britain*. London: I. B. Tauris.
Mattingly, David. 2006. *Imperial Possession: Britain in the Roman Empire, 54 BC–AD 409*. London: Allen Lane.
May, Alex. 2001. "Empire Loyalists and 'Commonwealth Men': The Round Table and the End of Empire." In Ward 2001: 37–56.
Mazower, Mark. 2005. *Salonica, City of Ghosts: Christians, Muslims and Jews 1430–1950*. London: Harper Perennial.
———. 2009. *No Enchanted Place: The End of Empire and the Ideological Origins of the United Nations*. Princeton, NJ: Princeton University Press.
———. 2015. *Governing the World: The History of an Idea*. London: Penguin Books.
McCagg, William O., Jr. 1992. "The Soviet Union and the Habsburg Empire: Problems of Comparison." In Rudolf and Good 1992: 45–63.
McDonough, Terence, ed. 2005. *Was Ireland a Colony? Economy, Politics, Ideology and Culture in Nineteenth-Century Ireland*. Galway: Irish Academic Press.
McGowan, Bruce. 1994. "The Age of the Ayans, 1699–1812." In Inalcik with Quataert 1994: 637–758.
McIntyre, W. David. 1999. "Commonwealth Legacy." In Brown and Louis 1999: 693–702.
McMahon, Deirdre. 2006. "Ireland, the Empire, and the Commonwealth." In Kenny 2006c: 182–219.
Medish, Vadim. 1980. "Special Status of the RSFSR." In Allworth 1980b: 188–99.
Mehta, Uday Singh. 1999. *Liberalism and Empire: A Study in Nineteenth-Century British Liberal Thought*. Chicago: University of Chicago Press.
Messud, Claire. 2013. "Camus and Algeria: The Moral Question." *New York Review of Books*, November 7, 56–58.
Metcalf, Thomas R. 1997. *Ideologies of the Raj*. Cambridge: Cambridge University Press.
———. 2005. "Architecture and Empire: Sir Herbert Baker and the Building of New Delhi." In *Forging the Raj: Essays on British India in the Heyday of Empire*, 140–51. New Delhi: Oxford University Press.

MacLachlan, Colin M. 1991. *Spain's Empire in the New World: Role of Ideas in Institutional and Social Change*. Berkeley: University of California Press.
Macmullen, Ramsay. 2000. *Romanization in the Time of Augustus*. New Haven, CT: Yale University Press.
Magee, Gary B., and Andrew S. Thompson. 2010. *Empire and Globalisation: Networks of People, Goods and Capital in the British World, c. 1850–1914*. Cambridge: Cambridge University Press.
Maier, Charles. 2000. "Consigning the Twentieth Century to History: Alternative Narratives for the Modern Era." *American Historical Review* 105 (3): 807–31.
———. 2006. *Among Empires: American Ascendancy and Its Predecessors*. Cambridge, MA: Harvard University Press.
Majeed, Javed. 1999. "Comparativism and References to Rome in British Imperial Attitudes to India." In Edwards 1999b: 88–109.
Mamatey, Victor S. 1995. *Rise of the Habsburg Empire 1526–1815*. Malabar, FL: Krieger Publishing Company.
Mandler, Peter. 2006. *The English National Character: The History of an Idea from Edmund Burke to Tony Blair*. New Haven, CT: Yale University Press.
Manger, Philip. 1985. "'The Radetzky March': Joseph Roth and the Habsburg Myth." In Francis 1985: 40–62.
Mann, Michael. 1984. *The Sources of Social Power*. Vol. 1, *A History of Power from the Beginning to A. D. 1760*. Cambridge: Cambridge University Press.
———. 1993. *The Sources of Social Power*. Vol. 2, *The Rise of Classes and Nation-States, 1760–1914*. Cambridge: Cambridge University Press.
———. 2003. *Incoherent Empire*. London: Verso.
Manneh, Butrus Abu. 1994. "The Islamic Roots of Gülhane." *Die Welt des Islams* 34: 173–203.
Mantena, Karuna. 2010. *Alibis of Empire: Henry Maine and the Ends of Liberal Imperialism*. Princeton, NJ: Princeton University Press.
Mantena, Rama Sundari. 2010. "Imperial Ideology and the Uses of Rome in Discourses on Britain's Indian Empire." In Bradley 2010a: 54–73.
Mantran, Robert. 1980. "L'Empire ottoman." In Duverger 1980: 231–51.
———. 1982. "Foreign Merchants and the Minorities in Istanbul during the Sixteenth and Seventeenth Centuries." In Braude and Lewis 1982a: 127–37.
Mardin, Serif. 1962. *The Genesis of Young Ottoman Thought: A Study in the Modernization of Turkish Political Ideas*. Princeton, NJ: Princeton University Press.
———. 1969. "Power, Civil Society and Culture in the Ottoman Empire." *Comparative Studies in Society and History* 11 (3): 258–81.
Marshall, D. Bruce. 1973. *The French Colonial Myth and Constitution-Making in the Fourth Republic*. New Haven, CT: Yale University Press.
Marshall, P. J. 1993. "No Fatal Impact? The Elusive History of Imperial Britain." *Times Literary Supplement*, March 12, 8–10.
———, ed. 2001. *The Cambridge Illustrated History of the British Empire*. Cambridge: Cambridge University Press.
———. 2007. *The Making and Unmaking of Empires: Britain, India, and America c. 1750–1783*. Oxford: Oxford University Press.
Martin, Ged. 1972. "Was There a British Empire?" *Historical Journal* 15 (3): 562–69.

———, editor-in-chief. 1998–99. *The Oxford History of the British Empire*. 5 vols. Oxford: Oxford University Press.
———. 1999a. "Introduction." In Brown and Louis 1999: 1–46.
———. 1999b. "The Dissolution of the British Empire." In Brown and Louis 1999: 329–56.
Louis, Wm. Roger, and Ronald Robinson. 1994. "The Imperialism of Decolonization." *Journal of Imperial and Commonwealth History* 22 (3): 462–511.
Löwe, Heinz-Dietrich. 2000. "Poles, Jews, and Tartars: Religion, Ethnicity, and Social Structure in Tsarist Nationality Policies." *Jewish Social Studies* 6 (3): 52–96.
Lowry, Heath W. 2003. *The Nature of the Early Ottoman State*. Albany: State University of New York Press.
Lucas, Sir C. P. 1912. *Greater Rome and Greater Britain*. Oxford: Clarendon Press.
Lugard, Frederick, Lord. 1965. *The Dual Mandate in British Tropical Africa*. London: Frank Cass.
Lundestad, Geir, ed. 1994. *The Fall of Great Powers: Peace, Stability and Legitimacy*. Oxford: Oxford University Press/Scandinavian Press.
Lupher, David A. 2006. *Romans in a New World: Classical Models in Sixteenth-Century Spanish America*. Ann Arbor: University of Michigan Press.
Lustick, Ian S. 1993. *Unsettled States, Disputed Lands: Britain and Ireland, France and Algeria, Israel and the West Bank–Gaza*. Ithaca, NY: Cornell University Press.
Lynch, John 1991. *Spain 1516–1598: From Nation State to World Empire*. Oxford: Blackwell.
———. 1992. *The Hispanic World in Crisis and Change: 1598–1700*. Oxford: Blackwell.
Lynn, Martin. 1999. "British Policy, Trade, and Informal Empire in the Mid-Nineteenth Century." In Porter 1999: 101–21.
Macaulay, Thomas Babington. [1840] 1907. "Ranke's History of the Popes." In *Critical and Historical Essays by Thomas Babington Macaulay*, 2 vols., 2:38–72. London: J. M. Dent and Sons.
———. [1835] 2003. "Minute on Indian Education." In Harlow and Carter 2003a: 227–45.
MacCormack, Sabine. 2009. *On the Wings of Time: Rome, the Incas, Spain, and Peru*. Princeton, NJ: Princeton University Press.
MacDonald, Robert H. 1993. *Sons of the Empire: The Frontier and the Boy Scout Movement, 1890–1918*. Toronto: University of Toronto Press.
———. 1994. *The Language of Empire: Myths and Metaphors of Popular Imperialism, 1880–1918*. Manchester: Manchester University Press.
Machiavelli, Niccolò. [1531] 1970. *The Discourses*. Translated by Leslie J. Walker. Edited by Bernard Crick. Harmondsworth: Penguin Books.
MacKenzie, David. 1988. "The Conquest and Administration of Turkestan, 1860–85." In Rywkin 1988: 208–234.
MacKenzie, John M. 1984. *Propaganda and Empire: The Manipulation of British Public Opinion 1880–1960*. Manchester: Manchester University Press.
———, ed. 1986. *Imperialism and Popular Culture*. Manchester: Manchester University Press.
———. 1999a. "Empire and Metropolitan Culture." In Porter 1999: 270–93.
———. 1999b. "The Popular Culture of Empire in Britain." In Brown and Louis 1999: 212–31.
———. 2001. "The Persistence of Empire in Metropolitan Culture." In Ward 2001: 21–36.
———, ed. 2011. *European Empires and the People*. Manchester: Manchester University Press.
Mack Smith, Denis. 1977. *Mussolini's Roman Empire*. Harmondsworth: Penguin Books.
MacLachlan, A. 1996. "'A Patriotic Scripture': The Making and Unmaking of English National Identity." *Parergon* 14 (1): 1–30.

Leonhard, Jörn, and Ulrike von Hirschhausen, eds. 2011. *Comparing Empires: Encounters and Transfers in the Long Nineteenth Century*. Göttingen: Vandenhoeck and Ruprecht.
Le Rider, Jacques. 1994. "Hugo von Hofmannsthal and the Austrian Idea of Central Europe." In Robertson and Timms 1994: 121–35.
Lester, Alan. 2002. "British Settler Discourse and the Circuits of Empire." *History Workshop Journal* 54: 25–48.
———. 2006. "Imperial Circuits and Networks: Geographies of the British Empire." *History Compass* 4 (1): 124–41.
Lewis, Bernard. 1958. "Some Reflections on the Decline of the Ottoman Empire." *Studia Islamica* 9: 117–27.
———. 1962. "Ottoman Observers of Ottoman Decline." *Islamic Studies* 1: 71–87.
———. 1968. *The Emergence of Modern Turkey*. 2nd ed. London: Oxford University Press.
———. [1982] 2001. *The Muslim Discovery of Europe*. New York: W. W. Norton and Co.
Lewis, Sir George Cornewell. [1841] 1891. *An Essay on the Government of Dependencies*. New ed. Edited by C. P. Lucas. Oxford: Clarendon Press.
Lewis, Martin Deming. 1962. "One Hundred Million Frenchmen: The 'Assimilation' Theory in French Colonial Policy." *Comparative Studies in Society and History* 4 (2): 129–53.
Lichtheim, George. 1974. *Imperialism*. Harmondsworth: Penguin Books.
Lieven, Dominic. 1989. *Russia's Rulers under the Old Regime*. New Haven, CT: Yale University Press.
———. 2001. *Empire: The Russian Empire and Its Rivals*. New Haven, CT: Yale University Press.
Lindner, Rudi Paul. 1983. *Nomads and Ottomans in Medieval Anatolia*. Bloomington: Research Institute for Inner Asian Studies, Indiana University.
Lintott, Andrew. 1981. "What Was the 'Imperium Romanum'?" *Greece and Rome*, 2nd ser., 28 (1): 53–67.
Livi-Baci, Massimo. 1992. *A Concise History of World Population*. Translated by Carlo Ipsen. Cambridge, MA: Blackwell.
Livy. [c. 25 BCE] 1998. *The Rise of Rome: Books One to Five*. Translated by T. J. Luce. Oxford: Oxford University Press.
Lloyd, T. O. 1996. *The British Empire 1558–1995*. 2nd ed. Oxford: Oxford University Press.
Locke, John. [1689] 2010. "A Letter concerning Toleration." In *Locke on Toleration*, edited by Richard Vernon, 3–46. Cambridge: Cambridge University Press.
Longworth, Philip. 2006. *Russia's Empires. Their Rise and Fall: From Prehistory to Putin*. London: John Murray.
Lorcin, Patricia M. E. 1995. *Imperial Identities: Stereotyping, Prejudice and Race in Colonial Algeria*. London: I. B. Tauris.
———, ed. 2006. *Algeria and France 1800–2000: Identity—Memory—Nostalgia*. Syracuse, NY: Syracuse University Press.
Losemann, Volker. 1999. "The Nazi Concept of Rome." in Edwards 1999b: 221–35.
Louis, W. Roger, ed. 1976. *Imperialism: The Robinson and Gallagher Controversy*. New York: New Viewpoints.
———. 1992. *In the Name of God, Go! Leo Amery and the British Empire in the Age of Churchill*. New York: W. W. Norton.

———. 2012a. "Empire, Nation, and National Identities." In Thompson 2012: 298–329.
———. 2012b. "Greece and Rome in the British Empire: Contrasting Role Models." *Journal of British Studies* 51 (1): 76–101.
———. 2015. *The Idea of Englishness: English Culture, National Identity, and Social Thought*. London: Ashgate.
Kundera, Milan. 1984. "The Tragedy of Central Europe." *New York Review of Books*, April 26, 33–38.
Kunt, I. Metin. 1982. "Transformation of *Zimmi* into *Askeri*." In Braude and Lewis 1982a: 1:55–67.
Kunt, Metin, and Christine Woodhead, eds. 1995. *Süleyman the Magnificent and His Age: The Ottoman Empire in the Early Modern World*. London: Longman.
Kupchan, Charles A. 1994. *The Vulnerability of Empire*. Ithaca, NY: Cornell University Press.
Kuzio, Taras. 2002. "The Myth of the Civic State." *Ethnic and Racial Studies* 25 (1): 20–39.
Kuzmics, Helmut, and Roland Axtmann. 2007. *Authority, State and National Character: The Civilizing Process in Austria and England, 1700–1900*. Aldershot: Ashgate.
Kwarteng, Kwasi. 2012. *Ghosts of Empire: Britain's Legacies in the Modern World*. London: Bloomsbury.
Lal, Deepak. 2004. *In Praise of Empires: Globalization and Order*. New York: Palgrave Macmillan.
Lampert, E. 1957. *Studies in Rebellion*. London: Routledge and Kegan Paul.
Landes, David S. 1961. "Some Thoughts on the Nature of Economic Imperialism." *Journal of Economic History* 21 (4): 496–512.
Lane Fox, Robin. 1986. *Alexander the Great*. London: Penguin Books.
Lapidus, Gail W., and Victor Zaslavsky, with Philip Goldman, eds. 1992. *From Union to Commonwealth: Nationalism and Separatism in the Soviet Republics*. Cambridge: Cambridge University Press.
Larson, Victoria Tietze. 1999. "Classics and the Acquisition and Validation of Power in Britain's 'Imperial Century' (1815–1914)." *International Journal of the Classical Tradition* 6 (2): 185–225.
Laruelle, Marlène. 2008. *Russian Eurasianism: An Ideology of Empire*. Translated by Mischa Gabowitsch. Baltimore: Johns Hopkins University Press.
Laurence, Ray, and Joanne Berry, eds. 1998. *Cultural Identity in the Roman Empire*. London: Routledge.
Lebovics, Herman. 1994. *True France: The Wars over Cultural Identity, 1900–1945*. Ithaca, NY: Cornell University Press.
———. 2004. *Bringing the Empire Back Home: France in the Global Age*. Durham, NC: Duke University Press.
LeDonne, John P. 1997. *The Russian Empire and the World 1700–1917: The Geopolitics of Expansion and Containment*. New York: Oxford University Press.
Lee, Mark. 2004. "The Story of Greater Britain: What Lessons Does It Teach?" *National Identities* 6 (2): 123–42.
Lenin, V. I. [1917] 1939. *Imperialism: The Highest Stage of Capitalism*. New York: International Publishers.
———. 1962. *Critical Remarks on the National Question* [1913] and *The Right of Nations to Self-Determination* [1914–16]. Moscow: Foreign Languages Publishing House.
Leatherbarrow, W. J., and D. C. Offord, eds. 1987. *A Documentary History of Russian Thought: From the Enlightenment to Marxism*. Ann Arbor, MI: Ardis.

———. 1989. "The Concept of 'Jewish Emancipation' in a Russian Context." In Crisp and Edmondson 1989: 121–44.
———. 1995. *Imperial Russia's Jewish Question, 1855–1881*. Cambridge: Cambridge University Press.
———. 2001. "State Policies and the Conversion of Jews in Imperial Russia." In Geraci and Khodarkovsky 2001: 92–112.
Klyuchevsky, Vasilii. 1958. *Peter the Great*. Translated by Liliana Archibald. Vol. 4 of *The History of Russia*. New York: Vintage.
Knapp, Robert C. 1977. *Aspects of the Roman Experience in Iberia, 206–100 BC*. Anejos de Hispania antiqua, 9. Valladolid: Universidad.
Knight, Nathaniel. 2000. "Ethnicity, Nationality and the Masses: *Narodnost'* and Modernity in Imperial Culture." In Hoffmann and Kotsonis 2000: 41–64.
Koditschek, Theodore. 2011. *Liberalism, Imperialism, and the Historical Imagination: Nineteenth-Century Visions of a Greater Britain*. Cambridge: Cambridge University Press.
Koebner, Richard. 1961. *Empire*. Cambridge: Cambridge University Press.
Koebner, Richard, and Helmut Dan Schmidt. 1964. *Imperialism: The Story and Significance of a Political Word, 1840–1960*. Cambridge: Cambridge University Press.
Koenigsberger, Helmut. 1987. "*Dominium Regale* or *Dominium Politicum et Regale*: Monarchies and Parliaments in Early Modern History." In *Politicians and Virtuosi: Essays in Early Modern History*, 1–25. London: The Hambledon Press.
Kohn, Hans. 1961. *The Habsburg Empire 1804–1918* (Text and documents). Princeton, NJ: Van Nostrand.
———, ed. 1962. *The Mind of Modern Russia: Historical and Political Thought of Russia's Great Age*. New York: Harper Torchbooks.
———. 1965. *Nationalism: Its Meaning and History*. Rev. ed. Princeton, NJ: Van Nostrand.
———. 1971. "Soviet Communism and Nationalism." In Allworth 1971: 43–71.
Köprülü, M. Fuad. [1935] 1992. *The Origins of the Ottoman Empire*. Translated and edited by Gary Leiser. Albany: State University of New York Press.
Koshar, Rudy. 1998. *Germany's Transient Pasts: Preservation and Memory in the Twentieth Century*. Chapel Hill: University of North Carolina Press.
Kotkin, Stephen. 2001. "Modern Times: The Soviet Union and the Interwar Conjuncture." *Kritika* 2 (1): 111–64.
Kreindler, Isabelle. 1977. "A Neglected Source of Lenin's Nationality Policy." *Slavic Review* 36 (1): 86–100.
Kristof, Ladis K. D. 1967. "The State-Idea, the National Idea and the Image of the Fatherland." *Orbis* 11 (Spring): 238–55.
Kumar, Krishan. 2000. "Nation and Empire: English and British National Identity in Comparative Perspective." *Theory and Society* 29 (5): 578–608.
———. 2001. *1989: Revolutionary Ideas and Ideals*. Minneapolis: University of Minnesota Press.
———. 2003. *The Making of English National Identity*. Cambridge: Cambridge University Press.
———. 2005. "When Was the English Nation?" In *When Is the Nation? Towards an Understanding of Theories of Nationalism*, edited by Atsuko Ichijo and Gordana Uzelac, 137–56. London: Routledge.
———. 2010. "Nation-States as Empires, Empires as Nation-States: Two Principles, One Practice?" *Theory and Society* 39 (2): 119–43.

Kaufmann, Eric P., ed. 2004. *Rethinking Ethnicity: Majority Groups and Dominant Minorities.* London: Routledge.

Kautsky, John H. [1982] 1997. *The Politics of Aristocratic Empires.* New Brunswick, NJ: Transaction Books.

Kayali, Hasan. 2008. "The Struggle for Independence." In Kasaba 2008: 112–46.

Keane, John. 2003. *Global Civil Society?* Cambridge: Cambridge University Press.

Kelly, Christopher. 2009. *The End of Empire: Attila the Hun and the Fall of Rome.* New York: W. W. Norton. (Published 2008 in London by The Bodley Head as *Attila the Hun: Barbarian Terror and the Fall of the Roman Empire.*)

Kelly, J.N.D. 1975. *Jerome: His Life, Writings, and Controversies.* London: Duckworth.

Kendle, John. 1997. *Federal Britain: A History.* London: Routledge.

Kennedy, Duncan F. 1999. "A Sense of Place: Rome, History and Empire Revisited." In Edwards 1999b: 19–34.

Kennedy, Paul. 1983. "Why Did the British Empire Last So Long?" In *Strategy and Diplomacy 1870–1945: Eight Studies,* 197–218. London: Allen and Unwin.

———. [1988] 1990. *The Rise and Fall of the Great Powers: Economic Change and Military Conflict from 1500 to 2000.* London: Fontana Press.

Kenny, Kevin. 2006a. "Ireland and the British Empire: An Introduction." In Kenny 2006c: 1–25.

———. 2006b. "The Irish in the Empire." In Kenny 2006c: 90–122.

———, ed. 2006c. *Ireland and the British Empire.* Oxford: Oxford University Press.

Khalid, Adeeb. 2006. "Backwardness and the Quest for Civilization: Early Soviet Central Asia in Comparative Perspective." *Slavic Review* 65 (2): 231–51.

———. 2007. "The Soviet Union as an Imperial Formation: A View from Central Asia." In Stoler, McGranhan, and Perdue 2007: 113–39.

Khazanov, Anatoly. M. 1995. *After the USSR: Ethnicity, Nationalism, and Politics in the Commonwealth of Independent States.* Madison: University of Wisconsin Press.

———. 2003. "A State without a Nation? Russia after Empire." In *The Nation-State in Question,* edited by T. V. Paul, G . John Ikenberry, and John H. Hall, 79–105. Princeton, NJ: Princeton University Press.

Kiernan, V. G. 1974. "The Marxist Theory of Imperialism and Its Historical Formation." In *Marxism and Imperialism,* 1–68. London: Edward Arnold.

———. 1982. "Tennyson, King Arthur, and Imperialism." In *Culture, Ideology and Politics,* edited by R. Samuel and G. S. Jones, 126–48. London: Routledge and Kegan Paul.

———. [1982] 1998. *Colonial Empires and Armies 1815–1960.* Stroud, Gloucestershire: Sutton Publishing. (Previously published under the title, *European Empires from Conquest to Collapse, 1815–1960.*)

King, Desmond. 2006. "When an Empire Is Not an Empire: The US Case." *Government and Opposition* 41 (2): 163–96.

Kiser, John W. 2009. *Commander of the Faithful: The Life and Times of Abd el-Kader.* London: Monkfish Book Publishing Company.

Kitsikis, Dimitri. 1994. *L'Empire Ottoman.* 3rd ed. Paris: Presses Universitaires de France.

Kivelson, Valerie. 1997. "Merciful Father, Impersonal State: Russian Autocracy in Comparative Perspective." *Modern Asian Studies* 312 (3): 635–63.

Klier, John Doyle. 1986. *Russia Gathers Her Jews: The Origins of the "Jewish Question" in Russia, 1772–1825.* Dekalb: Northern Illinois University Press.

Kamen, Henry. 1978. "The Decline of Spain: A Historical Myth?" *Past and Present* 81: 24–50.
———. 1991. *Spain 1469–1714: A Society of Conflict*. 2nd ed. London: Longman.
———. 2003. *Empire: How Spain Became a World Power 1492–1763*. New York: HarperCollins.
———. 2005. "Depriving the Spaniards of Their Empire." *Common Knowledge* 11 (2): 240–48.
Kann, Robert A. [1950] 1970. *The Multinational Empire: Nationalism and National Reform in the Habsburg Monarchy 1848–1918*. 2 vols. New York: Octagon Books.
———. [1957] 1973. *The Habsburg Empire: A Study in Integration and Disintegration*. New York: Octagon Books.
———. 1977. "Trends toward Colonialism in the Habsburg Empire, 1878–1918: The Case of Bosnia-Hercegovina, 1878–1914." In Rowney and Orchard 1977: 164–80.
———. 1980. *A History of the Habsburg Empire 1526–1918*. Berkeley: University of California Press.
———. 1991a. *Dynasty, Politics and Culture: Selected Essays*. Edited by Stanley B. Winters. Highland Lakes, NJ: Atlantic Research and Publications.
———. 1991b. "The Dynasty and the Imperial Idea." In Kann 1991a: 45–67.
———. 1991c. "The Social Prestige of the Habsburg Officer Corps in the Habsburg Empire from the Eighteenth Century to 1918." In Kann 1991a: 221–51.
———. 1991d. "The Austro-Hungarian Compromise of 1867 in Retrospect: Causes and Effect." In Kann 1991a: 193–218.
———. [1966] 2011. "Should the Habsburg Empire Have Been Saved? An Exercise in Speculative History." *Austrian History Yearbook* 42: 203–10.
Kann, Robert A., and Zdenek V. David. 1984. *The Peoples of the Eastern Habsburg Lands, 1526–1918*. Seattle: University of Washington Press.
Kanya-Forstner, A. S. 1972. "French Expansion in Africa: The Mythical Theory." In Owen and Sutcliffe 1972: 277–94.
Kappeler, Andreas. 1992. "The Ukrainians of the Russian Empire, 1860–1914." In *The Formation of National Elites*, edited by Andreas Kappeler, in collaboration with Fikret Adanit and Alan O'Day, 105–32. Aldershot: Dartmouth; New York: New York University Press.
———. 2001. *The Russian Empire: A Multi-Ethnic History*. Translated by Alfred Clayton. Harlow, Essex: Longman.
Kappeler, Andreas, Zenon E. Kohut, Frank E. Syusyn, and Mark von Hagen, eds. 2003. *Culture, Nation, and Identity: The Ukrainian-Russian Encounter, 1600–1945*. Edmonton: Canadian Institute of Ukrainian Studies Press.
Karpat, Kemal H. 1972. "The Transformation of the Ottoman State, 1789–1908." *International Journal of Middle East Studies* 3 (3): 243–81. (Also in Karpat 2002: 27–74.)
———. 1982. "*Millets* and Nationality: The Roots of the Incongruity of Nation and State in the Post-Ottoman Era." In Braude and Lewis 1982a: 1:141–69.
———. 2002. *Studies in Ottoman Social and Political History: Selected Articles and Essays*. Leiden: Brill.
Kasaba, Resat, ed. 2008. *The Cambridge History of Turkey*. Vol. 4, *Turkey in the Modern World*. Cambridge: Cambridge University Press.
Kaspe, Sviayoslav. 2007. "Imperial Political Culture and Modernization in the Second Half of the Nineteenth Century." In Burbank, von Hagen, and Remnev 2007: 455–93.
Kates, Gary. 1989. "Jews into Frenchmen: Nationality and Representation in Revolutionary France." *Social Research* 56 (1): 213–32.

Jászi, Oscar. [1929] 1961. *The Dissolution of the Habsburg Monarchy*. Chicago: University of Chicago Press.

Jeffery, Keith, ed. 1996. *'An Irish Empire'? Aspects of Ireland and the British Empire*. Manchester: Manchester University Press.

———. 1999. "The Second World War." In Brown and Louis 1999: 306–28.

Jenkins, Brian, and Spyros A. Sofos, eds. 1996. *Nation and Identity in Contemporary Europe*. London: Routledge.

Jenkyns, Richard. 1981. *The Victorians and Ancient Greece*. Oxford: Basil Blackwell.

———. 1992a. "The Legacy of Rome." In Jenkyns 1992b: 1–35.

———, ed. 1992b. *The Legacy of Rome: A New Appraisal*. Oxford: Oxford University Press.

Jennings, Eric T. 2005. "Visions and Representations of French Empire." *Journal of Modern History* 77 (3): 701–21.

Jersild, Austin Lee. 1997. "From Savagery to Citizenship: Caucasian Mountaineers and Muslims in the Russian Empire." In Brower and Lazzerini 1997: 101–14.

———. 2000. "'Russia', from the Vistula to the Terek to the Amur." *Kritika* 1 (3): 531–46.

John, Michael. 1999. "'We Do Not Even Possess Our Selves': On Identity and Ethnicity in Austria, 1880–1937." *Austrian History Yearbook* 30: 17–64.

Johnston, William M. [1972] 1983. *The Austrian Mind: An Intellectual and Social History 1848–1938*. Berkeley: University of California Press.

———. 1986. "A Nation without Qualities: Austria and Its Quest for a National Identity." In Boerner 1986: 177–86.

Jones, Colin. 1999. *The Cambridge Illustrated History of France*. Cambridge: Cambridge University Press.

———. 2003. *The Great Nation: France from Louis XV to Napoleon*. London: Penguin Books.

Jones, Ernest. 1964. *The Life and Work of Sigmund Freud*. Edited and abridged by Lionel Trilling and Steven Marcus. Harmondsworth: Penguin Books.

Jowitt, Kenneth. 1992. *New World Disorder: The Leninist Extinction*. Berkeley: University of California Press.

Judd, Denis. 2010. "Web Masters." *Times Literary Supplement*, April 2, 22.

Judson, Pieter M. 2016. *The Habsburg Empire: A New History*. Cambridge, MA: Harvard University Press.

Judt, Tony. 1998. "The Reluctant Moralist: Albert Camus and the Discomforts of Ambivalence." In *The Burden of Responsibility: Blum, Camus, Aron and the French Twentieth Century*, 87–135. Chicago: University of Chicago Press.

Kafadar, Cemal. 1993. "The Myth of the Golden Age: Ottoman Historical Consciousness in the Post-Suleymanic Era." In Inalcik and Kafadar 1993: 37–48.

———. 1995. *Between Two Worlds: The Construction of the Ottoman State*. Berkeley: University of California Press.

Kagan, Robert. 2004. *Of Paradise and Power: America and Europe in the New World Disorder*. 2nd ed. New York: Alfred A. Knopf.

Kahler, Miles. 1984. *Decolonization in Britain and France: The Domestic Consequences of International Relations*. Princeton, NJ: Princeton University Press.

Kaiser, Robert J. 1994. *The Geography of Nationalism in Russia and the USSR*. Princeton, NJ: Princeton University Press.

Hyam, Ronald. 1999. "The British Empire in the Edwardian Era." In Brown and Louis 1999: 47–63.

———. 2006. *Britain's Declining Empire: The Road to Decolonisation 1918–1968*. Cambridge: Cambridge University Press.

Imber, Colin. 1995. "Ideals and Legitimation in Early Ottoman History." In Kunt and Woodhead 1995: 138–53.

———. 2002. *The Ottoman Empire 1300–1650: The Structure of Power*. Houndmills: Palgrave Macmillan.

Inalcik, Halil. 1954. "Ottoman Methods of Conquest." *Studia Islamica* 2: 103–29.

———. 1973. "Application of the *Tanzimat* and Its Social Effects." *Archivum Ottomanicum* 5: 97–127.

———. 1977. "Centralization and Decentralization in Ottoman Administration." In Naff and Owen 1977: 27–52.

———. 1981–82. "The Question of the Emergence of the Ottoman State." *International Journal of Turkish Studies* 2 (2): 71–79.

———. 1991. "The Status of the Greek Orthodox Patriarch under the Ottomans." *Turcica* 21–23: 407–36.

———. 1993. "State, Sovereignty and Law during the Reign of Süleymân." In Inalcik and Kafadar 1993: 59–92.

———. [1973] 2000. *The Ottoman Empire: The Classical Age 1300–1600*. London: Phoenix.

———. 2006. *Turkey and Europe in History*. Istanbul: EREN Press.

Inalcik, Halil, and Cemal Kafadar, eds. 1993. *Süleymân the Second [sic] and His Time*. Istanbul: The Isis Press.

Inalcik, Halil, with Donald Quataert, eds. 1994. *An Economic and Social History of the Ottoman Empire, 1300–1914*. Cambridge: Cambridge University Press.

Ingrao, Charles. 1994. *The Habsburg Monarchy 1618–1815*. Cambridge: Cambridge University Press.

Isaac, Benjamin. 2006. *The Invention of Racism in Classical Antiquity*. Princeton, NJ: Princeton University Press.

Itzkowitz, Norman. 1962. "Eighteenth-Century Ottoman Realities." *Studia Islamica* 16: 73–94.

———. 1977. "Men and Ideas in the Eighteenth Century Ottoman Empire." In Naff and Owen 1977: 15–26.

———. 1980. *Ottoman Empire and Islamic Tradition*. Chicago: University of Chicago Press.

Jackson, Alvin. 2006. "Ireland, the Union, and the Empire, 1800–1960." In Kenny 2006c: 123–53.

Jackson, Ashley. 2006. *The British Empire and the Second World War*. London: Hambledon Continuum.

James, Lawrence. 1998. *Raj: The Making and Unmaking of British India*. New York: St. Martin's Press.

Janik, Allan, and Stephen Toulmin. 1973. *Wittgenstein's Vienna*. New York: Simon and Schuster.

Janowski, Maciej. 2004. "Justifying Political Power in 19th Century Europe: The Habsburg Monarchy and Beyond." In Miller and Rieber 2004: 69–82.

Jasanoff, Maya. 2005. *Edge of Empire: Conquest and Collecting in the East 1750–1850*. London: Fourth Estate.

Hofmann, Michael. 2012. "Joseph Roth: Going over the Edge." *New York Review of Books*, December 22, 79–80.

Holland, R. F. 1985. *European Decolonization 1918–1981: An Introductory Survey*. Houndmills, Basingstoke: Macmillan.

Holland, Robert. 1999. "The British Empire and the Great War, 1914–1918." In Brown and Louis 1999: 114–37.

Hopkins, A. G. 2002. "The History of Globalization—and the Globalization of History?" In *Globalization in World History*, edited by A. G. Hopkins, 11–46. London: Pimlico.

———. 2008. "Rethinking Decolonization." *Past and Present* 200: 211–47.

Hopkins, Keith. 1965. "Elite Mobility in the Roman Empire." *Past and Present* 32: 12–26.

Horak, Stephan M. 1988. "Russian Expansion and Policy in Ukraine 1648–1791." In Rywkin 1988: 103–22.

Horne, Alistair. 1965. *The Fall of Paris: The Siege and the Commune 1870–1*. London: Macmillan.

Horsman, Reginald. 1981. *Race and Manifest Destiny: The Origins of American Racial Anglo-Saxonism*. Cambridge, MA: Harvard University Press.

Hosking, Geoffrey. 1998a. *Russia: People and Empire, 1552–1917*. London: Fontana Press.

———. 1998b. "Can Russia Become a Nation-State?" *Nations and Nationalism* 4 (4): 449–62.

———. 2006. *Rulers and Victims: The Russians in the Soviet Union*. Cambridge, MA: Harvard University Press.

———. 2012. *Russia and the Russians*. 2nd ed. London: Penguin Books.

Hosking, Geoffrey, and Robert Service, eds. 1998. *Russian Nationalism Past and Present*. Houndmills: Macmillan.

Howard, Douglas A. 1988. "Ottoman Historiography and the Literature of 'Decline' of the Sixteenth and Seventeenth Centuries." *Journal of Asian History* 22: 52–77.

Howe, Stephen. 1993. *Anticolonialism in British Politics: The Left and the End of Empire, 1918–1964*. Oxford: Oxford University Press.

———. 2002a. *Empire: A Very Short Introduction*. Oxford: Oxford University Press.

———. 2002b. *Ireland and Empire: Colonial Legacies in Irish History and Culture*. Paperback ed. Oxford: Oxford University Press.

———. 2005. "When—If Ever—Did Empire End? Recent Studies of Imperialism and Decolonization." *Journal of Contemporary History* 40 (3): 585–99.

———. 2006. "Historiography." In Kenny 2006c: 220–50.

Huet, Valérie. 1999. "Napoleon: A New Augustus?" In Edwards 1999b: 53–69.

Hume, David. [1748] 1987. "Of the Original Contract." In *Essays, Moral, Political, and Literary*, edited by Eugene F. Miller. Indianapolis: Liberty Classics.

Hunczak, Taras, ed. 1974. *Russian Imperialism from Ivan the Great to the Revolution*. New Brunswick, NJ: Rutgers University Press.

Huntington, Samuel P. 1999. "The Lonely Superpower." *Foreign Affairs*, March–April, 35–49.

Hutchins, Francis G. 1967. *The Illusion of Permanence: British Imperialism in India*. Princeton, NJ: Princeton University Press.

Huttenbach, Henry R. 1988a: "Muscovy's Conquest of Muslim Kazan and Astrakhan, 1552–56." In Rywkin 1988: 45–69.

———. 1988b. "Muscovy's Penetration of Siberia: The Colonization Process 1555–1689." In Rywkin 1988: 70–102.

Heather, Peter. 2006. *The Fall of the Roman Empire*. London: Pan Macmillan.
Hechter, Michael. [1975] 1999. *Internal Colonialism: The Celtic Fringe in British National Development*. 2nd ed. New Brunswick, NJ: Transaction Books.
Heckel, Waldemar, and Lawrence A. Tritle, eds. 2009. *Alexander the Great: A New History*. Malden, MA: Wiley-Blackwell.
Heer, Friedrich. [1968] 2002. *The Holy Roman Empire*. Translated by Janet Sondheimer. London: Phoenix Press.
Hellberg-Hirn, Elena. 1998. *Soil and Soul: The Symbolic World of Russianness*. Aldershot: Ashgate.
Hentsch, Thierry. 1992. *Imagining the Middle East*. Translated by Fred A. Reed. Montreal: Black Rose Books.
Herrin, Judith. 2008. *Byzantium: The Surprising Life of a Medieval Empire*. London: Penguin Books.
Hess, Andrew C. 1972. "The Battle of Lepanto and Its Place in Mediterranean History." *Past and Present* 57: 53–73.
———. 1977. "The Forgotten Frontier: The Ottoman North African Provinces during the Eighteenth Century." In Naff and Owen 1977: 74–87.
———. 1978. *The Forgotten Frontier: A History of the Sixteenth-Century Ibero-African Frontier*. Chicago: University of Chicago Press.
Hingley, Richard. 2000. *Roman Officers and English Gentlemen: The Imperial Origins of Roman Archaeology*. London: Routledge.
———, ed. 2001. *Images of Rome: Perceptions of Ancient Rome in Europe and the United States in the Modern Age*. Portsmouth, RI: Journal of Roman Archaeology Supplementary Series Number 44.
———. 2005. *Globalizing Roman Culture: Unity, Diversity and Empire*. London: Routledge.
———. 2008. *The Recovery of Roman Britain, 1586–1906: A Colony So Fertile*. Oxford: Oxford University Press.
Hinsley, F. H. 1963. *Power and the Pursuit of Peace: Theory and Practice in the History of Relations between States*. Cambridge: Cambridge University Press.
Hirsch, Francine. 2005. *Empire of Nations: Ethnographic Knowledge and the Making of the Soviet Union*. Ithaca, NY: Cornell University Press.
Hirst, Derek. 2012. *Dominion: England and Its Island Neighbours 1500–1707*. Oxford: Oxford University Press.
Hobsbawm, Eric. 1984. "Mass Producing Traditions: Europe, 1870–1914." In Hobsbawm and Ranger 1984: 263–307.
———. 1987. *The Age of Empire, 1875–1914*. London: Weidenfeld and Nicolson.
———. 1992. *Nations and Nationalism since 1780*. 2nd ed. Cambridge: Cambridge University Press.
———. 1994. *Age of Extremes: The Short Twentieth Century 1914–1991*. London: Abacus.
Hobsbawm, Eric, and Terence Ranger, eds. 1984. *The Invention of Tradition*. Cambridge: Cambridge University Press.
Hobson, J. A. [1902, 1938] 1988. *Imperialism: A Study*. 3rd ed. London: Unwin Hyman.
Hodeir, Catherine, and Michel Pierre. 1991. *L'Exposition colonial, 1931*. Brussels: Editions Complexe.
Hoffmann, David L., and Yanni Kotsonis, eds. 2000. *Russian Modernity: Politics, Knowledge, Practices*. Houndmills, Basingstoke: Macmillan Press.

Gruen, Erich S. 1992. *Culture and National Identity in Republican Rome*. Ithaca, NY: Cornell University Press.

Guroff, Gregory, and Alexander Guroff. 1994. "The Paradox of Russian National Identity." In *National Identity and Ethnicity in Russia and the New States of Eurasia*, edited by Roman Szporluk, 78–100. Armonk, NY: M. E. Sharpe.

Haberer, Erich. 1995. *Jews and Revolution in Nineteenth Century Russia*. Cambridge: Cambridge University Press.

Hagerman, C.A. 2009. "In the Footsteps of the Macedonian Conqueror: Alexander the Great and British India." *International Journal of the Classical Tradition* 16 (3/4): 344–92.

———. 2013. *Britain's Imperial Muse: The Classics, Imperialism, and the Indian Empire, 1784–1914*. Houndmills: Palgrave Macmillan.

Hall, Catherine, ed. 2000. *Cultures of Empire: A Reader*. Manchester: Manchester University Press.

———. 2002. *Civilising Subjects: Metropole and Colony in the English Imagination 1830–1867*. Chicago: University of Chicago Press.

Hall, Catherine, and Sonya O. Rose, eds. 2006. *At Home with the Empire: Metropolitan Culture and the Imperial World*. Cambridge: Cambridge University Press.

Haltzel, Michael H. 1977. "National Elites and Russification in the Baltic Provinces of the Russian Empire, 1861–1914: The Case of the Baltic Germans." In Rowney and Orchard 1977: 148–63.

Hamilton, Earl J. [1938] 1954. "The Decline of Spain." In *Essays in Economic History*, edited by E. M. Carus-Wilson, 1:215–26. London: Edward Arnold.

Hanioglu, M. Sukru. 2008. *A Brief History of the Late Ottoman Empire*. Princeton, NJ: Princeton University Press.

———. 2011. *Atatürk: An Intellectual Biography*. Princeton, NJ: Princeton University Press.

Hansen, Randall. 2000. *Citizenship and Immigration in Post-war Britain*. Oxford: Oxford University Press.

Hardt, Michael, and Antonio Negri. 2001. *Empire*. Cambridge, MA: Harvard University Press.

Hargreaves, Alec G. 2007. *Multi-Ethnic France: Immigration, Politics, Culture and Society*. 2nd ed. New York: Routledge.

Harlow, Barbara, and Mia Carter, eds. 2003a. *Archives of Empire*. Vol. 1, *From the East India Company to the Suez Canal*. Durham, NC: Duke University Press.

———, eds. 2003b. *Archives of Empire*. Vol. 2, *The Scramble for Africa*. Durham, NC: Duke University Press.

Harris, Bob. 1996. "'American idols': Empire, War and the Middling Ranks in Mid-Eighteenth-Century Britain." *Past and Present* 150: 111–41.

Hart, Jonathan. 2004. "'English' and French Imperial Designs in Canada and in a Larger Context." In Rajan and Sauer 2004: 187–202.

———. 2008. *Empires and Colonies*. Cambridge: Polity Press.

Hathaway, Jane. 1996. "Problems of Periodization in Ottoman History: The Fifteenth through the Eighteenth Centuries." *Turkish Studies Association Bulletin* 20 (2): 25–31.

Hazareesingh, Sudhir. 1994. *Political Traditions in Modern France*. Oxford: Oxford University Press.

Headley, John M. 1998. "The Habsburg World Empire and the Revival of Ghibellinism." In Armitage 1998: 45–79.

Gladstone, W. E. 1876. *Bulgarian Horrors and the Question of the East*. London: John Murray.

Go, Julian. 2008. *American Empire and the Politics of Meaning: Elite Political Cultures in the Philippines and Puerto Rico during U.S. Colonialism*. Durham, NC: Duke University Press.

———. 2011. *Patterns of Empire: The British and American Empires, 1688 to the Present*. Cambridge: Cambridge University Press.

Göçek, Fatma Müge. 1993. "The Social Construction of an Empire: The Ottoman State under Süleymân the Magnificent." In Inalcik and Kafadar 1993: 93–108.

———. 1996. *Rise of the Bourgeoisie, Demise of Empire: Ottoman Westernization and Social Change*. New York: Oxford University Press.

———. 2015. *Denial of Violence: Ottoman Past, Turkish Present and Collective Violence against the Armenians, 1789–2009*. Oxford: Oxford University Press.

Goerg, Odile. 2002. "The French Provinces and 'Greater France.'" In Chafer and Sackur 2002: 82–101.

Goff, Barbara, ed. 2005. *Classics and Colonialism*. London: Duckworth.

Goffart, Walter. 2008. "Rome's Final Conquest: The Barbarians." *History Compass* 6 (3): 855–83.

Goffman, Daniel. 1994. "Ottoman Millets in the Early Seventeenth Century." *New Perspectives on Turkey* 11: 135–58.

———. 2002. *The Ottoman Empire and Early Modern Europe*. Cambridge: Cambridge University Press.

Goffman, Daniel, and Christopher Stroop. 2004. "Empire as Composite: The Ottoman Polity and the Typology of Dominion." In *Imperialisms: Historical and Literary Investigations, 1500–1900*, edited by Balachandra Rajan and Elizabeth Sauer, 129–45. New York: Palgrave Macmillan.

Gökalp, Ziya. 1959. *Turkish Nationalism and Western Civilization*. Translated with an introduction by Niyazi Berkes. New York: Columbia University Press.

Good, David F. 1984. *The Economic Rise of the Habsburg Empire, 1750–1914*. Berkeley: University of California Press.

Gorski, Philip S. 2000. "The Mosaic Moment: An Early Modernist Critique of Modernist Theories of Nationalism." *American Journal of Sociology* 105 (5): 1428–68.

Gott, Richard. 1989. "Little Englanders." In *Patriotism: The Making and Unmaking of British National Identity*, edited by Raphael Samuel, 3 vols., 1:90–102. London: Routledge.

Goubert, Pierre. 1970. *Louis XIV and Twenty Million Frenchmen*. Translated by Anne Carter. New York: Vintage Books.

Gould, Eliga. 1999. "A Virtual Nation: Greater Britain and the Imperial Legacy of the American Revolution." *American Historical Review* 104 (2): 476–89.

Grainger, J. H. 1986. *Patriotisms: Britain, 1900–1939*. London: Routledge and Kegan Paul.

Green, E.H.H. 1999. "The Political Economy of Empire, 1880–1914." In Porter 1999: 346–68.

Greenfeld, Liah. 1992. *Nationalism: Five Roads to Modernity*. Cambridge, MA: Harvard University Press.

Greenlee, J. G. 1976. "'A Successions of Seeleys': The 'Old School' Re-examined." *Journal of Imperial and Commonwealth History* 4 (3): 266–82.

———. 1979. "Imperial Studies and the Unity of Empire." *Journal of Imperial and Commonwealth History* 7 (3): 321–35.

Griffin, Miriam. 1990. "Claudius in Tacitus." *Classical Quarterly* 40 (2): 482–501.

Gallagher, John. 1982. *The Decline, Revival and Fall of the British Empire: The Ford Lectures and Other Essays*. Edited by Anil Seal. Cambridge: Cambridge University Press.
Gallagher, John, and Ronald Robinson. 1953. "The Imperialism of Free Trade." *Economic History Review*, new ser., 6 (1): 1–15.
Gallagher, John, and Anil Seal. 1981. "Britain and India between the Wars." *Modern Asian Studies* 15 (3): 387–414.
Garnsey, P.D.A., and C. R. Whittaker, eds. 1978a. *Imperialism in the Ancient World*. Cambridge: Cambridge University Press.
———. 1978b. "Introduction." In Garnsey and Whittaker 1978a: 1–6.
Geary, Patrick J. 2002. *The Myth of Nations: The Medieval Origins of Europe*. Princeton, NJ: Princeton University Press.
Gellner, Ernest. 1983. *Nations and Nationalism*. Oxford: Blackwell.
———. 1994. "The Price of Velvet: Tomas Masaryk and Vaclav Havel." In *Encounters with Nationalism*, 114–29. Oxford: Blackwell.
———. 1998a. *Nationalism*. London: Phoenix.
———. 1998b. *Language and Solitude: Wittgenstein, Malinowski and the Habsburg Dilemma*. Cambridge: Cambridge University Press.
Georgacas, Demetrius John. 1947. "The Names of Constantinople." *Transactions and Proceedings of the American Philological Association* 78: 347–67.
Geraci, Robert P. 2001. *Window on the East: National and Imperial Identities in Late Tsarist Russia*. Ithaca, NY: Cornell University Press.
———. 2009. "Minorities and Empire." In *The Blackwell Companion to Russian History*, edited by Abbott Gleason, 243–60. Oxford: Blackwell.
Geraci, Robert P., and Michael Khodarkovsky, eds. 2001. *Of Religion and Empire: Missions, Conversion, and Tolerance in Tsarist Russia*. Ithaca, NY: Cornell University Press.
Gergel, Tanya, ed. 2004. *Alexander the Great: Selected Texts from Arrian, Curtius and Plutarch*. London: Penguin Books.
Gernet, Jacques. 1980. "Comment se présente en Chine le concept d'empire?" In Duverger 1980: 397–416.
Geyer, Dietrich. 1986. "Modern Imperialism? The Tsarist and Soviet Examples." In Mommsen and Osterhammel 1986: 49–62.
Gibb, H.A.R., and Harold Bowen. 1950–57. *Islamic Society and the West: A Study of the Impact of Western Civilization on Moslem Culture in the Near East*. Vol. 1, *Islamic Society in the Eighteenth Century*, in two parts. London: Oxford University Press.
Gibbon, Edward. [1776–88] 1995. *The History of the Decline and Fall of the Roman Empire*. 3 vols. Edited by David Womersley. London: Penguin Books.
Gibbons, Herbert A. 1916. *The Foundation of the Ottoman Empire*. Oxford: Clarendon Press.
Gibney, John. 2008. "Early Modern Ireland: A British Atlantic Colony?" *History Compass* 6: 1–11.
Gilbert, Martin. 2010. *In Ishmael's House: A History of Jews in Muslim Lands*. New Haven, CT: Yale University Press.
Gildea, Robert. 1994. *The Past in French History*. New Haven, CT: Yale University Press.
———. 2009. *The Children of the Revolution: The French 1799–1914*. London: Penguin Books.
Gilroy, Paul. 2004. *After Empire: Melancholia or Convivial Culture?* Abingdon, UK: Routledge.
Girardet, Raoul. 1972. *L'Idée coloniale en France de 1871 à 1962*. Paris: La Table Ronde.

———. 2005. *Colossus: The Rise and Fall of the American Empire*. Paperback ed. New York: Penguin Books.

Ferro, Marc. 1997. *Colonization: A Global History*. Translated by K. D. Prithipaul. London: Routledge.

Fichtner, Paula Sutter. 2003. *The Habsburg Monarchy 1490–1848: Attributes of Empire*. Houndmills: Palgrave Macmillan.

Fieldhouse, D. K. 1961. "'Imperialism': An Historiographical Revision." *Economic History Review*, 2nd ser., 14 (2): 187–209.

———. 1999. "The Metropolitan Economics of Empire." In Brown and Louis 1999: 88–113.

Figes, Orlando. 2002. *Natasha's Dance: A Cultural History of Russia*. New York: Picador.

Findley, Carter Vaughn. 2005. *The Turks in World History*. New York: Oxford University Press.

———. 2010. *Turkey, Islam, Nationalism, and Modernity: A History, 1789–2007*. New Haven, CT: Yale University Press.

Finer, S. E. 1999. *The History of Government from the Earliest Times*. 3 vols. Oxford: Oxford University Press.

Finkel, Caroline. 2007. *Osman's Dream: The History of the Ottoman Empire*. New York: Basic Books.

Finley, M. I. 1976. "Colonies—an Attempt at a Typology." *Transactions of the Royal Historical Society*, 5th ser., 26: 167–88.

———. 1978a. "Empire in the Greco-Roman World." *Greece and Rome*, 2nd ser., 25 (1): 1–15.

———. 1978b. "The Fifth-Century Athenian Empire: A Balance Sheet." In Garnsey and Whittaker 1978a: 103–26.

Flenley, Paul. 1996. "From Soviet to Russian Identity: The Origins of Contemporary Russian Nationalism." In Jenkins and Sofos 1996: 223–50.

Folz, Robert. [1953] 1969. *The Concept of Empire in Western Europe from the Fifth to the Fourteenth Century*. Translated by Sheila Ann Ogilvie. London: Edward Arnold.

Fortna, Benjamin C. 2008. "The Reign of Abdülhamid II." In Kasaba 2008: 38–61.

Foster, Russell. 2015. *Mapping European Empire: Tabulae imperii Europaei*. London: Routledge.

Fradera, Josep. 2007. "Spain: The Genealogy of Modern Colonialism." In Aldrich 2007: 44–67.

Francis, Mark, ed. 1985. *The Viennese Enlightenment*. Beckenham, Kent: Croom Helm.

Frank, Alison. 2009. "The Pleasant and the Useful: Pilgrimage and Tourism in Habsburg Mariazell." *Austrian History Yearbook* 40: 157–82.

———. 2011. "Continental and Maritime Empires in an Age of Global Commerce." *East European Politics and Societies* 25 (4): 779–84.

Franklin, Simon, and Jonathan Shepard. 1996. *The Emergence of Rus 750–1200*. London: Longman.

Freeman, Edward A. 1886. *Greater Greece and Greater Britain* and *George Washington, the Expander of England: Two Lectures with an Appendix*. London: Macmillan and Co.

Freeman, Phillip. 1996. "British Imperialism and the Roman Empire." In Webster and Cooper 1996: 19–34.

Freeze, Gregory L. 1986. "The *soslovie* (Estate) Paradigm in Russian Social History." *American Historical Review* 91 (1): 11–36.

Frémeaux, Jacques. 2007. "France: Empire and Mère Patrie." In Aldrich 2007: 112–75.

Gaddis, John Lewis. 2004. *Surprise, Security, and the American Experience*. Cambridge, MA: Harvard University Press.

Englund, Steven. 2004. *Napoleon: A Political Life*. Cambridge, MA: Harvard University Press.

Epstein, Mark A. 1982. "Leadership of the Ottoman Jews in the Fifteenth and Sixteenth Centuries." In Braude and Lewis 1982a: 101–15.

Etherington, Norman. 1982. "Reconsidering Theories of Imperialism." *History and Theory* 21 (1): 1–36.

———. 1984. *Theories of Imperialism: War, Conquest and Capital*. London: Croom Helm.

Etkind, Alexander. 2011. *Internal Colonization: Russia's Imperial Experience*. Cambridge: Polity Press.

Evans, Martin, ed. 2004. *Empire and Culture: The French Experience, 1830–1940*. Houndmills, Basingstoke: Palgrave Macmillan.

———. 2012. *Algeria: France's Undeclared War*. New York: Oxford University Press.

Evans, R.J.W. 1991. *The Making of the Habsburg Monarchy 1550–1700: An Interpretation*. 3rd impression. Oxford: Clarendon Press.

———. 1994. "Austrian Identity in Hungarian Perspective: The Nineteenth Century." In Robertson and Timms 1994: 27–36.

———. 2006. *Austria, Hungary, and the Habsburgs: Essays on Central Europe, c.1683–1867*. Oxford: Oxford University Press.

Evans, R.J.W., Michael Schaich, and Peter H. Wilson, eds. 2011. *The Holy Roman Empire 1495–1806*. Oxford: Oxford University Press.

Faber, Richard. 1966. *The Vision and the Need: Late Victorian Imperialist Aims*. London: Faber and Faber.

Fanning, Steven. 1991. "Bede, *Imperium*, and the Bretwaldas." *Speculum* 66 (1): 1–26.

Farmer, Paul. 1960. "The Second Empire in France." In *The New Cambridge Modern History*, vol. 10, *The Zenith of European Power 1830–1870*, edited by J.P.T. Bury, 442–67. Cambridge: Cambridge University Press.

Faroqhi, Suraiya. 1994. "Crisis and Change, 1590–1699." In Inalcik with Quataert 1994: 413–636.

———. 1995. "Politics and Socio-Economic Change in the Later Sixteenth Century." In Kunt and Woodhead 1995: 91–113.

———. 2006. *The Ottoman Empire and the World Around It*. London: I. B. Tauris.

Favell, Adrian. 2001. *Philosophies of Integration: Immigration and the Idea of Citizenship in France and Britain*. 2nd ed. Houndmills: Palgrave.

Febvre, Lucien. 1973. "*Civilisation*: Evolution of a Word and a Group of Ideas." In *A New Kind of History: From the Writings of Febvre*, edited by Peter Burke, 219–57. New York: Harper and Row.

Fedorowich, Kent. 2008. "The British Empire on the Move, 1760–1914." In Stockwell 2008a: 63–100.

Fedorowich, Kent, and Andrew S. Thompson. 2013a. "Mapping the Contours of the British World: Empire, Migration and Identity." In Fedorowich and Thompson 2013b: 1–41.

———, eds. 2013b. *Empire, Migration and Identity in the British World*. Manchester: Manchester University Press.

Fedyshyn, Oleh S. 1980. "The Role of Russians among the New, Unified 'Soviet People.'" In Allworth 1980b: 149–58.

Feenstra, Robert. 1992. "Law." In Jenkyns 1992b: 399–420.

Ferguson, Niall. 2004. *Empire: How Britain Made the Modern World*. London: Penguin Books.

Dunne, Tom. 1982. "*La trahison des clercs*: British Intellectuals and the First Home-Rule Crisis." *Irish Historical Studies* 23 (90): 134–73.

Duverger, Maurice, ed. 1980. *Le Concept d'empire*. Paris: Presses Universitaires de France.

Ebel, Charles. 1976. *Transalpine Gaul: The Emergence of a Roman Province*. Leiden: E. J. Brill.

Eddy, John, and Deryck Schreuder, eds. 1988. *The Rise of Colonial Nationalism: Australia, New Zealand, Canada and South Africa First Assert Their Nationalities, 1880–1914*. Sydney: Allen and Unwin.

Edwards, Catherine. 1999a. "Introduction: Shadows and Fragments." In Edwards 1999b: 1–18.

———. 1999b. *Roman Presences: Receptions of Rome in European Culture, 1789–1945*. Cambridge: Cambridge University Press.

———. 1999c. "Translating Empire? Macaulay's Rome." In Edwards 1999b: 70–87.

Edwards, Catherine, and Greg Woolf. 2003. "Cosmopolis: Rome as World City." In *Rome the Cosmopolis*, edited by Catherine Edwards and Greg Woolf, 1–20. Cambridge: Cambridge University Press.

Eisenmann, Louis. 1910. "Austria-Hungary." In *The Cambridge Modern History*, vol. 12, *The Latest Age*, edited by A. W. Ward, G. W. Prothero, and Stanley Leathes, 174–212. Cambridge: At the University Press.

Eisenstadt, S. N. [1963] 1993. *The Political Systems of Empires*. New Brunswick, NJ: Transaction Publishers.

Eley, Geoff, and Ronald Grigor Suny, eds. 1996. *Becoming National: A Reader*. New York: Oxford University Press.

Eliot, T. S. 1957. "Virgil and the Christian World." In *On Poetry and Poets*, 122–40. London: Faber and Faber.

Elkins, Caroline. 2005. *Imperial Reckoning: The Untold Story of Britain's Gulag in Kenya*. New York: Henry Holt.

Elliott, J. H. 1970. *Imperial Spain 1469–1716*. London: Penguin Books.

———. 1984. *Richelieu and Olivares*. Cambridge: Cambridge University Press.

———. 1989a. *Spain and Its World 1500–1700: Selected Essays*. New Haven, CT: Yale University Press.

———. 1989b. "Spain and Its Empire in the Sixteenth and Seventeenth Centuries." In Elliott 1989a: 7–26.

———. 1989c. "The Decline of Spain." In Elliott 1989a: 215–40.

———. 1989d. "Self-Perception and Decline in Early Seventeenth-Century Spain." In Elliott 1989a: 241–61.

———. 1989e. "Art and Decline in Early Seventeenth-Century Spain." In Elliott 1989a: 263–86.

———. 1992. "A Europe of Composite Monarchies." *Past and Present* 137: 48–71.

———. 1993. "Ottoman-Habsburg Rivalry: The European Perspective." In Inalcik and Kafadar 1993: 153–62.

———. 2006. *Empires of the Atlantic World: Britain and Spain in the Americas, 1492–1830*. New Haven, CT: Yale University Press.

Elton, G. R., ed. 1982. *The Tudor Constitution: Documents and Commentary*. 2nd ed. Cambridge: Cambridge University Press.

Emerson, Rupert. [1960] 1962. *From Empire to Nation: The Rise to Self-Assertion of Asian and African Peoples*. Boston: Beacon Press.

———. 1969. "Colonialism." *Journal of Contemporary History* 4 (1): 3–16.

Deak, John. 2014. "The Great War and the Forgotten Realm: The Habsburg Monarchy and the First World War." *Journal of Modern History* 86 (2): 336–80.

———. 2015. *Forging a Multinational State: State Making in Imperial Austria from the Enlightenment to the First World War*. Stanford, CA: Stanford University Press.

de Gantes, Gilles. 2002. "Migration to Indochina: Proof of the Popularity of Colonial Empire?" In Chafer and Sackur 2002: 15–28.

Dench, Emma. 2005. *Romulus' Asylum: Roman Identities from the Age of Alexander to the Age of Hadrian*. Oxford: Oxford University Press.

Deringil, Selim. 1993. "The Ottoman Origins of Kemalist Nationalism." *European History Quarterly* 23 (2): 165–91.

———. 1999. *The Well-Protected Domains: Ideology and the Legitimation of Power in the Ottoman Empire 1876–1909*. London: I. B. Tauris.

Derrick, Jonathan. 2002. "The Dissenters: Anti-Colonialism in France, c. 1900–40." In Chafer and Sackur 2002: 53–68.

Deschamps, Hubert Jules. [1963] 1994. "Association and Indirect Rule." In Collins, Burns, and Ching 1994: 165–78.

Deudney, Daniel. 2001. "Greater Britain or Greater Synthesis? Seeley, Mackinder, and Wells on Britain in the Global Industrial Era." *Review of International Studies* 27: 187–208.

Díaz, Bernal. 1963. *The Conquest of New Spain*. Edited and translated by J. M. Cohen. London: Penguin Books.

Di Cosmo, Nicola. 1998. "Qing Colonial Administration in Inner Asia." *International History Review* 20 (2): 253–504.

Dilke, Sir Charles Wentworth. 1869. *Greater Britain: A Record of Travel in English-Speaking Countries during 1866 and 1867*. 3rd ed. London: Macmillan and Co.

———. 1899. *The British Empire*. London: Chatto and Windus.

Dilley, A. R. 2008. "The Economics of Empire." In Stockwell 2008a: 101–29.

Dixon, Simon. 1996. "The Russians and the Russian Question." In Smith 1996: 47–74.

———. 1998. "The Past in the Present: Contemporary Russian Nationalism in Historical Perspective." In Hosking and Service 1998: 149–77.

Donnelly, Alton. 1988. "The Mobile Steppe Frontier: The Russian Conquest and Colonization of Bashkiria and Kazakhstan to 1850." In Rywkin 1988: 189–207.

Dowling, Linda. 1985. "Roman Decadence and Victorian Historiography." *Victorian Studies* 28 (4): 579–607.

Doyle, Michael W. 1986. *Empires*. Ithaca, NY: Cornell University Press.

Duara, Prasenjit, ed. 2004. *Decolonization: Perspectives from Now and Then*. London: Routledge.

Dumont, Paul. 1982. "Jewish Communities in Turkey during the Last Decades of the Nineteenth Century in the Light of the Archives of the Alliance Israélite Universelle." In Braude and Lewis 1982a: 1:209–42.

Duncan, Peter J. S. 2000. *Russian Messianism: Third Rome, Revolution, Communism and After*. London: Routledge.

Dunlop, John B. 1983. *The Faces of Contemporary Russian Nationalism*. Princeton, NJ: Princeton University Press.

———. 1993. *The Rise of Russia and the Fall of the Soviet Union*. Princeton, NJ: Princeton University Press.

———. 1997. "Russia: In Search of an Identity?" In Bremmer and Taras 1997: 29–95.

Crisp, Olga, and Linda Edmondson, eds. 1989. *Civil Rights in Imperial Russia*. Oxford: Clarendon Press.

Cromer, Earl of. 1910. *Ancient and Modern Imperialism*. New York: Longmans, Green and Co.

Crone, Patricia. 2006. "Imperial Trauma: The Case of the Arabs." *Common Knowledge* 12 (1): 107–16.

Crosby, Alfred W. 1972. *The Columbian Exchange: Biological and Cultural Consequences of 1492*. Westport, CT: Greenwood Press.

Crowder, Michael. [1964] 1994. "Indirect Rule—French and British Style." In Collins, Burns, and Ching 1994: 179–88.

Cunningham, Michele. 2001. *Mexico and the Foreign Policy of Napoleon III*. Houndmills: Palgrave.

Dale, Stephen F. 2010. *The Muslim Empires of the Ottomans, Safavids, and Mughals*. Cambridge: Cambridge University Press.

Darian-Smith, Kate, Patricia Grimshaw, and Stuart Macintyre, eds. 2007. *Britishness Abroad: Transnational Movements and Imperial Cultures*. Melbourne: Melbourne University Press.

Darling, Linda. 2000. "Contested Territory: Ottoman Holy War in Comparative Context." *Studia Islamica* 91: 133–63.

Darwin, John. 1980. "Imperialism in Decline? Tendencies in British Imperial Policy between the Wars." *Historical Journal* 23 (3): 657–79.

———. 1984. "British Decolonization since 1945: A Pattern or a Puzzle?" *Journal of Imperial and Commonwealth History* 12 (2): 187–209.

———. 1986. "The Fear of Falling: British Politics and Imperial Decline since 1900." *Transactions of the Royal Historical Society*, 5th ser., 36: 27–43.

———. 1988. *Britain and Decolonisation: The Retreat from Empire in the Post-War World*. Houndmills: Macmillan.

———. 1991. *The End of the British Empire: The Historical Debate*. Oxford: Basil Blackwell.

———. 1999. "A Third British Empire? The Dominion Idea in Imperial Politics." In Brown and Louis 1999: 64–87.

———. 2005. "Bored by the Raj." *Times Literary Supplement*, February 18, 5–6.

———. 2008. *After Tamerlane: The Rise and Fall of Global Empires, 1400–2000*. London: Penguin Books.

———. 2009. *The Empire Project: The Rise and Fall of the British World-System 1830–1970*. Cambridge: Cambridge University Press.

———. 2012. *Unfinished Empire: The Global Expansion of Britain*. London: Allen Lane.

Daughton, J. P. 2006. *An Empire Divided: Religion, Republicanism, and the Making of French Colonialism, 1880–1914*. Oxford: Oxford University Press.

Davies, R. R. 2000. *The First English Empire: Power and Identities in the British Isles 1093–1343*. Oxford: Oxford University Press.

Dawisha, Karen, and Bruce Parrott, eds. 1997. *The End of Empire? The Transformation of the USSR in Comparative Perspective*. Armonk, NY: M. E. Sharpe.

Deák, István. 1990. *Beyond Nationalism: A Social and Political History of the Habsburg Officer Corps, 1848–1918*. New York: Oxford University Press.

———. 1997. "The Habsburg Empire." In Barkey and von Hagen 1997: 129–41.

———. 2012. "Where's Charlemagne When We Need Him?" *New York Times*, July 1, SR4.

Cole, Laurence, and Daniel Unowsky, eds. 2007. *The Limits of Loyalty: Imperial Symbolism, Popular Allegiances, and State Patriotism in the Late Habsburg Monarchy*. New York: Berghahn Books.

Colley, Linda. [1992] 1994. *Britons: Forging the Nation 1707–1837*. London: Pimlico.

———. [2002] 2004. *Captives: Britain, Empire, and the World, 1600–1850*. New York: Anchor Books.

Collins, James B. 1995. *The State in Early Modern France*. Cambridge: Cambridge University Press.

Collins, Robert O., James McDonald Burns, and Erik Kristofer Ching, eds. 1994. *Historical Problems of Imperial Africa*. Princeton, NJ: Marcus Wiener Publishers.

Conklin, Alice L. 1997. *A Mission to Civilize: The Republican Idea of Empire in France and West Africa, 1895–1930*. Stanford, CA: Stanford University Press.

Conklin, Alice L., Sarah Fishman, and Robert Zaretsky. 2015. *France and Its Empire since 1870*. 2nd ed. New York: Oxford University Press.

Connor, Walker. 1984. *The National Question in Marxist-Leninist Theory and Strategy*. Princeton, NJ: Princeton University Press.

Conquest, Robert, ed. 1986. *The Last Empire: Nationality and the Soviet Future*. Stanford, CA: Hoover Institution Press.

Constantine, Stephen. 1986. "'Bringing the Empire Alive': The Empire Marketing Board and Imperial Propaganda, 1926–33." In MacKenzie 1986: 192–231.

———. 1999. "Migrants and Settlers." In Brown and Louis 1999: 163–87.

Cooke, James L. 1973. *New French Imperialism 1880–1910: The Third Republic and Colonial Expansion*. Newton Abbot: David and Charles; Hamden, CT: Archon Books.

Cooper, Frederick. 2005. "States, Empires, and Political Imagination." in *Colonialism in Question*, 153–203. Berkeley: University of California Press.

———. 2007. "Provincializing France." In Stoler, McGranahan, and Perdue 2007: 341–77.

———. 2014. *Citizenship between Empire and Nation: Remaking France and French Africa, 1945–1960*. Princeton, NJ: Princeton University Press.

Cooper, Frederick, and Ann Laura Stoler, eds. 1997. *Tensions of Empire: Colonial Cultures in a Bourgeois World*. Berkeley: University of California Press.

Cornwall, Mark. 2000. *The Undermining of Austria-Hungary: The Battle for Hearts and Minds*. Houndmills: Macmillan.

———, ed. 2002. *The Last Years of Austria-Hungary: A Multi-National Experiment in Early Twentieth-Century Europe*. Exeter: University of Exeter Press.

———. 2009. "The Habsburg Monarchy." In Baycroft and Hewitson 2009: 171–91.

Coyle, J. Kevin. 1987. "Augustine and the Apocalyptic: Thoughts on the Fall of Rome, the Book of Revelation, and the End of the World." *Florilegium* 9: 1–34.

Cracraft, James. 2004. *The Petrine Revolution in Russian Culture*. Cambridge, MA: Harvard University Press.

Cramb, J. A. [1900] 1915. *The Origins and Destiny of Imperial Britain and Nineteenth Century Europe*. New York: E. P. Dutton and Company.

Creighton, John. 2006. *Britannia: The Creation of a Roman Province*. London: Routledge.

Crews, Robert. 2003. "Empire and the Confessional State: Islam and Religious Politics in Nineteenth-Century Russia." *American Historical Review* 108 (1): 50–83.

———. 2006. *For Prophet and Tsar: Islam and Empire in Russia and Central Asia*. Cambridge, MA: Harvard University Press.

Cherniavsky, Michael. 1969. *Tsar and People: Studies in Russian Myths*. New York: Random House.

———, ed. 1970a. *The Structure of Russian History: Interpretive Essays*. New York: Random House.

———. 1970b. "The Old Believers and the New Religion." In Cherniavsky 1970a: 140–88.

———. 1975. "Russia." In *National Consciousness, History, and Political Culture in Early-Modern Europe*, ed. Orest Ranum, 118–43. Baltimore: Johns Hopkins University Press.

Chinn, Jeff, and Robert Kaiser. 1996. *Russians as the New Minority: Ethnicity and Nationalism in the Soviet Successor States*. Boulder, CO: Westview Press.

Chudoba, Bohdan. 1952. *Spain and the Empire 1519–1643*. Chicago: University of Chicago Press.

Chulos, Chris J. 2000. "Orthodox Identity at Russian Holy Places." In Chulos and Pirainen 2000: 28–50.

Chulos, Chris J., and Timo Pirainen, eds. 2000. *The Fall of an Empire, the Birth of a Nation*. Aldershot: Ashgate.

Chulos, Chris J., and Johannes Remy, eds. 2002. *Imperial and National Identities in Pre-revolutionary, Soviet, and Post-Soviet Russia*. Helsinki: Suomalaisen Kirjallisuuden Seura/Finnish Literature Society.

Cirakman, Asli. 2001. "From Tyranny to Despotism: The Enlightenment's Unenlightened Image of the Turks." *International Journal of Middle East Studies* 33 (1): 49–68.

Clark, Bruce. 2006. *Twice a Stranger: The Mass Expulsions That Forged Modern Greece and Turkey*. Cambridge, MA: Harvard University Press.

Clarke, Peter. 2008. *The Last Thousand Days of the British Empire: Churchill, Roosevelt, and the Birth of the Pax Americana*. New York: Bloomsbury Press.

Claudian. [c. 370–404 CE] 1922. *Claudian*. Translated by Maurice Platnauer. 2 vols. Loeb Classical Library. Cambridge, MA: Harvard University Press.

Cleary, Joe. 2006. "Postcolonial Ireland." In Kenny 2006c: 251–88.

———. 2007. "Amongst Empires: A Short History of Ireland and Empire Studies in International Context." *Eire-Ireland: A Journal of Irish Studies* 42 (1/2): 11–57.

Clogg, Richard. 1982. "The Greek *Millet* in the Ottoman Empire." In Braude and Lewis 1982a: 1:185–207.

Cobban, Alfred. 1961. *A History of Modern France*. Vol. 2, *1799–1945*. Harmondsworth: Penguin Books.

Coetzee, J. M. 2002. "Emperor of Nostalgia." *New York Review of Books*, February 28, 18–21.

Cohen, Ariel. 1996. *Russian Imperialism: Development and Crisis*. Westport, CT: Praeger.

Cohen, Gary B. 2007. "Nationalist Politics and the Dynamics of State and Civil Society in the Habsburg Monarchy, 1867–1914." *Central European History* 40 (2): 241–78.

Cohn, Bernard S. 1983. "Representing Authority in Victorian India." In Hobsbawm and Ranger 1984: 165–209.

Cohn, Bernard S., and Nicholas B. Dirks. 1988. "Beyond the Fringe: The Nation State, Colonialism, and the Technologies of Power." *Journal of Historical Sociology* 1 (2): 224–29.

Cole, Douglas. 1971. "The Problem of 'Nationalism' and 'Imperialism' in British Settlement Colonies." *Journal of British Studies* 10 (2): 160–82.

Cole, Juan. 2007. *Napoleon's Egypt: Invading the Middle East*. New York: Palgrave Macmillan.

Cain, P. J. 1999. "Economics and Empire: The Metropolitan Context." In Porter 1999: 31–52.

———. 2007. "Empire and the Languages of Character and Virtue in Later Victorian and Edwardian England." *Modern Intellectual History* 4 (2): 249–73.

Cain, P. J., and A. G. Hopkins. 2002. *British Imperialism 1688–2000*. 2nd ed. Harlow, Essex: Longman.

Calhoun, Craig, Frederick Cooper, and Kevin W. Moore, eds. 2006. *Lessons of Empire: Imperial Histories and American Power*. New York: The New Press.

Cameron, Alan. 1970. *Claudian: Poetry and Propaganda at the Court of Honorius*. Oxford: Clarendon Press.

Cameron, Averil. 2006. *The Byzantines*. Oxford: Blackwell Publishers.

Campbell, Elena. 2007. "The Muslim Question in Late Imperial Russia." In Burbank, von Hagen, and Remnev 2007: 320–47.

Cannadine, David. 2001. *Ornamentalism: How the British Saw Their Empire*. Oxford: Oxford University Press.

Canny, Nicholas. 1973. "The Ideology of English Colonization: From Ireland to America." *William and Mary Quarterly* 30: 575–98.

———. 1988. *Kingdom and Colony: Ireland in the Atlantic World, 1560–1800*. Baltimore: Johns Hopkins University Press.

———. 2003. *Making Ireland British 1580–1650*. Oxford: Oxford University Press.

Canny, Nicholas, and Anthony Pagden, eds. 1987. *Colonial Identity in the Atlantic World, 1500–1800*. Princeton, NJ: Princeton University Press.

Carlyle, Thomas. [1840] 1971. "Chartism." In *Thomas Carlyle: Selected Writings*, edited by Alan Shelston, 151–232. Harmondsworth: Penguin Books.

Carr, E. H. 1956. "'Russia and Europe' as a Theme of Russian History." In *Essays Presented to Sir Lewis Namier*, edited by Richard Pares and A.J.P. Taylor, 357–93. London: Macmillan.

Carr, Raymond 2000. "Introduction." In *Spain: A History*, edited by Raymond Carr, 1–9. Oxford: Oxford University Press.

Carrère d'Encausse, Hélène. 1989. "Organizing and Colonizing the Conquered Territories." In Allworth 1989: 151–71.

———. 1992. *The Great Challenge: Nationalities and the Bolshevik State 1917–30*. Translated by Nancy Festinger. New York: Holmes and Meier.

Carter, Miranda. 2010. *The Three Emperors: Three Cousins, Three Empires and the Road to World War One*. London: Penguin Books.

Carter, Stephen. 1993. *Russian Nationalism*. London: Pinter Publishers.

Chafer, Tony, and Amanda Sackur, eds. 2002. *Promoting the Colonial Idea: Propaganda and Visions of Empire in France*. Houndmills, Basingstoke: Palgrave.

Chamberlain, Lesley. 2015. "New Eurasians." *Times Literary Supplement*, May 15, 14–15.

Chamberlain, M. E. 1999. *Decolonization: The Fall of the European Empires*. 2nd ed. Oxford: Blackwell Publishing.

Champion, Craige B., ed. 2004. *Roman Imperialism: Readings and Sources*. Malden, MA: Blackwell.

Chang, Sung-Hwan. 1974. "Russian Designs on the Far East." In Hunczak 1974: 299–321.

Chaudhuri, Nirad C. 1990. *Thy Hand, Great Anarch: India 1921–1952*. London: The Hogarth Press.

Brunt, P. A. 1965. "Reflections on British and Roman Imperialism." *Comparative Studies in Society and History* 7 (3): 267–88.

———. 1978. "Laus Imperii." In Garnsey and Whittaker 1978a: 159–91.

———. 1990a. *Roman Imperial Themes*. Oxford: Clarendon Press.

———. 1990b. "The Romanization of the Local Ruling Classes in the Roman Empire." In Brunt 1990a: 267–81.

———. 1990c. "Roman Imperial Illusions." In Brunt 1990a: 433–80.

Bryce, James. [1901] 1914. *The Ancient Roman Empire and the British Empire in India,* and *The Diffusion of Roman and English Law throughout the World: Two Historical Studies*. London: Oxford University Press.

Buckner, P., and D. Francis, eds. 2003. *Rediscovering the British World: Culture and Diaspora*. London: Taylor and Francis.

Bucur, Maria, and Nancy M. Wingfield, eds. 2001. *Staging the Past: The Politics of Commemoration in Habsburg Central Europe, 1848 to the Present*. West Lafayette, IN: Purdue University Press.

Buettner, Elizabeth. 2004. *Empire Families: Britons and Late Imperial India*. Oxford: Oxford University Press.

Burbank, Jane. 2006. "An Imperial Rights Regime: Law and Citizenship in the Russian Empire." *Kritika* 7 (3): 397–431.

———. 2007a. "The Rights of Difference: Law and Citizenship in the Russian Empire." In Stoler, McGranahan, and Perdue 2007: 77–111.

———. 2007b. "Thinking Like an Empire: Estate, Law, and Rights in the Early Twentieth Century." In Burbank, von Hagen, and Remnev 2007: 196–217.

Burbank, Jane, and Frederick Cooper. 2010. *Empires in World History: Power and the Politics of Difference*. Princeton, NJ: Princeton University Press.

Burbank, Jane, Mark von Hagen, and Anatolyi Remnev, eds. 2007. *Russian Empire: Space, People, Power, 1700–1930*. Bloomington: Indiana University Press.

Burke, Peter. 1977. "Tradition and Experience: The Idea of Decline from Bruni to Gibbon." In Bowersock, Clive, and Graubard 1977: 87–102.

Burn, A. R. 1962. *Alexander the Great and the Hellenistic World*. New ed. New York: Collier Books.

Burnham, James. [1941] 1962. *The Managerial Revolution*. Harmondsworth: Penguin Books.

Burns, Thomas S. 2009. *Rome and the Barbarians, 100 B.C.–A. D. 400*. Baltimore: Johns Hopkins University Press.

Burroughs, Peter. 1999. "Imperial Institutions and the Government of Empire." In Porter 1999: 170–97.

Burton, Antoinette, ed. 2001. *Politics and Empire in Victorian Britain: A Reader*. New York: Palgrave.

———, ed. 2003. *After the Imperial Turn: Thinking with and through the Nation*. Durham, NC: Duke University Press.

———. 2011. *Empire in Question: Reading, Writing, and Teaching British Imperialism*. Durham, NC: Duke University Press.

Bushkovitch, Paul. 1986. "The Formation of National Consciousness in Early Modern Russia." *Harvard Ukrainian Studies* 10 (3/4): 355–76.

———. 2003. "What Is Russia? Russian National Identity and the State, 1500–1917." In Kappeler et al. 2003: 144–61.

Braude, Benjamin, and Bernard Lewis, eds. 1982a. *Christians and Jews in the Ottoman Empire: The Functioning of a Plural Society*. 2 vols. New York: Holmes and Meier.
———. 1982b. "Introduction." In Braude and Lewis 1982a: 1:1–34.
Braudel, Fernand. 1975. *The Mediterranean and the Mediterranean World in the Age of Philip II*. 2 vols. Translated from the French by Sian Reynolds. London: Fontana.
Bremmer, Ian, and Ray Taras, eds. 1997. *New States, New Politics: Building the Post-Soviet Nations*. Cambridge: Cambridge University Press.
Breuilly, John. 2000. "Nationalism and the History of Ideas." *Proceedings of the British Academy* 105: 187–223.
Breyfogle, Nicholas B., Abby Schrader, and Willard Sunderland, eds. 2007. *Peopling the Russian Periphery: Borderland Colonization in Eurasian History*. London: Routledge.
Bridge, Carl, and Kent Fedorowich, eds. 2003. *The British World: Diaspora, Culture and Identity*. London: Frank Cass.
Brodsky, Joseph. 1987. "A Guide to a Renamed City." In *Less than One: Selected Essays*, 69–94. London: Penguin Books.
Brooks, Jeffrey. 1985. *When Russia Learned to Read: Literacy and Popular Culture, 1861–1917*. Princeton, NJ: Princeton University Press.
Brower, Daniel R. 1997. "Islam and Ethnicity: Russian Colonial Policy in Turkestan." In Brower and Lazzerini 1997: 115–35.
Brower, Daniel R., and Edward J. Lazzerini, eds. 1997. *Russia's Orient: Imperial Borderlands and Peoples, 1700–1917*. Bloomington: Indiana University Press.
Brown, Judith M. 1999. "India." In Brown and Louis 1999: 421–46.
Brown, Judith M., and Wm. Roger Louis, eds. 1999. *The Oxford History of the British Empire*. Vol. 4, *The Twentieth Century*. Oxford: Oxford University Press.
Brown, Peter. 2003. *The Rise of Western Christendom*. 2nd ed. Malden, MA: Blackwell Publishing.
Brown, Roger Glenn. 1970. *Fashoda Reconsidered: The Impact of Domestic Politics on French Policy in Africa 1893–1898*. Baltimore: Johns Hopkins University Press.
Brubaker, Rogers. 1992. *Citizenship and Nationhood in France and Germany*. Cambridge, MA: Harvard University Press.
———. 1996. *Nationalism Reframed: Nationhood and the National Question in the New Europe*. Cambridge: Cambridge University Press.
———. 2015. *Grounds for Difference*. Cambridge, MA: Harvard University Press.
Brubaker, Rogers, Margit Feischmidt, Jon Fox, and Liana Grancea. 2006. *Nationalist Politics and Everyday Ethnicity in a Transylvanian Town*. Princeton, NJ: Princeton University Press.
Bruckmüller, Ernst. 1993. "The National Identity of the Austrians." In Teich and Porter 1993: 196–227.
———. 2003. *The Austrian Nation: Cultural Consciousness and Socio-Political Processes*. Translated by Lowell A. Bangerter. Riverside, CA: Ariadne Press.
Brundage, Anthony, and Richard A. Cosgrove. 2007. *The Great Tradition: Constitutional History and National Identity in Britain and the United States, 1870–1960*. Stanford, CA: Stanford University Press.
Brunschwig, Henri. 1966. *French Colonialism 1871–1914: Myths and Realities*. Translated by William Glanville Brown. Introduction by Ronald E. Robinson. New York: Frederick A. Praeger.

———. 1971. "The Allusion to Rome in British Imperialist Thought of the Late Nineteenth and Early Twentieth Centuries." *Victorian Studies* 15 (2): 149–59.
———. 1978. *Tricouleur: The French Overseas Empire.* London: Gordon and Cremonisi.
———. 1991. *France and Decolonisation 1900–1960.* Houndmills, Basingstoke: Macmillan.
———. 2004. *Decolonization.* 2nd ed. New York: Routledge.
Biceno, Hugh. 2003. *Crescent and Cross: The Battle of Lepanto 1571.* London: Cassell.
Bickers, Robert, ed. 2010. *Settlers and Expatriates: Britons over the Seas.* Oxford: Oxford University Press.
Birnbaum, Pierre. [1998] 2001. *The Idea of France.* Translated by M. B. DeBevoise. New York: Hill and Wang.
Bivona, Daniel. 1998. *British Imperial Literature, 1870–1940: Writing and the Administration of Empire.* Cambridge: Cambridge University Press.
Bleich, Erik. 2003. *Race Politics in Britain and France: Ideas and Policy-Making since the 1960s.* Cambridge: Cambridge University Press.
Blitstein, Peter A. 2001. "Nation-Building or Russification? Obligatory Russian Instruction in the Soviet Non-Russian School, 1938–1953." In Suny and Martin 2001: 253–74.
———. 2006. "Cultural Diversity and the Interwar Conjuncture: Soviet Nationality Policy in Its Comparative Context." *Slavic Review* 65 (2): 273–93.
Bloch, Marc. 1967. "The Empire and the Idea of Empire under the Hohenstaufen." In *Land and Work in Medieval Europe: Selected Papers by Marc Bloch,* translated by J. E. Anderson, 1–43. Berkeley: University of California Press.
Bodelsen, C. A. [1924] 1960. *Studies in Mid-Victorian Imperialism.* London: Heinemann.
Bodin, Jean. [1586] 1962. *The Six Bookes of a Commonweale.* Translated by Richard Knolles (1606). Edited by Kenneth Douglas McRae. Cambridge, MA: Harvard University Press.
Boerner, Peter, ed. 1986. *Concepts of National Identity: An Interdisciplinary Dialogue.* Baden-Baden: Nomos Verlagsgesellschaft.
Bosworth, A. B. 1993. *Conquest and Empire: The Reign of Alexander the Great.* Cambridge: Cambridge University Press.
Bosworth, A. B., and E. J. Baynham, eds. 2000. *Alexander the Great in Fact and Fiction.* Oxford: Oxford University Press.
Bosworth, C. E. 1982. "The Concept of *Dhimma* in Early Islam." In Braude and Lewis 1982a: 1:37–51.
Bowersock, G. W., John Clive, and Stephen R. Graubard, eds. 1977. *Edward Gibbon and the Decline and Fall of the Roman Empire.* Cambridge, MA: Harvard University Press.
Bowie, E. L. 1970. "Greeks and Their Past in the Second Sophistic." *Past and Present* 46: 3–41.
Bradley, Mark, ed. 2010a. *Classics and Imperialism in the British Empire.* Oxford: Oxford University Press.
———. 2010b. "Tacitus' *Agricola* and the Conquest of Britain: Representations of Empire in Victorian and Edwardian England." In Bradley 2010a: 123–57.
Brandenberger, David. 2001. "'. . . It Is Imperative to Advance Russian Nationalism as the First Priority': Debates within the Stalinist Ideological Establishment, 1941–1945." In Suny and Martin 2001: 275–99.
Braude, Benjamin. 1982. "Foundation Myths of the *Millet* System." In Braude and Lewis 1982a: 1:69–88.

———. 2000. "Russia and the Concept of Empire." *Ab Imperio* 3–4: 329–42.

Beissinger, Mark R. 1995 "The Persisting Ambiguity of Empire." *Post-Soviet Affairs* 11 (2): 149–84.

———. 2002. *Nationalist Mobilization and the Collapse of the Soviet State*. Cambridge: Cambridge University Press.

———. 2006. "Soviet Empire as 'Family Resemblance.'" *Slavic Review* 65 (2): 294–303.

———. 2008. "The Persistence of Empire in Eurasia." *NewsNet* 48 (1): 1–8.

Belich, James. 2009. *Replenishing the Earth: The Settler Revolution and the Rise of the Anglo-World, 1783–1939*. Oxford: Oxford University Press.

Bell, David. 2003. *The Cult of the Nation in France: Inventing Nationalism, 1680–1800*. Cambridge, MA: Harvard University Press.

Bell, Duncan. 2007. *The Idea of Greater Britain: Empire and the Future of World Order, 1860–1900*. Princeton, NJ: Princeton University Press.

Beller, Steven. 1989. *Vienna and the Jews, 1867–1938: A Cultural History*. Cambridge: Cambridge University Press.

———. 2001. "Kraus's Firework: State Consciousness Raising in the 1908 Jubilee Parade in Vienna and the Problem of Austrian Identity." In Bucur and Wingfield 2001: 46–71.

———. 2011. *A Concise History of Austria*. Cambridge: Cambridge University Press.

Belmessous, Saliha. 2013. *Assimilation and Empire: Uniformity in French and British Colonies, 1541–1954*. Oxford: Oxford University Press.

Benians, E. A. 1925. "Adam Smith's Project of an Empire." *Cambridge Historical Journal* 1 (3): 249–83.

Bennison, Amira K. 2002. "Muslim Universalism and Western Globalization." In *Globalization in World History*, edited by A. G. Hopkins, 74–97. London: Pimlico.

Benson, Robert L. 1982. "Political *Renovatio*: Two Models from Roman Antiquity." In *Renaissance and Renewal in the Twelfth Century*, edited by Robert L. Benson and Giles Constable, with Carol D. Lanham, 339–86. Cambridge, MA: Harvard University Press.

Berdyaev, Nicholas. [1937] 1960. *The Origin of Russian Communism*. Ann Arbor: University of Michigan Press.

———. [1947] 1992. *The Russian Idea*. Translated by R. M. French. Hudson, NY: Lindisfarne Press.

Bérenger, Jean. 1994. *A History of the Habsburg Empire 1273–1700*. Translated by C. A. Simpson. London: Longman.

———. 1997. *A History of the Habsburg Empire 1700–1918*. Translated by C. A. Simpson. London and New York: Longman.

Berezin, Mabel. 1997. *Making the Fascist Self: The Political Culture of Interwar Italy*. Ithaca, NY: Cornell University Press.

Berlin, Isaiah. 1979. *Russian Thinkers*. Harmondsworth: Penguin Books.

Berman, Marshall. 1983. *All That Is Solid Melts into Air: The Experience of Modernity*. London: Verso.

Bernal, Martin. 1987. *Black Athena: The Afroasiatic Roots of Classical Civilization*. Vol. 1, *The Fabrication of Ancient Greece 1785–1985*. New Brunswick, NJ: Rutgers University Press.

Betts, Raymond F. 1961. *Assimilation and Association in French Colonial Theory 1890–1914*. New York: Columbia University Press.

Barker, Ernest. 1941. *The Ideas and Ideals of the British Empire*. Cambridge: Cambridge University Press.

Barkey, Karen. 2008. *Empire of Difference: The Ottomans in Comparative Perspective*. Cambridge: Cambridge University Press.

Barkey, Karen, and Mark von Hagen, eds. 1997. *After Empire: Multiethnic Societies and Nation-Building. The Soviet Union and the Russian, Ottoman, and Habsburg Empires.* Boulder, CO: Westview Press.

Bartlett, Robert. 1994. *The Making of Europe: Conquest, Colonization and Cultural Change 950–1350*. London: Penguin Books.

Bartlett, Thomas. 2006. "Ireland, Empire, and Union, 1690–1801." In Kenney 2006c: 61–89.

Barton, I. M. 1972. *Africa in the Roman Empire*. Accra: Ghana Universities Press.

Bassin, Mark. 1991. "Inventing Siberia: Visions of the Russian East in the Early Nineteenth Century." *American Historical Review* 96 (3): 763–94.

———. 1993. "Turner, Solov'ev, and the 'Frontier Hypothesis': The Nationalist Signification of Open Spaces." *Journal of Modern History* 65 (3): 473–511.

———. 1999. *Imperial Visions: Nationalist Imagination and Geographical Expansion in the Russian Far East, 1840–1865*. Cambridge: Cambridge University Press.

Baucom, Ian. 1999. *Out of Place: Englishness, Empire, and the Locations of Identity*. Princeton, NJ: Princeton University Press.

Bauer, Otto. [1907, 1924] 2000. *The Question of Nationalities and Social Democracy*. Edited by Ephraim J. Nimni. Translated by Joseph O'Donnell. Minneapolis: University of Minnesota Press.

Baumgart, Winfried. 1982. *Imperialism: The Idea and Reality of British and French Colonial Expansion, 1880–1914*. Translated by Ben V. Mast. Oxford: Oxford University Press.

Baycroft, Timothy. 2004. "The Empire and the Nation: The Place of Colonial Images in the Republican Visions of the French Nation." In Evans 2004: 148–60.

———. 2008. *France*. London: Hodder Education.

Baycroft, Timothy, and Mark Hewitson, eds. 2009. *What Is a Nation? Europe 1789–1914*. Oxford: Oxford University Press.

Bayly, C. A. 1989. *Imperial Meridian: The British Empire and the World, 1780–1830*. London: Longman.

———. 2004. *The Birth of the Modern World 1780–1914: Global Connections and Comparisons.* Oxford: Blackwell.

Baynham, E. J. 2009. "Power, Passions, and Patrons: Alexander, Charles Le Brun, and Oliver Stone." In Heckel and Tritle 2009: 294–310.

Beales, Derek. 1987. *Joseph II*. Vol. 1, *In the Shadow of Maria Theresa*. Cambridge: Cambridge University Press.

———. 2009. *Joseph II*. Vol. 2, *Against the World, 1780–1790*. Cambridge: Cambridge University Press.

Beard, Mary. 2015. *S.P.Q.R.: A History of Ancient Rome*. New York: Liveright.

Becker, Seymour. 1986. "The Muslim East in Nineteenth-Century Russian Popular Historiography." *Central Asian Survey* 5 (3/4): 25–47.

———. 1991. "Russia between East and West: The Intelligentsia, Russian National Identity and the Asian Borderlands." *Central Asian Survey* 10 (4): 47–64.

Amery, L. S. 1944. *The Framework of the Future*. Oxford: Oxford University Press.
Anderson, Benedict. 2006. *Imagined Communities: Reflection on the Origin and Spread of Nationalism*. 2nd rev. ed. London: Verso.
Anderson, David. 2005. *Histories of the Hanged: The Dirty War in Kenya and the End of Empire*. New York: W. W. Norton and Co.
Ando, Clifford. 2000. *Imperial Ideology and Provincial Loyalty in the Roman Empire*. Berkeley: University of California Press.
Andrew, C. M., and A. S. Kanya-Forstner. 1971. "The French 'Colonial Party': Its Composition, Aims and Influence, 1885–1914." *Historical Journal* 14 (1): 99–128.
———. 1988. "Centre and Periphery in the Making of the Second French Colonial Empire, 1815–1920." *Journal of Imperial and Commonwealth History* 16 (3): 9–34.
Anisimov, Evgenii V. 1993. *The Reforms of Peter the Great: Progress through Coercion in Russia*. Translated by John. T. Alexander. Armonk, NY: M. E. Sharpe.
Arendt, Hannah. 1958. *The Origins of Modern Totalitarianism*. 2nd ed. New York: Meridian Books.
Armitage, David, ed. 1998. *Theories of Empire, 1450–1800*. Aldershot, UK: Ashgate Publishing.
———. 2000. *The Ideological Origins of the British Empire*. Cambridge: Cambridge University Press.
Armstrong, John A. 1976. "Mobilized and Proletarian Diasporas." *American Political Science Review* 70 (2): 393–408.
———. 1978. "Mobilized Diaspora in Tsarist Russia: The Case of the Baltic Germans." In Azrael 1978: 63–104.
Arthurs, Joshua. 2012. *Excavating Modernity: The Roman Past in Fascist Italy*. Ithaca, NY: Cornell University Press.
Ashcroft, Bill, Gareth Griffiths, and Helen Tiffin, eds. 1995. *The Post-Colonial Studies Reader*. London: Routledge.
Atkin, Muriel 1988. "Russian Expansion in the Caucasus to 1813." In Rywkin 1988: 139–87.
Atlan, Catherine, and Jean-Hervé Jézéquel. 2002. "Alienation or Political Strategy? The Colonised Defend the Empire." In Chafer and Sackur 2002: 102–15.
Atlee, Clement. 1961. *Empire and Commonwealth*. Oxford: Oxford University Press.
Augustine, St. [413–27 CE] 1984. *Concerning the City of God against the Pagans*. Translated by Henry Bettenson. London: Penguin Books.
Azrael, Jeremy R., ed. 1978. *Soviet Nationality Policies and Practices*. New York: Praeger.
Bacevich, Andrew. 2003. *American Empire: The Realities and Consequences of U.S. Diplomacy*. Cambridge, MA: Harvard University Press.
Bacon, Francis. [1625] 1906. *Essays, or Counsels Civil and Moral*. Edited by Frederick Harrison. London: Blackie and Son.
Badian, E. 1958. "Alexander the Great and the Unity of Mankind." *Historia* 7 (4): 425–44.
Bailkin, Jordanna. 2012. *The Afterlife of Empire*. Berkeley: University of California Press.
Balibar, Etienne. 1999. "Algeria, France: One Nation or Two?" In *Giving Ground: The Politics of Propinquity*, edited by Joan Copjec and Michael Sorkin, 162–72. London: Verso.
Barghoorn, Frederick C. 1980. "Four Faces of Soviet Russian Ethnocentrism." In Allworth 1980b: 55–66.
———. 1986. "Russian Nationalism and Soviet Politics: Official and Unofficial Perspectives." In Conquest 1986: 30–77.

參考書目

Aasland, Aadne. 1996. "Russians outside Russia: The New Russian Diaspora." In Smith 1996: 477–97.

Abernethy, David B. 2000. *The Dynamics of Global Dominance: European Overseas Empires 1415–1980*. New Haven, CT: Yale University Press.

Acomb, Frances. 1950. *Anglophobia in France 1763–1789*. Durham, NC: Duke University Press.

Acton, John Emerich Edward Dalberg, First Baron. [1862] 1996. "Nationality." In *Mapping the Nation*, edited by Gopal Balakrishnan, 17–38. London: Verso.

Adas, Michael. 1998. "Imperialism and Colonialism in Comparative Perspective." *International History Review* 20 (2): 371–88.

Adler, Eric. 2008. "Late Victorian and Edwardian Views of Rome and the Nature of 'Defensive Imperialism.'" *International Journal of the Classical Tradition* 15 (2): 187–216.

Agursky, Mikhail. 1987. *The Third Rome: National Bolshevism in the USSR*. Boulder, CO: Westview Press.

Aksan, Virginia H. 1999. "Locating the Ottomans among Early Modern Empires." *Journal of Early Modern History* 3 (2): 103–34.

Aksin, Sina. 2007. *Turkey: From Empire to Revolutionary Republic*. Translated by Dexter H. Mursaloglu. London: Hurst and Co.

Albertini, Rudolf von. 1969. "The Impact of Two World Wars on the Decline of Colonialism." *Journal of Contemporary History* 4 (1): 17–35.

Alcock, Susan E., Terence N. D'Altroy, Kathleen D. Morrison, and Carla M. Sinopoli, eds. 2001. *Empires: Perspectives from Archaeology and History*. Cambridge: Cambridge University Press.

Aldrich, Robert. 1996. *Greater France: A History of French Overseas Expansion*. Houndmills, Basingstoke: Macmillan.

———. 2005. *Vestiges of the Colonial Empire in France: Monuments, Museums and Colonial Memories*. Houndmills, Basingstoke: Palgrave Macmillan.

———, ed. 2007. *The Age of Empires*. New York: Thames and Hudson.

Allworth, Edward, ed. 1971. *Soviet Nationality Problems*. New York: Columbia University Press.

———. 1980a. "Ambiguities in Russian Group Identity and Leadership of the RSFSR." In Allworth 1980b: 17–38.

———, ed. 1980b. *Ethnic Russia in the USSR: The Dilemma of Dominance*. New York: Pergamon Press.

———, ed. 1989. *Central Asia: 120 Years of Russian Rule*. Durham, NC: Duke University Press.

Alter, Peter. 1994. *Nationalism*. 2nd ed. London: Edward Arnold.

歷史大講堂

帝國，統治世界的邏輯

從大國起源羅馬到民族國家法蘭西，塑造現代世界的六個帝國

2023年3月初版 定價：新臺幣680元

著者	Krishan Kumar
譯者	胡訢諄
叢書主編	黃淑真
特約編輯	李偉涵
封面設計	兒日

出版者	聯經出版事業股份有限公司	副總編輯	陳逸華
地址	新北市汐止區大同路一段369號1樓	總編輯	涂豐恩
叢書編輯電話	(02)86925588轉5322	總經理	陳芝宇
台北聯經書房	台北市新生南路三段94號	社長	羅國俊
電話	(02)23620308	發行人	林載爵
郵政劃撥帳戶第0100559-3號			
郵撥電話	(02)23620308		
印刷者	文聯彩色製版印刷有限公司		
總經銷	聯合發行股份有限公司		
發行所	新北市新店區寶橋路235巷6弄6號2樓		
電話	(02)29178022		

行政院新聞局出版事業登記證局版臺業字第0130號

本書如有缺頁，破損，倒裝請寄回台北聯經書房更換。 ISBN 978-957-08-6772-5 (平裝)
聯經網址：www.linkingbooks.com.tw
電子信箱：linking@udngroup.com

國家圖書館出版品預行編目資料

帝國，統治世界的邏輯：從大國起源羅馬到民族國家法蘭西，塑造現代世界的六個帝國/Krishan Kumar著．胡訢諄譯．初版．新北市．聯經．2023年3月．560面．17×23公分（歷史大講堂）
譯自：Visions of empire: how five imperial regimes shaped the world.
ISBN 978-957-08-6772-5（平裝）

1.CST：帝國主義 2.CST：世界史

711 112000648